从古典中寻新义·从旧籍里找时潮

史通 文史通义

【李敖主编国学精要②】

李敖 主编

天津出版传媒集团
天津古籍出版社

图书在版编目（CIP）数据

史通·文史通义 / 李敖主编. -- 天津：天津古籍出版社, 2016.11

（李敖主编国学精要）

ISBN 978-7-5528-0459-1

Ⅰ.①史… Ⅱ.①李… Ⅲ.①史学理论—中国—唐代 ②文史—研究—中国—清前期 Ⅳ.①K092.42 ②K092.49

中国版本图书馆CIP数据核字（2016）第275535号

责任编辑：王宇英　　　装帧设计：尚世视觉

本书简体中文版权由远流出版事业股份有限公司，经北京麦士达版权代理有限公司，授予天津古籍出版社出版发行，非经书面同意，不得以任何形式任意重制转载。本书限于中国内地发行。

著作权合同登记号 图字：02-2016-84

李敖主编国学精要2

史通·文史通义

出版人 / 张玮

天津古籍出版社

（天津市西康路35号　邮编300051）

http://www.tjabc.net

三河市九洲财鑫印刷有限公司

全国新华书店发行

开本 700mm×1000mm　1/16　印张 47

2016年11月第1版　2016年11月第1次印刷

ISBN 978-7-5528-0459-1

定价：79.00元

序

谈中国名著，得先谈中国书；谈中国书，得先谈中国的文字历史。

中国历史从地下挖出的"北京人"起算，已远在五十万年以前；从地下挖出的"山顶洞人"起算，已远在两万五千年以前；从地下挖出的彩陶文化起算，已远在四千五百年以前；从地下挖出的黑陶文化起算，已远在三千五百年以前。这时候，已经跟地下挖出的商朝文化接龙，史实开始明确；从周朝共和元年（前841年）起，中国人有了每一年都查得出来的记录；从周平王四十九年（前722年）起，中国人有了每一月都查得出来的记录。中国人有排排坐的文字历史，已长达两千八百多年。

从何处说起

在自有纪年起长达两千一百多年之后，一位殉道者文天祥，被带到抓殉道者的元朝博罗丞相面前，他告诉博罗："自古有兴有废，帝王将相，挨杀的多了，请你早点杀我算了。"博罗说："你说有兴有废，请问从盘古开天辟地到今天，有几帝几王？我弄不清楚，你给我说说看。"文天祥说："一部'十七史'，从何处说起？"

三百多年过去了，"十七史"变成了"二十一史"。一位不同黑暗统治者合作的大思想家黄宗羲，回忆说："我十九、二十岁的时候看'二十一史'，每天清早看一本，看了两年。可是我很笨，常常一篇还没看完，已经搞不清那些人名了。"一部"二十一史"，从何处说起？

三百多年又过去了，"二十一史"变成了"二十五史"。书更多了，人更忙了，历史更长了。一部"二十五史"，从何处说起？

何况，中国历史又不只"二十五史"。"二十五史"只是史部书中的正史。正史以外，还有其他十四类历史书。最有名的《资治通鉴》，就是一个例子。司马光写《资治通鉴》，在参考正史以外，还参考了三百二十二种其他的历史书，写成两百九十四卷，前后花了十九年。大功告成以后，他回忆，只有他一个朋友王胜之看了一遍，别的人看了一页，就犯困了。

一部中国史，从何处说起？

古书有多少呢？

何况，中国书又不只历史书，历史书只是经、史、子、集四部分类中的一部分，清朝的史学家主张"六经皆史"，这下子经书又变成了历史书。其实凡书皆史才对，中国人面对的，已不是历史书的问题，而是古书的问题。

古书有多少呢？

古书多得吓人。

古书不只什么《古文观止》《唐诗三百首》，它们只不过占两种；古书不只什么"四书""五经"，它们只不过占九种；古书不只什么"二十五史"，它们只不过占二十五种。古书远超过这些，超过十倍、一百倍、一千倍，也超过两千倍、三千倍，古书有——十万种！

吓人吧？

这还是客气的。本来有二十五万三千种呢！幸亏历代战乱，把五分之三的古书给弄丢了，只剩下十万种了，不然的话，更给中国人好看！

又何况，还不止于古书呢！还有古物和古迹，有书本以外的大量残碑断简、大量手泽宗卷、大量玉器石鼓、大量故垒孤坟和陆续不断的大量文物出土……要面对起来，更难上加难了。

又何况，一个人想一辈子献身这种"皓首穷经"的工作，也不见得有好成绩。多少学究花一辈子时间在古书里打滚，写出来的，不过是"断烂朝报"；了解的，不过是"瞎子摸象"。古书太难了解了。

你不配做中国人

于是，中国人的办法便是：口口声声说复兴中华文化，但事实上，他们却对古书敬而远之，思念起来，未免惭愧。

说你不配做中国人，你一定从心里不服气；但研究一下配做中国人的条件，你一定从心里惭愧。

做中国人，总不能不看中国书吧？你看了多少中国书呢？"四书"、

《古文观止》、《唐诗三百首》，一数之下，不过几种而已，这就叫惭愧。

面对十万种的古书，面对这一庞大遗产，中国的子孙们到底该怎么办？不看吗？说不过去。看吗？从何看起？又多么难看？这的确是一个令人痛苦的问题。

为了解决这个令人痛苦的问题，有心人便出来，想法子做种种选本，来喂中国人。可叹的是，这些选本都失败了。失败的原因，最主要的，是大家太注重以"文章"为检定标准了，太注重"文章"挂帅，并且这种"文章"，又太局限在僵化的模式里头了。

好坏标准

以中国"文章"的大家而论，中国人评判"文章"，缺乏一种像样的标准。行家论"唐宋八大家"，说韩愈文章"如崇山大海"、柳宗元文章"如幽岩怪壑"、欧阳修文章"如秋山平远"、苏轼文章"如长江大河"、王安石文章"如断岸千尺"、曾巩文章"如波泽春涨"……说得玄之又玄，除了使我们知道水到处流、山一大堆以外，实在摸不清文章好在哪里？好的标准是什么？

又如林纾说他的文章是"史（记）汉（书）之遗"，章炳麟却大骂林纾吹牛，说林纾的文章，乃从唐人传奇剽窃衍演而来。章炳麟又说"当世之文，惟王闿运为能尽雅，马通伯为能尽俗"。其实一切摊开，有何史汉传奇雅俗之分？文章只有好坏问题，并无史汉传奇雅俗问题。文章的好坏标准，根本不在这里。

作为新时代的中国人，我们评判文章，实在该用一种新的标准，我们必须放弃什么山水标准、什么雅俗标准、什么气骨标准、什么文白标准。我们看文章，要问的只是两个问题：一、要表达什么？二、表达得好不好？有了这种新的标准，一切错打的笔墨官司，都可以去它的；一切不敢说它不好的所谓名家之作，都可以叫它狗屁。

从对对子到古文

古往今来，中国的文章特多，可是好文章不多的原因，就在没能将这二合一的问题摆平。中国人一谈写文章排名，韩愈就是老大，他是"唐宋八大家"的头牌，又是"文起八代（魏晋六朝）之衰"的大将，承前启后，代表性特强。可是你去读读他的全集，你会发现读不下去。你用上面两个问题一套。一、他要表达什么？答案是：他思路不清，头脑很混，他主张"非圣人之志，不敢存"，但什么是圣人之志？他自己也不知道。二、他表达得好不好？答案是：他好用古文奇字，作气势奔放状，文言文在他手下，变成了抽象名词排列组合，用一大堆废话，来说三句话就可说清楚的小意思，表达得实在不好。

虽然这样，韩愈却还算是进步分子呢！中国文章自魏晋以后，就有话不好好说，一定要配成了对儿才说话，一作起文来，就是"四六体"。"四六体"是四句、六句对偶而成的骈体文，是纯粹的中国字一字一形一音一义的大排队。中国人这时候，一写文章就要对对子，写满篇文章就是写满篇春联，满篇堆砌，矫揉造作，非常讨厌。到了唐朝，韩愈出来，主张秦汉古文，"师其意而不师其词"，"唯陈言之务去"，虽然韩愈文章也一样令人讨厌，但比起以前的八代的来，总是一种进步。

从古文到解放

这种进步，转变到北宋的"古文"。"古文"一方面说复古，一方面也创新，虽然南宋以后，有"语体"出现，把白话和文言合流，但以"文章"正宗论，还是"古文"的天下。于是，从韩愈到曾国藩，中国的能文之士都是古文家，"古文"就是我们一般指的文言文。

文言文的大缺点是它不能作为好的表达的工具，它跟白话分裂，写出来，是活人说死话，说得再好也是"古文辞类撰"。到了19、20世纪，有人开始突破，最成功的是梁启超，梁启超说他文章"解放，务为平易畅达，时杂以俚语、韵语及外国语法；纵笔所至不检束……老辈则痛恨，诋为野狐"。

梁启超虽被老辈"痛恨，诋为野狐"，但他在中国文章史上，和司马迁、韩愈等一样，是十足划时代的人物。梁启超风靡文坛一二十年，最后由白话文接替了文言文的位置，中国古书的时代，就告一段落了。

我们现在谈古书，就是以这一段落做标准的。这一段落以前的书，就是古书。读它们，无从读起；不读它们，又愧为中国人。我们遭遇了"两难式"。

分类的荒唐

对古书做选本,失败在"文章"挂帅以外。另外的失败,是分类笼统。

中国古书的分类,最流行的,是四部（经、史、子、集）分类。四部分类从东晋以后通吃,变成了典型的图书分类规范。但是稍一留心,就知道这种分类是相当荒唐的。以四部中第一部"经部"为例,"经部"的一部分,近于百科全书式的总集,应分入总类、文学类、历史类,其他部分（像《论语》《孟子》）,应分入"集部"（个人集子）；以第二部"史部"为例,体裁上分正史、编年、别史、杂史、载记等,全无道理与必要,其他如诏令应入法律类,时令应分入天文类,目录应入总类；以第三部"子部"为例,老、庄、申、韩等家,其实与《论语》《孟子》无别,都应分入"集部",其他如谱录中草木、虫鱼应分入植物类、动物类,类书应分入总类,小说应分入文学类；以第四部"集部"为例,"经部""子部"分过来的书,多可分入哲学类、法律类、文学类……总之,四部分类,大体上说,"经""子""集"多是一类,"史"是另一类,四部分类实在只是两部分类。分类、分类,分了半天类,最后只分了两类。所谓分类,分了等于没分,这叫什么分类!（并且若按前面所提"六经皆史"之说,甚至连两类都没有呢!）

虽然这样,四部分类却还算是进步的分类呢!其他像《永乐大典》以韵来分类、《文渊阁书目》以"千字文"来分类、朱彝尊《竹垞行笈书目》以"心事数茎白发,生涯一片青山。空林有雪相待,古道无人独还"六绝一首来分类,其荒唐程度,比四部分类就尤有过之了。

所谓书目指导

从分类的笼统中，我们可以看到，它的毛病发生在古书内容上面，即古书内容的笼统。因为中国思想独尊儒家，思想失之一元化，所以常常古书一翻开，就犯了千篇一律的通病。乍看起来，经常一部书中，什么都包括；但细看之下，所包括的又极有限，在儒家框框里的同类作品太多太多，而异类的有个性有创见的作品太少太少。在这种情形下，要去做分类，尤其有现代眼光的分类，就非常困难了。

正因为古书众多而又分类困难，所以有心人就开始想法子，使中国人能够知所选择。这些有心人的做法是列举书目，例如：

一、龙启瑞《经籍举要》，列举书籍二百八十九种；

二、张之洞《书目答问》，列举书籍二千二百六十六种；

三、胡适《一个最低限度的国学书目》，列举书籍一百八十五种；

四、梁启超《国学入门书要目》，列举书籍一百六十种；

五、李笠《国学用书撰要》，列举书籍三百七十八种；

六、陈钟凡《治国学书目》，列举书籍四百八十八种；

七、支伟成《国学用书类述》，列举书籍三千二百种；

八、章炳麟《中学国文书目》，列举书籍五十一种；

九、徐敬修《国学常识书目》，列举书籍二百六十二种；

一〇、傅屯艮《中学适用之文学研究法》，列举书籍七十九种；

一一、沈信卿《国文自修书辑要》，列举书籍五十种；

一二、汤济沧《中小学国学书目》，列举书籍一百零六种；

一三、吴虞《中国文学选读书目》，列举书籍一百四十二种。

但是，看了这些列举的书目，我仍旧不得不感到：它们没有太多的用处，它们的毛病在于不该有的有了，该有的却又没有。它们无法把古书予以现代分类，无法从现代分类里透视古书的推陈出新的意义。同时，它们只提出书目，没有书本，虽然告诉人可以按图索骥，但是骥在哪儿，也要大费周章啊！

新的版本观念

由于时代的转变、由于"知识的爆炸"、由于传播知识的方法，等等，都有了不同，所以今天的有心人，从事这一努力的时候，就要采取现代的观点，来处理古书。以版本（板本）为例，现代印刷术的进步，尤其是影印技术的进步，使刊布图书的方法根本改变，同时也改变了"珍本""秘本""孤本"等古董观念，使古书不复成为某一阶层人的独得之秘。当然，对古书，并非不可讲究版本，但为一二校勘之便或几个异文讹漏，就把一部书的功能和流传性绞杀，则显然是旧式藏书楼主的行为；同样的，为了讲究版本之说，整天光刊些无甚价值的僻书，或一刊再刊些"版本竞赛"的常见经史之类，也不能不说是旧式版本学家的流毒，对鉴古知今的文化出版事业，为功究属狭窄。

当年黄荛圃的学生，曾有过"书无庸讲本子"的议论；俞樾的学生（章炳麟）也提过"读书何必讲究版本"的疑问。这些见解，都是从"取其大者"的角度，来从古书选材的，他们并不斤斤于"舆薪之不见"的癖好，当然也反对先以偏为务、再以偏盖全的专家孔见。

现代处理古书的标准,不该以古董式的版本为尚,也不该以鉴赏、校勘的用度为足,而该以配合新知的研究,定其去取。例如商务印书馆的宋本《资治通鉴》,当然没有胡三省的音注,在鉴赏和校勘上,虽然有它的价值,可是在普及和实用上,就远不如它的重排本《资治通鉴》;商务印书馆的"四部丛刊"本无疏单注"五经",在普及和实用上,也远不及艺文印书馆的阮刻《十三经注疏》;同样的,仁寿本《二十五史》中的南宋印北宋监本《史记》,在普及和实用上,也远不如黄善夫本或殿本或泷川会注本。这些例子,都说明了版本的考究,并不就是弘扬了古书①。

出土带来了新收获

除了现有的古书以外,从汲冢到敦煌,历代也偶有古书的出土,值得我们特别重视。近十年来,古书的出土,更达到"汉唐以来所未有也"的地步。新出土的古书,带给我们前所未有的新发现,使我们在处理古书上,有了古人所没有的收获。例如,1972年4月,在山东临沂银雀山的一号、二号汉墓里,发现了一批竹简,由于竹简中有汉武帝元光元年(前134年)的历谱,可以断定这批竹简是两千一百年前就已流传的文献;又由于竹简中用字不避汉朝皇帝的讳,又可以断定竹简的古书,都早于汉朝。再

---

① 这套"中国名著精华全集"又注意版本又注意内容的特色,我举一个例。我收进了顾炎武的《日知录》,但我用的《日知录》版本,却是1932年张继搜集得到的何义门批校精抄本,其中有"胡服"等文字,这是一般《日知录》所没有的。所以这套"中国名著精华全集"所用的版本,是注意版本又注意内容的。这类特色,是很不容易的。为了达到这些好效果,有的版本,我甚至商请所有者特别同意我使用,桂冠图书公司的"中国古典文学名著"中的几种书,就是赖阿胜特别同意的。我要谢谢他。

往上推，秦二世在位三年，秦始皇在位三十七年，上距战国，不过四十多年，四十多年又值秦始皇统一思想，没人有闲工夫造假书，所以竹简中的古书，都是战国以前的原装货，应无疑义。

例如这批竹简中，有古书《尉缭子》。《尉缭子》一直被许多大牌学者如钱穆等人怀疑是后代假造的书，是伪书，并且说得头头是道。但是这批竹简一出土，证明了真金不怕众口铄，大牌学者也者，不过大言欺人而已。

如今《尉缭子》出土了，我们当然要恢复它在古书中的应有地位。

帛书也出现了

又如，1973年11月到1974年初，在湖南长沙马王堆第二、三号汉墓，出土了大批珍贵文物，最难得的是，其中有十二万字以上的帛书（因为那时纸还没发明，只能写在帛上，故叫帛书）。帛书中有一部分是失传了的古代医书。有一部包括了五十二种病名和治疗它们的二百八十个医方（每个都没有方名）。每个病的医方，从一个到二十七个不等，专家们把这部书定名为《五十二病方》。

《五十二病方》是中国最古的医学文献，它显示出来的病名，在内科方面，有肌肉痉挛、精神异常、往来寒热、小便不利、小便异常、阴囊肿大、肠道寄生虫和中蛊毒；在外科方面，有外伤、化脓、体表溃疡、动物咬螫、肛门、皮肤、肿瘤；在妇科方面，有产时子痫；在儿科方面，有小儿惊风；在五官科方面，有眼疾。用现代的观点来看这些医学材料——看这些早于《内经》等现有医书的材料，它们值得研究的意义，自然非比寻常。

又如同时出土的《相马经》，这是中国动物学、畜牧学的重要文献。

春秋战国时代，由于已从车战演变到骑兵，马的身价，也就越来越高。传说中的相马专家是伯乐，事实上，这种专家是很多的，《吕氏春秋·观表篇》就提到十个相马家，《史记·日者列传》也提到"以相马立名天下"的人氏，这些都可证明古人对相马的重视。这部《相马经》竟用来给死人陪葬，说明它在当时，必然是流行的一部名著。读了这部书，我们不得不惊讶：古人对马，原来是这样不马虎！

搜寻亡佚

另一个现代的观点是使被埋没的古书广为流传。中国历代的战乱不断，图书上的损失，早已无法细计，不论无意的被焚于兵祸，还是有意的聚毁于七塔，对文化而言，自属有害无益。今天我们得现代印刷术之便，实在应该把这些被埋没了的古书，尽量予以亮相，以免及身而绝。过去有心人处理这个问题的方法，就是出版丛书。

丛书在中国历史上，最早的是宋代俞鼎孙、俞经的《儒学警悟》，这部书成于宋宁宗嘉泰元年（1201年），距离今天，足足七百八十多年了。

七百八十多年来，从事文化出版的人，辑印丛书的种类很多，但是专辑近著搜寻亡佚的，除了光绪年间潘祖荫的"功顺堂丛书"、赵之谦的"仰视千七百二十九鹤斋丛书"外，实不多见。尤其赵之谦的丛书中，收有七弦河上钓叟的《英吉利广东入城始末》一卷，更可看出辑刊者的历史眼光。

宋朝以来，因为受印刷技术的限制，不能影印，至多只能影刻，直到清末，还是如此。陈三立的《黄山谷集》、端方的《东坡七集》，都是最有名的影刻本。但因影刻太贵，且产生窜易首尾节略翻刻的缺点，给了人们不良的印象。现在印刷术进步了，并且超过了商务印书馆"四部丛刊""古逸丛书""四库全书珍本初集"的影印水准，所以现在为被埋没了的古书，做亮相的工作、做搜寻亡佚的工作，自然也就责无旁贷了。

现代分类

由于过去的通病是儒家挂帅下的四部分类，古书所遭遇的摧残是相当严重的，这种挂帅和分类不打破，中国的古书情况必将永远陷在不均衡的畸形里，陷在比例不对的悬殊里。所以，用现代的观点处理古书，必须首先把儒家挂帅四部分类的错误予以矫正，把所有古书重新估定，该拉平的拉平、该扶起的扶起、该缩小的缩小、该放大的放大、该恢复的补足、该重视的给它地位①。这样重新估定之下，整个中国文化遗产，才能均衡地、成比例地重新呈现在我们眼前。我们再用现代方法去"新瓶装旧酒"，古书才不止是古书，才有现代的意义②。在现代意义的光照下，许

---

① 这套"中国名著精华全集"，尽量表扬被压扁的异类思想，特别注重中国古书中的多样性、独创性与个性。因此，作者群中，入狱的、杀头的比例也颇大，这是一个必要的义举——点燃旧日的火种，加添今后的光明，这本就是我多年的一个心愿。至于纯属个人的一些感情泛滥的集部书，我有意缩小它们的比例。

② 把难以分类的古书，纳入现代分类，是这套"中国名著精华全集"的一大特色。为了使中国人对中国书有鸟瞰式的了解，所以在总类方面，特别加强（我为加强中国人对图书分类的认识，特别以《四库全书》作为分类的总代表，当然在体积上，"长虫吞不了象"，是不能收入的）；又因为中国人读书，缺乏方法上的讲究，所以在方法学方面，特别着力。

多古书,古人所贵者,如今看来已是"断烂朝报";又许多古书,古人所贱者,如今看来却余味无穷。如今我们处理古书,并不是止于把它们进一步分类(如刘国钧"中国图书分类法"或杜定友"杜氏图书分类法"),或就古人之所重者重印一阵就算完事,而该大力发掘并认定真正值得现代学术"獭祭"的典籍。否则的话,只是引今泥古而已,离玩物丧志,也就不很远了,"学术"云乎哉!

解决难读的问题

除了现代分类外,如何解决读懂古书的问题①,也是现代的观点中不能忽视的事。中国古今语文上的变化,差距很大,《尚书》中的文告,在当时是口语,现在是很难的文言了;《论语》中的对话,在当时是口语,现在是很斯文的典故了。所以古书的文字语言,对现代的中国人来说,有时比外国文还恐怖。这一现象,早在半个世纪前就被提出来讨论了。梁启超在1925年写《要籍解题及其读法自序》,就指出:

> 诸君对于中国旧书,不可因"无用"或"难读"这两个观念便废止不读。有用无用的标准本来很难确定,何以见得横文书都

---

① 俞樾是中国有史以来最能读古书的人,他在《古书疑义举例》里,却描写了古书是多么难读。他说:"夫自周秦两汉,至于今远矣,执今人寻行数墨之文法,而以读周秦两汉之书,譬如犹执山野之夫,而与言甘泉建章之巨丽也!夫自大小篆而隶书、而真书,自竹简而缣素、而纸,其为变也屡矣。执今日传刻之书,而以为是古人之真本,譬如闻人言笋可食,归而煎其箦也!嗟夫,此古书疑义所以日滋也欤?"

有用，线装书都无用？依我看，著述有带时代性的，有不带时代性的。不带时代性的书，无论何时都有用。旧书里头属于此类者确不少。至于难读易读的问题呢，不错，未经整理之书，确是难读，读起来没有兴味或不得要领，像是枉费我们的时光。但是，从别方面看，读这类书，要自己用刻苦工夫，披荆斩棘，寻出一条路来，因此可以磨练自己的读书能力，比专吃现成饭的得益较多。所以我希望好学的青年们最好找一两部自己认为难读的书，偏要拼命一读，而且应用最新的方法去读它，读通之后，所得益处，在本书以内的不算，在本书以外的还多着哩。

现在，半个世纪过去了，中国人读古书的能力更不如前，时间也不如前了。所以，有心人处理古书给现代的中国人，必须兼顾到现代人的读书能力，精挑细选之后，必要的解题、注释、翻译，也该尽量齐备①。

"中国名著精华全集"

基于上面所说的一些有关古书的重点、基于上面所说的一些心得和认识，王荣文和我经过多次的交换意见和反复讨论，决定在《中国历史演义全集》成功后第四年，推出一部"中国名著精华全集"②。

---

① 这套"中国名著精华全集"尽量以实用的解题、注释、翻译为原则，酌量收入。现代人每以注释为读古书的要件，其实注释不一定全对读者有益。像《论语》《孟子》，读了朱熹的注释，反会堕入宋儒理学的魔障，这说明了注释不当，反倒有害。

② 所谓名著，除了一般的意义外，也包括特定的意义：凡是推定可成为（转下页）

"中国名著精华全集"的构想,部分接近美国哈佛大学校长伊利鄂(Charles W. Eliot)的"哈佛丛书"(The Harvard Classics)。"哈佛丛书"长五英尺,又名"五呎丛书"(Five Foot Shelf of Books),是用五英尺长度的精装书,把西方古典名著的精华收入。由于中国古书太多,在性质上也与西方互异,这部"中国名著精华全集",在编选方面,自然独有它的特色。我们决定按照现代图书分类,精选出两百种古书①,每种"加

(接上页)名著的,也酌量选入。这是因为古书中,有的的确被埋没了,被不合理地埋没了。清朝李慈铭说得好:"网罗散逸,蒐拾丛残,几于无隐之不搜,无微之不续,而其事遂为天壤间学术之所系,前哲之心力,其一二存者得以不坠。"为了使"一二存者得以不坠",所以用的名著标准,比较有弹性。还有,在名著的去取上,我有大刀阔斧的气魄,去取之间,不受传统的名著的认定方式。例如我选深的书,所以浅的《三字经》等名著不选;我选原本的书,所以选本的《唐诗三百首》《古文观止》等名著不选;我选精审的书(如《呻吟语》),所以粗劣的《菜根谭》等名著不选。有的书,在去取上,也有割爱的,例如徐光启的《农政全书》,我终于嫌它缺乏独立见解,还是不选了。总之,这些去取之间的苦心与调济,只有全面的、非常的专家才能识货、才能惊叹。一般对中国古书似知非知的人,难免会有点议论,我是不重视的。至于古书真伪问题,我虽然选入胡应麟《少室山房全集》、姚际恒《庸言录》中辨伪的文献来提醒大家注意,但对一些可疑的书,能够取其内容而不取其时代,把它们看成"反正是古代中国人写的",倒也圆通自在。因此我选《晏子春秋》《列子》等,都有反对因噎废食的意思。

① 古书入选标准,以1912年为下限(偶有例外,也是记事在1912年前的,像吴永的《庚子西狩丛谈》是),以一人一书为原则(所以只能说是割爱,不能说是遗漏。此外,也有两人"共冢"的书出现,如程颢、程颐的《二程全书》;也有以辑佚刊印者挂名的一堆书出现,如叶德辉的"双梅景暗丛书"。所以,这套"中国名著精华全集",作者不止二百人,书也不止二百种)。作者不明确的,从俗标注(当然过分荒谬的,如黄帝作《内经》等,也只好以佚名处理)。作者有时不明确,也是古书的一大特色。古人没有著作权观念,不但没有,还喜欢把自己的作品,射在别人头上,这种作者,叫"箭垛式作者"。"箭垛式作者"有时以一个人代表一个学派(像管仲之于《管子》),有时以一个人代表集体创作(像施耐庵之于《水浒传》),都不可拘泥就是;作者明确的,书名有时采用作者死后的总集名目;但是生前有总集性质的书名,虽然包罗不全,我也尽量把以后的出版品来个总归户,归到这个书名下(像康有为"万木草堂丛书"等是)。

工"以后,也以五英尺的长度①,精装起来②,配上图片③,贡献给现代的读者。我们用这部"中国名著精华全集",把中国古书做一次彻底的、划时代的处理,用现代的观点、现代的印刷术、现代的出版企划,把它们带到现代的中国人面前。

我们希望,这部"中国名著精华全集"的问世,可以使现代的中国人,能够多少知道作为中国人应有的条件是什么,多少知道祖宗们的遗产是什么,多少知道这些遗产可以入宝山而不空手,多少知道这些遗产对我们并非高不可攀。

我们相信,这部"中国名著精华全集"的问世,可以把现代人看古书的问题,得到满意的一次解决。有了这部大书,你可以上下古今,把千年精华,尽收眼底;你可以纵横左右,把多样遗产,罗列手边;你可以从古典中寻新义,从旧籍里找时潮,从深入浅出的文字里,了解古代的中国和

---

① 因为要在五英尺长的书里收入两百种古书的精华,所以有的能全书收入,有的只能收入部分;古书这么多,有的自难免有遗珠之憾。但是不论怎么收,都以"精华"为准。一个人的作品或一部书的内容,如果涉及的项目多元的时候,尽量就多元中最有特色的部分,作为分类依据,但是虽然分类从严,但是选入却从宽,因为古书的性质本来就很含混,若从严选入,必将造成不必要的损失。

② 古书的处理,由于现代印刷术的进步,在规格上,又不得不注意配合时代要求,线装薄面也好、绸函丝订也罢,早已都是落伍的玩意儿,都不应该再予以考虑。在国际标准的图书馆中,甚至平装书都在不受皮藏之列,我们怎么能再抱残守缺,开时代倒车?所以无须采用旧式装订的方式,自无疑义。

③ 在《中国历史演义全集》中,我配上图片,并且把每张图片加上活泼的说明,很受欢迎。这套"中国名著精华全集"也同样处理。图片有的来之不易,非细心而识货的中国人,就很难看出来。以配图中徐渭(文长)《青天歌卷》的首尾为例,《青天歌卷》在1966年江苏吴县东角直地方曹澄墓中出土。纸本,纵31.6厘米,长2036厘米,共七十四行。卷首有"许宝善印""罄罄子"收藏章。卷后盖有"天池山人""青藤道士"章。这种十多年前才从坟里挖出来的文献,都被我用到了,这种"绝活",总该令人绝倒吧?

现代的中国。

　　作为一个"旧学邃密""新知深沉"的中国人,我想逢今之世、处此之岛,没有人比我更适合做这一件大事了,也没有人比王荣文更适合推动这一出版计划了。我们高兴在我们的努力下,终于完成了这部大书,相信细心而识货的中国人,会和我们一样高兴。

一九八三年四月十八日,李敖在台湾

*　　　　*　　　　*

　　这套"中国名著精华全集"的内容,林明德(辅仁大学中文系教授)、詹宏志、李传理(远流的两位干将)提供我不少的好意见,我要特别谢谢他们。(一九八三年六月十八日,李敖补记)

目录

史通

导读 / 002

卷六 / 003
  言语 / 003
  浮词 / 010
  叙事 / 016

卷七 / 033
  品藻 / 033
  直书 / 039
  曲笔 / 042
  鉴识 / 048
  探赜 / 052

卷八 / 059
  摸拟 / 059
  书事 / 067
  人物 / 074

卷九 / 082
  核才 / 082
  序传 / 088
  烦省 / 093

卷十 / 100
  杂述 / 100
  辨职 / 108
  自叙 / 113
  体统 / 122
  纰缪 / 122

弛张 / 122
卷十一 / 123
　　　史官建置 / 123
卷十二 / 144
　　　古今正史 / 144
卷十三 / 184
　　　疑古 / 184
卷十四 / 199
　　　惑经 / 199
　　　申左 / 216
卷十五 / 229
　　　点烦 / 229
卷十六 / 244
　　　杂说上 / 244
卷十七 / 268
　　　杂说中 / 268
卷十八 / 291
　　　杂说下 / 291
卷十九 / 314
　　　汉书五行志错误 / 314
　　　五行志杂驳 / 335
卷二十 / 349
　　　暗惑 / 349
　　　忤时 / 365

文史通义

导读 / 374
序 / 375

文史通义

内篇 / 377

易教上 / 377
易教中 / 379
易教下 / 381
书教上 / 383
书教中 / 386
书教下 / 388
诗教上 / 392
诗教下 / 396
经解上 / 400
经解中 / 401
经解下 / 403
原道上 / 405
原道中 / 409
原道下 / 412
原学上 / 415
原学中 / 416
原学下 / 417
博约上 / 418
博约中 / 419
博约下 / 421
言公上 / 422
言公中 / 426
言公下 / 430

史德 / 434

史释 / 437

史注 / 440

传记 / 442

习固 / 445

朱陆 / 446

文德 / 450

文理 / 452

文集 / 455

篇卷 / 458

天喻 / 460

师说 / 461

假年 / 463

感遇 / 465

辨似 / 468

说林 / 471

知难 / 479

释通 / 481

横通 / 487

繁称 / 488

匡谬 / 492

质性 / 497

黠陋 / 500

俗嫌 / 504

针名 / 506

砭异 / 508

砭俗 / 509

申郑 / 512

答客问上 / 513

答客问中 / 515

答客问下 / 518

答问 / 519

古文公式 / 522

古文十弊 / 524

浙东学术 / 530

妇学 / 531

《妇学》篇书后 / 538

诗话 / 539

外篇 / 542

方志立三书议 / 542

州县请立志科议 / 547

地志统部 / 551

《和州志·皇言纪》序例 / 555

《和州志·官师表》序例 / 557

《和州志·选举表》序例 / 558

《和州志·氏族表》序例上 / 559

《和州志·氏族表》序例中 / 560

《和州志·氏族表》序例下 / 562

《和州志·舆地图》序例 / 563

《和州志·田赋书》序例 / 566

《和州志·艺文书》序例 / 568

《和州志·政略》序例 / 574

《和州志·列传》总论 / 575

《和州志·阙访列传》序例 / 577

《和州志·前志列传》序例上 / 579

《和州志·前志列传》序例中 / 581

《和州志·前志列传》序例下 / 582

《和州志·文征》序例 / 585

《永清县志·皇言纪》序例 / 587
《永清县志·恩泽纪》序例 / 589
《永清县志·职官表》序例 / 591
《永清县志·选举表》序例 / 593
《永清县志·士族表》序例 / 594
《永清县志·舆地图》序例 / 597
《永清县志·建置图》序例 / 599
《永清县志·水道图》序例 / 600
《永清县志·六书》例议 / 602
《永清县志·政略》序例 / 605
《永清县志·列传》序例 / 607
《永清县志·列女列传》序例 / 609
《永清县志·阙访列传》序例 / 612
《永清县志·前志列传》序例 / 614
《永清县志·文征》序例 / 617
《亳州志·人物表》例议上 / 622
《亳州志·人物表》例议中 / 623
《亳州志·人物表》例议下 / 624
《亳州志·掌故》例议上 / 625
《亳州志·掌故》例议中 / 627
《亳州志·掌故》例议下 / 628
答甄秀才论修志第一书 / 629
答甄秀才论修志第二书 / 632
与甄秀才论《文选》义例书 / 636
驳《文选》义例书再答 / 637
修志十议 / 639
《天门县志·艺文考》序 / 645
《天门县志·五行考》序 / 646
《天门县志·学校考》序 / 646

与石首王明府论志例 / 647

记与戴东原论修志 / 649

报广济黄大尹论修志书 / 652

覆崔荆州书 / 653

为张吉甫司马撰《大名县志》序 / 655

为毕秋帆制府撰《常德府志》序 / 658

为毕秋帆制府撰《荆州府志》序 / 659

为毕秋帆制府撰《石首县志》序 / 661

书《武功志》后 / 662

书《朝邑志》后 / 664

书《吴郡志》后 / 665

书《姑苏志》后 / 668

书《滦志》后 / 670

书《灵寿县志》后 / 673

校雠通义

卷一 / 677

原道 / 678

宗刘 / 679

互著 / 682

别裁 / 684

辨嫌名 / 685

补郑 / 686

校雠条理 / 687

著录残逸 / 689

藏书 / 689

卷二 / 691

补校《汉艺文志》 / 691

郑樵误校汉志 / 694

焦竑误校汉志 / 697

卷三 / 701
  《汉志》六艺 / 701
  《汉志》诸子 / 705
  《汉志》诗赋 / 714
  《汉志》兵书 / 717
  《汉志》数术 / 719
  《汉志》方技 / 720

史通
刘知几

导　读

刘知几（661—721），本名刘子玄，五十岁时，因为玄字要避唐玄宗的讳，所以以字行，江苏铜山人。他小时候就聪明过人，十二岁就读完《左传》，十七岁的时候就把历史书读光了。他在自述中回忆道：

> 始在总角，读班谢两汉，便怪前书不应有古今人表，后书宜为更始立纪。当时闻者共责，以为童子何知、而敢轻议前者，于是赧然自失，无辞以对。其后见张衡、范晔集，果以二史为非……始知流俗之士，难与之言。

以这样一个聪明绝顶、心境孤独的人，终于在他五十岁的时候，完成了中国第一部史学方法的巨著——《史通》。

中国有"史"书很早，可是有"史学"却是后来的事。第一部开山的"史学"专著就是这本《史通》。全书共五十二篇，除《体统》《纰缪》《弛张》三篇已亡佚外，尚存四十九篇。计关于研究法者共三十四篇、编纂法者共十三篇、此外尚有自叙一篇，为全书旨趣所在。

《史通》因为大胆批评到有关圣人的传说不可信等主题，一直被封杀，直到宋朝以后，才慢慢抬头。名著之不幸，有如此者！

卷 六

言语 第二十

谓口说之语，若方言之类，载在史中者。

盖枢机之发，荣辱之主，言之不文，行之不远，则知饰词专对，古之所重也。【释】起以言贵修饰，反振篇意。夫上古之世，人惟朴略，言语难晓，训释方通。是以寻理则事简而意深，考文则词艰而义释，若《尚书》载伊尹之一作"立"。训，皋陶之一作"矢"。谟，《洛诰》《康诰》《牧誓》《泰誓》是也。【释】三古时口语一层。周监一多"于"字。二代，郁郁乎文。大夫、行人，尤重词命，语微婉而多切，言流靡而不淫；若《春秋》载吕相绝秦，成十三。子产献捷，襄二十五。臧孙谏君纳鼎，桓二。魏绛对戮杨干襄三。是也。【释】春秋时口语一层。战国虎争，驰说云涌，人持弄丸之辩，家挟飞钳之术，剧谈者以谲诳为宗，利口者以寓言为主，若《史记》载苏秦合从，张仪连横，范雎反间以相秦，间太后、穰侯。鲁连解纷而全赵是也。连言：天下士为人排患难，解纷乱。【释】战国时口语一层。

◎此三层为言语举似其类,由浑朴而流婉,而谲辩,皆是应声而出,非若后世假章札以为工者。

逮汉、魏已降,周、隋而往,世皆尚文,时无专对。运筹画策,自具于章表;献可替否,总归于笔札。宰我、子贡之道不行,苏秦、张仪之业遂废矣。【释】数语总挈:自汉及隋,变口陈为笔达矣。假有忠言切谏,《答戏》《解嘲》,其可称者,若朱云折槛以抗愤,张纲埋轮而献直。此下必有阙文。盖此二句所谓忠言可称者,宜有缴句,而其下又宜有"他如"等字转接也。秦宓之酬吴客,王融之答房使,此一作"比"。之小辩,曾何足云。二句单缴酬吴答房也。是以历选载言,一多"而"字。布诸方册,自汉已下,谓两汉之后。无足观焉。【释】束上。言虽或间载口语,而庄谐递降,亦且无多。

寻夫战国已前,其一脱"其"字。言皆可讽咏,非但笔削所致,良由旧讹"用"。体质素美。何以核诸?至如"鹑贲""鸲鹆",童竖之谣也;"山木""辅车",时俗之谚也;"皤腹弃甲",城者之讴也;"原田是谋",舆人之诵也。斯皆刍词鄙句,犹能温润若此,况乎束带立朝之士,加以多闻博古之识旧作"说"。者哉!则知时人出言,史官入记,虽有讨论润色。终不失其一无"其"字。梗概者也。【释】此节虽专举《左》文,却是统证首幅,用以形起后史所载口语皆由倩饰也。

夫三传之说,既不习作"袭"。于《尚书》;两汉之词,又多违于《战策》。足以验甿俗之递改,知岁时之不同。而后来作者,通无远识,记其当世口语,罕能从实而书,方复追效昔人,示其稽古。是以好丘明者,则偏摸与"摹"同。一作"模"。《左传》;爱子长者,则全学史公。用使周、秦言辞见于魏、晋之代,楚、汉应对行乎宋、齐之日。而伪修混沌,失彼天然,今古以之不纯,真伪由其相乱。故裴少期松之字世期,唐讳"世"作"少"。讥孙盛录曹公平素之语,而全作夫差亡灭之词,虽言似

《春秋》，而事殊乖越者矣。【释】此节正递到后史载言，皆藉古词饰成。

然自旧多"晋"字。咸、洛不守，龟鼎南迁，江左为礼乐之乡，金陵实图书之府，故其俗犹能语存规检，言喜风流，颠沛造次，不忘经籍。【原注】若《梁史》载高祖在围中，见萧正德而谓之曰："啜其泣矣，何嗟及矣。"湘东王闻世子方等见杀，谓其次子方诸曰："不有其废，君何以兴？"皆其类也。而史臣修饰，无所费功。【释】此处南北转侧。其于中国中原也。谓北朝。则不然，何者？于斯时也，先王桑梓，剪为蛮貊，被发左衽，充牣神州。其中辩若驹支，襄十四。注见《探赜》篇。学如郯子，昭十七。注见《书志》篇。有时而遇，不可多得。而彦鸾崔鸿。修伪国诸史，收、魏收。弘牛弘。撰《魏》《周》二旧脱"二"字。书，必讳旧作"谓"。彼夷音，变成华语；等杨由之听雀，如介葛之闻牛，斯亦可矣。而于其间，则有妄益文彩，虚加风物，援引《诗》《书》，宪章《史》《汉》。逐使沮渠、北凉。乞伏，西秦。儒雅比于元封，汉武元。拓跋、元魏。宇文，北周。德音同于正始。魏文元。华而失实，过莫大焉。【释】自此节起，侧注北朝诸史，揽其国语，文以古辞，失实较多，乃是篇情所主。

唯王、宋著书，叙元、高时事，一作"也"。◎王劭《齐志》，宋孝王《关东风俗传》。抗词正笔，务存直道，方言世语，由此毕彰。而今之学者，皆尤二子，以言多滓秽，语伤浅俗。夫本质如此，而推过史臣；犹鉴当有"形"字。者见嫫姆多媸，而归罪于明镜也。【释】此与下节箴贬时论，皆贴《北史》说。

又世之议者，咸以北朝众作，《周史》为工。盖赏其记言之体，多同于古故也。夫以枉饰虚言，都捐实事，便号以良直，师其模楷，【原注】如周太祖实名黑獭，魏本索头，故当时有童谣曰："狐非狐，貉非貉，燋梨狗子啮断索。"又曰："獾獾头团，荥河中狗子破尔苑。"又西帝下诏骂齐神武，数其罪二十。诸如此事，难可弃遗。而《周史》以为其事非雅，略而不载。赖君懋编录，故得权闻于后，其事不传于《北齐》，因而埋没者，盖亦多矣。是则旧误"以"。董狐、南史，举目可求，班固、华峤，比肩皆是者矣。【释】上节谓王宋记言得实则罪之，本节谓《周史》记言失真则赏之。时情恶质好华，类如此也。

近有敦煌张太素、中山郎余令，并称述者，自负史才。郎著《孝德传》，张著《隋后略》。凡所撰今讹作"人"。语，皆依仿旧辞。若选言可以效古，而书其难此二字一本作"杂"字。类者，则忽而不取，料其所弃，可胜纪哉？【释】此举近时著述弃今语仿旧词者以例之，见时尚之难反。

盖江芊骂商臣曰："呼！役夫，宜君王废汝而立职。"《左传》文元。汉王怒郦生曰："竖儒，几败乃公事。"《史记·留侯世家》。单固谓杨康曰："老奴，汝死自其分。"乐广叹卫玠曰："谁家生得宁馨儿！"斯并当时侮嫚之词，流俗鄙俚之说。必播以唇吻，传诸讽诵；而世人皆以为上之二言役夫，竖儒。不失清雅，而下之两句老奴，宁馨。殊为鲁朴者，何哉？盖楚、汉世隔，事已成古；魏、晋年近，言犹类今。已古者即谓其文，犹今者乃惊其质。夫天地长久，二字一本倒。风俗无恒，后之视今，亦犹今之视昔。而作者皆怯书今语，勇效昔言，不其惑乎！苟记言一作"事"。则约附《五经》，载语则依凭《三史》，是春秋之俗，战国之风。亘一作"兴"。两仪而并存，经千载其一作"而"。如一，奚以今来古往，质文之屡变者哉？【释】此节推出时情。坐病由于矜远谩近，遂至取赝遗真，是欲使天地无古今矣，岂不谬哉。

盖善为政者，不择人而理，故俗无精粗，咸被其化；工为史者，不选事而书，故言无美恶，尽传于后。若事皆不谬，言必近真，庶几可与古人同居，何止得其糟粕而已。【释】末节正告之。

【按】元人采遗山史藁撰《金源史》，特载《国语解》一册，谓其有古人尚质之风，不可文也。其得子玄氏之意者欤？子玄于拓跋、六浑、黑獭诸史，屡惜其遗落国语，掩覆本色，自此篇始。◎裴松之有言："凡记言之体，当使若出其口，辞胜而无实，君子所不取也。"此语可概此下诸篇。◎《梦溪笔谈》载："庆历中河北大水，有公事使臣到阙，仁宗召问水灾何如。对曰：'怀山襄陵。'又问百姓何如。对曰：'如丧考妣。'上嘿然。既退，诏阁门今后武臣奏事，并须直说。"读此因触及之，不觉失笑。北平云："信史务在纪实。语从其实，史法也。"

【注释】

弄丸飞钳 《文心·论说篇》：《转丸》骋其巧辞，《飞钳》伏其精术。尹知章《鬼谷序》：苏秦、张仪受《捭阖》精术，又受《转丸》《胠箧》三章。【按】弄丸兼用《庄子》市南宜僚事。《鬼谷子》有《飞箝》篇。箝、钳通。

折槛 《汉书》本传：朱云，字游。成帝时，云上书求见，公卿在前，云曰："臣愿赐尚方斩马剑，断佞臣一人，以厉其余。"上问："谁也？"对曰："安昌侯张禹。"上大怒。御史将云下，云攀殿槛，槛折。左将军辛庆忌免冠叩头争。上意解。后当治槛，上曰："勿易，因而辑之，以旌直臣。"

埋轮 《后汉·张皓传》：子纲，字文纪，为御史。汉安元年，选遣八使，徇行风俗。余人受命之部，纲独埋其车轮于洛阳都亭，曰："豺狼当路，安问狐狸！"遂奏大将军梁冀、河南尹不疑。书御，京师震悚。

秦宓酬吴客 《蜀志》本传：秦宓，字子敕。拜左中郎将、长水校尉。吴遣使张温来聘，往饯焉。温问曰："君学乎？"宓曰："五尺童子皆学，何必小人。"温复问曰："天有头乎？"宓曰："有之，在西，《诗》曰：'乃眷西顾。'"

温曰："天有耳乎？"宓曰："天处高而听卑,诗曰：'鹤鸣于九皋,声闻于天。'"温曰："天有足乎？"宓曰："有。诗曰：'天步艰难,之子不犹。'"温曰："天有姓乎？"宓曰："有。姓刘。"温曰："何以知之？"答曰："天子姓刘。"温曰："日出于东乎？"宓曰："虽生于东,而没于西。"答问如响,应声而出,于是温大敬服。

王融答虏使《南齐》本传：王融,字元长。上使兼主客,接虏使房景高、宋弁。弁见融年少,问王："主客年几？"融曰："五十之年,久逾其半。"后日,上以虏献马不称,使融问曰："秦西冀北,实多骏骥。所献良马,乃驽骀不若。将旦旦信誓,有时而爽。駉駉之牧,遂不能嗣。"宋弁曰："当是不习土地。"融曰："周穆马迹,遍于天下。若骐骥之性,因地而迁；则造父之策,有时而踬。"弁不能答。

鹑贲《左传·僖五》：童谣曰："丙之晨,龙尾伏辰。均服振振,取虢之旂。鹑之贲贲,天策燉燉。火中成军,虢公其奔。"

鸲鹆《左传·昭二十五》：文、武之世,童谣有之曰："鸲之鹆之,公出辱之。鸲鹆之羽,公在外野。往馈之马,鸲鹆跦跦。公在乾侯,征褰与襦。鸲鹆之巢,往哉遥遥。稠父丧劳,宋父以骄。鸲鹆鸲鹆,往歌来哭。"

山木《左传·隐十一》：周谚有之曰："山有木,工则度之。宾有礼,主则择之。"

辅车《左传·僖五》：谚所谓辅车相依,唇亡齿寒者,其虞、虢之谓也。

蟠腹《左传·宣二》：睅其目,蟠其腹,弃甲而复。于思于思,弃甲复来。

原田《左传·僖二十八》：听舆人之诵曰："原田每每,舍其旧而新是谋。"

混沌《庄子·天地》篇：子贡南游于楚,过汉阴,见一丈人,方将为圃畦,凿隧而入井,抱瓮而出灌,搰搰然用力甚多而见功寡。子贡曰："有械于此,凿木为机,后重前轻,挈水若抽,其名为槔。"为圃者作色而笑曰："吾闻之,有机械者必有机事，有机事者必有机心，吾羞而不为也。"子贡反于鲁，以告孔子。孔子曰："彼假修浑沌氏之术者也。识其一不知其二，治其内不治其外。"【按】浑、混通。

裴讥孙盛 《魏武纪注》：孙盛《魏氏春秋》云："答诸将曰：'刘备，人杰也，将生忧寡人。'"臣松之以为孙盛制书，多用《左氏》以易旧文，后之学者将何取信哉？且魏武方以天下励志，而用夫差分死之言，尤非其类。

中国 《谈苑》：雍熙中校《九经》，杜镐述贞观敕云："经籍讹舛，由五胡之乱，学士多南迁，中国经术浸微。"【按】唐初语，称中原为中国，此一证也。然其称起汉、魏间。《世说识鉴》：裴晋谓刘备，使居中国，能乱人。又《容止注》：明帝得吴降人，问江东闻中国名士为谁。皆是也。

杨由听雀 《后汉·方术传》：杨由，成都人，为郡文学掾。时有大雀集于库楼上，太守廉范以问由。由对曰："此占郡内当有小兵。"【按】郭评云：杨由占雀，非听雀也。听雀是益部杨宣事。愚以为太泥。凡禽占之术，未有不以鸣声为占者。范史书"集"，不书"鸣"，省文耳。"听"字无害。

介葛闻牛 《左传·僖二十九》：介葛卢来朝，闻牛鸣，曰："是生三牺，皆用之矣。其音云。"问之而信。

张太素 《唐书·张公瑾传》：子太素，龙朔中，东台舍人，兼修国史，著书百余篇。《通志略》：太素著《北齐书》二十卷、《隋书》三十二卷、《隋后略》十卷、《敦煌张氏家传》二十卷。又见《史官建置》篇。

郎余令 《唐·儒学传》：郎余令授霍王元轨府参军事，从父知年，亦为王友。元轨每曰："郎家二贤皆入府，不意培塿而松柏为林。"余令以梁元帝有《孝德传》，更撰《后传》数十篇。改著作佐郎。

单固杨康 《魏志·王陵传注》：《魏略》曰：山杨单固，字恭夏，有器实。兖州刺史令狐愚辟为别驾，与从事杨康并为腹心。后愚与王陵通谋，康、固皆知其计。康至洛阳,露其事。太傅东取固问曰:"卿知其事耶?令狐及乎?"固故云:"无有。"康与固对相诘,乃骂康曰:"老庸,既负使君,又灭我族,愿汝当活耶!"初,杨康自以白其事,冀得封拜,后亦并斩。临刑,固又骂康曰:"老奴,汝死自分耳,何面目行地下也!"

乐广卫玠 《晋书·乐广传》:广,字彦辅,与王衍俱宅心事外,天下言风流者,王、乐称首焉。《卫玠传》:玠,字叔宝,风神秀异,妻父即乐广也。时谓妇公冰清,女婿玉润。【按】二《传》俱无"宁馨儿"语,其语今见《王衍传》。衍总角,造山涛,涛嗟叹,目而送之,曰:"何物老妪,生宁馨儿。"《史通》似误。《通雅》:宁馨,呼语词,今读能亨,亦云那向。

浮词 第二十一

夫人枢机之发,亹亹不穷,必有徐音音在语前,故当言徐。旧作"余音",误。足句,为其始末。是以伊、惟、夫、盖,发语之端也;徐音也。焉、哉、矣、兮,断句之助也。足句也。去之则言语不足,加之则章句获全。而史之叙事,亦有时类此。【释】首借文句起止助字引出史之浮词,盖用诗家比兴体也。故将述晋灵公厚敛雕墙,则且以不君为称;宣二。欲云司马安四至九卿,而先以巧宦标目;所谓说事之端也。此犹语端。又书重耳伐原示信,而续以一战而霸,文之教也。僖二十七。载匈奴为偶人象郅都,令驰射,莫能中,则云其见惮如此;《史记·酷吏传》。所谓论事之助也。此犹句助。【释】二层所引。似于语前语后各有浮出之文,而实非有泛溢也。

昔尼父裁经,义在褒贬,明如日月,持旧作"恃"。用不刊。而史传所书,贵乎博录而已。至于本事之外,时寄抑扬,此乃得失禀于片言,是非由于一句，谈何容易，可不慎欤！【释】此段领下。但近代作者，溺于烦富，则有发言失中。去声。◎谓语前。加字不惬。一作"快"。非。◎谓语后。遂令后之览者，难以取信。【释】以发言加字二句，分掣下文。盖《史记·世家》有云："赵鞅诸子，无恤最贤。"夫贤者当以仁恕为先，礼让居本。至如伪会邻国，进计行戎，俾同气女兄，摩笄引决，此则诈而安忍，贪而无亲，鲸鲵是俦，犬豕不若，《史通》每多碍眼丑句。焉得谓之贤哉！又《汉书》云："萧何知韩信贤。"案贤者处世，夷险若一，不陨获于贫贱，不充诎于富贵。《易误作"又"。传》曰："知进退存亡者，其唯圣人乎！"如淮阴初在仄微，堕业无行，后居荣贵，满盈速祸；躬为逆上，一作"臣"。名隶恶徒；周身之防靡闻，知足之情安在？美其善将，呼为才略则可矣，必以贤为目，不其谬乎？【释】以此二事为语前失中之证，然执论贤字滞甚，且与浮词不伦。又云：《汉书·酷吏传》。"严延年精悍敏捷，虽子贡、冉有通于政事，不能绝也。"夫以编名《酷吏》，列号"屠伯"，而辄比孔门达者，岂其伦哉？且以春秋至汉，多历年所，必言貌取人，耳目不接，又焉知其才术相类，锱铢无爽，而云不能绝乎？【释】以此一事为语后不惬之证，而所言亦带稚气，拟古岂在笑貌间哉。◎二节虽以证前，其实可削。

盖古之记事也，或先经张本，或后传终言，分布虽疏，错综逾密。【释】此五句束上起下。今之记事也则不然。或隔卷异篇，遽相矛盾；或连行接句，顿成乖角。是以《齐史》之论魏收，良直邪曲，三说各异；【原注】李百药《齐书序》论魏收云："若使子孙有灵，窃恐未挹高论。"至《收传·论》又云："足以入相如之室，游尼父子门。但志存实录，好抵阴私。"于《尔朱畅传》又云："收受畅财贿，故为荣传，多减其恶。"是谓三说各异。【按】《北齐书》："畅，双名文畅，受金语。在其弟文略传，文亦不同。"《周书》之评太祖，宽仁好杀，二理不同。【原注】令狐德棻《周书·元伟传》称文帝不害诸元，则云："太祖天纵宽仁，性罕猜忌。"于《本纪论》又云："渚宫制胜，阖城孥戮，茹茹归命，尽种诛夷。虽事出权道，而用乖于德教。"是谓二理不同。【按】本注：句复字脱，多不成语。今据《周书》改正，因此益悟集内篇文注语。时苦不通，皆窜乱所致，非其质也。非惟言无准的，固亦事成首鼠者矣。夫人有一言。一无"言"字。【按】此句当作人惟一格。而史辞再三；良以好发芜音，不求谠理，而言之反复，观者惑焉。【释】此节举百药、德棻之浮饰。

亦有开国承家，美恶昭露，皎如星汉，非靡沮所移。"靡沮"或作"磨涅"，俱未稳。此二句竟可省去。而轻事尘点，曲加粉饰。求诸近史，此颣即"累"字。或作"类"，后多有之，仿此。尤多。如《魏书》称登国以鸟名官，则云"好尚淳朴，远师少皞"；述道武结婚蕃落，则曰"招携荒服，追慕汉高"。自余所说，多类于此。案魏氏始兴边朔，少识典、坟；作俪蛮夷，抑惟秦、晋。而鸟官创置，岂关郯子之言？髦头而偶，奚假奉春之策？奢言无限，何其旧作"甚"。厚颜！又《周史》称，元行恭因齐灭得回，庾信赠其诗曰："虢亡垂棘反，一作"灭"。误。齐平宝鼎归。"陈周弘正来聘，在馆赠韦夐诗曰："德星犹未动，真一作"直"。误。车讵肯来？"其为信、弘正所重如此。夫文以害意，自古而然，拟非其伦，由来尚矣。必以庾、周所作，皆为实录，则其所褒贬，非止一人，咸宜取其指归，何止采其四句而已？【释】此节举魏收、牛弘之浮饰。若乃题目不定，首尾相违，则百药、德棻是也；【原注】《齐史》，李百药所撰。《周史》，令狐德棻所撰也。心挟爱憎，词多出没，则魏收、牛弘是也。【原注】《魏书》，魏收所撰。《周史》载元行恭等，此本牛弘所撰也。斯皆鉴裁非远，智识不周，而轻弄笔端，肆情高下。故弥缝虽洽，而厥迹更彰，取惑无知，见嗤有识。【释】此总缴二节之文。乃斥浮正文也。

夫词寡者出一言而已周,才芜者资数句而方浃。案《左传》称绛父论甲子,隐言于赵孟;班《书》述楚老哭龚生,莫识其名氏。苟举斯一事,则触类可知。至嵇康、皇甫谧撰《高士记》,各一作"名"。为二叟立传,全采左、班之录,而其传论一误作"词"。云:"二叟隐德容身,不求名利,避远乱害,安于贱役。"夫采揣古意,而广足【原音】子愈反。新言,此犹子建之咏三良,延年之歌秋妇。至于临穴泪下,闺中长叹,虽语多赢也。本传,而事无异说。盖凫胫虽短,续之则悲;史文虽约,增之反累。加减前哲,岂容易哉!【释】此以《高士传》论为浮词,是篇尾余波,无关正史。亦似赘及。

昔夫子断唐、虞以下迄于周,剪截浮词,撮其机要,故帝王之道,坦然明白。嗟乎!自去圣日远,史籍逾多,得失是非,孰能刊定?假有才堪厘革,而以人废言,此绕朝所谓"勿谓秦无人,吾谋适不用"者也。语见《左传·文十三》。【释】结处自寓。

【按】浮之云者,溢辞也,歧辞也,而先之以"徐音""足句",最为理致周圆。但篇中所摘,离合参半,如云"隔卷""连行",不容殊趣,而有若"三论""二评",失则歧矣、浮矣;又云"轻尘""曲粉",无取杂施,而假以邀皇词客,失则溢矣、浮矣。皆法言也。独其前此之论称贤、论况古,后此之论《高士传》赞,其失则滞而闲,刊而去之,乃纯锦也。《史通》此等,故应分别观之。◎批摘所主,仍在《北书》,通前后篇一气。

【注释】

伊惟焉哉【按】此四句化用《雕龙·章句》篇文。其原文云:"夫、惟、盖、故，发端之首唱；乎、哉、矣、也，送末之常科。"

巧宦 《史记·汲黯传》：黯姑姊子司马安，少与黯为太子洗马。安文深巧，善宦，官四至九卿。【按】传文"深巧"截句，"善宦"二字另读。而潘岳《闲居赋序》破句作"巧宦"之目，后遂习用之。

摩笄 《史记》：赵简子尽召诸子与语，无恤最贤，乃以为太子，是为襄子。襄子姊前为代王夫人。简子葬，未除服，北登夏屋，请代王。使厨人操铜枓以食代王，行斟，阴令宰人雒以枓击杀代王，遂兴兵平代地。其姊闻之，泣而呼天，摩笄自杀。代人怜之，名死地为摩笄之山。

知韩信贤 项羽封沛公蜀汉。《魏叔子集·熊养及字说》曰："汉高不肯之国。萧何曰：'臣愿大王王汉中，养其民以致贤人。'张良自韩来，韩信、陈平自楚往。故曰养民以致贤。"【按】语见《汉书·萧何传》。而良遇在先，平至在后。魏冰叔浑统言之。汉中所致，固止一信。但萧何致贤之语，却是泛词。《史通》指实韩信，殊属牵合，非止拈义之滞也。

陨获充诎 此《礼记·儒行》之文。郑注：陨获，困迫失志之貌。充诎，欢喜失节之貌。

屠伯 《严延年本传》：巧为狱文，奏可论死，奄忽如神，流血数里，河南号为"屠伯"。

首鼠 《史记·灌夫传》：武安侯召御史大夫载，怒曰："与长孺共一老秃翁，何为首鼠两端？"

登国名官师少皥 《魏书·官氏志》：天赐元年，欲法古纯质，每于制定官号，皆拟远古云鸟之义。诸曹走使谓之凫鸭，取飞之迅疾；以伺察为候官，谓之白鹭，取其延颈远望。自余诸官，义皆类此。【按】登国，道武初元，举以概后也。少皥事，见《书志》篇。

道武结婚慕汉高 《魏书·崔玄伯传》：太祖曾引玄伯讲《汉书》，至娄敬说汉祖以鲁元公主妻匈奴，善之，嗟叹者良久。是以诸公主皆厘降于宾附之国。

髦头《晋·天文志》：昴，七星天之耳也。又为髦头、胡星也。《魏·天象志》：皇始元年六月，有星孛于髦头。是秋，太祖启冀方之地。

奉春之策《汉书·刘敬传》：上曰："本言都秦地者娄敬，'娄'者乃'刘'也。"赐姓刘氏，拜为郎中，号奉春君。冒顿数苦北边，刘敬曰："陛下诚能以适长公主妻之，厚奉赂之，彼知汉女送厚，蛮夷必慕，以为阏氏，生子必为太子，代单于。岂尝闻外孙敢与大父抗礼者哉？"

元行恭得回《周书》：元伟，字猷道。为使主，报聘于齐。是秋，高祖亲戎东讨伟，为齐所执。齐平，伟方见释。伟性好虚静，政事之暇，未尝弃书。初，自邺还也，庾信赠其诗云云。【按】"猷道"，《史通》作"行恭"。岂牛弘本然耶？

周弘正来聘《周书》：韦夐，字敬远，志尚夷简，所居之宅，枕带林泉。明帝号之曰逍遥公。陈遣其尚书周弘正来聘，造夐后，请至宾馆，弘正赠诗云云。【按】《世说》：陈太丘诣荀朗陵，元方将车。于时太史奏真人东行，弘正诗"真车"语，用此也。

绛楚二老 绛父，即绛县老，见《二体》篇。《汉书·两龚传》：两龚皆楚人也。胜字君宾，舍字君倩，世谓之楚两龚。王莽既篡国，遣使者奉玺书，即拜。胜不复开口饮食，死。有老父来吊，哭甚哀，既而曰："嗟乎！薰以香自烧，膏以明自销。"遂趋而出，莫知其谁。【按】嵇康、皇甫谧作《二叟传》，皆采左、班语也。

咏三良《文选》：曹子建《三良诗》云："揽涕登君墓，临穴仰天叹。"

歌秋妇《宋书》：颜延之，字延年，独酌郊野，当其得意，旁若无人。【按】《秋胡诗》有"岁暮临空房"句。所谓闺叹也。秋胡事详后《品藻》篇。

凫胫《庄子·骈拇》篇：凫胫虽短，续之则忧；鹤胫虽长，断之则悲。

叙事 第二十二

序一章，尚简、用晦、妄饰三章。题下注，与行本小异。

夫史之称美者，以叙事为先。至若书功过，记善恶，文而不丽，质而非野，使人味其滋旨，怀其德音，三复忘疲，百遍无斁，自非作者曰圣，其孰能与于此乎？【释】从叙事大意宽起，提出作者曰圣，起下《尚书》《春秋》。昔圣人之述作也，上自《尧典》，下终获麟，是为属词比事之言，《春秋》。疏通知远之旨，《尚书》。子夏曰："《书》之论事也，昭昭然若日月之代明。"扬雄有云："说事者莫辨乎《书》，说理者莫辨乎《春秋》。"然则意指旧作"复"，误。深奥，诰一讹"诂"。训成义，《尚书》。微显阐幽，婉而成章；《春秋》。虽殊途异辙，亦各有差旧讹作"美"。焉。谅以师范亿载，规模万古，为述者之冠冕，实后来之龟镜。一作"鉴"。既而马迁《史记》，班固《汉书》，继圣而作，抑其次也。故世之学者，皆先曰"五经"，次云"三史"。一有"故"字。经史之目，于此分焉。【释】此节推《尚书》《春秋》为叙事祖法，举马、班二家为史体宗法。

尝试言之曰：经犹日也，史犹星也。夫杲日流景，则列星寝耀；桑榆既夕，而辰象粲然。故《史》《汉》之文，当乎《尚书》《春秋》之世也，则其言浅俗，涉乎委巷，"其言"八字亦可芟。垂翅不举，灙篇无闻。如果日星寝也。逮于战国已降，去圣弥远，然后能露其锋颖，倜傥不羁。如既夕星粲也。故知人才有殊，相去若是，校其优劣，讵可同年？自汉已降，几将千载，作者相继，非复一家，求其善者，盖亦一有"无"字。几矣。夫班、马执简，既"五经"之罪人；二字过当。而《晋》《宋》杀青，又一脱"又"字。"三史"之不若。譬夫王霸有别，粹驳相悬，才难不其甚乎！【释】蒙上意。从"二经"跌落"二史"，以迄于后史之递降。

然则作"然而"用。人之著述，虽同自一手，其间则有善恶不均，精粗非类。若《史记》之旧无"之"字，据下《汉书》偶句，当有"之"。苏、张、蔡泽等传，是其美者。至于三、五本纪，日者、太仓公、龟筴传，固无所取焉。又《汉书》之帝纪，陈、项诸篇，是其最也。至于淮南王、司马相如、东方朔传，又安足道哉！其中多靡文故，然见亦过僻。岂绘事以丹素成妍，帝京以山水为助。故言媸者其史亦拙，事美者其书亦工。必时乏异闻，世无奇事，英雄不作，贤俊不生，区区碌碌，抑惟恒理；而责史臣显其良直之体，申其微婉之才，盖亦难矣。【释】此节转局起议。就《史》《汉》拈示，大抵文貌有殊，都因事状非一，强欲同之。不能也。故扬子有云："虞、夏之书，浑浑尔；商书，灏灏尔；周书，噩噩尔；下周者，其书憔悴乎？"观丘明之记事也，当桓、文作霸，晋、楚更盟，则能饰彼词句，成其文雅。及王室大坏，事益纵横，则《春秋》美辞，几乎翳矣。观子长之叙事也，自周已往，言所不该，其文阔略，无复体统。洎一作"自"。秦、汉已下，条贯有伦，则焕炳可观，有足称者。至若荀悦《汉纪》，其才尽于十帝；陈寿《魏书》，其美穷于三祖。触类而长，他皆若斯。【释】此再申透上意。以见时当驳杂，只好就事叙事。

夫识宝者稀，知音盖寡。近有裴子野《宋略》，王劭《齐志》，此二家者，并长于叙事，无愧古人。而世人一作"之"。议者皆雷同，誉裴而共诋王氏。夫江左事雅，裴笔所以专工；中原迹秽，王文由其屡鄙。且几原子野。务饰虚辞，君懋王劭。志存实录，此美恶所以为异也。设使丘明重出，子长再生，记言于贺六浑之朝，书事于士尼干当作"侯尼于"。之代，将恐辍毫栖牍，无所施其德音。而作者安可以今方古，一概而论得失？【释】此节蒙上说下。才透指意，世人以饰为工；以质为陋，不知史固贵实录，不尚虚词也。侧注北朝，挐起三论。

夫叙事之体，其流甚多，非复片言所能觏缕；今辄区分类聚，定为三篇，列之于下。旧本次行有"右叙事篇序"五字，非刘氏自署也，今削之。后三条仿此。

【按】此一章叙事之叙也。远远说来，纯取宽境，大指言时风递降，则文亦随之。马、班不袭二经，正是各成信史。后有作者，就事叙事，宁实无虚，宁今而真，无古而赝。彼浮议之，为誉为诋，不足徇矣。苞笼后三，注射北四。

【注释】

微显阐幽 《左传》杜《序》：其微显阐幽，裁成义类者，皆据旧例而发义，指行事以正褒贬。【按】《史通》本此，非用《易》文也。

浑浑灏灏噩噩 杨子《问神》篇之文。

贺六浑 《北齐·神武纪》：姓高名欢，字贺六浑，渤海蓨人也。世仕慕容氏，慕容败，归魏神武。既累世北边，故习其俗，遂同鲜卑。

士尼干 黄本作"士于尼"。其《补注》云：《北史》齐显祖讳洋，字子进。武明太后孕帝时，有赤光照室，及产，命之曰"侯尼于"，鲜卑言有相子也。"士于尼"宜作"侯尼于"。

觏缕 "觏"本作"觏"，通作"罗"。左思《吴都赋》：嗟难得而觏缕。《晋书》傅咸疏：臣前所以不罗缕者，莫因结奏得从私愿也。《金壶字考》：次序也。

夫国史之美者，以叙事为工；而叙事之工者，以简要一无"要"字。为主。简之时义大矣哉！【释】本章言叙事尚简也，起便提明。历观自古，作者权舆,《尚书》发踪,所载务于寡事;《春秋》变体,其言贵于省文。斯盖浇淳殊致,前后异迹。然则作"然而"用。文约而事丰,此述作之尤美者也。【释】以二经标简体之大源。始自两汉,迄乎三国,国史之文,日伤烦富。逮晋已降,流宕逾远。旧多"必"字。寻其冗句,摘其烦词,一行之间,必谬增数字;尺纸之内,恒一作"必"。虚费数行。夫聚蚊成雷,群轻折轴,况于章句不节,言词一多"言既"二字。莫限,载之兼两,曷足道哉?【释】以近史当不简之流宕。◎以上通章总冒。

盖叙事之体,其别有四:有直纪其才行者,有唯书其事迹者,有因言语而可知者,有假赞论而自见者。【释】叙事之体,四别尽之,四句提纲。至如古文《尚书》称帝尧之德,标以"允恭克让";《春秋左传》言子太叔之状,目以"美秀而文"。襄三十一。所称如此,更无他说,所谓直纪其才行者。【释】第一缴句。又如《左氏》载申生为骊姬所谮,自缢而亡;僖四。班史称纪信为项籍所围,代君而死。《汉·高纪》。此则不言其节操,而忠孝自彰,所谓唯书其事迹者。【释】第二缴句。又如《尚书》称武王之罪纣也,其誓曰:"焚炙忠良,刳剔孕妇。"《左传》纪随会之论楚也,其词曰:"筚辂《传》作"路"。蓝缕,以启山林。""其誓曰""其词曰",是言语二字点眼处。此则才行事迹,莫不阙如;而言有关涉,事便显露,所谓因言语而可知者。【释】第三缴句。又如《史记·卫青传》后,太史公曰:"苏建尝责大将军不荐贤待士。"《汉书·孝文纪》末,其赞曰:"吴王诈病不朝,赐以几杖。""太史公曰""赞曰",是赞论二字点眼处。此则传之与纪,"传纪"二字旧倒。并所不书,而史臣发言,别出其事,所谓假赞论而自见者。【释】第四缴句。然则才行、事迹、言语、赞论,凡此四者,皆不相须。用一省三。若兼而毕书,则其费尤广。【原注】近史纪传欲言人居哀毁损,则先云至性纯孝;欲言人尽夜观书,则先云笃志好学;

欲言人赴敌不顾，则先云武艺绝伦；欲言人下笔成篇，则先云文章敏速。此则既述才行，又彰事迹也。如《穀梁传》云：骊姬以鸩为酒，药脯以毒。献公田来，骊姬曰："世子已祀，故致福于君。"君将食。骊姬跪曰："食自外来者，不可不试也。"覆酒于地，而地坟；以脯与犬，犬毙。骊姬下堂而啼呼曰："天乎！天乎！国，子之国也，子何迟乎为君！"又《礼记》云：阳门之介夫死，司城子罕入而哭之哀。晋人之觇宋者反报于晋侯曰："阳门之介夫死，而子罕哭之哀，而民说，殆不可伐也。"此则既书事迹，又载言语也。又近代诸史，人有行事美恶，皆已具其纪传中，续以赞论，重述前事。此则才行事迹，纪传已书，赞论又载也。【按】此注旧本多讹。今照《传记》改正。但自古经史，通多此类。此九字一本混入注中。【原注】《公》《梁》《礼》《新序》《说苑》《战国策》《楚汉春秋》《史记》，迄于皇家所撰《五代史》皆有之。能获免者，盖十无一二。【原注】唯左丘明、裴子野、王邵无此也。【释】四别所举简烦利病，疏论止此。

又叙事之省，其流有二焉：一曰省句，二曰省字。【释】续从四别列出二流。如一无"如"字。《左传》宋华耦来盟，称其先人得罪于宋，鲁人以为敏。夫以钝者称敏，【原注】鲁人，谓钝人也。《礼记》中已有注解。则明贤达所嗤，此为省句也。《春秋经》曰："陨石于宋五。"僖十六。夫闻之陨，视之石，数之五。加以一字太详，减其一字太略，求诸折中，简要合理，此为省字也。【释】已上正征"省"。其有一无"有"字。反于是者，若《公羊》当作"穀梁"。称郤传作"郜"。克眅，季孙行父秃，孙良夫跛，齐使跛者逆《穀梁》作"御"，下同。跛者，秃者逆秃者，眅者逆眅者。盖宜除"跛者"已下句，旧作"字"，误。但云"各以其类逆"。旧多"者"字。必事加再述，则于文殊费，此为烦句也。《汉书·张苍传》云："年老，口中无齿。"盖于此一句之内去"年"及"口中"可矣。夫此六文成句，而三字妄加，此为烦字也。【释】已上反征"烦"。然则省句为易，省字为难,洞识此心,始可言一有"于"字。史矣。苟句尽余剩,字皆重复,史之烦芜,职由于此。【释】二流所举省烦利病疏论止此。◎正文已竟。

盖饵巨鱼者,垂其千钧,而得之在于一筌;捕高鸟者,张其万罝,而获之由于一目。夫叙事者,或虚益散辞,广加闲说,必取其所要,不过一言一句耳。苟能同夫猎者、渔者,既执而此三字恐有讹脱文,当是广置之义。置钓必收,其所留者唯一筌一目而已。则庶几骈枝王注云:诸本作"胼胝",误。尽去,而尘垢都捐,一作"陨"。华逝而实存,滓去而沈在矣。嗟乎!能损之又损,而玄之又玄,轮扁所不能语斤,伊挚所不能言鼎也!【释】设喻结所言太窄。北平云:"如行地者躧足之外,不留寸土。尚可以行乎。"◎此章当云"尚简",下章当云"用晦"也。旧本标"简要""隐晦"非是。

【按】右一章言叙事尚简也。"四别二流",指证简法,得间入微,是《史通》全提之正令,是叙事不二之法门。行之维艰,识法者惧。◎高赤檀弓复调取致,原非史部家言,刘公特拈句示的耳,勿以不知文诟之。◎论古考言,贵设身处地,刘公时所睹诸近史,如何臧之两晋南北之八朝?其所载记,太半皆骈章俪句,嘲已哗世之篇,展卷烂然,浮文妨要,公有激于此,束之窄僿之途。所谓矫枉者直必过,读者谅之而已。

【注 释】

权舆 《广韵》:造衡自权始,造车自舆始。

成雷折轴 《汉·中山靖王传》:众煦漂山,聚蚉成雷。注:蚉,古"蚊"字。《国策》:张仪说魏,积羽沉舟,群轻折轴,众口铄金。

筚辂蓝缕 《左传·宣十二》:栾武子曰:"楚自克庸以来,在军无日不讨军实而申儆之，训之以筚路蓝缕，以启山林。"【按】是栾书语，非士会语也。二人皆称武子，所以误也。又：昭十二年，右尹子革语故有筚路句。皆是言语，非书事迹。

卫青传 《史记·赞》：大将军不敢亲附士大夫，招贤者，侵人主之柄，奉法遵职而已。【按】其文全出苏建口语，史公运之为赞，事举而传文省矣，故刘氏引之。

孝文纪 《汉书·赞》：孝文皇帝约身弛民，怀南越，和匈奴。又：吴王诈病而赐几杖，专务德化。【按】凡此数事，本皆《史记》纪中正文，班氏取以为赞，又一运化省笔之法，故刘氏类引之。

鲁人以为敏 《左传·文十五》：宋华耦来盟，公与之宴，辞曰："君之先臣督，得罪于宋殇公，名在诸侯之策。臣承其祀，其敢辱君。"鲁人以为敏。杜注：无故扬其祖恶，是不敏，鲁人以为敏，君子不与也。【按】"鲁"字之训，刘云"《礼记》中亦有是注"，但大、小戴《记》皆无是语，唯孔疏有其文，曰："鲁人，鲁钝之人。"

眇秃跛 《谷梁》成元：季孙行父秃，晋郤克眇，卫孙良夫跛，同时而聘于齐云云。《公羊》成二：客或跛或眇，于是使跛者迓跛者，眇者迓眇者。【按】《史通》所引，是《谷》非《公》，传写误。

口中无齿 《汉书·张苍传》：免相后，口中无齿，食乳。【按】句上无"年老"字。【又按】本传全录《史记》。《史记》有"老"字无"年"字，岂唐初写本《汉书》有此二字耶？

一筌一目 鱼豢《典略》云：得鸟者，罗之一目也，然张一目之罗，终不得鸟矣。《史通》翻用其文，然失之迫隘，不若原文之善喻也。【按】鱼豢之言，本《淮南·说山训》。

轮扁 《庄子·天道》：斫轮，徐则甘而不固，疾则苦而不入，不疾不徐，得之于手，而应于心，口不能言。【按】文兼使郢人运斤事，故曰不能语斤。

伊挚 《史记·殷本纪》：伊尹，名阿衡。《索隐》：《孙子兵书》，伊尹名挚。孔安国亦曰伊挚。《吕览·本味》：伊尹说汤以至味，曰："鼎中之变，精妙微纤，口弗能言，志弗能喻。"【按】"轮扁"二句，本《文心雕龙·神思》篇成语。

夫饰言者为文，编文者为句；句积而章立，章积而篇 一多"目"字。成。篇目既分，而一家之言备矣。【释】本章言叙事用晦也，先泛然说起。古者行人出境，以词令为宗；大夫应对，以言文为主。况乎列以章句，刊之竹帛，安可不励精雕饰，传诸讽诵者哉？【释】已上是开势。自圣贤述作，是曰经典，句皆韶、夏，言尽琳琅，秩秩德音，洋洋盈耳。譬夫游沧海者，徒惊其浩旷；登太山者，但嗟其峻极。【释】此层亦是挑剔之文。必摘以尤最，不知何者为先。然章句之言，有显有晦。【释】此方点出章旨。又将显字剔晦字，晦之云者，意到而笔不到也。显也者，繁词缛说，理尽于篇中；晦也者，省字约文，事溢于句外。然则晦之将显，优劣不同，较可知矣。【释】测注在晦一边。夫能略小存大，举重明轻，一言而巨细咸该，片 一作"三"，非。语而洪纤靡漏，此皆用晦之道也。【释】正提用晦作起笔。

昔古犹云"古昔"。文义，务却浮词。《虞书》云："帝乃殂落，百姓如丧考妣。"德盛、民戴皆见。《夏书》云："启呱呱而泣，予不子。"忧国、忘家皆见。《周书》称"前徒倒戈，血流漂杵"。纣虐、民愤皆见。《虞书》云："四罪而天下咸服。"凶德、公心皆见。此皆文如阔略，而语实周赡。故览之者初疑其易，而为之者一无"者"字。方觉其难，固非雕虫小技所能斥苦旧作"斥非"，于文不顺，当是"斥苦"之讹。其说也。【释】此节从《尚书》指出晦法。既而丘明受旧作"授"。经，师范尼父。夫《经》以数字包义，而《传》以一句成言，虽繁约有殊，而隐晦无异。故其纲纪而言邦俗也，则有士会为政，晋国之盗奔秦；政善可知。邢迁如归，卫国忘亡。安集可知。其款曲而言人事也，则有此下诸本多讹，详注在后。犀革裹之，比及宋，手足皆见；勇闷可知。三军之士，皆如挟纩。感悦可知。斯皆言近而旨远，辞浅而义深；虽发语已殚，而含意未尽。使夫读者望表而知里，扪毛而辩骨，睹一事于句中，反三隅于字外。晦之时义，不亦大哉！【释】此节从《左传》指出晦法。洎班、马二史，虽多谢《五经》，必求其所长，亦时值斯语。至若高祖亡萧何，如失左右手；《史记·淮阴侯传》。◎倚任可知。汉兵败绩，睢水为之不流；《史记·项羽本纪》。◎败形可知。董生乘马，三年不知牝牡；专业可知。翟公之门，可张雀罗，凉态可知。则其例也。【释】此节从《史》《汉》指出晦法。正文扣住。

自兹已降，史道陵夷，作者芜音累句，云蒸泉涌。其为文一作"史"。也，大抵编字不只，捶句皆双，修短取均，奇偶相配。故应以一言蔽之旧脱"之"字。者，辄足为二言；应以三句成文者，必分为四句。弥漫重沓，不知所裁。是以处道旧本作"承祚"，误。受责于少期，【原注】《魏书·邓哀王传》曰：容貌姿美，有殊于众，故特见宠异。裴松之曰：一类之言而分以为三，亦叙属之一病也。子昇取讥于君懋，【原注】王劭《齐志》曰：时议恨邢子才不得掌兴魏之书，怅怏温子昇，亦若此而撰《永安记》，率是支言。◎"支言"旧讹"六言"。非不幸也。【释】此节撇尽后史，简且不能，更何处说起用晦耶！今试取诸史读之，信有八代之衰之叹也。

盖作者言虽简略，理皆要害，故能疏而不遗，俭而无阙。譬如用奇兵者，持一当百，能全克敌之功也。若才乏俊颖，思多昏滞，费词既甚，叙事才周；亦犹售铁钱者，以两当一，方成贸迁之价也。【释】此节双绾双收。然则《史》《汉》已前，省要如彼；《国》《晋》已降，【原注】

《国》谓《三国志》，《晋》谓《晋书》也。烦碎如此。必定其妍媸，甄其善恶。此下似有脱句。夫读古史者，明一作"阅"。其章句，皆可咏歌；对晦而言，故须求明也。"明"字胜。观近史者，悦一作"得"。其绪言，直求事意而已。意无余蓄，惟言句可悦耳。"悦"字胜。是则一贵一贱，不言可知，无假摧扬，而其理自见矣。【释】结是长言咏叹之法。旧本二章，装柄简要，义犹可通，隐晦直无理矣。叙事正贵明显，而顾反之，果何说乎？且隐晦岂文家美词，而与简要对举乎？决是妄填，故削之。

【按】右一章言叙事用晦也，用晦之道尤难言之。简者词约事丰，晦者神余象表；词约者犹有词在，神余者唯以神行，几几无言可说矣。叙事至此，岂复望之五经三史后哉！故止得前幅举似如《尚书》《左传》《史》《汉》数条，惬合章旨，向后著语，便殁一针，何也？如所云不只皆双，及处道子昇受责取讥，诸注只从烦省比量，移置前章背面亦得。此则反拈互勘，取道稍松，亦弥见晦法入微，无文对举也，故曰尤难言之。

【注释】

言文 《左传·襄二十五》：仲尼曰："志有之：言以足志，文以足言，不言，谁知其志？言之无文，行之不远。慎辞哉！"

斥苦 《庄子·逸》篇：绋讴所生，必于斥苦。司马彪注引绋讴歌，为力不齐，而迫促之。【按】本文盖竭力求及之意。

晋盗奔秦 《左传·宣十六》：晋侯请于王，以黻冕命士会将中军，且为太傅，于是晋国之盗逃奔于秦。

如归忘亡 《左传·闵二》：僖之元年，齐桓公迁邢于夷仪。二年，封卫于楚丘。邢迁如归，卫国忘亡。

犀革至挟纩 《左传·庄十二》：宋万弑闵公于蒙泽，奔陈。宋人请万于陈，以赂，陈人使妇人饮之酒，而以犀革裹之，比及宋，手足皆见。宋人醢之。又《宣十二》：楚子伐萧，申公巫臣曰："师人多寒。"王巡三军，拊而勉之。三军之士，皆如挟纩。【按】本文于"则有"之下，一本云："使妇人饮之酒，以犀革裹之，比及宋，手足皆见。援庙桷，动于甍。……师人多寒，王拊而巡之，三军之士，皆如挟纩。"一本削去"援庙桷，动于甍"六字，以"宋人醢之萧溃"六字填之。反复参观，二本皆谬。何也？章言用晦，所引皆含蓄句法。此条神趣只在"手足见""如挟纩"两言，而多赘冗文，全乖晦体。谬一也。《史通》一书，纯用偶体，此条与"盗奔""邢迁"作配，而溢添"援桷"，则体不均；改缀"萧溃"，又义不属。谬二也。【再按】"援桷"事见《襄二十八》。此六字似是"犀革"改本失删彼文，自余羡句，则缘后人夹注，传写混入，致兹乖谬耳。既僭刊之，仍列异本原文于右。难者曰："'三军挟纩'八字，不太割截乎？"应之曰："'如归、忘亡'八字，连缀上文否？"

不知牝牡 王《训故》：《邹子》：董仲舒勤学，三年不窥园，乘马不知牝牡。【按】《史记》《汉书》止有"不窥园"一句。

可张雀罗 《汉书·汲郑传》：两人中废，宾客益落。先是，下邽翟公为廷尉，宾客亦填门，及废，门外可张爵罗。后复为廷尉，客欲往，翟公大署其门曰："一死一生，乃知交情；一贫一富，乃知交态；一贵一贱，交情乃见。"

处道 《晋书》：王沈字处道，典著作，与荀𫖮、阮籍共撰《魏书》，多为时讳，未若陈寿之实录也。【按】本文句下原注，本引裴评王沈书语，或妄意裴是注《三国》者，遂改"处道"为"承祚"，并改注内"魏书"为"魏志"，而又脱去"有殊于众"两言，使"一类分三"句无著傍，头面全失矣。亟是正之，不惮多事云。

子昇 《魏书·文苑传》：温子昇，字鹏举，永熙中散骑常侍。济阴王晖业尝云：江左文人有颜延之、谢灵运、沈约、任昉，我子昇足以陵颜轹谢，吐沈含任。宋游道集其文笔为三十五卷。

昔文章既作，比兴由生；鸟兽以媲贤愚，草木以方男女；诗人骚客，言之备矣。【释】本章论叙事妄饰，谓假古名以饰今称也，首原此体所由兴，作开局。洎乎中代，其体稍殊，或拟记作"似"。人必以其伦，或述事多比于古。当汉氏之临天下也，君实称帝，理异殷、周；子乃封王，名非鲁、卫。而作者犹谓帝家为王室，公辅为王臣。盘亦作"磐"。石加建侯之言，带河申俾侯之誓。旧作"称"。而史臣撰录，亦同彼文章，假托古词，翻易今语。润色之滥，萌于此矣。【释】此节说到假古为饰，自汉初始，而史亦因之。

降及近古，弥见其甚。至如诸子短书，杂家小说，论逆臣则呼为问鼎，称巨寇则目以长鲸。邦国初基，皆云草昧；帝王兆迹，必号龙飞。斯并理兼讽谕，言非指斥，异乎游、夏措词，南、董显书之义也。【释】此承前言。诸名虽饰，犹皆切当，况是杂书，无关国典也。如魏收代元魏初国号代。史，吴均齐北齐。录，或牢笼一世，或苞举一家，自可申不刊之格言，弘至公之正说。而收称刘氏纳贡，则曰"来献百牢"；均叙元日临轩，必云"朝会万国"。夫以吴征鲁赋，禹计涂山，持彼往事，用为今说，置于文章不关史册之文。则可，施于简册谓史。则否矣。一脱"矣"字。【释】此折转言。若收、均任修国史，恣行夸饰，则妄矣。

亦有方以类聚，譬诸昔人。如王隐称诸葛亮挑战，冀一作"真"。获曹咎之利；崔鸿称慕容冲见幸，为有龙阳之姿。拈事猥亵。其事相符，言之谠矣。而卢思道称邢邵丧子不恸，自东门吴已来，未之有也；李百药称王琳雅得人心,虽李将军恂恂善诱,无以加也。斯则虚引古事,妄足庸音,苟矜其学,必辨而非当者矣。此亦未允。【释】此与下节皆两层转折。◎此言诸所比拟,王、崔为得,若卢、李则过饰矣。

昔《礼记·檀弓》,工言物始。夫自我作故,首创新仪,前史所刊,后来取证。是以汉初立辀,当作"楷"。子长当作"孟坚"。所书;鲁始为鬘,丘明是记。河桥可作,元凯取验于毛《诗》;男子有笲,伯支远征于《内则》。即其事也。案裴景仁《秦记》称苻《世说·注》引裴《记》,本作"符"。坚方食,抚盘而诟;王劭《齐志》述一有"受纥"二字,一有"受"字。洛干感恩,脱帽而谢。及彦鸾崔鸿。撰以新史,重规李百药。删其旧录,乃易"抚盘"以"推案",变"脱帽"为"免冠"。夫近世通无案食,胡俗不施冠冕;直以事不类古,改从雅言,欲令一脱"令"字。学者何以考时俗之不同,察古今之有异?【释】此以制物言。亦两层转折。若"楷""鬘"等皆有征,若"盘""帽"等则不必假古为饰矣。

又自杂种称制,充牣神州,事异诸华,言多丑俗。一作"孔丑"。至如翼犍,旧有"魏"字。道武原旧作"所",非;讳;黑獭周文本名,而伯起革一讹"草"。以他语,德棻阙而不载。考二史,皆不讳。盖厗降、崩聩,字之媿也;重耳、黑臀,名之鄙也。旧皆列一讹"例"。以《三史》,传诸《五经》,未闻后进谈讲,别加刊定。况齐丘注语甚明,旧讹"愁山"。之或讹定。犊,彰于载谶;【原注】杜台卿《齐记》载谶云:"首牛入西谷,逆犊上齐丘"也。河边之狗,著于谣咏。【原注】王劭《齐志》载谣云:"雏雏头团圞,河中狗子破尔苑"也。明如日月,难为盖藏,此而不书,何以示后?【释】此节乃推到无可饰者,如"犍""獭""谣""谶"等诸名色,不能饰而讳之,亦饰也。亦有氏姓本复,减省从单,或去"万纽"而留"于",旧讹"去万纫而留干",又讹"去万而留千"。或止存"狄"而除"厍"。如作"存扶而除乞"亦可，旧作"存扶而除厚"，非。求诸自古，罕闻兹例。【释】此因讳而类及之。此虽非文士为政，然当时操史笔者，固有惮烦从改之习也。

昔夫子有云："文胜质则史。"故知史之为务，必藉于文。自《五经》已降，《三史》而往，以文叙事，可得言焉。而今之所作，一多"者"字。有异于是。其立言也，或虚加练饰，轻事雕彩；或体兼赋颂，词类俳优。文非文，史非史，譬夫乌孙造室，杂以汉仪，而刻鹄不成，反类于鹜者也。【释】结言史亦尚文，但虚设不可耳。

【按】右一章论叙事妄饰也。通旨归结在此，为元高宇文而作，历详厥指。一言词令之出，幅员不可欺；一言服物之制，通称不必变；一言名号之传，谣谶不容掩。所争在僭与直，非贪俗恶典也，与言语篇同意。论者不审，几疑提塘邸抄；弹词宾白，亦可班之国史矣。岂谓是哉！

【注释】

刘氏献百牢 《魏书》：太武帝太平真君十一年，舆驾南伐。刘义隆使献百牢，贡其方物。【按】用《左传·哀七年》会鄫语。又见《杂说》中篇"佛狸入寇"注。

元日会万国【按】《魏书》：太宗神瑞二年春正月，赐附国大渠帅朝岁首者缯帛、金罽有差，而文乃言高齐事。考《齐书》无"元日会万国"明文，当是臣僚贺表中语。惜吴均《齐录》不可得见也。

诸葛挑战 《魏志注》：《晋阳秋》曰：诸葛亮寇于郿，据渭水南。亮挑战，遗高祖巾帼，欲以激怒，冀获曹咎之利。《史记·项羽纪》：项王谓大司马曹咎曰："谨守成皋，汉欲挑战，慎勿与战。"汉果数挑楚军战，楚军不出，使人辱之。大司马怒，渡兵汜水。半渡，汉击之，大破楚军。咎自刭。

慕容冲 《晋书》载记：苻坚灭燕，慕容冲姊为清河公主，年十四，有殊色，坚纳之，宠冠后庭。冲年十二，亦有龙阳之姿，坚又幸之。姊弟专宠，长安歌之曰："一雌复一雄，双飞入紫宫。"《战国魏策》：魏王与龙阳君共船而钓，得为王拂枕席。

邢劭丧子 《北齐书》：邢邵，字子才，养孤子恕，慈爱特深。在兖州，有都信云恕疾，便忧之，颜色贬损。及卒，痛悼虽甚，不再哭。其高情达识，开遣滞累，东门吴以还所未有也。《战国秦策》：梁人有东门吴者，其子死而不忧。其相室曰："公子，爱子也，死而不忧，何也？"东门吴曰："吾尝无子，无子之时不忧，今与无子时同也，奚忧焉？"

王琳得人心 《北齐书》：王琳，字子珩，镇寿阳，轻财爱士，得将卒之心。既及于难，当时田夫野老，知与不知，莫不为之歔欷流涕。观其诚信感物，虽李将军之恂恂善诱，殆无以加焉。李将军广事具《史记》。郭《评》：子才丧孤不恸，何异于吴？王琳会葬千人，李广不甞，岂为虚引故事？

汉初立輤 《汉书·高纪》：八年十一月，令士卒从军死者，为櫝归其县，县给衣衾棺葬具。注：应劭曰："櫝，小棺也。郭《评》：《史通》作"輤"，輤，车轴也。又考《史记》无此事，当改云"汉初立櫝，孟坚所书"。

鲁始为髽 《左传·襄四》：邾、莒伐鄫，臧纥救鄫，败于狐骀。国人从丧者皆髽，鲁于是乎始髽。杜注：髽，麻发合结也。丧多不能备凶服。《檀弓》郑注：去纚而紒曰髽。纚黑韬，紒音计。【按】《左传》合男女言，《檀弓》以为妇人吊也。

作河桥 《晋·杜预传》：预，字元凯，杜陵人。预以孟津渡险，请建河桥于富平津。议者以为殷、周所都，历圣贤而不作者，必不可立故也。预曰："'造舟为梁'。则河桥之谓也。"及桥成，帝从百僚临会，举觞属预。

男子笄 《魏书》：刘芳，字伯文，彭城人。北徙，通直常侍。王肃之来奔也，寓于华林。肃语次曰："古者妇人有笄，男子则无。《丧服》男子冠而妇人笄。"芳曰："冠尊，故夺其笄称也，非男子无笄。《礼内则》称子事父母，鸡初鸣，栉纚笄总。男子有笄明矣。"肃以为然。时人号为刘石经。【按】"伯文"，《北史》作"伯支"。

易盘以案 【按】裴之《秦记》，崔之《十六国书》，皆无考。《晋·载记》：苻坚讨姚苌，苌军渴，有死者。俄而降雨，苌营三尺，营外寸余而已。苌军大振。坚方食，去案，怒曰："天何故降泽贼营！"

变帽为冠 《北齐·万俟普传》：子洛，字受洛干，战有功，高祖亲扶上马。洛干免冠稽首曰："愿出死力。"【按】《北史》亦同，而邵《志》亦无考矣。

翼犍黑獭 《魏书·帝纪》：昭成帝讳什翼犍。《周书·帝纪》：文帝宇文氏，讳泰，字黑獭。

字嬎名鄙 旧注：庬降，八凯中一人。蒯聩，卫庄公名。《刺客传》亦有赵人蒯聩。重耳，晋文公名。黑臀，晋成公名。成公之生也，其母梦神规其臀以黑，曰："使有晋国三，而畀欢之孙。"故名曰黑臀。

姓复从单 《通鉴释例》：魏之群臣，出代北者，皆复姓。孝文迁洛，改为单姓。史患其烦，皆从后姓。【今按】北朝诸史，亦非尽改。其省改之文，于《魏书·官氏志》具列之。

去万纽留于 《周书》：唐瑾仕魏，为骠骑、开府，周文叹异之，赐姓万纽于氏。《华岳颂碑》结衔作"万纽于瑾"。《魏书·官氏志》：勿忸于氏，后改为于氏。《通志·氏族略》："勿忸于"疑与"万纽于"同。【愚按】"勿忸"无他据，而"万纽"有据，疑《魏志》讹也。又易"万"作"萬"，《北史·儒林》樊深赐姓亦然，则又传写者误也。

存狄除厍 旧作"存扶除厚"。【按】《官氏志》无"厚"字连"扶"之氏，但有乞扶氏改为扶氏，则似"除厚"，应为"除乞"矣。然"乞"之与厚，声形俱别，不应讹转乃尔。再考本志，有厍狄氏，后改为狄氏。"厍"与"厚"，"狄"与"扶"，形俱相近，或当是也。又北齐臣如厍狄回洛、厍狄盛之属，多"广"头去点，尤与厚字头同。《广韵》：厍，始夜切，《姓苑》有之。

卷 七

品藻 第二十三

　　盖闻方以类聚，物以群分；薰莸不同器，枭鸾不比翼。若乃商臣、冒顿，南蛮、北狄，万里之殊也；伊尹、霍光，殷年、汉日，千载之隔也。而世之称悖逆则云商、冒，论忠顺则曰伊、霍者，何哉？盖厥迹相符，则虽隔越为偶，奚必差肩接一作"步"。武，方称连类者乎？【释】篇首言品藻果允。虽时地不相及，而人可类举也。

　　史氏自迁、固作传，始以品汇相从。然其中或以年世迫促，或以人物寡鲜，求其具体必同，不可多得。是以韩非、老子，共在一篇；董卓、袁绍，无闻二录。岂非韩、老俱称述者，书有子名；《韩非子》《老子》。袁、董并曰英雄，生当汉末。用此为断，粗得其伦。亦有厥类众夥，宜为流别，而不能定其同科，申其异品，用使兰艾相杂，朱紫不分，是谁之过欤？盖史官之责也。【释】此节总冒。

　　案班《书·古今人表》，仰包亿载，旁贯百家，分之以三科，定之以九等。其言甚高，其义甚悏。及至篇中所列，奚不类于其叙哉！若孔门达者，颜称殆庶，至于他子，难为等衰。通"差"。今乃先伯牛而后曾参，进仲弓而退冉有，【原注】伯牛、仲弓并在第二等，曾参、冉有，并在第三等。求诸折中，厥理无闻。又楚王楚武王子文王。过邓，三甥聃甥、骓甥、养甥。请一作"欲"。杀之，邓侯不许，卒亡邓国。庄六。今定邓侯入下愚之上，【原注】即第七等。夫宁人负我，为善获戾，持此致尤，将何劝善？如谓小不忍，乱大谋，失于用权，故加其罪。是则三甥见几而作，决在未萌，自当高立标格，置诸云汉，何得止与邓侯邻伍，列在中庸下流而已哉？【原注】三甥皆在第六等。又其叙晋文之臣佐也，舟之侨为上，阳处父次之，士会为下；【原注】舟之侨在第三等，阳处父在第四等，士会在第五等。其述燕丹一脱"丹"字。之宾客也，高渐离居首，荆轲亚之，秦舞阳居末。【原注】高渐离在第四等，荆轲在第五等，秦舞阳在第六等。◎事详《史记·刺客传》。斯并是非瞀乱，善恶纷挐，或珍瓴甋而贱璠玙，或策驽骀而舍骐骥。以兹为监，欲谁欺乎？【释】此节专纠《汉书·古今人表》。

又江充、息夫躬谗谄惑上，使祸延储后，毒及忠良。论其奸凶，过于石显远矣。而固叙之，不列佞幸。杨王孙裸葬悖礼，狂狷之徒；考其一生，更无他事，而与朱云同列。一有"仍"字。冠之传首，不其秽欤？【释】因《古今人表》，及到《列传》分合，就班书作转递，已下皆言传类也。

若乃旁求别录，侧窥杂传，诸如此谬，其累实多。案刘向《列女传》，载鲁之秋胡妻者，寻其始末，了无才行可称，直以怨怼厥夫，投川而死。轻生同于古冶，殉节异于曹娥，此乃凶险之顽人，强梁之悍妇，两言罪过。辄与贞烈为伍，有乖其实者焉。【释】《列女传》一则。又嵇康《高士传》，其所载者广矣，而颜回、蘧瑗，独不见书。盖以二子虽乐道遗荣，安贫守志，而拘忌名教，未免流俗也。揣薄周、孔者之意。正如董仲舒、扬子云，亦钻仰四科，驰驱六籍，渐孔门之教义，服鲁国之儒风，亦是诵述礼法者。与此何殊，而并可甄录。夫回、瑗可弃，而杨、董获升，可谓识二五而不知十者一本误作"百"字。也。【释】《高士传》一则。◎已上二书非国史，盖类而及之。

爰及近代，史臣所书，求其乖失，亦往往而有。借如阳瓒效节边城，捐躯死敌，当有宋之代，抑刘、卜之徒欤？【原注】刘谓刘康祖，卜谓卜天与。而沈氏竟不别加标榜，唯寄编于《索虏》篇内。纪僧珍《南齐书》及《南史》并作"僧真"。砥节砺行，终始无瑕，而萧氏乃与群小混书，都以恩幸为目。王颁文章不足，武艺居多，躬诣戚藩，首阶逆乱。撰隋史者如不能与枭感并列，【原注】隋世皆以杨玄感为枭感。即宜附出《杨谅传》中，辄与词人共编，吉士为伍。【原注】《隋书》列王颁在《文苑传》也。凡斯纂录，岂其类乎？【释】此节收归国史。谓沈、萧、令狐诸书类多分配未当也。

子曰："以貌取人，失之子羽；以言取人，失之宰我。"光武则受误于庞萌，曹公则见欺于张邈。事一无"事"字。列在方书，句有脱字。惟善与恶，昭然可见。不假许、郭之深鉴，裴、王之妙察，而作者存诸简牍，不能使善恶区分，故曰谁之过欤？史官之责也。【释】此节推到作者识鉴，应前作缴。夫一作"矣"。能申藻镜，一多"区"字。别流品，使小人君子，臭味得朋，上智中庸，等差有叙，则惩恶劝善，永肃将来，激浊扬清，郁为不朽者矣。

【按】班、史人表，老手判之，只销一语曰，不作可耳。他所论列，亦恐更仆未易尽也。《品藻》非直论史，直论人矣。论人者，衡悬鉴照，平明盖难，一挂百漏，拈放何主？愚恐是篇轻犯棘丛。◎《高士传》一节，非欲其攀载颜、蘧，乃讥其冒收扬、董也。《史通》此类文法甚多，解者勿误。

【注释】

商冒 商臣，楚成王太子。王后欲立少子职，商臣以宫甲围王，王缢，遂自立。见《左传·文元年》。冒顿，匈奴头曼太子。头曼爱后阏氏子，欲立之。冒顿射杀头曼自立。事见《史记·匈奴传》。【按】此二逆连举，见宋明帝诏。

伊霍 《汉书》：霍光，字子孟，位大司马、大将军。昭帝崩，亡嗣。承皇太后诏，迎昌邑王贺。贺即位，行淫乱，光忧懑。田延年曰："伊尹相殷，废太甲以安宗庙，后世称其忠。将军若能行此，亦汉之伊尹也。"光即白太后，诏归贺昌邑，立孝宣皇帝。《晋景纪》：伊尹放太甲以宁殷，霍光废昌邑以安汉。

三科九等 《汉书·古今人表叙》云：可与为善，不可与为恶，是谓上智；可与为恶，不可与为善，是谓下愚；可与为善，可与为恶，是谓中人。因兹以列九等之序。

晋之臣佐 《左传·僖二十七、八》：晋文作三军，魏犨为戎右。围曹，魏犨伤于胸，立舟之侨以为戎右。城濮之战，舟之侨先归，晋侯杀之，以徇于国。又《文五》：晋阳处父聘于卫，宁嬴从之，及温而还。其妻问之，嬴曰："以刚，天为刚德，犹不干时，况在人乎？"是以去之。又：士会见《叙事》用晦篇。

江充息夫躬 纂旧注：江充幸于武帝，造巫蛊，杀太子。息夫躬幸于哀帝，上变告东平王云，造诈谖之策。【按】《汉书》：二人与蒯通、伍被同传。

石显 《汉书·佞幸传》：石显少坐法腐刑，元帝委以政事，为人巧慧习事，能探得人主微指。内深贼，持诡辩以中伤人。

杨王孙 《汉书》：杨王孙者，孝武时人，学黄、老之术。病且终，令其子嬴葬，为布囊盛尸，入地七尺，既下，从足引脱其囊，以身亲土。

秋胡妻 《列女传》：洁妇者，鲁秋胡子妻也。纳之五日，去而宦于陈，五年乃归。未至家，见路旁妇人采桑。秋胡子悦之，下车谓曰："力田不如逢丰年，力桑不如见国卿。吾有金，愿以与夫人。"妇人不愿，秋胡子遂去。至家，母唤妇至，乃向采桑者也。妇曰："子束发辞亲，五年乃还，当驰骤疾至。今乃悦路旁妇人，而下子之装，是亡母也，不孝。好色淫佚，不义。妾不忍见。"遂去，投河而死。【按】傅玄诗：彼夫既不淑，此妇亦太刚。两言最允，刘殊失平。

古冶 《晏子春秋》：公孙捷、田开疆、古冶子事景公，勇而无礼。晏子言于公，馈之二桃。公孙捷、田开疆曰："吾勇不若子，功不逮子，取桃不让，是贪也；然而不死，无勇也。"皆反其桃，挈领而死。古冶子曰："二子死之，吾独生，不仁。"亦挈领而死。

曹娥 《后汉·列女传》：孝女曹娥，上虞人。父盱，为巫祝。五月五日，于县江泝涛迎婆娑神，溺死，不得尸。娥年十四，沿江号哭，旬有七日，投江死。县长度尚为立碑。注：《会稽典录》曰：度尚弟子邯郸淳作碑文。后蔡邕题八字曰："黄绢幼妇，外孙齑臼。"《晋隐逸传》：夏统曰："曹娥德过梁、宋，国人为歌《河女》之章。"

识二五不知十 《梁书·刘峻传》：峻著《辨命论》曰："言而非命，有六蔽焉。靡颜腻理，哆噅顑颐，形之异也。朝秀辰终，龟鹤千岁，年之殊也。闻言如响，智昏菽麦，神之辨也。知三者，定乎造化荣辱之境。独曰由人，是知二五而未识于十，其蔽一也。"盖用《越世家语》。

阳瓒 《宋书·索虏传》：永初三年，虏悉力攻滑台城，城东北崩坏，王景度出奔。景度司马阳瓒，坚守不动。众溃，抗节不降，为虏所杀。

刘卜 《宋书·刘康祖传》：太祖大举北伐，康祖军出许、洛。会库仁真相及于尉氏，大战一日一夜，矢中颈死。虏传康祖首示彭城，面如生。又《元凶传》：元凶劭，文帝长子也。元嘉三十年，劭斋帅张超之手行弑。劭进至合殿中阁，太祖左细仗主卜天与攻劭于东堂，见杀。

纪僧珍 《南齐书·恩幸传》：纪僧真少随萧思话及其子惠开。惠开，罢益州，不得志。僧真事之愈谨。惠开曰："我子弟异才，政是讳耳。"僧真忆其言，乃请事太祖。太祖顿新亭，贼突入东门，僧真与左右拒战。贼退，除南台御史。僧真容貌言吐，雅有士风。【按】"真"作"珍"误。讳谓道成也。

王頍 《隋书·文学传》：王頍，字景文，通经，晓兵法，有纵横之志。授汉王谅府谘议参军。谅潜有异志，文帝崩，举兵反，多頍计也。杨素至蒿泽，頍谓其子曰："气候殊不佳。"于是自杀。又《庶人谅传》：高祖幼子汉王谅，字德章，出为并州总管。谅自以所居天下精兵处，有异图。既反，王頍曰："王所部将吏，家属尽在关西，宜长驱京都，所谓迅雷不及掩耳。及杨素袭蒿泽，谅欲还师，頍谏，不从。穷蹙，降。除名为民，绝属籍。

庞萌张邈 萌见《载文》篇。《魏志·邈传》：邈，字孟卓，太祖、袁绍皆与邈友。绍既为盟主，使太祖杀邈。太祖不听，曰："孟卓，亲友也。"邈畏太祖终为绍击己，心不自安。太祖将陈宫等共谋叛，说邈曰："此亦纵横之一时也。"邈从之，遂以其众迎吕布，据濮阳。二年间，自为其下所杀。评曰：昔光武谬于庞萌，近魏祖亦蔽于张邈。知人则哲，惟帝难之。

许、郭 《后汉书》：郭太，字林宗，太原人。性明知人，好奖训士类。许劭，字子将，汝南人。少峻名节，好人伦，多所赏识。故天下言拔士者，咸称许、郭。

裴、王 《晋书》：裴秀从弟楷，字叔则，明悟有识量，少与王戎齐名。史部郎阙，文帝问其人于钟会，会曰："裴楷清通，王戎简要，皆其选也。"又：王戎，字濬冲，神彩秀彻。裴楷目之曰："戎眼烂烂，如岩下电。"

直书 第二十四
一作"直言",误。

夫人禀五常,士兼百行,邪正有别,曲直不同。若邪曲者,人之所贱,而小人之道也;正直者,人之所贵,而君子之德也。然世多趋邪而弃正,不践君子之迹,而行由一本"由"作"曲",又多"自陷"二字。小人者,何哉?语曰:"直如弦,死道边;曲如钩,反封侯。"故宁顺从以保吉,不违忤以受害也。【释】泛从直道不伸说起。况史之为务,申以劝诫,树之风声。其有贼臣逆子,淫君乱主,苟直书其事,不掩其瑕,则秽迹彰于一朝,恶名被于千载。一作"古"。言之若是,吁可畏乎!【释】此贴到作史者,直道彰则为恶者惧矣,振起下文。

夫为于可为之时则从,为于不可为之时则凶。如董狐之书法不隐,赵盾之为法受恶。彼我无忤,行之不疑,然后能成其良直,擅名今古。至若齐史之书崔弑,马迁之述汉非,韦昭仗正于吴朝,崔浩犯讳于魏国,或身膏斧钺,取笑一有"于"字,下同。当时;或书填坑窖,无闻后代。夫世事如此,而责史臣不能申其强项之风,励其匪躬之节,盖亦难矣。是以张俨发愤,私存《嘿记》之文;孙盛不平,窃撰辽东之本。以兹避祸,幸获两旧作"而",误。全。足旧作"是",误。以验世途之多隘,知实录之难遇耳。【释】此节畅言古道既远,丑正实多,作者畏避诡随。为通篇正脉。

然则历考前史,征诸直词,虽古人糟粕,真伪相乱,而披沙拣金,有时获宝。案金行晋。在历,史氏尤多。当宣、懿。景师。开基之始,曹、马构纷之际,或列营渭曲,见屈武侯;或发仗云台,取伤成济。陈寿、王隐,咸杜口而无言;陆机、虞预,各栖毫而靡述。至习凿齿,乃申以死葛走旧有"生"字。达之说,疑脱"干令升亦斥以"六字。抽戈犯跸之言。历代厚诬，一朝如一作"始"。雪。考斯人之书事，盖近古之遗直欤？【释】此节实拈晋初事。人多曲讳，得习千而一彰也。次有宋孝王《风俗传》、王劭《齐志》，其叙述当时，亦务在审实。案于时河朔谓元魏。王公，箕裘未陨；邺城谓高齐。将相，薪构仍存。而二子书其所讳，曾无惮色。刚亦不吐，其斯人一本"人"字作"之谓"二字。欤？【释】此节用虚运。见贵胄方多，二子不阿其上世也。◎已上二节，总对直道难行发意。

盖烈士徇名，壮夫重气，宁为兰摧玉折，不作瓦砾长存。若南、董之仗气直书，不避强御；韦、崔之肆情奋笔，无所阿容。虽周身之防有所不足，而遗芳余烈，人到于今称之。与夫王沈《魏书》，假回邪以窃位；董统《燕史》，持谄媚以偷荣。贯三光而洞九泉，曾未足喻其高下也。【释】末乃浩然唱叹，自寄素怀。

【按】此篇与《忤时》同旨。低回史笔，表襮直材，非黏论也。其以欿作手，正以概时情也。文有形有神，读者神遇句外，是为得之。彼扣盘扪烛者，难与说日也。

【注释】

直如弦四句 《乐府集》郭茂倩注云：《后汉书·五行志》，顺帝之末，京都童谣。

为于可为二句 扬雄《解嘲》中语。

董狐 《左传·宣二》：晋赵穿攻灵公于桃园，宣子未出山而复。太史书曰："赵盾弑其君。"以示于朝。宣子曰："呜呼！'我之怀矣，自贻伊戚'，其我之谓矣！"孔子曰："董狐，古之良史也，书法不隐。赵宣子，古之良大夫也，为法受恶。惜乎！越境乃免。"

书崔弑 《左传·襄二十五》：齐崔杼弑公以说于晋，太史书曰："崔杼弑其君。"崔子杀之。其弟嗣书而死者二人。其弟又书，乃舍之。南史氏闻太史尽死，执简以往。闻既书矣，乃还。

述汉非 《后汉·蔡邕传》：王允曰：武帝不杀司马迁，使谤书流于后世。章怀注：凡史官记事，善恶必书。谓迁所著《史记》，但是汉家不善之事，皆为谤也。非独指武帝之身也。

韦昭仗正 见《本纪》篇弘嗣《吴史》注。

崔浩犯讳 《魏书》：崔浩，字伯渊，清河人。博览经史，玄象阴阳百家之言，无不关综。爵东郡公，拜太常卿。神䴥二年，诏撰国书。《北史》本传：著作令史闵湛、郗摽谄事浩，请立石铭，载图史以彰直笔。浩书国事，备而不典。而石铭显在衢路，北人忿毒，构浩于帝。帝怒，诛浩。

张俨《嘿记》 张俨见《载文》篇注。《隋书·经籍志》：《嘿记》三卷，吴大鸿胪张俨撰。

辽东本 《晋书》：孙盛撰《晋阳秋》，词直而理正。桓温见之，谓盛子曰："枋头诚为失利，何至乃如尊君所说。此史行，关君门户事。"诸子改之，盛写两定本，寄于慕容儁。太元中，孝武博求异闻，始于辽东得之。以相考校，多有不同，书遂两行。

金行 注见《断限》篇。

渭曲见屈 《蜀志·诸葛亮传》：亮据武功五丈原，与司马宣王对于渭南，其年卒于军。松之注：《汉晋春秋》曰：杨仪等整军而出，百姓奔告宣王，宣王追焉。姜维令仪反旗鸣鼓，若将向宣王者。宣王乃退，不敢偪仪，结阵而去。百姓为之谚曰："死诸葛走生仲达。"

云台取伤 《魏志·高贵乡公纪》注云：《汉晋春秋》曰：帝召王经等谓曰："司马昭之心，路人所知也，当自出讨之。"经曰："宿卫空阙，兵甲寡弱，祸殆不测。"帝出怀中版令投地曰："行决矣。"贾充逆战，帝自用剑。太子舍人成济曰："事急矣，当云何？"充曰："畜养汝等，正为今日。"济即前刺帝，刃出于背。又《魏氏春秋》曰：帝自将冗从仆射李昭等下陵云台，铠仗授兵出讨。【又按】抽戈犯跸，亦见本注。乃干宝《晋纪》语，非出习书。

董统燕史 《外篇·正史》篇：后燕建兴元年，董统受诏，草创《后书》三十卷。【按】是书《隋》《唐》二志皆不载。缘其后范亨等合诸燕史并成一书，而董书遂逸也。范亨书，二志载之。

曲笔 第二十五

肇有人伦，是称家国。父父子子，君君臣臣，亲疏既辨，等差有别。盖"子为父隐，直在其中"，《论语》之顺也；略外别内，掩恶扬善，《春秋》之义也。自兹已降，率由旧章。史氏有事涉君亲，必言多隐讳，虽直道不足，而名教存焉。【释】首用讳尊讳亲似曲而直者，翻起此处曲字。其有舞词弄札，饰非文过，若王隐、虞预毁辱相凌，子野、休文释纷相谢。一作"射"，误。用舍由乎臆说，威福行乎笔端，斯乃作者之丑行，人伦所同疾也。【释】此与下节标出二种曲笔。◎此种偏私意见之曲也。亦有事每凭虚，词多乌有：或假人之美，藉为私惠；或诬人之恶，持报己雠。若王沈《魏录》滥述贬甄之诏，陆机《晋史》虚张拒葛之锋，班固受金而始书，陈寿借米而方传。此又记言之奸贼，载笔之凶人。下字忒狠。虽肆诸市朝，投畀豺虎可也。【释】此种恩雠贿赂之曲也。◎其言愤激，意已对著魏收。

然则史之不直，代有其书，苟其事已彰，则今无所取。谓前人说过。其有往贤之所未察，来者之所不知，今略广异闻，用标先觉。【释】上二种标作提头，此数语挈下。案《后汉书·更始传》，称其懦弱也。其初即位，南面立，朝群臣，羞愧流汗，刮席不敢视。夫以圣公身在微贱，已能结客报雠，避难绿林，名为豪杰。安有贵为人主，而反至于斯者乎？将作者曲笔阿时，独成光武之美；诙言媚主，用雪伯升之怨也。且中兴之史，出自东观，或明皇即明帝。所定，或马后攸刊；而炎祚灵长，简书莫改，遂使他姓追撰，空传伪录者矣。【释】此揣《后汉》之曲诬更始也。陈氏《国志·刘后主传》云："蜀无史职，故灾祥靡闻。"案黄气见于秭归，群乌堕于江水；成都言有景星出，益州言无宰相气；若史官不置，此事从何一作"何从"。而书？一多"之"字。盖由父辱受髡，故加兹谤议者也。【释】此揣《蜀志》之曲议诸葛也。

　　古者诸侯并争，胜负无恒，而他善必称，已恶不讳。逮乎近古，一作"世"。无闻至公，国自称一作"谓"。为我长，家相谓为彼短。而魏收以元氏出于边裔，见侮诸华，遂高自标举，比桑干元魏开国处。于姬、汉之国；曲加排抑，同建邺于蛮貊之邦。夫以敌国相雠，交兵结怨，载诸移檄，用可致诬，列诸缃素，谓史。难为妄说。苟未达此义，安可言于史邪？【释】前范、陈二曲，皆意想出之。此乃显刺魏收夸抑之曲，其文未了。夫史之曲笔诬书，句。不过一二，句。语其罪负，一作"负罪"。为失已多。而魏收杂以寓言，殆将过半，固以王本作"知"。仓颉已降，罕见其流，而李氏《齐书》，称为实录者，何也？盖以重规李百药字。亡考未达，伯起以公辅相加，字出大名，一误作"若"。事同元叹，既无德不报，故旧多"以"字。虚美相酬。然必谓昭公知礼，吾不信也。【释】加此一层，仍是刺魏。其言百药曲推，非本意所属。语曰："明其为贼，敌乃可服。"如王劭之抗词不挠，可以方驾古人。而魏收持论激扬，称其有惭正直。夫不彰其罪，谓于邵所著诸史，无所指实。而轻肆其诛，此所谓兵起无名，难为制胜者。寻此论之作，盖由君懋书法不隐，取咎当时。或有假手史臣，以复私门之耻。不然，何恶直丑正，盗憎主人之甚乎！【释】再加一层，亦是刺魏，非赞劭也。收书刘之所深恶，故重斥之。刺魏之文，至此方了。◎自夫史之曲笔至此，一本错简在《鉴识》篇"弹射矣"之下。

盖霜雪交下，始见贞松之操；国家丧乱，方验忠臣之节。若汉末之董承、耿纪，曲在魏。晋初之诸葛、毋一作"母"，音贯。丘，曲在晋。齐兴而有刘秉、一讹作"康"。袁粲，曲在齐。周灭而有王谦、尉迥；曲在隋。斯皆破家殉国，视死犹生。而历代诸史，皆书之曰逆将，何以激扬名教，以劝事君者乎！古之书事也，令贼臣逆子惧；今之书事也，使忠臣义士羞。若使南、董有灵，必切齿于九泉之下矣。【释】此节罗举诸史之曲。凡前朝末造之忠义，率多受枉也。

自梁、陈已降，隋、周而往，诸史皆贞观年中群公所撰，近古易悉，情伪可求。至如朝廷贵臣，必父祖有传，考其行事，皆子孙所为，而访彼流俗，询诸故老，事有不同，言多爽实。昔秦人不死，验苻生之厚诬；蜀老犹存，知葛亮之多枉。斯则自古所叹，岂独于今哉！【释】此节脱到当时敕修前史，仍不免瞻徇贵胄之曲也。

盖史之为用也，记功司过，彰善瘅恶，得失一朝，荣辱千载。苟违斯法，岂曰能官。但古来唯闻以直笔见诛，不闻以曲词获罪。是以隐侯沈约。《宋书》多妄，萧武梁武。知而勿尤；伯起《魏史》不平，齐宣览而无谴。故令史臣得爱憎由己，高下在心，进不惮于公宪，退无愧于私室，欲求实录，不亦难乎？呜呼！此亦有国家者所宜惩革也。【释】篇末归到功罪失平，劝惩倒置，斯为探本深言，益透前篇寄慨隐衷。

【按】昌黎人祸天殃之说，戒心不小，惧曲也。评者有意斥刘，因而悉力怙史。夫古人往矣，信否何恡，秉史笔者读之，能勿知惧。◎圣公刮席一段，与曩言宜列帝纪相因，其言诚别。然论人于成败之间，代兴之会，疑案正自可存。◎《史通》归美王劭书，果于犯众忌而不去口何耶！盖观齐丘之讖，啮索之谣，类于其书见之。推此而知近腻辞弊，匿瑕地尠，召怒深矣。彼《隋书》一传，悬诋其著书而独榜其谄语，果尽生平耶？劭即未云佳士，史亦岂无憎词，李安平叙崔浩被诛，訾其所著曰："备而不典。"备者，弗隐也；不典者，无饰也。率是道也，亦憎词也。知几之在史曹，径情载笔，以此忤时，激而为言。言及君懋则进之，及伯起则挥之。伯起者，尤工为饰者也。所挥在饰，即所进在无饰。河上之歌曰："同病相怜。"此之谓与。

【注释】

虞预相凌 《晋书·王隐传》：大兴初，令隐撰晋史。时著作郎虞预私撰《晋书》，而生长东南，不知中朝事，数访于隐，并借隐所著书，盗写之。后更疾隐，形于言色。隐竟以谤免归。

休文释纷 《南史》：裴子野会祖松之，齐永明末，沈约撰《宋书》，称松之已后无闻焉。子野更撰为《宋略》二十卷，其叙事评论多善，而云戮淮南太守沈璞，以其不从义师故也。沈惧，徒跣谢之，请两释焉。

王沈滥述贬甄 《晋书·王沈传》：高贵乡公将攻文帝，召沈告之。沈驰白帝，不忠于主，甚为众论所非。【按】沈所撰《魏书》已逸，述甄事无考。郭《评》：沈不忠于魏，故甄后之贬，滥述其事，彰曹丑也。

陆机虚张拒葛 陆机有《晋三祖纪》，见《本纪》篇。【按】《晋书宣纪》：魏太和五年及青龙二年，懿凡两拒蜀丞相亮。

受金借米 班生受金，陈寿求米，见《史官建置》篇柳虬注。《困学纪闻》：

受金事未详。予考《陈寿传》，有谓丁廙子，觅千斛米，丁不与，竟不立传之说。但有"或云"二字。或之者，疑之也，恐亦未可尽信。

伯升之怨 《后汉书》：齐武王縯，字伯升，光武长兄也。王莽篡汉，兵革并起。伯升部署宾客，自称柱天都部圣公，即位，拜伯升大司徒。及伯升拔宛，光武破王寻、王邑，兄弟威名益盛，更始君臣谋诛伯升，害之。

明皇所定 《后汉书·东平王苍传》：显宗永平十五年，行幸东平。帝以所作《光武本纪》示苍，苍因上《光武受命中兴颂》，帝甚善之。【按】显宗，明帝庙号。

马后攸刊 《后汉书·皇后纪》：显宗明德马皇后，伏波将军援小女也。肃宗即位，尊之曰皇太后。自撰《显宗起居注》，削去兄防参医药事，曰："吾不欲令后世闻先帝数亲后宫之家。"

蜀无史职 《后主传评》：国不置史，注记无官，是以行事多遗，灾异靡书。

黄气见秭归 《先主传》：章武二年，先主军秭归，于猇亭驻营。黄气见自秭归十余里中，广数十丈。

群乌堕江水 《后主传注》：《汉晋春秋》曰：江阳有乌，从江南飞渡江北，不能达，堕水死者以千数。

有景星出 《后主传》：景耀元年，史官言景星见，于是大赦，改元。

无宰相气 《费祎传》：延熙十四年夏，成都望气者曰：都邑无宰相气。

父辱受髡 《晋书·陈寿传》：寿父为马谡参军，谡为诸葛亮所诛，寿父亦坐被髡。寿为父立传，谓亮将略非长，无应敌之才。议者以此少之。

李称实录 语见《浮词》篇原注。

公辅大名 《北史》：李百药父德林，少孤，未有字。魏收谓之曰："卿识度必至公辅，吾以此字卿。"王《训故》：《左传》云：魏，大名也，故云。【按】"大名"句见《左传·闵元》。

元叹 《吴志·顾雍传》：雍，字元叹。蔡伯喈尝避怨于吴，雍从学琴书。注：《江表传》曰：伯喈谓曰："卿必成名，今以吾名与卿。"故雍与伯喈同名也。又《吴录》曰：言为伯喈所叹，故以为字焉。

恶直丑正 语见《左传·昭二十八》。

盗憎主人 《家语观周》：盗憎主人，民怨其上。君子知天下之不可上也，故下之。亦见《左传·成十五》。

董承、耿纪 《蜀志》：先主同曹公还许。时献帝舅车骑将军董承辞受帝衣带诏，当诛曹公，先主遂与承等同谋。《魏武纪》：备之未东也，阴与董承等谋反，举兵屯沛。五年，承等谋泄伏诛。【按】耿纪攻许烧营，见《因习》篇。又《魏武纪注》：《三辅决录》曰：纪字季行，为丞相掾。又《献帝春秋》曰：收纪等将斩之，纪呼魏王名曰："恨吾不自主意，竟为群儿所误耳。"

诸葛、毋丘 诸葛诞见《因习》篇。《晋景纪》：正元二年，魏镇东大将军毋丘俭、扬州刺史文钦举兵作乱，矫太后令，移檄郡国，为坛盟于西门之外，帅众六万，渡淮而西。帝征之。俭闻钦败，宵遁安风津，都尉追斩之。《魏志·诞俭传》：诞字公休，俭字仲恭。俭都督扬州，反，败见夷灭。诞不自安，朝廷微知，征诞为司空。诞愈恐，遂反。【按】王应麟曰：俭、诞等千载有生气矣。故郑渔仲有《晋史》党晋之言。【又按】《通志略》毋丘以邑为氏，无贯音。

刘秉、袁粲 《宋书·袁粲传》：粲，字景倩，与齐王、刘秉平决万机。顺帝即位，诏移石头。时齐王功高，天命有归。粲密有异图，刘秉宋代宗室，与粲相结谋。克日矫太后令，使攻齐王。事泄，齐王遣军主戴僧静向石头。僧静挺身暗往，粲子最觉有异人，以身卫粲。僧静直前斩之，父子俱殒。其后并诛秉，秉事在《宗室传》。

王谦、尉迥 亦见《因习》篇。

秦人不死 未详。

蜀老犹存 未详。【按】《困学纪闻》云：蜀老犹存，知葛亮之多枉，武侯事迹，湮没多矣。然则蜀老事，王氏亦未有所考也。

鉴识 第二十六

夫人识有通塞，神有晦明，毁誉以之不同，爱憎由其各异。盖三王之受谤也，值鲁连而获申；五霸之擅名也，逢孔宣而见诋。斯则物有恒准，而鉴无定识，欲求铨核得中，其唯千载一遇乎！【释】篇意论鉴古不明之失，首以明者难遇领局。况史传为文，渊浩一作"源"。广博，学者苟不能探赜索隐，致远钩深，乌一作"焉"。足以辩其利害，明其善恶。【释】从鉴人擘归鉴史。

观左氏之书，为传之最，而时经汉、魏，竟不列于学官，儒者皆折此一家，而盛推二传。夫以丘明躬为鲁史，受经仲尼，语世则并生，论才则同耻。一作"体"，非。彼二家者，师孔氏之弟子，预达者之门人，才识本殊，年代又隔，安得持彼传说，比兹亲受者乎！加以二传理有乖僻，言多鄙野，方诸《左氏》，不可同年。故知《膏肓》《墨守》，乃腐儒之妄述；卖饼、太官，诚智士之明鉴也。【释】此节以《左传》言，其抑没之久，由于明鉴者少也。

逮《史》《汉》继作，踵武相承。王充著书，既甲班而乙马；张辅持论，又劣固而优迁。【原注】王充谓彪文义浃备，纪事详赡，观者以为甲，以太史公为乙也。张辅《名士优劣论》曰："世人称司马迁、班固之才优劣，多以班为胜。余以为史迁叙三千年事，五十万言，班固叙二百年事，八十万言。烦省不敌，固之不如迁必矣。"然此二书，虽互有修短，递闻一作"有"。得失，而大抵同风，可为连类。【释】自此已下，以班马言。◎先列平论。张晏云：迁殁后，亡《龟策》《日者传》，褚先生补其所一无"所"字。缺，言词鄙陋，非迁本意。案迁所撰《五帝本纪》《七十列传》，称虞舜见厄，遂匿空而出；宣尼既殂，门人推奉有若。此二事又于《暗惑》篇论之。其言之鄙，又甚于兹，安得独罪褚生，而全宗马氏也？【释】一条论马，对鉴者立说。是驳张，非抑马也。刘轨思商榷汉史，雅重班才；惟讥其本纪不列少帝，而辄编高后。案弘非刘氏，而窃养汉宫。时天下无主，一作"君"。吕宗称制，故借其岁月，寄以编年。而野鸡行事，自具《外戚》。譬夫成周成王。为孺子，史刊摄政一作"正"。之年；厉亡流彘，历纪共和之日。而周、召二公，各世家有传。句必有误，详此句当云"各有世家"。班氏式遵曩例，殊合事宜，岂谓虽濬发于巧心，反受嗤于拙目也。【释】一条论班，亦对鉴者立说。是驳刘，非扬班也。◎右通史汉为一大节。

刘祥撰《宋书·序一脱"序"字。录》，历说一作"序"。诸家晋史，其略云："法盛《中兴》，荒庄芈盛貌，一作"拙"。少气，王隐、徐广，沦溺罕华。"夫史之叙事也，当辩而不华，质而不俚；其文直，其事核，若斯而已可也。一作"矣"。必令同文举之含异，疑当作"末异"。等公幹之有逸，如子云之含章，类长卿之飞藻；此乃绮扬绣合，雕章缛彩，欲称实录，其可得乎？以此诋诃，知其妄施弹射矣。【释】此节列诸晋史，亦对鉴者说。亦是驳刘，非优劣诸史也。◎一本此下入前篇"夫史"一段，恐非。

夫人废兴，时也；穷达，命也。而书之为用，亦复如是。盖《尚书》古文，六一作"七"。经之冠冕也；《春秋左氏》，三传之雄霸也。而自秦至晋，年逾五百，其书隐没，不行于世。既而梅氏写献，一作"状"。杜侯训释，然后见重一时，擅名千古。若乃一无"若乃"二字，一止有"乃"字。《老经》撰于周日，《庄子》成于楚年，遭文、景而始传，值嵇、阮而方贵。若斯流者，可胜纪哉！故曰"废兴，时也；穷达，命也"。适使时无识宝，世缺知音，若《论衡》之未遇伯喈，《太玄》之不逢平子，逝将烟烬火灭，泥沉雨绝，安有殁而不朽，扬名于后世者乎！【释】末节仍以鉴识难遇，感慨慑全篇。

【按】《曲笔》以恩怨废兴言，《鉴识》以明暗异同言；《曲笔》是史之书人，《鉴识》是人之辨史。两篇本无一语相混，错简二百字，持此判之。

【注 释】

三王获申 《文选》：曹子建《与杨德祖书》曰：昔田巴毁五帝，罪三王，一旦而服千人。鲁连一说，使终身杜口。注：说见《鲁连子》。

五霸见诋 《汉·董仲舒传》：仲尼之门，五尺之童羞称五伯，为其先诈力而后仁谊也。

左氏不列学官 《隋·经籍春秋志》：《左氏》，汉初出张苍家本，无传者。文帝时，贾谊为训诂。其后刘歆欲立于学，诸儒莫应。建武中，韩歆、陈元讼之，乃以李封为《左氏》博士，封卒，遂罢。至晋时，杜预为《集解》，盛行，而《公羊》《穀梁》浸微。

膏肓墨守 《后汉书·儒林传》：何休，字邵公，任城人也。太傅陈蕃辟之，以参政事。作《公羊解诂》，又作《公羊墨守》《左氏膏肓》《穀梁废疾》。《郑玄传》：玄隐修经业，乃发《墨守》，针《膏肓》，起《废疾》。休见而叹曰："康成入吾室，操吾矛以伐我乎！"

卖饼太官 《魏略》：严翰善《公羊春秋》：时钟繇好《左氏》，谓《左氏》为太官厨，《公羊》为卖饼家。数与翰会，辨析长短。

王充著书 《后汉书》本传：充，字仲任，师事班彪，著《论衡》八十五篇。注：袁山松曰："充作《论衡》，中土未有传者。蔡邕入吴，始得之，恒秘玩以为谈助。"

张辅持论 《晋书》本传：辅，字世伟，御史中丞。论班固、司马迁云云。【按】所论凡五则，文烦不录。

褚先生补 《史记》裴注：《汉书音义》曰：十篇有录无书。张晏曰：迁没后，亡《景纪》《武纪》《汉兴将相年表》《礼》《乐》《律书》《三王世家》《日者》《龟策传》《靳蒯列传》。元、成之间，褚先生补缺，《日者》《龟策》，言辞鄙陋，非迁本意。

刘轨思 《北齐·儒林传》：刘轨思说《诗》甚精，故其乡曲多为《诗》者。仕齐，国子博士。【按】传不载论史之文。

野鸡 《封禅书》：野鸡夜雊。注：如淳曰："野鸡，雉也""吕后名雉，故曰野鸡"。

巧心拙目 语见陆机《文赋》。

刘祥 《南齐书》：刘祥，字显微，性韵刚疏。宋世解褐。撰《宋书》，讥斥禅代。上衔而不问，后徙广州。【按】后周亦有刘祥，字休徵，以字行，刘璠子也。缮定《梁典》，与此无涉。郭本误引，王本刊正。

徐广 见"左传家""徐贾"注。

文举公幹 《后汉书》：孔融，字文举，鲁国人。为北海相。《魏志》：东平刘桢字公幹。《魏文帝典论》：今之文人，鲁国孔文举，气体高妙，理不胜辞。又云：文本同而末异。又《与吴质书》：公幹有逸气，但未遒耳。

子云长卿 《汉书》：扬雄，字子云，蜀郡人。好深沈之思。先是，蜀有司马相如，作赋甚弘丽，雄常拟之以为式。又：司马相如，字长卿。相如奏赋，天子大悦，飘飘有凌云气，游天地之间。

梅氏写献 《隋·经籍·尚书志》：孙安国以古文开其篇第，成五十八篇。晋世秘府所存，永嘉之乱并亡。至东晋，豫章内史梅赜始得安国之传，奏之，又阙《舜典》一篇。齐建武中，吴姚兴方于大桁市得其书，奏上，多二十八篇，于是始列国学。【按】《世说·方正篇》：梅颐，豫章太守。其字仲真，见注晋诸公赞，似即其人。赜与颐，未知孰是。

杜侯训释 杜预为《春秋左氏经传集解》，已略见前。按本传：又参考众家谱第，谓之《释例》。又作《盟会图》《春秋长历》，备成一家之学。

老庄遭值 《扬雄传》：昔老聃著虚无之言两篇，后世好之者以为过于《五经》。自文、景之君及司马迁，皆有是言。《晋书·嵇阮传》：嵇康好《老》《庄》，著《养生论》。阮籍著《达庄论》。【按】汉初言黄、老者，先有胶西盖公。晋世玄风尤甚，起于何、王，流于向、郭，而《史通》第举文、景、嵇、阮为言，约辞也。

太玄逢平子 平子，张衡字。注详《自叙》篇。

探赜 第二十七

古之述者，岂徒然哉！或以取舍难明，或以是非相乱。由是《书》编典诰，宣父辨其流；《诗》列风雅，卜商通其义。夫前哲所作，后来是观，苟失其指归，则难以传授。而或有妄生穿凿，轻究本源，是乖作者之深旨，误生人之后学，其为谬也，不亦甚乎！【释】首节标出述指之得失，见《探赜》大意。

昔夫子之刊一作"作"。鲁史，学者以为感麟而作。案子思有言：吾祖厄于陈、蔡，始作《春秋》。此四字旧脱，今补。夫以彼聿修，传诸诒厥，欲求实录，难为爽误。是一讹"事"。则义包微婉，因攈莓"莓"一作"苺"，皆误，当作"煤"。而创词；时逢西狩，乃泣麟而绝笔。传者"传者"集内凡三见，并作"儒者"，当由书佣讹传作"傳"故。徒知其一，而未知其二；以为自反袂拭面，称吾道穷，然后追论五始，定名三叛。此岂非独学无友，孤陋寡闻之所致耶？【释】此节论《春秋》始作，当以祖孙传语为正，探知他说之非，作诸条标准。

孙盛称《左氏春秋》书吴、楚则略，荀悦《汉纪》述匈奴则简，盖所以贱夷狄而一无"而"字。贵诸夏也。案春秋之时，诸国错峙，关梁不通，史官所书，罕能周悉。《传》本不略，此但据时势折之耳。异乎炎汉之世，四海一家，马迁乘传旧多"以"字。求自古遗文，而州郡上计，皆先集太史，若斯之备也。况彼吴、楚者，僻居南裔，地隔江山，去彼鲁邦，尤为迂阔，丘明所录，安能备诸？且必以蛮夷而固略也，若驹支预于晋会，长狄埋于鲁门，葛卢之辨牛鸣，郯子之知鸟职，斯皆边隅小国，人品最微，犹复收其琐事，见于方册。安有主盟上国，势迫宗周，争长诸华，威陵一作"凌"。强晋，而可遗之者哉？《传》书楚事甚多，正辩在此。又荀氏著书，抄撮班史；其取事也，中外一概，夷夏皆均；非是独简一作"略"。胡乡，而偏详汉室。盛既疑丘明之摈吴、楚，遂诬仲豫之抑匈奴，可谓强奏庸音，持为足曲者也。【释】此一条探孙盛所论，华夷详略，取证左、荀之说，都为未的。

盖明月之珠，不能无瑕；夜光之璧，不能无颣。故作者著书，或有病累，而后生不能诋诃其过，又更文饰其非，遂推而广之，强为其说者，盖亦多矣。如葛洪有云："司马迁发愤作《史记》百三十篇，伯夷居列传之首，以为善而无报也；项羽列于本纪，以为居高位者非关有德也。"案史之于一作"所"。书也，有其事则记，无其事则阙。寻一作"马"。迁之驰骛今古，上下数千载，春秋已往，得其遗事者，盖唯首阳之一作"山"。二子而已。然适使夷、齐生于秦代，一作"氏"。死于汉日，而乃升之传首，庸谓有情。言如此或可云发愤之故。今者考其先后，随而编次，斯则理之恒一作"常"。也，乌可怪乎？必谓子长以善而无报，推为传首，若伍子胥、大夫种、孟轲、墨翟、贾谊、屈原之徒，或行仁而不遇，或尽忠而受戮；何不求其品类，简一作"同"。在一科，而乃异其篇目，各分为卷。一作"分为数卷也"。又迁之纰缪，其流甚多。夫陈胜之为世家，既云无据；项羽之称本纪，何必有凭。必谓遭彼腐刑，怨刺孝武，故书违一讹作"为"。凡例，志存激切。若先黄、老而后《六经》，进奸雄而退处士，此之乖剌，复何为乎？言此等乃为被刑而发耳，若《项纪》岂关怨刺乎？【释】此一条探葛洪以表善人，蔑高位臆揣夷羽之位置。说亦未的也。

隋内史李德林著论，称陈寿蜀人，其撰《国志》，党蜀而抑魏。刊之国史，以为格言。案曹公之创王业也，贼杀母后，幽逼主上，罪百田常，祸千王莽；文帝临戎不武，为国好奢，忍害贤良，疏忌骨肉。而寿评皆依违其事，无所措言。是未尝抑魏者。刘主地谓门地，居汉宗，仗顺而起，夷险不挠，终始无瑕。方诸帝王，可比少康、光武；以宗室言。譬以侯伯，宜辈秦缪、楚庄。以功烈言。而寿评抑其所长，攻其所短，亦不似党蜀者。是则寿之意。以魏为正朔之国，典午攸承；蜀乃僭伪之君，中朝所嫉。故曲称曹美，而虚说刘非，安有背曹而向刘，疏魏而亲蜀也？此下旧有注。引陈寿《上诸葛集表》语，殊无取义，去之。夫无其文而有其说，不亦凭虚亡是者耶？【释】此一条探李德林论陈《志》之说，殊为不确。◎下条另段，同事别书。

习凿齿之撰《汉晋春秋》，以魏为伪国者，此盖定邪正之途，明顺逆之理耳。而檀道鸾称其当桓氏执政，故撰此书，欲以绝彼瞻乌，防兹逐鹿。历观古之学士，为文以讽其上者多矣。若齐冏一作"赵"。失德，《豪士》于焉作赋；贾后无道，《女史》由其一作"之"字。献箴。斯皆短什小篇，可率尔此二字一作"俯"字。而就也。借讽之作，只有短篇，从无巨帙。安有变三国之体统，改五行之正朔，勒成一史，传诸千载，而藉以权济物议，此六字旧作"藉其权以济物"。取诫当时。岂非劳而无功，博而非要，与夫班彪《王命》，一何异乎？《王命论》亦止一篇，非如习书大部也。求之人情，理不当尔。理不当然也，或讹"尔"作"耳"，非。【释】此一条探檀论习书，其说亦非。

自二京板荡，五胡称制，崔鸿鸠诸伪史，聚成《春秋》，其所列者，十有六家而已。魏收云：鸿世仕江左，故不录司马、刘、萧之书；又恐识者尤之，未敢出行于外。以上并收语，见鸿本传。案于时中原乏主，海内横流，逖彼东南，更平。为正朔。适使素王再出，南史重生，终不能别有异同，忤非其议。安得以伪或作"魏"。书无录，而犹罪归彦鸾者乎？且必以崔氏祖宦一作"官"。吴朝，故情私南国；必如是，则其先徙居广固，委质慕容，何得书彼南燕，而与群胡并列！爱憎之道，岂若是邪？且观鸿书之纪纲，皆以晋为主，亦犹班《书》之载吴、项，必系汉年；陈《志》之述孙、刘，皆宗魏世。何止独遗其事，不取其书而已哉！但伯起躬为《魏史》，传列《岛夷》，不欲使中国著书，推崇江表，所以辄假言崔志，用纾魏羞。追出诃鸿心曲。且东晋之书，宋、齐一脱此四字。之史，考其所载，几三百篇，而伪邦坟籍，仅盈百卷。若使收矫鸿之失，南北混书，斯则四分有三，事归江外。非唯肥瘠非类，众寡不均；兼以东南国史，皆须纪传区别，兹又体统不纯，难为编次者矣。收之矫妄，其可尽言乎！【释】此一条探出收之议鸿，全是私心造言，尤为最妄者。◎条探尽此。

于是考众家之异说，参作者之本意，或出自胸怀，枉申探赜；此云探赜，贴论史者说。或妄加向背，辄有异同。而流俗腐儒，后来末学，习其狂狷，成其诖误，自谓见所未见，闻所未闻，铭诸舌端，以为口实。唯智者不惑，无所疑焉。【释】告后人无惑异说也。

【按】此篇亦非论史，是论论史者。《易传》曰："圣人有以见天下之赜而拟之。"其形容字书云：赜通啧，然则探赜者探众论之啧有烦言而辩正之也。郭评云："孙葛失之迂，犹可言也；李失之诬，檀失之凿；魏收失之悍，其能逭于子玄之掊击乎？"◎愚尝论伯夷篇之为传首也，当作七十列传总序观。传非本纪、世家之比，人兼显晦，事待表章。龙门寄意于首篇，所传在伯夷，所附托乃在孔子也。稚川之见偏，居巢之说臆，似皆未得其肯。

【注释】

吾祖始作《春秋》《孔丛居卫》篇：宋乐朔围子思，既免，曰：文王囚羑里，作《周易》；祖君屈陈、蔡，作《春秋》。吾今困于宋，可无作乎？作《中庸》四十九篇。【按】《太史公自序》及《公羊》篇首注，并宗此说。【又按】《孔丛子》，先儒多以为伪，病其杂也。书有夫子、子思问答。高似孙《子略》以鲁缪公年推之，证其祖孙之世不相及。而尧峰汪氏复据《汉书·孔光传》，证其世谱出自子孙之手，非他书臆度者比。两说相持，录以存参。

攫莓《吕览任数》：陈、蔡之间，七日不尝粒。索米得而爨之。孔子望见颜渊攫其甑中而食之，起曰："今者梦见先君，食洁而后馈。"回曰："向者煤入甑中，弃食不祥，回攫而饭之。"孔子叹曰："所信者目也，目犹不可信，知人固不易矣。"【按】《史通》明用此事。"莓"字断误。

上计先集太史《太史公自序》：百年之间，天下遗文古事，靡不毕集太史公。太史公仍父子相续,纂其职。《隋书·经籍志》:汉帝始置太史公,天下计书,皆先上太史,副上丞相。【按】《志》盖本之卫宏《汉仪注》,今见《史记》如淳注,其说于《史官建置》篇详之。又《周礼·小宰疏》:汉之朝集使,谓之上计吏,上一年计会文书及功状也。

驹支 《左传·襄十四》:会于向,将执戎子驹支。范宣子亲数诸朝,曰:"诘朝之事,尔无与焉。"对曰:"官之师旅,无乃实有所阙,而罪我诸戎。""不与于会,亦无瞢焉。"赋《青蝇》而退。

长狄 《左传·文十二》:冬十月,败狄于咸,获长狄侨如。富父终甥椿其喉,以戈杀之,埋其首于子驹之门,以命宣伯。

墨翟 《史记》附见《孟荀传》,其文云:"盖墨翟,宋之大夫。善守御,为节用。或曰并孔子时,或曰在其后。"

先黄老二句 《汉书·司马迁传赞》中语。又《后汉书·班彪传》:彪作《论略》,其论迁《记》,先有"崇黄、老,薄《五经》"句。

李称陈寿党蜀 《隋书·李德林传》:论《齐书》起元事,其中云:"汉献帝死,刘备自尊崇。陈寿蜀人,以魏为汉贼,宁肯蜀主未立,已云魏武受命乎?"

贼后逼主 《后汉书·伏后纪》:自帝都许,宿卫兵侍,莫非曹氏党姻。操入见,帝不任其愤,曰:"幸垂恩相舍。"操失色。后乃逼帝废后,以尚书令华歆勒兵入宫收后。歆就牵后出。时帝在外殿,后被发跣行,泣过诀曰:"不能复相活耶?"帝曰:"我亦不知命在何时。"

凿齿当桓执政 《晋书·习传》:是时桓温觊觎非望,凿齿在郡著《汉晋春秋》以裁之。于三国之时,以魏为篡逆。至文帝平蜀,乃为汉亡而晋兴。【按】其详已见《论赞》篇。但此皆今《晋书》所有,今子玄以为是道鸾语。而《杂说》篇又有《新晋》不取曹、干、孙、檀之说,则亦非尽不用也。

瞻乌逐鹿 《后汉书·郭泰传》:陈蕃、窦武为阉人害,泰哭于野曰:"人之云亡，邦国殄瘁""瞻乌爰止，不知于谁之屋"耳。《史记·淮阴侯传》：蒯通曰："秦失其鹿，天下共逐之，高材疾足者先得。"

豪士赋 《晋书·陆机传》：齐王冏矜功自伐，受爵不让。陆机恶之，作《豪士赋》以刺焉。

女史箴 见《载文》篇。

崔鸿十六家 鸿，字彦鸾，前见《表历》篇。又《魏书》本传云：孝昌初，给事黄门侍郎。弱冠便有著述之志，见刘、石等并因世故，跨僭一方，国书未有统一，乃撰为《十六国春秋》，勒成百卷。又详后《正史》篇。

崔氏祖宦 【按】《崔鸿传》首云：伯父光，名孝伯，字长仁，东清河人。祖旷，从慕容德南渡河，居青州之时水。慕容氏灭，仕刘义隆为乐陵太守。父灵廷，刘骏龙骧将军、长广太守。观此，鸿之世仕江左，固有明文。而《史通》云"委质慕容"，传无其语。意祖旷从渡时，名在仕籍，传或阙书何官也。崔氏清河世望，故在诸燕境中。子玄之言，必非无征。

卷 八

摸拟 第二十八

夫述者相效，自古而然。故列御寇之言理也，则凭李叟；扬子云之草《玄》也，全师孔公。符朗《晋书》作"苻朗"。则比迹于庄周，范晔则参踪于贾谊。况史臣注记，其言浩博，若不仰范前哲，何以贻厥后来？【释】篇言摸拟者，师古之义也，开局浑举。盖摸拟之体，厥途有二：一曰貌同而心异，二曰貌异而心同。【释】貌犹文也，心犹实也。二句分提，下作两扇应之。

何以言之？盖古者列国命官，卿与大夫为别，必于国史所记，则卿亦呼为大夫，此《春秋》之例也。当秦有天下，地广殷、周，变诸侯为帝王，目宰辅为丞相。而谯周撰《古史考》，一脱"考"字。思欲摈抑马《记》，师仿孔《经》。其书李斯之弃市也，乃云"秦杀集内"杀"多作"煞"。其大夫李斯"。夫一脱此三字。以诸侯之大夫，名天子之丞相，以此而拟《春秋》，所谓貌同而心异也。【释】拟书大夫第一则。

当春秋之世，列国甚多，每书他邦，皆显其号，至于鲁，直云我而已。如金行握纪，海内大同，君靡客主之殊，臣无彼此之异，而干宝撰《晋纪》，至天子之葬，必云"葬我某皇帝"。且或作"但"，疑当作"时"。无二君，何我之有？以此而拟《春秋》，又所谓貌同而心异也。【释】拟称我第二则。

狄灭二国，君死城屠；齐桓行霸，兴亡继绝。《左传》云："邢迁如归，卫国忘亡。"言上下安堵，不失旧物也。如孙皓暴虐，人不聊生，晋师是讨，后予相怨。而干宝《晋纪》云："吴国既灭，江外忘亡。"岂江外安一作"被"。典午之善政，同归命之未灭乎？以此而拟《左氏》，又所谓貌同而心异也。【释】拟袭忘亡第三则。

春秋诸国，皆用夏正；【原音】征。鲁以行一作"用"。天子礼乐，故独用周家正朔。至如书"元年春王正月"者，年则鲁君之年，月则周王之月。【原注】考《竹书纪年》始达此义。而自古说《春秋》者，皆妄为解释也。如曹、马受命，躬为帝王，非是以诸侯守藩，行天子班历。而孙盛《魏》《晋》二《阳秋》，每书年首，必云"某年春帝正月"。夫年既编帝纪，而月又列帝名。以此而拟《春秋》，又所谓貌同而心异也。【释】拟仿王正第四则。

五始所作，是曰《春秋》；三传并兴，各释经义。如《公羊传》屡云："何以书？记某旧作"其"。事也。"此则先引《经》语，而继以释辞，势使之然，非史体也。如吴均《齐春秋》，每书灾变，亦曰："何以书？记异也。"夫事无他议，言从己出，辄自问而自答者，岂是叙事之理者邪？以此而拟《公羊》，又所谓貌同而心异也。【释】拟用何以书句第五则。◎作议论之文，可一用之，史法则非体。

且《史》《汉》每于列传首书人名字，至传内有呼字处，则于传首不据文义刊正，旧作"已"。非。详。如《汉书·李陵传》，称陇西任立政，此下当有"至匈奴招陵"五字，脱简也。陵字立政曰："少公，归易耳。"夫上不言立政之字，而辄言"字立政曰少公"者，此省文，从可知也。至令狐德棻《周书》于《伊娄穆传》首云"伊娄穆字奴干"，既而续云："太祖字之曰奴干，作仪同面向我也。"夫上书其字，而下复曰字，岂是事从简易，文去重复者邪？以此而拟《汉书》，又所谓貌同而心异也。【释】拟字呼其人第六则，愚谓此似无妨。◎已下总评。

昔一本误多"谢承"二字。《家语》有云："苍梧人娶妻而美，以让其兄，虽一多"则"字，一多"其"字。为让，非让道也。"又扬子《法言》曰："士一脱"士"字。有姓孔字仲尼。"其文是也，其质非也。如向之诸子，所拟古作，其殆苍梧之让，姓孔一有"而"字。字仲尼者欤？盖语曰：世异则事异，事异则备异。必以先王之道，持今世之人，一作"民"。此韩子所以著《五蠹》之篇，称宋人有守株之说也。世之述者，锐志于恐"矜"字之讹。奇，喜编次古文，撰叙今事，而一无"而"字。巍然自谓《五经》再生，《三史》重出，多见其无识者矣。【释】总评貌同而心异。至此束。

惟夫明识之士则不然。何则？其所拟者非如图画之写真，镕铸之象物，以此而似也。一作"彼"。其所以为似者，取其道术相会，义理玄一作"互"。同，若斯而已。亦犹孔父贱为匹夫，栖皇旧作"惶"。放逐，而能祖述尧、舜，宪章文、武，亦何必居九五之位，处南面之尊，然后谓之连类者哉。【释】此段总挈貌异心同意。

盖左氏为书，叙事之最。自晋已降，景慕者多，有类效颦，弥益其丑。然求诸偶中，亦可言焉。【释】又一小挈。后所列貌异心同凡七则，皆以《左氏》为式也。盖君父见害，臣子所耻，义当略说，不忍斥言。故《左传》叙桓公在齐遇害，而云"彭生乘公，公旧脱一"公"字。薨于车"。桓十八。如干宝《晋纪》叙愍帝殁于平阳，而云："晋人见者多哭，贼惧，帝崩。"以此而拟《左氏》，旧多"又"字。所谓貌异而心同也。【释】师《左氏》不忍斥书之法。第一则。

夫当时所记或未尽，则先举其始，后详其末，前后相会，隔越取同。若《左氏》成七年，郑获楚钟仪以献晋，至九年，晋归钟仪于楚以求平。其类是也。至裴子野《宋略》叙索虏临江，太子劭使力士排徐湛，二字疑衍。江湛僵仆，于是始与劭有隙。其后三年，有旧衍"徐"字。江湛旧无"湛"字。为元凶所杀事。以此而拟《左氏》，亦一作"又"。所谓貌异而心同也。【释】师《左氏》书事前后伏应之法。第二则。

凡列姓名，罕兼其字；苟前后互举，则观者自知。如《左传》上言羊斟，则下曰叔牂；一作"子臧"，一止作"臧"。并误。前称子产，则次见国当作"曰"。侨。其类是也。至裴子野《宋略》亦然。何者？上书桓玄，则下云旧误作"有"。敬道；后叙殷铁，则先著景仁。以此而拟《左氏》，又所谓貌异而心同也，【释】师《左氏》书人名字互见之法。第三则。

《左氏》与《论语》，忽添《论语》，是古文参错处。有叙人酬对，苟非烦词积句，但是往复唯诺而已，则连续而说，去其"对曰""问曰"等字。如裴子野《宋略》云：李孝伯问张畅："卿何姓？"曰："姓张。""张长史乎？"以此而拟《左氏》《论语》，又所谓貌异而心同也。【释】师《左传》《论语》叙应对省"曰"字之法。第四则。

善人君子，四字通泛，恐有误。功业不书，见于应对，附彰其美。如《左传》称楚武王欲伐随，旧误作"隋"。熊率且比曰："季梁在，何益！"桓六。至萧方等一脱"等"字。《三十国春秋》说朝廷闻慕容儁死，曰："中原可图矣！"桓温曰："慕容恪在，其忧方大！"以此而拟《左氏》，又所谓貌异而心同也。【释】师《左氏》彰美不待实叙之法。第五则。

夫将叙其事，必预张其本，弥缝混说，无取睽与"眘"通，回顾之义。言。如《左传》称叔辄闻日蚀而哭，昭子曰："子一脱"子"字。叔其将死乎？"秋八月，叔辄卒。昭二十一。至王劭《齐志》称张伯德梦山上挂丝，占者曰："其为幽州乎？"秋七月，拜为幽州刺史。以此而拟《左氏》，又所谓貌异而心同也。【释】师《左氏》书预兆后省之法。第六则。

盖文虽缺略，理甚昭著，此丘明之体也。至如叙晋败于邲，先济者赏，而云："上当作"中"。军、下军争舟，舟中之指可掬。"宣十二。夫不言攀舟恐脱"扰"字。乱，以刃断指，而但曰"舟指可掬"，则读者自睹其事矣。至王劭《齐志》述高季式破敌于韩陵，追奔逐北，而云"夜半方归，槊血满袖"。夫不言奋槊深入，击刺甚多，而但称"槊血满袖"，则闻者亦知其义矣。以此而拟《左氏》，又所谓貌异而心同也。【释】师《左氏》叙事片言蔽全形之法。第七则。意略与《用晦》篇同。◎已下合论两扇。

大抵作者，自魏已前，多效《三史》；从晋已降，喜学《五经》。夫史才文浅而易模，经文意深而难拟；既难易有别，故得失亦殊。盖貌异而心同者，模拟之上也；貌同而心异者，模拟之下也。然人皆好貌同而心异，不尚貌异而心同者，何哉？盖鉴识不明，嗜爱多僻，悦夫似史而憎夫真史，此子张所以致讥于鲁侯，有叶公好龙之喻也。袁山松云："书之为难也有五：烦而不整，一难也；俗而不典，二难也；书不实录，三难也；赏罚不中，四难也；文不胜质，五难也。"夫拟古而不类，此乃难之极者。何为独阙其目乎？呜呼！自子长以还，似皆未睹斯义。后来明达，其鉴之哉！【释】结到教人学古，神似毋貌似。以为归宿。

【按】此篇所论，前论书法，后论笔法也。六朝著述，率趋模拟，子玄就彼风尚，析出形神两途，顿使仙凡立判。貌同心异，貌异心同，学古合离秘方尽此。愚于《左氏》，读贾辛适县，悟韩柳赠行体，读蘧启疆对楚灵，识欧苏论事诀，亦所谓貌异心同者乎？若六朝之拟汉，貌同而已。◎《左氏》叙一人名封字谥，《传》中错出，读者苦之，必斟拌产侨之为拟，窃谓非是。

【注 释】

符朗比庄周 《晋书》载记：符朗，字元达，坚之从兄子也。幼怀远操，不屑时荣。著《符子》，亦老、庄之流也。《隋书·经籍志》：《符子》二十卷，在《道德》《庄》《列》类。【按】"苻"，《隋志》作"符"。又《宋书·志》及《世说》并注，凡引符秦事，并从"竹"，"苻""符"之辩，具在《正史》篇。

范晔参贾谊 晔本传：《与诸甥侄书》云：吾于《循吏》以下诸序论，笔势纵放，实天下之奇作。其中合者，往往不减《过秦论》。

貌同心异 《骆宾王文》：类同心异者，龙蹲归而宋树伐；质殊声合者，鱼形出而吴石鸣。【按】"四杰"与刘同时而稍前，刘似仿其语意。

谯周古史考 《蜀志》本传：周，字允南，位亚九列，不与政事。撰定《法训》《五经论》《古史考》之属百余篇。

江外忘亡 【按】《左传·闵二年》言卫国忘亡，为齐桓存卫加赞也。今晋乃灭吴，与存亡国异道。而干宝乃套用其文，故《史通》驳之。

归命 《吴志》：后主皓降晋，举家迁于京师。诏曰：孙皓穷迫归降，其赐号为归命侯。

春王正月 《春秋传》：元年春王周正月。【按】杜注云"言周以别夏、殷"也。误解始此。愚尝论之，《春秋》系正于王者，别鲁于天子，非别周于夏令也。是侯国之史法也。今述《史通》，意益私慰，所谓先得我心。

帝正月 【按】孙盛魏、晋《阳秋》不可得见，今所传王氏《元经》，起晋惠帝太熙元年，每岁首亦必书"帝正月"。《史通》仍不纠及，愚前言其书在依托，然否间者，信矣。

陵字立政 《李陵传》：昭帝立，大将军霍光、左将军上官桀素与陵善，遣陵故人陇西任立政，至匈奴招陵。立政曰："咄，少卿良苦！霍子孟、上官少叔谢女。""请少卿来归故乡。"陵字立政曰："少公，归易耳，恐再辱，奈何！"

字之曰奴干 《周书·伊娄穆传》：穆，字奴干，弱冠为太祖内亲信。尝入白事，太祖望见悦之。字之曰云云。于是拜车骑大将军、仪同三司。【按】此曰"字之"，即史家所称不名之义也，不得云复。

苍梧人 【按】此事俗本《史通》并作谢承《家语》云云。谢承，三国吴人，《吴志》无传。《隋》《唐》志但有谢承《后汉书》，更无别著《家语》一书。及得映钞古本《史通》核之，原无"谢承"二字。因捡《家语》，其文在卷四《六本》篇也。"苍梧人"，《家语》作"苍梧桡"。

姓孔字仲尼 见《法言·吾子》篇。

江湛 《南史·宋》：江夷子湛，字徽深，领博士，转吏部尚书。家甚贫，无兼衣余食。魏太武至瓜步，以湛兼领军。魏遣使求昏，上召太子劭以下集议，众并谓宜许，湛谓许之无益。劭怒曰："讵宜苟执异议？"声色甚厉，坐散，俱出，劭使班剑推排之，殆于倾倒。及劭之入弑，湛直上省，据窗受害，意色不挠。《宋书》："徽深"作"徽渊"，"魏太武"作"索房"。【再按】本传及《徐湛之传》俱无同受排仆之文，虽裴《略》不可得见，而历考时事，知是《史通》衍文也。

羊斟叔牂 《左传·宣二》：郑公子归生受命于楚，伐宋，宋华元御之。将战，华元杀羊食士，其御羊斟不与。及战，曰："畴昔之羊，子为政。今日之事，我为政。"与入郑师，故败。华元逃归，见叔牂曰："子之马然也。"对曰："非马也，其人也。"

子产国侨【按】《左传》云："子产相郑伯以如晋。"其下云："侨闻文公之为盟主也。"传中似此者多有，但止称侨或称公孙侨，而不称国侨。王伯厚尝辩之。愚故疑"国"字当作"曰"字，以配"下曰叔胖"之句。

桓玄敬道【按】本传：玄，字敬道。但于所论书法，未有明证，而《宋略》又不可得，因取《晋》《宋》二史与桓事有涉之人，如刘道规、何无忌、魏咏之、檀凭、诸葛长民等十余人传，编阅之，都无是语。盖史家改易字句，不尽旧文，此等处即以《史通》作故实可也。

殷铁景仁《宋书·刘湛传》：湛与殷景仁素款。及俱被时遇，猜隙渐生。湛党刘敬文父成，未悟其机，诣景仁求郡。敬文遽往谢湛曰："老父悖耄，遂就殷铁干禄。"又《南史·范泰传》：泰卒，议赠开府。殷景仁曰："泰素望未重，不可。"王弘抚棺哭曰："君生平重殷铁，今以此为报。"

张长史乎 此魏太武南侵时，其尚书李孝伯与张畅临城呼问之语也。【按】今《宋书·畅传》节去问姓语，《南史》则又增"孝伯曰"句，并与裴《略》小异矣。畅字少微。

萧方等 见《称谓》篇。

慕容恪在《晋书》载记：恪，字玄恭，皝之第四子也。皝将终，谓儁曰："恪智勇俱济，汝其委之。"及儁嗣位，封太原王。初，建邺闻儁死，曰："中原可图也。"桓温曰："慕容恪尚存，所忧方大耳！"

山上挂丝《北齐书·张亮传》：亮，字伯德，拜太中大夫。薛琡尝梦亮云云，亦与勔《志》称伯德自梦小异。

槊血满袖《北齐书·帝纪》：尔朱兆等同会邺，挟洹水而军。神武乃于韩陵为圆阵，合战，大败之。高季式以七骑追奔，度野马岗，与兆遇。高昂望之，不见，哭曰："丧吾弟矣！"夜久，季式还，血满袖。

叶公好龙 《庄子·逸》篇：子张见鲁哀公，不礼而去，曰：君之好士也，有似叶公子高之好龙。屋室雕文，尽写以龙。于是天龙下之，窥头于牖，拖尾于堂。叶公见之，失其魂魄。是叶公非好龙也，好夫似龙而非龙也。【按】王氏应麟曰：《庄子·逸》篇十有九，司马彪注。唐世犹存，今亡。《后汉书》《文选》《世说注》《艺文类聚》《太平御览》间见之。

书事 第二十九

昔荀悦有云："立典有五志焉：一曰达道义，二曰彰法式，三曰通古今，四曰著功勋，五曰表贤能。"干宝之释五志也，"体国经野之言则书之，用兵征伐之权则书之，忠臣、烈士、孝子、贞妇之节则书之，文诰专对之辞则书之，才力技艺殊异则书之。"干宝释语，不必与五志分贴。于是采二家之所议，征五志之所取，盖记言之所网罗，书事之所总括，粗得于兹矣。【释】首引旧志。论史家书事之体，必其重大有关系者乃书之也。然必谓故无遗恨，犹恐未尽者乎？今更广以三科，用增前目：一曰叙沿革，二曰明罪恶，三曰旌怪异。何者？礼仪用舍，节文升降则书之；君臣邪僻，国家丧乱则书之；幽明感应，祸福萌兆则书之。三科以补五志也，亦不与后文关贴。于是以此三科，参诸五志，则史氏所载，庶几无阙。求诸笔削，何莫由斯？【释】此节特广书事之途。◎已上二节皆言所当书者，大致与烦猥反对。是为首截。

但自一无"自"字。古作者，鲜能无病。苟书而不法，则何以示后？【释】总提中截三节。盖班固之讥司马迁也，"论大道则先黄、老而后《六经》，序游侠则退处士而进奸雄，述货殖则崇势利而羞贱贫。此其所蔽也。"又傅玄之贬班固也，"论国体则饰主阙而折忠臣，叙世教则贵取容而贱直节，述时务则谨辞章而略事实。此其所失也。"讥马贬班，引用成语，以见作史最易招驳。勿黏看。寻班、马二史，咸擅一家，而各自弹射，递相疮痏。夫虽自卜者审，而自见为难，可谓笑他人之未工，忘己事之已拙。上智犹其若此，而况庸庸者哉！节中作顿挫。苟目或讹作"自"。前哲之指踪，校后来之所失，若王沈、孙盛之伍，伯起、德棻之流，论王业则党悖逆而诬忠义，叙国家则抑正顺而褒篡夺，述风俗则矜夷狄而陋华夏。其说散见诸篇之中。此其大较也。必伸以纠摘，穷其负累，虽所擢发而数，庸可尽邪！子曰："于予何诛？"于此一无"此"字。数家见之矣。【释】此节两层，皆从事理乖违处，论书事之失。

抑又闻之，怪力乱神，宣尼不语；而事鬼求福，墨生所信。故圣人于其间，若存若亡而已。若存若亡，最圆活。若吞燕卵而商生，启龙漦而周灭，厉坏门以祸晋，鬼谋社而亡曹，江使返璧于秦皇，圯桥授书于汉相，此则事关军国，理涉兴亡，有而书之，以彰灵验，可也。节中顿挫。而王隐、何法盛之徒所撰《晋史》，乃专访州闾细事，委巷琐言，非关军国兴亡者。聚而编之，目为鬼神传录，其事非要，其言不经。异乎《三史》之所书，《五经》之所载也。【释】此节两层。从物异征验边，论书事之得失。

范晔博采众书，裁成汉典；观其所取，颇有奇工。至于《方术》篇及诸蛮夷传，乃录王乔、左慈、廪君、槃瓠亦作"盘"。瓠，言唯迂诞，事多诡越。可谓美玉之瑕，白圭之玷。惜哉！无是可也。节中顿挫。又自魏、晋已降，著述多门，《语林》《笑林》《世说》《俗说》，皆喜载调一作"啁"。谑小辩，嗤鄙异闻，在小说家，可无讥也。虽为有识所讥，颇为无知所说。而斯风一扇，国史多同。驯而滥入国史矣。至如王思狂躁，起驱蝇而践笔，毕卓沉湎，左持螯而右杯，刘邕榜吏以膳痂，龄石戏舅而伤贅，其事芜秽，其辞猥杂。而历代正史持为雅言，苟使读之者为之解颐，闻之者为之抚掌，一作抃。固异乎记功书过，彰善瘅恶者也。【释】此节两层。从诡诞嘲谐边，论书事之得失。愚谓此诸点缀，略见无妨。◎已上三节，统为中截。

大抵近代史笔，叙事为烦。榷而论之，其尤甚者有四。【释】四句提后截。夫祥瑞者，所以发挥盛德，幽赞明王。至如凤皇来仪，嘉禾入献，秦得若雉，鲁获如麇。求诸《尚书》《春秋》，上下数千载，其可得言者。盖不过一二而已。爰及近古则不然。凡祥瑞之出，非关理乱，盖主上所惑，臣下相欺，故德弥少而瑞或作"祥"。弥多，政逾劣而祥或作"瑞"。逾盛。是以桓、灵受祉，比文、景而为丰；刘、石应符，比曹、马而益倍。而史官征其谬说，录彼邪言，真伪莫分，是非无别。其烦一也。【释】侈写符瑞，为四烦之一。

当春秋之时，诸侯力争，各擅雄伯，自相君臣。一作"长"。《经》书某使来聘，某君来朝者，盖明和好所通，盛疑"咸"字之讹。德所及，此皆国之大事，不可阙如。而自《史》《汉》已还，相承继作。至于呼韩入侍，肃慎来庭，如此之流，书之可也。若乃藩王岳牧，朝会京师，必也书之本纪，则异乎《春秋》之义。【原注】若《汉书》载楚王嚣等来朝，《宋书》载檀道济等来朝之类，是也。夫臣谒其君，子觐其父，抑惟恒亦作"常"。理，非复异闻。载之简策，一何辞费？其烦二也。【释】常朝入纪，为四烦之二。愚谓有事入觐，即臣子亦当书。

若乃一作"乃若"。百职一作"辟"，非。迁除，千官黜免，其可以书名本纪者，盖惟槐鼎而已。故西京撰史，唯编丞相、大夫；东观著书，止列司徒、太尉。而近世自三公以下，一命已上，苟沾厚禄，莫不备书。且一人之身，兼预数职，或加其号而阙其位，或无其实而有其名。《南》《北》诸史以后，大抵皆然。赞唱为之口劳，题署由其力倦。具之史牒，夫何足观？其烦三也。【释】虚衔备载，为四烦之三。

夫人之有传也，盖唯书其邑里而已。其有开国承家，世禄不坠，积仁累德，良弓无改，项籍之先世为楚将，《史记·项羽本纪》。石建之后廉谨相承，《史记·万石君传》。此则其事尤异，略书于传可也。其失之者，则有父官令长，子秩丞郎，声不著于一乡，行无闻于十室，而一无"而"字。乃叙其名位一二或作"一一"。无遗。此实家谍，非关国史。其烦四也。【释】赘录世官，为四烦之四。

于是考兹四事，以观今疑当作"近"。古，足验积习忘返，流宕不归，乖作者之规模，违哲人之准的也。孔子曰："吾党之小子狂简，斐然成章，不知所以裁之。"其斯之谓矣。【释】总缴书事四烦。后截归宿在此。

亦有言或可记，功或可书，而纪一作"记"。阙其文，传亡其事者。何则？始自太上，迄于中古，其间文籍，可得言焉。夫以仲尼之圣也，访诸郯子，始闻少皞之官；叔向之贤也，询彼国侨，载辨黄能一作"熊"之祟。或八元才子，因行父而获传；见后篇元凯注。或五羖大夫，假赵良而见识。《商君列传》。则知当时正史，流俗所行，若三坟、五典、八索、九丘之书，虞、夏、商、周，春秋梼杌之记，其所缺略者多矣。【释】此节反以遗缺圆其说。是余文。

既而汲冢所述，方五经而有残，一作"殊"。马迁所书，比三传而多别，裴松补陈寿之阙，谢绰拾沈约之遗，斯又言满五车，事逾三箧者矣。夫记事之体，欲简而且详，疏而不漏。若烦则尽取，省则多捐，此乃忘折中之宜，失均平之理。惟夫博雅君子，知其利害者焉。【释】末又带及《经》《传》。正史之外，掇拾残丛，折衷贵审也。

【按】《书事》与《叙事》篇各义：叙事以法言，书事以理断。法戒浮华，理归体要，用意尤尊严也。局分三截，旁引正规，森如律令。

【注释】

荀悦五志 语在荀《纪·高祖第一》。

班讥司马 见《探赜》篇。此处多采一句。

傅玄贬班 《晋书》：傅玄，字休弈，御史中丞。迁太仆。撰论经国九流及《三史》故事，评断得失，各为区例，名为《傅子》，为内、外、中篇。

笑他人二句 陆机《豪士赋序》中语。

指踪 《史记·萧相国世家》：高帝曰："夫猎，追杀兽兔者，狗也；而发踪指示狗处者，人也。"

吞燕卵 郑氏《商颂谱》：有娀氏之女，名简狄，吞鸟卵而生契。《殷本纪》：简狄为帝喾次妃。《尔雅·释鸟》：燕，燕鳦。

启龙漦 《外传郑语》：宣王之时，童谣曰："檿弧箕服，实亡周国。"有夫妇鬻是器者，夏之衰，褒神化为二龙，王请其漦藏之，殷、周莫之发也。及厉王发之，漦流于庭，童妾遭之而孕，育而弃之。鬻弧服者取之，以逸于褒，是为褒后。《周本纪》亦载之。

厉坏门 《左传·成十年》：晋侯梦大厉，被发及地，搏膺而踊曰："杀余孙，不义，余得请于帝矣。"坏大门及寝门而入。公惧，入于室，又坏户。公觉，召桑田巫，巫言如梦。公曰："何如？"曰："不食新矣！"

鬼谋社 《左传·哀七年》：初，曹人或梦众君子立于社宫而谋亡曹，曹叔振铎请待公孙彊。旦而戒其子曰："我死，尔闻公孙彊为政。必去之。"及伯阳即位，好田弋。曹鄙人公孙彊好弋，说之。因访政事，有宠，使听政。梦者之子乃行。八年，宋灭曹。

江使返璧 注见《书志》篇。【再按】前注"郑客"，乐资《春秋后传》作

"郑容"。

圯桥授书 事在《史记·留侯世家》。裴注：徐广曰："圯，桥也，圯音怡。"李奇云："上、下邳人谓桥为圯。"【按】"圯桥"二字连用，似误。然其后《杂说》中有"庐江目桥为圯"之文，知其非失考也，特随俗通用耳。

王乔左慈 见《采撰》篇。

廪君槃瓠 《后汉书·南蛮传》：巴郡、南郡蛮本有五姓，未有君长。乃共令各乘土船，约能浮者，当以为君。余姓悉沉，唯务相独浮，因共立之，是为廪君。廪君死，魂魄世为白虎。槃瓠，见《断限》篇。

语林笑林 《隋书·经籍志》：《语林》十卷，东晋处士裴启撰。《笑林》，见《因习》篇。

世说俗说 《世说》即临川所撰，见"尚书家"。《隋书·经籍志》：《俗说》三卷，沈约撰。

驱蝇 《魏志注》：《魏略》云：王思性急，常执笔作书，蝇集笔端，驱去复来。思恚怒，自起驱蝇，不能得，还取笔掷地，踏坏之。

持螯 《晋书》：毕卓，字茂世。尝谓人曰："得满酒数百斛船，四时甘味置两头，右手持酒杯，左手持蟹螯，拍浮酒船中，便足了一生矣。"

膳痂 《宋书·刘穆之传》：穆之之孙邕，嗜食疮痂，以为味似鳆鱼。尝诣孟灵休，灵休疮痂落床上，取食之。灵休大惊。答曰："性之所嗜。"灵休疮痂未落者，悉褫取以饲邕，遂举体流血。南康国吏二百许人，不问有罪无罪，递互与鞭，鞭疮痂，常以给膳。

伤赘 《南史》：朱龄石，字伯儿。少好武，不事崖检。舅淮南蒋氏，才劣。龄石使舅卧听事，剪纸方寸，帖著舅枕，以刀子县掷之。相去八九尺，百掷百中。舅畏龄石，终不敢动。舅头有大瘤，龄石伺舅眠，密割之，即死。【按】伤赘，即割瘤也。

嘉禾 《书序》：唐叔得禾，异亩同颖，献之天子。王命唐叔归周公于东，作《归禾》。周公既得命禾，旅天子之命，作《嘉禾》。

秦得若雉 《史记·封禅书》：秦文公获若石，云于陈仓北阪城祠之。其神来也常以夜，则若雄鸡，其声殷云，野鸡夜鸣。以一牢祠，号曰陈宝。【按】"雄鸡"，《汉书·郊祀志》作"雄雉"。

鲁获如麇 《公羊传》：哀公十四年春，西狩获麟。孰狩之？薪采者也。薪采者，则微者也，曷为以狩言之？大之也。麟者，仁兽也，有王者则至，无王者则不至。有以告者曰："有麇而角者。"孔子曰："孰为来哉！孰为来哉！"反袂拭面，涕沾袍。

呼韩入侍 《汉书·宣帝纪》：甘露二年，匈奴呼韩邪单于款五原塞。三年春正月，行幸甘泉，郊泰畤。呼韩邪单于稽侯狦来朝，赞谒称藩臣而不名。上自甘泉宿池阳宫，蛮夷君长夹道陈。上登渭桥，咸称万岁。

肃慎来庭 《孔子世家》：武王克商，通道九夷八蛮，肃慎贡楛矢石砮，长尺有咫。《后汉书》：挹娄，古肃慎之国也，在夫余东北千余里。《晋书·文帝纪》：肃慎来献石砮、貂皮等，天子命归于大将军府。【按】《魏志·陈留王纪》：景元三年，肃慎遣使重译入贡，即其事。又《晋武纪》：咸宁五年，肃慎来献楛矢石砮。

黄能之祟 《晋语》：郑简公使公孙成子来聘，平公有疾，韩宣子赞授客馆。客问君疾。对曰："今梦黄能入于寝门，人杀乎？抑厉鬼邪？"子产曰："昔者鲧违帝命，殛之于羽山，化为黄能，以入于羽渊，实为夏郊，三代举之。""今周室少卑，晋实继之。其或者未举夏郊邪？"《左传·昭七》"黄能"作"黄熊"。二传皆无叔向问语，《史通》似误。

谢拾沈遗 谢绰《宋拾遗》十卷，见《书志·五行》章。

人物 第三十

夫人之生也，有贤不肖焉。若乃其恶可以诫世，其善可以示后；而死之日，名无得而闻焉，是谁之过欤？盖史官之责也。【释】此篇前半以有关法戒之人当见史册为说。

观夫文籍肇创，史有《尚书》，知远疏通，网罗历代。至如有虞进贤，时宗元凯；夏氏中微，国传寒浞；殷之亡也，是生飞廉、恶来；周之兴也，实有散宜、闳夭。若斯人者，或为恶纵暴，其罪滔天；或累仁积德，其名盖世。虽时淳俗质，言约义简，此而不载，阙孰甚焉。

洎夫子修《春秋》，记二百年行事，三传并作，史道勃兴。若秦之由余、百里奚，越之范蠡、大夫种，鲁之曹沫、公仪休，齐之宁戚、田穰苴，斯并命代亦作"世"。天才，挺生杰出。或陈力就列，功冠一时；或杀身成仁，声闻四海。苟师其德业，可以治国字人；慕其风范，可以激贪励俗。此而不书，无乃太简。【释】首以《尚书》《春秋》有阙开端。

又子长著《史记》也，驰骛穷古今，上下数千载。至如皋陶、伊尹、傅说、仲山甫之流，并列经诰，名存子史，功烈尤显，事迹居多。盍各采而编之，以为列传之始，而断以夷、齐居首，何龌龊之甚乎？其言与《探赜》篇不相顾。既而孟坚勒成《汉书》，牢笼一代，至于人伦大事，亦云备矣。其间若薄昭、杨仆、颜驷、史岑之徒，其一脱"其"字。事所以见遗者，盖略小而存大耳。夫虽逐麋之犬，不复顾兔，而鸡肋是弃，能无惜乎？当三国异朝，两晋殊宅，若元则、仲景，时才重于许、洛；何桢、许询，文雅高于杨、豫。而陈寿《国志》，王隐《晋史》，广列诸传，而遗此不编。此亦网漏吞舟，过于迂阔者。【释】以上述马、班、寿、隐诸史列传有阙。观东汉一代贤明妇人，如秦嘉妻徐氏，动合礼仪，言成规矩，毁形不嫁，哀恸伤生，此则才德兼美者也；董祀妻蔡氏，载诞胡子，受辱虏廷，文词有余，节概不足，此则言行相乖者也。至蔚宗《后汉》，传标《列女》，徐淑不齿，而蔡琰见书，欲使彤管所载，将安准的？【释】此补述《后汉书》取舍失当也。文当列"三国""两晋"之前，缘是妇女，故另缀焉。

裴几原删略宋史，时称简要。至如张祎阴受君命，戕贼零陵，乃守旧作"宗"。道一作"通"。不移，饮鸩而绝。虽古之鉏麑义烈，宣二。何以加诸？鲍昭文宗学府，驰名海内，方于汉代褒、朔之流。事皆阙如，何以申其褒奖？【释】此述子野《宋略》传亦有阙也。◎此处截上，言当传而不立传者；下言不必专传而传者。

夫天下善人少而恶人多，其一有"有"字。书名竹帛者，盖唯记善而已。故太史公有云："自获麟以来，四百余年，明主一无"明主"二字。贤君，忠臣死义之士，废而不载，余甚惧焉。"即其义也。至如四凶列于《尚书》，三叛见于《春秋》，西汉之纪江充、石显，东京之载梁冀、董卓，此皆干纪乱常，存灭兴亡所系。一本此三句中"干"作"千"，无"乱"字、"灭"字。既有关时政，故不可阙书。【释】此段转关。书善虚运，书恶实拈，皆有关国纪，故不可阙载耳。是引下之辞。

但近史所刊，有异于是。至如不才之子，群小之徒，或阴情丑行，或素餐尸禄，其恶不足以曝扬，其罪不足以惩戒，莫不搜其鄙事，聚而为录，不其秽乎？【释】近史则庸碌宵小亦书，不足示戒矣。抑又闻之，十室之邑，必有忠信；而斗筲之才，何足算也。若《汉传》之有傅宽、靳歙，《蜀志》之有许慈，《宋书》之虞丘进，《魏史》之王宪，若斯数子者，或才非拔萃，或行不逸群，徒以片善取知，微功见识，阙之不足为少，书之唯益其累。而史臣皆责其谱状，征其爵里，课虚成有，裁为列传，不亦烦乎？【释】近史于寻常流品亦书，不足示劝矣。

语曰："君子于其所不知，盖阙如也。"故贤良可记，而简牍无闻，斯乃察所不该，谓明不能遍。理无足咎。至若愚智毕载，妍媸靡择，此则燕石妄珍，齐竽混吹者矣。夫名刊史册，自古攸难；事列《春秋》，哲人所重。笔削之士，其慎之哉！【释】单收后半不必专传者一截。

【按】以书善书恶植史体，以劝善惩恶宏史才。若善不足以劝，恶不足以惩，则其用无所施，而于体不宜亵。乃史或阙书焉，或滥书焉，两皆失之，论非不谠也。虽然，谈何容易，非矢质鬼神之公心，而炳俟百世之明识，其孰能与于斯。◎两截胪列，或荒远，或细碎，举之恐不胜举。与《品藻》篇一类，不免翰墨烦劳。

【注 释】

元凯 《左传·文十八》：昔高阳氏有才子八人：苍舒、隤凯、梼演、大临、龙降、庭坚、仲容、叔达，天下之民谓之八恺。高辛氏有才子八人：伯奋、仲堪、叔献、季仲、伯虎、仲熊、叔豹、季狸，天下之人谓之八元。此十六族也，世济其美，舜臣尧，举八恺使主后土以揆百事，举八元使布五教于四方。

寒浞 《左传·襄四》：昔有夏之方衰也。后羿因夏民以代夏政，而淫于原兽，弃武罗、伯因、熊髡、龙圉而用寒浞。寒浞，伯明氏之谗子弟也，行媚于内而施赂于外，树之诈慝，以取其国家。

飞廉恶来 《秦本纪》：伯翳之裔，中潏在西戎，保西垂，生蜚廉。蜚廉生恶来。恶来有力，蜚廉善走，父子俱以材力事纣。

散宜闳夭 【按】散、闳二人明列《尚书·君奭》篇，《史通》乃与元凯等同以阙载为疑，疏矣。

由余　《秦本纪》：由余，其先晋人也，亡入戎。戎闻缪公贤，故使由余观秦。秦缪公示以宫室、积聚，由余曰："使鬼为之，则劳神矣；使人为之，亦苦民矣。"缪公怪之。由余笑曰："夫戎夷上含淳德，以遇其下；下怀忠信，以事其上。不知所以治此，此真圣人之治也。"于是缪公惧，以女乐遗戎王，间由余，由余降秦。

百里奚　《史记·秦本纪》云：晋献公灭虞、虢，虏虞君与其大夫百里奚，以为秦穆公夫人媵于秦。【按】《左传》之言媵秦穆姬者为井伯，无百里奚之名。惟僖十三，晋人来乞籴，有"秦伯问百里与之"一语，亦无奚名。

蠡种　《外传越语》：越王勾践，即位三年，兴师伐吴，不胜，栖于会稽。王使大夫种行成于吴，曰："蠡为我守于国。"范蠡对曰："四封之内，百姓之事，蠡不如种；四封之外，敌国之制，主断其事，种不如蠡。"四年，伐吴。居军三年，遂灭吴。

曹沫　【按】《刺客传》：曹沫，鲁人，于鲁庄、齐桓之时，有战败会柯劫盟之事。而《公羊》书盟柯，手剑，曹子无名。《左》《穀》则名曹刿，又皆无劫桓事。故曰：三传不书曹沫。

公仪休　赵岐《孟子》注：案《史记》云：公仪休，鲁博士，以高第为鲁相。奉法循理，无所变更。百官自正，使食禄者不得与民争利，受大者不得取小。【按】事又见董子《贤良策对》。

宁戚　《管子·小称》篇：桓公、管仲、鲍叔牙、宁戚四人饮，鲍叔奉杯而起曰："使公毋忘如莒时也，管子毋忘束缚在鲁也，宁戚毋忘饭牛车下也。"【按】《吕览》《淮南》并云：击牛角疾歌。注曰："歌《硕鼠》也。"而《吕览》作"宁戚"，《淮南》作"宁越"。至应邵述歌又别，歌曰："南山矸，白石烂，生不遭尧与舜禅，短布单衣适至骭，从昏饭牛薄夜半，长夜漫漫何时旦。"三书互异，识以备考。

田穰苴　《史记》本传：司马穰苴者，田完之苗裔也。齐景公时，晏婴乃荐田穰苴，曰："穰虽田氏庶孽，然其人文能附众，武能威敌，愿君试之。"景公召穰苴，与语兵事，大说之。以为将军，将兵捍燕、晋之师。

　　薄昭　附见《外戚薄姬传》：高后崩，迎立代王为皇帝，封太后弟昭为轵侯。又见《淮南王传》：淮南厉王，恣不用汉法。时帝舅薄昭为将军，尊重，上令昭予厉王书，谏数之。

　　杨仆　《酷吏传》：仆以千夫为吏。南越反，拜楼船将军，有功，封将梁侯。【按】仆非附传，不得云见遗。

　　颜驷　《文选》张衡《思玄赋》云："尉厖眉而郎潜兮，逮三叶而遘武。"注：《汉武故事》：孝武过郎署，见一郎鬓眉皓白，问："何其老也？"对曰："臣颜驷。文帝好文，臣好武；景帝好老，臣尚少；陛下好少，臣已老。是以三叶不遇。"上擢为都尉。

　　史岑　参《雕龙》《选注》。《雕龙》云："武仲之美显宗，史岑之述熹后。"《选注》：汉有两史岑。一在王莽末，字子孝。《东观汉记》：东平王苍上《光武中兴颂》，明帝问"可与谁等"，校书郎对"前世史岑之比"者是也。其一颂和熹邓后者，字孝山，在莽后百有余年。书典散亡，莫详爵里。《集林》诸家以孝山之文载于子孝之集，范晔遂谓：王莽末，沛国史岑，字孝山，以文显。误也。【按】《选注》见《出师颂》。《史通》所列，则莽末字子孝者是。

　　元则　《魏志》附见《曹爽传》。裴注：《魏略》曰：桓范字元则。曹爽辅政，以范乡里老宿，特敬之。及宣王起兵，范南见爽，劝爽兄弟以天子诣许昌，征四方以自辅。"卿别营在阙南，呼召如意，所忧在谷食，而大司农印章在我身。"爽不从。及宣王收范，持之甚急。范谓部官曰："徐之，我亦义士耳！"遂送廷尉。《魏氏春秋》曰：范哭谓爽曰："曹子丹佳人，生汝兄弟，犊耳！何图今日坐汝族灭？"

仲景 遍捡《三国》裴注，绝无其人。刘意岂谓张仲景耶？皇甫谧《释劝》：华陀存精于独识，仲景垂妙于定方。盖仲景医圣，与陀齐名。《隋志》方书，亦二人连载，并注汉人。汉末魏初也。而陈寿止传华陀，不及仲景。知几特举出之，理或然耶？《读书志》：《名医录》云：仲景，南阳人，名机，举孝廉，官长沙太守。著《伤寒论》二十二篇，证合内外三百九十七法，一百一十二方。《书录解题》：仲景文辞，简古奥雅，古今治伤寒，未有能出其外者。【按】《史通》云"才重许、洛"，地亦合。

何桢 《张隐文士传》：何桢，字元干，有文学，器干甚伟。历幽州刺史、廷尉。桢子龛、勖，恽，多至大官。自后累世昌阜。《晋书·何充传》：充字次道，魏光禄大夫，桢之曾孙也。

许询 《世说文学》：许掾，年少时，人比王苟子，许大不平。时诸人士及支法师并在会稽西寺讲，王亦在焉。许便往与王论理，遂大屈。许复执王理，王执许理，更相覆疏，王复屈。支从容曰："何至相苦邪？"【按】许掾，即询也，字玄度。刘惔尝云："清风明月，恨无玄度。"苟子，王修小字。【又按】《新晋书》错见《孙绰》《郄愔》及《王》《谢》诸传。

秦嘉妻徐 《玉台新咏》秦嘉《赠妇诗》序云：嘉为上郡掾，妻徐淑寝疾，还家，不获面别，赠诗云尔。淑答诗，略云：妾身兮不令，感疾兮来归。旷废兮侍觐，情敬兮有违。君今兮奉命，远适兮京师。悠悠兮离别，梦想兮容辉。恨无兮羽翼，高飞兮相追。《艺文类聚》：淑复嘉书云：昔诗人有飞蓬之感，班姬有谁荣之叹。素琴明鉴，当待君还。未奉光仪，宝钗不列。《丹铅录》：予观《艺文》《玉台》二书，见东汉妇人徐淑与夫书及诗，皆丽则可诵。《幽明录》：淑书昼卧，流涕。嫂问之。曰："适见嘉，自说往津亭乡，病亡。一客赍书还，日中当至。"举家大惊。书至，事如梦。

董祀妻蔡 《后汉书·列女传》：陈留董祀妻者，同郡蔡邕之女也。名琰，字文姬，博学有才辩，又妙于音律，适河东卫仲道。夫亡，无子。兴平中，天下丧乱，为胡骑所获，没于南匈奴左贤王。在胡中生二子。曹操素与邕善，遣使者以金璧赎之，而重嫁于祀。

张祎《晋书·忠义传》：张祎，吴郡人，少有操行。恭帝践祚，刘裕以祎帝之故吏，素所亲信，封药酒一罂付祎，密令鸩帝。祎既受命，叹曰："鸩君求生，何面目视息世间哉！不如死也。"因自饮之而死。【按】《宋书》则于其子畅传见之。易代之史，体自应尔，可无阙如之讥。

鲍昭《宋书·临川王传》：义庆为宗室之表，招聚文学之士东海鲍照等，引为佐使。照字明远，文辞瞻逸，为《河清颂》，序甚工。世祖好为文章，自谓物莫能及。照悟其旨，为文多鄙言累句，当世咸谓照才尽，实不然也。【按】唐人避武后讳曌，多作鲍昭。

三叛《左传·昭三十一》：齐豹为卫司寇，作而不义，其书为盗。邾庶其、莒牟夷、邾黑肱以土地出，不求其名，贱而必书，所以惩肆而去贪也。《春秋》书齐豹曰盗，三叛人名，以惩不义，其善志也。

傅靳《汉书》樊、郦、夏侯、灌、傅、靳、周同传。【按】"傅、靳"恐当作"傅、周"，盖七人中叙功，惟傅宽、周緤事最少也。

许慈《蜀志》本传：慈，字仁笃。又有胡潜字公兴，并为博士，典掌旧文。更相克伐，书籍有无，不相通借，时寻楚挞。其矜已妒彼至于此。

虞丘进《宋书》本传：进累战有功，封望蔡县男，除宋台令书。史臣曰：诸将起自竖夫，心一乎主，百死而不顾，遂绘封侯之报。

王宪《魏书》本传：宪，子显则，北海剧人。归诚，太祖见之曰："此王猛孙也。"厚礼待之。进爵剧县侯，卒年八十九。《北史》"宪"作"憓"。

燕石《阚子》：宋之愚人得燕石梧台之侧，藏之，以为大宝。周客闻而观焉，草匱十重，缇巾十袭。客见之。掩口卢胡而笑曰："此燕石也，与瓦甓同。"

齐竽 《韩子·内储说》：一听则愚智不分，责下则人臣不参。其说在吹竽。齐宣王使人吹竽，必三百人，南郭处士为王吹竽，王说之。宣王死，湣王立，好一一听之，处士逃。

卷 九

核才 第三十一

夫史才之难，其难甚矣。《晋令》云："国史之任，委之著作，每著作郎初至，必撰名臣传一人。"斯盖察其所由，苟非其才，则不可叨居史任。【释】起言史材实难，拣核宜慎。历观古之作者，若蔡邕、刘峻、一本峻独不书名而书字，非。徐陵、刘炫之徒，各自谓长于著书，达于史体；然观一无"观"字。侏儒一节，而他事可知。【释】首举四人，皆有心掌故而未及成史者。此下分评。案伯喈于朔方旧误作"方朔"，或误作"方翔"。上书，谓宜广班氏《天文志》。夫《天文》之于《汉史》，实附赘之尤甚者也。必欲申以掎摭，但当锄而去之，安可仍其过失，而益其芜累？亦奚异观河倾之患，而不遏以堤防，方欲疏而导之，用速怀襄之害。述史如此，将非练达者欤？【释】一层评蔡邕，与《书志》篇论天文同旨。孝标持论谈一作"析"。理，诚为绝伦。而《自叙》一篇，过为烦碎；《山栖》一志，直论一作

"是"。文章。句恐有讹字。谅难以偶迹迁、固，比肩陈、范者也。【释】一层评刘峻。孝穆在齐，有志一有"于"字。梁史，及还江左，一有"而"字。书竟不成。嗟乎！以徐公文体，而施诸史传，亦犹灞上儿戏，异乎真将军，幸而量力不为，可谓自卜者审矣。【释】一层评徐陵。光伯以洪儒硕学，而违遭不遇。观一无"观"字。其锐情自叙，欲以垂示将来，而言皆浅俗，理无要害。岂所谓"诵《诗》三百，虽多，亦奚以为"者乎！【释】一层评刘炫。◎上分核四人。见如此名才，留心撰述，犹难轻许，则史才岂易言哉。

　　昔尼父有言："文胜质则史。"盖史者，当时之文也。然朴散淳销，时移世异，文之与史，较一作"皎"。然异辙。故以张衡之文，而不闲于史；以陈寿之史，而不习于文。其有赋述《两都》，诗裁《八咏》，而能编次汉册，勒成宋典。若斯人者，其流几何？【释】至此提出本篇论旨。文与史本非二途，但唐初文尚俪体，以入史局，则非其伦矣。◎刘之前以词赋才而成正史者，唯班、沈二人，故列出之。

　　是以略观近代，有齿迹文章而兼修史传。其为式也，罗含、谢客宛为歌颂之文，萧绎、江淹直一作"究"。成铭赞之序，"序"字似当作"笔"。温子昇尤工一作"喜"。复语，卢思道雅好丽作"俪"字用。词，江总猲獥以沉迷，庾信轻薄而流宕。此其大较也。然向之数子所撰者，盖不过偏记杂说，小卷短书而已；犹且乖滥踳驳，一至于斯。而况责之以刊勒一家，弥纶一代，使其始末圆备，表里无咎，盖亦难矣。【释】此段所举诸人，正证上文丽词史笔之不相入也。

　　但自世重文藻，词宗丽淫，于是沮诵失路，灵均当轴。每当有"值"字。西省虚职，东观仔才，凡所拜授，必推文士。遂使握管怀铅，多无铨综之识；旧讹作"职"。连章累牍，罕逢微婉之言。而举俗共以为能，一作"共为能事"。当时莫之敢侮。假令其一无"其"字。间有术同彪、峤，才若班、荀，怀独见之明，负不刊之业，而皆取窘于流俗，见嗤于朋党。遂乃哺糟歠醨，俯同妄作，披褐怀玉，无由自陈。此管仲所谓"用君子而以小人参之，害霸之道"者也。一无"也"字。【释】此节趋作之者之所趋，搭到任之者之所取，风尚同归，将志古者反不见收矣。

昔傅玄或作"毅"，非。有云：一脱"云"字。"观孟坚《汉书》，实命代奇作。及与陈宗、尹敏、杜抚、马严撰《中兴纪传》，其文曾不足观，岂拘于时乎？不然，何不类之甚者也。是后刘珍、朱穆、卢植、杨彪之徒，又继而成之，岂亦各拘于时，而不得自尽乎？何其益陋也。"以上并傅玄语。嗟乎！拘时之患，其来尚矣。斯则自古一有"之"字。所叹，岂独当今者哉！一无"当"字、"者"字。【释】末以古语证之，眼在拘于时句。叹时情所尚，积而难反也。

【按】载文之言曰："文之将史，其流一也。"叙事之言曰："其为文也，编字不只，捶句皆双。"兹又曰："文之与史，较然异辙。"盖三史以上，文史一揆，骈体既兴，文笔难乎为史笔。其理然也！丽于色者，必靡于质；工为偶者，必拙为疏。当公之时，值唐初运，连轸六朝，所谓史局，皆文咏之士，故对时局再三言之。◎或疑诸史叙事，究与六朝碑版不同，何累以俳体瞋之？噫！读书亦不审矣。盍姑取晋、宋诸书，观其叙言乎！其中章奏大篇无论，他如立谈口语，决难猝办四六，而时流吐属，鲜非骈俪，乃至徒河羯氐之流，窃时裔种耳！应答言句，文必叠双，其为矜粉饰、逐风气，显自笔头出矣！非俳而何，疑者退而检之皆是。◎《史通》极诋俪词，卒亦自为俳体。正所谓拘于时者乎？然其言已为退之、习之辈前导也。

【注释】

晋令 《隋书·经籍志》：《晋令》四十卷。《晋职官志》：著作郎始到职，必撰名臣传一人。

侏儒一节 《吴志·潘濬传注》：武陵部从事樊伷叛，外白差万人往讨，濬曰：五千兵足可擒伷。伷实无才，昔尝为州人设馔，比至日中，食不可得，而十余自起。此亦侏儒观一节之验也。【按】成语似别有本，俟考。

朔方上书 《后汉书·蔡邕传》：邕，字伯喈，拜郎中，校书东观。对灾咎，讥刺宠臣，下狱。减死，徙朔方。上书自陈，奏其所著十意。注：自陈曰："臣自在布衣，常以为《汉书》十志下尽王莽，光武以来，唯记纪传，无续志者。故太傅胡广略以所有旧事与臣，臣欲删定者一，所当接续者四，前志所无，臣欲著者五。分别首目，并书章左，唯陛下留神。"

自叙山栖 刘峻见《补注》篇。又本传：因游东阳紫岩山，筑室居焉。为《山栖志》，其文甚美。又尝为《自序》，曰："余自比冯敬通，而有同之者三，异之者四。"后详《自叙》篇。

孝穆在齐 《陈书·徐陵传》：陵，字孝穆。太清二年，兼通直散骑常侍。使魏，会齐受禅，陵累求复命，终拘留不遣。及齐送贞阳侯为梁嗣，乃遣陵随还。陈天嘉年，领大著作。【按】"在齐有志梁史"之语，本传、本集皆不见。

光伯自叙 《隋书·儒林传》：刘炫，字光伯。纳言杨达举炫博学，射策高第，除太学博士。岁余，归河间，于时盗贼蜂起，教授不行。乃自为赞曰：通人自叙风徽，余敢仰均先达，徒以日迫桑榆，门徒雨散，殆及余喘，薄言胸臆云云。

两都 《两都赋》，班固撰。见《载文》篇。

八咏 《八咏》，沈约撰。隐侯本集：一、《登台望秋月》，二、《会圃临春风》，三、《岁暮愍衰草》，四、《霜来悲落桐》，五、《夕行闻夜鹤》，六、《晨征听晓鸿》，七、《解佩去朝市》，八、《被褐守山东》。坡诗《虔州八境》:《八咏》聊同沈隐侯。王注:沈约为东阳太守,作《八咏》,写于楼上。【按】东阳,今金华府。陆鲁望《二遗诗序》云:东阳多名山,金华为最。"守山东",指此也。

罗含 《晋书·文苑传》:罗含,字君章。尝梦一鸟,文彩异常,飞入口,自此藻思出新。太守谢尚称曰:"湘中琳琅。"于城西小洲上立茅屋,布衣蔬食,晏如也。征正员郎,转廷尉,致仕,门施行马。

谢客 即谢灵运,见《论赞》篇。《南史·庾肩吾传》:谢客吐言天授,时有不拘,是其糟粕。《谢弘毅传》:客儿,灵运小字。《异苑》:灵运生于会稽,其家以子孙难得,送于钱塘杜明师养之,十五方还。故曰客儿。

萧绎 萧绎,即梁元帝,参本纪。初封湘东王,颇有高名,与裴子野、刘显、萧子云为布衣之交,著作多行于世。

江淹 《梁书·江淹传》:淹,字文通。少以文章显,晚节才思微退,时人谓之才尽。所著述百余篇,并《齐史》十志。

温子昇 见《叙事》篇。

卢思道 《北史·卢玄传》:玄之孙思道,才学兼著。齐天保中,《魏史》成,思道多所非毁。周平齐,追赴长安。终散骑侍郎、参内史事。集三十卷。

丽词 《文心雕龙》有《丽词》篇,论骈俪体,其文曰:造化赋形,支体必双;神理为用,事不孤立。心生文辞,高下相须。皋陶赞云:"罪疑惟轻,功疑惟重。"益陈谟云:"满招损,谦受益。"岂营丽辞,率然成对。

江总 《陈书》:总,字总持。家传赐书,书夜寻读。文伤于浮艳,后主之世,总当权宰,日与宴游后庭,共陈暄、孔范等十余人,谓之狎客。

庾信 《北史·文苑传》:庾信,字子山。父肩吾,为梁中庶子。徐摛为右卫,率摛子陵及信,并为抄撰学士。父子东宫出入,恩莫与比隆。文并绮艳,世号"徐庾体"焉。元帝即位,聘于西魏。属大军南伐,遂留长安,累迁开府仪同三司。

踳驳 《庄子》末篇：惠施多方，其道踳驳。《魏都赋》：谋踳驳于王义。【按】乖舛也。本训色杂，或作"騿驳"，义亦可借。后世书有作"踳驳"者，"踳"训小步，失其义矣。

沮诵失路 《升庵外集》：仓颉、沮诵共造文字，今世知有仓颉，不知有沮诵。【按】沮诵失路，借言古笔不行也。又详《外篇·正史》篇。

灵均当轴 【按】《史记·屈贾传》：但言屈原者名平，不言别有名字。所谓正则、灵均，盖《离骚》自寓，即内美修能之写象耳。《离骚》，见下篇。此言"灵均当轴"，借言以词人当史局也。

傅玄有言 傅玄，见《书事》篇。其言即所撰论《三史》故事，评断得失中语也。作《傅毅》者，非是。

陈尹 《后汉书·班固传》：显宗召固诣校书部，除兰台令史，与前睢阳令陈宗、长陵令尹敏，共成《世祖本纪》。《困学纪闻》：《论衡》云：陈平仲纪光武，汉家功德可观见。未详平仲何人。阎征君若璩，据《班固传》推知是陈宗字。袁宏《后汉纪》：南阳人尹敏，字幼季，才学深通。上言识书，多近语俗辞。上非之。官止长陵令，与班彪善。

杜、马 《马援传》：援兄子严，字威卿。明德皇后既立，严虑致讥嫌，徙北地，皇后敕使移居洛阳。显宗召见，严进对闲雅，诏留仁寿闼，与校书郎杜抚、班固等，杂定《建武注记》。

刘、朱、卢、扬 《后汉书·文苑传》：刘珍，字秋孙。永初中，郑太后诏珍与刘騊駼、马融校定东观百家。又诏与騊駼作建武以来名臣传。又《朱晖传》：晖子穆，字公叔，拜尚书。所著论奏二十篇。及卒，蔡邕与门人共述其体行，谥为文忠先生。又《卢植传》：植，字子干，拜议郎，与马日磾、蔡邕、杨彪、韩说等补续《汉纪》。又《杨震传》：震曾孙彪，字文先。熹平中，公车征拜议郎。注：

《华峤书》曰：与日䃺、植、邕等著作东观。【按】四人传中，朱穆不及续史事。

序传 第三十二

盖作者自叙，其流出于中古乎？一无"乎"字。案屈原《离骚经》，其首章上陈氏族，下列祖考；先述厥生，次显名字。自叙发迹，实基于此。【释】此以赋体自述而遂开叙体者。降及司马相如，始以自叙为传。然其所叙者，但记自少及长，立身行事而已。逮于祖先所出，则蔑尔无闻。【释】此则叙体所始而不述其先者。至马迁，又征三闾之故事，放读"仿"。文园之近作，模楷二家，勒成一卷。于是扬雄遵其旧辙，班固酌其余波，自叙之篇，实烦于代。虽属辞有异，而兹体无易。【释】至太史公，则历述先世而叙体备，遂为后代所宗。◎已上是原始。

寻马迁《史记》，上自轩辕，下穷汉武，疆宇修阔，道路绵长。故其自叙始于氏出重黎，终于身为太史。虽上下驰骋，终不越《史记》之年。【释】自此乃顶接史公，开出议论。班固《汉书》，止叙西京二百年事耳。其自叙也，则远征令尹，起楚文王之世；近录《宾戏》，当汉明帝之朝。苞括所及，一作"闻"。逾于本书远矣。而后来叙传，非止一家，竞学孟坚，从风而靡。施于家谍，一作"谱"。犹或可通，列于国史，多一作"每"。见其失者矣。【释】此为初段议论。言迁《史》本无断限，故远溯源流；班《书》止述本朝，而亦追叙远代。此习一起，攀仰成风。

然自叙之为义也，苟能隐己之短，称其所长，斯言不谬，即为实录。而相如自序，乃旧讹"及"。记其客游临邛，窃妻卓氏，以《春秋》所讳，持为美谈。虽事或非虚，而理无可取。载之于传，不其愧乎！又王充《论衡》之《自纪》也，述其父祖不肖，为州闾所鄙，而己答以瞽顽舜神，鲧恶禹圣。夫自叙而言家世，固当以扬名显亲为主，苟无其人，阙之可也。至若盛矜于己，而厚辱其先，此何异证父攘羊，学子名母？必责以名教，实三千之罪人也。【释】此两层与论旨反离。言自叙之过，过在铺张，而相如不嫌自污，王充丑诋所生，是出情理之外者。

夫自媒自炫，士女之丑行。然则人莫我知，君子不旧作"所"，误。耻。案孔氏《论语》有云："十室之邑，必有忠信"，"不如某之好学也"。又曰："吾每自一依经作"日三"。省吾身，为人谋而不忠乎？与朋友交而不信乎？"又曰："文王既没，文不在兹乎？"又曰："吾之先一依经作"昔者吾"。友，尝从事于斯矣。"则圣达之旧无"之"字。立言也，时亦扬露己才，或托讽以见其情，或选与"巽"通。辞以显其迹，终不盱衡自伐，攘袂公言。且命诸门人"各言一作"见"。尔志"，由也不让，见嗤无礼。历观扬雄已降，其自叙也，始以夸尚为宗。至魏文帝、傅玄、陶梅、恐误，或当作梅陶。葛洪之徒，则又逾于此者矣。何则？身兼片善，行有微能，皆剖析其言，一二必载。岂所谓宪章前圣，谦以自牧者欤？【释】此节乃本篇正讽。为自叙夸尚者进规。

又近古人伦，喜称阀阅。其荜门寒族，百代无闻，而骍角挺生，一朝暴贵，无不追述本系，妄承先哲。至若仪父、振铎，并为曹氏之初；淳维、当作"始均"。李陵，俱称拓拔之始。河内旧讹作"南"。马祖，迁、彪之说不同；吴兴沈先，约炯"先，约炯"一作"约，先后"，非。之言一作"序"。有异。斯皆不因真律，无假宁楹，直据经史，自成矛盾。则知扬姓之寓四蜀，班门之雄朔野，或胄纂伯侨，或家传熊绎，恐自我作故，旧作"古"。失之弥远者矣。盖谄祭非鬼，神所不歆；致敬他亲，人斯悖德。凡为叙传，宜详此理。不知则阙，亦何伤乎？【释】末节极之于冒承非鬼，而夸情莫遁矣。

　　【按】篇何以作？为史家以自序殿全史而作也。《史记》而下有自序者，《汉》之班，《宋》之沈，《南北史》之李，与史《迁》而四耳。而旁及于相如、扬雄者，史传即其自传也。又及于王充、魏文、傅玄、陶、葛诸人，序见本集者。触类而长，藉以起讽也。以龙门为初式，以兰台为踵事，以浼身证祖为失体，以夸尚妄承为进规，核而辩。迨后官局分编，序传之例遂废。◎篇当次前序例题目之间，恐是错简。◎唐柳仲敷论氏族曰：天子建德，因生赐姓。以国则齐、鲁、秦、吴；以谥则文、武、成、宣；以官则司徒、司马；以爵则王孙、公孙；以字则孟孙、叔孙；以居则东门、北郭；以地则三乌、五鹿；以事则巫、乙、卜、陶。秦既灭学，公侯子孙失其本系。汉始尚官，七相五公所由兴也。魏立九品，置中正，尊世胄，卑贫士，晋、宋因之，贾氏、弼。王氏弘。谱学兴焉，自有谱局，史职皆具。过江则为侨姓，山东、关中号郡姓，代北则虏姓。凡三世有三官者曰膏粱，有令仆者为华腴，尚书、领护而上者甲姓，九卿若方伯者乙姓，散骑、太中者丙姓，吏部正员郎为丁姓，谓之四姓。又《唐书·高俭传》曰：太宗以人尚阀阅，嫁娶取赀，谓之卖昏，诏俭与韦挺等，责天下谱谍，参考史传，检正真伪，进忠贤，退悖恶，先宗室，后外戚，退新门，进旧望，右膏粱，左寒畯，合二百九十三姓，千六百五十一家，为九等，号《氏族志》。后李义甫耻其家无名，更令孔志约、杨仁卿等裁广类例，各以品位高下次之。缙绅耻焉，目为"勋格"。至郑渔仲作《通志》，谓五季以来，诸志录皆散佚，云谱胄源流兴废，可考见者如此。史言卖昏求财，汩丧廉耻。至风教又薄，谱录都废，而公靡常产之拘，士亡旧德之传矣！然水心叶氏又言叔向以栾郤、胥原、狐续、庆伯降在皂隶，忧公室之卑矣。若夫志不必忧国，行不必及民，但为门户，世有显宠，如晋宋王、谢，北方崔、卢。此叔孙豹所谓世禄，非不朽也。因阅此文，附记其说。

【注释】

离骚陈氏族 篇首：帝高阳之苗裔兮，朕皇考曰伯庸。摄提贞于孟陬兮，惟庚寅吾以降。皇览揆余于初度兮，肇锡余以嘉名。名余曰正则兮，字余曰灵均。【按】庾信《哀江南赋》，自陈氏族较详。

相如自叙为传【按】《汉书》本传，无自叙明文。证之后史，知其言固有本。《隋书·刘炫传》自为赞曰：通儒司马相如、扬子云、马季长、郑康成等，皆自叙风徽，传芳来叶云云。盖子玄之前，古人已言之矣。

不越史记之年《太史公自序》云："卒述陶唐以来，至于麟止，自黄帝始。"【按】此总纪《史记》全书也，而本序之始终，亦括此三言。

远征近录【按】《汉书叙传》，其首曰：班之先，令尹子文之后，其末以《答宾戏》终之。时则明帝永平年也。马《序》推史官之由来，班则止于述姓，故《史通》有异辞。

窃妻《相如传》：相如游梁归，临邛令王吉为具召之。时卓王孙女文君新寡，相如以琴心挑之。文君夜亡奔相如，遂与驰归成都。

论衡自纪《自纪》篇：王充者，会稽上虞人也，字仲任。其先本魏郡，从军有功，封会稽阳亭。国绝，因家焉，以农桑为业。世祖勇任气，怨仇众多。祖父泛担载，就安钱唐县，生子二：蒙、诵。诵即充父，与豪家丁伯等结怨，徙处上虞。【按】訾顽鲦恶，皆《自纪》中语。

学子名母《战国·魏策》：宋人有学者，三年反而名其母。母曰：名我何也？其子曰：尧、舜名，天地名，母贤不过尧、舜，大不过天地，是以名母也。母曰：子于学尽行之乎？将有所不行也，愿子之且以名母为后也。

三千之罪 《孝经·五刑》篇：子曰："五刑之属三千，而罪莫大于不孝。"

扬雄自叙 本传颜注：晋灼曰：晋大夫无扬侯。师古曰：雄之自叙谱牒，称扬侯，盖疏谬也。据此可见《雄传》皆自叙之文，其说必有所受也。前"相如自叙"注已见之。

魏文帝 《典论·自序》历述平董卓、脱张绣及论射、击剑、弹棋之事，皆著于篇。

傅玄 玄，字休奕。见《书事》篇。作《傅子》三篇，其自叙未见。

陶梅 其人无考。《世说·方正注》：梅颐弟陶，字叔真。王敦咨议参军。《晋书》：祖逖兄纳问梅陶曰：君乡里立月旦评，何如？曰：善褒恶贬，佳法也。王隐在坐，曰：《尚书》"三载考绩"，何得月行褒贬？陶曰：此官法也。月旦，私法也。【按】陶生许劭之乡，好议论，自叙之作，或是其人。

葛洪 《抱朴子·自叙》：余抄掇众书，撮其精要。或曰："玉屑盈车，不如全璧。"答曰："泳员流者，采珠而捐蚌；登荆山者，拾玉而弃石。余犹摘孔翠之藻羽，脱犀象之角牙矣。"其自序世系，《晋书》本传略采之。

仪父振铎 《大戴·帝系》篇：颛顼玄孙陆终，娶鬼方氏，产六子，其五曰安，是为曹姓。曹姓者，邾氏也。《通志·氏族略》：武王封安之苗裔邾挟为附庸，下至仪父，始见于经。【按】邾仪父乃曹之后，非曹之先也。刘言稍借。《史记》：曹叔振铎者，周武王弟也。武王既克殷纣，封叔振铎于曹。

始均李陵 《魏书·序纪》：黄帝以土德王。北俗谓"土"为"托"，谓"后"为"跋"，故以为氏。其裔始均，入仕尧世，命为田祖。爰历三代，始均之裔不交南夏。积六十七世，至成皇帝，讳毛立，威振北方。《宋书·索虏传》：索头虏姓托跋，其先李陵后也。【按】旧本"始均"作"淳维"，淳维是匈奴远祖，与拓跋无涉。"拓"通作"托""讬"。

河内马祖 【按】《太史公自序》及《晋书·帝纪》，同以汉初河内司马卬为祖。《史通》谓彪说不同，是司马彪《九州春秋》叙姓，别有所祖也。俟考。

吴兴沈先 沈约《宋书·自序》：沈子国，今汝南平舆沈亭是也，后以国为氏。汉有曰戎字威卿者，光武封为海昏侯，辞不受，避地徙居会稽乌程县之余不乡，遂世家焉。顺帝分会稽为吴郡，灵帝分乌程为永安，吴孙皓分吴郡为吴兴郡。晋平吴，改永安为武康。史臣七世祖延始居县东博陆里余乌村。【按】《南史·沈炯传》亦云吴兴武康人。《史通》云炯言有异，未详所本。

真律宁榲 未详。

冑纂伯侨 《扬雄传》：其先出自有周伯侨者，以支庶初食采于晋之扬，因氏焉。

家传熊绎 《汉书·叙传》：班之先与楚同姓，令尹子文之后也。子文初生，虎乳之，楚人谓虎"班"，因氏焉。【按】熊绎，楚先君也。

敬他 《孝经·圣治》：不爱其亲而爱他人者，谓之悖德；不敬其亲而敬他人者，谓之悖礼。

烦省 第三十三

昔荀卿有云：远略近详。旧作"录远略近"，误。则知史之详略不均，其为辨旧作"患"，误。者久矣。【释】荀子语，可作本篇题目。二句承接，竟似破承。旧本传讹，遂与通篇牴牾。及干令升《史议》，历诋诸家，而独归美《左传》，云："丘明能以三十卷之约，括囊二百四十年之事，靡有子遗。斯盖立言之高标，著作之良模也。"并《史议》原文。又张世伟著《班马优劣论》，云："迁叙三千年事，五十万言；固叙二百四十年事，八十万言。是班不如马也。"并《优劣论》原文。然则自古论史之烦省者，咸以左氏为得，史公为次，孟坚为甚。"甚"旧作"非"，恐误。自魏、晋已还，年祚转促，而为其国史，亦不减班《书》。此则后来逾烦，其失弥甚者矣。【释】首提后史益烦为论案，乃先举干、张两议，以启辨端。

余以为近史芜累，诚则有诸，亦犹古"由"通。古今不同，势使之然也。【释】揭势字是篇的。辄求其本意，略而论之。【释】此下对两议分辨。何者？当春秋之时，诸侯力争，各闭境相拒，关梁不通。其有一讹"言"。吉凶大事，见知于他国者，或因假道而方闻，或以通一作"同"。盟而始赴。苟异于是，则无得而称。鲁史所书，实用此道。至如秦、燕之据有西北，楚、越之大启东南，地僻界一作"远"，非。于诸戎，人罕通于上国。故载其行事，多有阙如。且其书自宣、成以前，三纪而成一卷；至昭、襄已下，数年而一作"各"。占一篇。是知国阻隔者，记载一作"事"。不详，年浅近者，撰录多备。【原注】杜预《释例》云：文公已上六公，书日者二百四十九。宣公已下亦六公，书日者四百三十二。计年数略同，而日数加倍，此亦久远遗落，不与近同也。是则传者注书已先觉之矣。【按】先后书日之文，见杜氏《集解序疏》。一本"书日"皆作"书国"，又"传者"作"儒者"，并误。此一作"左"。丘明随闻见而成传，何有故为简约者哉！【释】此节两层言《左》之约、《左》之势也。况《左》亦有不能约之时，干之言岂定论乎？

及汉氏一作"时"。之有天下也，普天率土，无思不服。会计之吏，岁奏于阙廷；輶轩之使，月一作"日"。驰于郡国。作者居府于京兆，"府"字旧讹在"京兆"下。征事于四方。用使夷夏必闻，远近无隔。故汉氏之史，所以倍增于《春秋》也。【释】此节言班有不得不烦之势。张乃以为不如马，亦岂得为定论乎？

降及东京，作者弥众。至如名邦大都，地富才良，高门甲族，代一作"世"。多髦俊。邑老乡贤，竞为别录；家牒宗谱，各成私传。于是笔削所采，闻见益多。此中兴之史，即《后汉书》也。所以又广于《前汉》也。【释】由班而推《后汉》之烦，又其势有必然者。但今范《史》短于班《史》，此盖举华谢诸本而言。篇尾云"华谢所编，烦于班马"是也。

夫英贤所出，何国而无？书之则与日月长悬，不书则与烟尘永灭。是以谢承尤一作"周"。悉江左，京洛事缺于三吴；陈寿偏委悉也。一作"安"，非。蜀中，巴、梁语详于二或作"一"，非。国。《蜀志》最短，何以云然？恐兼寿所撰《益都耆旧传》而言。如宋、齐受命，梁、陈握纪；或地比《禹贡》一州，或年方秦氏二世。夫地之偏小，年之窘迫，适使作者采访易洽，巨细无遗，耆旧可询，隐讳咸露。此小国之史，所以不减于大邦也。【释】更由汉而推之偏近之史。其烦又各因其势也。◎已上皆循序推出。

夫论史之烦省者，一无"者"字。但当要一作"求"。其事有妄载，苦于榛芜，言有阙书，伤于简略，斯则可矣。必量世事之厚薄，限篇第以多少，理则不然。【释】数语一篇筋骨。论当否不论多少，洵笃论也。且必谓丘明为省也，若介葛辨牺于牛鸣，叔孙志梦于天压，楚人教晋以拔旆，城者讴华以弃甲。此而毕书，岂得谓之省邪？且必谓《汉书》为烦也，若武帝乞浆于柏父，陈平献计于天山，长沙戏舞以请地，杨仆怙宠而移关。此而不录，岂得谓之烦邪？由斯而言，则史之烦省不中，衷也，不衷于一也。从可知矣。【释】此节更就干、张所论之二书，搜讨其义，言彼所谓烦省之说，并亦未确也。

又古今有殊，浇淳不等。帝尧则天称大，《书》惟一篇；周武观兵孟津，言成三誓；伏羲止画八卦，文王加以《系辞》。俱为大圣，行事若一，其丰俭不类，悬隔如斯。必以古方今，持彼喻此，如蚩尤、黄帝。交战阪泉，施于春秋，则城濮、鄢陵之事也。有穷篡夏，少康中兴，施于两汉，则王莽、光武之事也。夫差既灭，句践霸世，施于东晋，则桓玄、宋祖之事也。张仪、马错,为秦开蜀,施于三国,则邓艾、钟会之事也。而往之所载,其简如彼;后一作"今",非。之所书,其审如此。若使同后来于往世,"同后来"旧作"后来同",误。限一概以成书,将恐学者必诟其疏遗,尤其率略者矣。而议者苟嗤沈、萧之所记,《宋书》《南齐书》。事倍于孙、习;皆有《晋史》。华、谢之所编,皆《后汉书》。语烦于班、马,此四句旧本杂乱不成语,录见篇后。不亦谬乎!故曰"论史之烦省者,但当求其事有妄载,言有阙书,斯则可矣。必量世事之厚薄,限篇第以多少,理则不然",其斯之谓也。【释】后节更从烦一边指证出与简并胜之义。能令势字身分愈高,而文情亦兴会翔舞。

【按】篇意都从荀卿子悟来。荀言"久则论略,近则论详;略则举大,详则举小",持此四语,括此一篇,大致了了,不须复赘疏义也。其曰但论妄载阙书,不论厚薄多少,说理尤为圆足。《史通》著论,不难其综核,难其宽和。如此篇醇乎醇者也。◎此篇用意,与《叙事》三章,大相迳庭,非前后违反也,彼以用笔言,此以载事言,会向此中参悟,乃可与言事增文简之法。又《内篇》至此将竟,特以斡旋前论偏枯,更可识著书补救之法。◎读"武帝乞浆"一段,识史笔之谨严,见读书之精密。遇此等不放过,便能处处得师。

【注释】

远略近详 《荀子·非相》篇:传者,久则论略,近则论详;略则举大,详则举小。愚者闻其略而不知其详,闻其详而不知其大也。【按】文之误,从刘勰《文心》来。《文心》云:荀况称录远略近,盖文疑则阙,贵信史也。意亦自背。

令升世伟 令升,干宝字也。其说见《二体》篇。世伟,张辅字也。注见《鉴识》篇。

介葛 见《言语》篇。

天压 昭四年：初，穆子去叔孙氏，及庚宗，遇妇人，私而宿焉。适齐，梦天压己，弗胜。顾而见人，黑而上偻，号之曰："牛，助余！"乃胜之。既立，所宿庚宗之妇人献以雉，曰："吾子长矣。"见之，则所梦也。号之曰："牛。"曰："唯。"遂使为竖，有宠。辛乱其室。

拔斾 宣十二：邲之战，晋师奔，或以广队不能进。楚人惎之，脱扃少进，马还。又惎之，拔斾投衡乃出。顾曰："吾不如大国之数奔也。"

弃甲 见《言语》篇。

乞浆柏父 郭注：上微行，尝夜至柏谷，舍于逆旅。因从乞浆，主人翁曰："无浆，正有溺耳。"且疑上为奸盗，欲攻之。主人妪睹上状貌而异之，止其翁。翁不听，妪饮翁酒，缚之。乃杀鸡为食，以谢客。明日，上归，召妪赐金千斤。【按】郭不言所出，后阅《汉武故事》得之。

献计天山 《汉书·高帝纪》：至平城，为匈奴所围，七日，用陈平计得出。注：应劭曰：陈平使画工图美女，间遗阏氏，云欲献之。阏氏畏其夺己宠，因谓单于曰：汉天子亦有神灵，得其地，非能有也。于是开一角，得出。郑氏曰：计鄙陋，故秘。

长沙戏舞 《汉书·景十三王传》：长沙定王发母微，故王卑湿贫国。注：应劭曰：景帝后二年，诸王来朝。有诏更前称寿歌舞，定王但张袖小举手，左右笑其拙。上怪问之，对曰："臣国小地狭，不足回旋。"帝乃以武陵、零陵、桂阳益焉。

杨仆移关 《汉书·孝武纪》：元鼎三年冬，徙函谷关于新安，以故关为弘农县。注：应劭曰：时楼船将军杨仆，数有大功，耻为关外民。上书乞徙东关，以家财给其用度。武帝意亦好广阔，于是徙关三百里。【按】已上四条，皆所谓班氏不录者也。今详考《汉书》，果皆别见。而郭本率以班《书》正文串录为注，反似其言皆出史文者，岂不与本旨刺谬乎！至杨仆一条，但钞《酷吏》本传，尤与移关事无涉矣。只此校订，颇费日力。后详王本，大半得之，是其胜郭本处。

城濮鄢陵 城濮事在僖二十八，鄢陵事在成十六。所谓春秋晋、楚三大战之二也。

有穷少康 有穷后羿，见《人物》篇。又《左传·哀元》：昔有过浇灭夏后相，后缗方娠，逃归有仍，生少康焉。浇求之，奔有虞。虞思妻之二姚，而邑诸纶。能布其德，以收夏众。使女艾谍浇，复禹之绩，祀夏配天。

王莽光武 二汉终始，传纪载之，凡数卷。

桓玄宋祖 《晋书》之《叛臣》及《诸葛长民》《何无忌》等传，《宋书》之《武帝纪》及《刘道规》等传，并载其事，亦数卷。

为秦开蜀 《战国·秦策》：司马错与张仪争论于秦惠王前，起兵伐蜀，遂定蜀。《史记》略同。

邓艾钟会 《魏志》：邓艾，字士载。钟会，字士季，太傅繇小子也。司马文王以蜀将姜维屡扰边陲，大举图蜀。景元四年秋，下诏使邓艾统诸军三万余人趋甘松、沓中缀维，会统十万众，分从斜谷、骆口入。移檄蜀将吏士民云云。【按】《魏志》《蜀志》及《晋书·文帝纪》，其事专载、夹载不一册。

沈萧四句 初注此书，案头有二本，文异而误同。正凝想间，张生玉谷至，共勘之。拣所两有，汰所两羡，而四句出，遂刊定之。后见别本，一字不爽也。二本大小书杂乱，谬误录后。

【一本】议者苟嗤沈约字休文，梁人。著《宋书》，衍字子显。著《齐书》，萧之所记，事倍于孙孙盛，字安国，晋人也。当《晋书》。凿齿字彦威。亦著《晋书》。习、华、谢之所编，语烦于班、马。【又一本】议者苟喵沈约、字休文，梁人，著《宋书》。萧衍、字子显，著《齐书》，萧所记事倍于孙。孙盛、字安国，晋人，著《晋书》。习凿齿字彦威，亦著《晋书》。之所编，语烦于班、马。【按】二本皆正文夹注之互混也。其文不可以句，而"衍"字、"当"字等之误，更不待言。邢子才言日思误书，更是一适。余读此闷极始悟，不禁为之解颐。

卷　十

杂述 第三十四
"杂述"谓史流之杂著。

在昔旧作"昔在"。《三坟》《五典》《春秋》《梼杌》，即当作"皆"。上代帝王之书，中古诸侯之记，行诸历代，以为格言。【释】篇首所列，皆谓纪载正书，用以托起杂述。其余外传，则神农尝药，厥有《本草》；夏禹敷土，实著《山经》；《世本》辨姓，著自周室；《家语》载言，传诸孔氏。是知偏记、小说，自成一家。而能与正史参行，其所由来尚矣。【释】标出杂述家数，开自此类。

爰及近古，斯道渐烦。史氏流别，殊途并鹜。【释】落到后所论列者。权而为论，其流有十焉：一曰偏纪，一作"记"，后同。二曰小录，三曰逸事，四曰琐言，五曰郡书，六曰家史，七曰别传，八曰杂记，九曰地理书，十曰都邑簿。【释】先厘别其门类。夫皇王受命，有始有卒，作者著述，详略难均。有权记当时，不终一代，若陆贾《楚汉春秋》、乐资

《山阳一有"公"字，一以偶句从删。载记》、王韶本名韶之。《晋安陆当作"帝"。纪》、姚最旧脱"最"字。《梁昭旧脱"昭"字。后略》。此之谓偏纪者也。【释】此谓短述之书。但记近事，而非全史。

普天率土，人物弘多，求其行事，罕能周悉。则有独举所知，编为短部。若戴逵《竹林名士》、王粲《汉末英雄》、萧世诚《怀旧志》、卢子行《知己传》。此之谓小录者也。【释】此谓私志之书。各录知交，而非正史。

国史之任，记事记言，视听不该，必有遗逸。于是好奇之士，补其所亡。若和峤《汲冢纪年》、葛洪《西京杂记》、顾协《璅语》、谢绰《拾遗》。此之谓逸事者也。【释】此谓掇拾之书。可补史遗，用资参考。

街谈巷议，时有可观，小说卮言，犹贤于己。故好事君子，无所弃诸。若刘义庆《世说》、裴荣期《语林》、孔思尚《语录》、阳玠松或作"松玠"。《谈薮》。此之谓琐言者也。【释】此谓谐噱之书。略供史料，止助谈资。

汝、颍奇士，江、汉英灵，人物所生，载光郡国。故乡人学者，编而记之。若圈称《陈留耆旧》、周斐一作"裴"。《汝南先贤》、陈寿《益都耆旧》、虞预《会稽典录》。此之谓郡书者也。【释】此谓乡邦旧德之书。视史家为繁。

高门华胄，弈世载德，才子承家，思显父母。由是纪其先烈，贻厥后来，若扬雄《家谍》、殷敬《世传》、《孙氏谱记》、《陆宗系历》。此之谓家史者也。【释】此谓门胄先烈之书。比史体为炫。

贤士贞女，类聚区分，虽百行殊途，而同归于善。则有取其所好，各为之录，若刘向《列女》、梁鸿《逸民》、二字恐误，当云"高士"。赵采《忠臣》、徐广《孝子》。此之谓别传者也。【释】此谓甄录贞范之书。能补前史缺遗乃贵。

　　阴阳为炭，造化为工，流形赋象，于何不育。求其怪物，有广异闻。若祖台本名台之。《志怪》、干宝《搜神》、刘义庆《幽明》、刘敬叔《异苑》。此之谓杂记者也。【释】此谓搜采怪异之书。足当外史劝诫乃佳。

　　九州土宇，万国山川，物产殊宜，风化异俗。如各志其本国，足以明此一方。若盛弘之《荆州记》、常璩《华阳国志》、辛氏《三秦》、罗含《湘中》。此之谓地理书者也。【释】此兼风土人物言。其书亦史志地俗一类。

　　帝王桑梓，列圣遗尘，经始之制，不恒厥所。苟能书其轨则，可以龟镜将来，若潘岳《关中》、陆机《洛阳》、《三辅黄图》、《建康宫殿》。此之谓都邑簿者也。【释】此指帝京规制言。其书亦史志都城一流。◎已上十条，书四十种，各依其类，而举其概。

　　大抵偏纪、小录之书，皆记即日当时之事，求诸国史，最为实录。然皆言多鄙朴，事罕圆备，终不能成其不刊，永播来叶，徒为后生作者削稿之资焉。【释】自此以下，论其得失。◎首二条合论，词似弃而实取，切见亲知之作，足供史底也。逸事者，皆前史所遗，后人所记，求诸异说，为益实多。及妄者为之，则苟载传闻，而无铨择。由是真伪不别，是非相乱。如郭子横之《洞冥》，王子年之《拾遗》，全构虚辞，用惊愚俗。此其为弊之甚者也。【释】第三条之得失。奇者易诞，故著此戒。琐言者，多载当时辨对，流俗嘲谑，俾夫枢机者藉为舌端，谈话者将为口实。及蔽者为之，则有诋评相戏，施诸祖宗，亵狎鄙言，出自床笫，莫不升之纪录，用为雅言，固以无益风规，有伤名教者矣。【释】第四条之得失。此条所戒，宜用书绅。郡书者，矜其乡贤，美其邦族；施于本国，颇得流行；置于他方，罕闻爱异。其有如常璩之详审，刘昺或作"炳"，非。之该博，而能传诸不朽，见美来裔者，盖无几焉。【释】第五条之得失。乡贤升送，年增岁益，阅此为之起疑。家史者，事惟三族，言止一门，正可行于室家，难以播于邦国。且箕裘不堕，则其录犹一作"虽"，非。存；苟薪构已亡，则斯文亦丧者矣。【释】第六条之得失。世家子当味其言。别传者，不出胸臆，非由机杼，徒以博采前史，聚而成书。其有足以新言，加之别说者，盖不过十一而已。如寡闻末学之流，则深所嘉尚；至于探幽索隐之士，则无所取材。【释】第七条之得失。前注言能补阙遗乃贵者以此。杂记者，若论神仙之道，则服食炼或作"练"。气，可以益寿延年；语魑魅之途，则福善祸淫，可以惩恶劝善，斯则可矣。及谬者为之，则苟谈怪异，务述妖邪，求诸弘益，其义无取。【释】第八条之得失。前注言足当劝戒乃佳者以此。地理书者，若朱赣所采，浃于九州；阚骃所书，殚于四国。斯则言皆雅正，事无偏党者矣。其有异于此者，则人自以为乐土，家自以为名都，竞美所居，谈过其实。又城池旧迹，山水得名，皆传诸委巷，用为故实，鄙哉！【释】第九条之得失。土名俚鄙之戒，居志馆者择之。都邑簿者，如宫阙、一作"闱"。陵庙、街廛、郭邑，辨其规模，明其制度，斯则可矣。及愚者为之，则烦而且滥，博而无限。一有"故"字，或作"于"字，疑皆衍。论榱栋则尺寸皆书，记草木则根株必数，务求详审，恃此为能。一讹"论"。遂使学者观之，瞀乱而难纪也。【释】第十条之得失。宫阙尺寸，物产根株，似非无益。于是考兹十品，征彼百家，则史之杂名，其流尽于此矣。至于其间得失纷糅，善恶相兼，既难为觊缕，故粗陈梗概。且同自郐，无足讥焉。【释】此节总结十品。拈出史字作眼，虽诸书不以史名，亦皆史之杂流也。又以不悉数者括其余。

又案，子之将史，本为二说。然一脱"然"字。如《吕氏》《淮南》《玄晏》《抱朴》，凡此诸子，多以叙事为宗，举而论之，抑亦史之杂也,但以名目有异,不复编于此科。【释】此又就子家者流,剔出近史者以该之。

盖语曰:"众一作"聚"。星之明,不如一月之光。"历观自古作者,著述多矣,虽复门千户万,波委云集,而言皆琐碎,事必丛残,固难以接光尘于《五传》,并辉烈于《三史》。古人以比玉屑满篋,良有旨哉!【释】至此统摄全篇。先将杂家一抑。然则作"然而"用。刍荛之言,明王一作"主"。必择;葑菲之体,诗人不弃。故学者有当作"欲"。博闻旧事,多识其恐当作"奇"。物,若不窥别录,不讨异书,专治周、孔之章句,直守迁、固之纪传,亦何能自致于此乎?且夫子有云:"多闻,择其善者而从之","知之次也"。苟如是,则书有非圣,言多不经,学者博闻,盖在择之而已。【释】以扬笔收,而归结到择字。本诸太史择言尤雅之择,最是读古堤防。

【按】从上三十三篇,论正史者备矣。至是乃旁罗杂乘,洪纤靡遗,庄谐弹录,可谓具体鼓吹者乎。于正史则严核之,不嫌于孤;于杂乘则广收之,必赢其类。可知子玄是书,尽意洗伐,特欲令著作之庭,净无尘点耳,非教天下谩弃群言也。◎核群史道用猛矣,而如彼上篇,卒以持平者慊物情。收杂述道用宽矣,而就中分论,仍以祛猥者闲文纪。猛以济宽,宽以济猛,其诸公孙侨之为政,北官文子所谓有礼者乎?◎其流十,其举似者四十。流别虽多,不离史属,赜而不乱也。举似似烦而约,约且取小,小册见收,大者可知也,约而尽也。

【注 释】

神农本草 宋艾晟《本草序》:《神农》旧经,止于三卷,药数百种。梁陶隐居因而倍之。《唐书·于志宁传》：帝问《本草》《别录》，对曰：班固惟记《黄帝内外经》，不载《本草》。至齐《七录》乃称之。世谓神农氏尝药以拯含气，而黄帝以前文字不传，至桐、雷乃载篇册。然所载郡县，多在汉时，疑张仲景、华陀窜记。其别录者，魏、晋以来，吴普、李当之所记，其言华叶形色，附《经》为说。故弘景合而录之。

夏禹山经　胡渭《禹贡锥指》：《山海经》十三篇，刘歆以为出于唐、虞之际。《列子》曰："大禹行而见之，伯益知而名之，夷坚闻而志之。"然其间可疑甚多。颜之推曰："禹、益所记，而有长沙、零陵、诸暨，后人所羼也。"尤袤曰："此先秦之书，非禹、伯翳作。"二说允当。

世本辨姓　《汉书·艺文志》：《世本》十五篇，古史官记黄帝以来讫春秋时诸侯大夫系谥名号。

偏纪四种　陆贾《楚汉春秋》九卷，见"春秋家"。《山阳载记》，《隋书·经籍志》：乐资撰，十卷。【按】山阳公谓汉献帝，禅魏，降封。《晋安帝纪》，《宋书》：王韶之，字休泰，私撰《晋安帝阳秋》，除著作佐郎，使续后事，讫义熙九年。善叙事。【按】《晋安帝纪》即此《阳秋》也。旧作"安陆"，误。【又按】《北史》有王韶，乃隋之武臣。此以属对，省"之"字耳。《梁昭后略》，《隋志》：姚最撰，十卷。【按】《隋志》无"昭"字，《新唐志》《旧唐志》并有"昭"字。

小录四种　《竹林名士》，《隋志》：《竹林七贤论》二卷，晋太子中庶子戴逵撰。《唐志》亦作《七贤论》。《汉末英雄记》，《隋志》：王粲撰，残缺。萧世诚《怀旧志》，《隋》《唐志》：梁元帝撰，九卷。【按】世诚，元帝字也，讳绎。见《核才》篇。卢子行《知己传》，隋、唐《志》：卢思道撰，一卷。【按】子行，思道字也。

逸事四种　和峤《汲冢纪年》，【按】《纪年》见"春秋家"，皆简编科斗文字。《读书志》：所得凡八千五百一十四字，诏和峤等以隶字写之。《西京杂记》，《新唐志》《旧唐志》：葛洪撰，二卷。【按】伯厚《纪闻》谓是吴均及萧贲依托。顾协《琐语》，《隋志》：一卷，梁金紫光禄大夫顾协撰。谢绰《拾遗》，见《书志五行》章。又《书事》篇言"谢拾沈遗"即此。

琐言四种 刘义庆《世说》，见"尚书家"。裴荣期《语林》，见《书事》篇。《隋志》：裴启撰。【按】荣期，盖其字也。孔思尚《语录》，《新唐志》《旧唐志》作《齐语录》十卷。亦见《书志五行》章。阳玠松《谈薮》，《书录解题》：北齐秘书省正字北平阳玠松撰，事综南北八朝，隋开皇中所述。

郡书四种 《陈留耆旧传》，《隋志》：汉议郎圈称撰，二卷。《汝南先贤》，《隋志》：魏周斐《汝南先贤传》，五卷。《旧唐志》："斐"作"裴"。《益都耆旧传》，《隋志》：陈寿撰，十四卷。《会稽典录》，《隋志》：虞预撰，二十四卷。

家史四种 扬雄《家谱》，《汉书·扬雄传》即采此为之。其说详《序传》篇。殷敬《世传》，《唐志》作《殷氏家传》三卷，殷敬撰。《孙氏谱记》，《唐志》：十五卷，无撰人名。《陆宗系历》，《唐志》作《吴郡陆氏宗系谱》，陆景献撰。

别传四种 刘向《列女传》，曾巩《序》：刘向所序，凡八篇，《隋志》及《崇文总目》皆称十五篇。嘉祐中，苏颂定其书，复为八篇。梁鸿《逸民》，《后汉书》本传：鸿仰慕前世高士，为四皓以下二十四人作颂。【按】鸿所撰即此，不当云"逸民"。或因鸿在《逸民传》中，有注字句旁者，传写误耶？赵采《忠臣传》，【按】隋、唐《志·忠臣传》但有梁元帝撰，赵采无考。徐广《孝子传》，《新唐志》《旧唐志》：徐广撰，三卷。

杂记四种 祖台之《志怪》，《隋志》：二卷。《新唐志》《旧唐志》作四卷。《晋书》：台之，字元辰，官侍中、光禄大夫。干宝《搜神记》，《隋志》：

三十卷。刘义庆《幽明录》，隋、唐《志》并云《幽明撰录》，二十卷。刘敬叔《异苑》，《隋志》：宋给事刘敬叔撰，十卷。

地理书四种 盛弘之《荆州记》，《隋志》：宋临川王侍郎盛弘之撰。常璩《华阳国志》，见《补注》篇。辛氏《三秦》，【按】《后汉李膺传》，章怀注引之，以证"登龙门"语。其书宜未亡，而史志皆阙，卷帙无考。罗含《湘中》，《文献经籍考》：《湘中山水记》三卷，晋耒阳罗含君章撰，范阳卢拯注。其书颇及隋、唐以后事，则后人附益也。【又按】地理与郡书略有辨，郡书主人物，地理主风土。但其中《华阳志》似阑入。

都邑簿四种 潘岳《关中记》，隋、唐《志》：一卷，潘岳撰。宋《中兴书目》以撰人为葛洪，或是别本。陆机《洛阳记》，隋、唐《志》：一卷。《三辅黄图》，见《书志》篇"汉三辅典"注。《建康宫殿》，无考。【又按】都邑簿，志规制也，更与郡书、地理有辨。

洞冥拾遗 东汉郭宪《洞冥序》：武帝明俊特达之主，东方朔滑稽浮诞以匡谏，洞心于道教，使冥迹之奥，昭然显著。今籍旧史不载者，撰《洞冥记》四卷。子横，宪字也。梁萧绮《拾遗记序》：《拾遗记》者，晋陇西王嘉字子年撰。皆残缺。文起羲、炎，事记西晋，辞趣过诞，推理陈迹，盖绝世而宏博矣。

刘昞 撰有《敦煌实录》十卷，《凉书》十卷。其人详《论赞》《正史》《点烦》三篇。

朱赣阚骃 朱赣，【按】《隋志·地理书》，陆澄合《山海经》已来一百六十家，并多零失，见存四十二家。又任昉《地记》，增多陆本八十四家，亦多零失，见存唯十二家。今考其所列见存书，皆无朱赣撰九州书名，岂在零失中耶？前辛氏《三秦》当亦然。《北史》：阚骃，敦煌人，字玄阴。乐安王丕引为从事中郎。撰《十三州志》。《隋志》：《十三州志》十卷。

辨职 第三十五

"职"一作"识"，误。

夫设官分职，伫绩课能，欲使上无虚授，一作"称"。下无虚受，其难矣哉！昔汉文帝幸诸将营，而目周亚夫为真将军。嗟乎！必于史职求真，"求真"二字，或作"求其若之"，一作"求其若此"。斯乃特一无"特"字。为难遇者矣。【释】泛从课职意，刷出史职之难。

史之为务，厥途有三焉。何则？彰善贬恶，不避强御，若晋之董狐，齐之南史，此其上也。秉直者。编次勒成，郁为不朽，若鲁之丘明，汉之子长，此其次也。勒巨册者。高才博学，名重一时，若周之史佚，楚之倚相，此其下也。徒多闻者。苟三者并阙，复何为者哉？【释】以三层实其难。若是则道在得人专任，不在设局监领矣。全笔起议。◎已下将领局居局二弊，流水抉发。

昔鲁叟之修《春秋》也，不藉三桓之势；汉臣之著《史记》也，无假七贵之权。而近古每有撰述，必以大臣居首。【释】此下论领局之弊，落出近世故事。案《晋起居注》载康帝诏，盛称著述任重，理藉亲贤，或误"览"。遂以武陵王领秘书监，寻武陵才非河献，河间献王。识异淮南，而辄以彼藩翰，董斯邦籍，求诸称职，无闻焉尔。【释】此推设领之始，即就初设抉出不称来。既而齐撰礼书，旧作"国史"。和士开总知；唐修《本草》，徐世勣监统。夫使辟阳、长信，影和士开。指㩻马、郑旧作"南、董"，亦因国史相承而误。之前，周勃、张飞，影徐世勣。弹压桐、雷之右，斯亦怪矣。【释】递到因循故事，徒以贵幸、武夫监领可笑。◎不切定国史为言，但指出所领非人，以见例观。其夹说《本草》，可知所举士开总领。原用监礼本文，正以蹴起下句监史尤难耳。何人改易，强作解事。

大抵监史为难，斯乃尤之尤一少"之尤"二字。者。若使直若南史，才若马迁，精懃一作"勤"。不懈若扬子云，谙识故事若应仲远，兼斯具美，督彼群才，使夫一无"夫"字。载言记事，藉为模楷，搦管操觚，归其仪一作"准"。的，斯则可矣。【释】作一拗折，笔情转动。但今之从政则不然，凡居斯职者，必恩幸贵臣，凡庸贱品，饱食安步，坐啸画诺，若斯而已矣。【释】正写官贵无文虚縻高踞之状。夫人既不知善之为善，则亦不知恶之为恶。故凡所引进，皆非其才，或以势利见升，或以干祈取一作"致"。擢。遂使当官效用，江左以不乐为谣；拜职辨名，洛中以不闲为说。言之可为大噱，一作"笑"。可为长叹也。【释】至此透后一层，言惟领局寡识，遂致所引非人。转令敦古之士，不乐就职矣。领局之弊，至此勒住。

曾试论之，世之从仕者，若使之为将也，而才无韬略；使之为吏也，而术靡循良；使之属文也，而匪闲于辞赋；使之讲学也，而不习于经典。斯则负乘致寇，悔吝旋及。虽五尺童儿，犹知调笑者矣。【释】入此一喻，作上下转枢，领局居局俱含。唯夫修史者则不然，或当官卒岁，竟无刊述，而人莫之省一作"知"。也；或辄不自揆，轻弄笔端，而人莫之见也。两"人"字仍带领局者。由斯而言，彼史曹者，崇扃峻宇，深附九重，虽地处禁中，而人同方外。可以养拙，可以藏愚，绣衣直指所不能绳，强项申威所不能及。斯固素餐一作"食"。之窟宅，尸禄之渊薮也。凡有国有家者，何事于斯职哉！【释】此层蒙领局者，卸入居局纂修者，言领局之设。杜散佚也，遂缘清禁，开置史曹，驯致旷勤同匮，流为偷闲奥窟矣。

昔子贡欲去告朔之饩羊，子曰："尔爱其羊，我爱其礼。"又语云："虽无老成人，尚有典刑。"观历代之置史臣，有同嬉戏。而竟不废其职者，盖存夫爱礼，吝彼典刑者乎！【释】就虚循故事顿宕一笔。

昔丘明之修传也，以避时难；子长之立记也，藏于名山；班固之成书也，出自家庭；陈寿之草一作"为"。志也，创于私室。然则古来贤俊，立言垂后，何必身居廨宇，迹参僚属，而后成其事乎？【释】此正证设局纂修之非古。而参僚属句，即缴归领局者。运笔又捷。是以深识之士，知其若斯，退居清静，杜门不出，成其一家，独断而已。岂与夫冠猴献状，评议其得失者哉！【释】结言惟其如是，志士所以耻居之也。仍对领局作收。◎皆自寓之辞。

【按】《内篇》研辨史事，无剩义矣，至是竟作史局议一篇终之。寻夫《左氏》以来，《三国》而往，编年纪传，都非局课。自东观开而局兴焉，驯而修必于局矣，驯而局且置监矣。江左河朔，踵成故事，爰暨有唐，定制加严，史馆则移入省中，监修则通敕朝宰，凡所为禁防程督之具，靡弗备至。而古风由是尽变，而丛弊相仍益滋。刘氏原始要终，至说病处，领者修者，分层递勘，如扁仓之胗疾，抉根因，尅传染，探症结，真可谓洞垣一方。吁！室创山藏之辙，不可复循，而儒生迂议，卒自孤行不废。如此篇是。◎此议对萧至忠辈发，与《忤时》篇相照。

【注释】

真将军《绛侯世家》：亚夫军细柳，上自劳军，先驱至，不得入。都尉曰："军中闻将军令，不闻天子诏。"居无何，上至壁门，士吏曰："将军约，军中不得驰驱。"天子乃按辔徐行。成礼而去。文帝曰："嗟乎！此真将军也。"

史佚 佚，《书》作"逸"。《洛诰》：王命周公后作册逸诰。孔《传》：王为册书，使史逸告伯禽封命之书。《左传·成四》：季文子曰："史佚之志有之。"杜注：史佚，周文王太史。

倚相《左传·昭十二》：左史倚相趋过，王曰："是良史也，子善视之。是能读三坟、五典、八索、九丘。"《外传楚语》：王孙圉曰："有左史倚相，能道训典，以叙百物，以朝夕献善败于寡君，使寡君无忘先王之业。"

晋起居注 《隋书·经籍志》自晋泰始起，至晋元熙，凡二十部。又《晋起居注》三百一十七卷，宋北徐州主簿刘道会撰。

武陵王 《晋书》：武陵王晞，字道叔。康帝建元初，领秘书监。晞无学术，而有武干，为桓温所忌。

河献淮南 《汉书》：河间献王德，孝景皇帝子。被服造次，必于儒者。山东之儒，多从之游。又：淮南王安，好书，致宾客。详《自叙》篇。

礼书士开总知 《北齐·恩幸传》：和士开解悟捷疾，世祖性好握槊，士开善此戏，因此亲狎。世祖践祚，加开府。后主深委仗之。又先得幸于胡太后，封淮阳王。又《魏收传》：后主即位，收掌诏诰，除尚书右仆射。总议监修五礼事，奏请赵彦深、和士开、徐之才共监。

本草世勣监统 《旧唐书·李勣传》：勣，曹州人，本姓徐，名世勣。以犯太宗讳，单名勣焉，赐姓李氏，封英国公。又《吕才传》：右监门长史苏敬，言陶弘景《本草》多舛谬。诏中书令许敬宗与才及李淳风并诸名医增损旧本，仍令司空李勣总监定之，并图合成五十四卷。

辟阳长信 荀悦《高后纪》：徙辟阳侯审食其为右丞相。初，吕后获于楚，食其以舍人侍，得幸。及为丞相，不典治，监宫中事。《通鉴秦纪》：文信侯以舍人嫪毐为宦者，进太后，太后幸之，封毐长信侯。

马郑 见《补注》篇。

周勃张飞 《史记·世家》：绛侯周勃者，沛人也。为材官引强。高祖初起，勃以中涓从攻战。木强，不好文学。惠帝时，以列侯为太尉。《蜀志》：张飞，字益德，涿人也。先主长阪之走，飞拒后，据水断桥，瞋目横矛曰："身是张益德也。"敌无敢近者。所过战克。封西乡侯，谥桓侯。【按】"益德"，《华阳国志》作"翼德"。

桐雷 《旧注》：《荒史》：黄帝主医药之臣，有岐伯、雷公、俞跗、巫彭、桐君，凡五人。岐伯、雷公作《内经》，桐君能处方盉。【按】二字连称，《于志宁传》亦有之。见《杂述》篇注。

应仲远 《后汉书》：应劭，字仲远。详《自叙》篇。

坐啸画诺 《后汉书·党锢传序》：汝南太守宗资，任功曹范滂，南阳太守成瑨，亦委功曹岑晊。二郡为谣曰："汝南太守范孟博，南阳宗资主画诺。南阳太守岑公孝，弘农成瑨但坐啸。"

不乐不闲 二名未详。

史曹地处禁中 《旧书·职官志》：历代史官，隶秘书省著作局，贞观三年，始移史局于禁中，在门下省北。宰相监修国史，遂成故事。及大明宫成，置于门下省南。馆门东西有枣树七十四株。至开元二十五年，又移中书省北，以旧尚药局充馆地。【按】史馆第三移，已在作《史通》事后，总之皆在禁近也。

语云虽无老成 《后汉书·孔融传》：融性好士，与蔡邕素善。邕卒后，有虎贲士貌类于邕，融每酒酣，引与同坐，曰："虽无老成人，尚有典刑。"【按】《史通》盖用此语，谓貌似而实不称也。故不曰《诗》云而曰《语》云。

丘明避时 见《申左》序述《汉书·艺文志》语。

成书家庭 《班固传》：固以父彪所续前史未详，乃潜精研思，欲就其业。有人上告固私改国史者，郡上其书，显宗甚奇之。

草志私室 《陈寿传》：寿领本郡中正，撰《魏吴蜀三国志》。既卒，范頵上表曰：陈寿作志，明乎得失，愿垂采录。于是诏下河南尹、洛阳令，就家写其书。【按】此二条，《正史》篇亦见之。

冠猴献状 《汉书·盖宽饶传》：平恩侯许伯入第，丞相、御史皆贺。宽饶不往。请之，乃往。酒酣乐作，长信少府檀长卿起舞，为沐猴与狗斗，坐皆大笑。宽饶昂视屋而叹。【按】献状，媚态也。许伯，外戚恩泽侯。

自叙 第三十六

予幼奉庭训，早游文学。【释】直叙起。不衍世系，是自叙著书体，非史家叙传体也。年在纨绮，便受《古文尚书》。每苦其辞艰琐，难为讽读。虽屡逢捶挞，而其业不成。尝闻家君为诸兄讲《春秋左氏传》，每废《书》而听。逮讲毕，即为诸兄说之。因窃叹曰："若使书皆如此，吾不复怠矣。"【释】首表平生与史为缘，殊由宿植。先君奇其意，于是始授以《左氏》，期年而讲诵都毕。于时年甫十有二矣。所讲虽未能深解，而大义略举。父兄欲令博观义旧作"议"。疏，精此一经。辞以获麟已后，未见其事，乞且观余部，以广异闻。次又读《史》《汉》《三国志》。既欲知古今沿革，历数相承。于是触类而观，不假师训。自汉中兴已降，迄乎皇家实录，年十有七，而窥览略周。其所读书，多因假赁。虽部帙残缺，篇第有遗，至于叙事之纪纲，立言之梗概，亦粗知之矣。【释】由其宿植之优，遂得年未弱冠，刱通全史，胸贮皂白。

但于时将求仕进，兼习揣摩，至于专心诸史，我则未暇。【释】四语略顿。洎年登弱冠，射策登朝，于是思有余闲，获遂一作"逐其"。本愿。旅一作"旋"，非。游京洛，颇积岁年，公私借书，恣情披阅。至如一代之史，分为数家，其间杂记小书，又竞为异说，莫不钻研穿凿，尽其利害。【释】至是并史流旁杂，靡不兼综矣。加以自小观书，喜谈名理，其所悟者，皆得之襟亦作"衿"。腑，非由染习。故始在总角，读班、谢两《汉》，便怪《前书》不应有一脱"有"字。《古今人表》，《后书》宜为更始立纪。

当时闻者，共责以为旧脱"为"字。童子何知，而敢轻议前哲。于是赧然自失，无辞以对。其后见《张衡》《范晔集》，果以二史疑当作"事"。为非。其有暗合于古人者，盖不可胜纪。始知流俗之士，难与之言。凡有异同，蓄诸方寸。【释】至是则进退群言，中有定主矣。

及年以"已"通。过一多"而"字。立，言悟日多，常恨时无同好，可与言者。维东海徐坚，晚与之遇，相得甚欢。虽古者伯牙之识钟期，管仲之知鲍叔，牙、期、管、鲍倒用，有味。不是过也。复有永城朱敬则、沛国刘允济、义旧误作"吴"。兴薛谦光、河南元行冲、陈留吴兢、寿春裴怀古，亦以言议见许，道术相知。所有摧扬，得尽怀抱。每云："德不孤，必有邻，四海之内，知我者不过数子而已矣。"【释】此蒙上节俗难与言，深致知音不孤之喜。

昔仲尼以睿圣明哲，天纵多能，睹史籍之繁文，惧览者之不一。删《诗》为三百篇，约史记以修《春秋》，赞《易》道以黜八索，述《职方》以除九丘，讨论坟、典，断自唐、虞，以迄于周。其文不刊，为后王法。自兹厥后，史籍逾多，苟非命世大才，孰能刊正其失？嗟予小子，敢当此任！其于史传也，尝欲自班、马已降，讫于姚、一脱"姚"字。李、令狐、颜、孔诸书，莫不因其旧义，普加厘革。但以无夫子之名，而辄行夫子之事，将恐致一脱"致"字。惊末一作"愚"。俗，取咎时人，徒有其劳，而莫之见赏。所以每握管叹息，迟回者久之。非欲之而不能，实能之而不敢旧作"欲"，误。也。【释】此节叙到欲出手眼，厘定群史，志拟春秋，姑为前却之词。

既朝廷有知意恐"音"字之讹。者，遂以载笔见推。由是三为史臣，再入东观。【原注】则天朝为著作佐郎，转左史。今上初即位，又除著作，长安中，以本官兼修国史。会迁中书舍人，暂罢其任。神龙元年，又以本官兼修国史，迄今不之改。今之史馆，即古之东观也。每惟皇家受命，多历年所，史官所编，粗惟记录。起居实录之类则有之。至于纪传及志，则皆未有其书。长安中，一作"年"，一作"中年"。会奉诏预修《唐疑当作"国"。史》。及今上中宗。即位，又敕撰《则天大圣皇后实录》。凡所著述，尝欲行其旧议。而当时同作诸士及监修贵臣，每与其当有"言"字。凿枘相违，龃龉难入。故其恐当作"有"。所载削，皆与俗浮沈。虽自谓依违苟从，然犹大为史官所嫉。嗟乎！虽任当其职，而吾道不行；见用于时，而美恐当作"善"。志不遂。"善志"用《左氏》邾黑肱传语。郁怏孤愤，无以寄怀。必寝而不言，嘿而无述，又恐没世之后，谁知予者？故退而私撰《史通》，以见其志。【释】此方叙到正面。由职居史局，直道难行，姑作《史通》，以露本志。

昔汉世刘安著书，号曰《淮南子》。其书牢笼天地，博极古今。上自太公，下至商鞅。其错综经纬，自谓兼于数家，无遗力矣。【释】自此以下，历举往昔传书，以启自托之端。将《淮南》作引。《淮南》之书，不专一路，故用另述。然自《淮南》已后，作者无绝。一作"绝无"。必商榷而言，则其流又众。【释】四句上下作纽。盖仲尼既殁，微言不行；史公著书，是非多谬。由是百家诸子，诡说异辞，务为小辨，破彼大道，故扬雄《法言》生焉。【释】《法言》主谈理。儒者之书，博而寡要，得其糟粕，失其菁华。而流俗鄙夫，贵远贱近，传兹恐当作"转滋"。抵牾，自相欺惑，故王充《论衡》生焉。【释】《论衡》主征据。氓者，冥也，冥然罔知，率彼愚蒙，墙面而视。或讹音鄙句，莫究本源；或守株胶柱，动多拘忌，故应劭《风俗通》生焉。【释】《风俗通》主博洽。五常异禀，百行殊执，一作"轨"。能有兼偏，知有长短。苟随才而任使，则片善不遗，必求备而后用，则举世莫可，故刘劭《人物志》生焉。【释】《人物志》主辨材。夫开国承家，立身行事，一文一武，或出或处，虽贤愚壤隔，善恶区分，苟时无品藻，则理难铨一作"错"，非。综，故陆景《典语》生焉。【释】《典语》主评品。词人属文，其体非一，譬甘辛殊味，丹素异彩，后来祖述，识昧一讹"殊"。圆通，家有诋诃，人相掎摭，故刘勰《文心》生焉。【释】《文心雕龙》主文章体裁。◎每书各有标旨，看其举义简当。

若《史通》之为书也，盖伤当时载笔之士，其义不纯。思欲辨其指归，殚其体统。夫其书虽以史为主，而余波所及，上穷王道，下掞人伦，总括万殊，包吞千有。自《法言》已降，迄于《文心》而往，固一脱"固"字。以纳诸胸中，曾不蒂音"蚤"或误作"蚤"。芥者矣。【释】此节隐括诸书与《史通》相为吐纳，托出著书本领。夫其为义也，有与夺焉，有褒贬焉，有鉴诫焉，一脱此四字。有讽刺焉。其为贯穿者深矣，其为纲罗者密矣，其所商略者远矣，其所发明者多矣。盖谈经者恶闻服、杜之嗤，论史者憎言班、马之失。而此书多讥往哲，喜述前非，获罪于时，固其宜矣。犹冀知音君子，时有观焉。尼父有云："罪我者《春秋》，知我者《春秋》。"抑一脱此六字。斯之谓也。【释】至此收到《史通》作而窃取之义见，遂欲上拟《春秋》，与前回应。

昔梁征士刘孝标作《叙传》，其自比于冯敬通者有三。而予辄不自揆，亦窃比于扬子云者有四焉。【释】此下又专以子云为比者，盖自搴作此书之身，以俟后世相知定文，寄意绵远也。何者？扬雄尝好雕虫小伎，老而悔其少作。余幼喜诗赋，而壮都不为，耻以文士得名，期以述者自命。其似一也。【释】第一层在未作《史通》前见志气。扬雄草《玄》，累年不就，当时闻者，莫不哂其徒劳。余撰《史通》，亦屡移寒暑。悠悠尘俗，共以为愚。其似二也。【释】第二层在方作《史通》时见功力。扬雄撰《法言》，时人竞尤其妄，故作《解嘲》《汉书》作"谢"。以訵一讹"训"。之。余著

《史通》，见者亦互言其短，故作《释蒙》《唐书》本传不著。以拒之。其似三也。【释】第三层在既作《史通》后见主张。扬雄少为范逡，《汉书》作"逡"。刘歆所重，及闻其撰《太玄经》，则嘲以恐盖酱瓿。然刘、范之重雄者，盖贵其文彩若《长扬》《羽猎》之流耳。如《太玄》深奥，理难"理难"一作"难以"。探赜。既绝窥逾，故加讥诮。余初好文笔，颇获誉于当时。晚谈史传，遂减价于知己。其似四也。【释】第四层通前后时情而言，见知希自贵。夫才唯下劣，而迹类先贤。是用铭之于心，持一诐"特"。以自慰。【释】钩勒四似。

抑犹有遗恨，惧不似扬雄者有一焉。何者？雄之《玄经》始成，虽为当时所贱，而桓谭以为数百年外，其书必传。其后张衡、陆绩果以为绝伦参圣。夫以《史通》方诸《太玄》，今之君山即徐、坚。朱敬则。等数君是也。后来张、陆，则未之知耳。嗟乎！倘使平子不出，公纪陆绩。不生，将恐此书与粪土同捐，烟烬俱灭，后之识者，无得而观。此予所以抚卷涟洏，泪尽而继之以血也。【释】末一层似却如旋，以疑为信，今时后日，问世只在征心。从对面显意。◎自昔梁征士至此，一重一掩，烟景无边。

【按】《史通》非史也，而史肆也，故于正集之终，拟史作叙。亦不全乎叙传也，而专乎叙书也，体例然也。其始循年铨综，其中况古著述，其末待后论定。其骨岸然，其味油然。◎篇中云："贯穿者深矣，网罗者密矣，商略者远矣，发明者多矣。"又云："谈经恶闻服、杜之嗤，论史憎言马、班之失。而多议往哲，获罪固宜。"由今观之，所言皆验。盖攻刘见智者，鲜有不索其瘢；而继唐编史者，罔敢不持其律。乃好胜之私，与同然之是交据而不能自断，卒出于骋辩之一途。阴用其言，而显訾其书，吾不知其何说也。◎曷言乎阴用其言也，曰第取唐后成书印证之，断可见矣。自其以编年纪传辨涂辙也，而二体之式定；自其以《史记》《汉书》昭去取也，而断代之例行；自其斥秦纪于未帝之先也，而开创无冒越之篇；自其拟世家以随时所适也，而载记有变通之义；自其论后妃称纪或寄外戚皆非也，而传首始正；自其论篇赞复衍更增铭体尤赘也，而骈韵都捐；自其力排班志之五行也，而灾祥屏谶纬之芜；自其痛诋魏收之标题也，而称谓绝诞妄之目；自其以书地因习为失实也，而邑里一遵时制；自其以叙事烦饰为深诫也，而琐噱半落刊章。约举数端，后史可覆，谓之阴用其言，不可概见哉！夫古今人不相及，望两汉之雄俊则道远，效六朝之藻饰则真丧，唯夫约法严，修辞洁，可以学企，可使质全。为之向道者《史通》也，综往饬归，功亦博矣，故同一书也。耳食者曰工诃古人，心喻者曰导吾先路，愿以告具眼读书者。○每读《新》《旧》书徐坚等七人传，益使人想重刘公，不敢哆口谩也。七人者，皆皎皎亮节士也。语有之，臣非能相人，能观人之友也。其弗爽矣夫！

【注释】

东海徐坚 《旧书》本传：徐坚少好学，遍览经史。王方庆善《三礼》之学，常就质疑，又赏其文章典实。杨再思曰："此凤阁舍人样。"开元十三年，改丽正书院为集贤院，以坚为学士，副张说知院事。坚多识典故、前后修撰格式、氏族及国史。凡七入书府。《新书·儒学传》：坚宽厚长者。太平公主用事，武攸暨屡邀请坚，坚不许。帝大酺集贤，幔舍在百司上。张说令揭大榜以侈其宠。坚望见，遽命撤之，曰："君子乌取多尚人。"卒年七十余，谥曰文。【按】徐、朱诸人皆刘氏石友，义取品概互证，故采掇加详。

牙期管鲍 《列子·汤问》篇：伯牙善鼓琴，钟子期善听曲。每奏，子期辄穷其趣。伯牙叹曰："善哉！善哉！吾于何逃声哉！"又《力命》篇：管夷吾、鲍叔牙二人相友甚戚，管仲尝叹曰："生我者父母，知我者鲍子也。"

永城朱敬则《旧书》本传：敬则，字少连。长安三年，同凤阁鸾台平章事，兼修国史。张易之、昌宗尝命画工图写武三思等十八人形像，号为《高士图》。每引敬则，固辞不就。其高洁守正如此。与三从兄同居四十余年，财产无异。《新书》：敬则请高史官选，以求名才。韦安石尝阅其稿史，叹曰：董狐何以加！史官权重宰相，古圣君贤臣所以畏惧也。

沛国刘允济《旧书》本传：允济少孤，事母甚谨。弱冠，除著作佐郎。尝采鲁哀公后十二世，接战国，为《鲁后春秋》。长安中，兼修国史。《新书》：允济尝曰："史官善恶必书……此权顾轻哉！而班生受金，陈寿求米，仆乃视如浮云耳。"

义兴薛谦光《旧书·薛登传》：登，本名谦光，博涉文史。每谈论前代故事，必广引证验，有如目击。与徐坚、刘子玄齐名友善。景云中，拜御史大夫。僧惠范恃太平公主权势，逼夺百姓。将加弹奏，或请寝之。谦光曰："宪台理冤滞，何所回避。朝弹暮黜亦可矣。"遂奏之，反为所构出。开元中，转太子宾客。以与太子同名，敕赐名登。卒年七十三。

河南元行冲《旧书》本传：行冲博学多通，狄仁杰甚重之。性不阿顺，尝谓仁杰曰："下之事上，犹蓄聚以自资也"，"脯腊膎胰，以供滋膳，参术芝桂，以防疴疾"，"门下宾客，堪充旨味者多，愿以小人备一药物"。拜太常少卿。行冲以本族出于后魏，而未有编年之史，乃撰《魏典》三十卷。事详文简，为学者所称。秘书监马怀素卒，诏行冲代其职。表请通撰古今书目，为《群书四录》。卒年七十七。【按】行冲又尝著论，辩晋元帝出小吏牛金之诬，今见《杂说》中篇"牛继马后"注。

陈留吴兢《新书》本传：兢贯知经史，方直寡谐比。魏元忠、朱敬则荐兢才堪论撰，诏修国史。天宝初卒，年八十。兢叙事简核，号良史。初与刘子玄撰定

《武后实录》，叙张昌宗诱张说诬证魏元忠事，颇言说已然可，赖宋璟等激励苦切，故转祸为忠。不然，皇嗣且殆，后说为相，读之心不善，知兢所为，即从容谬谓曰："刘生书魏齐公事，不少假借，奈何？"兢曰："子玄已亡，不可受诬地下。兢实书之，其草故在。"说屡蕲改，辞曰："徇公之情，何名实录。"卒不改，世谓今董狐云。

寿春裴怀古 《旧书·良吏传》：怀古为监察御史。圣历中，阎知微充使往突厥，怀古监其军。至虏廷，默啜立，知微南面可汗，将授怀古伪职。怀古不从，将杀之。抗辞曰："宁守忠以就死，不毁节以求生。请就斩所。"乃禁锢随军。后窜归。终幽州都督。《新书》：怀古清介审慎，在幽州时，韩琬以监察御史监军，称其驭士信，临财廉，为国名将云。【按】所举知友七人，唯怀古不参史局，故末及之。

睹史籍至讫于周 凡八句，皆孔安国《尚书序》原文。

淮南子 《汉书·淮南王传》：安为人好书，招致宾客方术之士数千人，作为《内书》二十一篇，《外书》甚众。又有《中篇》八卷，言神仙黄白之术，亦二十余万言。别见《采撰》篇。【按】本处盖指内书言，即今所传《鸿烈解》。

法言论衡 扬雄《法言》，见《论赞》篇。王充《论衡》，见《采撰》篇。

风俗通 《后汉书·应奉传》：子劭，字仲远，撰《风俗通》，以辨物类名号，识时俗嫌疑。劭《自叙》：俗间行语，众所共传，积非习贯，莫能原察。聊以不才，举尔所知。传曰：百里不同风，千里不同俗。为政之要，辩风正俗，最其上也。昔画者曰："犬马最难，鬼魅最易。"犬马旦暮在人之前，不类不可，故难。鬼魅无形，无形者不见，故易。今俗语虽云浮浅，然其难矣。【补按】节首"民者，冥也"，语本《晋书·刑法志》王导等议。

人物志 《三国魏志》：刘劭，字孔才。黄初中尚书郎。作《皇览》，作《新律》篇，著《律略论》，作《都官考课条》，作《说略》，著《乐论》。凡所撰述,《法论》《人物志》之类百余篇。阮逸《序》:予好阅古书,于史部中得刘劭《人物志》十二篇。其述性品之上下,才质之兼偏,研幽摘微,一贯于道,诚一家之善志也。

典语《隋志·儒家注》:《典语》十卷,《典语别》二卷,并吴中夏督陆景撰,亡。《新唐志》《旧唐志》:陆景《典训》十卷。【按】是书《隋志》云亡,《唐志》乃有十卷者存,而知几又见之,则亡者当但指《别》二卷也。或作"语",或作"训",未知孰是?

文心《南史·文学传》:刘勰,字彦和,梁天监中,东宫通事舍人。撰《文心雕龙》五十篇,论古今文体。其序略云:予齿在逾立,尝夜梦执丹漆之礼器,随仲尼而南行。寤而喜曰:唯文章之用,实经典枝条,五礼资之以成,六典因之致用。于是论之。既成,沈约取读,谓深得文理,常陈之几案。

孝标比敬通《梁文学刘峻传》:峻,字孝标。其《自序》略曰:余自比冯敬通,而有同之者三,异之者四。敬通雄才冠世,志刚金石;余虽不及之,而节亮慷慨,一同也。敬通值中兴明君,而终不试用;余逢命世英主,亦摈斥当年,二同也。敬通有忌妻,至身操井臼;余有悍室,亦家道坎坷,三同也。其异之四曰:敬通虽芝残蕙焚,而为名贤所慕,风流郁烈,久而弥盛;余声尘寂漠,世不吾知,将同秋草,此四异也。【按】敬通,后汉冯衍字。

懑芥 相如《上林赋》:吞若云梦者八九,于其胸中曾不懑芥。李善注:刺鲠也。《字典》:亦作懑。又作蒂,蒂芥之蒂,颜师古音蚩;果蒂之蒂,《唐韵》音帝。

扬雄草撰《汉书》本传:哀帝时,雄方草《太玄》,有以自守,泊如也。或嘲雄以玄尚白,而雄解之,号曰《解嘲》。雄好古而乐道,用心于内,不求于外。时唯刘歆及范逡敬焉。而巨鹿侯芭尝从雄居,受其《太玄》《法言》。刘歆亦观之,谓雄曰:空自苦,吾恐后人用覆酱瓿也。桓谭曰:"必传,顾谭不及见也。张衡《与崔子玉书》：乃者披读《太玄经》，知子云极阴阳之数，心实与《五经》拟。《玄》四百岁为其兴乎？陆绩《述玄》：雄受气纯和，韬真含道，建立《玄经》，与圣人同趣。桓谭谓之绝伦。又《法言》宋宋咸《序》：《法言》者，盖时有请问，子云用圣人之法以应答之也。东晋李轨为之注。

泪尽继血 《说苑·权谋》篇：下蔡威公事。

体统 亡

纰缪 亡

弛张 亡

【按】三亡篇。旧本仅见《内篇》目录之末，今依目补列于此。但《自叙》后不应更有余篇，尝阅章宫讲《山堂考索》，《纰缪》篇缀在《烦省》之下，其二篇者不复及。而先举其总曰五十余篇，则固有其文而莫定其原次耳。再考《唐书》本传云：著《史通》外四十九篇，与今行本数合。毋亦史氏疏于原始乎？

卷十一

史官建置 第一
旧有注曰：总十四条非也，其文本通首一片，循代分节可耳。

夫人寓形天地，其生也若蜉蝣之在世，如白驹之过隙，发端庸浅。犹且耻当年而功不立，疾没世而名不闻。上起帝王，下穷匹庶，近则朝廷之士，远则山林之客，谅其于功也，名也，莫不汲汲焉，孜孜焉。夫如是者何哉？皆以图不朽之事也。何者而称不朽乎？盖书名竹帛而已。【释】原史之所为作也，史者千秋金镜，只从名心落想，故曰"庸浅"。向使世无竹帛，时阙史官，虽尧、舜之与桀、纣，伊、周之与莽、卓，夷、惠之与跖、蹻，商、冒俱弑父者。之与曾、闵，但一作"俱"。一从物化，坟土未干，则善恶不分，妍媸永灭者矣。苟史官不绝，竹帛长存，则其人已亡，杳成空寂，而其事如在，皎同星汉。【释】折出有史之功用。用使后之学者，坐披囊箧而神交万古，不出户庭而穷览千载。见贤而思齐，见不贤而内自省。若乃《春秋》成而逆子惧，南史至而贼臣书，其记事载言也则如彼，其劝善惩恶也又如此。由斯而言,则史之为用,其利甚博,乃生人之急务,为国家之要道。有国有家者,其可缺之哉!故备陈其事,编之于后。【释】末总括其功用。

【按】此一段似是笼统总冒。第言史之用重而无专注之语,似于《史官》《正史》二篇皆可通用。又其举意出辞,颇浅庸近俗,宜可芟剃。

盖史之建官,其来尚矣。昔轩辕氏受命,仓颉、沮诵实居其职。至于三代,其数渐繁。案《周官》《礼记》,有大史、小史、内史、外史、左史、右史之名。大史掌国之六典,小史掌邦国之志,内史掌书王命,外史掌书使乎四方,左史记言,右史记事。《曲礼》曰:"史载笔,大事书之于策,小事简牍而已。"《大戴礼》曰:"太子既冠成人,免于保傅,则有司过之史。"《韩诗外传》云:"据法守职而不敢为非者,太史令也。"斯则史官之作,肇自黄帝,备于周室,名目既多,职务咸异。至于诸侯列国,亦各有史官,求其位号,一同王者。【释】自首至此,远征古来史职之名以及王朝、侯国兼设之制。

至如孔甲、尹逸,名重夏、殷,史佚、倚相,誉高周、楚,晋则伯黡司籍,鲁则丘明受经,此并历代史臣之可得言者。降及战国,史氏无废。盖一无"盖"字。赵鞅,晋之一大夫尔,一有"犹"字。有直臣书过,操简笔于门下。田文,齐之一公子尔,每坐对宾客,侍史记于屏风。至若秦、赵二主渑池交会,各命其御史书某年某月鼓瑟、鼓缶。此则《春秋》"君举必书"之一本"之"字重二。义也。【释】此层征古昔史臣姓氏迹略见于史传者,王朝、侯国皆有。然则作"然而"用。官虽无阙,而书尚有遗,故史臣等差,莫辨其序。【释】四语统缴,下言诸职中太史尤重也,皆就太史一职言之。案《吕氏春秋》曰：夏太史终古见桀惑乱，载其图法出奔商。商太 《吕览》作"内"。史向挚依《吕览》作"向挚"。旧本作"高挚"，误。见纣迷乱，载其图法出奔周。晋太史屠黍见晋之乱，亦以其图法归周。又《春秋》晋、齐太史书赵、宣二。崔襄二十五。之弑；郑公孙黑强与于盟，使太史书其名，且曰七子。昭二年，上文所引皆不书年，此三字疑衍。晋韩宣子来聘，观书于太史氏，见《易象》与《鲁春秋》，曰："周礼尽在鲁矣。"然则诸史之任，太史其最优乎？至秦有天下，太史令胡母敬作《博学章》。此则自夏迄秦，斯职无改者矣。【释】征诸古籍，凡述史事，皆称太史。可见诸名衔中，太史尤为专职也。此处当分节，旧本连下，便少断制。

【按】此当为第一节。是《建置》原始之正文，宜至秦为截。其前统征史官名迹，其后专归太史一官。为汉法缘起也。◎此篇本通首直下，非分条体也。循代为节，从古先发端。旧本划条小注，皆非原文，并去之。

【注释】

仓颉沮诵 《说文·原叙》：黄帝之史仓颉，见鸟兽蹄迒之迹，初造书契。《汉献纪》沮儶注：《风俗通》曰："沮，姓也，黄帝史官沮诵之后。"卫恒《四体书势·科斗古文势序》云：昔在黄帝，创制造物，有沮诵、仓颉者，始作书契以代结绳，盖睹鸟迹以兴思也。其字势云：黄帝之史，沮诵、仓颉，眺彼鸟迹，始作书契。【按】荒略之世，史官有无，奚庸深究。如上所列，亦可据而言已。郭、黄诸本，曾不知采此？但执所谓《归云集》者，硁硁辩驳，太似不必。

孔甲尹逸 旧注：《归云集》云："孔甲，黄帝主书史之臣，执青篡记，言动惟实。"又《史记》云："武王立于社南，召公奭赞采，师尚父牵牲，尹佚策祝。"【按】"逸"通"佚"，疑即史佚。今以二人属夏、殷，岂别有据邪？

伯黡司籍 见《书志》篇"籍谈"注。

赵鞅直臣 《说苑》：昔周舍事赵简子，立于门三日。简子问之，舍曰："愿为谔谔之臣，墨笔操牍，司君之过而书之。日有记，月有效，岁有得也。"简子说。

田文侍史 《孟尝君传》：孟尝君待客坐语，屏风后常有侍史，主记君所与客语。

渑池会 《廉蔺列传》：赵王与秦王会渑池，秦王酒酣，请赵王鼓瑟。秦御史前，书曰：某年月日，秦王令赵王鼓瑟。蔺相如奉盆缶秦王，秦王不怿，为一击缶。相如召赵御史，书曰：某年月日，秦王为赵王击缶。

终古向挚 《吕览·先识》：凡国之亡也，有道者必先去。夏太史令终古出其图法，执而泣之。夏桀迷惑愈甚。乃出奔如商。殷内史向挚见纣之愈乱迷惑也，于是载其图法出亡之周。晋太史屠黍见晋公之骄而无德义也，以其图法归周。高诱解：晋出公之太史也。

且曰七子 《左传·昭元》：郑为游楚乱故，郑伯及其大夫盟于公孙段氏，罕虎、公孙侨、公孙段、印段、游吉、驷带私盟于闺门之外，实薰隧。公孙黑强与于盟，使太史书其名，且曰七子。

博学章 《汉书·艺文志·小学家》：仓颉七章者，秦丞相李斯所作也。爰历六章者，车府令赵高所作也。博学七章者，太史令胡母敬所作也。文字多取《史籀》篇，而篆体颇异，所谓秦篆者也。

汉兴之世，武帝又置太史公，位在丞相上，以司马谈为之。汉法，天下计书，先上太史，副上丞相。叙事如《春秋》。及谈卒，子迁嗣。迁卒，宣帝以其官为令，行太史公文书而已。【释】跟前大史说下。征诸汉初，职专记载，最为隆重，其后渐轻。寻自古太史之职，虽以一无"以"字。

著述为宗，而兼掌历象、日月、阴阳、管窥天器，一作"度"。数。司马迁既殁，后之续《史记》者，若褚先生、刘向、冯商、扬雄之徒，并以别职来知史务。于是太史之署，非复记言之司。故张衡、单飏、王立、高堂隆等，其当官见称，唯知占候而已。【释】申明上意。谓记载反属他职，而本职反专占候矣。

【按】此为第二节。愚意分节之法，宜从三代为界，前用远古作头，后用汉兴居首。分割尤为定当也。◎《史通》通部论史，而任史职者史官也。故《外篇》首详其建置，意綦重焉。汉兴，司马氏父子相继为太史公而《史记》始作。故太史一官，远溯终向，下逮谈、迁，名又綦重焉。至孝宣之后，专司占候，而其名始轻，官亦寻改。自是兰台东观，著作之名，以渐改称矣！此节实史氏职外沿革之关键也。◎马贵与象纬考序本此。

【注释】

武帝又置至行文书而已 并《太史公自序》、如淳注之文。【按】如淳据卫宏《汉仪注》云云：臣瓒非之，以为《百官表》无太史公，有太史令。索隐因之，以为公者，迁所著书，尊其父云公也。而所作实迁之词。卫宏称位丞相上，谬也。正义又非之曰：虞喜《志林》云："古者主天官者皆上公。自周至汉，其职转卑，然朝会坐位，犹居公上，尊天之道也。"诸说相非不定，录以备考。

兼掌历象 前注已显。【又按】《太史公自序》：谈为太史公曰，余自上世尝显功名于虞夏，典天官事。《报任安书》：文史星历，近乎卜祝之间。《后汉书·百官志》：太史令一人，六百石。本注曰：掌天时星历。注：汉官曰：太史待诏三十七人，分治历、龟、庐宅、日时、易筮、典禳、雨、医等事。

褚刘冯扬知史务 《史记·孝武纪注》：韦棱曰：褚凯家传云，少孙，宣帝时为博士，事大儒王式，故号为先生。续太史公书。《汉书·艺文志》：孝武建藏书之策，置写书之官。至成帝时，诏光禄大夫刘向，校经传诸子。又向本传：采取诗书所载贤贞及孽嬖者，序次为《列女传》。及采传记行事，著《新序》《说苑》。又《艺文志》：冯商续太史公七篇。韦昭曰："冯商受诏续太史公十余篇，在班彪别录，商字子高。"师古曰：《七略》云："商与孟柳俱待诏，颇序《列传》未卒。"又：儒家者流，盖出于司徒之官，助人君明教化者也。扬雄所序三十八篇《太玄》《法言》云云。【按】向、雄知史务，又见《正史》篇，但如《志传》所称，皆不言知史务。未详何据。

张单王高知占候 《后汉书·张衡传》：衡字平子，安帝征拜郎中，再迁太史令，遂研核阴阳，作浑天仪，著《灵宪》《算罔论》。又《方术传》：单飏举孝廉，稍迁太史令。余见《书志》篇。王立未详。《魏志》：高堂隆，字升平，鲁高堂生后也。明帝即位，为给事中，迁侍中，领太史令。注：《魏略》曰：太史推步为太和历，帝以隆学问优深，天文又精，诏与尚书郎杨伟、太史待诏骆禄，参共推校。

当王莽代汉，改置柱下五史，秩如御史。听事侍旁，记迹言行，盖效古者动则左史书之。当有"言则右史书之"六字，今缺。此其义也。

【按】此为第三节。莽何足志！而班史《百官表》，言王莽篡位慕从古官，盖其时多所变改，史职名衔，亦见纷更。史既载之，故刘亦及之。

【注 释】

柱下五史 《王莽传》：居摄元年，莽置柱下五史，秩如御史，听政事侍旁，记疏言行。

汉氏中兴，明帝以班固为兰台令史，诏撰《光武本纪》及诸列传、载记。又杨子山为郡上计吏，献所作《哀牢传》，为帝所异，征诣兰台。斯则兰台之职，一有"者"字。盖当时著述之所也。自章、和已后，图籍盛于东观。凡撰汉记，此当有"者"字。相继在乎其中，而都为旧讹"谓"。著作，任著作之务也，时未立著作之名。故"谓"字误。竟无它称。

【按】第四节。志后汉也。兰台东观，著作之所也。班固、杨子山，著作之人也。前汉《百官表》不载史职，而有太史公书可据。后汉更无专称，故但以其所其人证之。◎子山于史，未见成书，然能为哀牢立传，亦可以验史才矣。《史通》故与班氏并举。

【注释】

兰台令史 《汉书·百官表》：御史大夫，秦官，有两丞，一曰中丞，在殿中兰台，掌图籍秘书。《后汉·百官志》：兰台令史，六百石。本注曰：掌奏及印工文书。【按】令史自太尉司徒以下诸府属多有之，非史局属员之专称。

杨子山 《后汉书》：杨终，字子山，成都人。年十三，为郡小吏。显宗征诣兰台，拜校书郎。【按】传无《哀牢传》之文。《论衡·佚文》篇：子山为上计吏，见三府作《哀牢传》不成，归郡作上。孝明奇之，征在兰台。《后汉·地理志》：哀牢，永平中置，故牢王国。【按】今为云南永昌府。

东观 见前。又见后节。

当魏太和中，始置著作郎，职隶中书，其官即周之左史也。晋元康初，又职隶秘书，著作郎一人，谓之大著作，专掌史任，又置佐著作郎八人。宋、齐已来，以"佐"名施于"作"下。【原注】改佐著作郎为著作佐郎。【释】此上述设官。旧事，佐郎职知博采，正郎资以草传，如正、佐有失，则秘监职思旧讹作"司"。其忧，其有才堪撰述，学综文史，虽居他官，或兼领著作。亦有虽为秘书监，而仍领著作郎者。【释】此层通之以兼掌见才难之意。若中朝曹魏、西晋。之华峤、陈寿、陆机、束皙，江左专称东晋。之王隐、虞预、干宝、孙盛，宋之徐爰、苏宝生，梁之沈约、裴子野，斯并史官之尤美，著作之妙选也。而齐、梁二代，又置修《隋志》作"撰"。史学士，陈氏因循，无所变革，若刘陟、一作"涉"，误。谢昊、顾野王、许善心之类是也。【释】此层标举名其职者以证之。

【按】第五节。述魏晋及南朝也，著作之名始于此。其列出诸人氏名，意不在表其人，意在举其名衔，证当时职制耳。

【注 释】

中秘著作 《晋书·职官志》：著作郎，周左史之任也。汉东京图籍在东观，故使名儒著作东观，尚未名官。魏明帝太和中，始有其官。及晋惠帝元康二年，诏曰：著作旧属中书，而秘书既典文籍，今以中书著作为秘书著作。于是改隶秘书省。其大与佐一人八人，悉同本文。《隋书·百官志》：秘书省著作佐郎人数亦同。梁初又有撰史学士。

束皙 《晋书》本传：皙，字广微，汉疎广后也。王莽末，去疎之足，改姓焉。少游国学，张华召皙为掾，转佐著作郎，撰《晋书》帝纪、十志。迁博士，著作如故。

苏宝生 《正史》篇：孝建初，敕南台侍御史苏宝山续造诸传。元嘉名臣，皆其所撰。宝山被诛云云。【按】宝生讹作宝山。《正史》篇旧本如此，今刊正有注。

刘谢顾许 《隋书·经籍志》：《齐纪》十卷，刘陟撰。唐《旧志》作《齐书》八卷，《新志》作十三卷。又《隋志》：《梁书》四十九卷，梁中书郎谢昊撰。本一百卷，《唐志》作三十四卷。《陈书》：顾野王，字希冯，吴人。后主在东宫，除太子率更令，寻领大著作，掌国史，知梁史事，撰《通史要略》一百卷、《国史纪传》二百卷，未就而卒。又《文学传》：许亨，字亨道，领大著作。子善心，早知名。《北史·文苑》：善心，字务本，对策高等，授度支郎中，补撰史学士。善心述成父志，修续家书，其序传末述著作之意，曰：自入京邑，随见补葺，略成七十卷。凡称史臣者，皆先君所言；下称名案者，皆善心补阙。【按】本节所引十六人，或见前卷，或无传而有所著史书。略可考见。

至若偏隅僭国，夷狄伪朝，求其史官，亦有可言者。【释】起四句，总领蜀吴及诸胡。案《蜀志》称王崇补东观，许盖掌礼仪。又郤正为秘书郎，广求益部书籍。斯则典校无阙，属辞有所矣。而陈寿评云"蜀不置史官"者，得非厚诬诸葛乎？别有《曲笔》篇，《内篇》第二十五。言之详矣。【释】已上言蜀。吴归命侯旧脱"侯"字。时，有左右二国史之职，薛莹为其左，华核为其右。又周处自左国史迁东观令。以斯考察，则其班秩可知。【释】已上言吴。◎此二国所谓偏隅也。僭字贴吴说。旧本此处截段，非。伪汉嘉平初，刘聪年号。公师或以太中大夫领左国史，撰其国君臣纪传。前凉张骏时，刘庆迁儒林郎中常侍，在东苑撰其国书。蜀李义门订本有"李"字，他本无。与西凉二一作"三"，非。朝记事，委之门下。南凉主乌孤旧作"孙"，误。初定霸基，欲造国纪，以其参军郭旧作"郎"，恐讹。诏为国纪祭酒，使撰录时事。自余伪主，一讹作"事"。多置著作官，若前赵之和苞，后燕之董统是也。【释】已上错举五胡十六国有可征者及之，其无者不及也。此总所谓伪朝也。

【按】第六节。旁及偏小僭伪，最为周密。旧本截作二条，则于节首四提句不全，故当合之。又诸评不知以人证职，而泛核史才，浮文妨要，是为顾子失母。

【注 释】

王崇、许盖 陈寿《蜀志》并松之注皆无考，而刘氏顾云《志》称，所称果何《志》邪？或谓寿又撰"蜀古志"，傥载之耶？然言古则不及三国时人明矣，惟常璩《华阳国志》，有述作王崇，名见卷末。官为蜀守而不言曾补东观，至掌仪许盖，仍亦绝无其人也。悬置之以俟后有补者。抑尝见高江村士奇《天禄识余》，有考史一条，其言蜀史则取此立论，然漫袭其文，不书所出。至所出何本，了不推寻也。窃慨读书底里求到地者，天下鲜矣。

邵正为秘书 《蜀志》本传：正字令先，弱冠能属文，入为秘书吏，转令史，迁郎至令。又《孟光传》：后进文士秘书郎，邵正数从光谘访。

蜀不置史官 《蜀·后主》评：国不置史，注记无官，是以行事多遗，灾异靡书。诸葛亮虽达于为政，凡此之类，犹有未周焉。

归命侯 吴后主也。见《摸拟》篇。

薛左华右 《吴志·薛综传》：综子莹，字道言，为秘府中书郎。孙皓初领少傅，以事徙广州。右国史华核疏留之，皓召莹还，为左国史。又《华核传》：核字永先，武进人。孙皓即位后，入东观，今领右国史。

周处左史 《晋书》本传：处仕吴为东观左丞。余见《书志》篇后论。

公师彧 见《晋书》载记。刘渊、聪二传止书太中大夫，无领左史撰记传之文。

刘庆 见《晋书·张轨传》。轨孙骏时，载有从事刘庆谏讨辛晏语，不及东苑撰史事。《丛书崔鸿录略》有云：命西曹掾集阁内外事付索绥，著《凉春秋》，亦不及刘庆也。

蜀李西凉 蜀李者，国号成，后改称汉。《正史》篇云：常璩撰《汉书》十卷，后入晋秘阁，改为蜀李书。故此云蜀李也。《晋书·载记》：蜀李雄兴学校，置史官。《录略》：西凉李嵩起静恭堂，以议朝政，立泮宫，增高门学士。【按】刘云：二朝记事，委之门下，当在其时也。

南凉郭韶 《晋书·载记·南凉传》：秃发乌孤称武威王，梁昶、韩疋、张昶、郭韶，中州之才。令官方授才，咸得其所。【按】旧本作郎韶，疑即郭韶也。但本传与《丛书录略》，皆不载国纪祭酒官。

和苞 见《晋书·载记·刘曜传》。苞与乔豫谏营寿陵，曜悦，封为平舆子。《隋书·经籍志》：《汉赵记》十卷，和苞撰。

董统 《晋书·载记》：《后燕传》及《录略》皆缺其人。【按】公师或以下，皆证诸国有史官也。事当具十六国春秋，而崔本已亡。但与《正史》篇十六国一条互证之，略可见矣。

元魏初称制，即有史臣，杂取他官，不恒或作"常"。厥职。故如崔浩、高闾之徒，唯知知，如御史知杂之"知"。著述，而未列名号。其后始于秘书，置著作局，正郎二人，佐郎四人。其佐三史者，"三史"一作"参史"，下同，未详。不过一二而已。普泰前废帝元，或讹作"晋秦"。以来，三史稍替，别置修史局，其职有六人。【释】此上征其建置。当代都之时，史臣每上奉王言，下询国俗，兼取工于翻译者，来直或讹"置"。史曹。及洛京之末，孝文迁洛。朝议又以为国史当专任代人，谓部人。不宜归之汉士。于是以谷纂、郭本注以纂儁易之。山伟更主文籍。凡经二十余年，其事阙而不载。斯盖犹秉夷礼，有互乡之风者焉。【释】此层述其任用。

【按】第七节。述元魏史职也。置郎略仿魏、晋。而添设翻译，则《国语》传，偏任代人，则史事废。稍寓褒贬焉。

【注 释】

元魏史臣 《官氏志》：天兴四年，罢外兰台御史，总属内省。其太和中百官，著令秘书监在从第二品中。

崔浩、高闾 崔浩见《直书》篇。《魏书·高闾传》：闾字阎士，早孤，文才俊伟。本名驴，司徒崔浩见而奇之，乃改为闾而字之。征拜中书侍郎，领东徐州刺史，以功进爵为侯，加昭武将军，为中书令，委以机密军国书檄诏令。高允之流，称为二高。

谷纂 《魏书·谷浑传》：浑，昌黎人。曾孙纂，字灵绍，领侍御史，稍迁著作郎，又监国史，不能有所缉缀。郭注：以纂儁易谷纂，儁字榍显。其先代人，散骑常侍骠骑大将军，与山伟合传。

山伟 《魏书》本传：伟字仲才。其先代人，领著作郎，除安东将军秘书监，仍著作。初尔朱兆之入洛，官守奔散。国史典书高法显，密埋史书，故不遗落。伟自以为功，诉求爵赏，遂封东阿伯。【按】本节国史专任代人六句，并剿括伟传之文，其中儁、伟并称，与传合。郭注殊有见。

高齐及周，迄于隋氏，其史官以大臣统领者，谓之监修。国史自领，则近循魏代，远效江南，参杂其间，变通而已。【释】统述三朝如此。唯周建六宫，改著作之正郎为上士，佐郎为下士，名谥当作"号"。虽易，而班秩不殊。【释】宇文袭古周官,故抽述。如魏收之擅名河朔,高齐。柳虬之独步关右,宇文周。王劭、魏澹展效于开皇之朝,诸葛颖、刘炫宣功于大业之世,亦各一时也。【释】各举其人以征之。

【按】第八节。点高齐、宇文周而并及于隋也。◎前《辨职》篇云:大臣领史局,自晋康帝始。而本篇于晋代不言,至此始见。乍疑前后不符,及观下文"近循魏代远效江南"之云,乃知文章有互藏之用。凡研辨古制,必彼此参详,愈得定准。书固不可以轻心掉也。

【注释】

上士下士《隋书·百官志》:周太祖方隅粗定,改创章程,远师周之建职,其所制班序内命;上士三命,下士一命。注:内命,谓王朝之臣。

柳虬《周书》本传:虬字仲蟠,不事容饰。冯翊、王元、季海征为行台郎中,掌文翰,因使见太祖被留。虬上疏言:古者立史官,非但书事,所以为监诫也。汉、魏以还,密为记注,无益当时,纵能直笔,人莫之知。何止物兴横议,亦且异端互起,故班固致受金之名,陈寿有求米之论。伏请诸记事者,当朝显言其状,然后付之史阁。庶令是非明著,得失无隐,事遂施行。秘书虽领著作,不参史事。自虬为丞,始令兼掌焉。

魏澹 见《本纪》篇魏著作注。

诸葛颖《隋书·文学传》:颖字汉,建康人。炀帝即位,迁著作郎。帝尝赠颖诗曰:实录资平允,传芳导后昆。其见待遇如此。撰《銮驾北巡》《幸江都道里》《洛阳古今》等记。

刘炫 见《核才》篇注。又《隋书·儒林传》:炫与著作郎王劭同修国史,又与诸术者修天文律历,兼于内史省考定群言。内史令李德林甚礼之。炫尝曰:省官不如省事，省事不如省心。牛弘甚善其言。

暨皇家之建国也，乃别置史馆，通籍禁门。西京则与鸾渚为邻，东都则与凤池相接。而一无"而"字。馆宇华丽，酒馔丰厚，得厕其流者，实一时之美事。【释】首述国典敦崇史职，密近清华。至咸亨年，以职司多滥，高宗喟然而称曰："朕甚懵焉。"乃命所司曲加推择，如有居其职而阙其才者，皆不得预于修撰。【原注】诏曰："修撰国史，义存典实，自非操履忠正，识量该通，才学有闻，难堪斯任。如闻近日以来，但居此职，即知修撰，非唯编缉讹舛，亦恐泄漏史事。自今宜遣史司，精简堪修史人，灼然为众所推者，录名进内。自余虽居史职，不得辄闻见所修史籍及未行用国史等之事。"【按】此注一本混作大书，非是。由是史臣拜职，多取外司，著作一曹，殆一作"始"。成虚设。此四句，即制诏中"虽居史职不得辄闻见所修"等句之意。凡有笔削，毕归于余馆。语意不甚清豁，恐有讹字。【释】中段述事局之大概。始自武德，迄乎长寿，其间若李仁实以直辞见惮，敬播以叙事推工，许敬宗之矫妄，牛凤及之狂惑，此其善恶尤著者也。【释】末亦证举任职之人。◎此独善恶兼举，由其胸中皂白，积而不化，一涉笔辄露乖角，是其少涵养处。非本篇正义也。

【按】第九节。述本朝史局之制也。叙盛典则备其辞，叙事局则略其概，盖志体应尔。至其节尾之未融，小注论之矣。◎史官建置正局尽此。

【注释】

史馆通籍禁门 见《内篇·辨职》篇。

鸾渚凤池 即谓鸾台凤阁。《旧唐志》：龙朔二年，改门下省为东台，中书省为西台。太后光宅元年，改门下为鸾台，中书为凤阁。神龙初复旧。【按】两省之名，起魏、晋间。门下则黄门给谏遗补等官属之，杜诗《晚出左掖》即此。中书则主书通事舍人等官属之，开元中又号紫薇省。两省并近禁门，故亦通谓之北省。南则尚书省也。又：按文兼两京言，武后临朝在东京也。程大昌《雍录》多误。

李仁实 《旧唐书·令狐德棻传》：自武德已后，有邓世隆、顾胤、李延寿、李仁实前后修撰国史，为当时所称。仁实，顿丘人，官左史。《正史》篇：仁实续撰于志宁、许敬宗、李义府等传。载言记事，见推直笔。

敬播 《唐书·儒学传》：敬播，蒲州人，贞观初进士。时颜师古、孔颖达撰次《隋史》，诏播诣秘书内省参纂。再迁著作佐郎，兼修国史。又与令狐德棻等撰《晋书》，大抵凡例皆播所发也。房玄龄尝称播陈寿之流。

许敬宗 《旧书》本传：敬宗，善心子。贞观中，除著作郎，兼修国史。龙朔中拜太子少傅，自掌知国史。记事阿曲，虚美隐恶。高祖太宗两朝实录，其敬播所修者多详直，敬宗以己爱憎曲事删改，论者尤之。

牛凤及 新、旧《书》俱无专传。王《训故》：牛凤及长寿中撰《唐书》，自武德终弘道，为百有十卷。【按】此书《唐书·艺文志》不录，宋、晁、陈、郑、马诸公亦莫之及。大抵其人其书，见弃于有道久矣。

又案《晋令》，书名。著作郎掌起居集注，汇集而注记之。撰录诸言行勋伐旧载史籍者。【释】本节另述起居注一职。◎首述晋制，则兼编旧籍。元魏置起居令史，每行幸宴会，则在御左右，记一作"纪"。录帝言及宾客酬对。后别置修起居注二人，多以余官兼掌。【释】至元魏则专掌当时记录，但多他官兼职耳。至隋，以吏部散官及校书、正字闲于述注者修之，纳言监领其事。炀帝以为古有内史、外史，今既有著作，是外史。宜立起居。是内史。遂置起居舍人二员，职隶中书省。如庾自直、崔濬祖、虞世南、蔡允恭等，咸居其职，时谓得人。【释】隋代起居之职，则始无正员，至炀帝乃始专置。皇家因之，又加置起居郎二员，职与舍人同。此之舍人，亦曰起居舍人。每天子临轩，侍立于玉阶之下，郎居其左，舍人居其右。人主有命，则逼阶延首而听之，退而编录，以为起居注。龙朔中改名左史、右史。今上即位，仍从国初之号焉。高祖、太宗时，有令狐德棻、吕才、萧钧、褚遂良、上官仪；高宗、则天时，有李安期、顾胤、高智周、张太素、凌季友。斯并当时得名，朝廷所属者一无"者"字。也。【释】唐制，起居郎与舍人同职分侍。夫起居注者，编次甲子之书，至于策命、章奏、封拜、薨免，莫不随事记录，言惟二字恐当作"载言"。详审。凡欲撰帝纪者，皆称恐是"藉"字之讹。王本作"因"。之以成功。即依义门订本。一无"即"字。一误作"命"字。今为载笔之别曹，立言之贰职。故略述其事，附于斯篇。【释】找此一层，特为此官作注脚也。

【按】第十节。别述起居注一职。所谓"载笔之别曹"也，载笔者，开局纂修之员。已前所述，皆是起居注，则专掌侍朝记录。杜子美诗云："地分清切任才贤，舍人退食收封事。"正咏是官也。以其与泛称史官者职有攸分，故曰述附于斯。

【注释】

庾崔虞蔡 《隋书·文学传》：庾自直，大业初授著作郎。性恭慎，不妄交游。以本官知起居舍人事。《唐书·姚思廉传附》：隋炀帝时，诏与起居舍人崔濬祖修《区寓图志》。又《虞世南传》：世南，字伯起，余姚人。隋大业中，累官秘书郎。炀帝疾其峭直，弗甚用。又《文艺传》：蔡允恭，仕历起居舍人。炀帝遣教宫人，允恭耻之，数称疾。授内史舍人，俾入宫，固辞。【又按】《隋书·虞绰传》云：绰与虞世南、庾自直、蔡允恭等，常居禁中，文翰待诏，恩盼隆洽。

郎左舍人右　《唐书·百官志》：唐之官制，大抵皆沿隋，故门下省之属，起居郎二人，从六品上，掌录天子起居法度。后复置起居舍人二人，从六品上，掌录如记事之制。天子居正殿，则郎居左，舍人居右，有命俯陛以听，退而书之。若仗在紫宸内阁，则夹香案分立殿下，直第二螭首，和墨濡笔，皆即坳处，时号螭头。

令狐德棻　《唐书》本传：德棻博贯文史，武德初，为起居舍人，迁秘书丞，建言近代无正史。梁、陈、齐、周、隋事修撰之原，自德棻发之。

吕才　《唐书》本传：贞观时，祖孝孙增损乐律。王珪、魏徵盛称才制尺谐契，即召直弘文馆。帝病阴阳家书多伪恶，世益拘畏，命才删落烦讹，掇可用者。才于持论，儒而不俚。【按】本传阙书起居官。

萧钧　《唐书·萧瑀传》：瑀从子钧，永徽中，累迁谏议大夫、弘文馆学士。左武侯属卢文操盗库财，高宗以当自盗罪死。钧曰："恐天下谓陛下重货轻法，任喜怒。"帝曰："真谏议也。"【按】亦阙书起居官。

褚遂良　《唐书》本传：遂良，字登善，贞观中，累迁起居郎，工隶、楷。帝曰："卿记起居，人君得观之否？"对曰："今之起居，古左、右史也，善恶必记，戒人主不为非法，未闻天子自观史也。"帝曰："朕有不善，卿必记邪？"对曰："臣职载笔，君举必书。"刘洎曰："使遂良不记，天下之人亦记之矣。"

上官仪　《唐书》本传：仪，字游韶，涉贯《坟》《典》。贞观初，擢进士第，授弘文馆直学士，迁秘书郎。太宗每属文，遣仪视稿。转起居郎。高宗时，武后得志，深恶仪。许敬宗构仪大逆死。自褚遂良等元老屠覆，独仪纳忠。自是政归于后，而帝拱手矣。

李安期　《唐书·李百药传》：百药七岁能属文，子安期亦七岁属文。父贬桂州遇盗，将加刃。安期泣请代。盗释之。贞观初，为符玺郎。高宗即位，迁中书舍人，寻同东西台三品。自德林至安期，三世掌制诰。

顾胤　《令狐德棻传》附：胤，吴人，父览。隋秘书学士。胤，永徽中，起居郎兼修国史。以撰太宗实录劳,加朝散大夫、弘文馆学士。论次国史,终司文郎。

高智周 《唐书》本传:智周,晋陵人,第进士,擢秘书郎,弘文馆直学士,三迁兰台大夫。仪凤初,进同中书门下三品。是时崔知温等修国史,智周监莅。致仕卒,年八十二。

张太素、凌季友 太素见《言语》篇。季友无传。

又案《诗·邶风·静女》之三章,君子取其彤管。夫彤管者,女史记事规诲之所执也。【释】就《诗》指出女史之古名。古者人君,外朝则有国史,内朝则有女史,内之与外,其任皆同。故晋献惑乱,骊姬夜泣,床笫之私,房中之事,不得掩焉。楚昭王宴游,蔡姬对以其愿,王顾谓史:"书之,此十二字旧本无之,必是脱文。无此十二字,不成语矣。蔡姬许从孤死矣。"夫宴私而有书事之册,盖受命者即女史之流乎?【释】就晋、楚事,证出宴私有记,则可见女史之置职。至汉武帝时,有《禁中起居注》;明德马皇后撰《明帝起居注》。凡斯著述,似出宫中,求其职司,未闻位号。【释】又以两汉禁中撰述为证。隋世王劭上疏,请依古法,复置女史之班,具录内仪,付于外省。《周礼》宫人、女史之职,掌于天官。此疏犹存此意。文帝不许,遂不施行。【释】终以隋世奏置不行结之。旧本此处连下节,非是。

【按】第十一节。更是空中建议之词。谓女史亦当修职,古有证据,卒莫兴行,可惜也。该举史职至此,备悉包罗,识议卓绝。◎考《唐志》,内官如六尚、司记、掌言、司簿、典闱、掌籍等职,皆载有女史员额,《史通》何不及之?盖所谓录内仪付外省之制,既格不行,则女史虽设,犹不设也。

【注 释】

彤管 毛传：古者，后夫人必有女史彤管之法。郑笺：彤管，笔赤管也。【按】静女四句，本《左定九》传注之文。

骊姬夜泣 《外传·晋语》：优施教骊姬夜半而泣，谓公曰：君盍杀我，无以一妾乱百姓。又曰：君盍老而授之政。彼得所索，乃可释君。公曰：不可。我将图之。

蔡姬许从 《列女传》：楚昭王燕游，蔡姬在左，越姬参右。乃顾二姬曰："乐乎？愿与子生若此，死若此。"蔡姬曰："婢子之身，乃比于妃嫔，固愿生同乐，死同时。"王顾谓史"书之，蔡姬许从孤死矣。"

至汉武帝八句 其文与《隋书·经籍志》起居注述语略同。再与《载文》篇注参看。

大抵自古史官，其沿革废置如此。【释】二句是总统兜结《建置》之文。夫仲尼修《春秋》，公羊高疑脱"穀梁赤"。作传。汉、魏之陆贾、鱼豢，晋、宋之张璠、范晔，虽身非史职，而私撰国书。若斯人者，有异于是，故不复详而录之。【释】以官非史职而史有成书者终焉。

【按】第十二节。两句作一截，是为总收。八句另一截，是为以不详详之，蔑复遗余矣。

夫为史之道，其流有二。何者？书事记言，出自当时之简；勒成删定，归于后来之笔。然则当时草创者，资乎博闻实录，若董狐、南史是也。后来经始者，贵乎俊识通才，若班固、陈寿是也。【释】先指其分。必论其事业，前后不同。然相须而成，其归一揆。本音上声。【释】卒归于同。

【按】第十三节。判出当时后日之二流，汇为相须成业之一揆。以此归宿史事，亦辨晰，亦融洽，如画沙，如连璐。而论文于兜罗收裹处，更复矩叠规重。

　　观夫周、秦已往，史官之取人，其详不可得而闻也。至于汉、魏已降，则可得而言。然多窃虚号，有声无实。【释】此八字是末节之主。案刘、《后汉书》。曹《魏志》。二史，皆当代所撰，能成其事者，盖唯刘珍、蔡邕、王沈、鱼豢之徒耳。而旧史载其同作，非止一家。如王逸、阮籍亦预其列。一讹作"例"。且叔师研寻章句，儒生之腐者也；嗣宗沈湎曲蘖，酒徒之狂者也。斯岂能错综一作"措置"。时事，裁成国典乎？【释】借二史所列逸籍二人，为附名起例。而近代趋竞之士，尤喜居于史职，至于措辞下笔者，十无一二焉。既而书成缮写，则署名同献；爵赏既行，则攘袂争受。遂使是非无准，真伪相杂。是非真伪，指列名言。生则厚诬当时，死则致惑来代。而书之谱传，借一作"以"。为美谈；载之碑碣，增其壮观。【旧本】既而自历行事，称其所长，则云"某代著某书，某年成某史。加封若干户，获赐若干段"，诸如此说，往往而有。遂使读者皆以为名实相符，功赏相副。◎此段一本作夹注。一本作正文。【按】若作正文，其文复沓无理；作夹注者亦误既非疏体，又无别义，亦无既而二字起法。细玩之，盖是初本如此，后来改就今本，失于涂汰。编书者混缀其间，实乃美文耳。昔魏帝有言：一脱"言"字。"舜、禹之事，吾知之矣。"此其旧作"则"。效欤！【释】引言取义，讥其无实盗名也。末节盖慨愤之辞。

　　【按】此为篇尾末节。其言仍与《自叙》《忤时》一合相，熟处难忘，习气如此。◎节内细书反复研辨，悟到失汰羡文，私喜得解，自谓有功古人。◎论史必原职史之官，犹买珠并买其椟也。故首《外篇》焉，其为体也主考稽，其为文也主叙述，与史家职官志同，方为杜、郑、马三通发轫。◎通观之，有提有束，有挨编，有抽并，元元本本，一气呵成。乌得以条列之例例之。

【注 释】

王逸 《后汉·文苑传》：逸，字叔师，顺帝时，为侍中。著楚辞章句，行于世，赋、诔、杂文，凡二十一篇。【按】逸列名史事未详。

阮籍 《晋书》本传：籍，字嗣宗，父瑀，魏丞相掾。籍嗜酒，能啸。魏晋之际，名士少有全者，由是不与世事，酣饮为常。闻步兵厨营人善酿，有贮酒三百斛，乃求为步兵校尉。又《王沈传》：沈与阮籍共撰《魏书》。

魏帝有言 《魏志·文纪注》：《魏春秋》曰："帝升坛礼毕，顾谓群臣曰：'舜、禹之事，吾知之矣。'"

卷十二

古今正史 第二

旧注："总十八条"四字，按之不合，削之。

《易》曰："上古结绳以理，后世圣人易之以书契。"儒疑当作"传"，盖指注经者。者云：伏羲氏"始画八卦，造书契，以代结绳之政，由是文籍生焉"。又曰："伏羲、神农、黄帝之书，谓之'三坟'，言大道也；少昊、颛顼、高辛、唐、虞之书，谓之'五典'，言常道也。"《春秋传》载楚左史疑当有"倚相"二字。能读三坟、五典。《礼记》曰："外史掌三皇五帝之书。"由斯而言，则坟、典文义，三、五史一作"典"。策，至于春秋之时，犹大行于世。【释】已上是原始之文。爰及后古，一作"世"。其书不传。惟唐、虞已降，可得言者。然自尧而往，圣贤犹述，求其一二，仿佛存焉。而后来诸子，广造奇说，造唐、虞已上之说。其语不经，其书非圣。故马迁有言："神农已前，吾不知矣。"班固亦曰："颛顼之事，未可明也。"斯则坟、典所记，无得而称者焉。【释】此层言荒远无稽，不足证据。盖是撇掠之文。

【按】第一节。为正史发端。是装头体，不作正文用。◎旧本有右说三坟、五典一行，是以无征不信之书，为史家首项。殊与节末文义自相违反矣。凡此皆非原有之文，今概削之。后仿此。

【注 释】

伏羲氏至言常道也 并《尚书》孔安国序文。

神农已前 《史记·货殖传》：老子曰："至治之极，民各甘其食，美其服，安其俗，至老死不相往来。"太史公曰："神农以前，吾不知已。"

颛顼之事 《汉书·司马迁传》：赞曰："唐虞以前，虽有遗文，其语不经，故言黄帝、颛顼之事，未可明也。"

案一无"案"字。尧、舜相承，已见坟、典；周监二代，各有书籍。至孔子讨论其义，删为《尚书》。始自唐尧，下终秦穆，其言百篇，而各为之序。【释】数语提清《尚书》原本。属秦为不道，坑儒禁学，孔子之末孙曰一多"孔"字。惠，壁藏其书。汉室龙兴，旁求儒雅，闻故秦博士伏胜能传其业，诏太常使掌故一本作"固"，据《汉书》作"故"。晁错受焉。时伏生年且百岁，言不可晓。口授其书，才二十九篇。自是传其学者，有欧阳氏、大小夏侯。宣帝时，复有河内女子，得《泰誓》一篇献之，与伏生所诵合三十篇，行之于世。其篇所载年月，不与序相符会，又与《左传》《国语》《孟子》所引《泰誓》不同，故汉、魏诸儒，【原注】谓马融、郑玄、王肃也。咸疑其缪。【释】一番显晦。古文《尚书》者，即孔惠之所藏，科斗之文字也。鲁恭王坏孔子旧宅，始得之于壁中。博士孔安国以校伏生所诵，增多二十五篇。更以隶古字写之，编为四十六卷。司马迁"迁"字旧讹在"故"字下。屡访一作"采"。其事故，多有古说。安国又受诏为之训传。值武帝末，巫蛊事起，经籍道息，不获奏上，藏诸私家。刘向取校欧阳、大小夏侯三家经文，脱误甚众。至于后汉，孔氏之本遂绝。其有见于经典者，诸儒皆谓之逸书。【原注】谓马融、郑玄、杜预也。王肃亦注今文《尚书》，而大与古文孔传相类，或肃私见其本而独秘之乎？【释】又一番显晦。晋元帝时，豫章一多"王"字。内史梅赜，始以孔传奏上，而缺《舜典》一篇，乃取肃之《尧典》，从"慎徽"以下，分为《舜典》以续之。自是欧阳、大小夏侯家等学，马融、郑玄、王肃诸注废，而《古文》孔《传》独行，列于学官，或作"宫"，非。永为世范。齐建武中，吴兴人姚方兴孔颖达作"方兴"。《隋书》"方"字在下。采马、王之义，以造孔《传·舜典》，云于大航隋书作"杭"。购得，诣阙以献。举朝集议，咸以为非。【原注】梁武帝时，博士议曰：孔叙称伏生误合五篇，盖文句相连，所以成合。《舜典》必有"曰若稽古"，伏生虽云昏耄，何容□□。由是遂不见用也。【按】误合五篇者，孔序云：伏生以《舜典》合于《尧典》，《益稷》合于《皋陶谟》，《盘庚》三篇合为一，《康王之诰》合于《顾命》也。及江陵板荡，其文入北，中原学者，得而异之。隋学当作"博"。士刘炫，遂取此一篇，列诸本第。故今人所习《尚书·舜典》，元出于姚氏者焉。【释】至此所述，始为定著今本。

【按】第二节。述《尚书》也。《史通》卷首六家，冠以《尚书》《春秋》，为史家之祖。故兹叙列古今正史，亦必从二经起元。本节虽次第二，实正史之初节也。颠末依据，节节详明，自此节始。

【注释】

百篇之序 《书经传说》：班固曰："孔子纂书凡百篇，而为之序，言其作意。"孔疏：此序知孔子作者以纬文而知也。检此百篇，凡有六十三序。《明居》《咸有一德》《立政》《无逸》不序所由。同序而别篇者，三十三篇通《明居》等四篇，为三十七篇。加六十三，即百篇也。

孔惠壁藏 《汉书·艺文志》注：师古曰：《家语》云："孔腾，字子襄，畏秦法，藏《尚书》于夫子旧堂中。"而《汉记·尹敏传》云"孔鲋所藏"。二说不同。【按】《隋志》又不同，云"孔子末孙惠藏之"。《史通》同《隋志》。

隶古字写 孔序作"隶古定"。【阎若璩按】隶古定，是一行科斗书，一行真书。孔颖达所谓就古文体，从隶定之，存古为可慕隶文为可识也。【按】隶即今之真书。

伏生欧陆夏侯河内女 《汉书·儒林传》：伏生，济南人也，治《尚书》，教济南张生，及欧阳生，欧阳生授兒宽，宽授欧阳生子，世传至会孙高，高孙地余，由是有欧阳氏学。夏侯胜，其先夏侯都尉，从济南张生受《尚书》，传族子始昌，始昌传胜，胜传从兄子建，建又事欧阳高，由是有大小夏侯之学。注：伏生名胜。《隋书·经籍志》：河内女子得《泰誓》一篇，献之。

马迁屡访 《汉书·儒林传》：孔氏有《古文尚书》，孔安国得之。安国为谏大夫，司马迁从安国问义，故迁载《尧典》《禹贡》《洪范》《微子》《金滕》诸篇，多《古文》说。

王肃梅赜 王见"尚书家"，梅见《鉴识》篇。【按】此节所述，《内篇》中多已散见，合取《汉书·艺文志·儒林传》《隋书·经籍志》并孔安国《尚书序》孔颖达《舜典》疏互证之，则其文皆具矣。

刘炫 字光伯，除太学博士。见《核才》篇。又《隋书》本传：自为状云：《礼》《诗》《尚书》《公羊》《左传》孔、郑、王、何等注，虽义有精粗，并堪讲授。著有《尚书》等经术议百余卷。

当周室微弱，诸侯力争。孔子应聘不遇，自卫而归。乃与鲁君子左丘明观书于太史氏，因鲁史记而一误作"所"。作《春秋》。上遵周公遗制，下明将来之法，自隐及哀一有"尽"字。十二公行事。【释】已上言《春秋》之已下言传。经成以授弟子，弟子退而异言。丘明恐失其真，故论本事而为传，明夫子不以空言说经也。《春秋》所贬当世君臣，其事实皆形于传。故隐其书而不宣，所以免时难也。【释】述传先揭左氏。及末世，口说流行，故有《公羊》《穀梁》《邹》《夹》之传。邹氏无师，夹氏有录无书，故不显于世。汉兴，董仲舒、公孙弘并治《公羊》，其传习者有严、颜二家之学。宣帝即位，闻卫太子私好《穀梁》，乃召名儒蔡千秋、萧望之等，大议殿中，因置博士。【释】次及公、穀及邹、夹，而就四传中，抽存公、穀二家。平帝初，立《左氏》。逮于后汉，儒者数廷毁之。会博士李封卒，遂不复补。一作"用"。逮一无"逮"字。和帝元兴十一年，郑兴父子奏请重立于学官。至魏、晋，其书渐行，而二传亦废。今所用《左氏》本，即杜预所注者。【释】后卒专归《左氏》。

【按】第三节。述《春秋》也。而必牵连传家者。《春秋》与《尚书》不同，《尚书》义具经中，《春秋》事详传内。故原经者必原传，其说已著于六家也。传凡五家，而举一《左氏》冠四《公》《穀》《邹》《夹》，并四归两《公》《穀》，抽三《左》《公》《穀》剩一《左氏》，则专以《左传》为主中主焉。五传显晦，不以优劣言，但以乘除言，考古之体则然。◎《尚书春秋传》，在《六家》篇只辨家数，在本篇必求原委。一略一详，各适分际。◎本节又为编年体立根脚。

【注 释】

丘明恐失真《十二诸侯年表》：孔子西观周室，论史记旧闻，兴于鲁，而次春秋。七十子之徒，口受其传，指为有所刺讥褒讳挹损之文。鲁君子左丘明，惧弟子人人异端，各失其真。因具论其语，成《左氏春秋》。

公羊穀梁 何休《公羊序疏》：戴宏序云："子夏传《公羊》高，高传其子平，平传子地，地传子敢，敢传子寿。至汉景帝时，寿乃共弟子胡母子都，著于竹帛。《隋书·经籍志》：子都授嬴公，嬴公授孟卿，孟卿授眭孟，眭孟授严彭祖颜安乐，故后汉《公羊》有严氏、颜氏之学。范宁《穀梁序疏》：穀梁子名淑，字元始，一曰赤。受经于子夏，为经作传，传孙卿，孙卿传申公，申公传蔡千秋。汉宣帝好《穀梁》，擢千秋为郎。

邹夹《汉书·艺文志》：《邹氏传》十一卷。《夹氏传》十一卷，有录无书。又《春秋述》：邹氏无师。夹氏未有书。

董公孙治公羊 董仲舒见《二体》篇。《公孙弘传》：家贫，牧豕海上，年四十余，乃学《春秋》杂说。《汉书·儒林传》：胡母生子都，治《公羊春秋》，为景帝博士，与董仲舒同业。年老归教于齐，公孙弘亦颇受焉。又：瑕丘江公，受穀梁于鲁申公。上使与仲舒议，不如仲舒。而丞相公孙弘，本为《公羊》学，比辑其议，卒用董生。于是上尊《公羊》家，诏太子受《公羊春秋》。由是《公羊》大兴。

穀梁蔡萧议置【按】《汉书·儒林传》：沛蔡千秋，字少君。《萧望之传》：望之，字长倩。又《儒林传》：戾太子受《公羊》，既通，复私问《穀梁》而善之。宣帝目问韦贤、夏侯胜，皆言宜兴《穀梁》。时千秋为郎，擢为谏大夫。郎中户将选郎十人从受，积十余岁，皆明习。迺召五经名儒太子太傅萧望之等，大议殿中，平同议三十余事，多从《穀梁》。由是《穀梁》之学大盛。

李封《后汉书·儒林传》：建武中，郑兴、陈元传《春秋左氏》学。韩歆欲为《左氏》立博士，未决。陈元上书讼，遂以魏郡李封为博士。群儒蔽固者，数廷争之，及封卒。光武重违众议，因不复补。

郑兴父子 《后汉书》本传：郑兴，字少赣，少学《公羊春秋》，晚善《左氏传》，积精深思。将门人从刘歆讲正大义，歆使撰条例章句训诂。世言《左氏》者，多祖于兴，而贾逵自传其父业，故有郑贾之学。子众，字仲师，从父受《左氏春秋》，精力于学，作《春秋难记条例》。建初六年，代邓彪为大司农，受诏作《春秋》，删十九篇。

杜预注 见《鉴识》篇。

又当春秋之世，诸侯国自有史。故孔子求众家史记，而得百二十国书。如楚之书、郑之志、鲁之春秋、魏之纪年，此其可得言者。【释】杂述诸书，为《国语》作引。左丘明既配经立传，又撰诸异同。号曰《外传国语》，二十一篇。斯盖采书志等文，非唯鲁之史记而已。【释】述《国语》。楚、汉之际，有好事者，录自古帝王、公侯、卿大夫之世，终乎秦末，号曰《世本》十五篇。春秋之后，七雄并争，秦并诸侯，则有《战国策》三十三篇。汉兴，太中大夫陆贾纪录时功，一作"政"。作《楚汉春秋》九篇。【释】此述春秋已后迄于汉初诸书。旧本连下段。

讹"小"。

【按】第四节。介在二经之后，《史记》之前，作上下束峡。盖正史以二经为发原之祖，以《史记》为别子之宗，法应分别标举。旧本此节与下一连，殊失断制。

【注释】

百二十国书 见首篇"左传家""百国春秋"注。

左丘明至秦末 多采《班彪传·略论》之文。

孝武之世，太史公司马谈欲错综古今，勒成一史，其意未就而卒。子迁乃述父遗志，采《左传》《国语》，删《世本》《战国策》，据楚、汉列国旧本脱"国"字，今照班彪《略论》补。时事，上自黄帝，下讫麟止，一误作"趾"。作十二本纪、十表、八书、三十世家、七十列传，凡百三十篇，都谓之《史记》。厥协一本二字倒置。《六经》异传，整齐百家杂言，藏诸名山，副在京师，以俟后圣君子。【释】已上正原《史记》。至宣帝时，迁外孙杨恽祖述其书，遂宣布焉。而十篇未成，有录而已。【原注】张晏《汉书·注》云：十篇，迁殁后亡失。此说非也。【按】王本此注作"大书"。元、成之间，一多"会稽"二字。褚先生更补其缺，作《武帝纪》《三王世家》《龟策》《日者》等传，古本脱"等"字，今本于"等传"下有"其龟策日者"五字。辞多鄙陋，非迁本意也。【释】此述书成已后事。晋散骑常侍巴西谯周，以迁书周、秦以上或采家人诸子，不专据正经，于是作《古史考》二十五篇，皆凭旧典，以纠一作"者"。其缪。今则与《史记》并行于代焉。【释】此述后人纠举事。

【按】第五节。述《史记》也。考班史《艺文志》，原本《七略》，未立史部，以太史公书附著《春秋》之后，至《隋书·经籍志》继经标史。《史记》升居部元，遂为定次。故须如此列节也。

【注释】

孝武之世至百三十篇 皆《班彪传·略论》之文。

厥协五句 《太史公自序》原文。

外孙杨恽 《汉书·杨敞传》：敞子恽，字子幼，以忠任为郎，补常侍骑。恽母，司马迁女也。恽始读外祖太史公记，颇为《春秋》，吕材能称。

十篇未成等句 《太史公自序》裴注及《汉书》颜注，所引张晏语并同。晏语原无"龟策日者"补句，张守节别引则有之。

谯周六句 谯周见《摸拟》篇。其六句之文，见《晋书·司马彪传》。家人诸子，彪传作"俗语百家"。而《史通》两见其语，皆作"家人"，当是王臧辈旧本之文。谯周原句如此也。

《史记》所书，年止汉武。太初已《班彪传》作"以"。后，阙而不录。其后刘向、向子歆及诸好事者，若冯商、卫衡、扬雄、史岑、梁审、肆仁、晋冯、段肃，《班固集》作"段肃"，固本传作"殷肃"。金丹、冯衍、韦融、萧奋、刘恂等，相次撰续，迄于哀、平间，犹名《史记》。【释】首原作《汉书》缘起。至建武中，司徒掾班彪，以为其言鄙俗，不足以踵前史；又雄、歆褒美伪新，一作"伪褒新室"，又一本"新室"作"新莽"。误后惑众，不当垂之后代者也。于是采其旧事，旁贯异闻，作《后传》六十五篇。其子固，以父所撰未尽一家，乃起元高皇，终乎王莽，十有二世，二百三十年，综其行事，上下通洽，为《汉书》纪、表、志、传百篇。其事未毕，会有上书云固私改作《史记》者，有诏京兆收系，悉录家书封上。固弟超诣阙自陈，明帝引见，言固续父所作，不敢改易旧书，帝意乃解。即出固，征诣校书，受诏卒业。经二十余载，至章帝建初中乃成。【释】此正述作《汉书》。固后坐窦氏事，卒于洛阳狱。书颇散乱，莫能综理。其妹曹大家，博学能属文，奉诏校叙。又选高才郎马融等十人，从大家受旧作"授"。读。其八表及《天文志》等，犹未克成，多是待诏东观马续所作；而《古今人表》尤一无"尤"字。不类本书。【释】此述续补事。始自汉末，迄乎陈世，为其注解者，凡二十五家，至于专门受业，遂一无"遂"字。与《五经》相亚。【释】此兼及注家也。◎已上皆言前汉纪传体。初，汉献帝以固书文烦难省，乃诏侍中荀悦依《左氏传》体一无"体"字。删为《汉纪》三十篇，命秘书给纸笔。经五六一无"六"字。年乃就，其言简要，亦与纪旧作"本"，误。传并行。【释】此另述荀氏《编年纪》。

【按】第六节。述班氏《汉书》及荀悦《汉纪》也。文虽烦简不齐，却是二体并举。旧本但以"说汉书"三字作标段，拈一放一，既于节意不全，且使史体偏缺矣。《内篇》之首云：四家久废，二体角立。岂忘此提唱耶！

【注 释】

太初后阙 二句用彪、固本传原文。章怀注：太初，武帝年号。

刘向等十五人 此十五人，并在班史未作之前。【今按】向、歆、扬雄自有《传》，冯商见《艺文志》，史岑见本集《人物》篇，晋冯、段肃见《后汉书·班固传》，冯衍自有《传》，余七人未详。

其言鄙俗 并前"好事者"等句，亦采撮《班传》之文。

雄歆美新 《文选》：剧秦美新。扬子云撰。《王莽传》：少阿羲和刘歆与博士诸儒曰："摄皇帝制礼作乐，茂成天功，发得《周礼》，目明因监，非圣哲之至，孰能若兹？"《楚元王传》：王莽篡位，歆为国师。

采其旧事至建初乃成：参用《汉书·叙传》及范书彪、固传之文。

坐窦氏事 《固本传》："永元初，大将军窦宪出征匈奴，以固为中护军与参议。及宪败，固坐免。初，洛阳令种兢尝行，固奴干其车骑，畏宪不敢发，心衔之，至是捕系固死狱中。

曹大家《后汉书·列女传》：扶风曹世叔妻者，同郡班彪之女也，名昭字惠班，一名姬，博学高才。世叔早卒，有节行。兄固著《汉书》未竟，和帝诏昭踵成之。

　　马续所作《后汉书》：马援兄子严。严七子唯续、融知名。续字季则，博观群集《九章算术》。王《训故》：顺帝时《汉书》始出，多未能通。马融从班昭受读，后诏融兄续，继昭成之。

　　注解二十五家　师古《汉书叙例》：诸家注释，虽见氏名，至于爵里，颇或难知。传无所存，具列如左。【按】爵里文烦，今但吕氏名列之。荀悦、服虔、应劭并后汉人，伏俨、刘德、郑氏、李奇皆不著代，邓展、文颖、张揖、苏林、如淳、孟康并魏人，张晏、项昭皆不著代，韦昭吴人，晋灼、刘宝、郭璞、蔡谟并晋人，臣瓒、崔浩后魏人。以上师古所述，止二十二人。合师古亦止二十三人，其二人不可详矣。【又按】臣瓒不著姓，《宋景文笔记》以为于瓒，而《水经注》尝引及之乃薛瓒也。见李衍《笔记》跋。

　　荀悦汉纪　见"左传家"。又《荀本序》：撮叙表志，总为帝纪，通比其事例，系年月，大略粗举，凡为三十卷，数十余万言。省约易习，无妨本书，有便于用，其旨云尔。

　　在汉中兴，明帝始诏班固与睢阳令陈宗、长陵令尹敏、司录从事孟异《班固传》作"异"，旧本作"冀"。作《世祖本纪》，并撰功臣及新市、平林、公孙述事，作列传、载记二十八篇。【释】历述《后汉书》纂辑层节。是为第一层。自是以来，春秋考纪，此句旧本作"春秋世"三字，王本"世"字下空一字。亦以焕炳，而忠臣义士，莫之撰勒。于是又诏史官谒者仆射刘珍及谏议大夫李尤，或讹作"充"。杂作纪、表、名臣、节士、儒林、外戚诸传，起自建武，光武元。讫乎永初。安帝元。事业垂竟，而珍、尤一作

"等"。继卒。复命侍中伏无忌与谏议大夫黄景作诸王、王子、功臣、恩泽侯表，南单于、西羌传，地理志。【释】第二层。至元嘉元年，桓帝元。复令太中大夫边韶、大军营司马崔实、议郎朱穆、曹寿，杂作孝穆、崇二皇 "孝穆"五字，传写讹脱，当作"献穆、孝崇二皇后"。及顺烈皇后传，又增《外戚传》入安思等后，《儒林传》入崔篆诸人。实、寿又与议郎延笃杂作《百官表》，顺帝功臣孙程、郭愿及郑众、蔡伦等传。凡百十有四篇，号曰《汉记》。【释】第三层。熹旧讹"嘉"。平中，熹平是灵帝改元。光禄大夫马日磾，议郎蔡邕、杨彪、卢植，著作东观、接续纪传之可成者，而邕别作朝会、车服二志。后坐事徙朔方，上书求还，续成十志。本传作"十意"。会董卓作乱，大驾 此二字，一本脱。西迁，史臣废弃，旧文散佚。及 一无"及"字。在许都，杨彪颇存注记。至于名贤君子，自永 一作"本"，误。初已下阙续。【释】第四层。魏黄初中，文帝元。唯著《先贤表》，故《汉 一脱"汉"字。记》残缺，至晋无成。【释】自汉讫魏，以"无成"二字作一勒。泰始中，晋武帝元。秘书丞司马彪始讨论众书， 一作"说"，一作"作"。今依《彪传》。缀其所闻，起元 《传》作"于"。光武，终于孝献。录世十二，编年二百，通综上下，旁引 《传》作"贯"。庶事，为纪、志、传凡八十 依本传。旧作"一十三"。篇，号曰《续汉书》。又散骑常侍华峤，删定《东观记》，为《汉后 或作"后汉"，误。书》，帝纪十二、或讹作"三"。皇后纪二、典十、一作"十典"，又以"三谱"置"十典"上。列传七十、谱三，峤本传作"三谱序传目录"。总九十七 或误作"二"。篇。其十典竟不成而卒。【释】入晋以来，彪、峤两编，为第五第六层。自斯已往，已往，犹云已上，总前而言也。旧作"后"，非。作者相继，为编年者四族，创纪传者五家。推其所长，华氏居最。而遭晋室东徙，三惟一存。所存惟三分之一也。【释】此八句总前又一勒。【按】已上所述编年语少，纪传语多。要是二体双勒也，节内"四族五家"二句勿滑过。至宋宣城太守范晔，乃广集学徒，穷览旧籍，删烦补略，作《后汉书》。凡十纪、十志、八十列传，合为百篇。会晔以罪被收，其十志亦未成而死。【释】纪传体结到范书止。先是，晋东阳太守袁宏抄撮《汉氏后书》，依荀悦体，著《后汉纪》三十或误作"十三"。篇。【释】编年体结到袁纪止。世言汉中兴史者，唯范、袁一作"袁、范"。二家而已。【释】二句专结二书，为本节主层束勒。

【按】第七节。述后汉诸史也，亦纪传、编年二体并述。自汉中兴下暨刘宋，时阅四朝，作者尤夥，故其叙述源流，较他史倍烦。

【注　释】

始诏班固至二十八篇　皆本《后汉书·班固传》之文。

春秋考纪　《汉书·叙传》：为春秋考纪、表、志、传凡百篇。师古注：春秋考纪，谓帝纪也。彪、固本传章怀注：谓帝纪考核时事，具四时以立言，如《春秋》之经也。【按】帝纪通有此称，《史通》用成语也。旧本、王本皆讹脱失考。

刘珍、李尤　刘珍见《核才》篇。《后汉书·文苑传》：李尤，字伯仁，和帝时，召诣东观，拜兰台令史。安帝时，为谏议大夫，诏与谒者仆射刘珍等俱撰《汉记》。【按】珍、尤二人同传同事。郭本误作李充。充在独行传，无预史职。注乃引传为征，不考之甚。

伏无忌、黄景　《后汉书·伏湛传》：湛封不其侯，传爵至玄孙无忌。桓帝元嘉中，诏无忌，与黄景、崔寔等共撰《汉记》。

边崔朱曹延　《后汉书·文苑传》：边韶，字孝先，桓帝时，征拜太中大夫，著作东观。《崔骃传》：骃孙寔，字子真，一名台，字元始。才美能高，召拜议郎，与边韶、延笃著作东观。朱穆见《核才》篇。曹寿，《旧注》：字世叔，即娶班彪女昭者也。《延笃传》：笃，字叔坚，桓帝以博士征，拜议郎，与朱穆、边韶共著作东观。【按】五人著作互见，惟曹寿无共职之文。

杂作后传 《后汉书·皇后纪》：献穆曹皇后，讳节，魏公曹操之中女也。魏受禅，遣使求玺绶。后怒，呼使者入，亲数让之，以玺抵轩下，涕泣横流曰："天不祚尔。"孝崇匽皇后，讳明，蠡吾侯媵妾，生桓帝。和平元年就博陵，尊为皇后。顺烈梁皇后，讳妠，大将军商之女，后以德进，不敢有骄专之心。安思阎皇后，元初元年入掖庭，二年立为皇后。延平四年帝崩，临朝。【按】后汉皇后称纪，始自华峤，而范晔因之，其先本称传也。

儒林崔篆 【按】今范书《儒林传》不载崔篆。

顺帝功臣及蔡伦传 【按】今范书孙程、郑众、蔡伦并在《宦者传》，唯郭愿不收。蔡伦即用树肤、麻头始造为纸者。

马蔡杨卢 《袁术传注》：决录注曰：马日磾，字翁叔，融之族子，与杨彪、卢植、蔡邕典校中书，历位九卿遂登台辅。蔡邕、杨彪、卢植，并见《核才》篇，诸人著作各互见。《彪传注》：彪与日磾、植、邕著作东观。《植传》：植与日磾、邕、彪补续《汉纪》。《邕传》：董卓被诛，王允收邕。日磾驰谓允曰："伯喈旷世逸才，多识汉事，当续成后史，为一代大典。且忠孝素著，所坐无名乎！"允不听，日磾退而告人曰："王公其不长世乎！善人国之纪也，著作国之典也。灭纪废典，其能久乎？"邕死狱中，适作《灵纪》及十意，又补诸列传四十二篇。因李傕之乱，湮没多不存。

秘书丞司马彪至《续汉书》并与《晋书·司马彪传》同文。【按】彪，字绍统，高阳王穆之长子也。泰始中，为秘书郎转丞。

散骑常侍至九十七篇 与《晋书·华峤传》所次篇目正同。峤见《二体》篇。【又按本传】峤以皇后配天作合，前史作《外戚传》，以继末编，非其义也，故易为皇后纪，以次帝纪。又改志为典，以有《尧典》故也。而改名《汉纪》为

《汉后书》，奏之。诏朝臣会议，咸以峤有实录之风。藏之秘府。

范晔《宋书》本传：晔，字蔚宗，彭城王义康冠军参军，迁尚书郎，左迁宣城太守。乃删众家《后汉书》为一家之作，后以狂悖诛狱中。《与甥侄书自序》曰：吾狂衅覆灭，岂复可言。常耻作文士，文患其事尽于形，情急于藻，义牵其旨，韵移其意。常谓情志所托，故当以意为主，以文传意。此中曲有成理，自谓颇识其数云云。

十志未成《陈氏书录》：志三十卷，司马彪撰，梁刘昭补注。晔本书未尝有志也，乃借旧志注以补之。其后纪传孤行而志不显，至本朝乾兴初，判国子监孙奭，始建议合之，而不著其为彪书也。今考章怀注，所引称《续汉志》者，文与今志同，信其为彪书不疑。【按】唐时范史，其补志本与纪传合行。见《编次》篇。又：范纪注载《宋书·谢俨传》云："十志托俨搜撰。晔败，悉蜡以覆车，今阙。《容斋四笔》亦及之。"异说备考。

后汉纪《晋书·文苑传》：袁宏，字彦伯。父勖，临汝令。谢尚镇牛渚，引宏参其军事。语见《点烦》篇。后出为东阳郡，撰《后汉纪》三十卷。隋、唐《志》编年类：先有张璠撰者。前于"左传家"见之。宏即采摭《璠纪》为之也。宏纪《自序》：史传之兴，所以通古今而笃名教也。丘明之作，广大悉备。史迁剖判建立，班固源流因籍，荀悦经纶，足为嘉史。今因前代遗事，略举义教所归。末吏区区，注疏而已。

魏史，黄初、太和中始命尚书卫觊、缪袭草创纪传，累载不成。又命侍中韦诞、应璩，秘书监一无"监"字。王沈，大将军从事中郎阮籍，司徒右长史孙该，司隶校尉傅玄等，复共撰一作"择"。定。其后王沈独就其业，勒成魏书四十四卷。其书多为时讳，殊非实录。【释】此一段原《魏志》起本，皆魏世所撰者。此下本应入《蜀志》起本，而蜀无史局敕授之书，故阙之。吴大帝之季年，始命太史令丁孚、郎中项峻撰《吴书》。孚、峻一作"峻、孚"。俱非史才，其文不足纪录。至少帝时，更敕韦曜、周昭、薛莹、梁广、华核访求往事，相与记述。并作之中，曜、一作"推"。莹为首。当归命侯时，昭、广一作"广、昭"。先亡，曜、莹徙黜，史官久阙，书遂无闻。核表请召一无"召"字。曜、莹续成前史，其后曜独终其书，定为五十五卷。【释】此段原《吴志》起本，亦吴有国时所撰。至晋受命，海内大同，著作陈寿，乃集三国史，前但述二国，此云三国者，据陈所撰书为言也。撰为《国志》，凡六十五篇。夏侯湛时亦著《魏书》，见寿所作，便坏己草而罢。及寿卒，梁州大中正范頵表言《国志》明乎得失，辞多劝诫，有益风化，愿垂采录。于是诏下河南尹，就家写其书。【释】此段述陈寿撰《志》并其书出显之事。先是，魏时京兆鱼豢私撰《魏略》，事止明帝。其后孙盛撰《魏氏春秋》，王隐撰《蜀记》，张勃撰《吴录》。异闻错出。其流最一作"甚"。多。宋文帝以《国志》载事一作"纪"。伤于简略，乃命中书郎裴松之兼采众书，补注其阙。由是世一无"世"字。言《三国志》者，以裴注为本焉。【释】末段述裴注相辅而行。

【按】第八节。述承祚《三国志》也。马、班而后，史家之作，高简无如此书。然简失则略，非得西乡注辅之。征事考言，减趣不少，故后段特详裴作。前于《补注》篇，以烦芜刺之，而于此必以注本全之。论取严，文取备也。◎《曲笔》《史官》二篇，深斥蜀无史职之言，谓陈寿厚诬其君相。然观此节，《蜀志》之先，独无撰著。又似寿言未必尽诬，意或官局虽存，而敕修不预与。抑子玄尊崇史体，回护武乡，姑为斡全之说欤！

【注释】

卫觊缪袭　《魏志·卫觊传》：觊，字伯儒，拜侍中，与王粲并典制度，受诏典著作，又为魏官仪。《刘劭传》：劭同时东海缪袭，亦有才学，多所述叙。注：《文章志》曰：袭，字熙伯，辟御史大夫。

诞璩沈籍该玄　《刘劭传》附：光禄大夫京兆韦诞。注：《文章叙录》曰：诞，字仲将，善属辞章。《王粲传》附：应璩官至侍中。注：《文章叙录》曰：璩，字休琏，善书记。齐王即位，典著作。王沈见《叙事》篇。《晋书》本传云：与荀顗、阮籍共撰《魏书》。阮籍见《史官建置》篇。《刘劭传》附：陈郡太守任城孙该。注：《文章叙录》曰：该，字公达，年二十为郎中，著《魏书》。《晋书·傅玄传》：魏除郎中，与东海缪施俱以时誉选入著作，撰集《魏书》。又见《书事》篇。【按】缪施或即《魏志》之缪袭否，俟考。

吴大帝至召莹续史：大段皆华核疏文，见《吴志·薛莹传》。其中韦曜、薛、华三人，并见《史官》篇。其丁孚、项峻、周昭、梁广四人，并见《核疏》，《吴志》皆无传。

曜终其书　【按】曜终其书，史无明文，据裴松之注。有称韦曜吴书者，可知终之者曜矣。

著作陈至写其书　与《陈寿传》同文。陈寿见"汉书家"。

夏侯湛　《晋书》本传：湛，字孝若，与潘岳友善，每行止同舆接席，市都谓之连璧。除散骑常侍，著论三十余篇，别为一家之言。

异闻错出　【按】裴松之注所引汉、晋间群书，凡百有余种。其录魏事者，则有鱼豢《魏略》、孙盛《魏氏春秋》、王沈《魏书》、阴澹《魏纪》、荀勖《文章叙录》、《曹瞒传》、《魏武故事》、《褒赏令》、《汉魏春秋》、《典论》、《魏末传》、《魏名臣奏》、《魏世谱》等。其录蜀事者，则有王隐《蜀记》、谯周《蜀本纪》、陈寿《益都耆旧传》又《杂记》、常璩《华阳国志》、郭冲《五事》、张俨《嘿记》、《诸葛集》等。其录吴事者，则有张勃《吴录》、吴冲《吴历》、韦曜《吴书》、虞溥《江表传》、环氏《吴记》、《会稽典录》等。其统录者，则有司马彪《续汉书》《九州春秋》，谢承《后汉书》，张璠、袁宏《后汉纪》，华峤《汉后书》，孔衍《汉魏尚书》，习凿齿《汉晋春秋》，《献帝春秋》，《献帝纪》，《献帝起居注》，《山阳公载记》，《汉末名士录》，《先贤行状》，《英雄记》，干宝《晋纪》，虞预《晋书》，王隐《晋书》，陆机《晋惠起居注》，《晋阳秋》，《晋诸公赞》，《陈留耆旧传》，《徐众异同评》，《高士传》，《文士传》，《列士传》，《神仙传》，《列异传》，《文章志》等。又有诸名臣列传、名族世谱、名人集等，多不可悉数也。所述皆异辞，故言异闻错出。

裴松之补注 见《补注》篇。

晋史，洛京时，著作郎陆机始撰《三祖纪》，佐著作郎一脱"郎"字。束皙又撰十志。会中朝丧乱，其书不存。先是，历阳令陈郡一作"留"。王铨一误作"铃"，下同。有著述才，每私录晋事旧误作"晋书"。及功臣行状，未就而卒。子隐，博学多闻，郭作"文"。受父遗业，西都事迹，多所详究。过江为著作郎，受诏撰晋史。为其同僚虞预所诉，旧作"斥"，误。坐事免官。家贫无资，书未遂就，乃依征西将军庾亮于武昌镇。亮给其纸笔，由是获成，凡为《晋书》八十九卷。咸康六年，始诣阙奏上。隐虽好述作，而辞拙才钝。其书编次有序者，皆铨所修；章句混漫者，必隐所作。时尚书郎领国史干宝，亦撰《晋纪》，自宣迄愍七帝，五十三年，凡二十二卷。其书简略，直而能婉，甚为当时所称。

【释】自节首至此，所述尽西晋而止。晋江左史，一有"官"字。自邓粲、孙盛、檀道鸾、王韶之王韶之，旧在檀道鸾上。已下，相次继作。远则偏记两帝,近则唯叙八旧作"六",误。朝,至宋湘东太守何法盛,始撰《晋中兴书》,勒成一家,首尾该备。【释】此层述《东晋书》。齐隐士东莞臧荣绪,又集东、西二史,合成一书。【释】此三句述两书始合。皇家贞观中,有诏以前后晋一脱"晋"字。史十有八家,制作虽多,未能尽善,乃敕史官更加纂录。采正典与杂或作"旧"。说数十余部,兼引伪史十六国书,为纪一讹"记"。十、志二十、列传七十、载记三十,并叙例、目录,合为百三十二卷。自是言晋史者,皆弃其旧本,内有编年体,并弃之矣。竟从新撰者焉。【释】归到唐初重修《晋书》,遂为行本。◎自此本定。而晋缺编年矣,故一体单行。

【按】第九节。述唐修《晋书》也。叙旧本详,叙新本简,与后汉史相类。◎上起三国,下终五季,弃编年而行纪传,史体偏缺者五百余年。至宋司马氏光,始有《通鉴》之作。而后史家二体,到今两行,坠绪复续,厥功伟哉。◎晋之后,宋、齐正史外,尚有裴、吴二编年,卒亦失传。

【注 释】

陆机束皙 陆机撰《晋纪》,见隋、唐《志》。其书已见《本纪》篇。彼注有存疑之说,宜参会。束皙见《史官》篇,撰《帝纪》、十志。

王铨并子隐虞预 并见《二体》及《曲笔》篇。

私录晋事 见《二体》篇"王虞"注。

干宝晋纪 见"左传家"。【按】干书是编年体。自《新晋书》行,而其书遂废也。

邓孙檀王 邓粲见《序例》篇,著《元明纪》十篇。孙盛见《论赞》篇,著

《晋阳秋》。檀道鸾见《序例》篇，撰《续晋阳秋》。王韶之见《杂述》篇。《宋书》本传：韶之父伟之，有志尚，泰元隆安时事，小大悉录。韶之因此私撰《晋安帝阳秋》，既成，时人谓宜居史职，即除著作佐郎，使续后事，讫义熙九年。

远两帝近八朝 【按】东晋凡十一帝，起元明，尽安恭。邓粲止撰《元明纪》，是远两帝也。其后王韶之续至安帝之义熙，而恭帝不入纪，是近八朝也。

何法盛 《宋书》无传。《隋书·经籍志》：《晋中兴书》七十八卷，起东晋，宋湘东太守何法盛撰。【按】法盛书有掠取郗绍之说。附见《杂说》中篇。

臧荣绪 《齐书·高逸传》：臧荣绪，东莞莒人，纯笃好学，括东、西晋为一书，纪、录、志、传百一十卷。隐居京口，教授南徐州。太祖为扬州，征为主簿。不到。

贞观纂录 《旧唐书·房玄龄传》：贞观十八年，玄龄与褚遂良受诏重撰《晋书》，于是奏请许敬宗、来济、陆元仕、刘子翼、令狐德棻、李义府、薛元超、上官仪等八人，分功撰录。以臧荣绪《晋书》为主，参考详洽。然史官多文咏之士，好采碎事，竞为绮艳。李淳风修天文、律历、五行、三志最可观。太宗自著宣武二帝、陆机、王羲之四论。于是总题曰御撰，凡一百三十卷。《通志略》：古者修书成于一家，至唐始用众手。《晋》《隋》二书是也。

晋史十八家 【按】《隋》《唐》二志，正史部凡八家，其撰人则王隐、虞预、朱凤、何法盛、谢灵运、臧荣绪、萧子云、萧子显也；编年部凡十一家，其撰人则陆机、干宝、曹嘉之、习凿齿、邓粲、张盛、刘谦之、王韶之、徐广、檀道鸾、郭季产也；据志盖十九家，岂缘习氏书独主汉斥魏，以为异议，遂废不用欤。【又按】《杂说》篇有曹、干、孙、檀皆不取之语，是就既修后言。此云十八家，则兼举之，是就敕修之始，罗致群书言。

十六国书 详后第十三节。

宋史，元嘉中，文帝元。著作郎何承天草创纪传。自此以外，悉委奉朝请山谦之补承天残缺。后又命裴松之续成国史。松之寻卒，史佐孙冲之表求别自创立，为一家之一无"之"字。言。孝建初，孝武元。又敕南台侍御史苏宝生或讹"山"，下同。续造诸传，元嘉名臣，皆其所撰。宝生被诛，大明孝武改元。六年，又命著作郎徐爰踵成前作。爰因何、孙、山、苏所述，勒为一作"成"。一书，其臧质、鲁爽、王僧达诸传，又皆孝武自造。而序事多虚，难以取信。自永光废帝元。已后，至禅让十余年中，阙而不载。【释】已上原宋世所撰。至齐，著作郎沈约，更补缀所遗，制成新旧讹作"杂"。史。始一脱"始"字。自义熙肇号，晋安帝改元。终乎升明三年，顺帝末。为纪十、志三十、列传六十，合百卷，名曰《宋书》。【释】此述沈氏《宋书》。◎已上言纪传体。永明末，其书既行，河东裴子野更删为《宋略》二十卷。沈约见而叹曰："吾所不逮也。"【释】此述裴《略》系编年体。由是世之言宋史者，以裴《略》为上，沈《书》次之。

【按】第十节。述刘宋二史也。纪传、编年兼举。◎江淹有言，修史之难，无出于志。而世颇疑三国及南北之梁、陈、齐、周四朝皆无志，以为欠事，不知实无缺也，断限篇云。《宋史》上括魏朝，《隋书》仰苞梁代，已见其端矣。惜此节不另详《宋史》之所该，不若后十八节补述《隋志》之为明备耳。及晚明太仓朱明镐著《史纠》，尝言蜀、魏、吴之志入于《宋书》，梁、陈、齐、周之志入于《隋书》，在史法宜改。其言可补此节之遗。改不改姑勿论，而使观史者恍然悟志体之皆全，洵读古破迷一快语也！明镐，字昭芑，老布衣。见《梅村集》。蔡焞云。

【注 释】

何山裴孙苏 何承天，《宋书》本传：五岁失父，徐博学，幼渐义训，儒史该览，除著作佐郎，撰国史。山谦之见《徐爰传》。裴松之见《补注》篇。又本传：领国子博士，续何承天国史，未及撰述。孙冲之见《臧质传》，晋秘书监盛曾孙也。又见《邓琬传》，以附逆败诛，不及撰史事。苏宝生，亦见《徐爰传》。又见《王僧达传》。云苏宝者，名宝生，本寒门，有文义之美。官至南台侍御史江宁令。坐知高阇反不启闻，诛。【按】高阇者，与沙门释昙相诳为乱者也。

徐爰 《宋书·恩幸传》：爰，本名瑗，字长玉，历治吏劳迁左丞。先是，元嘉中，使著作郎何承天草创国史。世祖初，又使奉朝请山谦之、南台御史苏宝生踵成之。六年，又以爰领著作，使终其业。爰虽因前作而专为一家之书，爰便僻善事人，长于傅会，故委寄尤重。前见《二体》篇。

臧鲁王诸传 在《宋书·列传》第三十四、三十五。诸人皆称兵为乱者。

沈裴 沈约见《二体》篇。裴子野见"左传家"。

齐史，江淹始受诏著述，以为史之所难，无出于志，故先著十一作"其"，非。志，以见其才。沈约复著《齐纪》二十篇。【释】已上原齐世所撰。◎此下当有文云。梁天监中，太尉录事萧子显启撰齐史，书成，表奏之，诏付秘阁。起升明宋顺帝元。之年，尽永元东昏元。之代，此八句诸本脱简，今据本传补入。宁冒妄缀之讥，不敢疏率了事也。为此亦补字。纪八、志十一、列传四十，合成五十九篇。【释】此述子显《齐书》。◎已上述纪传体。时奉朝请吴均亦表请撰齐史，乞给起居注，并群臣行状。有诏："齐氏故事，布在流俗，闻见既多，可自搜访也。"均遂撰《齐春秋》三十篇。其书称梁帝为齐明佐命，帝恶其实，诏燔之，然其私本竟能与萧氏所撰并传于后。【释】此述吴均书系编年体。

【按】第十一节。述南齐二史也。亦纪传、编年兼举。◎已上二节，考《隋》《唐》志裴、吴二书，并入编年部。而《史通·内篇》之首，亦以附"左传家"，不与沈萧本同门。以此知宋、齐两代，亦二体兼举。惜此二书，后竟废亡。愚是以叹五百年史体偏缺也。

【注 释】

江淹十志　《梁书》本传：淹，字文通，起家南齐州从事。建元初，为建安王记室，参掌诏册，并典国史。郑樵《通志序》：江淹有言："修史之难，无出于志。"诚以志者，宪章之所系，非老于典故，不能为也。【按】《隋志》：江淹《齐纪》十三卷，亡。《南史》本传云：与司徒左长史檀超共为条例，为王俭所驳，所撰十三篇，竟无次序。即指此也。其传末云：《齐史》十志行于世。

沈约齐纪　见《二体》篇。又本传：所著《齐纪》二十卷。

萧子显启撰齐史　启撰诸句，见《梁书》本传。【按】沈纪、萧书，各自为史。旧本脱去"萧子显启撰"等句，遂与沈约混为一书。而本文"二十篇"之下，缀有"纪八、志十一、列传四十，合成五十九篇"。凡十六字，如何著解？且其后又有"与萧氏所撰并传"之语，根从何处来耶？《萧传》有明文：《齐书》非逸史。其为脱简，灼然无疑，故敢斗胆补入。

吴均齐春秋　见"左传家"。

梁史，武帝时，沈约与给事中周兴嗣、步兵校尉鲍行卿、秘书监谢昊相承撰录，已有百篇。值承圣元帝元。沦没，并从焚荡。庐江何之元、沛国刘璠以所闻见，究其始末，合撰《梁典》三十篇，而纪传之书，未有其作。陈祠部郎中姚察，有志撰勒，施功未周。谓加功于前人所未完者。但既当朝务，兼知一作"修"，非。国史，至于陈亡，其书不就。【释】此段述梁史之作，其功未就。旧本此处与下段分节，未是。陈史，初有吴郡顾野王、北地傅縡，各为撰史学士，其武、文二帝纪，即顾、傅所修。太建初，宣帝元。中书郎陆琼续撰诸篇，事伤烦杂。姚察就加删改，粗有条贯。及江东不守，持以入关。隋文帝尝索梁、陈事迹，察具一讹作"且"。以所成每篇续奏，而依违荏苒，竟未绝笔。【释】此段述陈史之作，前功亦未就。◎两史皆姚察未竟之业也。自"隋文帝"五句，已梁、陈合举矣。皇家贞观初，其子思廉为著作郎，奉诏撰成二史。于是凭其旧稿，加以新录，弥历九载，方始毕功。定王本作"述"。为《梁书》五十卷、《陈书》三十六卷，今并行世焉。【释】此合述两史之成，成于姚氏父子继述之功也。◎二代亦缺编年书。◎叙二代史事，至此犹未了。越至北齐、周、隋三史后，另节了之。

【按】第十二节。述梁、陈二代之史也。二史皆前代未成，成于本朝。又皆父业未就，就于子述。故用变例合述之体，看节末一段自明。编者不察，率意割裂，其非元始分支益信。

【注 释】

沈周鲍谢撰录 沈约屡见，又《梁书》本传：著《高祖纪》十四卷。周兴嗣，《梁书·文学传》：字思纂，为员外散骑郎，佐撰国史，选给事中，撰史如故。《唐书·艺文志》：周兴嗣《梁皇帝实录》五卷。鲍行卿《梁书》无传。《唐志》：鲍行卿《乘舆飞龙记》二卷。谢昊《梁书》无传。见前卷第五节。

何刘合撰梁典 【按】《陈书·何之元》《周书·刘璠》二《传》，各言撰《梁典》三十卷。《隋》《唐》二志亦皆分载二典。而《史通》以为二人合撰，则《梁典》只是一书耳。足正二志之歧出。

陈史顾傅所修 顾野王见前卷第五节。傅縡，《陈书》本传：字宜事，北地人。梁太清末，携母南奔，俄丁母忧，在兵乱之中，居丧礼哀毁骨立。世祖召为撰史学士。《唐志》：顾野王《陈书》三卷。傅縡《陈书》三卷。

陆琼续撰 《陈书》本传：琼，字伯玉，有至性，从祖襄叹曰："此儿必荷门基。"所谓一不为少，领大著作。《隋志》：《陈书》四十二卷，讫宣帝，陈吏部尚书陆琼撰。

姚察并子思廉 姚察见《题目》篇。《唐书·思廉传》：思廉，本名简，以字行。陈吏部尚书察之子，授秦王府文学。王即位，改著作郎弘文馆学士，诏与魏徵共撰《梁》《陈》书。思廉采谢炅、顾野王等诸家言，推究综括，为梁、陈二家史，以卒父业。【按】谢炅，《隋志》作谢昊。

十六国史，前赵刘聪时，领左国史公师彧撰《高祖刘渊。本纪》及功臣传二十人，甚得良史之体。凌修潜其讪谤先帝，聪怒而诛之。刘曜时，平舆子封号。和苞撰《汉一脱"汉"字。赵记》十篇，事止当年，不终曜灭。【释】前赵匈奴刘氏史第一。揭过公师彧书，以和苞所撰作勒。后赵石勒命其臣徐光、宗历、傅畅、郑愔等撰《上党国记》《起居注》《赵书》。其后又令王兰、陈宴、程阴、徐机等相次撰述。至石虎，并令刊削，使勒功业不传。其后燕太傅长史田融、宋尚书库部郎郭仲产、北中郎参军王度追撰二旧无"二"字。石事，集为旧无"为"字。《邺都记》《赵记》一作"纪"。等书。【释】后赵羯种石氏史第二。揭过徐、王等书，以田融、王度等所撰作勒。前燕慕容廆、皝、儁、暐。有起居注，杜辅全疑"诠"字脱旁。录以为《燕纪》。后燕垂、宝、盛、熙。建兴元年，董统受诏草创后书，著本纪并佐命功臣、王公列传，合三十卷。慕容垂称其叙事富赡，足成一家之言。但褒述过美，有惭董、史之直。其后申秀、范亨各取前、后二燕，合成一史。【释】前、后燕鲜卑慕容氏史第三、第四。揭过杜、董等书，以范亨等所撰作勒。南燕有赵郡王景晖，尝事德、超，南燕二主名。撰二主《起居注》。超亡，仕于冯氏，官至中书令，仍撰《南燕录》六卷。【释】南燕亦慕容氏史第五。揭过《起居注》，以南燕录作勒。蜀初号曰成，后改称汉。李势散骑常侍常璩撰《汉书》十卷。后入晋秘阁，改为《蜀李一脱"李"字。书》。璩又撰《华阳国志》，具载李氏兴灭。【释】蜀成賨人李氏史第六。以常璩所撰二书作勒。前凉张骏十五年，命其西曹边浏集内外事，以付秀才索绥，作《凉国春秋》五十卷。又张重华护军参军刘庆，在东菀"苑"通。专修国史二十余年，著《凉记》十二卷。建康太守索晖、一作"珲"。从事中郎刘昞，又各著《凉书》。【释】前凉安定张氏史第七。所述撰人凡四，唯此无专勒。前秦苻坚。史官，初有赵渊、车敬、梁熙、韦谭相继著述。苻坚尝取而观之，见苟太后幸李威事，怒而焚灭其本。后著作郎董谊追录旧语，十不一存。及宋武帝入关，曾访秦国事，又命梁州刺史吉翰问诸仇池，并无所获。先是，秦秘书郎赵整参撰国史，值秦灭，隐于商一作"南"。洛山，著书不辍，有冯翊车频助其经费。一作"始"。整卒，翰乃启频，纂成其书。以元嘉九年起，至二十八年方罢，定为三卷。而年月失次，首尾不伦。河东裴景仁又正其讹僻，删为《秦纪》十一篇。【释】前秦氐人苻氏史第八。揭过赵渊等六七人书，以裴景仁所撰作勒。后秦姚弋仲。扶风马僧虔、河东卫隆景，并著《秦史》。及姚氏之灭，残缺者多。泓从弟和都，仕魏，为左民尚书，又追撰《秦纪》十卷。【释】后秦羌种姚氏史第九。揭过马卫等书，以姚和都所撰作勒。夏赫连勃勃。天水赵思群、北地张渊，于真兴、勃勃元。承光昌元。之一无"之"字。世，并受命著其国书。及统万夏城。之亡，多见焚烧。一脱"烧"字。【释】夏国匈奴部赫连氏第十。其史无存。西凉李暠。与西秦，乞伏国仁。◎此下误衍"北燕"二字。其史或当代所书，或他邦所录。此下当补"累经迁转,今并失传"八字。【释】西凉狄道李氏第十一,西秦鲜卑乞伏第十二。二国史亦无存。段龟龙记吕氏,后凉。宗钦记沮渠氏,北凉。失名记旧本"宗钦记"误粘"秃发",脱去沮渠一家,今照史补此六字。秃发氏,南凉。韩显宗记旧衍"吕"字。冯氏。北燕。唯有旧讹"此"。三者本有四种,其一失名,故云三者。可知,自余不详谁作。【释】后凉氏酋吕光第十三,北凉卢水胡沮渠蒙逊第十四,南凉托跋秃发乌孤第十五,北燕信都冯跋第十六。四国皆有史,而一失名。并作一勒。◎从上所述,皆为崔氏春秋起本也。魏世黄门侍郎崔鸿,乃考核众家,辨其同异。除烦补阙,错综纲纪,易其国书曰录,主一讹"正"。纪曰传,都谓之《十六国春秋》。鸿始以景明之初魏世宗宣武元。求诸国逸史,逮正一讹"至"。始元年,亦宣武元。鸠集稽备,而一本有"以"字。一本"而"作"已"。属上句。犹阙蜀事,不果成书。推求十有五年,始于江东购获,乃增其篇目,勒为一百二此三字旧讹作"十"。卷。鸿殁后,永安中,魏庄帝元。其子缮写奏上,请藏诸秘阁。由是伪史宣布,大行于时。【释】归到崔书,都为一集。始成通行定本。

【按】第十三节。述《十六国春秋》也。虽不得并于正史,而岩疆分据,地亘川辽,戎马交驰,事关江介,其书顾可废哉?顾崔氏书,自《宋史·艺文志》,马贵与《通考》者已阙载。至明,乃有屠乔孙之本。贺灿然序之曰:"《晋记》流行,崔书放散,迁之博考旁稽,缀遗搜逸,爰订斯编。"吁!何其不学也?屠果博闻,欲起斯废,毋假初名,毋袭原数,谨循篡体,显号补亡,各于正史载记之余,人见书其人,事见书其事,而条疏其下曰"某人见某书,某事见某书",岂不卓尔大雅,功高津逮哉!乃计不出此,而匿所自来,掩非己有,举一切真书,胥变而为赝书。愚因是叹书之祸,焚弃者犹小,窜乱者甚焉,冒出者又甚焉。明穆神之际是已。时则有若丰坊之《鲁诗世学》，矫语传经；王某之《天禄阁外史》，佹称蓄古。纷纷仿效，伪种朋兴。若屠氏者，其为冒出，犹在阴阳形影间。视彼诸家，差当末减耳。或云杭本《汉魏丛书》所收十六短录故是彦鸾之旧，是说也，余犹疑之。

【注释】

十六国史 《史通》所记诸零杂短卷，当时已多刊落，无从蔓引，然细寻节中诸所勾勒，恰与《隋》《唐》二志历历相符。【按】《隋志》前赵，则《汉记》十卷，《唐志》作十四卷，知苞撰。后赵则《赵书》十卷，《唐志》作二十卷，伪燕太傅长史田融撰。又《二石传》二卷，《二石伪事》二卷，《唐志》作六卷，晋北中郎参军王度撰。前燕则《燕书》二十卷，记慕容儁事，伪燕尚书范亨撰。南燕则《南燕录》六卷，记慕容德事，伪燕中书郎王景晖撰。蜀成则《唐志》有《汉之书》十卷，《蜀李书》九卷，《华阳国志》十三卷，并常璩撰。前凉则《隋志》有《凉书》十卷，《敦煌实录》十卷，《唐志》作二十卷，并刘景撰。唐讳昞，刘景即刘昞也。前秦则《秦记》十一卷，宋殿中将军裴景仁撰，杜惠明注。后秦则《秦记》十卷，记姚苌事，魏左民尚书姚和都撰。夏则《隋》《唐》二志皆无书，西凉、西秦二《志》亦无书，后凉则二《志》皆有《凉记》十卷，记吕光事，伪凉著作佐郎段龟龙撰。北凉则二《志》皆有《凉书》十卷，注云《沮渠国史》，不著撰人。据本文及史，当即是宗钦。南凉则二志皆有《托跋凉录》十卷，撰人缺，今作失名。北燕则二志皆有《燕志》十卷，记冯跋事，并云魏侍中高闾撰，而《魏书·韩显宗传》有撰《冯志》十卷之文，与本文合，恐即与高闾合作。已上十六国史，《史通》人书俱缺者，惟夏与西凉、西秦也，而二志亦此三国无书。其余虽有失名，互证皆合，于此颇得读书细意之乐。

崔鸿十六国春秋 见《探赜》篇。又《魏书》本传：子子玄，永安中，奏其父书曰："臣亡考鸿，任属记言，刊著赵、燕、秦、夏、凉、蜀等遗载，为之赞序，先朝之日，草构悉了，唯有李雄《蜀书》搜索未获，阙兹一国，迟留未成，去正光三年，购访始得，讨论适讫。而先臣弃世，凡十六国，名为春秋，一百二卷，今缮写一本，敢以仰呈，傥或浅陋，不回睿赏，乞藏秘阁，以广异家。◎【附记】前秦之姓，《晋书》载记曰："蒲洪以其孙坚初生，背有艸付臣又土之文，改姓符。"而《世说·识鉴》篇注引车频《秦书》曰："蒲洪诈称谶文，改姓符。言已当王，应符命也。坚生，背赤色隐起，若篆文。"其说与《晋书》异。【愚按】车频言征符命背篆不言何文，而频即前秦时人，则姓当为符，宜可信。《晋书》后出"艸付"五字，自别有本，亦安知非"竹付"之讹耶。世徒以国史为正，然频书幸留片羽，孝标亦在唐前，讵不足当互证之资耶？附记之亦足广异家也，又古本他书说符坚往往从竹，虽草头、竹头古人通写，然义固不相奸也。

　　附录【按】屠氏不著采录书名，难据以为正证，要其语决非无本。《史通》此节所列人氏，与于史事者四十二人，不与史事者一人。今就屠书有者附见之，又有别见诸史及本集他篇者，亦拈出之。

　　前赵公师彧善相人，刘渊深相崇敬，后官太中大夫，为刘聪所诛。和苞，刘曜时谏营寿陵，封平舆子。二人《史官》篇亦见。后赵徐光，字季武，顿丘人，石勒记室参军，迁中书令，领秘书监。傅畅，字世道，北地人，为大将军右司马，谙识朝仪，勒器之，作《晋诸公叙赞》二十卷、《公卿故事》九卷。南燕王景晖，符秦太史令高鲁之甥也，鲁遣晖随献玉玺于慕容德，留仕德，著《南燕录》六卷。蜀成常璩，亦作据，屠《录》与《补注》等篇所记略同。前凉索绥，字士艾，燉煌人，幼举孝廉，又举秀才，为儒林祭酒，张骏命集阁内外事付绥，著《凉春秋》五十卷。刘昞，屠《录》与《点烦》篇略同。前秦李威，字伯龙，苟太后之姑子也，威有辟阳之宠，史官载之，后符坚见其事，将罪著作郎车敬等，已死乃止。赵整，字文业，一名正，年十八，为坚著作郎，情度敏达，信佛法，逍迹商洛山，专精经律，后秦姚和都，仕至左兵尚书，撰《秦纪》十卷，记姚苌时事。赫连夏赵逸，字思群，天水人，仕姚兴，为勃勃所虏，拜著作郎。张渊，不知何处人，自云当仕苻坚，坚败，仕姚兴父子。泓咸，入夏为太史令。北凉宗钦，字景若，金城人，博综群言，仕沮渠蒙逊，为中书郎。撰《凉记》十卷。已上名见屠本者，凡十五人。又别见者，范亨见《魏书·崔浩传》，下节注及之。吉翰，《宋书》有传。冯翊，池阳人。裴景仁，见《南史》及《世说》注。韩显宗见《魏书》，韩麒麟子也，字茂亲，又散见本集者。董统见《直书》篇。刘庆见《史官》篇。余阙考者，俟续见补。

元魏史，道武时，始令邓渊著国记，唯一脱"唯"字。为十卷，而条例未成。暨乎明元，废而不述。神麚二年，太武元。又诏集诸文士崔浩、浩弟览、高谠旧作间，误。邓颖、晁继一讹"维"。范亨、黄辅等撰国书，为三旧脱"三"字。十卷。又特命浩总监史任，务从实录。复以中书郎高允、散骑侍郎张伟并参著作，续成前史"史"字疑衍。书。叙述国事，无隐所一无"所"字。恶，而刊石写之，以示行路。浩坐此夷三族，同作死者百五十八人。自是遂废史官。【释】此述魏史初时事。至文成帝和平元年，始复其职，而以高允典著作，修国记。允年已九十，手目俱衰。时有校书郎一有"中"字。刘模，长于缉缀，乃令执笔而口占授之。如是者五六岁，所成篇卷，模有力焉。【释】此述续修事。初，国记自邓、崔以下，皆相承作编年体。至孝文太和十一年，诏秘书丞李彪、著作郎崔光始分为纪传异科。宣武时，命邢峦追撰《孝文起居注》。既而崔光、王旧脱"王"字。遵业补续，下讫孝明之世，温子昇复修《孝庄一为"武"。纪》，济阴王晖业撰《辨宗室录》。魏史官私官私谓官本、私本。所撰，尽于斯矣。【释】此述分体撰次等事。◎已上皆在魏世。齐天保二年，显祖元。敕秘书监魏收博采旧闻，勒成一史。又命一作"令"。刁柔、辛元植、房延佑、睦一讹"陆"。仲让、裴昂之、高孝干等助其编次。收所取史官，惧相凌忽，故刁、辛诸子并乏史才，唯以仿佛学流，凭附得进。于是大征百家谱状，斟酌以成《魏书》。上自道武、下终孝靖，纪、传与志，凡百三十卷。【释】此正述魏收撰《魏书》 收谄齐氏，于魏室多不平。既党北朝，又厚诬江左。性憎胜己，喜念旧恶，甲门盛德与之有怨者，莫不被以丑言，没其善事。迁怒所至，毁及高曾。书成始奏，诏收于尚书省与诸家论讨。前后列诉者百有余人。时尚书令杨遵彦，一代贵臣，势倾朝野，收撰其家传甚美，是以深被党援，诸讼史者，皆获重罚，或有一无"有"字。毙于狱中。群怨谤声不息。孝昭世，敕收更加研审，然后宣布于外。武成武成，孝武弟世祖谥也。王本改作"书成"，非。尝访诸群臣，犹云不实，又令治改，其所变易甚多。由是世薄其书，号为"秽史"。【释】此段加一层评论。至隋开皇，敕著作郎魏澹与颜之推、辛德源更撰《魏书》，矫正收失。澹以西魏为真，东魏为伪，故文、恭列纪，孝、靖称传。合纪、传、论例，总九十二篇。炀帝以澹书犹未能善，又敕左仆射杨素别撰，学士潘徽、褚亮、欧阳询等佐之。会素薨而止。今世称魏史者，犹以收本为主焉。【释】此带述魏澹书，而以世尚收书勒住。

【按】第十四节。述《后魏书》也。其初但作编年体，其后专行纪传书。◎公最不满收书，故加多一段评泊，然亦以托起敕改耳。本处勿黏看。

【注释】

邓渊国记《魏书》本传：渊，字彦海，太祖定中原，擢为著作郎，诏渊撰

《国记》。渊造十余卷，唯次年月起居行事而已，未有体例。

崔浩等撰国书 事见《直书》篇。又《崔浩传》："初，太祖诏尚书郎邓渊著《国记》，未成。逮于太宗，废而不述。神麚二年，诏集诸文人撰录。浩及弟览、高谠、邓颖、晁继、范亨、黄辅等，共参著作，叙成《国书》三十卷。"【按】邓颖，即邓渊子。

中书郎高允至模有力焉 事详《魏书·高允传》及《儒林·张伟传》。刘模即附《允传》中，本文皆撮取传语也。再按《允传》：浩之被收也，允直中书省。时恭宗为太子，召允留宿。翌日，命允骖乘至宫门，谓曰："入当见至尊，吾自导卿，脱有问，但依吾说。"既入见，恭宗曰："高允自在臣宫，虽与浩同事，制由于浩。"世祖召允曰："《国书》皆崔浩作否？"允对曰："臣与浩同作，臣多于浩。"世祖大怒。恭宗曰："天威严重，允迷乱失次耳。臣向备问，皆云浩作。"允曰："臣谬参著作，今已分死，不敢虚妄。殿下哀臣乞命耳，实不问臣，臣无此言。"世祖曰："直哉！临死不移，贞臣也。宜宥之。"【按】允，字伯恭，年九十八。

李崔始为纪传《李彪传》：彪，字道固，参著作事。自成帝以来，浩、允编年序录为《春秋》之体，彪始奏从迁、固之体，创为纪、传、表、志之目焉。《崔光传》：光，本名孝伯，字长仁，高祖赐名，拜中书博士，转著作郎，与秘书丞李彪参撰国书。【按】光，即鸿父也。

宣武时至号为"秽史" 通十五六行，以《北齐·魏收传》对证之，事语咸具矣。其间所称引诸人：邢峦，字洪宾，中书侍郎。尚书王遵业、著作佐郎温子昇，见《叙事》篇。晖业、魏济阴、王新成、曾孙四人，《魏书》有传。刁柔，国子博士；辛元植，司空、司马；房延佑，通直常侍；睦仲让，不著官秩；裴昂之，国子博士；高孝干，尚书郎；六人皆无传。杨遵彦，杨愔字，《北齐》本传：尚太原长公主，尚书右仆射，封开封王。

辨宗室录 《魏书·宗室传》：济阴王晖业，涉子史，有志节。齐文襄尝问之，对曰："数寻伊、霍之传，不读曹、马之书。"晖业以时运渐谢，不复图全。在晋阳也，无所交通，撰魏藩王家世，号为《辨宗室录》四十卷。

魏澹、颜、辛更撰 魏澹见《本纪》篇。又《隋书》本传：太祖以魏收书褒贬失实，平绘《中兴书》事不伦序，诏澹别成魏史。澹自道武下及恭帝，为十二纪、七十八传，别为史论及例一卷，并目录，合九十二卷。书甚简要，大矫收、绘之失。上览而善之。颜之推，《北齐》本传：字介，隋开皇中，太子召为学士，甚见礼重。【按】颜介共撰魏书之文，本传不载。辛德源，《隋书》本传：字孝基，高祖受禅隐于林虑山，秘书监牛弘以德源才学奏与著作郎王劭同修国史。

杨素别撰 《隋书》本传：素，字处道，高祖受禅，加上柱国，封越国公。大业元年，改封楚公。有集十卷，别撰事见下。

潘褚欧阳 《隋书·文学传》：潘徽，字伯彦，吴人。炀帝嗣位，诏徽与太常博士褚亮、欧阳询等助越公杨素撰《魏书》，会素薨而止。褚亮，字希明。欧阳询，字信本，传入《唐书》。

高齐史，天统初，后主纬元。太常少卿祖孝徵述献武起居，名曰《黄初传天录》。或谬改为"禄"。时中书侍郎陆元规常从文宣征讨，著《皇帝实录》，唯记行师，不载它事。自武平后，亦后主元。史官阳休之、杜台卿、祖崇儒、崔子发等相继注记。【释】述齐世撰述。迄一作"迓"。于齐灭，隋秘书监王劭、内史令李德林并少仕邺中，多识故事。王乃凭述起居注，广以异闻，造编年书，号曰《齐志》，十有六卷。【原注】其序云二十卷，今世间传者，唯十六卷焉。李在齐预修国史，创纪传书二十七卷。至开皇初，一有"又"字。奉诏续撰，增多齐史三十八篇，以旧作"巳"。上送官，藏之秘府。【释】述隋时续撰，王志编年已成，李书纪传未竟。皇家贞观初，敕其子中书舍人百药仍其旧录，杂采它书，演为五十卷。【释】至唐初，纪传乃成。今之言齐史者，唯王、李二家云。【释】高齐史二体并来。◎此节与后周、隋二节，事皆未了。

【按】第十五节。述北齐史也。当时兼有二体，迨后王志废矣。

【注释】

祖孝徵 祖，珽字也，其人淫秽丧耻。《北齐书》本传：后主拜珽尚书左仆射，监修国史，加特进，入文林馆，总监撰书。【按】《黄初传天录》是珽所创起居实录书名，以此魏文受禅，媚献武也。或误从传字截句，读作去声，遂改"录"为"禄"，疑是年号，时实无此元也。

陆元规 名见《祖珽传》。

阳杜祖崔 阳休之，《北齐书》本传：字子烈，齐受禅，除散骑常侍，修起居注，天统初，为光禄卿监国史。杜台卿，名见《隋书·李德林传》，旧注：字少山，齐中书侍郎。祖崇儒，旧注：珽族弟也，武平末，通直常侍。崔子发，《隋书·经籍志》：《齐纪》三十卷，纪后齐事，崔子发撰。

王劭、李德林 王劭《齐志》，即"左传家"所引之书。【按】十六卷，《唐·艺文志》作十七卷。李德林见《探赜》篇。

百药 见《本纪》篇李安平注。

宇文周史，大统年，有秘书丞柳虬，兼领著作，直辞正色，事有可称。【释】周世初著。至隋开皇中，秘书监牛弘追撰《周纪》十有八篇，略叙纪纲，仍皆抵忤。王本作"抵牾"。【释】隋时续撰。皇家贞观初，敕秘书丞令狐德棻、秘书郎岑文本共加修缉，定为《周书》五十卷。【释】至唐初，乃成宇文史，但有纪传无编年。

【按】第十六节。述《后周书》。

【注 释】

柳虬 见前卷第八节。又《周书》本传：大统十四年，除秘书丞，领著作。

牛弘 见《世家》篇。

德棻文本 令狐德棻见前卷十节，又详后。《旧唐书》：岑文本，字景仁，擢拜中书舍人。时中书侍郎颜师古免，温彦博奏请复用。太宗曰："我自举一人，公勿忧也。"于是以文本为中书侍郎，专典机密。又先与令狐德棻撰周史，其史论多出于文本。至十年，史成。

隋史，当开皇、仁寿时，王劭为书八十卷，以类相从，定其篇目。至于编年、纪传，并阙其体。炀帝世，唯有王胄等所修《大业起居注》。及江都之祸，仍多散逸。【释】隋之正史，本无撰稿。皇家贞观初，敕中书侍郎颜师古、给事中孔颖达共撰成《隋书》五十五卷，与新撰《周书》并行于时。【释】至唐，方经始撰定。唐业由周、隋而起，故牵连周史束之。◎旧本此处连下，非。

【按】第十七节。述《隋书》也。◎宇文周史，本无编年。隋虽有王劭《书》，止录诏、敕等，为记言体，亦非编年类也。故二代皆一书归束。

【注 释】

王劭书 王劭《隋书》，即"尚书家"所引之书，与《齐志》体例殊科。阅者辨之。

王胄 《隋志·文学传》：王胄，字承基，大业初，为著作佐郎。《唐书·艺文志》有开皇起居，无大业起居，散逸故也。

师古、颖达 《旧唐书·颜籀传》：籀，字师古，齐黄门郎之推孙也，少传家业，武德初，为秦王府记室，迁中书舍人。《令狐传》：高祖诏中书舍人颜师古修隋史。《孔颖达传》：颖达，字仲远，尤明《左氏传》《郑氏尚书》《王氏易》《毛诗》《礼记》，兼善算历、解属文。太宗即位，除国子司业，迁太子右庶子，仍兼司业，与魏徵撰成隋史。

初，太宗以梁、陈及齐、周、隋氏并未有书，乃命学士分修，事具于上。上谓梁、陈及齐、周、隋四节所云。仍使秘书监魏徵总知其务，凡有赞论，征多预焉。始以贞观三年创造，至十八年方就，【原注】唯姚思廉贞观二年起，功多于诸史一岁。合为一脱"为"字。《五代纪传》，并目录凡二百五十二卷。书成，下于史阁。【释】已上统括《五代纪传》卷目。唯有十志，断为三十卷，寻拟续奏，未有其文。又诏左仆射于志宁、太史令李淳风、著作郎韦安仁、符玺郎李延寿同撰。其先撰史人，唯令狐德棻重预其事。太宗崩后，刊勒始成。其篇第虽编入《隋书》，其实别行，俗呼为《五代史志》。【释】此层另述《五代志》，明《隋书》之志，非专志隋也。

【按】第十八节。乃总括五代诸书之词。此五书事垂往代，史定熙朝，志入一家，典稽五族。故另详之。◎初阅《旧书·职官志》"贞观年，修五代史"，"五代"二字殊鹘突。晋后唐前，唯有南北各四朝，无五代之名也。及阅是篇，翻检令狐德棻等传，乃始爽然，盖其时八史唯南之梁、陈，北之齐、周、隋，是唐修故也。禅语有云："上元即是正月半。"因自笑平生经眼不经心处，不知凡几，只坐翻书溜滑耳。

【注 释】

五代纪传《旧书·令狐德棻传》：德棻言于高祖曰："近代都无正史，梁、陈及齐，犹有文籍，周、隋遭大业离乱，多有遗阙。当今耳目犹接，更十数年后，恐埋没。如臣愚见，并请修之。"高祖然其奏，诏曰："自有魏南徙，乘机抚运，周、隋禅代，梁氏称邦，齐迁龟鼎，陈建皇宗，立言著绩，无乏于时，而简牍未编，炎凉已积。朕握图驭宇，方立典谟，有怀撰次，实资良直云云。"诏下数年，竟不能就。贞观三年，太宗敕德棻与岑文本修周史，李百药修齐史，姚思廉修梁、陈史，魏徵修隋史，与房玄龄总监。德棻又奏引崔仁师佐修周史。德棻仍总知类会。《魏徵传》：徵，字玄成。初，令狐德棻等撰诸史，徵受诏，总加撰定。《隋书》序论，皆徵所作。【按】《隋书》本颜、孔合撰，与十七节并下条注会看乃全。【又按】宋、齐、北魏三书，前代已成，故唐修止于五。

五代史志《史通》列同修四人，新、旧《书》可证合者。《李淳风传》则云："除太史丞预撰五代史，其天文、律历、五行志，皆淳风作。"《李延寿传》则云："补崇贤馆学士，受诏，同敬播修《五代史志》。"而《于志宁传》但云"预修礼、修史等功赏赐"，不言所修何史。至韦安仁则无传，当用《史通》语证，补之。陈氏《解题》：《隋志》高宗时始成，上总梁、陈、齐、周之事，俗号《五代志》。【按】陈氏即本《史通》立解也，夹漈《志略》亦然。

惟大唐之受命也，义宁、隋恭帝元。武德唐高祖元。间，工部尚书温大雅首撰《创业起居注》三篇。自是司空房玄龄、给事中许敬宗、著作佐郎敬播相次立一作"相与自立"。编年体，号为"实录"。迄乎三帝，世有其书。【释】述本朝国史二体并陈。◎已上为编年起本。贞观初，姚思廉始撰纪传，粗成三十卷。至显庆高宗改元。元年，太尉长孙无忌与于志宁、令狐德棻、著作郎刘胤之、杨仁卿、起居郎顾胤等，因其旧作，一作"书"。缀以后事，复为五十卷。虽云繁杂，时有可观。【释】已上为纪传起本。龙朔亦高宗元。中，敬宗又以太子少师一作"卿"，误。总统史任，更增前作，混成百卷。如《高宗本纪》及永徽高宗初元。名臣、四夷等传，多是其所造。又起草十志，未半而终。敬宗所作纪传，或曲希时旨，或猥饰一作"释"。私憾，凡有毁誉，多非实录。必方诸魏伯起，亦犹张衡之蔡邕焉。其后左史李仁实续撰于志宁、许敬宗、李义府等传，载言记事，见推直笔。惜其短岁，一作"世"。功业未终。至长寿中，武后九年。春官侍郎牛凤及又断自武德，终于弘道，高宗末元。撰为《唐书》百有十卷。凤及以暗聋不才，而辄议一代大典，凡所撰录，皆素责私家行状，而世人叙事谓家状。罕能自远。谓远于俗。一作"达"，非。或言皆比兴，全类咏歌；或语多鄙朴，实同文案，四语皆谓家状所叙。而总入编次，了无厘革。其有出自胸臆，申其机杼，发言则嗤鄙怪诞，叙事则参差倒错。故阅其篇第，岂谓可观；披其章句，不识所以。既而悉收姚、许诸本，缴去之也。欲使其书独行。由是皇家旧事，残缺殆尽。【释】此一长段中具三层。许饰而诬，李直而年促，牛冗俗而乱，总以推出重撰缘由也。长安中，武后十八年。余与正谏大夫朱敬则、司封郎中徐坚、左拾遗吴兢，奉诏更撰《唐书》，勒成八十卷。【释】此正叙重撰事。八十卷是纪传体。神龙中宗元。元年，又与坚、一无"坚"字。兢等重修《则天实录》，编为三或作"二"。十卷。【释】此三十卷是编年体。夫旧史之坏，其乱如绳，错综艰难，期月方毕。虽言无可择，事多遗恨，庶将来削稿，犹有凭焉。【释】二体并摄。旧本连下节，非。

【按】第十九节。述本朝国史。而以当职手撰者终之。◎须知所云八十卷、三十卷者,正如王隐之《晋书》,干宝之《晋纪》,山谦之、裴松之之《宋史》,草创起本,为后来史局之稿底耳,非完书也。修本既行,其书遂佚,往代皆然。说者乃谓"知几善讥诃,鲜撰著",不亦冤乎。◎叙古今正史毕。

【注 释】

创业起居注 《旧书·温大雅传》:大雅,字彦和,武德元年,历黄门侍郎,撰《创业起居注》三卷。《读书志》:纪高祖起义至受隋禅,用师符谶受命典册事。

房、许、敬等立编年 《旧书·房玄龄传》:房乔,字玄龄,在秦府中,常典管记,贞观三年,代长孙无忌为尚书左仆射,监修国史。许敬宗、敬播并见上卷第九节。又《播传》:与许敬宗撰高祖、太宗实录,自创业至贞观十四年为二十卷。后又撰太宗实录,从贞观十五年至二十三年,为二十卷。

姚、长孙等撰纪传 姚思廉,《新》《旧》本传阙书撰国史。长孙无忌、于志宁、令狐德棻三人传,并浑书监修国史。《文苑·刘胤之传》:永徽中累转著作郎,与令狐德棻、著作杨仁卿等撰成国史,封阳城县男。其从孙即知几也。杨仁卿无传。《顾胤传》:以撰武德、贞观两朝国史八十卷成,加朝散大夫。**【按】**唐二《书》凡书国史,或统言,或专以纪传言,或竟阙书,《史通》此等处,可当史补,亦可当史注。

犹张衡之蔡邕 《商芸小说》:张衡死日,蔡邕母始孕。二人才貌相类,人云邕是张衡后身。**【按】**《史通》是语,盖反辞以况也。后汉灵帝尝问侍中杨奇曰:"朕何如桓帝?"奇对曰:"陛下之于桓帝,亦犹虞舜比德唐尧。"语意正相似。

李仁实 见上卷第九节。

牛凤及 无传。与前卷第九节参看。

朱敬则、徐坚、吴兢 三人并见《自叙》篇。此云撰《唐书》八十卷,《则天实录》三十卷,可作知几本传参补。【按】《崇文总目》:吴兢撰唐史,自创业迄开元,凡一百一十卷。韦述因其本,更加笔削云云。此正与八十、三十之数相合。但总目统云一百十卷,不分纪传、编年,又专属之吴兢,皆可与此处本文参证。

大抵自古史臣撰录,其梗概如此。盖属词比事,以月系年,为史氏之根本,作生人之耳目者,略尽于斯矣。自余偏记作"编"。记、小说,则不暇具而论之。【释】得此二句,缴得正史二字碧清。

【按】第二十节。乃通篇总结。◎读此篇,须将《二体》篇处处印合。◎《史通》一书皆议论体,独《史官》《正史》二篇属叙事体。观其所述,自《史》《汉》而下,悉援序传原文;至梁、陈以还,咸举见闻所接。全书谈史,安可不辨史曹!全史就评,安可不综史部!议论、叙事,相须为用,是二篇者。虽《外篇》之压卷,实《内篇》之括囊。《史通》正本,已尽于是。

卷十三

疑古 第三

旧注十一条，或作十二条，今刊去。

盖古之史氏，区分有二焉：一曰记言，二曰记事。而古人所学，以言为首。【释】以记事托记言，发端起议。至若虞、夏之典，商、周之诰，仲虺、周任之言，史佚、臧文之说，此皆言也。凡有游谈、专对、献策、上书者，莫不引为端绪，归其的准。言则世多习知。其于事也则不然。至一作"乃"。若少昊之以鸟名官，陶唐之旧有"以"字。御龙拜职。夏氏之中衰也，其盗有后羿、寒浞；齐邦之始建也，其君有蒲姑、伯陵。此皆事也。斯并开国承家，异闻奇事，而后世学者，罕传其说。唯夫博物君子，或粗知其一隅。事而少僻，则闻者希矣。此则记事之史不行，而记言之书见重，断可知矣。【释】疑古之疑，疑皆在事，故以言详事略领局也。及左氏之为《传》也，虽义释本经，而语杂它事。遂使两汉儒者，嫉之若仇。故二传大行，二传释言为多。擅名于一作"后"。世。又孔门之著录一作"述"。

也,《论语》专述言辞,《家语》兼陈事业。而自古学徒相授,唯称《论语》而已。由斯而谈,并古人轻事重言之明效也。【释】又以《左氏》《论语》证之。然则上起唐尧,下终秦穆,其《书》所录,唯有百篇。而《书》之所载,以言为主。至于废兴行事,万不记一。语其缺略,可胜道哉!【释】落到《尚书》记言略事,是篇主。故令后人有言,唐、虞以下,帝王之事,未易明也。【释】篇局至此截。其意总为讳恶伏根。案《论语》曰:"君子成人之美,不成人之恶。"又曰:"成事不说,【原注】事已成,不复可解说。遂事不谏,【原注】事已遂,不可复谏止。既往不咎。"【原注】事已往,不可复追咎。又曰:"民可使由之,不可使知之。"【原注】由,用也。可用而不可使知者,百姓日用而不能知。自此引经四处,注皆全写,先儒所释也。夫圣人立教,其言若是。【释】引经为讳恶发端。在于史籍,其义亦然。是以美者因其美而一作"以"。美之,虽有其恶,不加一作"之",下同。毁也;恶者因其恶而恶之,虽有其美,不加誉也。故孟子曰:"尧、舜不胜其美,桀、纣不胜其恶。"魏文帝曰:"舜、禹之事,吾知之矣。"汉景帝曰:"言旧脱"言"字。学者无一作"不"。言汤、武受命,不为愚。"斯并曩贤精鉴,已有先觉。而拘于礼法,限以师训,虽口不能言,而心知其不可者,盖亦多矣。【释】至此落出略事之故,意在讳恶,是本序立言之指。又案鲁史之有《春秋》也,外为贤者,内为本国,事靡洪纤,动皆隐讳。斯乃周公之格言。然何必《春秋》,在于《六经》,亦皆如此。故观夫子之刊《书》也,夏桀让汤,武王斩纣,其事甚著,而芟夷不存。【原注】此事出《周书》。案《周书》是孔子删《尚书》之余,以成其录也。【释】此五句见疑古大意。观夫子之定礼也,定礼即修《春秋》也。以《春秋》为周礼旧法,故云然。隐、闵非命,恶、视不终,而奋笔昌言,云"鲁无篡弑"。观夫子之删《诗》也,凡诸旧作"语",误。《国风》,皆有怨刺,在于鲁国,独无其章。【原注】鲁多淫僻,岂无刺诗,盖夫子删去而不录。观夫子之《论语》也,君娶于吴,是谓同姓,而司败发问,对以"知礼"。【释】定礼三项,用他经陪证之。斯验世郭作"世",别作"圣"。人之饰智矜愚,爱憎由己者多矣。【释】此二句总缴,言诸经皆有讳词,则世史饰诈,益无疑矣。隐对后条近古奸雄桓玄司马等意。诸本作圣人者,大非。加以古文载事,其词简约,【释】专归到《尚书》。推者难详,一作"该"。缺漏无补。遂令后来学者莫究其源,蒙然靡察,有如聋瞽。今故讦一作"评"。其疑事,以著于篇。凡有十条,列之于后。

【按】此《疑古》之序也,不入条数。古字专指《尚书》。其为疑字解说,则托言于古文隐讳。通观十条,显斥古圣,罪无辞矣。然读书尚论,其意有可推者,敢一雪之。◎知几眼见近古自新莽始祸,以及当涂典午,南则刘、萧、陈氏,北则齐、周、杨坚,累朝践代,类以攘窃之诈,佹为推挹之文。虽逮李唐,奋戈除暴,犹必虚拥代邸,粉饰禅书。一则曰"宜遵故事",再则曰"一依前典",引经作册,居然旧章。讳诛伐为恶声,掩揖让而护迹,凡资口实,率附陶姚。于是古帝前王,青天白日气象。尘昏雾塞,五六百年于此矣。作者恫焉,假号汲冢之荒简,反兵孔壁之遗编,所伤在二姓改玉之交,所影皆九锡升坛之套。其意盖曰:古圣且蒙疑谤,此事谁容售欺。凭伊借面有辞,至竟隐形无地耳。其所提防,盖在于此。叵奈知几者,不学无术,以文害志,恣行横议,妄冀昭奸,何其辽哉!不揣梼昧,颇推其本意而释之如左。

【注释】

以鸟名官 见《书志》篇。又《竹书纪年》:少昊登帝位,有凤凰之瑞。或曰：名清不居帝位，帅鸟师居西方，以鸟纪官。【按】名清，上古人名。

御龙拜职 《史记·夏纪》：帝孔甲立，好方鬼神事。天降龙二，有雌雄，孔甲不能食。陶唐后有刘累，学扰龙于豢龙氏，以事孔甲。孔甲赐之姓曰御龙氏，受豕韦之后。

后羿、寒浞 两见《左传》。又《竹书纪年》：帝太康居斟鄩，略于洛表。羿入斟鄩。帝仲康七年，世子相出居商丘。帝相八年，寒浞杀羿。九年相居于斟灌。二十六年，浞使其子浇灭斟灌。二十七年，伐斟鄩灭之。二十八年，弑帝，后缗归于有仍，伯靡奔夏。世子少康生在丙寅年。乙酉少康奔虞。甲辰少康使女艾杀浇。乙巳伯靡杀寒浞。少康归于夏邑。

蒲姑、伯陵 《左传·昭二十》：齐侯至自田，晏子侍于遄台。晏子曰："昔爽鸠氏始居此地，季荝因之，有逢伯陵因之，蒲姑氏因之，而后太公因之。"

孟子、魏文、汉景三言 孟子语见《风俗通·正失》篇，曰："尧、舜不胜其美，桀、纣不胜其恶，传言失指，图景失形。"魏文语见《魏志·文纪注》，前《史官》篇已引之。汉景语见《史记·儒林·辕固生传》，曰："食肉不食马肝，不为不知味。言学者无言汤武受命，不为愚。"

隐闵非命 《左传·隐十一》：羽父请杀桓公。公曰："吾将授之矣。"羽父惧，反谮公于桓公而请弑之。十一月，羽父使贼弑公于寪氏，立桓公。《闵一》：初，公傅夺卜齮田，公不禁。秋八月，共仲使卜齮贼公于武闱。成季以僖公适邾，共仲奔莒，乃入立之。

恶视不终 前见《编次》，后见《惑经》。

盖《虞书》之美放勋也，云"克明俊或作"峻"，下同。德"。而陆贾《新语》又曰："尧、舜之人，本作"民"，或作"臣"，误。比屋可封。"盖因《尧典》成文而广造奇说也。案《春秋传》云：高阳、高辛二氏，各有才子八人，谓之"元""凯"。此十六族也，世济其美，不陨其名，以至于尧，尧不能举，帝鸿氏、少昊氏、颛顼氏各有不才子，谓之"浑沌""穷奇""梼杌"。此三族也，世济其凶，增其恶名，以至于尧，尧不能去。缙云氏亦有不才子，天下谓之"饕餮"，以比或讹"此"。三族，俱称"四凶"。而尧亦不能去。斯则当尧之世，小人君子，比肩齐列，善恶无分，贤愚共贯。且一讹"但"。《论语》有云：舜举咎繇，不仁者远。是则当咎繇未举，不仁甚多，弥验尧时群小在位者矣。一脱"矣"字。又安得谓之"克明俊德""比屋可封"者乎？其疑一也。

【按】十疑之中，不言嬗代之事者，独此首条耳。亦见凡在盛朝铺张善治，必不免于溢辞，为后此诸条作引也。

【注释】

比屋可封 《新语·无为》篇：尧、舜之民，可比屋而封，桀、纣之民，可比屋而诛者，教化使然也。

元凯四凶 见《左传·文十八》。《传》文已略具。浑沌之沌，《左》作敦，读如沌。

《尧典·序》又云："将逊于位，让于一少"于"字。虞舜。"孔氏注曰："尧知子丹朱不肖，故有禅位之志。"案《汲冢琐语》云："舜放尧于平阳。"而书云书名缺。某地地名缺。有城，以"囚尧"为号。识者，凭斯异说，颇以禅授为疑。然则观此二书，已足为证者矣，而犹有所未睹也。何者？凭《山海经》谓放勋之子为帝丹朱，疑脱"尧未传子"句。而列君"君"疑"名"字之讹。于帝者，得非舜虽废尧，仍立尧子，俄又夺其帝者乎?观近古一脱"古"字。有奸雄奋发,自号勤王,或废父而立其子,或黜兄而奉其弟,始则示相推戴,终亦成其篡夺,求诸历代,往往而有。必以古方今,千载一揆,斯则尧之授舜,其事难明,谓之让国,徒虚语耳。其疑二也。

【按】本篇所疑嬗代之事,自此条起。即提破近古奸雄,可以知其意之所寄。◎嬗局至元、明始转,然后伪让绝,直道伸。

【注释】
《汲冢琐语》见"春秋家"。又详后《惑经》篇之末。
帝丹朱《海内南经》:苍梧之山,帝舜葬于阳,帝丹朱葬于阴。

《虞书·舜典》又云:"五十载,陟方乃死。"注云:"死苍梧之野,因葬焉。"案苍梧者,于楚则川号汨罗,在汉则邑称零、桂。地总百越,山连五岭。人风猱划,谓文身。地气歊瘴。虽使百金之子,犹惮经履其途;况以万乘之君,而堪巡幸其国?且舜必以精华既竭,形神告劳,舍兹宝位,如释重负。一作"负重"。何得以垂殁之年,更践不毛之地?兼复二妃不从,怨旷生离,万里无依,孤魂溘尽,让王高蹈,岂其若是者乎?历观自古人君废逐,若夏桀放于南巢,赵嘉当作"迁"。迁于房陵,周王流彘,楚帝徙郴,语其艰棘,未有如斯之甚者一无"者"字。也。斯则陟方之死,其殆文命之志乎?其疑三也。

【按】此条追出"文命之志"一句,志在刘宋之于零陵也。自零陵后,禅位之君罕得全者。

【注释】

注云 此谓《孔氏安国传》也。传言："方、道也。升道，南方巡守，死于苍梧之野而葬焉。"至《蔡传》以陟方作升遐解，而又援《竹书》"帝王之没曰陟"为据。或又以《汉书注》"掘土为坑曰方"为方字之据。若尔，则只如《竹书》书陟已足。即缀一方字尚可强通，而复缀之以乃死何耶？蔡云："犹言殂落而死也。"殂落下添"而死"二字，岂复成语耶？详味句法，毕竟《孔传》为正，但以《大禹谟》受终之文印之，是时禹摄帝位久矣，舜不应更事亲巡。愚谓，古经此等处当阙疑。

赵迁 《淮南子》：赵王迁流于房陵，思故乡作山水之讴。《赵世家》：秦既虏迁，赵之亡大夫共立嘉为王。六年，秦破嘉灭赵。

徙郴 《项羽本纪》：诸侯罢戏下，各就国，项羽使使徙义帝长沙郴县，阴令衡山、临江王击杀之江中。

《汲冢书》云："舜放尧于平阳，带引此句，蒙前条说下。益为启所诛。"又曰："太甲杀伊尹，文丁旧谬作"王"。杀季历。"凡此数事，语异正经。其书近出，世人多不之信也。案舜之放尧，旧有"文之杀季"四字，美文。无事别说，足验其情，已于旧衍"此"字。篇前旧衍"后"字。言之详矣。此条前后并无"文丁杀季"之言，故知本文句字多美。夫唯益与伊尹见一作"受"。戮，并一无"并"字。于正书犹无其证。推一作"权"。而论之，如启之诛益，仍可覆也。何者？舜废尧而立丹朱，禹黜舜而立商均，益手握机权，势同舜、禹，而欲因循故事，坐膺天禄。其事不成，自贻伊咎。观夫近古篡夺，桓独不全，马仍反正。若启之诛益，亦由"犹"通。晋之杀玄乎？若舜、禹相代，事业皆成，唯益覆车，伏辜夏后，亦犹桓效曹、马，而独致元兴晋安帝改元。之祸者乎？其疑四也。

【按】此条直提破桓玄之于晋安，意可见已。盖举称乱杀身者，以为世鉴。

【注释】

益为启诛 《黄补注》：案《竹书纪年》，启既立，费侯伯益出就国。无启杀益事，盖琐语中载之。

太甲文丁 《竹书纪年》：太甲元年，伊尹放太甲于桐，乃自立。七年，王潜出自桐，杀伊尹。又：文丁十一年，周公季历伐翳徒之戎，来献捷。王杀季历。【按】文丁即太丁。沈约注云：《史记》作太丁，非。又《晋书·束晳传》：引纪年之文，亦作文丁也。【再按】本条除领句皆言上杀下之事，妄人不解文义，并不考文丁为何人，遂乃改丁为王耳。

桓独不全 《晋安帝纪》：隆安二年，广州刺史桓玄举兵反。元兴二年，玄篡位，帝蒙尘。三年，帝幸江陵。五月，督护冯迁斩玄于貊盘州。乘舆反正。

《汤誓·序》旧本"誓"误作"诰"，又脱"序"字。云："汤伐桀，战于鸣条。"又云："汤放桀于南巢，唯有惭德。"而《周书·殷祝》篇称"桀让汤王位"云云。句止稳括《周书》之文。此则有异于《尚书》。如《周书》之所说，岂非汤既胜桀，力制夏人，使桀推让，归王于己。盖欲比迹尧、舜。袭其高名者乎？又案《墨子》云：汤以天下让务光，而使人说曰：汤欲加恶名于汝。务光遂投清冷之泉而死。汤乃即位无疑。然则汤之饰让，伪迹甚多。考墨家所言，雅与《周书》相会。一作"合"。夫当有"周"字。《书》之作，本出《尚书》，孔父截剪浮词，裁成雅诰，一作"语"。去其鄙事，直云"惭德"，岂非欲灭汤之过，增桀之恶者乎？其疑五也。

【按】千古无假征诛，但有伪揖让。如此条借影《殷祝》篇文，必欲掩征诛而傅诸揖让，曹、马辈之态毕献矣。即刘氏假杂出之书，以褫彼辈之魄，亦尽态矣。彼为胶柱之解者，吾不敢以善读书许之。

【注 释】

《殷祝》篇 在《逸周书》第六十六。其略曰：汤将放桀，士民奔汤。国中虚，桀请汤曰："君有人，请致国。"汤曰："否。士民惑，吾为王明之。"士民复致于桀曰："何必君更？"桀南徙不齐。民奔汤。桀复请汤。言国，君之有也。汤曰："否。我为君王明之。"桀徙于鲁，又曰："国，君之有也。"汤不能止桀，而复薄三千诸侯曰："有道者处之。"三千诸侯莫敢即位，然后汤即天子之位。

汤让务光 【按】《墨子》之云，《庄子》亦载之，务作瞀。《让王》篇：汤将伐桀，因瞀光而谋。瞀光曰："非吾事也。"汤伐桀，剋之。以让瞀光曰："吾子何不立乎？"辞曰："吾闻之，无道之世，不践其土，况尊我乎？吾不忍久见也。"乃负石而自沉于庐水。

夫《五经》立言，千载犹仰，而求其前后，理甚相乖。何者？称周之盛也，则云三分有二，商纣为独夫；语殷之败也，又云纣有臣亿万人，其亡流血漂杵。斯则是非无准，向背不同者焉。又案武王为《泰誓》，数纣过失，亦犹近代之有吕相为晋绝秦，陈琳为袁檄魏，袁亦不直耳，曹恶得无罪。陈琳句谬引。欲加之罪，能无辞乎？而后来诸子，承其伪说，竟一作"竟"。列纣罪，有倍《五经》。故子贡曰：桀、纣之恶不至是，君子恶居下流。班生亦云：安有据妇人临一作"于"。朝！刘向又曰：世人有弑父害君，桀、纣不至是。而天下当有"归"字。恶者，必以桀、纣为先。此其自古言辛、癸之罪，将非厚诬者乎？其疑六也。

【按】此条非宽失国之荒主也，欲甚代兴之罪而为之辞也。

【注 释】

陈琳檄 《文选》：为袁绍檄豫州。善注：《魏志》曰：陈孔璋避难冀州，袁本初使典文章作此檄。

据妇临朝 《汉书》：成帝宴饮，乘舆幄坐书纣据妲己。上指问班伯曰："纣至是乎？"伯对曰："《书》云：'用妇之言，何有踞肆于朝？'所谓众恶归之，不如是之甚也。"

《微子之命》篇《序》旧脱"序"字。云："杀武庚。"《序》云："杀武庚，命微子代殷后。"案禄父即商纣之子也。属社稷倾覆，家国沦亡，父首枭悬，母躯分裂，永言怨耻，生人一作"死"。莫二。向使其侯服事周，而全躯保其妻子也，仰天俯地，何以为生？含齿戴发，何以为貌？既而合谋二叔，徇节三监，虽君亲之怨不除，而臣子之诚可见。考诸名教，生死无惭。议一讹"议"字为"于义"二字。者苟以其功业不成，便以顽人民。为目。必如是，则有君若夏少康，有臣若伍子胥，当作"申包胥"。向若陨仇雪怨，众败身灭，亦当隶迹丑徒，编名逆党者邪？其疑七也。

【按】此条伤魏、晋而下诸末造鲜义旅也。宁为高贵乡公死，莫作常道乡公生；宁为袁粲死，莫作褚渊生。臣子之于君父，其义一也。岂只为殷顽雪涕而已。

【注释】

武庚禄父《竹书纪年》：周武王十二年伐殷。王新禽受于南单之台，遂分天之明，立受子禄父，是为武庚。成王元年，武庚以毁畔。三年，王师灭殷，杀武庚。

申包胥《左传·定四》：初，伍员与申包胥友。其亡也，谓申包胥曰："我必复楚国。"申包胥曰："子能复之，我必能兴之。"及昭王在随，申包胥如秦乞师，立依于庭墙而哭七日，秦师乃出。王卒复国。若作伍胥于本条不切矣。

《论语》曰："大矣，周之德也。三分天下有其二，犹服事殷。"案《尚书·序》旧脱"序"字。云："西伯戡黎，殷始咎周。"二句序文。夫姬氏爵乃诸侯，而辄行征伐，结怨王室，殊一作"曾"。无愧畏。此则《春秋》荆蛮之灭诸姬，《论语》季氏之伐颛臾也。又案某书名阙，一讹"其"。书曰：朱雀云云，朱雀句当有本文，"云云"字误。文王受命称王云云。夫天无二日，地唯一人，有殷犹存，而王号遽立，此即《春秋》楚及吴、越僭号而陵天子也。然则戡黎灭崇，自同王者，服事之道，理不如斯。亦犹近者魏司马文王害权臣，黜少帝，坐加九锡，行驾六马。及其殁也，而荀勖犹谓之人臣以终。盖姬之事殷，当比马之臣魏，必称周德之大者，不亦虚为其说乎？一作"设也"。其疑八也。

【按】

此条亦提破司马。举昭为例，前操后裕等，皆比于一科。

【注释】

九锡六马《魏书·三少帝纪》：甘露五年，以司马文王封晋公，加九锡。咸熙二年，命晋王建天子旌旗，乘金根车，驾六马，位在燕王上。

荀勖犹谓人臣《晋书》：荀勖，字公曾，晋武受禅，拜中书监。【按】谀昭之语，本传不载。《世说·方正注》：王隐《晋书》曰：勖性佞媚，良史当著佞幸传。盖其人媚贾祸晋者也，是其前诣马倾曹可知。

《论语》曰："太伯可谓至德也已。三以天下让，民无得而称焉。"案《吕氏春秋》书名恐误，当是《吴越春秋》。所载云云，斯则太王钟爱厥孙，将立其父。太伯年居长嫡，地实妨贤。向若强颜苟视，怀疑不去，大则类卫伋之诛，小则同楚建之逐，虽欲勿让，君亲其立诸？且太王之殂，太伯来赴，季历承考遗命，推让厥昆。太伯以形质已残，有辞获免。原夫毁兹玉体，从彼被发者，本以外绝嫌疑，内释一作"怀"。猜忌，譬雄鸡自断其尾，用获免于人牺者焉。又案《春秋》，晋士蔿见一脱"见"字。申生之将废也，曰：为吴太伯，犹有令名。斯则太伯、申生，事如一体。直以出处有异，故成败不同。若夫子之论太伯也，必美其因病成妍，转祸为福，斯则当矣。如云"可谓至德"者，无乃谬为其誉乎？其疑九也。

【按】此条独不拈《尚书》，盖因西伯条而及之也。太伯之德，三让之指。理学大儒，讫无定解？知几一以后世情事揣之，讵足与辩。夫亦心恻于隐太子之事乎？

【注释】

吕氏春秋【按】此句定误。尝取其书，所谓十二纪八览六论，纵观之，曾无一语及太伯事者。试抽《吴越春秋》覆之,乃遇其文,今录于左。

所载云云《吴越春秋》:古公三子,长曰太伯,次曰仲雍,雍一名虞仲,少曰季历。季历娶妻太任氏生子昌,昌有圣瑞。古公曰:"兴王业者,其在昌乎?"太伯、仲雍,望风知指,曰:"历者适也。"知古公欲以国及昌。古公病,二人托名采药于衡山,遂之荆蛮,断发文身,为夷狄之服,示不可用。古公卒,太伯、仲雍归赴。丧毕,还荆蛮,国民君而事之,自号为勾吴。古公将卒,令季历让国于太伯,而三让不受,于是季历莅政。

卫伋《卫世家》:初,宣公爱夫人夷姜,生子伋,以为太子。为太子娶齐女而自取之,生子寿。子朔,伋母死。夫人与朔共谮太子伋,公乃使伋于齐,而令盗遮界上杀之。【按】事见《左传·桓十六》。伋左作急子。

楚建《左传·昭十九》:楚子生太子建,王为之聘于秦。费无极与逆,劝王取之,城城父而置太子焉。《二十年》:无极言于楚子曰:"建将以方城之外叛。"王信之,使城父司马奋扬杀太子,未至,太子建奔宋。

鸡断尾《外传·周语》:宾孟适郊,见雄鸡自断其尾,问之侍者。曰:"惮其牺也。"

为吴太伯 晋士蔿语。见《左传·闵元年》。

《尚书·金縢》篇云:"管、蔡流言,公将不利于孺子。"《左传》云:"周公杀管叔而放《左》作"蔡"。蔡叔,夫岂旧误"其"。不爱?王室故也。"昭元。案《尚书·君奭》篇《序》云:"召公为保,周公为师,相成王,为左右。召公不说。"皆《君奭·序》之文。斯则旦行不臣之礼,挟震主之威,迹居疑似,坐招讪谤。虽奭以亚圣之德,负明允之才,目睹其事,犹怀愤懑。况彼二叔者,才处中人,地居下国。侧闻异议,能不怀猜?原其推戈反噬,事由误我。一作誡。而周公自以不诚,当作"咸",假用《左氏》语。遽加显戮，与夫汉代之一无"之"字。赦淮南，此下一增"明帝"二字。宽阜陵，一何远哉！斯则周公于友于之一作"其"。义薄矣。而《书》旧作"诗"。之所述，用为美谈者，何哉？其疑十也。

【按】此亦与上条为类。刘之不足与语周公，犹其不足语于太伯、文王也。然为此说者，于隐巢之间，喋血之变，或不能不寓于微辞焉。

【注释】

赦淮南《汉书》：淮南历王长，高帝少子也。孝文即位，自以为最亲，骄蹇，数不奉法，上宽赦之。入朝甚横，文帝不治，归国益恣。及谋反事觉，吏杂奏所犯当弃市。制曰：其赦长死罪，废勿王。

宽阜陵《后汉书》：光武帝子阜陵质王延封淮阳，性骄奢。有告延作图谶祝诅事，显宗特加恩徙为阜陵王。延怀怨望。复有告延逆谋者。肃宗诏曰："王前犯大逆，有同管、蔡。先帝屈法，王曾莫悔。今贬为侯，后幸九江。"见延，以喜以悲，复为王。

大抵自《春秋》以前，《尚书》之世，其作者述事如此。【释】十疑皆在《尚书》之世也。此三句点出。今取其正经雅言，理有难晓，诸子异说，义或可凭，参而会之，以相研核。一作"覆"。如异于此，则无论焉。【释】数语缴完。夫远古之书，与近古之史，非唯繁约不类，固一作"故"。亦向背皆殊。何者？近古之史也，言唯详备，事罕甄择。使夫学者睹一邦之政，则善恶相参；观一主之才，而贤愚殆半。至于远古则不然。夫其所录也，略举纲维，务存褒讳，寻其终始，隐没者多。尝试言之，向使汉、魏、晋、宋之君，生于上代，一作"三代"，非。尧、舜、禹、汤之主，出于中叶，俾史官易地而书，各叙时事，校其得失，固未可量。【释】加此一层，明指出后来篡夺诸代互相推勘之旨。大意言，远古讳略，犹且异闻错出，况若后代奸雄。纵使上生彼世，其诸逆节，散见严残，又当何如哉？若乃轮扁称其糟粕，孔氏述其传疑。孟子曰：尽信《书》，不如无《书》。《武成》之一篇，吾取其二三简。一本此下有"而为累文，与近古同焉"九字，脱"之"字。词义未亮。一本无此九字。推此而言，则远古之书，其妄甚矣。岂比夫王沈之不实，沈约之多诈，若斯而已矣。一作"哉"。【释】末段与《内篇》抑马扬班同意。诚著述家无骛荒远也。

【按】此十疑后跋也。不入条数。◎此等书怒其非圣无法而严为摈者，谊人之辞也。会其读史寄愤而悬为解者，晓人之辞也。徒骇其拂经横议，而出我巾箱剩语。与之讲是对非，则痴人之辞矣。浮翳障日，日岂陨明，促促焉起而詈骂之。《传》称鲁人为敏，其类是哉。

卷十四

惑经 第四
题下篇中，旧皆有注，或作二十条，或作二十二条，皆未允。今并去之。

昔孔宣父以大圣之德，应运而生。生人民已来，未之有也。故使三千弟子、七十门人，钻仰不及，请益无倦。然则作"然而"用。尺有所短，寸有所长。其间切磋酬对，颇亦互闻得失。何者？睹仲由之不悦，则矢天厌以自明；答言偃之弦歌，则称戏言以释难。斯则圣人旧有"之"字。设教，其理含弘，或援誓以表心，或称非以受屈。岂与夫庸儒末学，文过饰非，使夫问者缄辞杜口，怀疑不展，若斯而已哉？【释】首言至圣不拒人辩难。嗟夫！古今世殊，师授路隔，恨不得亲膺洒扫，陪五尺之童；躬奉德音，抚四科之友。而徒以研寻蠹简，穿凿遗文，菁华久谢，糟粕为偶。遂使理有未达，无由质疑。是用握卷踌躇，挥毫悱愤。倪梁木斯坏，魂而有灵，敢效接舆之歌，辄同林放之问。【释】此言愿献疑议。◎已上总统遗经而言。

但孔氏之立言行事，删《诗》赞《易》，其义既广，难以具论。今惟摭其史文，评之于后。未借《诗》《易》折归《春秋》。一本连下，非。

【按】此亦序也，但自表作之之由，不参别意。所言圣人胸次，见地高明。案夫子所修之史，是曰《春秋》。窃详《春秋》之义，其所未谕"喻"通，后同。者有十二。旧亦连下。

【按】《惑经》专主《春秋》，通分二截，曰"未谕"，曰"虚美"。此四句为未谕诸条作总挈也。◎经何以惑？为传惑也。为传惑曷为言惑经。传主事，经主义；义权也，事物也。有物于此，杂然而集吾衡，吾受而权之。而等者敬焉，变者胶焉，失在物乎？失在权乎？曰在权。《春秋》事同书异，事异书同，故惑在经矣。曰惑经是乎？曰恶乎是？经由圣而作，圣不可知，恶能知经？不知而为之辞，是非圣也。然则奚而不斥也，曰无庸也。事形何常，义类何尽，惑而辩，圣人弗禁。虽然，传实惑之。圣人笔经不笔例，传者例歧而经歧。自传者、注者各以意为例，而《春秋》一经自此多事矣。曰：欧阳子言之矣，舍君子而从圣人，舍君子者舍传也。舍传可乎？曰：吾不夺子以可，吾将穷子以能。子能比十二公之传而舍诸乎？将择而舍诸也。择而舍诸，则子奚择而舍之，非圣不可，舍传不能。十二未谕之云：吾以过而存者存之。◎十二未谕，不得与《疑古》同科。

何者？赵孟以无辞伐国，贬号为人；杞伯以夷礼一脱"礼"字。来朝，降爵称子。虞班晋上，恶贪贿而先书；楚长晋盟，讥无信而后列。此则人伦臧否，在我笔端，直道而行，夫何所让？奚为齐、郑及楚，照《春秋》世次，当作郑、楚及齐。国有弑君，各以疾赴，遂皆书卒。【原注】襄七年，郑子驷弑其君僖公；昭元年，楚公子围弑其君郏敖；僖公十年，齐人弑其君悼公。而《春秋》但书云：郑伯髡顽卒，楚子麇卒，齐侯阳生卒。【按】旧注三弑，与本文经文并皆失次，今依《春秋》世次列之。夫臣弑其君，子弑其父，凡在含识，皆知耻惧。苟欺而可免，则谁不愿？然且官为正卿，反不讨贼；地居冢嫡，药不亲尝。遂皆被以恶名，播诸来叶。必以彼三逆，方兹二弑，躬为枭獍，则漏网遗名；迹涉瓜李，乃凝脂或刊作"拟指"，非。显录。嫉恶之情，岂其若是？其所未谕一也。

又案齐乞一作"荼"。野幕之戮，一作"弑"。事起阳生；楚比一作"灵"。乾溪之缢，一作"弑"。祸由观从。原作"常寿"，误。【原注】乞谓齐陈乞，比谓楚公子比也。【按】此注旧在"舍其亲弑"之下，今移此。而《春秋》捐其首谋，舍其亲弑，亦何异鲁酒薄而邯郸围，城门火而池鱼及。必如是，则邾之阍者私憾射姑，以其君卞旧脱"卞"字。急而好洁，可行欺以激怒，遂倾瓶水以一脱"以"字。沃庭，俾废炉而烂卒。斯亦罪之大者，奚一作"曷"。不书弑乎？【原注】宜书云：阍弑邾子。其所未谕二也。

【按】已上二条皆弑君事，故连类言之。◎乞先召寇，比遽称王，皆法所不逭。知几多此一惑，由墨守杜注故。

【注 释】

赵孟贬为人《宣二·经》：晋人、宋人、卫人、陈人侵郑。杜注：晋赵盾兴诸侯之师，畏楚而还，失霸者之义，故贬称人。《传》首孔疏：孟伯俱长也，礼纬云，庶长称孟，然则适子长者称伯，所以别也。如赵氏赵盾之后。盾为庶长，故子孙恒以孟言之。

杞伯降称子《僖二十七·经》：杞子来朝。《传》：杞桓公来朝，用夷礼，故称子。

虞班晋上《僖二·经》：虞师、晋师灭下阳。《传》先书虞，贿故也。注：虞非倡兵之首，而先书之，恶贪贿也。

楚长晋盟《襄二十七·经》：叔孙豹会晋赵武、楚屈建、蔡公孙归生、卫石恶、陈孔奂、郑良霄、许人、曹人于宋。《传》：将盟，楚人衷甲，伯州犁曰："合诸侯之师以为不信，是弃所以合诸侯也。"子木曰："事利而已，苟得志焉，焉用有信？盟先楚人，书先晋，晋有信也。"注：盖孔子追正之。

齐、郑、楚弑以疾赴《哀十·经》：齐侯阳生卒。注：以疾赴，故不书弑。《襄七·经》：郑伯髡顽卒于鄵。注：实为子驷所弑。以疟疾赴，故不书弑。《昭元·经》：楚子麇卒。注：楚以疟疾赴，故不书弑。

反不讨贼《宣二·经》：晋赵盾弑其君夷皋。《传》：晋侯饮赵盾酒，公嗾夫獒焉，斗且出，遂自亡也。赵穿攻灵公于桃园，宣子未出疆而复。太史书赵盾弑其君，以示于朝。宣子曰："不然。"对曰："子为正卿，亡不越境，反不讨贼，非子而谁？"

药不亲尝《昭十九·经》：许世子止弑其君买。《传》：许悼公疟，饮太子止之药卒。太子奔晋。书曰：弑其君。

凝脂《中华古今注》：燕脂以红蓝花汁凝作脂，燕国所生。《旧书·崔仁师传》：凝脂犹密，秋荼尚烦。【按】盖谓刑峻。

齐乞楚比《哀六·经》：齐阳生入于齐，齐陈乞弑其君荼。《传》：陈乞与诸大夫以甲入于公宫。公战于庄，败。陈僖子使召公子阳生立之。悼公使胡姬以安孺子如赖，使朱毛告于陈子曰："君不可以二。"僖子不对而泣。公使毛迁孺子于骀，杀诸野幕之下。《昭十三·经》：楚公子比自晋归于楚，弑其君虔于乾溪。《传》：楚子次于乾溪，群丧职之族。启越大夫常寿过作乱，观起之死也。其子从在蔡，以蔡公之命，召子干、子皙，盟于邓，以入楚，杀太子禄及公子罢敌。公子比为王，公子黑肱为令尹，公子弃疾为司马，使观从从师于乾溪。王闻群公子之死也，自投于车下，缢于芋尹申亥氏。注：楚比劫立，陈乞流涕，皆疑于免罪。《春秋》明而书之，以为弑主。【按】悼公即阳生，安孺子即荼，比即子干，黑肱即子晳，弃疾即蔡公。【又按】观从作常寿，误笔也。

邯郸围池鱼及 《庄子·胠箧》有"鲁酒"句。郭注：楚宣王朝诸侯，鲁后至，酒薄。宣王欲辱之，不辞而行，王怒攻鲁。梁惠王常欲击赵，畏楚救。楚以鲁为事，梁得围邯郸。《清波杂志》：张无尽一表有"鲁酒""城门"二句，上句出《庄子》，下句不知所出。《广韵》以池仲鱼为人姓名。白乐天诗："火发城门鱼水里，救火竭池鱼失水。"不主姓名说。

邾之阍者 《定三·经》：邾子穿卒。《传》：邾子在门台，临廷，阍以瓶水沃廷。邾子怒。阍曰："夷射姑旋焉。"命执之，弗得。滋怒，自投于床，废于炉炭，烂，遂卒。庄公下急而好洁，故及是。注：旋，小便。废，堕也。

盖明镜之照物也，妍媸必露，不以毛嫱之面或有疵瑕，而寝其鉴也；虚空之传响也，清浊必闻，不以绵驹之歌时有误曲，而辍其应也。夫史官执简，宜类于斯。苟爱而知其丑，憎而知其善，善恶必书，斯为实录。观夫子修《春秋》也，多为贤者讳。狄实灭卫，因桓耻一脱"耻"字。而不书；河阳召王，成文美而称狩。斯则情兼向背，志怀彼我。苟书法其如是也，岂不使为人君者，此四字或作"贤人君子"，或作"夫君子"三字，皆误。靡惮宪章，虽玷白圭，无惭良史也乎？一无"也"字，一无"乎"字。其所未谕三也。

哀八年及十三年，公再与吴盟，而皆不书。【原注】《八年》注云："不书盟，耻吴夷也。"《十三年》注云："盟不书，诸侯耻之，故不录也。"桓二年，公及戎盟则书之。旧无此三字，今补。戎实豺狼，非我族类。夫非所讳而仍讳，谓当耻而无耻，求之折衷，未见其宜。其所未谕四也。

【按】已上二条，《传》注互有"为君讳"之文，故亦以类举。

【注释】

灭卫不书 《闵二·经》：狄入卫。《穀梁》范注：不言灭而言入者，《春秋》为贤者讳。齐桓不能攘夷狄，故为之讳。

召王称狩 《僖二十八·经》：天王狩于河阳。《传》：是会也，晋侯召王以诸侯见，且使王狩。仲尼曰："以臣召君，不可以训。"故书云云，言非其地也，且明德也。注：隐其召君之阙，欲明晋之功德。

再与吴盟不书 《哀八·经》：吴伐我。《传》：吴人盟而还。又《十三·经》：公会晋侯及吴子于黄池。《传》：辛丑盟。【按】二传注并见节内。

公及戎盟 《桓二·经》：公及戎盟于唐。【按】注无"耻戎"之文也。

诸国臣子，非卿不书，必以地来奔，则虽贱亦志。斯岂非国之大事，不可限以常流者耶？一作"也"。如阳虎盗入于讙，拥阳关而外叛。《传》具其事，《经》独无闻，何哉？且弓玉中一作"云"。亡，犹获显记；城邑失守，反不沾一作具。书。略大存小，理乖惩劝。其所未谕五也。

【按】此条因入讙以叛之下，杜注有略家臣之说，故举虽贱亦志为案。以贱例贱，以书剔不书。

【注释】

以地来则志 《襄二十一》：邾庶其以漆闾丘来奔。《昭五》：莒牟夷以牟娄及防兹来奔。《昭三十一》：邾黑肱以滥来奔。以滥，《传》：贱而书名，重地故也。以土地出，求食而已。不求其名，贱而必书。

入讙无闻弓玉获记 《定八·经》：盗窃宝玉大弓。《传》：阳虎欲去三桓，戒都车曰："癸巳至。"公敛处父与孟孙以壬辰为期，与阳氏战于棘下，阳氏败。阳虎说甲如公宫，取宝玉大弓以出，入于讙阳关以叛。注：叛不书，略家臣。

案诸侯世嫡，嗣业居丧，既未成君，不避其讳，此《春秋》之例也。何为般、野之殁，皆以名书；"书"字旧在"以名"之上。而恶、视之殂，直云"子卒"。其所未谕六也。

凡在人伦不得其死者，邦君已上皆谓之弑，卿士已上通谓之杀。此又《春秋》之例也。案桓二年，书曰："宋督弑其君与夷及其大夫孔父。"僖十年又曰："晋里克弑其君卓及其大夫荀息。"【原注】"及"宜改为"杀"。夫臣当为杀，而称及，与君杀同科。苟弑、杀不分，则君臣靡别者矣。【原注】《公羊传》曰："及者何，累也。"虽有此释，其义虽通。既未释此疑，共编于未谕。他皆仿此也。其所未谕七也。

【按】已上二条，以子、臣连举。子之卒从书名不书名起疑，臣之杀从"及"字混"弑"字起疑。◎北平本书及其大夫简端云：文义甚明，不必致疑。愚谓准之后史，则疑生焉。后史凡于预君难者，必书曰"杀某官某"，否则曰"某官某死之"。未有统臣于君而云"及"者。

【注释】

般、野以名书 《庄三十二·经》：子般卒。《传》：孟任生子般焉。公薨于路寝，子般即位，次于党氏。共仲使圉人荦贼子般于党氏。注：先君未葬，不称爵，不书杀，讳之也。《襄三十一·经》：子野卒。《传》：公薨于楚宫，立胡女敬归之子子野，癸巳卒，毁也。注：哀毁以致灭性。

恶、视云子卒 《文十八·经》：子卒。《传》：公薨，襄仲杀恶及视而立宣公。《书》曰："子卒，讳之也。"前详《编次》篇。

弑君及大夫 本文已详。

夫臣子所书，君父是党，虽事乖正直，而理合名教。如鲁之隐、桓戕弑，昭、哀放逐，哀公混入。姜氏淫奔，子般夭酷。斯则邦之孔丑，讳之可也。如公送晋葬，公与吴盟，为齐所止，为邾所败。盟而不至，会而后期，并讳而不书，岂非烦碎之甚？且案汲冢竹书旧衍"与"字。《晋春秋》及《纪年》之载事也，如重耳出奔，惠公见获，书其本国，皆无所隐。唯《鲁春秋》之记其国也，则不然。何者？犹云此何为者，是缴上之词。国家一衍"之"字。事无大小，苟涉嫌疑，动称耻讳，厚诬来世，奚独多乎！其所未谕八也。

【按】此条专指为本国讳言。

【注释】

隐、桓戕弑 《隐十一·经》：公薨。注：实弑书薨，又不地者，史策所讳也。《桓十八·经》：公会齐侯于泺，公与夫人姜氏遂如齐。公薨于齐。《传》：公及文姜如齐。齐侯通焉。公谪之。以告。使公子彭生乘公。公薨于车。《经注》：不言戕，讳之也。戕例在宣十八年。《经》：邾人戕鄫子于鄫。《传》：凡自虐其君曰弑，自外曰戕。

昭、哀放逐 昭二十五年，公伐季平子。季氏反，兵逐公徒。公出奔。

《经》：公孙于齐，次于阳州。注：讳奔，故曰孙。若自逊让而去位者。《哀二十七·附传》：公患三桓之侈也，三桓亦患公之妄也，故君臣多间。公欲以越伐鲁而去三桓，因孙于邾，及遂如越。【按】哀之出，非逐也。且在《经》后。惑《经》不惑无《经》者，盖牵纽属对之病。

姜淫奔般夭酷 《庄元·经》：夫人孙于齐。注：内讳奔谓之孙。般夭，即子般卒。

送晋葬与吴盟 《成十·经》：晋侯獳卒。公如晋。《传》：公如晋。晋止公使送葬，诸侯莫在，鲁人辱之，故不书。讳之也。注：讳不书晋葬也，与吴盟见前。

为齐止为邾败 《僖十六·经》：公会齐侯、宋公、陈侯、卫侯、郑伯、许男、邢侯、曹伯于淮。《十七·经》：公至自会。《传》：淮之会，齐人止公。九月，公至。书曰"至自会，犹有诸侯之事焉。"且讳之也。注：耻见执，故托会以告庙。又《二十二·经》：及邾人战于升陉。《传》：我师败绩，邾人获公胄，县诸鱼门。注：深耻之，不言公，又不言师败绩。

盟不至会后期 《文十五·经》：诸侯盟于扈。《传》：凡诸侯会，公不与书，讳君恶也。与而不书，后也。注：不书，谓不国别序诸侯。《文七·经》：公会诸侯晋大夫盟于扈。《传》：公后至不书所会。凡会诸侯不书所会，后也。后至不书其国，辟不敏也。注：不书所会，谓不具列公侯及诸大夫。

《晋春秋》及《纪年》二书即《竹书》中之目，故句内"与"字是衍。详见"春秋家"及《申左》后注。

案昭十二年，齐纳北燕伯于阳。此句《经》文。"伯于阳"古本复此三字，今本并脱。者何？公子阳生也。【原注】《左传》曰："纳北燕伯款于唐。"杜注云："阳即唐、燕之别邑。"子曰：一多"齐之事"三字。"我乃知之矣。"在侧者曰："子苟知之，何以不革？"曰："如尔所不知何？"自《经》文已下至此，并《公羊传》文。夫如是，一有"则"字。夫子之修《春秋》，皆遵彼乖僻，习其讹谬，凡所编次，不加刊改者矣。何为其间则一褒一贬，时有弛张；或沿或革，曾无定体。其所未谕九也。

【按】此条驳《公羊》也。《惑经》何以驳《公羊》，以其有孔子语，故及之。

【注　释】

伯于阳公子阳生 《昭三·经》：北燕伯款出奔齐。《十二·经》：齐高偃帅师纳北燕伯于阳。《公羊传》：伯于阳者何？云云。注：断三字问之孔子。案《史记》知"公"误为"伯"，"子"误为"于"，"阳"在，"生"刊灭，阙。【按】《公羊》追创为例，谓犯父命出者夺其国，如哀二晋纳卫世子蒯聩于戚，而不言卫，是也。款非犯父命，不当言于阳。又谓小国出入不两书，如僖二十五，楚纳顿子于顿，其出奔不书，是也。北燕小国，不当两书，遂以"伯于阳"三字为误，而创为说曰："史不可革。"可谓臆说者矣。而托之孔子之语，夫岂其然？刘敞云："《公羊》谓孔子作《春秋》，用百二十国宝书，百二十国书，悉如是残缺乎？"

又书事之法，其理宜明，使读者求一家之废兴，则前后相会；讨一人之出入，则始末可寻。如定六年，书"郑灭许，以许男斯归"，而哀元年，书"许男与楚围蔡"。夫许既灭矣，君执家亡，能重列诸侯，举兵围国者，何哉？盖其间行事，必当有说。《经》既不书，《传》又阙载，谓定六、哀元之间，其于许事，必有阙文。缺略如此，寻绎难知。其所未谕十也。

【按】此条兼《经》《传》为说。

【注 释】

其间行事不书 郭评：《春秋二十国年表》：定六年，郑灭许以斯归，元公成立。是则斯虽执，许未亡也。哀元围蔡之许男，即元公成也。子玄失考。【按】《春秋》阙书，刘摘非过；《年表》之文，当取以补《经》《传》，不必驳刘。

案晋自鲁闵公已前，未通于上当作"宗"。国。至僖二年，灭下阳已降，渐见于《春秋》。盖始命行人自达于鲁也，而《琐语·春秋》载鲁国闵公时事，言之甚详。谓鲁事详于晋，亦在晋未见《春秋》前。斯则闻事必书，无假相赴者也。盖当时国史，它皆仿此。至于夫子所修也则不然。凡书异国，皆取来告。苟有所告，虽小必书；如无其告，虽大亦阙。故宋飞六鹢，王本作"鶂"。小事也，以有告而书之；晋灭三邦，大事也。【原注】谓灭耿、灭魏、灭霍也。以无告而阙之。用使巨细不均，繁省失中，比夫诸国史记，奚事独为疏阔？寻兹例之作也，盖因周礼旧法，鲁策成文。郭本自"比夫"至此二十八字，误作小注。夫子既撰不刊之书，为后王之则，岂可仍其过失，而不中规矩者一无"者"字。乎？其所未谕十一也。

盖君子以博闻多识为工，良史以实录直书为贵。而《春秋》记它国之事，必凭来者之辞；而来者所言多非其实。或兵败而不以败告，君弑而不以弑称，或宜以名而不以名，或应以氏而不以氏，或春崩而以夏闻，或秋葬而以冬赴。皆承其所说而书，遂使真伪莫分，是非相乱。其所未谕十二也。

【按】已上二条，皆就他国赴告说。亦是连类。◎通观十二未谕，除"陈乞、楚比"外，皆不能无疑。刘氏惑之，焉得为过？然滋之惑者，《传》实为之，注又附益之。刘氏护其子而谴其母，是为不知类耳。

【注释】

晋灭三邦 《左传·闵元》：晋侯作二军，公将上军，太子申生将下军。赵夙御戎，毕万为右，以灭耿、灭魏、灭霍。注：三国皆姬姓。

不以败告不以弑称 不以败告者，《左传·隐十一》：凡诸侯有命告则书，不然则否。虽及灭国，灭不告败，胜不告克，不书于策也。不以弑称者，即篇首齐、郑、楚弑君而以疾赴之事也。

宜名不名应氏不氏 不名如《隐七·传》：滕侯卒，不书名，未同盟也。又如《庄二十五·传》：陈女叔来聘，嘉之故不名。又如《宣十·经》：齐崔氏出奔卫。《传》言"非其罪也，且告以族，不以名"之类是也。不氏如《成十五·经》：宋杀其大夫山。注云：不书氏。《传》言"背其族"之类是也。

春崩夏闻秋葬冬赴 【按】句不过言赴闻逾期耳。"春、夏、秋、冬"字，不必拘泥。如《僖八·经》：十有二月丁未，天王崩。注云：实以前年闰月崩，以今年十二月丁未告。是即崩闻之不以时也。至诸侯书葬，则但有往会、不会、书、不书，葬缓、葬速、葬阙月之文。而赴不以时，竟无的考。

凡所未谕，其类尤作"犹"。多静言思之，莫究所以。岂"夫子之墙数仞，不得其门"者欤？将"某也幸，苟有过，人必知之"者欤？如其与夺，请谢不敏。

【按】此数语束上之文也，不应入正条之数。旧注有十三条字，非。

又世人以夫子固天攸一作"所"。纵，将圣多能。便谓所著《春秋》，善无不备。而审形者少，随声者多，相与雷同，莫之一作"知"。指实。权而为论，其虚美者有五焉。旧本此处连下，非。

【按】此是虚美总击。◎十二未谕，皆自出之疑。五虚美则撼旧说，以为翻案。未谕犹婉约其辞，而虚美则公然指斥。是直罔知忌惮矣！法当绝之，勿使并进者。

案古者国有史官，具列时事。观汲坟出"坟出"一作"冢所"。记，皆与鲁史符同。至如周之东迁，其说稍备；隐、桓已上，难得而详。此之一作"其"。烦省，皆与《春秋》不别。又"获君曰止""诛臣曰刺""杀其大夫曰杀"一脱"杀"字。"执我行人""郑弃其师""陨石于宋五"。【原注】其事并出《竹书纪年》，唯"郑弃师"出《琐语·晋春秋》也。【按】"纪年"二字恐误，今其书无此文也。诸如此句，多是古史全文。则知夫子之所修者，但因其成事，就加雕饰，仍旧而已，有何力哉？加以史策有阙文，时月有失次，皆存而不正，无所用心，斯又不可一多"能而"二字。殚说矣。一无"矣"字。而太史公云：夫子"为《春秋》，笔则笔，削则削，游、一作"子"。夏之徒，不能赞一辞。"其虚美一也。

【按】此条撼"太史公书"为谈柄。书有笔、削之言，遂寻出《冢》书同文，及存而不正，以为翻案。

【注释】

曰止曰刺曰杀 《隐十一·传》：与郑人战于狐壤，止焉。又《僖十七·传》：齐人以为讨而止公。注：内讳执皆曰止。《成十六·经》：刺公子偃。注：鲁杀大夫皆言刺，取周礼三刺之法。又《公羊·僖二十八》传曰：内讳杀大夫谓之刺也，外杀曰杀，多不胜举。

执行人 《昭二十三·经》：晋人执我行人叔孙婼。注：执行人，讥晋执使人。

郑弃师 《闵二·经》：郑弃其师。《传》：郑人恶高克，使帅师次于河上，久而不召。师溃。高克奔陈。注：克状其事以告鲁也。

"笔、削"四句 语见《孔子世家》。

又案宋襄公执滕子而诬之以得罪，楚灵王弑郏敖而赴之以疾亡。《春秋》皆承告而书，曾无变革。是则无辜者反加以罪，有罪者得隐其辜。求诸劝戒，其义安在？而左丘明论《春秋》之义云：一作"也"。"或求名而不得，或欲盖而名一作"弥"。彰"，"善人劝焉，淫人惧焉"。其虚美二也。

【按】此条撼《左氏黑肱传》为谈柄。《传》有劝惧之言，遂寻出诬罪赴亡、承告无革，以为翻案。

【注释】

执滕子 《僖十九·经》：宋人执滕子婴齐。注：例在成十五年。《成十五·传》：凡君不道于其民，诸侯讨而执之，则曰"某人执某侯"。按此言罪在被执者。而《僖传》云：一会而虐二国之君，则所罪实在执者也。时宋襄又执鄫子，故曰二国。

弑郑敖 见篇首。

又案旧脱"案"字。《春秋》之所书，本以褒贬为主。故《国语》晋司马侯对其君悼公曰："以其善行，以其恶戒，可谓德义矣。"公曰："孰能？"对曰："羊舌肸习于《春秋》。"至于董狐书法疑当作"弑"。而不隐，宣二。南史执简而累进，襄二十五。又宁殖出君，而卒自忧名在策书。故知当时史臣，各怀直笔，斯则有犯必死，书法无舍者矣。自夫子之修《春秋》也，盖他邦之篡贼其君者有三，【原注】谓齐、郑、楚，已解于上。本国之弑或作"杀"，非。逐其君者有七，一作"五"。【原注】隐、闵、般、恶、视五君被弑，昭、哀二主被逐也。【按】有七作有五者，是视不得当君，哀出非逐，且在《经》后也。莫不缺而靡录，使其有逃名者。而孟子云："孔子成《春秋》，乱臣贼子惧。"无乃乌有之谈欤？其虚美三也。

【按】此条摭孟子"乱贼惧"之言为谈柄。因寻出弑、逐缺录，使有逃名，以为翻案。

【注释】

晋司马侯 《晋语》：悼公与司马侯升堂而望曰："乐夫？"对曰："临下之乐则乐矣，德义之乐则未也。"公曰："何谓德义？"对曰："诸侯之为，日在君侧。"云云。又见《六家春秋章》。

宁殖出君 《襄十四·经》：卫侯出奔齐。注：不书逐君之贼，从告。《传》：卫献公戒孙文子宁惠子食，皆服而朝。日旰不召，而射鸿于圃。二子怒。

孙文子曰:"弗先,必死。"遂行。从近关出,公使子蟜、子伯、子皮盟。孙子皆杀之。公出奔齐。又《二十·传》:宁惠子疾,召悼子曰:"吾得罪于君,悔而无及也。"名藏在诸侯之策。曰:"孙林父宁殖出其君,若能掩之,则吾子也。"

又案《春秋》之文,虽有成例,或事同书异,理殊画一讹作"书"。一。故太史公曰:"孔氏《史记》作"子"。著《春秋》,隐、桓之间则彰,至定、哀之际则微,为其切当世之文,而罔此二字一本倒,一本"罔"作"亡"。褒《史记》多"忌"字。讳之辞也。"斯则危行言逊,吐刚茹柔,推避以求全,依违以免祸。而孟子云:"孔子曰:'知我者其惟《春秋》乎,罪我者其惟《春秋》乎。'"其虚美四也。

【按】此条两撅论《春秋》之成语为谈柄。而假迁言以翻孟案也,其意以为辞微则非任罪者。

【注释】

孔氏著春秋五句 《史记·匈奴传》赞之文。

又一脱"又"字。案赵穿杀君,而称宣子之弑;江乙亡布,而称令尹所盗。此则春秋之世,有识之士莫不微婉其辞,隐晦其说。斯盖当时之恒事,习俗所常行。而班一脱"班"字。固云:"仲尼殁而微言绝。"观微言之作,岂独宣父者邪?其虚美五矣。一作"也"。

【按】此条谈柄,强扯《汉书》"微言"二字,以当《左氏》婉晦之旨。遂举晋、楚两事证其未绝,谬甚矣!况两事并与婉晦不伦,似此翻案,尤成诡辩。

【注释】

江乙 《列女传》:江乙为郢大夫。有入王宫盗者,令尹以罪乙绌之。无何,乙母亡布,言于王曰:"令尹盗之。"王曰:"令尹不知。"母曰:"昔妾子为盗坐绌,妾子亦岂知之哉!然终坐之。令尹独何为而不以是?"王其察之。

微言绝 《汉书·艺文志·序》:昔仲尼没而微言绝,七十子丧而大义乖。【按】语本刘歆《移让太常博士书》。

考兹众美,征其本源,良由达者相承,儒教传授,既欲神其事,故谈过其实。语曰:"众善之,必察焉。"一本"之""焉"二字互转。孟子曰:"尧、舜不胜其美,桀、纣不胜其恶。"寻世之言《春秋》者,得非睹众善而不察,同尧、舜之多美者乎?一误作"云"。

【按】此十余句,专束五虚美。悖辞也。

【注释】

孟子语 见《风俗通》。注见《疑古》篇。

昔王充设一作"说"。论,有《问孔》之篇,虽《论语》群言,多见指摘,而《春秋》杂义,曾未发明。是用广彼一讹作"破"。旧疑,增其新觉。将来学者,幸为详之。

【按】此数语总结全篇,与前节俱不入条数。◎夫子曰:"述而不作。"孟子曰:"孔子惧,作《春秋》。"不揣蠢愚,窃奉子言为信。《春秋》者,据鲁史之文直书之。虽孟子云作,恐亦得之传闻也。愚又窃以修正诸经之说,出自《列御寇》,孔安国述之,而浸盛于七纬家言,以为有删有定,今一一考之,皆未见其然。夫子惟大《易》有《传》,推明观象观变之方,而亦非有所作也。夫子所以功在万世者,当是之时,群言争鸣,圣道堙塞。夫子于百千咙杂之中,表举六籍,以授七十子之徒,诸不在此科者,屏不使进,由是学者,得不歧其所往,而《经》由此正,统由此一焉。夫子举而表授之,即先王之六籍皆一圣人之六籍矣,固不必删之定之而后为功也。夫子之教,具之《论语》,于《易》曰"学",于《诗》《书》曰"雅言",于《礼》曰"执"曰"约",于《乐》曰"知"曰"闻"。独有乐正一语,亦止整次诗篇。至于《春秋》,且靡有言焉。故又曰:"盖有不知而作之者,我无是也。"然则诸言"作云、作云"者,其后起之腾说欤。◎又思之,《论语》之言史者亦有二,曰"文胜质则史",曰"吾犹及史之阙文也"。玩此二言,则《春秋》之不轻改作益明。

【注释】

问孔 王充《论衡》凡三十卷,其第九卷篇曰"问孔",其言甚悖。

申左 第五

郭本序与文作两片,最合。诸本横分,皆非。

古之人言《春秋》三传者多矣。战国之世,其事罕闻。当前汉当有

"之初"二字。专用《公羊》，宣皇已降，《穀梁》又立于学。至成帝世，刘歆始重《左氏》，而竟一作"书"。不列学官。【释】首原三传行世，独《左氏》最后。大抵自古重两传而轻《左氏》者，固非一家，美《左氏》而讥一作"议"。两传者，亦非一族。互相攻击，各用一作"自"。朋党，嗤 眰旧作"笼聒"，或作"眰笼"，并讹。纷竞，是非莫分。然则儒者之学；苟以专精为主，止旧作"至"，误。于治章句，通训释，斯则可矣。一作"也"。至一脱"至"字。于论大体，举宏纲，则言罕兼统，理无要害。故使今古疑一作"凝"。滞，莫得而申者焉。【释】次述论者之低昂，以引下文。必扬榷而论之，言传者固当以《左氏》为首。【释】此句揭出本指。但自古学《左氏》者，一无"者"字。谈之又不得其情。如贾逵撰《左氏长义》，称在秦者为刘氏，乃汉室所宜推先。但取悦当时，殊无足采。又案桓谭《新论》曰："《左氏》传于《经》，犹衣之表里。"而《东观汉记》陈元奏云："光武兴立《左氏》，而桓谭、卫宏并共诋一作"毁"。訾，故中道而废。"班固《艺文志》云：丘明与孔子观鲁史记而作《春秋》，有所贬损，事形于《传》，惧罹时难，故隐其书。一有"为"字。末世口说流行，遂有《公羊》《穀梁》《邹氏》《夹氏》诸传。而于《固集》，复有难《左氏》九条三评等科。【释】自"但自古"至此，证举诸家评论纷竞如此。夫以一家之言，一人之说，而参差相背，前后不同，斯又或讹"文"。不足观也。【释】缴过评《左》诸说。夫解难者，以理为本，如理有所阙，欲令有识心伏，不亦难乎？今聊次其所一无"所"字。疑，列之于后。【释】结到《申左》本旨。

【按】此是总序。

【注 释】

唬䜌 《蜀都赋》：喧哗鼎沸，则唬䜌宇宙。善注：管子曰："杂处则其言嚨。"说文曰："䜌，欢言也。"

《左氏长义》 《隋书·经籍志》：《春秋左氏长义》二十卷，后汉侍中贾逵章句。又本传：肃宗特好《左氏传》，诏逵出左氏大义长于二传者。逵摘出三十事。又云：五经皆无证图谶明刘氏为尧后者，而《左氏》独有明文。

在秦为刘氏 【按】《左传·文十三》：士会自秦归于晋，秦人归其帑，其处者为刘氏。《汉书·高纪赞》：晋史蔡墨言，陶唐氏既衰，其后有刘累，学扰龙，事孔甲。范氏其后也。范氏为晋士师，奔秦归晋，其处者为刘氏，战国时获于魏。秦灭魏，迁大梁，都于丰。由是推之，汉承尧运，德祚已盛。

陈元 《后汉书》本传：元，字长孙，父钦，习《左氏春秋》。元少传父业，为之训诂。建武初，议欲立《左氏传》，元诣阙上疏曰："建立《左氏》，解释积结，天下幸甚。"下其议，诸儒欢哗，《左氏》复废。

盖《左氏》之义有三长，而二传之义有五短。【释】二句提。案《春秋》昭一有"公"字。二年：韩宣子来聘，观书于太史氏，见《鲁春秋》，曰："周礼尽在鲁矣。吾乃今知周公之德与周之所以王也。"然当有"则"字。《春秋》之作，始自姬旦，成于仲尼。丘明之《传》，所有笔削及发凡例，皆得周典。【原注】杜预《释例》云：《公羊》《穀梁》之论《春秋》，皆因事以起问，因问以辨义。义之□者，曲以通□。无他，凡例也。左丘明则□周礼以为本，诸称凡以发例者，皆周公之旧制者也。【按】此条缺三字，诸本皆随文连下，或妄填别字。今并作方空格，后仿此。传孔子教，故能成不刊之书，著将来之法。其长一也。【释】一长。据韩宣聘语，原本周礼立说。又案哀三年，鲁司铎火，南宫敬叔命周人出御书，句下并收"子服景伯命宰人出礼书"

十字，文义方足。今脱。其时于鲁文籍最备。丘明既躬为太史，博总群书，至如梼杌、纪年之流，《郑书》《晋志》之类，凡此诸籍，莫不毕睹。其《传》广包它国，每事皆详。其长二也。【释】二长。据鲁备文籍史官广见立说。《论语》子曰："左丘明耻之，某亦耻之。"夫以同圣之才，而膺授经之托，加以达者七十，弟子三千，远自四方，同在一国，于是上询夫子，下访其徒，凡所采摭，实广闻见。其长三也。【释】三长。据圣人称许亲从膺授立说。如穀梁、公羊者，生于异国，长自后来，语地则与鲁产旧误作"史"。相违，论时则与宣尼不接。安得以传闻之说，与亲见者争先者一无"者"字。乎？譬犹近世，汉之太史，晋之著作，撰成国典，时号正书。旧误作"言"。既而《先贤》《耆旧》【原注】谓《楚国先贤传》《汝南先贤行状》《益部耆旧传》《襄阳耆旧传》等书。《语林》《世说》，竞造异端，强书它事。夫以传自委巷，而将册府恐当"用此"二字。旧作"班马"，无涉。抗衡；访诸古老，而与同时此二字旧作"子孙"，更谬。此皆版本模糊，后人妄填之过。并列，斯则难矣。彼二传之方《左氏》，亦奚异于此哉？其短一也。【释】一短。以高、赤之生时地不如《左氏》为言。【按】本节正与三长鸒括相对。《左氏》述臧哀伯谏桓纳鼎，周内史美其谠言；王子朝告于诸侯，闵马父嘉其此二字疑是"加之"二字之讹。辨说。凡如此类，其数实多。斯盖当时发言，形于翰墨；立名不朽，播于他邦。而丘明仍其本语，就加编次。亦犹近代《史记》载乐毅、李斯之文，《汉书》录一脱"录"字。晁错、贾生之笔。寻其实也，岂是子长藁一作"笔"。削，孟坚雌黄所构者哉？观二传所载，有异于此。其录人言也，语乃龃龉，一作"龌龊"。文皆璅碎。夫如是者，何哉？盖彼得史官之简书，此传流俗之口说。故使隆促各异，丰俭不同。其短二也。【释】二短。以二传载语，得之传闻，不如《左氏》所载。有内史马父赞评为可征信。寻《左氏》载诸大夫词令、行人应答，其文典而美，其语博而奥，【原注】如僖伯谏君观鱼，富辰谏王纳狄，王孙劳楚而论九鼎，季札观乐而谈国风，其所援引，皆据礼经之类是也。述远古则委曲如存，【原注】如郑子聘鲁，言少昊以鸟名官；季孙行父称舜举八元、八凯，魏绛答晋悼公，引《虞人之箴》；子革讽楚灵王，诵《祈招之诗》。其事明白，非是厚诬之类是也。征近代则循环可复：【原注】如吕相绝秦，述两国世隙；声子班荆，称楚材晋用；晋士渥浊谏杀荀林父，说文公败楚于城濮，有忧色；子服景伯谓吴云，楚围宋，易子而食，析骸而爨，犹无城下之盟；祝佗称践土盟晋重耳，鲁申蔡甲午之类，是也。必料其功用厚薄，指意一作"措思"。深浅，谅非经营草创，出自一时，琢磨润色，独成一手。斯盖当时国史，已有成文，丘明但编而次之，配经称传而行旧作"已"。也。如二传者，记言载事，失彼菁华；寻源讨本，取诸胸臆。夫自我作故，无所准绳，故理甚迂僻，言多鄙野，比诸《左氏》，不可同年。其短三也【释】三短。以二传载文出自胸臆，不如《左氏》有源有委。◎已上二节，用意略同。历历相衡，比前已辟出议论矣。犹未征事举义也。案二传虽以释《经》为主，其缺漏不可殚论。如《经》云"楚子麇卒"，此四字旧止一字，又误作"薨"。而《左传》云"公子围所杀"。昭元。及公、穀旧止作"公羊"，非。作《传》。重一作"不"，非。述《经》文，无所发明，依违而已。其短四也。【释】四短。拈出事实，以确稽局见为衡。见二传考事之疏略。《汉书》载成方遂诈称戾太子，至于阙下。隽不疑曰："昔卫蒯聩得罪于先君，将入国，太子辄拒而不纳，与《汉书》句稍异。《春秋》是之。"遂命执以属吏。霍光由是始重儒学。案隽生所引，乃《公羊》正文。如《论语》冉有曰："夫子为卫君乎？"子贡曰："夫子不为也。"何则？父子争国，枭獍为曹，礼法不容，名教同嫉。而《公羊》释义，反以卫辄为贤，是违夫子之教，失圣人之旨，奖进恶徒，疑误后学。其短五也。【释】五短。拈出义例，以后人用《公羊》决事为说。见二传研义之不精。若以彼三长，校兹五短，胜负之理，此下有阙文，当补曰，断然可知。【释】此四句是缴上语。必执二传之文，唯取依《经》此上皆阙文，今补。为主。而于内则为国隐恶，于外则承赴而书，求其本事，大半失实，已于《疑当作惑。经》篇载之详矣。【释】此层引下。寻斯义之作也，盖是周礼之故事，鲁国之遗文，夫子因而修之，亦存旧制而已。至于实录，付之丘明，用使善恶毕一作"必"。彰，真伪尽露。向使孔《经》独用，《左传》不作，则当代行事，安得而详者哉？盖语曰：仲尼修《春秋》，逆臣贼子惧。又曰：《春秋》之义也，欲盖而彰，求名而亡，善人劝焉，淫人惧焉。寻原本此下有"《春秋》所书实乖此义而"九字，肆笔拂《经》，且自害志，削之乃无语病。《左传》所录，无愧斯言。此则传之与经，其犹一体，废一不可，相须而成。如谓不然，则何者称为劝戒者哉？【原注】杜预《释例》曰：凡诸侯无加民之恶，而称人以贬，皆时之赴告，欲重其罪，以加民为辞。国史承□以书于策，而简牍之记具存。夫子因示虚实，故《左传》随实而著本状，以明其得失也，案杜氏此释，实得《经》《传》之情者也。儒者苟讥左氏作《传》，多叙《经》外别事。如楚、郑与齐三国之贼弑，一脱"弑"字。隐、桓、昭、哀通《经》后之《传》为言，然"哀"字终属假借，或误作"襄"，益非。四君之篡逐。其外则承告如彼，其内则隐讳如此。若无左氏立传，其事无由获知。然设使世人习《春秋》而唯取两传也，则当其时二百四十年行事，茫然阙如，俾后来学者兀一作"代"。成聋瞽者矣。【释】自寻斯义至此，申透三传之中，当专用《左》之故也。局至此截。且当秦、汉之世，《左氏》未行，遂使《五经》、杂史、百家诸子，其言河汉，无所遵凭。【释】此又是提笔，更摭他书合二传博勘，以相证明，总见功高于彼。◎下分记事、记时二证。故其记事也：当晋景行霸，公室方强，而云屠岸旧误作"韩氏"。攻赵，有程婴、杵臼之事；【原注】

出《史记·赵世家》。鲁侯御宋，得俊乘丘，而云庄公败绩，有马惊流矢之祸；【按】出《檀弓》。原注失，今补。楚、晋相遇，唯在郯役，而云二国交战，置师于两棠；一讹"堂"。【原注】出贾谊《新书》。子罕相国，宋睦于晋，而云晋将伐宋，觇旧衍"其"字。哭于阳门；旧衍"介夫乃止"四字。【原注】出《礼记》。鲁师灭项，晋止僖公，而云项实旧衍"齐"字，桓旧衍"所"字。灭。《春秋》为贤者讳，【原注】出《公羊传》。襄年再盟，君臣和叶，而云诸侯失政，传作"正"。大夫皆执国权，【原注】出《穀梁传》。【释】已上六项征记事。其记时也：盖秦缪居春秋之始，而云其女为荆平旧作"昭"，误。夫人；【原注】出《列女传》。韩、魏处战国之时，而云其君陪楚庄旧衍"王"字。葬马；【原注】出《史记·滑稽传》。《列子》书论尼父，而云生在郑穆公之一无"之"字，下同。年；【原注】出刘向《七略》。旧作《七录》，非。扁鹊医疗虢公，而云时当赵简子之日；【原注】出《史记·扁鹊传》。栾书仕于周子，而云以晋文如猎，犯颜直言；【原注】出刘向《新序》。荀息死于奚齐，而云观晋灵作台，累棋申诫。【原注】出刘向《说苑》。【释】已上六项征记时。◎通记事、记时二扇，扇各六条，皆两两属对。其中衍字，法在必除，非任意裁削也，顺文读去自知。论章法，此处当先著四语骡括记事之清谓，与下四句配，今缺。或以先为后，或以后为先，日月颠倒，上下翻覆。此四句只骡括记时之清讹，可悟上片之缺。古来君子，曾无所疑。及《左传》既行，而其失自显。语其弘益，不亦多乎？而世之学者，犹未之悟。所谓忘我大德，日用而不知者焉。【释】推《左氏》为功之博至此。缴如二传之简约，焉能逮此乎？◎以下总对二传作束。然自丘明之后，迄于一作"及"。魏灭，年将千祀，其书浸废。至晋太康年中，汲冢获书，全同《左氏》。【原注】汲冢所得书，寻亦亡逸，今唯《纪年》《琐语》《师春》在焉。案《纪年》《琐语》载春秋时事，多与《左氏》同。《师春》多载春秋时筮者縣辞，将《左氏》相校，遂无一字差舛。故束皙云："若使此书出于汉世，刘歆不作五原太守矣。"于是挚虞、束皙引其义以相明，王接、荀顗疑当作"勖"。取其文以相证，杜预申以注释，【原注】注谓注解，释谓释例。干宝藉为师范。一讹作"晋纪"。【原注】事具干宝《晋纪·叙例》中。由是世称实录，不复言非，其书渐行，物无异议。【释】然自丘明至此，原《左传》久晦而得显。故孔子曰：吾志在《春秋》，行在《孝经》。于是授《春秋》于丘明，授《孝经》于曾子。《史记》云：孔子西观周室，论史记旧闻，次《春秋》。七十子之徒口授其传旨，有或作"所"。刺讥褒讳之文，不可以书见也。鲁君子左丘明，惧弟子人各异端，失其真意，故因孔氏史记，具论其语，成《左氏春秋》。《史记》文，在《十二诸侯年表》，但与集中史公不见《左传》之说，不相照顾。夫学者苟能征此二说，以考三传，亦足以定是非，明真伪者矣。何必亲汲冢而后信者乎？从一作"以"。此而言，则三传之优劣见矣。【释】末引孔语迁文，仍归到圣人传授作结。

【按】局内两层，前专后广，所征年事详明，大致皆与二传对勘。故申左者，申左于高、赤，非申左于圣经也，莫误会。◎伦莫大于君臣父子，祸莫大于子臣弑夺。《史通》此处最吃紧。故三国贼君而以疾赴，则诘之再三；卫辄拒父而以国据，则衷之《论语》。是持世大闲。◎"寻斯义之作"一段，谓左承圣嘱藏显互彰，则左之功，孔实总之矣。再观"故孔子曰"一段，举出授受证据，归到功由孔《经》，则向之惑，今悉解之矣。此知《申左》一篇，是《惑经》回向文，并是忏悔文。◎是书讹句脱文羡字，《外篇》较多，如此篇其尤也。评家、训家居然点句，罔出疑情，几于没文理懵字数者，可异哉！

【注 释】

司铎火 《哀三年》：司铎火，火逾公宫，桓、僖灾。救火者皆曰："顾府。"南宫敬叔至，命周人出御书，俟于宫。子服景伯至，命宰人出礼书，以待命。

授经之托 《后汉书·陈元传》：议立《左氏疏》曰："丘明至贤，亲受孔子。《公羊》《穀梁》，传闻于后世。"

周内史 《桓二年》：去郜大鼎于宋，纳于太庙，非礼也。臧哀伯谏云云。周内史闻之曰："臧孙达其有后于鲁乎？君违，不忘谏之以德。"

闵马父 《昭二十二》：王子朝作乱。《二十六》：王子朝奔楚，使告于诸侯云云。闵马父闻子朝之文辞，曰："文辞以行礼也。无礼，文辞何为？"

自我作故 《外传·鲁语》：哀姜至，公使大夫宗妇觌用币。宗人夏父展曰："非故也。"公曰："君作故。"韦注：言君所作，则为故事。【按】此"故"字所本。集中此语屡见，有作"古"者，传讹也。于最后句补注之。

《公》《穀》依违 《左传·昭元·经》：楚子麇卒。《传》：楚公子围闻王有疾，入问疾，缢而弑之，葬王于郏，谓之郏敖。《公》《穀》经：楚子卷卒，俱无传，不见弑杀之文，故曰依违也。二传注：卷音权，《左传》作麇。

成方遂 《汉书·隽不疑传》：不疑，字曼倩。始元五年，有一男子，乘黄犊车，建黄旐，衣黄襜褕，著黄冒，诣北阙，自谓卫太子。诏杂识视，京兆尹不疑叱收缚，曰"昔蒯聩"云云。廷尉验治，竟得奸诈，本姓成，名方遂，居湖，以卜筮为事。有故太子舍人，尝从卜，谓曰："子状似卫太子。"方遂心利其言，即诈自称。坐要斩。

隽引《公羊》 《公羊·哀二》：辄者曷为者也？蒯聩之子也。辄之义可以立乎？曰："可。"不以父命辞王父命，以王父命辞父命，是父之行乎子也。不以家事辞王事，以王事辞家事，是上之行乎下也。【按】其义与夫子"不为""必也正名"相违反。

其言河汉 《庄子·逍遥游》：吾闻言于接舆，吾惊怖其言，犹河汉而无极也。

晋霸、屠岸 此言国未失霸，不应有权臣擅功事也。《宣十二》：晋荀林父帅师及楚战于邲，败绩，归请死。士贞子曰："林父，社稷之卫也。其败何损？"晋候使复其位。杜注：言晋景所以不失霸。【按】是岁，晋景公三年也。《史记·赵世家》：晋景公之三年，大夫屠岸贾不请而擅攻赵氏于下宫，杀赵朔，灭其族。朔妻成公姊，走公宫，生男。贾闻之，索于宫中，不得，程婴、公孙杵臼谋匿赵孤。

鲁俊马惊 此言战方获俊，不应有马惊败绩事也。《庄十》：齐师、宋师次于郎。公子偃曰："宋师不整，蒙皋比而先犯之。"公从之，大败宋师于乘丘。齐师乃还。又《十二·传》：凡师得俊曰克。《檀弓》：鲁庄公及宋人战于乘丘县，贡父御，马惊败绩，遂死之。国人浴马，有流矢在白肉。

遇邲、两棠 此就邲战一事而言。见书地多讹也。遇邲即前宣十二年晋、楚战事。杜注：邲，郑地。【按】今开封府郑州东有地名邲城是。《新书·先醒》篇：昔楚庄王即位，自静三年，以讲得失。宋、郑无道，庄王围宋伐郑。郑伯肉袒牵羊，奉簪而戏国。庄王曰："非利之也。"弗受，乃南与晋人战于两棠，大克晋人。【按】地或有两名者，但晋郑在北，乃反云南，失之远矣。

睦晋、觇哭 此据弭兵修睦之文，见觇伐非情也。《襄二十七》：宋向戌善于赵文子，又善于令尹子文，欲弭诸侯之兵以为名，如晋告赵孟韩宣子曰："兵，民之残也。将或弭之，必许之。"【按】是时宋子罕方为司城。《礼记·檀弓》：阳门之介夫死，司城子罕入而哭之哀。晋人之觇宋者，反报于平侯曰："民悦，殆不可伐也。"

灭项、为讳 此则鲁灭、齐灭之异其文。《僖十六》：会于淮。《十七》：灭项。淮之会，公有诸侯之事未归而取项，齐人以为讨而止公。《公羊传》：孰灭之？齐灭之曷为不言齐灭之，为桓公讳也。春秋为贤者讳，此灭人之国何贤尔？君子之恶恶也疾始，善善也乐终。桓公尝有继绝存亡之功，故君子为之讳也。

再盟、失政 此则继霸失政之歧其说。《襄三》：夏盟于长樗。又：单顷公及诸侯盟于鸡泽。陈成公使袁侨如会，诸侯之大夫及陈袁侨盟，陈请服也。【按】时则晋悼方继霸为盟主。《穀梁传》：诸侯盟又大夫相与私盟，是大夫张也。故鸡泽之会，诸侯始失正矣。大夫执国权。

秦穆、荆平 此言一前一后，年不相及。《僖十三》：晋乞籴于秦。《十五》：晋侯与秦伯战于韩原。《文三》：秦伯伐晋，遂霸西戎。用孟明也。【按】秦穆见《春秋》鲁僖、文之交。《列女传》：伯嬴者，秦穆公之女，楚平王之夫人，昭王之母也。昭王时吴入郢。王亡，吴尽妻其后宫。伯嬴持刀曰："诸侯外淫者绝，卿大夫放，士庶人宫割，妾以死守。欲为乐而妾死，何益？"吴王惭，遂退舍。【按】秦女即楚平为太子建取而自取者。事去秦穆时逾百年矣。

韩魏、楚庄 此言一后一前，事不相及。【按】《左传》尽鲁悼之四年，其文云："知伯贪而愎，韩魏反而丧之。"是先事究言之文。《滑稽传》：优孟者，故楚之乐人也。楚庄王有所爱马死，欲以大夫礼葬之。优孟曰："薄！请以人君礼葬之。齐、赵陪位于前，韩、魏翼卫其后。"裴骃注：楚庄时，未有韩、魏、赵三国。

列子、郑穆 此言列生于尼父后，称郑穆年，非也。《哀十六》：夏四月己丑，孔某卒。注：鲁襄公二十二年至今七十三也。《列子·天瑞》篇：孔子见荣启期行乎郕之野，鹿裘带索，鼓琴而歌。又有仲尼名篇，盖其书举孔子者非一。《刘向·诸子略》：所校列子《定著》八篇皆杀青书。列子者，郑人也，与郑缪公同时，盖有道者也。【按】《左传》：穆公有疾，刘兰而卒。在宣三年，又五十五年，始有孔子。岂书称孔子者，人反在前乎？

虢公、简子 此言虢亡于赵简前，活太子事妄也。《僖五》：晋侯复假道于虞以伐虢。十二月丙子朔，晋灭虢。《春秋诸国兴废说》：虞、虢纪不录，俱早亡。《扁鹊传》：赵简子疾，五日不知人。召扁鹊，扁鹊入视病。出曰："血脉治也。"居二日半，简子寤。其后过虢，虢太子死。扁鹊曰："臣能生之。"虢君闻之，出曰："幸而举之。"扁鹊厉针砥石以取外三阳五会，太子苏。【按】简子，赵鞅也，春秋定哀间人。于时虢亡久矣。

栾书、晋文　此言本国后世之臣，误移前世也。《成四》：晋栾书将中军。《六年》：栾书救郑侵蔡。楚救蔡。赵同、赵括欲战，请于武子。注：武子，栾书。【按】在晋景年。《新序·杂事》：晋文公逐麋而失之，问于农夫老古。老古曰："一不意人君如此也。君放不归，人将君之。"文公恐，归遇栾武子。武子曰："猎得兽乎？"曰："得善言。"曰："取人之善而弃其身，盗也。"文公还，载老古与俱归。【按】文公，景公之祖。

荀息、晋灵　此言本国前代之臣，误移后代也。《僖九》：晋献公使荀息傅奚齐，及公卒，里克杀奚齐于次，又杀公子卓于朝。荀息死之。《文选·西征赋》注：《说苑》云："晋灵公造九层之台。孙息上书求见曰：'臣能累十二博棋加九鸡子其上。'公曰：'危哉。'息曰：'复有危于此者。'公即坏九层之台。"【按】孙息即荀息，避宣帝讳改孙也。【又按】今本《说苑》无此条。史云：知几子既著《续说苑》，广向所遗，而刊落怪妄，今岂其刊本邪？又曾巩序更有不全之说，见《杂说》下注。《晋世家》：灵公，献公曾孙。

汲冢书　见《春秋家》。又《晋书·束晳传》：太康二年，汲郡人不准盗发魏襄王墓，或言安釐王冢，得竹书数十车，其《纪年》十三篇，纪夏以来至周幽王为犬戎所灭以事接之。三家分□，仍述魏事，至安釐王之二十年，盖魏国之史书。大略与《春秋》皆多相应，其中经、传大异。则云夏年多殷。益干启位，启杀之。太甲杀伊尹。文丁杀季历。自周受命至穆王百年，非穆王寿百年也。幽王既亡，有共伯和者，摄行天子事，非二相共和也。其《易经》二篇与《周易》上、下经同，

《易繇》阴、阳卦二篇与《周易》略同。《繇辞》则异，卦下《易经》一篇，似说卦而异。《公孙段》二篇、《公孙段与邵涉论〈易〉〈国语〉》三篇，言楚、晋事。《□名》三篇，似《礼记》又似《尔雅》《论语》。《师春》一篇，书《左传》诸卜筮，"师春"似是造书者姓名也。《琐语》十一篇，诸国卜梦妖怪相书也。《梁丘藏》一篇，先叙魏之世数，次言丘藏金玉事。《缴书》二篇，论弋射法。《生封》一篇，帝王所封。《大历》二篇，邹子谈天类也。《穆天子传》五篇，言周穆游行四海，见帝台西王母。《图诗》一篇，画赞之属也。又《杂书》十九篇，周食田法，《周书》论楚事，周穆王美人盛姬死。大凡七十五篇，七篇简书拆坏，不识名题。冢中又得铜剑一枚，长二尺五寸，漆书科斗字。初发冢者，烧策照取宝物，及官收之，多烬简断札，文既残缺，不复诠次。武帝取其书，付秘书校缀次第，寻考指归，而以今文写之，晰在著作，得观《竹书》，随疑分释，皆有义证。

刘歆作五原守《楚元王传》：歆以为左丘明亲见夫子，而《公羊》《穀梁》在七十子后传闻之，与亲见详略不同，欲建立《左氏春秋》。哀帝令与五经博士讲论，博士不肯置对，歆移书让之，诸儒皆怨讪。歆惧诛，求出补吏，乃守五原。

王接荀顗《晋书·王接传》：接，字祖游。时秘书丞卫恒，考正《汲冢书》未讫，束皙述而成之。陈留王庭坚难之。散骑潘滔谓接曰："卿足解二子之纷。"接遂详其得失，挚虞谢衡，皆博物多闻，咸以为允当。又《荀勖传》：勖，字公曾，汉司空爽孙也。时得《汲冢》中古文竹书，诏勖撰次之，以为《中经》。【按】《荀顗传》中无《汲冢书》语。

志在春秋四句《公羊》何序：昔者孔子有云："吾志在《春秋》，行在《孝经》。"【疏】案《孝经·钩命决》云："孔子在庶，德无所施，功无所就，志在"云云。【又疏】《孝经说》云：孔子曰："《春秋》属商，《孝经》属参。"《困学纪闻》：《中庸》郑注云："大经《春秋》也，大本《孝经》也。"泥于纬书，其说疏矣。

卷十五

点烦 第六

烦或作繁,文内并同。小序一,正条十四。

夫史之烦文,已于《叙事》篇言之详矣。旧有"然凡俗难晓,下愚不移"九字,可厌,宜削。虽七《叙事》篇在六卷,疑当作"六"。卷成言,而三隅莫反。盖语曰:"百闻不如一见。"是以聚米为谷,贼虏之虚实此二字一止作"居"字。可知;画地成图,山川之形势一少"势"字。易悉。【释】揭出丹黄点示之象。昔陶隐居《本草》,药有冷热味者,朱墨点其名;阮孝绪《七录》,书有文德殿者,丹笔写其字。由是区分有别,品类可知。【释】援出成式可仿。今辄拟其事,钞自古史传文有烦者,皆以笔点其烦一无"烦"字。上。【原注】其点用朱粉、雌黄并得。凡字经点者,尽宜去之。如其间有文句亏缺者,细书侧注于其右。【原注】其侧书亦用朱粉、雌黄等,如正行用粉,则侧注者用朱黄,以此为别。或回易数字,或加足片言,俾分布得所,弥缝无阙。庶观者易悟,其失自彰。知一作

"如"。我撼实而谈,非是一作"是非"。苟诬前哲。【释】结明所以钞明点示之意。

【按】河东云:"参之太史以著其洁,洁非瘦削之谓也。"刘子则以削为宗。然当六朝涂泽之余,从未有此辣手刮世眼者,故是韩、柳辈前驱也。可惜传刻失真,点去文留,譬眺古者,空凭废迹而已。

【注 释】

聚米为谷 《后汉书·马援传》:援,字文渊,屯田上林苑中。帝自西征隗嚣,至漆,召援。援于帝前聚米为山谷,指尽形势,开示众军所从道迳,往来分析曲折,昭然可晓。帝曰:"虏在吾目中矣。"

画地为图 《汉书·张汤传》:汤子安世,安世长子千秋与霍光子禹随击乌丸,还谒大将军光,问战阙方略,山川形势。千秋口对兵事,画地成图,无所忘失。禹不能记,曰:"皆有文书。"光由是叹曰:"霍氏世衰,张氏兴矣。"

《孔子家语》曰:鲁公索氏将祭而忘其牲。孔子闻之,曰:"公索氏不及二年一有"必亡"二字。矣。"一年而亡。门人问曰:"昔公索氏亡其祭牲,而夫子曰'不及二年必亡'。今果如期而亡,夫子何以知然?"

右除二十四字。

【按】篇内加除标数,旧作小书系本条大书之下,兹缘增有小注及摘辩语,因移置次行,亚一格,大书,除上加右字。◎标数必不免有差误,点失无考,惜哉!

《家语》曰：晋将伐宋，使觇之。宋阳门之介夫死，司城子罕哭之哀。觇者反，言于晋侯曰："宋阳门之介夫死，而郭无"而"字。司城子罕哭之哀。民咸悦矣，宋殆未可伐也。"

右除二十一字，加三字。"加"一作"移"。

【按】此条亦见《檀弓》。○点烦，本点史笔之烦而首之以《家语》二条者，盖假前古复叠文法启示其端，随手涉笔偶及之，非有所定主也。已下大概皆就《史记》点之，亦是随笔所至。

《史记·五帝本纪》曰：诸侯之史无"之"字。朝觐者，不之丹朱而之舜；百姓之史无此三字。狱讼者，不之丹朱而之舜；讴歌者皆古本有"皆"字，史内无"皆"字。不讴歌此二字一作"之"字。【按】一作"之"字者，当是除前"狱讼"句内"不之"等七字并入此一句中，故加"皆"字以该之。则其下"讴歌"二字，亦当作"之"字也。丹朱而讴歌舜。已上《尧纪》。舜年二十以孝闻，三十而帝尧问可用者云云。舜年二十以孝闻，年旧脱"年"字。三十，"舜年"以下等字，古本有，俗本削。尧举之。已上《舜纪》。

右除二十九字，加七字。

【按】文内如"百姓之"三字及"之"字"皆"字等，即细书侧注之所加也，传写者溷入之。今转嫌溷而存者遗落不全耳。又节内有空格者，以意起例，别断文也。如"讴歌舜"之下，则《尧》《舜》二纪分章处，用者云云之下，则《舜纪》中间节句处也。凡此类后皆仿是。○舜年三十复出之文见《舜纪》篇尾，刘所点除，正在于此。古本有之，而郭本削之，点安所施？北平本反从郭本，未之思耳。

《夏本纪》曰：禹之父曰鲧，鲧之父曰帝颛顼，颛顼之父曰昌意，昌意之父曰黄帝。禹者，黄帝之玄孙，而帝"帝"字照史补。颛顼之孙也。禹之曾大父旧衍"曰"字。昌意及父鲧皆不得在帝位，为人臣。

右除五十七字，加五字。除数太多，恐有误。

【按】《颛顼纪》中，已具云黄帝是颛顼祖矣。此篇下云：禹是颛顼孙，则其上下得更言黄帝之玄孙。既上云昌意及鲧不得在帝位，则于下文不当复云为人臣，今就于朱点之中，复有此重复，造次笔削，庸可尽乎？

【按】此上四行，旧本与除加标数连下，今离列之似较清画也。

《项羽本纪》曰：项籍者，下相人也，字羽。初"初"字照史补。起时，年二十四。其季父项梁，梁父即"即"字照史补。楚将项燕，为秦将王翦所杀史作"戮"。者也。项氏世世史有"为"字。楚将，封于项，故姓项氏。

右除三十二字，加二十四字，厘革其次序。

【按】此条皆《史记》原文，不见有加字处。盖其所云，细书、侧注者，已尽失之矣。抑恐此条所钞，亦当不止于此。若止此三行，亦安得有三十余字之除革乎？况文内殊少烦复，异于他所摘者，亦安所庸其除革乎？更恐此条原本全失，但存"项羽本纪"四字，后人聊写篇头数语以当之耳。

《吕后郭误作"氏"。本纪》曰：吕太后者，高祖微时妃也，生孝惠帝、史有"女"字。鲁元公主。及高祖为汉王，得定陶戚姬，爱幸，生赵隐王如意。高祖嫌史无此三字。孝惠为人仁弱，高祖以为不类我，常欲废太子，立戚姬子如意，如意郭脱"如意"二字。类我。又史无"又"字。戚姬幸，常独史无"独"字。从上之关东，日夜啼泣，欲立其子如意以史无此三字。代太子。吕后年长，常留守，希见上，益疏。如意立为赵王后，几代太子者数矣。赖大臣诤史作"争"。之，及留侯策，太子得无废。【原注】此事见《高》《惠》二纪及诸王、叔孙通、张良等传，过为重叠矣。今又见于《吕后纪》，固可略而不言。◎刘意盖谓并可不点矣。而史既有之，姑就其文点之。

右除七十五字，加十字。据文止加八字。

【按】此除、加一行，旧亦与前注并写，今照例离立。

【按】文亦多"高祖嫌""又独如意以"等字，欲去烦而烦转滋矣，故知皆侧注所加之文也。而点则失之，盖见加不见除也。

《宋世家》曰：初，元公之孙纠，景公杀之。史无此十字，皆细书阑入者。景公卒，纠之此二字史作"宋"。公据上易"纠之"字，则此"公"字亦宜省。子特攻杀太子而自立，是为昭公。昭公者，此下史有"元公之曾庶孙也昭公"九字。父公孙纠，纠父公子郭脱此二字。褍秦，史叠"褍秦"二字。即元公少子也。景公杀昭公父纠，故昭公怨，杀太子而自立。据节首所加，则自

"昭公者"以下，大半皆在所点除也。

右除三十六字，加十三字。据文止加十二字。

【按】诸条间有加字阑入处，而无除去原文之文。独此失"元公曾庶孙"等九字，必是朱黄所点，点或稍重，侵入字里，传写者遂遗去之。实亦应留受点者也。

《三王世家》曰：大司马臣去病昧死再拜上疏皇帝陛下："陛下过听，使臣去病待罪行间，宜专边塞之思虑，暴骸中野无以报，乃敢惟他议以干用事者。诚见陛下忧劳天下，哀怜百姓以自忘，亏膳贬乐，损郎员。皇子赖天，能胜衣趋拜，至今无号位、师傅官。陛下恭让不恤，群臣私望，不敢越职而言。臣窃不胜犬马之史无"之"字，下同。心，昧死愿陛下诏有司，因盛夏吉时定皇子位。惟陛下幸察。臣去病昧死再拜以闻皇帝陛下。"三月乙亥，御史臣光守尚书令奏未央宫。郭脱"宫"字。制曰："下御史。"六年三月戊申朔乙亥，御史臣光守郭脱"守"字。尚书令、丞非，下御史书到，言："丞相臣青翟、御史大夫臣汤、太常臣充、大行令臣息、太子少傅臣安行宗正事昧死上言：大司马臣去病上疏曰：'陛下过听，使臣去病待罪行间，宜专边塞之思虑，暴骸中野无以报，乃敢惟他议以干用事者。诚见陛下忧劳天下，哀怜百姓以自忘，亏膳贬乐，损郎员。皇子赖天，能胜衣趋拜，至今无号位、师傅官。陛下恭让不恤，群臣私望，不敢越职而言。臣窃不胜犬马之心，昧死愿陛下诏有司，因盛夏吉时定皇子位。惟陛下幸察。'制曰'下御史'。臣谨谨字照史补。与中二千石、二千石叠三字照史补。臣贺等议，曰：史无"曰"字。古者裂地立国，并建诸侯，以承天子，所以尊宗庙重社稷也。今臣去病上疏，不忘其职，因以宣恩，乃道天子卑让自贬，以劳天下，虑皇子未有号位。臣青翟、臣汤等，宜奉义遵职，愚蠢史作"憧"，音、义同。不逮事。方今盛夏吉时，臣青翟、臣汤等郭本此上脱二十二字。昧死请立皇子臣闳、臣旦、臣胥为诸侯王。昧死请所立国名。"

右除一百八十四字，加一字。据文加三字。

已上有言语相重者，今略点废如此。但此一篇所记全宜削除。今辄具列于斯，籍为鉴戒者尔。凡为史者，国有诏诰，十分不当取其一焉。句意过当，有误。故汉元帝诏曰："盖闻安民之道，本由阴阳。间者阴阳错谬，风雨不时。朕之不德，庶几群公有敢言朕之过者。今则不然，偷合苟从，未肯极言，朕甚悯焉。永惟蒸庶之饥寒，远离父母妻子，劳于非业之作，卫于不居之宫，恐非所以佐阴阳之道也。其罢甘泉、建章宫卫士，各令就农。百官各省费，条奏毋有所讳。有司勉之。毋犯四时之禁。丞相、御史举天下明阴阳灾异者各三人。"及荀悦撰《汉记》，略其文曰："朕惟众庶之饥寒，远离父母妻子，劳于非业之作，卫于不居之宫。其罢甘泉、建章宫卫士，各令就农。丞相、御史举天下明阴阳灾异者各三人。"自余钞撮，他皆仿此。近则天朝诸撰史者，凡有制诰，一字不遗，唯去诏首称"门下"，诏尾去诸本作"云"，误。"主者施行"而已。时武承嗣监修国史，见之大怒，谓史官曰："公辈是何人，而敢辄减诏书！"自是史官写诏书，虽门下赞诏亦录。后予闻此说，每嗢噱或做"唱叹"，或做"唱噱"，并误。而已。必以《三王世家》相比，其烦碎则又甚于斯。是知史官之愚，其来尚矣。今之作者，何独笑武承嗣而已哉！

【按】已上一段，是引例语，亦系另文。旧本混作正条，谬甚。今刊置之。

【按】御史叙录霍疏，大似近代公移，每转行一番，必全叙一番。所以然者，一以免钝胥之摘句失当也，一以防奸吏之舞文售欺也。乃若垂为史法，安可不知所裁？

《魏公子传》曰：高祖始微少时，数闻公子贤。及即天子位，每过大梁，常祠公子。高祖十二年，从击黥布还，为公子置守冢五家，世世岁以四时奉祠公子。太史公曰：吾过大梁之墟，求问其所谓夷门，以征信陵君故事。说者云：当战国之时，史无"以征"以下十五字。夷门者，城之东门也。天下诸公子亦有喜照史改，旧误作"嘉"。士者矣，然而信陵君之接岩穴隐者，不耻下交。名冠诸侯，有以也。此七字，史作"有以也，名冠诸侯不虚耳"。高祖每过之，奉祠二字照史刊正，郭、王本并倒。不绝也。旧脱"也"字。

右除十五字，加二十字。加数亦不合。

【按】此条亦见加不见除之一证。◎传赞加字反觉退味。此其手笔落时处，攻者顾莫之察，要是此书败端也，愚不敢蔽。

《鲁仲连传》曰：仲连好奇伟倜史作"俶"，音、义同。傥之画，史有"策"字。而不肯仕官王讹作"宦"。任职，好持高节。游于赵。赵照史叠"赵"字。孝成王时，而秦王使白起破赵长平之军前后四十余万。秦史有"兵"字。遂东围邯郸。赵王恐，诸侯之救兵莫敢击秦军。"军"

字照史补,亦作"兵"。魏安釐王使将军晋鄙救赵,畏秦,止于荡阴,不进。魏王使客将军新垣衍间入邯郸,因平原君谓赵王曰:"秦所为或作"以"。急围赵者,前与齐湣史衍,下同。王争强为帝。已而复归帝号,史无"号"字。今齐湣王已益弱,方或脱"方"字。今惟秦雄天下,此非必贪邯郸,其意欲复求为帝。赵诚发使尊秦昭史衍。王为帝,秦必喜,罢兵王衍"而"字。去。"平原君犹豫未有所决。此时鲁史有"仲"字,下同。连适游赵,会秦围赵。闻魏将欲令赵尊秦为帝,乃见平原君曰:"事将奈何?"平原君曰:"胜也何敢言事!前亡四十万之众于外,今又内围邯郸而不能"能"字照史补。去。魏王使客将军新垣衍令赵帝秦,今其人在此,史作"是"。胜也何敢言事!"鲁连曰:"吾始以君为天下之贤公子也,吾乃今然后知君非天下之贤公子也。梁客新垣衍安在?吾请史作"且"。为君责而归之。"平原君曰:"胜请为绍介而见之于先生。"平原君遂见新垣衍曰:"东国有鲁连先生者,今其人在此,胜请为绍介,而交之于将军。"新垣衍曰:"吾闻鲁连先生,齐史有"国"字。之高士也。衍,人臣也,使事有职,吾不愿见鲁连先生。"平原君曰:"胜史有"既"字。已泄之矣。"新垣衍许诺。鲁仲连见新垣衍而无言。新垣衍曰:"吾视居此围城之中者,"者"字照史补。皆有求平原君者也。今吾观先生之玉貌,非有所求于平原君者也,曷为一脱"为"字,史又有"久"字。居此重围"重围",史作"围城"。之中而不去?"鲁连云云。"梁未睹秦称帝之害故耳。此二字一作"也"。使梁睹秦称帝之害,则必助赵矣。"新垣衍曰:"秦称帝之害奈何?"鲁连曰:云云。"吾将使秦王烹醢梁王。"新垣衍怏然不悦曰:"嘻!史作"噫嘻"。亦太一脱"太"字。甚矣,先生之言也!先生又乌一作"焉"。能使秦王烹醢梁王!"鲁连曰:"固也,误作"矣"。吾将言之"云云。依例当有"云云"字,旧脱。"今秦万乘之国也,梁亦万乘之国也。俱据万乘之国,交史作"各"。有称王之名,睹其一战而胜,欲从而帝之"云云。于是新垣衍起,再拜旧多"而"字。谢曰:"始以先生为庸人,吾乃今日知先生为天下之士也"云云。"云云"字亦旧脱。适会魏公子无忌夺晋鄙军以救赵,击秦军,秦军旧脱"秦军"二字。遂引而去。于是平原君欲封鲁连,鲁连照史叠"鲁连"二字,诸本脱。辞谢者三,此四字史作"辞让使者三"。终不肯受。平原君乃置旧讹"致"。酒,酒酣,起前,以千金为鲁连寿云云。

右除二百七十五字,加七字。"二百"一作"三百"。

《屈原贾生二字旧脱。传》曰:依例当有"曰"字,今补。汉有贾生,为长沙王太傅,过湘水,投书以吊屈原。贾生名谊,洛阳人也。云云。二字亦依例补。谪"谪"字史作"乃以"二字。贾生为长沙王太傅。贾生既辞往,史有"行"字。闻长沙卑湿,自以为史无"为"字。寿不得长。又以谪去,意不自得。及渡湘水,为赋以吊屈原,其词曰云云。贾生为长沙史有"王太"二字。傅三年,有鸮飞入贾生舍,止于坐隅。楚人命鸮曰鹏。贾生既以谪居长沙,长沙一脱"长沙"叠字。卑湿,自恐"恐"字史作"以为"二字。寿不得长,伤悼之,乃为赋以自广。其词曰云云。怀王骑,堕马而死,无后。贾生自伤为傅二字脱,照史补。无状,哭泣二字脱,照史补。岁余,亦死,时年三十三旧讹"二"。矣。

右除七十六字,加三字。

《扁鹊仓公传》曰:太仓公者,齐太仓长,临淄人也,姓淳于氏,一脱"氏"字。名意。少而喜医方术。高后八年,更受师同郡元里公乘阳庆。庆年七十余，无子，使意尽去其故方，更悉以禁方与之，传黄帝、扁鹊之脉书，五色诊病，知人死生，决嫌疑，定可治，及药论甚精。受之三年，为人治病，决死生"决嫌疑"以下六句，古本有，俗削。多验云云。二字亦依例补。诏召"召"字照史补。问所为治病死生验者几何人？主名为谁？诏问故太仓长臣意方伎所长，及所能治病者，"者"字照史补。有其书无有？皆安受学？受学几何岁？尝有所验，何县里人也？何病，医药已，讹作"与"，照史改。其病之状皆何如？具一作"其"。悉而一作"以"。对。臣意对曰：自意少时喜医药史叠"医药"二字。方，试之多不验者。至高皇"皇"字史脱。后八年，旧多"中"字。得见师临淄元里公乘阳庆。庆诸本"庆"字作"已"字。年七十余，意得见事之。谓意曰："尽去而方书，非是也。庆有古先道遗传黄帝、扁鹊之脉书。五色诊病，知人死生，决嫌疑，定可治，及药论"论"字补。书甚精。我家给富，心爱公，欲尽以我禁方书悉教公。"臣意即曰："幸甚，非意之所敢望也。"臣意即避席再拜，谒受其脉书上下经、五色诊、奇史音"羁"。咳术、揆度阴阳外变、药论、石神、接阴阳禁书，受读解验之，可一年。史有"所"字。明岁即验之，有验，"之有验"三字脱，照史补。然尚未精也。要事之三年所，即尝诸本脱"即"字，"尝"作"常"。以为人史有"治"字。诊病，决死生，有验，精良。今庆已死十年。史有"所"字。臣意年尽三年，二字脱，照史补。三十九岁一脱"岁"字。也。齐侍御"御"字脱，照史补。史成自言病头痛，"头痛"或误作"也"，或误作"邪"。臣意诊其脉，告曰："君之病恶，不可言也。"【原注】已下皆述一生医疗效验事。◎此十一字诸本皆与标数并写，愚意移作尾注为是。

右除二百九十五字。

【按】本节前段先有"决嫌疑"六句二十二字，亦由点重侵字而遗者，古本有之。须悟是篇诸所采摘，文愈复则点烦之意愈显，注家以为此废卷也，竟束史不详，孤负多矣。

《宋世家》初云"襄公嗣立"，一讹"位"，后详文义，当有"后"字，诸本脱。仍谓为宋襄公，不去"宋襄"一多"公"字，非。二字。《吴世家》云阖闾，《越世家》云勾践，每于其号上加"吴王""越王"字，句句未尝舍之。《孟尝君传》曰："冯公形容状貌甚辨。"案形容、状貌同是一说，而敷演重出，分为四言。凡如此流，不可胜载。其《十二诸侯表》曰："孔子次《春秋》""约其辞文，去其烦重。"又《屈原传》曰："其文约，其辞微。"观子长此言，实有深鉴。及自撰《史记》，榛芜若此，岂所谓非言之难，而行之难乎？

【按】此一节再就《史记》统摘之，以概其余。亦非点烦正条，故亦用亚一格之例。

《汉书·龚遂传》曰：上遣使者征遂，议曹王生请史作"愿"。从。功曹以为王生素诸本作"每"，照史改。嗜酒，亡节度，不可使。诸本作"从"，照史改。遂不听。"听"字史作"忍逆"二字。从至京师，王生日饮酒，不视太守。会遂引入宫，王生醉，从后呼曰："明府且止，愿有所白。"遂还问其故。王生曰："天子即问君何以治渤海，君不可有所郭脱"所"字。陈对，宜曰'皆圣主之德，非小臣之力也'。"遂受其言。既至前，上果问以治状，遂对如王生。史有"言"字。天子悦其有让，笑曰："君安得长者之言而称之？"遂因前曰："臣非知此，乃臣议曹教戒臣也。"云云。上以议曹王生为水衡丞。

右除八十四字。

《新晋书·袁宏传》曰：袁宏有逸才，文章绝美，曾为《咏史诗》，是其风情所寄。少孤贫，以运租自业。谢尚时镇牛渚，秋夜乘月，率尔与左右微服泛江。会宏在舫中讽其所作《咏史诗》，史无此六字，详下文有"即其咏史"句，不应此处先提，恐是美文。咏声既清会，"会"字照史补。词又藻丽，史作"拔"。遂驻听久之，遣问焉。答云："是袁临汝郎诵诗。"即其《咏史》之作也。尚倾诸本讹"顷"，照史改。率有胜致，即迎升舟，与之谈论，申旦不寐。自此名誉日茂云云。从桓温北伐，史作"征"。作《北征赋》，皆"皆"字照史补。其文之高者。尝与王珣、伏滔同在旧衍"桓"字。温坐，温令滔读其《北征赋》，至"闻所传于相传，云获麟于此或讹"北"。野；诞灵物以瑞德，奂授或讹"受"。体于虞者！疥尼父之恸泣，似实恸而非假；岂一性之足伤，乃致伤于天下"，其本至此便改韵。珣云："此赋方传千载，无容率尔。今于'天下'之后，诸本衍"便改"二字，不成语。移韵徒诸本讹"从"，照史改。事，然于写送之致，似为未尽。"滔云："得益写韵一句，或为小胜。"史有"温曰乡思益之"六字。宏应声答曰："感不绝于予心，愬流风而独写"云云。谢安尝赏其机对辩速，后安为扬州刺史，宏郭脱"宏"字。自吏部郎出为东阳郡，乃祖道于冶旧讹"治"。亭，时贤皆集。谢安欲卒迫试之，临别，执其手，顾郭讹"愿"。就左右，取诸本作"以"，照史改。一扇而授之曰："聊以赠行。"宏应声答曰："辄当奉扬仁风，慰彼黎庶。"观者无不叹服。史无此六字，而"叹"字下复重出，亦恐美文。时人叹其率或作"卒"。而能要焉。【原注】此事出檀道鸾《晋阳秋》及刘义庆《世说》。

右除一百一十四字,加十九字。

【按】节首云《新晋书》,注又云事出《檀》《刘》,盖是《新晋》采二书之语入史也。但文内两羡句,不类加字细书,亦决非彼书如此。更思之,亦即加字处,其下复句,乃其所点除也。

《十六国春秋》曰:郭瑀有女始笄,妙选良偶,有心于刘昞。遂别设一席于座前,谓诸弟子郭本作"子弟",非。凡在坐者皆瑀之及门也。曰:"吾有一女,年向成长,欲觅一快女婿。一作"聟",即古"婿"字。谁坐此席者,吾当婚或作"婿"。焉。昞遂奋衣来坐,神志湛《魏书》作"肃",不如"湛"字胜。然,曰:"向闻先生欲求快女聟,昞郭脱"昞"字。其人也。"

右除二十二字。文句不多,除数恐不到二十有余,必有误。

【按】此节文与《魏书·刘昞传》同。

【总按】《点烦》一篇,点既失传,靡从检核矣。然深心嗜古者,按切史篇,循文审校,亦自理绪可寻。诸家或未暇也,故讹漏尤多云。◎点烦所列,皆检章句最缭绕者,为条总十有四。而摘迁《史》者乃居其九,盖举正史,首部以发凡也。太史公杂取《国语》《世本》《国策》之群书而汇为一书,叠见复出,古趣自流。数墨寻行,大家弗屑,虽烦亦复何疵?然刘氏之前,论之者已振振有辞矣。班叔皮曰:"一人之身,文重思烦,故其书刊落不尽,尚有盈辞也。"观是书者,切磋究之,固不必为烦者病,亦不得谓点者苛。【补按】《史记》内所摘《三王世家》一节刘氏施点固允，而辨类却疏，何也？事系当日现件，安得预撰世家？其时汉初作诰录卷式一宗，可备礼书一款。当云"题目误尔"，何烦不烦之云。又张晏注：以为篇亡，褚补作也。

卷十六

杂说上 第七
二十五条

春秋 二条
旧本纪条，大书直下，然其中连断多舛，非原文也。今改用侧注。

案《春秋》之书弑也，称君，君无道；称臣，臣之罪。如齐之简公，未闻一脱"闻"字。失德，陈恒构逆，罪莫大焉。而哀十四年，书"齐人弑其君壬于舒州。"斯则贤君见抑，而贼臣是党，求诸旧例，理独有违。但此时绝笔获麟之后，弟子追书其事。岂由以索续组，不类将圣之能乎？何其乖剌之甚也。

【按】《论语》："陈恒弑其君，请讨之。"圣语森然斥弑者以名矣，而《春秋》乃书人。刘子摘之是也。

【注释】

称君称臣　《左传·宣四》：凡弑君称君，君无道也；称臣，臣之罪也。杜注：称君谓唯书君名，而称国以弑，言众所共绝也。称臣者，谓书弑者之名以示来世，终为不义。改杀称弑，辟其恶名，取有渐也。

齐人弑　《哀十四续》：六月，齐人弑其君壬于舒州。《传》：齐简公之在鲁也，阚止有宠焉。及即位，使为政。陈成子惮之，骤顾诸朝。子我欲尽逐陈氏。成子兄弟四，乘如公。子我在幄，出。遂入，公与妇人饮酒于檀台。成子迁诸寝。子我归，陈氏追之，杀诸郭关。庚辰陈恒执公于舒州。甲午陈恒弑其君壬于舒州。孔某三日齐而请伐齐三。【按】子我即阚止。

案《春秋左氏传》释《经》云：灭而不有其地，曰入，如入陈，入卫，入郑，入许，即其义也。至柏举之役，子常之败，庚辰吴入，独书以郢。夫诸侯列爵，并建国都，国谓楚，都谓郢。唯取国名，不称都号。何为郢之见入，遗其楚名，比于他例，一何乖踳！寻二传所载，谓《公》《穀》所载之《经》。皆云入楚，岂《左氏》之本，本亦谓《经》。独为谬欤？谬犹误也。

【按】此条纠《左》也。不以入《左传》条而以入《春秋》，何也？此事《左》经与《公》《穀》经不同，仍本经以为言也。"入楚""入郢"若此类续书，略去者何限？可砭心粗者。

【注释】

释经曰入　《左传·襄十三·经》：夏取邿。《传》：凡书"取"，言易也。用大师焉曰"灭"，弗地曰"入"。注：谓胜其国邑，不有其地。

入陈卫郑许 《左传·宣十一》：楚子入陈。《闵二》：狄入卫。《隐十》：宋人、卫人入郑。《隐十一》：公及齐侯、郑伯入许。

吴入书郢 《定四·左氏经》：庚辰吴入郢。《传》：吴从楚师及清发，败诸雍澨，五战及郢。庚辰吴入郢，以班处宫。

二传云入楚 《定四·公羊经》：庚辰吴入楚。《传》：曰入，易无楚也。易无楚者，坏宗庙，徙陈器，挞平王之墓。《穀梁经》：庚辰吴入楚。《传》：吴何以不称子？反夷狄也。其反夷狄奈何？君舍于君室，大夫舍于大夫室。

左氏传 二条

《左氏》之叙事也，述行师则簿领盈视，唬旧讹作"叱"。聒沸腾，论备火则区分在目，修饰峻整；言胜捷则收获都尽，记奔败则披靡横前；申盟誓则慷慨有余，称谲诈则欺诬可见；谈恩惠则煦如春日，纪严切则凛若秋霜；叙兴邦则滋味无量，陈亡国则凄凉可悯。或腴辞润简牍，或美句入咏歌，跌宕而不群，纵横而自得。若斯才者，殆将工侔造化，思涉鬼神，著述罕闻，古今一衍"之"字。卓绝。如二传之叙事也，榛芜溢句，疣赘满行，华多而少实，言拙而寡味。若必方于《左氏》也，非唯不可为鲁、卫之政，差肩雁行；亦有云泥路阻，君臣礼隔者矣。

【按】此亦《申左》之余也。《申左》多论载事之合离，此条乃论文字之工拙。◎衡二传太轩轾失平。

【注释】

唬聒 字本《蜀都赋》，详《申左》注。彼篇旧作"笔聒"，恒又作"叱聒"，并"唬聒"之讹也。

《左传》称仲尼曰:"鲍庄子之智不如葵,葵犹能卫其足。"夫有生而无识,有质而无性者,其唯草木乎?然自古设比兴,而以草木方人者,皆取其善恶薰莸,荣枯贞脆而已。必言其含灵畜智,隐身违祸,则无其义也。寻葵之向日倾心,本不卫足,由人睹其形似,强为立名。亦由作"犹"。今俗文士,谓鸟鸣为啼,花发为笑,花之与鸟,一有"又"字。安有啼笑之情哉?必人以无喜怒,不知哀乐,便云其智不如花,花犹善笑。其智不如鸟,鸟犹善啼,可谓之谠言者一无"者"字。哉?如"鲍庄子之智不如葵,葵犹能卫其足",即其例也。而《左氏》录夫子一时戏言,以为千载笃论。成微婉之深累,玷良直之高范,不其惜乎!

【按】旧评"谓葵犹卫足",似诗家兴趣,黏皮带骨则笨矣。知几此条诚不免是。◎知不如葵,舌端浮佻无关垂训。刘氏如曰此非圣人语,则入理矣。

【注释】

葵犹卫足《成十七》:齐庆克通于声孟子,与妇人蒙衣乘辇而入于闳。鲍牵见之,以告国武子。武子召庆克而谓之,夫人怒诉之。秋七月,刖鲍牵。仲尼曰:"鲍庄子之智不如葵,葵犹能卫其足。"

公羊传 二条

《公羊》云:"许世子止弑其君。""曷为加弑。讥子道之不尽也。"其次因言乐正子春之视疾,以明许世子之得罪。寻子春孝道,义感神明,固以"已"通。方驾曾、闵,连踪丁、兰。郭。巨。苟事亲不逮乐正,便以弑逆加名,斯亦一无"亦"字。拟失其流,责非其罪。盖公羊、乐正,俱出孔父门人,思欲更相引重,曲加谈述。所以乐正行事,无理辄书,无理者,拟不于伦之意。致使编次不伦,比喻非类,言之可为嗤怪也。

【按】弑与孝是善、恶两尽头处,故以拟失其伦怪之。

【注释】

许止弑《昭十九·公羊》:止进药而药杀,曷为加弑焉尔?讥子道之不尽也,乐正子春之视疾也,复加一饭则脱然愈,复损一饭则脱然愈;复加一衣则脱然愈,复损一衣则脱然愈。止进药而药杀。是以君子加弑焉尔?

丁、郭 黄《补注》《逸士传》:丁兰,河内人,少丧考妣,不及供养,乃刻木为亲形像,事之如生。《氏族笺释》:郭巨,林县人,至孝。生子三岁,母常减食与之。因谓妻曰:"贫乏分母之食。"盍埋此儿。及掘坑,得黄金一釜。

俱出门人《曝书亭考》:戴宏论《春秋》曰:"子夏传与公羊高。"梁武帝曰:"公羊禀西河之学。"孔颖达曰:"商授弟子公羊高。"郑康成曰:"乐正子春,曾子弟子。"【按】何休亦曰:"乐正子春,曾子弟子。以孝名闻。"

语曰:"彭蠡之滨,以鱼食犬。"斯则地之所富,物不称珍。案:齐密迩海隅,鳞介惟错,故上客食肉,中客食鱼,一脱"食肉中客"四字。斯即齐之旧俗也。然食鲂鲙鲤,诗人所贵,必施诸他国,是曰珍羞。如《公羊传》云:晋灵公使勇士杀赵盾,见其方食鱼飧。曰:"子为晋国重卿而食鱼飧,是子之俭也。吾不忍杀子。"盖公羊生自齐邦,不详晋物,以东土所贱,谓西州亦然。遂目彼嘉馔,呼为菲食,著之实录,以为格言,非唯与《左氏》有乖,亦于物理全爽者矣。

【按】土物贵贱，讵云一概，然辩亦稚矣，且又无谓。《史通》往往有此。若晋阳无竹之类。

【注释】

上客中客陈氏《罳圃蕙苏》：《列士传》曰：孟尝君食客三千，厨有三列：上客食肉，中客食鱼，下客食菜。

食鱼飧《宣六·公羊》：赵盾朝而出。灵公使勇士某者往杀之。勇士入其大门，则无人门焉者。入其闺，则无人闺焉者。上其堂，则无人焉。俯而窥其户，方食鱼飧。勇士曰："嘻，子为晋国重卿而食鱼飧，是子之俭也。君使我杀子，吾不忍杀子也。"

汲冢纪年 一条

语曰："传闻不如所见。"斯则史之所述，其谬已甚，况乃传写旧记，而违其本录者乎？至如虞、夏、商、周之《书》，《春秋》所记之说，可谓备矣。而《竹书纪年》出于晋代，学者始知后启杀益，太甲杀伊尹，文丁旧误作"王"，与《疑古》同。杀季历，共伯名和，此四字一本无，一本在"文丁"之上。郑桓公厉王之子。句有误，"厉王"疑本作"宣王"。则与经典所载，乖剌甚多。又《孟子》曰：晋谓春秋为乘。寻《汲冢琐语》，即乘之流邪？其《晋春秋》篇云："平公疾，梦朱罴窥屏。"《左氏》亦载斯事，而云"梦黄熊入门"。必欲舍传闻而取所见，则《左传》非而《晋》文一作"史"。实矣。谓《左》书晋事是他国传闻，而竹书《晋》文则出自本国也。呜呼！向若二书不出，学者为古所惑，则代成聋瞽，无由觉悟也。"呜呼"已下二十四字，王、张诸本多作细书，郭本作大书。详"呜呼"字非注体起法，姑从郭本。

【按】此亦《疑古》之余也。赘尾数语尤为害理。观本传，其子汇尝以《汲冢》诸书皆后人追修，非当时正史，特著外传以判之。意亦不直其父说与。○《杂说》中凡此类，皆出成卷书之前。盖其平日观书，随手籍记之所存也。若已作《疑古》篇，后岂复缀此耶？唐人遗集，芜章颣句，迭见错出，不自割弃。多似此。

【注释】

共伯名和　共和见《称谓》篇。《竹书纪年》：厉王十二年，王亡奔彘。十三年，王在彘，共伯和摄行天子事。二十六年，王陟于彘，周定公召穆公立太子靖为王。共伯和归其国。

郑桓厉王子　【按】《史记·郑世家》：郑桓公友者，周厉王少子，宣王庶弟也。宣王立二十二年友初封于郑，而《史通》之述纪年，亦作厉王子，则与旧典正同，不得云乖剌矣。今考《竹书纪年》：宣王二十二年，王锡王子多父命居洛。幽王二年，晋文侯同王子多父伐鄫，克之。乃居郑父之丘，是为郑桓公。八年，王锡司徒郑伯多父命云云。是《纪年》之书，王子在宣王之年，而名又不同，封又在幽王世，故刘氏与诸异闻连举，而以《纪年》之文为桓是宣子，然则厉字之本作宣字无疑也。

朱黑　内、外《传》黄能、黄熊事，已见《书事》篇。今朱黑事云在《晋春秋》。王《训故》：引琐语云：晋平公梦见赤黑而疾，使问子产。子产曰："昔共工之御曰浮游，既败于颛顼，自没于淮渊，其色赤，其状黑，祭颛顼、共工则瘳。"公如其言而疾间。【按】《晋春秋》即《琐语》中篇名，非二书也。见卷首"春秋家"。

史记　八条

夫编年叙事，混杂难辨；纪传成体，区别异观。昔读《太史公书》，每怪其所采多是《周书》谓《逸周书》。《国语》《世本》《战国策》之流。独未见《左氏内传》，故云。近见皇家所撰《晋史》，其所采亦多是短部小书，省功易阅者，若《语林》《世说》《搜神记》《幽明录》之类一作"徒"。是也！如曹、干两氏《纪》，孙、檀二《阳秋》，则皆不之取。故其中所载美事，遗略甚多。【原注】刘遗民、曹缵皆于檀氏《春秋》有传，至于今《晋书》，则了无其名。若以古方今，此处有脱字。当然诸本并脱"当然"二字。则知一有"太"字。史公亦同其失矣。斯则迁之所录，甚为肤浅，而班氏称其勤者，何哉？旧本此下连"孟坚又云"，非是。

【按】或疑此为八条之序，此中不应有序例也。知几服膺《左氏内传》，惜司马之未见，故首条及之。◎所云亦略见《采撰》篇。

【注释】

所采多小书 【按】《困学纪闻》亦取此条之说而申之以晁子止之语曰："晋史丛冗最甚。"【又按】《唐书·房乔传》亦云："史官多文咏之士，好采碎事，竞为艳体。"然则子玄之言，非无据也。

曹干孙檀 《隋书·经籍志》：《晋纪》十卷，晋前将军咨议曹嘉之撰。又：《晋纪》二十三卷，干宝撰，讫愍帝。又：《晋阳秋》三十二卷，讫哀帝，孙盛撰。又：《续晋阳秋》二十卷，宋永嘉太守檀道鸾撰。

称其勤 《司马迁传赞》：迁贯穿经传，驰骋古今，上下数千载间，斯以勤矣。

孟坚又云：刘向、扬雄博极群书，皆服一作"伏"。其善叙事。【释】本条皆论叙事法，起笔提醒。岂时无英秀，易为雄霸者乎？不然，何虚誉之甚也！旧本此处分条，非。《史记·邓通传》云："文旧脱"文"字。帝崩，景帝立。"向若但云景帝立，不言文帝崩，斯亦可知矣，何用兼书其事乎？【释】摘论叙事一。诸本此下分条，又非。又《仓公传》称其"传黄帝、扁鹊之脉书，五色诊病，知人死生，决嫌疑，定可治。"诏一脱"诏"字。召问其所长，对曰："传黄帝、扁鹊之脉书。"以下他文，尽同上说。夫上既有其事，下又载其言，言事虽殊，委曲何别？【释】摘论叙事又一。案迁之所述，多有此类，而刘、扬服其善叙事也，何哉？【释】恁转刘、扬。一本此处连下条，非。

【按】此亦简晦《点烦》余论。◎凡章节离立，各有定分。即如此条所言，皆属叙事，而首尾呼应，复有刘、扬句眼，其为片段，较然明白。诸本此断彼连，当开反合，皆所谓隙中观斗者也。

【注释】

向、雄皆服 《司马迁传赞》：刘向、扬雄博极群书，皆称迁有良史之材，服其善叙事理，辩而不华，质而不俚，其文直，其事核，不虚美，不隐恶，故谓之实录。

文帝崩，景帝立 《佞幸·邓通传》：文帝尝病痈，邓通尝为帝唶吮之。太子入问病，文帝使唶痈。唶痈而色难之。已而闻邓通尝为帝唶吮之，心惭，由此怨通矣。及文帝崩，景帝立，邓通免，家居。【按】此事连观太子已心怨之文，则知"文帝崩"三字可省。

太史公撰《孔子世家》，多采《论语》旧说。至《管晏列传》，则不取其本书。【原注】谓《管子》《晏子》也。以为时俗所有，故不复更载也。

案《论语》行于讲肆,列于学官,俗讹作"宫"。重加编勒,只觉烦费。如管、晏者,诸子杂家,经史外事,弃而不录,实杜异闻。夫以可除而不除,宜取而不取,以斯著述,未睹厥义。

【按】《论语》从何处节采,刘子能见其大?至史公之传管、晏,论其轶事,意固别有感也,是以史法绳之。毕竟刘言为正。

【注 释】
列于学官 《北平评》:作《史记》时,《论语》未尝行于讲肆,列于学官。【按】《汉书·艺文志》:古《论语》二十一篇,齐二十二篇,鲁二十篇。其总论云:汉兴有齐之鲁学,是则汉初师承讲授,固在坏宅发壁之前矣。即以《孔子世家》验之,所采略具。而如传首《伯夷》篇,亦屡述之,可见其不绝于时也。【再按】《唐书·薛放》云:汉时《论语》,首列学官,更当有据也。

昔孔子力可翘关,不以力称。何则?大圣之德,具美者众,不可以一介标末,此二字一作"末事"。持为百行端首也。至如达者七十,分以四科。而太史公述《儒林》,则不取游、夏之一无"之"字,下同。文学;著《循吏》,则不言冉、季之政事;至于《货殖》为传,独以子贡居先。掩恶扬善,既忘此义,成人之美,不其阙如?

【按】此段人多误会,细按之非怪《儒林》《循吏》之绌四贤,乃嗤子长之以《货殖》累端木也。盖为范、白、猗、卓之间,阑及圣门弟子而发。两层文势侧注,而先以德不称力比例引端,意可知已。◎后阅《王厚斋考史》,已得此解。

【注释】

孔子翘关 《列子·说符》：孔子之劲，能招国门之关，而不肯以力闻。《集韵》：招，祁尧切，音翘。举也。

货殖 【按】《史记·货殖列传》卷在六十九，次当末篇，亦意所羞称也。传本范蠡居首，子赣第二。《汉书》因之。

司马迁《自—无"自"字。序传》云：为太史七年，而遭李陵之祸，幽于缧绁。迺喟然而叹曰："是予之罪也，身亏不用矣。"自叙如此，何其略哉！夫云"遭李陵之祸，幽于缧绁"者，乍似同陵陷没，以一作"遂"。置于刑；又似为陵所间，一作"陷"。获罪于国。遂令读者难得而详。赖班固载其《与任安书》，书中具述被刑所以。倘无此录，何以克明其事者乎？

【按】子长以别简白罪由，惧史体之亵也。子玄即以报书攻自叙，诚史笔之率也。作书、读书，各自不苟学者两有所取法焉。◎"七年而遭"句，若刊云"七年而以讼李陵获罪"，则事由便明。

【注释】

与任安书 《汉书》迁本传：迁既被刑之后，为中书令，尊宠任职，故人益州刺史任安予迁书，责以古贤臣之义。迁报之云云。【按】本传皆采录《史公自序》，特于传末增此一篇，故《史通》表出之。

《汉书》载子长《与任少卿书》，历说自古述作，皆因患而起。末云："不韦迁蜀，世传《吕览》。"案吕氏之—少"之"字。修撰也，广招俊客，比迹春、陵，此项招客说下。"陵"一作"秋"，误。共集异闻，拟书《荀》《孟》，此句才说成书。思刊一字，购以千金，则当时宣布，为日久矣。岂以迁蜀之后，方始传乎？且必以身既流移，书方见重，则又非关作者本因发愤著书之义也。而辄引以自喻，岂其伦乎？若要多举故事，成其博学，何不云：虞卿穷愁，著书八篇？而曰"不韦迁蜀，世传《吕览》"，斯盖识有不该，思之未审耳。

【按】从发愤著书得间。此条开宋人说部家言。

【注释】

不韦 见《六家·春秋家》。

春、陵 谓春申、信陵也。班固《西都赋》：节慕原、尝，名亚春、陵。

虞卿 亦见"春秋家"。

昔春秋之时，齐有凤沙卫者，拒晋殿师，郭最称辱；伐鲁行唁，臧坚抉死。此阉官一作"宦"，《史记》《汉书》并作阉官。见鄙，其事尤著者也。而太史公《与任少卿书》，论自古刑余之人，为士君子所贱者，唯以弥子瑕为始，何浅近之甚邪？但凤沙出《左氏传》，汉代其书不行，故子长不之见也。夫博考前古，而舍兹不载。至于乘传车，探禹穴，亦何为者哉？

【按】此亦惜史公不见《左传》之一证。

【注释】

郭最 《左传·襄十八》：晋伐齐，入平阴，遂从齐师，凤沙卫连大车以塞队而殿。殖绰郭最曰："子殿国师，齐之辱也。子姑先乎？"乃代之殿。注：奋人殿师，所以为辱。

臧坚 《左传·襄十七》：齐高厚围臧纥于防，获臧坚。齐侯使夙沙卫唁之，且曰："无死。"坚稽首曰："拜命之辱，抑君赐不终，姑又使其刑臣礼于士。"以杙抉其伤而死。

《魏世家》太史公曰："说者皆曰魏以不用信陵君，故国削弱至于亡。余以为不然。天方令秦平海内，其业未成，魏虽得阿衡之徒，曷益乎？"【释】已上并《魏世家·赞语》。夫论成败者，固当以人事为主，必推命而言，则其理悖矣。【释】提四句起论。盖晋之获也，由夷吾之愎谏；秦之灭也，由胡亥之无道；周之季也，由幽王之惑褒姒；鲁之逐也，由稠父之违子家。【释】对败而言。历举败象为例，就举例中先征人事为言。然则败晋于韩，狐突已志其兆；亡秦者胡，始皇久铭其说；檿弧箕服，彰于宣、厉据《传》在宣王时。之年；征褰与襦，显自文、武旧作"成"。之世。恶名早著，天孽难逃。假使彼四君才若桓、文，德同汤、武，其若之何？【释】将气数纳入人事中。苟推此理而言，则亡国之君，他皆仿此，安得于魏无讥旧衍"责"字。者哉？【释】兜合《魏赞》。夫国之将亡也若斯，则其将兴也亦然。【释】翻转对征。盖妫后之为公子也。其筮曰：八世莫之与京。毕氏之为大夫也，其占曰：万名其后必大。姬宗之在水浒也，鹙鸰鸣于岐山；刘姓之在中阳也，蛟龙降于丰泽。斯皆瑞表于先，而福居其后。【释】征兴运则先征气数，与前局顺逆相乘。向若四君德不半古，才不逮人，终能坐登大宝，自致宸极矣乎？【释】推人事为气数主。必如一有"太"字。史公之议也，则亦当以其命有必至，理无可辞，不复嗟其智能，颂其神武者矣。夫推命而论兴灭，委运而忘褒贬，以之垂诫，不其一作"其不"。惑乎？

【释】至此，折到《魏赞》。自兹以后，作者著述，往往而然。如鱼豢《魏略议》、旧脱"议"字。虞世南《帝王论》，或叙辽东公孙之败，【原注】鱼豢《魏略议》曰：当青龙、景初之际，有彗星出于箕而上撤，是为扫除辽东而更置也。苟其如此，人不能违，则德教不设而淫滥首施，以取族灭，殆天意也。或述江左陈氏之亡，【原注】虞世南《帝王略论》曰：永定元年，有会稽人史溥为扬州从事，梦人着朱衣武冠，自天而下，手执金版，有文字。溥看之，有文曰："陈氏五主，三十四年。"谅知冥数，不独人事。其理并以命而言，可谓与子长同病者也。【释】末复引类作余波。

【按】不信禨祥，是知几识高处。胜《五行》《错误》诸篇。◎诸杂说中，当推此条为最。论既入理，文复成章，合作可诵。

【注释】

败晋于韩《左传·僖八》：晋侯改葬恭太子。狐突适下国，过太子。太子曰："夷吾无礼，余得请于帝矣，将以晋畀秦，七日新城西偏将有巫者而见焉。"遂不见。及期而往，告之曰："帝许我伐有罪矣，敝于韩。"又《十三》：晋荐饥，秦输粟于晋。《十四》：秦饥乞籴于晋，晋人弗与。庆郑曰："背施幸灾，民所弃也。弗听。"《十五》：秦伯伐晋。晋侯卜右，庆郑吉，弗使。战于韩原，晋戎马还泞而止。公号庆郑，庆郑曰："愎谏违卜，固败是求，又何逃焉？"

亡秦者胡《秦本纪》：燕人卢生使入海，还以鬼神事。因秦录图焉曰："亡秦者胡也。"裴注：郑康成曰："胡，胡亥，秦二世名也。"秦见图书，不知此为人名，反备北胡。

檿弧箕服 周宣王时童谣，《国语》文也，见《书事》篇。盖述褒姒祸周事。《史记·本纪》亦载之，其文略同。

征褰与襦 《昭二十五》：有鸲鹆来巢，书所无也。师已曰："异哉！吾闻文、武之世，童谣有之。"谣见《言语》篇。九月，公伐季氏。平子请以五乘亡，弗许。子家子曰："君其许之！政之自出久矣，隐民多取食焉，为之徒者众矣，日入愿作，君必悔之。"弗听。孟氏遂伐公徒。公孙于齐，次于阳州。【按】"文、武之世"，《史记》作"文、成之世"。贾逵注：鲁文公、成公也。但二公非接世者，宜以《左传》为正。

妫后莫京 《庄二十二》：陈公子完奔齐。齐侯使敬仲为卿。初，懿氏卜妻敬仲，其妻占之，曰："吉，是谓'凤凰于飞，和鸣锵锵，有妫之后，将育于姜。五世其昌，并于正卿。八世之后，莫之与京。'"

毕万必大 《闵元》：晋侯赐毕万魏以为大夫。卜偃曰："毕万之后必大。万，盈数也；魏，大名也；以是始赏，天启之矣。"初，毕万筮仕于晋，遇《屯》之《比》。辛廖占之，曰："吉。公侯之子孙，必复其始。"

水浒鸑鷟 《诗经·大雅》：率西水浒，至于岐下。《外传·周语》：周之兴也，鸑鷟鸣于岐山。

中阳蛟龙 《汉书·高祖纪》：高祖，沛丰邑中阳里人，父太公，母刘媪。刘媪尝息大泽之陂，梦与神遇，是时雷电晦冥，太公往视，则见蛟龙于其上，已而有身，遂产高祖。

《魏略议》 鱼豢《魏略》见《题目》篇。其曰《魏略议》者，犹《史》《汉》之论赞体也。旧本无"议"字，盖脱文也。【按】《三国》裴注亦有引《魏略议》之文。

《帝王论》 《唐书·艺文志》：虞世南《帝王略论》五卷。《宋中兴书目》：唐贞观间，太子中书舍人虞世南承诏撰。起太昊讫隋，凡帝王事迹，皆略纪载，假公子答问以考订云。

诸汉史 十条

《汉书·孝成纪·赞》曰："成帝善修容仪,升车正立,不内顾,不疾言,不亲指。临朝渊嘿,尊严若神,可谓穆穆天子之容貌矣。"已上皆赞语。又《五行志》曰:成帝好微行,选期门郎及私奴客一讹作"各"。十余人,皆白衣袒帻,自称富平侯家。或乘小车,御者在茵上,或皆一作"骏",非。骑,出入远至旁县。故谷永谏曰:陛下昼夜在路,独与小人相随。乱服共坐,混淆无别。此三句参用《疏》语,《志》内无。公卿百寮,不知陛下所在,积数年矣。一作"积有数年"。◎已上皆《志》文,见中上。由斯而言,则成帝鱼服嫚游,乌旧作"鸟"。集无度,虽外饰威重,而内肆轻薄,人君之望,不其缺如。观孟坚《纪》《志》所言,前后自相矛盾者矣。

【按】《赞》与《志》殊体,有婉辞,有实录,固不相妨。然尝因是有警焉,临朝所接,异彼私奴,色庄者流,时闻堕行。推之而让千乘者勃谿于豆羹,逃空谷者攫情于好爵,皆其类也。故君子慎之。

【注释】

鱼服 张衡《东京赋》:白龙鱼服,见困豫且。注:吴王欲从民饮。伍子胥曰:"昔白龙化为鱼,豫且射中其目。白龙不化,豫且不射。君今弃万乘之尊而从于民,臣恐有豫且之患。"

乌集 【按】《国策》有"乌集乌飞"之文,而此处则用"乌集"为合。荀悦《汉纪》:成帝鸿嘉二年,上好微行。谷永言"与小人晨夕相随,乌集醉饱吏民之家"。正指本事也。

观太史公之创表也，于帝王则叙其子孙，于公侯则纪其年月，列行萦纡以相属，编字戢舂而相排。虽燕、越万里，而于径寸之内，犬牙可接；虽昭穆九代，而于方尺一作"寸"。之中，雁行有叙。使读一衍"书"字。者阅文便睹，举目可详，此其所以为快也。【释】此统言之也。凡表皆然，不黏《史记》，独人表为无当耳。如班氏之《古今人表》者，唯以品藻贤愚，激扬善恶为务尔。既非国家递袭，禄位相承，而亦复界重行，狭书细字，比于他表，殆非其类欤！盖人列古今，本殊表限，必荟而不去，则宜以志名篇。始自上上，终于下下，并当明为标榜，显列科条，以种类为篇章，持优劣为次第。仍每于篇后云，右一脱"右"字。若干品，凡若干人。亦犹《地理志》肇述京华，末陈边塞；先列州郡，后言户口也。【释】所言体状，大似钟嵘书品。设言改为此格差胜，然亦假立之辞。

【按】《古今人表》之赘，而为酌以志名，例以地理，就格言格云尔，非质言也。如前者《载言》一篇及《书志》篇"人形""方言"等论，拈死句者胥失之。◎节首表体一段，与《表历》篇异议，彼按已论之。

自汉已降，作者多门，虽新书已行，而旧录仍在。必校其事，一有"则"字。可得而言。案刘氏初兴，书唯陆贾而已。子长述楚、汉之事，专据此书。譬夫行不由径，作"路"字用。出不由户，未之闻也。然观迁之所载，往往与旧不同。如郦生之初谒沛公，高祖之长歌鸿鹄，非唯文句有别，遂乃事理皆殊。【释】已上言陆书本迁史所据，然事语往往有不同者。又韩王名信者，而辄去"都"留"信"，"去都留信"，一作"去都字"。用使称其名姓，全与淮阴不别。班氏一准太史，曾无弛张，一作"书无更张"。静言思之,深所未了。【释】谓前所云云,从陆从马皆可。韩王信都,更不应承讹去"都"字也,然所言却非。

【按】班之袭马实多,有太因仍者,即如后条所论《司马迁传》可见已。至韩王信云云,乃子玄误,非孟坚误也,后注辩之。

【注 释】

由径由户 《列子·说符》:稽度皆明而不道也,譬之出不由门,行不从径也。"径"字作"路"字解。

郦生初谒 【按】《史记》本传:初叙沛公略地陈留郊,及郦生先属沛公骑士语。次叙沛公召生入谒,据床洗足,生长揖激沛公语。次叙沛公骂生竖儒,生责沛公倨见长者语。次乃叙沛公辍洗摄衣延坐事。至卷末,朱建附《传》之后,复取陆贾所叙郦生入谒事并载之,与前文迥别。同事异词,即于一卷中见之。

歌鸿鹄 《留侯世家》:上欲易太子,立戚夫人子赵王如意。上有不能致者四人,太子请以为客,从入朝,上乃大惊。四人为寿已毕趋去,上目送之,召戚夫人,指示四人者曰:"羽翼已成,难动矣。"戚夫人泣。上曰:"为我楚舞,吾为楚歌。"歌曰:"鸿鹄高飞,一举千里。羽翮已就,横绝四海。横绝四海,当可奈何!虽有矰缴,尚安所施!"《容斋三笔》:陆贾书当时事,多与史不合。师古屡辩之,《楚汉春秋》今不复见。【按】本条辩语阙。

韩王信 旧注:《归云集》:《汉书·功臣表》:留侯张良以韩申都下韩。师古注:韩申都即韩王信也。《楚汉春秋》作信都,古文信申通用。刘敞云:韩申都即韩申徒也。《张良传》云:以韩司徒下韩数城。《史记》作申徒者,司徒之声转也;申都者,又申徒之声转也。良下韩时,乃韩王成,非韩王信。师古注误。【按】师古一误,沿及《史通》。然敞言亦欠了了,详《史》《汉》《留侯世家传》《韩王信传》《功臣侯表》，或作韩申徒，或作韩司徒，或作韩申都，字虽转实一官，乃项梁授张良之官，与两韩王无干也。诸人迷本而盲猜，其失直钧。再韩王信当时直谓韩信，贾谊云："淮阴侯王楚，韩信王韩。"文且叠见，举封举名，转用之。此切据也。《滕灌传》可推而概已。【又按】《史记》凡其人以官封著者，即以其所著名篇，如萧相国、留侯、绛侯之属皆是。此在藏山之书原无不可，班氏奉诏勒为国史，既皆以名书。而万石君题，独留口号，亦失检也。至若郊祀之袭封禅，司马迁《货殖》等传之悉仍旧文，更非体矣。

司马迁之《叙传》也，始自初生，及平行历，事无巨细，莫不备陈，可谓审矣。而竟不书其字者，岂墨生所谓大忘一有"也"字。者乎？而班固仍其本传，了无损益，此又韩子所以致守株之说也。如固之为《迁传》也，其初一脱"初"字。宜云"迁字子长，冯翊阳夏人，其序曰"云云。至于事终，则言"其自叙如此"。此句传后本有之，因论铨叙全法，故兼及之。著述之体，不当如是耶？一本连下"马卿"条。

【按】此条与下二条，可分为三，可合为一。

【注　释】

大忘　墨生前已有此语。《鹖子》：文王问于鹖子："敢问人有大忘乎？"

马卿为《自叙传》，具在其集中。子长因录斯篇，即为列传，班氏仍旧，曾无改夺。一作"作"。寻一无"寻"字。固于《马扬传》末，皆云迁、雄之自叙如此。至于《相如》篇下，独无此言。盖止凭太史之书，未见文园之集，故使言无画一，其例不纯。

【按】合两条其序曰其自叙如此观之,可得纂状为文之体。庐陵碑版多用之。◎《困学纪闻》云:《史通》云"相如以自叙为传",今考之本传,未见其为自叙。意者相如集载本传,如贾谊《新书》末篇欤。伯厚似未见此节而云然。

【注释】

马卿自叙 更可取隋刘炫语参之。见《序传》篇注。

文园 《相如本传》:相如从上还,过宜春宫,奏赋以哀二世行失,其辞云云。拜为孝文园令。

《汉书·东方朔传》委琐一作"曲"。烦碎,不类诸篇。且不述其亡殁岁时及子孙继嗣,正与《司马相如》一脱此四字。《司马迁》《扬雄传》相类。寻其传体,必曼倩之自叙也。但班氏脱略,脱略者,谓脱去其"自叙如此"一句。故世莫之知。

【按】《东方传》之为自叙更无考,《序传》篇亦未之及。◎北平本讥"脱略亡殁"等语,以为见小,不考《洞冥记》者,噫!亦失考矣。《杂述》篇云:郭子横之《洞冥》,全构虚词,用惊愚俗。其书侃侃,顾意其为未见而小之邪!《史通》凡王乔、左慈辈,皆斥其不经,《洞冥》荒诞之尤者也。紫海丹浆,大雅不道。夏侯孝若序东方像赞曰:谈者以先生神交造化,灵为星辰。此又奇怪惚恍,不可备论者也。盖昔人扫弃久矣。

苏子卿父建，行事甚寡，韦玄成父贤，旧误作"孟"。德业稍多。《汉书》编苏氏之传，则先以苏建标名；列韦相之篇，疑唐本《汉书》以玄成名篇。则不以韦贤误"孟"。冠首，并其失也。

【按】此条所论，论篇题也。苏建子武，韦贤子玄成，并父子同传。而父之事简，子之事烦，二传亦同。如此则宜一例标题矣。今乃苏传以建名篇，韦传则以玄成名篇，传同例异，故为此论。◎或笑之曰：子未见《汉书》耶！《汉书》明是韦贤传，子何据而言若是？曰据《史通》是节也。节之文曰：苏传以建标名，韦篇不以贤冠首。故知题是玄成也。古人诗集文集篇题，一本作某一本作某者，不可悉数，《史》传何独无之？唐代未行版本，随手写录，流传各异。子玄适见是本耳。曰：是则然矣。其不曰父贤而曰父孟，有说乎？曰误耳。自孟至贤五世，故曰其先韦孟家。子玄非憒，岂未见之？此又后人涂窜之咎也。

【注 释】

苏建【按】本传：苏建，杜陵人也，以校尉从大将军青击匈奴，封平陵侯云云。《传》止八十三字，故曰行事甚寡。

韦贤【按】本传：韦贤，字长孺，鲁国邹人也，贤为人质朴少欲，笃志于学，兼通《礼》《尚书》，以《诗》教授，号称邹鲁大儒。徵为博士给事中，进授昭帝诗云云。宣帝即位，贤以与谋议安宗庙，赐关内侯食邑云云。《传》凡一百七十八字，故曰德业稍多。至其述孟之文，止是《传》前，原世系之体，附见事行，不过二十字而已，安得云稍多乎？至所列二诗，则又附中之附也。孟字之误无疑矣。

班固称项羽贼一作"弑"。义帝，自取天亡。又云：于公高门以待封，严母扫地以待丧。如固斯言，则深信夫天怨神怒，福善祸淫者矣。至于其赋《幽通》也，复以天命久定，非人理一少"理"字。所移，故善恶无征，报施多爽，斯则同理异说，前后自相矛盾者焉。

【按】此与孝成帝一条相似。然赞是史论，赋只言怀，固非一概。

【注 释】

于公高门 《于定国传》：定国，字曼倩，谥安侯，父于公。其间门坏，父老方共治之。于公谓曰："少高大门闾，令容驷马高盖车。我治狱多阴德，子孙必有兴者。"至定国为丞相，子永为御史大夫，封侯传世云。

严母扫地 《酷吏·严延年传》：初，延年母从东海来，欲从延年腊。到雒阳，适见报囚，母大惊，便止都亭，不肯入府。延年出至都亭谒母，母闭閤良久乃见之。因数责延年，我不意当老见壮子被刑戮也，去女东归扫除墓地耳。岁余果败，东海莫不贤知其母。【按】《荀纪》：于严二句，本时人语。

赋《幽通》 《汉书·叙传》：固弱冠而孤，作《幽通赋》以致命遂志。注：陈吉凶性命，遂明己之志。

或问：张辅著《班马优劣论》云：迁叙三千年事，五十万言；固叙二百年事，八十万言，是固不如迁也。斯言为是乎？答曰：不然也。案《太史公书》上起黄帝，下尽宗周，年代虽存，事迹殊略。至于战国已下，始有可观。然迁虽叙三千年事，其间详备者，唯汉兴七十余载而已。其省也则如彼，其烦也则如此，求诸折中，未见其宜。班氏《汉书》全取《史记》，仍去其《日者》《仓公》等传，以为其事烦芜，不足编次故也。若使马迁旧作"迁固",后人因"易地"句窜易耳,反使上下不相顾。易地而处,撰成《汉书》,将恐多言费辞,有逾班氏,恐当作"史"。安得以此而定其优劣邪?

【按】此即《内篇·烦省》之说,而其下语则《烦省》篇较平允。以此见《杂说》诸条,非一时所作,亦非作正书了才作《杂说》。随触随书,或先或后,故异时所见,有合有离,观者平心循理而进退之则得矣。◎此条合马、班言之,故附分论《史》《汉》之后。

【注 释】

张辅 字世伟。见《鉴识》《烦省》二篇。

《汉书》断章,事终新室。如叔皮存殁,时入中兴,而辄引与前书共编者,盖《序传》之恒或作"常"。例者耳。【释】言在班氏书述之则是。荀悦既删略班史,勒成《汉纪》,而彪《论王命》,列在末篇。【释】在荀氏《纪》越收之则非。夫以规讽隗嚣,翼戴光武,忽以东都之事,擢居西汉之中。必如是,则《宾戏》《幽通》亦宜同载者矣。

【按】两汉之交,凡所论著,为新莽作者,前纪收之可也。为隗嚣作,即与先汉不相及矣。若叙传家追称厥考,则虽事关来代,而钜制必登,论撰先美,礼所尚也。此种钩画,明晰谛当,珥笔者其知所取衷哉。◎此乃纠荀悦《汉纪》也。观已上二条,知前所标汉诸史三字,浑成该举,委是原文。至其下所记条数,决非初数耳。

【注 释】

彪《论》列末篇　荀悦《汉纪》第三十卷之末云：王莽既败，天下云扰，隗嚣据陇拥众，收集英雄，班彪在焉。彪即成帝婕妤之弟之稚子也。嚣问彪曰："往者周亡，天下分裂，纵横之事，复起于今日乎？将乘运迭兴在一人也，愿先生论之。"论曰云云。嚣曰："愚人习识刘氏，而谓汉家重兴疏矣。"彪感其论，又闵祸患之不息，乃著《王命论》以救时难。

《宾戏》《幽通》【按】《汉书·叙传》：叙父彪载《王命论》，固自叙载《答宾戏》《幽通赋》二篇。此二篇荀《纪》不收，故借黜之。

卷十七

杂说中 第八
十六条

诸晋史 六条
旧作七条，非。

东晋之史，作者多门，何氏《中兴》，实居其最。而为晋学者，曾未之知，傥湮灭不行，良可惜也。王、檀著书，一作"者"。是晋史之尤劣者，方诸前代，其陆贾、褚先生之比欤！道鸾不揆浅才，好出奇语，所谓欲益反损，求妍更媸者矣。

【按】《正史》篇云：贞观中，诏以晋史十八家未能尽善，更加纂录为百三十二卷。自是言晋史者，弃其旧本焉。吁！自唐初一弃，遂绝于今，洵不能无湮灭可惜之叹，后何从睹其优劣耶？评者谓《玉海》言法盛书窃之郗绍，讥子玄未考，夫何果窃而书果善？固无伤于居最一语也，不亦所砭非所病耶？况其事本见《南史》，不待《玉海》。《南史·徐广传》曰：郗绍作《晋中兴书》，以示法盛。法盛曰："卿名位贵达，不复俟此延誉。我寒士无闻，宜以为惠。绍不与。书在斋内，后法盛诣绍，绍不在，直入窃之。绍无兼本，世遂行何书。轾才喜卖弄，偏纳败缺也。

臧氏《晋书》，称苻坚之窃号也，虽疆宇狭于石虎，至于人物则过之。案后石之时，【原注】田融《赵史》谓勒为前石，虎为后石也。张据瓜、凉，李专巴、蜀，自辽而左，人一作"氏"。属慕容，涉汉旧皆讹作"沙漠"。而一讹作"西"。南，地归司马。逮于苻氏，则兼而有之。《禹贡》九州，实得其八。而言地劣于赵，是何言欤？夫识事未精而轻为著述，此其不知量也。张勔《隋志》作"缅"。抄撮晋史，不求异同，而备揭一讹作"被褐"。此言，不从沙汰，罪又甚矣。

【按】臧史谓苻疆狭于后石，其言实疏。而刘之所鄙，尤在张勔也。◎晚明版行诸书，传刻卤莽，读者触处胶牙，止如此条，曰："自辽而左，氏属慕容。""氏"字当由"民"字之讹。唐讳"民"为"人"，亦有信手忘讳者，因"民"作"氏"，岂复成语？又曰："沙漠西南，地归司马。"自晋之东，悬隔朔野逾二千里，"沙漠"二字，适从何来？细推所自，"步"脱"止"而成"沙"，"汉"缘"沙"而转"漠"。离而益远，遂失其宗。人苟稍涉史书，宜皆刺眼。自来评者，于此类曾莫之省，方且挦扯冷僻，逞诡臆而炫多知，不疑其所当疑，而强辩其所不必辩。载籍极博，文章无口，书之受诬，独《史通》哉！

【注释】

凉蜀辽汉苻氏兼之 《丛书·前凉录》：张天锡十三年，苻坚遣苟苌来伐。天锡拒战赤岸，为秦所败，面缚降秦。凉亡。又《前秦录》：甘露十二年，凉州平，以梁熙持节镇姑臧。【按】此苻氏之兼瓜、凉也。而后石时则张重华据之。又《蜀录》：李特起兵至势降晋。《晋书·载记》：苻坚以王猛为中书令，风化大行。仇池氏杨世以地降于坚。是岁，有赤星见于西南，于占明年当平蜀，坚命秦梁密严戎备。晋梁州刺史杨亮退守磬险。坚遣王统、朱彤寇蜀，毛当、徐成率步骑入自剑阁，杨安进据梓潼，当遂陷益州，于是邛、莋、夜郎等皆归之。坚以安为益州牧，镇成都。【按】此苻氏之兼巴蜀也。而石氏则未能有蜀。《丛书·前燕录》：慕容廆世居辽左。廆子皝迁都龙城，号新宫，曰和龙。皝子儁取邺，自蓟迁邺。儁子炜，十一年秦来伐，拔邺城，徙炜并诸鲜卑四万户于长安。又《前秦录》：坚入邺宫，阅其图籍，凡郡百五十七，县千五百七十九。以王猛为冀州牧，镇邺。【按】此苻氏之兼辽左也。而石虎时，慕容方兴。虎尝兵挫辽西，弃甲而遁。《晋载记》：坚遣其尚书令丕率慕容炜等寇襄阳，杨安将樊邓之众为前锋，石越出鲁阳关，慕容垂、姚苌出南乡，苟池、王显从武当继进，大会汉阳，师次沔北，遣池、越、当屯江陵。太元四年，苻丕陷襄阳。坚以其中垒梁成都督荆州诸军事，领护南蛮校尉，配兵一万，镇襄阳。【按】此苻氏之兼汉南也。而石氏虽累寇襄阳，卒未得志。

张勔 《隋书·经籍志》：《晋书钞》三十卷，梁豫章内史张缅撰。【按】"缅"《史通》作"勔"，或当时二字通写也。

夫学未该博，鉴非详正，凡所修撰，多聚异闻，一作"门"。其为踳驳，难以觉悟。案应劭《风俗通》载楚有叶君祠，即叶公诸梁庙也。而俗云：孝明帝时，有河东王乔为叶令，尝飞凫入朝。及干宝《搜神记》，乃隐应氏所通,一讹作"遗"。而收旧有"其"字。流俗怪说。【释】此原飞兔事所始。然怪则怪矣,节意则谓,载在《搜神》,书非正史,犹之可也。又刘敬叔《异苑》称晋武库失火,汉高祖斩蛇,剑穿屋而飞,其言不经。致误"故"。梁武帝令殷芸编诸《小说》,及萧方等撰《三十国史》,乃刊为正言。【释】此原剑飞事所始。然节意谓,《小说》不经犹可,撰为正言则非。然三十国史,犹非正体国史也。◎已下揭出正史立说。既而宋求汉事,旁取令升之书,【原注】谓范晔《后汉书》。唐征晋语,近凭方等之录。【原注】谓皇家撰《晋书》。编简一定,胶漆不移。【释】节意所严,在此正史。故令俗之学者,说凫履登朝,则云《汉书》旧记;【释】不复言《搜神记》,更何问《风俗通》矣。谈蛇剑穿屋,必曰晋典明文。【释】不复言《三十国春秋》,更何问《异苑》矣。遮一误作"递",一作"摭"。彼虚词,成兹实录。语曰:"三人成市虎。"斯言其得之者一无"者"字。乎!【释】《小说》之迁流延及正史如此,故作史贵识也。

【按】志怪奚必去谐,撰史自宜识大。语有轩轾,意有堤防,非灾非祥,靡劝靡戒,必严诸此,而后史之为体尊。而其为用钜,间尝取后史验之,遇此等事,多放活句。子玄教之欤。◎《搜神》《异苑》收之《杂述》之篇,存小说也,史而掇取则猥。江璧门枢褒以可称之语,征异兆也。事无关系,则讥不合,全书参互,不知出语持平。◎可作事始书观,可作注书家法。

【注 释】

殷芸小说 《梁书》本传:殷芸,字灌蔬,不妄交游,博洽群书。《隋书·经籍志》:《小说》十卷,梁武帝敕司徒左长史殷芸撰。《陈氏书录》:《邯郸书目》云：或题刘𫓧撰，非也。此书首题秦、汉、魏、晋、宋诸帝。注云：殷芸撰，非刘𫓧明矣。故其叙事止宋初，盖于诸史传、记中抄集。或称商芸者，宣祖庙未祧时避讳也。【按】刘𫓧，即知几子也。征之此条，或题之非，更不待辩矣。

萧方等《困学纪闻》：萧方等为《三十国春秋》，以晋为主，附列刘渊以下二十九国。《通鉴·晋元兴三年》引方等论，纲目但云"萧方"，误削"等"字。【按】《梁书》：忠壮世子方等，字实相，世祖长子也。贞惠世子方诸，字智相，世祖第二子也。愍怀太子方矩，字德规，世祖第四子也。方乃昆弟二名之共字也。世祖谓元帝。唐、宋《艺文志》亦误削"等"字。【又按】《隋书·经籍志》作萧萬等，则又讹"方"为"万"，再误"万"为"萬"。考核之学，良未易言。

市虎《韩非·内储说》：庞恭谓魏王曰："今一人言市有虎，王不信。二人言，王不信。三人言，王信之。夫市之无虎也明矣，然三人言而成市虎。愿王察之。"

马迁持论，称尧世一误作"舜"。无许由；应劭著录，云汉代无王乔，其言谠矣。至士安撰《高士传》，具说箕山之迹；令升作《搜神记》，深信叶县之灵。此并向声背实，舍真从伪，知而故为，罪之甚者。北平本此处截条，非。本条盖论《晋书》，前特引端之词，非泛论杂家也。近者一无"者"字。宋临川王义庆著《世说新语》，上叙两汉、三国及晋中朝、江左事。刘峻注释，摘其瑕疵，伪迹昭然，理难文饰。而皇家撰《晋史》，多取此书。遂采康王之妄言，违孝标之正说。以此书事，奚其厚颜！

【按】与上条同指。○许由之事，史公亦非遽以为无，特设为疑词，借其人挑起夷齐之见称耳。愚又疑《庄》《列》寓言，人名有无，顾勿深考，若《家语》所称少正卯，谓其言行伪辟，七日受诛。然究无乱政实事，更未闻请命行刑。曾圣人而为是急切专辄之举乎？亦鄙心之所不安也。《左传》《国语》皆无其人。再详此条，盖由《新晋书》采用《世说》而发。义庆之书，孝标之摘，正如松之之于《陈志》，何去何从？亦未可执。愚意史氏之文，有传闻异说者。主其所共宗，无废其所别见，疑以传疑，乃成信史。明惠帝实焚，而世传行遁。今史以史寇为征信，仍以逊国为传疑，可以质鬼神，俟百世矣。

汉吕后以妇人称制，事同王者。班氏次其年月，虽与一讹"以"。诸帝同编，而记其事迹，实与后妃齐贯。皇家诸学士撰《晋书》，首发凡例，【原注】序例一卷，《晋书》之首，故云"首发凡例"。而云班《汉》皇后除王、吕之外，不为作传，并编叙行事，寄出《外戚》篇；【按】凡例语止此，此下疑有阙文。所不载者，唯元后字政君。耳。【按】今《汉书·外戚传》后，别列《元后传》。此云不载，殊费解。若云元后事不载《外戚》篇，则正与吕氏同例矣，又与下句抵牾。安得辄引吕氏以为例乎？盖由读书不精，识事多阙，徒以本纪标目，以编高后之年，遂疑外戚裁篇，辄叙娥姁吕后字。之事，此四句文义，亦不可晓。其为率略，不亦甚邪！

【按】此条之驳《晋史》，驳凡例也。但文内似多脱讹，存而不论。

杨王孙布囊盛尸，一作"屍"。裸身而葬。伊籍对吴，以"一拜一起，未足为劳"。求两贤立身，各有此一事而已。而《汉书》《蜀志》为其立传，前哲致讥一作"议"。言之详矣。然杨能反经合义，虽其事反葬礼之经，而其言合达人之义。足矫奢葬之愆。伊以敏辞辨对，可免"使乎"之辱。列诸篇第，犹有可取。【释】此上是引端。近者皇家撰《晋书》，著《刘伶》

《毕卓》传。其叙事也，直截其嗜酒沉湎，悖礼乱德，若斯而已。为传如此，复何所取者哉？【原注】《旧晋史》本无《刘》《毕》传，皇家新撰，以补前史所阙。◎一本失此注。【释】所纠在此，警荡也。

【按】合前所论《搜神》《异苑》《世说》及此条《刘》《毕》传观之，刊除诞放，约勒编摩，皆华士所畏恶者，故《史通》往往召谤。◎论者认得刘公是尊严国史，便自意平。谈苑说铃之流，原非其所禁绝也。

【注释】

杨王孙 本传：学黄老之术，欲裸葬。曰："死者终生之化，而物之归者也。归者得至，化者得变，是物各反其真也。反真冥冥，亡形亡声，乃合道情。夫饰外以华众，厚葬以鬲真，使归者不得至，化者不得变，是使物各失其所也。"

伊籍 本传：籍，字机伯，随先主入益州，遣使于吴。孙权欲逆折以辞，籍适入拜。权曰："劳事无道之君乎？"籍即对曰："一拜一起，未足为劳。"籍之机捷，类皆如此。权甚异之。

刘伶 本传：伶，字伯伦，放情肆志，与阮籍、嵇康欣然神解，携手入林，常乘鹿车，携一壶酒，使人荷插随之。曰："死便埋我。"尝求酒于其妻，妻捐酒泣谏，伶曰："吾不能自禁，当祝鬼神自誓耳，可便具酒肉。"妻从之。伶祝曰："天生刘伶，以酒为名。一饮一斛，五斗解酲。妇儿之言，切不可听。"仍饮酒御肉，块然复醉。

毕卓 本传：卓，字茂世，为吏部郎，尝饮酒废职。比舍郎酿熟，卓因醉，夜至其瓮间盗饮之，为掌酒者所缚，明旦视之，乃毕吏部也。余文已见《书事》篇。

宋略 一条

裴几原子野。删略宋史，定为二十篇。芟烦一作"繁"。撮要，实有其力。【释】首提略字，其意以为略，则烦文宜省。而所录文章，颇伤芜秽。如文帝《除徐一作"师"，非。傅官诏》、颜延年《元后哀册文》、颜峻史作"竣"。《讨二凶檄》、孝武《拟李夫人赋》、裴松之《上注俗本"注"字作"三"字，非。国志表》、孔熙先《罪许曜史作"耀"。词》，凡此诸文，是尤不宜载者。【释】揭六项作论案。何则？羡、亮威权震主，负芒猜忌，将欲取之，必先与之。既而罪名具列，刑书是正，则先所降诏，本非实录；而乃先后双载，坐令矛盾两伤。论断一。夫国之不造，史有哀册。或作"策"。自晋、宋已还，多载于起居注，词皆虚饰，义不足观。必以"略"言之，故宜去也。论断二。昔汉王数项，袁公檄曹，若不具录其文，难以暴扬其过。至于二凶为恶，不言可知，无俟檄数，一作"书"。始明罪状。必刊诸国史，岂益一作"宜"，非。异同。论断三。孝武作赋悼亡，钟心内宠，情在儿女，语非军国。论断四。松之所论者，其事甚末，一作"下"。兼复文理非工，论断五。熙先构逆怀奸，矫言欺众，且所为藁草，一作"草藁"。本未宣行。论断六。【释】分论至此毕。斯并同在编次，不加铨一作"诠"。择，岂非芜滥者邪？【释】似此不得以略名矣。向若除此数文，别存他说，则宋年美事，遗略盖寡。何乃应取而不取，宜除而不除乎？但近代国史，通多此累，有同自郐，无足致讥。若裴氏者，一有"是"字。众作之中，所可与言史者，故偏举其事，以申掎摭云。

【按】此条须理会略字，正名国史，何妨详载？子野书既以略名，而具列芜篇，则名实不相副矣。与《载言》《载文》两篇，意皆各出。◎子玄历诋《三国裴注》，为其知博而不知约也。裴注征书甚富，而择言不精，富则骛博者尚之，如疏寮称刘孝标注《世说》，引晋氏一朝记载凡一百六十六家，皆出正史外，亦是此意。不精则识大者病之，如朱子论李延寿《南北史》，除司马公《通鉴》所取，其余只是一部好看的小说，亦是此意。

【注释】

《除徐傅官居诏》《徐羡之传》：字宗文，高祖践阼，进号将军，加散骑常侍，封南昌县公。少帝失德，羡之等废之，迁于吴郡，遂加害。太祖即位，进司徒，改封南平郡公。《傅亮传》：字季友，宋国初建，从还寿阳。高祖有受禅意，亮悟旨曰："臣暂宜还都。"至都，即征高祖入辅，至于受命，进尚书仆射、中书令。少帝废，亮至江陵迎太祖。既至，太祖问少帝薨废本末。悲号呜咽，亮于是布腹心于到彦之等，深自结纳。太祖登阼，加左光禄大夫，仪同三司，进爵始兴郡公。【按】太祖即文帝也。其二人除官诏，沈书不载。元嘉三年，二人皆受诛。

《元后哀册》《后妃传》：文帝袁皇后，讳齐妫，左光禄大夫敬公湛之庶女也。生子劭，上待后恩礼甚笃。后潘淑妃爱倾后宫，因称疾不复见上。元嘉十七年疾笃，上执手流涕，因引被覆面崩。上甚悼痛，诏前永嘉太守颜延之为哀策，文甚丽云云。【按】延之，字延年。

《讨二凶檄》《二凶本传》：元凶劭，文帝长子也。有女巫严道育，自言通灵。劭姊东阳公主白上，托言善蚕，召入。劭与始兴王濬敬事之，号曰天师，遂为巫蛊。上后知，惊惋，须检核，废劭，赐濬死，以语濬母潘淑妃，妃以告濬。濬报劭。劭诈上诏，入宫行弑。世祖及南谯王义宣、随王诞举义兵，檄京邑云云。又《颜竣传》：父光禄大夫延之。竣为世祖抚军主簿。世祖镇浔阳，迁记室参军。世祖入讨，任总内外并造檄书。《南史》：延之为劭光禄大夫。劭以檄文示延之，曰："此笔谁造？"延之曰："竣之笔也。"劭曰："何乃至尔？"曰："竣尚不顾老臣,何能为陛下?"

《拟李夫人赋》 《孝武十四王传》:始平王子鸾,母殷淑仪,宠。子鸾爱冠诸子,丁母忧,追进淑仪为贵妃、班亚皇后,谥曰宣,痛爱不已。《拟汉李夫人赋》曰:朕以亡事弃日,阅览前王词苑,见《李夫人赋》,凄其有怀,因感而会焉"云云。

《注国志表》 见《补注》篇。

《罪许曜词》 事附《范晔传》:孔熙先有纵横才志。父默之下廷尉,彭城王义康保持之,得免。义康被黜,熙先密怀报效,素善天文,云:"太祖必以非道晏驾,江州应出天子。"以为义康当之。有法静尼,出入义康家,熙先善诊脉。法静尼妹夫许耀,领队在台,宿卫殿省。尝病,熙先为合汤一剂,耀疾即损。因成周旋。熙先以耀胆干,因告逆谋,耀许为内应。熙先使晔作义康书与徐湛之,宣示同党。湛之封上,凡所连及,并伏诛。【按】《罪许词》沈《书》亦不载。【又按】裴《略》不可得见。而以全史较之,所收浮文,反简于裴,故《史通》云尔。

后魏书 二条

《宋书》载佛狸之入寇也,其间胜负,盖皆实录焉。《魏史》所书,【原注】谓魏收所撰者。则全出沈本。【释】所书用师,宋实不竞,则收书仍之。如事有可耻者,则加减随意,依违饰一作"军",非。言。至如刘氏献女请和,太武以师此二字一改作"求"字,非。婚不许,此言尤可怪也。【释】揭出《魏书》饰言。何者?江左皇族,水乡庶姓,若司马、刘、萧、韩、王,或出于亡命,或起自俘囚,一诣桑干,皆成禁脔。此皆《魏史》自述,非他国所传。【释】南士北奔,多为北婚。据此以折拒婚之饰夸也。然则北之重南,其礼如此。安有黄旗之主,亲屈己以求婚,而白登之阵,反怀一作"乃致"。疑而不纳,其言河汉,不亦甚哉!【释】驳拒婚止此。观休文《宋典》，诚曰不工，必比伯起《魏书》，更为良史。而收每云："我视沈约，正如或有"一"字。奴耳。"【原注】出《关东风俗传》。◎一本失此注。此可谓饰嫫母而夸西施，持鱼目而笑明月者也。【释】统以收书劣于沈书作束笔。

【按】刘氏凡涉《魏书》，只是一味斥夸。

【注 释】

佛狸入寇 《宋书·索虏传》：魏元明帝子焘，字佛狸，自率大众渡河，曰："自顷岁成民阜，当东巡吴、会，以尽游豫。临沧海，探禹穴，陟姑苏之台，搜长洲之苑。"焘自彭城南出盱眙至瓜步，伐蒹苇，造箄筏，声欲渡江。遣使饷太祖骆驼名马，求和请婚。上遣奉朝请田奇，饷以珍珠。焘以手指天，而以孙儿示奇曰："至此非唯为功名，实是贪结姻援，若能酬酢，自今不复相犯秋毫。"又求嫁女于世祖。《魏书·岛夷刘氏传》：车驾登瓜步，伐苇结筏，示欲渡江。义隆大惧，欲走建业。士女咸荷担而立。义隆遣黄延年，朝于行宫献百牢，并请和，求进女于皇孙。世祖以师婚非礼，许和而不许婚。【按】宋云焘，即魏世祖太武帝也。魏云义隆，即宋太祖文帝也。

司马、刘、萧、韩、王 《魏书》：司马楚之，晋宣帝弟馗之八世孙。刘裕诛夷，司马戚属亡于汝颍之间。奚斤略地河南，楚之请降，后尚诸王女河内公主，生子金龙。又：刘昶，义隆第九子也。子业立，昏狂肆暴，委母妻，携妾作丈夫服，间行来降，尚武邑公主。岁余主薨，更尚建兴长公主。又：萧宝夤，萧鸾第六子宝卷母弟也。萧衍克建业，杀其兄弟，其家穿墙夜出。宝夤具小船著乌巾褥，潜赴江畔，蹑履徒步，脚无全皮。至寿春，戍主推检知实至京师，世宗礼之，寻尚南阳长公主，赐帛一千匹，并给礼具。又：韩延之，司马德宗平西府录事参军。

太常二年，与司马文思来入国。延之前妻罗氏，生子措随入国，又以淮南王女妻之，生道生。又：王慧龙，司马德宗仆射愉之孙，散骑缉之子也。刘裕微时，愉不为礼，及得志，愉家见诛。慧龙为沙门僧彬所匿，太常二年归国，崔浩弟恬以女妻之。浩既见，曰："信王家儿也，王氏世齇鼻，齇王慧龙鼻大，真贵种矣。"【按】慧龙非婚于魏宗，借用。

桑干 《宋书·索虏传》：索头托跋开，字涉珪，王有中州，自称曰魏，号年天赐，治代郡桑干县之平城。

禁脔 《晋书·谢安传》：安孙混，字淑源，少有美誉，孝武帝求为晋陵公主婿。未几帝崩，袁崧欲以女妻之。王珣曰："卿莫近禁脔。"初，元帝始镇建业，公私窘罄，每得一豚，以为珍膳，项上一脔尤美，辄以荐帝，呼为禁脔。故珣因以为戏，混竟尚主。

黄旗 《吴志·权传》：注曰：《吴书》曰："先哲秘论，紫盖黄旗，运在东南。"【按】语本《江表传》。又《魏书·李平传》：平子谐为聘使至石头，梁主客郎范胥当接。胥曰："金陵王气，兆于先代，黄旗紫盖，本出东南。"

白登 《汉书·匈奴传》：冒顿围高帝于白登。注：白登，在平城东南。【按】平城地在桑干，即元魏所都也。

近者沈约《晋书》，喜造奇说，称元帝牛金之子，以应"牛继马后"之征。邺中学者王劭、宋孝王言之详矣。而魏收深嫉南国，幸书其短，著《司马叡传》，遂具录休文所言。【释】此上纠魏收。又崔浩谄事狄君，曲为邪说，称拓跋之祖，本李陵之胄。当时众议抵一作"相"，误。斥，事遂不行。或有窃其书以渡江者，沈约撰《宋书·索虏传》，仍传伯渊所述。【释】此上纠沈约。凡此诸妄，其流甚多，倘无迹可寻，则真伪难辨者矣。

【按】此段虽系在说魏之条，其实魏、沈并举。刘氏深斥史家淆讹传会之习，愚甚韪之。◎此与上条之说，前者《因习》《言语》《叙事》《曲笔》诸篇累累言之矣，此复赘言之。故知《杂说》诸条，多半是前书底本，非后来继作也。观开章第一篇便云"自古编述文籍，外篇言之备矣"，可验《外篇》非定在《内篇》后也。

【注释】

牛继马后 《魏书》：僭晋司马叡，字景文，晋将牛金子也。初，琅琊王觐妃谯国夏侯氏，字铜环，与金奸通，生叡，因冒姓司马。【按】王、宋辩语无可考。《旧唐书·元行冲传》：魏明帝时，河西柳谷瑞石，有牛继马后之象。魏收以晋元帝是牛氏子，冒姓司马，以应石文。行冲推寻事迹，以昭成帝名犍，继晋受命，考校谣谶，著论以明之。【按】行冲故拓跋之后，自张祖统其言，亦示必得实。但夏侯丑语，牛后谰言，《通鉴纲目》，皆屏不录，是知大雅正人，操觚纂著，因无取乎黯默罔据之谈也。

拓跋之祖 《宋书》：索头虏姓托跋氏，其先汉将李陵后也。陵降匈奴有数百千种，各立名号，索头亦其一也。又见《序传》篇。

北齐诸史 三条
诸，一作"书"，误。不专论百药书，故曰诸史。

王劭国史，至于论战争，述纷扰，贾其余勇，弥见所长。至如叙文宣逼孝靖以受魏禅，二王当作"常山"。杀杨燕以废乾明，虽《左氏》载季氏逐昭公，秦伯纳重耳，栾盈起于曲沃，楚灵败于乾溪，殆可连类也。又叙高祖破宇文于邙一讹"印"，一讹"邛"，史作"芒"。山，周武自晋阳而平邺,虽《左氏》书城濮之役、鄢陵之战、齐败于鞍、吴师入郢,亦不是过也。

【按】知几称君懋书,不一而足,恨不得见矣。此所论载四事,非止述事,乃论文也,事最钜而文亦最详练。今观二李令狐所撰次,大率皆藉为蓝本,故引注宜稍尽其曲折,不得与他处节见事略者同例。

【注 释】

文宣逼魏禅 《北史》:帝从容沉雅,有孝文风。渤海王高澄以崔季舒为中书黄门侍郎,令监察动静。澄与季舒书曰:"痴人复何似?痴势小差未。"及将禅位于文宣,襄城王昶等入奏事昭阳殿,昶曰:"五行递运,有始有终,愿陛下则尧禅舜。"帝便敛容答曰:"此事推拖已久,谨当逊避。"帝下御座,步就东廊,口咏范蔚宗《后汉书》赞云:"献生不辰,身播国屯,终我四百,永作虞宾。"所司奏请发。帝曰:"古人念遗簪敝履,欲与六宫别,可乎?"嫔赵国李氏诵陈思王诗云:"王其爱玉体,俱享黄发期。"皇后已下皆哭。及出云龙门,王公百寮,衣冠拜辞。帝曰:"今日不减常道乡公、汉献帝。"众皆悲怆。

常山废乾明 《北史》:《文宣天保十年纪》云:初,帝改年天保。有识者曰:"天保为'一大人只十',其不过十乎?"又曾问太山道士"得几年为天子",曰"得三十年"。后帝谓李后曰:"十年十月十日,得非三十也。人生有死,但怜正道幼,人将夺之耳。"《废帝乾明元年纪》云:正月,常山王演矫诏诛尚书令杨愔、尚书右仆射燕子献等。八月,以太皇太后令废帝为济南王,以常山王演入纂大统。初,文宣命邢邵制帝名殷字正道,从而尤之,"殷家弟及,'正'字一止,吾身后儿不得也。"因谓昭帝曰:"夺时但夺,慎勿杀也。"《孝昭纪》云:帝与济南约不相害,及邺乃密杀之。后有见文宣从杨、燕等西行言复仇。帝在晋阳亦见焉。乃讲武以厌之。有兔惊马,帝坠而绝肋。太后问济南,曰:"杀之邪?死其宜矣!"

季逐昭公《昭二十五》:事见上卷。

秦纳重耳《僖二十四》:秦穆公纳之。

栾盈起《襄二十三》:栾盈夜见胥午而告之。午伏之而觞曲沃人。乐作。午言曰:"今也得栾孺子,何如?"对曰:"得主而为之死,犹不死也。"皆叹,有泣者。爵行,又言。皆曰:"得主,何贰之有?"盈出,遍拜之。栾盈率以入绛。

乾溪《昭十二》:雨雪,楚子皮冠,秦复陶,翠被,豹舄,执鞭以出。右尹子革夕诵祈招之诗,王不自克,以及于难。

高祖破邙山《北史》:武定元年二月,北豫州刺史高慎据武牢西叛。三月,周文率众援高慎,神武大败于芒山。明日复战,西师尽锐来攻,神武失马,赫连阳顺下马授神武,与苍头冯文洛扶上俱走,从步骑六七人。追骑至,亲信都尉兴庆曰:"王去矣,兴庆腰百箭,足杀百人。"神武曰:"事济,以尔为怀州;若死,用尔子。"兴庆曰:"儿小,愿用兄。"许之。兴庆斗,矢尽而死。西魏贺拔胜以十三骑逐神武,刘洪徽射中其二。胜槊将中神武,段孝先横射胜马殪,遂免。豫、洛二州平。神武使刘丰狗地至恒农而还。【按】芒山即北邙也。张载《七哀》作北芒。

周武平邺《北史》:周武帝建德五年冬十一月,帝发京师,十二月次晋州,置阵东西二十余里,乘常御马,从数人巡阵,所至辄呼主帅姓名慰勉之。将战,所司请换马。帝曰:"朕乘良马何之?"齐人填堑南引,帝勒诸军击之。齐主与数十骑走并州,帝率诸军追齐主。诸将请还师。帝曰:"卿等若疑,朕将独往。"麾军直进,次并州。齐主走邺,六年春正月传位于其太子恒,改年承光。帝至邺,率诸军奋击,遂平齐。齐主走青州,遣大将军尉迟勤追之。二月以齐主至,帝降自阼阶,见以宾主礼。【按】劭本齐人,此事叙齐后主,当更有致。语被削必多。

城濮、鄢陵 城濮之战，在"僖二十八"。鄢陵之战，在"成十七"。春秋晋、楚三大战之二也。

败于鞍《成二》：晋郤克师陈于鞍。齐师败绩，逐之，三周华不注。

吴人郢 事在"定四"，略见上卷。【按】条内援《左》为况，先后凡八事，皆大篇也。事熟故，但举年从略。

或问曰：王劭《齐志》多记当时鄙言，为是乎？为非乎？对曰：古往今来，名目各异。区分壤隔，称谓不同。所以晋、楚方言，齐、鲁俗语，《六经》诸子，载之多矣。【释】首原古俗方言，经籍并载。自汉已降，风俗屡迁，求诸史籍，差睹其事。或君臣之目，施诸朋友；或尊官之称，属诸君父。曲相崇敬，标以处士、王孙；轻加侮辱，号以仆夫、恐作"役夫"为允。舍长。亦有荆楚训多为夥，庐江目桥为圯。南呼北人曰伧，西谓东胡曰虏。渠、们、底、个，江左彼此之辞；乃、若、君、卿，中朝汝我当作"尔汝"。之义。斯并因地而变，随时而革，布在方册，无假推寻。足以知氓俗之有殊，验土风之不类。【释】次言近古史籍，亦载俗称。然自二京失守，四夷称制，夷夏相杂，音句尤媸。而彦鸾、伯起，务存隐讳；【旧注】谓长为藏，盖为姚苌讳。【按】偏举讳名，与本义无涉，非原注也。重规、德棻，志在文饰。遂使中国数百年内，其俗无得而言。【释】自晋失中原，国音迭变，而史氏鄙而讳之，失其真矣。盖语曰："知古而不知今，谓之陆沈。"又曰："一物不知，君子所耻。"是则时无远近，事无巨细，必籍通"藉"。多闻，以成博识。【释】数语呼起劭《志》，自居琐细，言有分寸。如今之一无"之"字。所谓者，若中州名汉，关右称羌，易臣以奴，呼母云姊。主上有大家之号，师人致儿郎之说。六句皆言现在俗传口语。凡如此例，其流甚多。必寻其本源，莫详所出。阅诸《齐志》，王劭作。则了然可知。由斯而言,劭之所录,其为弘益一作"益弥"。多矣。足以开后进之蒙蔽,广来者之耳目。微君懋,吾几面墙于近事矣,而子奈何亡加讥诮者哉!【释】唯王劭能存质语,特深许之。

【按】知几论史,黜饰崇真,偏于里音,不惜纸费,可云有质癖矣。

【注 释】

处士、王孙《后汉书·祢衡传》:衡为江夏太守,黄祖作书记,各得体宜。祖持其手曰:"处士正得祖意。"《楚辞·招隐士》:王孙游兮不归,春草生兮凄凄。《汉书·韩信传》:吾哀王孙而进食,岂望报乎?注:苏林曰:"'王孙'如言'公子'也。"

仆夫、舍长《左传·襄四》:虞人之箴曰:"兽臣司原,敢告仆夫。"《文元》:楚世子商臣享江芊而勿敬,江芊怒曰:"呼役夫。"《史记·扁鹊传》:扁鹊姓秦氏,名越人,少时为人舍长。注:守客馆之司,故云舍长也。

多为伙《史记·陈涉世家》:涉既王,故人入见曰:"夥颐,涉之为王沉沉者。"楚人谓"多"为"夥",故天下传之。

桥为圯《史记·留侯世家》:良尝间从容步游下邳圯上。注:徐广曰:"圯,桥也。东楚谓之圯,音怡。"

南呼北伧《晋书·周玘传》:杀我者诸伧子。《宋书·索虏传》:伧人谓换易为博。《世说·雅量》:褚公乘估客船投钱唐亭住,时县令当送客出亭,史驱公移牛屋下,令问牛屋下是何物人,史云:"昨一伧父来寄亭中,有尊贵客权移之。"【按】所指皆北人也。

西谓东虏《史记·高祖纪》:项羽伏弩射中汉王,伤胸,乃扪足曰:"虏中吾指。"又《娄敬传》:敬谏伐匈奴,上骂曰:"齐虏以口舌得官。"《后汉书》：光武击尤来大枪，反为所败，笑曰："几为虏嗤。"《北史·僭燕传》：关中谣曰："太岁南行，当复虏。"西人呼徒河为白虏。【按】所指皆东人也。

渠、们、底、个　郭注：《汉书》云："渠有其人乎？"《集韵》：们，莫奔切，今填词家言俺们我们。郭注：《隋唐嘉话》：崔湜为中书令，张嘉贞为舍人，湜轻之，常呼为张底。《扬子法言》：个，枚也。《仪礼》三个注：今俗名"枚"曰"个"。《左传·昭三》：二惠竞爽，又弱一个焉。《南史·王镇之传》：若遣一个，有以相存。【按】渠、们、底、个，并可两字连说：渠们犹言他们，底个犹言那个。

乃、若、君、卿　《祭统》：卫孔悝之鼎铭曰："若纂乃考服。"郑注：若乃犹汝也。【按】乃亦作迺。《张良传》：竖儒几败乃公事。《唐韵古音》：古人读若为汝。《史记》云"吾翁"即"若翁"，《汉书》云"吾翁"即"汝翁"，可据也。东坡《墨君堂记》：凡人相与称谓，贵之则公，贤之则君。《韵会》：敌体相卿，隋唐以来，下已则称卿。【愚按】隋唐前已然。《晋书·庾峻传》：峻子敳。王衍不与敳交，敳卿之不置。衍曰："君不得为尔。"敳曰："卿自君我，我自卿卿。"

中州名汉　《北齐书·帝后传》：受汉老妪斟酌。《崔季舒传》：汉儿文官，连名总署。【按】古来威慑边朔，惟汉最久，遂袭以为华称。

关右称羌　师旷《禽经》：张华杜宇注曰：鳖灵凿巫山，蜀人住江南，羌住江北，号曰西州。《北史·儒林传》：李业兴师事徐遵明，鲜于灵馥曰："李生久逐羌，博士何所得也？"又《北史》：周尉迟迥袭洛阳，齐将段韶曰："西羌窥逼，膏肓之病。"【按】二《传》言羌，正指关右言。

臣奴　易臣为奴。南北朝史如《北齐·恩幸传》云：帝家诸奴，叨窃贵幸。《北史·艺术传》云：齐文襄曰："我家群奴犹极贵。"皆指近习仆役言，非正谓朝臣也。因阅《宋书·鲁爽传》：魏主焘南寇，爽与弟秀从渡河，谋归南，请曰："奴与南有仇"云云。下自释云："群下于其主称奴，犹称臣也。"【按】此为的据。

母姊 姊本作姊。《北齐书》：文宣皇后李氏，武成践祚，逼淫有娠。太原王至阁，不得见。愠曰："儿岂不知耶？姊姊腹大，故不见。"《康熙字典》：北齐太子称生母曰姊姊。

主上大家 蔡邕《独断》：天子亲近侍从称为大家。《北齐·神武纪》：何故触大家。又《恩幸传》：大家正作乐。又：大家去，大家去。

师人儿郎 《尔雅·释言》：师，人也。郭注：谓人众。《左传》：师人多寒。《旧唐书·封常清传》：高仙芝呼谓所召募兵曰："我于京中召儿郎辈，得少许物，装束未能足。"【按】书传所见上梁文，每发号，必唤儿郎伟。

皇家修《五代史》，梁、陈、北齐、后周、隋。馆中坠稿仍存，皆因彼旧事，定为新史。观其朱墨所图，通"涂"。铅黄所拂，犹有可识者。或以实为虚，以非为是。【释】节首统举，以下专纠百药《北齐》。其北齐国史，皆称诸帝庙号，及李氏撰《齐书》，其庙号有犯时讳者，【原注】谓有"世"字，犯太宗文皇帝讳也。即称谥焉。至如变世宗误作"祖"。为文襄，改世祖误作"宗"。为武成。苟除兹"世"字，而不悟"襄""成"有别。句意未足，恐有脱字。诸如此谬，不可胜纪。【释】因避讳而失者一。又旧误"故"。其列传之叙事也，或以武定臣佐降在成朝，或以河清事迹擢居襄代。故时日不接而隔越相偶，使读者瞀乱而不测，惊骇而多疑。【释】紊时代而失者又一。嗟乎！因斯而言，则自古著书，未能精觉。书成绝笔，而遽捐旧章。迨今玉石同烬，一作"尽"。真伪难寻者，不其痛哉！【释】末复总慨。

【按】此条纠百药书所言。改朝称谥，似非大病，紊时则不可。然亦约举以见失真之概也，至首尾言坠稿涂拂，旧章捐烬，尤增浩叹矣！本来面目，屈受改移，推其用心，不殊于恶害已而去其籍者。恭慎君子，戒之哉！◎愚综碻此书，有行本互异者，必注"一作某"；有更定讹谬者，必注"旧作某"，盖深惧涂拂捐烬之为戾也。

【注 释】

世宗世祖 《北齐书》：高澄神武长子，天保初，追尊文襄皇帝，庙号世宗。高湛神武第九子，谥武成皇帝，庙号世祖。

武定河清 《魏书》：孝武既入关，齐神武迎清河王亶世子立之，是为东魏。孝靖帝天平四年，改用武定。《北齐书》：武成帝湛，改元河清。

周书 一条

今俗所行周史，是令狐德棻等所撰。其书文而不实，雅而无检，真迹甚寡，客气尤烦。【释】皆就变俚为雅立论。寻宇文初习华风，事由苏绰。至于军国词令，皆准《尚书》。太祖敕朝廷，他一无"他"字。文悉准于此。盖史臣所记，皆禀其规。柳虬之徒，从风而靡。【释】始于今敕仿古，因而史笔从风。案绰文虽去彼淫丽，如南朝北梁诸书。存兹典实。谓规仿《尚书》之体。而陷于矫柱过正之失，乖夫适俗随时之义。苟记言若是，则其谬逾多。爰及牛弘，弥尚儒雅。即其一有"书"字。旧事，因而勒成，务累上声。清言，罕逢佳句。据文义，"佳句"恐是"往句"之讹，谓无复原初质语也。【释】此层申论上意，而本指所纠，乃在下文。而令狐不能别求他述，一作"术"，"述"通。用广异闻，唯凭本书，重加润色。【原注】案宇文氏事多见于王劭《齐志》《隋书》及蔡允恭《后梁春秋》。其王褒、庾信等事，又多见于萧韶《太清记》、萧大圜《淮海乱离志》、裴政《太清实录》、杜台卿《齐纪》。而令狐德棻了不兼采，以广其书，盖以其中有鄙言，故致遗略。遂使周氏一代之史，多非实录者焉。【释】纠令狐书是节主。

【按】此条盖纠令狐《周书》也。其中间一片，皆是原注。◎关右仿行周官，启自苏绰。其人好缘饰经术，以宇文周而貌成周，岂特武夫之与美玉而已。用夏变夷，圣贤所喜。史臣载笔，乌得举其国书尽弁髦之。

【注 释】

客气 《左传·定八》：公侵齐，门于阳州。士皆坐列，曰："颜高之弓六钧。"皆取而传观之。师退，冉猛伪伤足而先。又：侵齐，攻廪丘之郭。主人出，师奔。冉猛逐之，顾而无继，伪颠。阳虎曰："尽客气也。"

苏绰词令 《周书》本传：绰，字令绰，历官大行台左丞。自有晋之季，文体浮华。周文因魏帝祭庙，群臣毕至，乃命绰依《尚书》体为大诰。自是之后，文笔皆依此体。【按】今取其书覆之，颇有类《王莽传》者。后阅王应麟语，亦云："苏绰大诰近于莽矣。"

柳虬 见《史官建置》篇。

牛弘 见《世家》篇。

隋书 一条

昔贾谊上书，晁错对策，皆有益军—作"于"。国，足贻劝戒。而编于汉史，一作"史汉"，非。读者犹恨其繁。如《隋书》王劭、袁充两传，唯录其诡辞妄说，遂盈一篇。寻又申以诋诃，尤其诳惑。夫一多"史"字，一多"人"字。载言示后—多"世"字。者，贵于辞理可观。既以无益而书，岂一作"孰"。若遗而不载。盖学者神识有限，而述者注记无涯。以有限之神识，观无涯之注记，必如是，则阅之心目，视听告劳；书之简编，缮写不给。呜呼！苟自古一脱"古"字。著述其皆若此也，则知李斯之设坑阱，董卓之成帷盖，虽其所行多滥，终亦有可取焉。有激之辞。

【按】观两传所录诡辞，其人谅不得为纯臣矣。但袁充无别见，若劭则平生著述，实非一种。《隋书》一概抹煞，而独扬其所丑，实于史体有乖。扬雄著书，《美新》最秽；班史不录，独于《法言》《玄经》。书之甚详实是可识去取之则也。◎王劭任北朝史事，大概都辑国书，不为饰说，人尽丑之，令与袁充同传。颠载芜篇，意显出于偏抑。知几力与申理，言又岂无过激？读者参取《史通》而持平剂量焉！庶乎两见其情矣。此论愚于《曲笔》篇颇及之。

【注 释】

王劭、袁充两传 《隋书》：王劭，齐灭入周，言上有龙颜戴干之表，上表言符命云："有人于黄凤泉得二白石，颇有文理，逐附致其文为字，又撰《皇隋灵感志》。"文献皇后崩，复上言生天之应。【按】此所录王劭诡辞也。袁充，字德符，陈灭归国，颇解占候，领太史令。时将废太子，因希旨观象，言当废。复表奏隋与已后，日景逾长。又言上本命与阴阳律吕合者六十余条。炀帝初，充奏日景逾长，即位与尧受命年合。信所谓唐哉皇哉，皇哉唐哉者矣。【按】此所录袁充诡辞也。【又按】《北史·房彦谦传》：太原王劭，北海高构，蓨县李纲，中山郎茂、郎颖，河东柳或、薛孺，皆一时知名雅澹之士。彦谦并与为友，门无杂宾。据此，劭固名流所推重也。彦谦，玄龄父，时所称素俭无私者。

李斯坑阱 《史记·秦纪》：丞相斯请史官非秦记皆烧之；非博士官所职，天下敢有藏诸书百家语者，悉诣守尉杂烧之。使御史悉案问诸生，诸生传相告引四百六十余人，皆坑之咸阳。

董卓帷盖 《后汉书·儒林传·序》：初，光武迁洛阳，经牒秘书载之二千余两。及董卓移都，自辟雍东观兰台石室宣明鸿都诸藏，竞共割散，其缣帛图书，大则连为帷盖，小乃制为縢囊。王允所收而西，裁七十余乘。长安之乱，一时焚荡。

　　案《隋史》讥王君懋撰齐、隋二史，旧有"其"字。叙录烦碎。此处当补"及其自编《隋书》，仍复芜辞不翦"云云，方得文义清画，行本缺。至如刘臻还宅，访子方知；王劭思书，为奴所侮。此而毕载，为失更多。可谓尤而效之，罪又甚焉者矣。

　　【按】此复抽论令狐《隋书》之猥杂也。节首讥王君懋等句，止是挑笔，若其脱句不补，几不知此条何指。

【注　释】

　　刘臻还宅 《隋书》本传：臻字宣挚，位仪同三司。臻性多忘，有刘讷亦仕仪同。臻欲寻讷，谓从者曰："汝知刘仪同家乎？"从者不知，谓臻还家，于是引之而去。既扣门，臻尚未悟，据鞍大呼曰："刘仪同可出矣？"其子迎门。臻惊曰："汝亦来耶？"其子曰："此是大人家。"顾盼久之方悟。

　　王劭思书 《隋书》本传：劭笃好经史，用思既专，性颇恍惚，每至对食，闭目凝思。盘中之肉，辄为仆从所啖。劭弗之觉，唯责肉少，数罚厨人。厨人以白劭，劭依前闭目，伺而获之。其专固如此。

卷十八

杂说下 第九
二十五条

诸史 六条
前二篇皆循代分条，此六条错举立说，故统曰诸史。

夫盛服饰者，以珠翠为先；工绘事者，以丹青为主。至若错综乖所，分布失宜，则彩绚虽多，巧妙不足者矣。【释】数语总为公孙灵运两《传赞》论作挈。王本此处截条，非。观班氏《公孙弘传赞》，直言汉之得人，盛于武、宣二代，至于平津善恶，寂蔑"灭"通。无睹。持论如是，其义靡闻。必矜其美辞，爱而不弃，则宜微有改易，列于《百官公卿表》后。庶寻文究理，颇相附会。以兹编录，不犹愈乎？【释】此言《公孙传赞》阙及得人也。王本此处又截条，非。又沈侯《谢灵运传论》，全说文体，备言音律，此正可为《翰林》之补亡，《流别》之总说耳。【原注】李充撰《翰林论》，挚虞撰《文章流别集》。如次诸史传，实为乖越。【释】此言《灵运传论》，泛谈文体也。陆士衡有云："离之则双美，合之则两伤。"信矣哉！【释】此所引言，总束两赞论之逾分。此下旧皆连后条，非。

【按】类举两传赞论，皆属史家变体。正见作手化裁，用此为讥，太煞印板矣！然设移班赞为《公卿表》跋，取沈论作《流别》弁言，固自位置得所，道可两行者多此类。◎此条当与《编次》篇尾论汇商。

【注释】

《公孙弘传赞》 见《编次》篇。【按】彼言宜居武、宣《纪》末，此言宜列《公卿表》后，两论皆通。可见印板之中，亦具化裁之用。

《谢灵运传论》 其略曰：六义所因，四始攸系。屈宋导于前，贾马振于后。王、刘、扬、班、崔、蔡之徒，异轨同奔；建安曹氏，纬文被质。自汉至魏，文体三变。原其飙流所始，莫不同祖风骚。降及元康，潘、陆特秀。自建武暨于义熙，仲文革孙许之风，叔源变太元之气。爰逮宋代，灵运兴会标举，延年体裁明密。夫五色相宣，八音协畅，若前有浮声，则后须切响。妙达此旨，始可言文。

其有事可书而不书者，不应书而书者。至如班固叙事，微小必书，至高祖破项垓下，斩首八万，曾不涉言。李《齐》李百药《北齐书》。于《后主纪》则书幸于侍中穆提婆第，于《孝昭纪》则不言亲戎以伐奚，于边疆小寇无不毕纪，如司马消难拥数州之地以叛，曾不挂言。略大举一作"存"。小，其流非一。此下旧连后段，非。

【按】此条专论可书不应书者,举小大相反为言,但其中有摘论未允处。详具注内。

【注释】

垓下斩首八万 《史记·高纪》叙项羽败垓下时云:使骑将灌婴追杀项羽东城,斩首八万,逐略定楚地。《汉书·高纪》但云:灌婴追斩羽东城,楚地悉定。【按】《汉书》削去"斩首八万"句,于本朝开创。杀戮不尽其辞,非大失也。所惜者,是时淮阴侯先却后乘,出奇决胜,乃其最后一番兵阵妙用。史公不置于本传,而补见于此。班乃并没去之,为阙事耳。

幸提婆第 《北齐书·恩幸传》:穆提婆本姓骆,母陆令萱入掖庭,后提婆改姓穆氏。【按】《后主纪》但书以领军穆提婆为尚书左仆射,而无幸其第之文;并《穆后》及《提婆传》亦不及幸第事。《史通》所云,未详何据。

亲戎伐奚 【按】《孝昭纪》:皇建元年,帝亲戎北讨库莫奚,出长城,虏奔遁,分兵致讨,大获牛马。据此,则事已入纪矣。而《史通》以为不言,亦未详何意?

司马消难 《司马子如传》:子消难尚高祖女,为北豫州刺史,镇武牢,与公主情好不睦,公主诉之,惧罪,逐招延邻敌走关西。【按】消难于齐事尽此。《周书》本传:消难入朝,授大将军,从东伐。隋文辅政,消难以所管九州八镇质于陈,寻归陈,陈以为都督九州八镇车骑将军。后又还关中。【按】消难固反复子,而所云拥数州地,乃入周后事,非在齐事也。其人应列《周史》,而名挂《齐史》者,缘父及之也。《史通》以为百药病,亦非。

昔刘勰有云:"自卿、渊旧误作"云"。已前,多役才而不课学;向、雄《文心》作"雄、向"。已后,颇引书以助文。"然近史所载,亦多如是。故虽有王平所识，仅通十字；霍光无学，不知一经。而述其言语，必称典诰。良由才乏天然，故事资虚饰者矣。【释】首层以引书助文领起大意。一本此四行截附前条，不连下段，非。案《宋书》称武帝入关，以镇恶不伐，远方冯异；于渭滨游览，追思一作"想"。太公。夫以宋祖无学，愚智所委，一作"悉"。安能援引古事，以酬答群臣者乎？斯不然矣。此句一本有重句。◎渭滨熟事，何人不知，以此判宋武，亦失平。【释】此层亦引下之文，其所主在《周书》也。更一作"又"。有甚于此者，睹周、齐二国，俱出阴山，必言类互乡，则宇文尤甚。【原注】案王劭《齐志》：宇文公呼高祖曰"汉儿"，夫以献武音词未变胡俗，王、宋所载，其鄙甚多矣。周帝仍称之以华夏，则知其言不逮于齐远矣。【按】献武即齐神武也。"音词"旧误作"晋嗣"；"称之"旧作"因之"，亦误。【释】四句《周》《齐》并提，意侧在周。而牛弘、作《周史》。王劭、作《齐志》。并掌策书，其载齐言也，则浅俗如彼；其载周言也，则文雅若此。夫如是，何哉？非两邦有夷夏之殊，由二史有虚实之异故也。【释】此层举《周》《齐》二史相衡，见《周史》偏多雅句，必非本语矣。夫以记宇文之言，而动遵经典，多依《史》《汉》，【原注】《周史》述太祖论梁元帝曰："萧绎可谓天之所废，谁能兴之者乎？"又宇文测为汾州，或谮之，太祖怒曰："何为间我骨肉，生此贝锦？"此并《六经》之言也。又曰："荣权吉士也，寡人与之言无二。"此则《三国志》之辞也，其余言皆如此，岂是宇文之语耶？又案裴政《梁太清实录》称元帝使王琛聘魏，长孙俭谓宇文曰："王琛眼睛全不转。"公曰："瞎奴使，痴人来，岂得怨我？"此言与王、宋所载相类，可谓真宇文之言，愧于实录矣。此何异庄子述鲋鱼之对而辩类苏、张，贾生叙鵩鸟之辞而文同屈、宋。施于寓言则可，求诸实录则否矣。【释】自此层以下，专斥《周史》之多饰。一本此处截分，非。世称近史编语，【原注】谓"言语"之"语"也。唯《周》多美辞。夫以博采古文，而聚成今说，是则俗之所传有《鸡九锡》《酒孝经》《房中志》《醉乡记》，或师范《五经》，或规模《三史》，虽文皆雅正，而事悉虚无，岂可便谓南、董之才，宜居班、马之职也？【释】未就时论之称《周史》者折之。旧本此处连下条，非。

【按】此亦《言语》等篇一派话头，即是前卷论《周史》一条注脚。通节之旨，总贯在"引书助文"四字中。《唐史》訾郑余庆奏议类用古语，人诮其不适时，意正类此。◎"鲋鱼""鹏鸟"，犹前云"听雀""闻牛"也，颇涉恶道。如柳州《与韦中立书》：雪与日岂有过哉？顾吠者犬耳。此种揶揄，鄙心不喜。

【注 释】

卿渊二句 本《文心·才略》篇文。

仅通十字 《蜀志·王平传》：平字子均，生长戎旅，手不能书，其所识不过十字，而口授作书，皆有意理。

霍光无学 《霍光传赞》：光不学亡术，暗于大理。

镇恶方冯异 《南史·王镇恶传》：镇恶，猛之孙也。武帝北伐，以镇恶领前锋，及陷长安，于灞上迎武帝。帝劳之。谢曰："此明公之威，诸将之力，镇恶何功之有焉？"帝曰："乡欲学冯异耶？"《后汉书·冯异传》：每所止舍，诸将并坐论功，异独屏树下，军中号曰"大树将军"。

渭滨思太公 《南史·宋武帝纪》：帝至渭滨，叹曰："此地宁复有吕望耶？"郑鲜之曰："明公以旰日待士，岂患海内无人。"

宋祖无学 《郑鲜之传》：帝少事军旅，不涉经学，时或谈论进难，帝时有惭恶。《裴昭明传》：昭明罢郡无宅，帝曰："我不读书，不知古人谁可比之？"

鲋鱼之对　《庄子·外物》篇：庄周顾视车辙中有鲋鱼焉，曰："我东海之波臣也，君岂有升斗之水而活我哉？"周曰："我且激西江之水以迎子可乎？"鲋鱼忿然作色曰："君乃言此，曾不如索我于枯鱼之肆。"

鹏鸟之辞　《贾谊·鹏鸟赋》：鹏鸟叹息，举首奋翼，口不能言，请对以臆。

《鸡九锡》等　王《训故》：《袁淑俳谐记》有《鸡九锡》文，皇甫松著《酒孝经》《房中志》，王绩著《醉乡记》。《困学纪闻》：鸡九锡封浚稽山子。

　　自梁室云季，雕虫道长。【原注】谓太清已后。平头上尾，尤忌于时；对语俪辞，盛行于俗。始自江外，被于洛中。而史之载言，亦同于此。【原注】何之元《梁典》称议纳侯景，高祖曰："文叔得尹遵之降而隗嚣灭，安世用羊祜之言而孙皓平。"夫汉、晋之君，事殊僭盗，梁主必不舍其谥号，呼以字名。此由须对语俪辞故也。又姚最《梁后略》称高祖曰："得既在我，失亦在予，不及子孙，知复何恨。"夫变我称予，互文成句，求诸人语，理必不然，此由避平头上尾故也。又萧韶《太清记》曰："温子昇《永安故事》言尔朱世隆之攻没建业也，怨痛之响，上彻天阊；酸苦之极，下伤人理。"此皆语非简要，而徒积文成文，并由趋声对之为患也。或声从流靡，或语须偶对，此之为害，其流甚多。◎"尹遵"或作"王郎"，或作"王遵"，并非。"字名"旧作"姓名"，"皆语"旧作"语皆"，"趋声对"旧作"避声对"，今皆刊正。假有辨如郦叟，吃若周昌，子羽修饰而言，仲由率尔而对，莫不拘以文禁，一概而书，必求实录，多见其妄矣。

　　【按】此原平头对语之习盛于梁代也，然公自言之乃自袭之，何耶？岂谓施于文则可，施于史不可耶？◎我予互句对，推之称人，季汉已笔其端。臧洪书与陈琳曰："足下徼利于境外，吾子托身于盟主。"是也。辄读而病之。

【注释】

平头上尾 《南史·陆厥传》：厥好为文章，沈约、谢朓、王融类相推毂。汝南周颙善识声韵，皆用宫商，将平上去入四声制韵，有平头上尾，蜂腰鹤膝。五字之中，音韵悉异；两句之内，角徵不同。世呼为永明体。《诗苑·类格》：沈约云："诗病有八：平头、上尾、蜂腰、鹤膝、大韵、小韵、旁纽、正纽。唯上尾、鹤膝最忌。"

辨如郦叟 《汉书·郦食其传赞》：高祖以征伐定天下，而缙绅之徒，骋其如知辨，并成大业。郦生自匿监门，待主然后出。

吃若周昌 《史记·周昌传》：高帝欲废太子。昌为人吃，又盛怒，曰："臣口不能言，然臣期期知其不可。陛下即欲易太子，然臣期期不奉诏。"

夫晋、宋已前，帝王传授，始自锡命，终于登极。其间笺疏款曲，诏策频烦。虽事皆伪迹，言并饰让，犹能备其威仪，陈其文物，俾礼容可识，朝野具瞻。逮于近古，我则不暇。至如梁武之居江陵，齐宣之在晋阳；或文出荆州，假称宣德之令；【原注】江陵之去建业，地阔数千余里。宣德皇后下令，旬日必至。以此而言，其伪可见。或书成并部，虚云孝靖之敕。【原注】北齐文宣帝将受魏禅，密撰锡让、劝进、断表文诏，入奏请署，一时顿尽。则知无复前后节文，等差降杀也。◎此注旧编在后注之下，误。凡此文诰，本不施行，必也载之起居，编之国史，岂所谓撮其机要，剪截浮辞者哉？但二萧《陈》《隋》诸史，通多此失，【原注】晋、魏及宋，自创业后，称公王，即帝位，皆数十年间事也。夫功德日盛，稍进累迁，足验礼荣不欺，揖逊无失。自齐、梁已降，称公王及即帝位，皆不出旬月之中耳。夫以迫促如是，则于礼仪何有者哉？唯王劭所撰《齐志》，独无是焉。旧本此处连下条，非。

【按】此斥南北晚近诸朝，自撰锡禅文诏，月日以几，史皆载之，愈形其伪。王《志》独无，高出诸史也。

【注释】

文出荆州 《南史·梁武纪》：齐南康王即帝位于江陵，遥废东昏为涪陵王，以帝加征东军镇石头，王珍国斩东昏。二年正月，进帝为梁公，备九锡。二月进爵为王。三月丙辰，齐帝下诏禅位。四月辛酉，宣德皇后令曰："西诏至，宪章前代，敬禅神器于梁，明可临轩授玺绂。"

书成并部 《通鉴》：渤海高德政善图谶，劝高洋受禅。洋还晋阳，令左右陈山提齐事条并密书与杨愔。山提至邺，愔即召太常卿邢劭等撰仪注，秘书监魏收草《九锡》《禅让》《劝进》诸文。洋至邺，孝靖禅位于齐。

夫以暴易暴，旧作"以暴易古"，一作"以累易古"。古人以为嗤。如彦渊之改魏收也，以非易非，弥见其失矣。而撰《隋旧衍"文"字。史》者，称澹大矫收失者，何哉？且以澹著书，方于君懋，岂唯其间可容数人而已。史臣美澹而讥劭者，【原注】《隋史》每论皆云"史臣曰"，今故因其成事，呼为"史臣"。岂所谓通鉴乎？语曰："蝉翼为重，千钧为轻。"其斯之谓矣！

【按】此所主在《魏书》，而所刺在魏澹，与上条文义不相蒙。王劭特带衡之耳，故分擘宜稳。◎详诸史诸条，皆有承转语助。本一片文字，后人见头绪纷出，遂离立之，取便循览，未为害事。无如当连反断，当断反连。老杜诗云:"海图坼波涛,旧绣移曲折。"阅之令人目迷,细意分张,颇烦裁缉。

别传 九条

所举皆非国史,故曰"别传"。

刘向《列女传》云:"夏姬再为夫人,三为王后。"夫为夫人则难以验也,为王后则断可知矣。【释】"三为王后"是驳案主句。案其时诸国称王,唯楚而已。如巫臣谏庄将纳姬氏,不言曾入楚宫,则其为后当在周室。盖周德虽衰,犹称秉礼。岂可族称姬氏,而妻厥同姓者乎?且鲁娶于吴,谓之孟子。聚麀之诮,起自昭公。未闻其先已有斯事,礼之所载,何其阙如!【原注】《杂记》曰:夫人之不命于天子,自鲁昭公始也。又以女子一身,而作嫔三代,求诸人事,理必不然。【释】已上言春秋时无其事。寻夫春秋之后,国称王者有七。盖由向误以夏姬之生,当夫战国之世,称三为王后者,谓历嫔七国诸王。校以年代,殊为乖剌。【释】此言战国时无其人。至于他篇,兹例甚众。故论楚也,则昭王当云"平王"。与秦穆同时;言齐也,则晏婴居宋景之后。【原注】《列女传》曰:齐伤槐女,景公时人,谓晏子曰:"昔宋景公时,大旱三年。"夫谓宋景为昔,即居其后矣。今粗举一二,其流可知。【释】节尾推类言之。

观刘向对成帝,称武、宣行事,世传失实,事具《风俗通》,其言可谓明鉴者矣。【释】首借刘向自言,挑起议论。及自造《洪范》《五行》及《新序》《说苑》《列女》《神仙》诸传,而皆广陈虚事,多构伪辞。非其识不周而才不足,盖以世人多可欺故也。呜呼!后生可畏,何代无人,而辄轻忽若斯者哉!夫传闻失真,书事失实,盖事有不获已,人所不能免也。至于故为异说，以惑后来，则过之尤甚者矣！【释】已上揭一欺字，为后文作冒。旧本此处截条，非是。案苏秦答燕易王，称有妇人将杀夫，令妾进其药酒，妾伴僵而覆之。又甘茂谓苏代或讹作"氏"。云：贫人女与富人女会绩，曰："无以买烛，而子之光有余，子可分我余光，无损子明。"此并战国之时，游说之士，寓言设理，以相比兴。及向之著书也，乃用一作"因"。苏氏之说，为二妇人立传，定其邦国，加其姓氏，以彼乌有，持为指实，何其妄哉！【释】此段摘出二《传》，以实其欺。又有甚于此者，至如伯奇化鸟，对吉甫以哀鸣；宿瘤隐形，干齐王而作后。此则不附于物理者矣。复有怀嬴失节，目为贞女；刘安覆族，定以登仙。立一作"夫"。言如是，岂顾丘明之有传，孟坚之有史哉！【释】末又类举其失。

【按】已上二条，并纠刘向也。前条言年世舛讹，后条言事理傅会。

【注释】

夏姬 《左传·成二》：楚之讨陈夏氏也，庄王欲纳夏姬。申公巫臣曰："不可。君诏诸侯，以讨罪也。今纳夏姬，贪其色也。君其图之！"王乃止。

昭王秦穆同时 即《申左》篇秦穆女为荆平夫人事。两引俱误作"昭王"，彼篇已刊正。

晏婴居宋景后 《列女传》：齐伤槐衍之女名婧。景公有所爱槐，令曰："伤槐者刑。"于是衍醉而伤槐，景公且加罪焉。婧惧，乃造晏婴之门曰："昔者宋景公时大旱，卜以人祀。"景公曰："必以人祀，寡人请自当之。"今杀婧之父，邻国皆谓君爱树而贼人，其可乎？【郭评】宋景公头曼在齐景公杵臼后三十余年。

世传失实 《风俗通·正失》：成帝间，文帝治天下，孰与孝廉宣皇帝。刘向曰："世之毁誉，莫能得实，审形者少，随声者多。"世间言文帝祭代东门，期日再中，集上书囊为帷，粟一升一钱。凡此皆俗人妄传，言过其实。

进药酒 《战国·燕策》：有远为吏者，其妻私人。其夫且归，私者忧之。其妻曰："勿忧也，吾已为药酒待之矣。"后二日夫至，妻使妾奉卮酒进之。妾知其为药酒也，进之则杀主父，言之则逐主母，乃阳僵，弃酒。《列女传》：周主忠妾者，周大夫妻之媵妾也。大夫仕于周，其妻淫于邻人。其下文略与《策》同。

分余光 《史记·甘茂传》：贫人女与富人女会绩，曰："子可分我余光"云云。《列女传》：齐女徐吾者，东海贫妇人也，与邻妇李吾会烛夜绩。徐吾烛数不可属。李吾曰："请无与夜也。"徐吾曰：云云。

伯奇化鸟 《陈思王令禽恶鸟论》：昔尹吉甫用后妻之馋，杀孝子伯奇。吉甫后悟，追伤伯奇，出见鸟鸣声咬然。吉甫动心，曰："伯劳乎乃其音尤切。"吉甫曰："伯劳乎？是吾子，栖吾舆；非吾子，飞勿居。"鸟寻声而栖于盖。【按】《史通》所纠，乃谓刘向书也。而今本《说苑·新序》，皆不见斯事。会、巩二书《序》云：新序三十篇，隋唐之世，尚为全书，今可见者十篇而已。《说苑》二十篇，《崇文总目》存者五篇，又间得者十有三篇。然则所纠皆在亡篇欤。

宿瘤隐形 郭注：宿瘤无隐形事。《列女传》：宿瘤女者，齐东郭采桑之女也。项有大瘤，故号宿瘤。闵王出游，百姓尽观，宿瘤采桑如故。王曰："奇女也，遂以为后。"黄本《补注》：《新序》云：齐有妇人，极丑无双，号曰无盐女，自诣宣王曰："窃当喜隐。"王曰："试一行之。"言未卒，忽然不见。宣王大惊。是隐形乃无盐事，非宿瘤也。【按】事亦见《列女传》，又谓女号钟离春，无盐乃其邑名。

怀嬴 郭注：怀嬴，秦穆公女也。初事晋怀公圉，后事晋文公重耳。故曰失节。【按】《列女传》不及妻晋文事。

刘安 【按】《汉书》：淮南王安谋反被诛，而以为仙去者。葛洪《神仙传》有之，亦不见刘向书。

扬雄《法言》，好论司马迁而不及左丘明，常称《左氏传》唯有"品藻"二言而已，是其鉴物有所不明者也。且雄哂子长爱奇多杂，一作"新"，非。又曰不依仲尼之笔，非书也，自序又云不读非圣之书。然其撰《甘泉赋》，当云《羽猎赋》。则云"鞭宓妃"云云，刘勰《文心》已讥一作"议"。之矣。然则作"然而"用。文章小道，无足致嗤。观其《蜀王或作"主"。本纪》，称杜魄化而为鹃，荆尸变而为鳖，其言如是，何其鄙哉！所谓非言之难，而行之难也。

【按】此条折扬子也，即以其言还折之。◎赋家夸威饰事，宛虹入轩。元冥困野，何嫌荒诞？著书则不可。

【注释】

品藻二言 《法言·重黎》篇：或问，周官曰"立事"，左氏曰"品藻"，太史迁曰"实录"。【按】二言者，二字也。

爱奇多杂 《君子》篇：仲尼多爱，爱义也。子长多爱，爱奇也。《问神》篇：或曰：淮南太史公者，其多知欤，曷其杂也。曰："杂乎杂，人病以多知为杂，唯圣人为不杂。"

鞭宓妃 王《训故》：扬雄《羽猎赋》云："鞭洛水之宓妃兮，饷屈原与彭胥。"刘勰《文心·夸饰》篇云：子云校猎，鞭宓妃以饷屈原。变彼洛神，既非罔两，而虚用滥形，不其疏乎？

杜魄荆尸 王《训故》：扬雄《蜀王本纪》云：荆人鳖令死，尸化随江水上至成都，见蜀王杜宇。杜宇立以为相。杜宇号望帝，自以德不如鳖令，以其国禅之。又《说文·成都记》云：望帝死，其魄化为鸟，名曰杜鹃。《路史·余论》：鳖，水名也。亦作鳖县，在牂牁。故知几以子云之说为妄。

夫十室之邑，必有忠信。欲求不朽，弘之在人。何者？交阯远居南裔，越裳之俗也；士燮所产地。敦煌僻处西域，昆戎之乡也。刘昺所产地。求诸人物，自古阙载。盖由地居下国，路绝上京，史官注记，所不能及也。既而士燮著录，刘昺裁书，则磊落英才，粲然盈瞩者矣。向使两贤不出，二郡无记，彼边隅之君子，何以取闻于后世乎？是知一误作"非"。著述之功，其力大矣，岂与夫诗赋小技校其优劣者哉？

【按】此条人文互表。士燮、刘昺，皆生长偏陲，而人因文显，见著述家功用弘长。

【注 释】

士燮 《吴志·士燮传》：燮，字彦威，苍梧人，官交阯太守。中国士人，往依避难。陈国袁徽与荀彧书曰："交阯士府，君学问优博，达于从政。官事小阕，玩习书传。《春秋左氏传》尤有师说，意思甚密。尚书兼通古今、大义，今欲条《左氏》《尚书》长义上之。"其间称如此。

刘昺 其人《点烦》篇，其所著书见《论赞》篇。

自战国已下，词人属文，皆伪立客主，假相酬答。至于屈原《离骚》辞称遇渔一讹"汉"。父于江渚；宋玉《高唐赋》云梦神女于阳台。夫言并文章，句结音韵。以兹叙事，足验凭虚。而司马迁、习凿齿之徒，皆采为逸事，编诸史籍，疑误后学，不其甚邪！必如是，则马卿游梁，枚乘谮其好色；曹植至洛，宓妃睹于岩畔。撰汉、旧脱"汉"字，黄本补。魏史者，亦宜编为实录矣。

【按】此辟《屈原列传》之采录渔父辞,《汉晋春秋》之援证神女事也。别传一科,不涉史乘。而此条夹入二史,颇嫌为例不纯,亦缘此下连举寓言,假之起例耳。

【注 释】

渔父 《王逸注序》：渔父者,屈原之所作也。渔父避俗,时遇屈原。怪而问之,遂相应答。

神女 《高唐赋》：昔者先王尝游高唐,梦一妇人,去而辞曰："旦为朝云,暮为行雨,朝朝暮暮,阳台之下。"楚襄王使玉赋高唐之事,又作《神女赋》。

马卿好色 相如《美人赋》：相如游梁,梁王悦之。邹阳谮之曰："相如服色妖丽,游王后宫,王察之乎？"王问相如："子好色乎？"相如曰："臣不好色也。臣气服于内,心正于怀。信誓旦旦,秉志不回。"【按】枚、邹互异,有误。

曹植至洛 曹植《洛神赋》：余从京城,言归东藩。容与乎阳林,流盼乎洛川。于是精移神骇,忽焉思散,睹一丽人,于岩之畔。

宓妃 黄《补注》：《汉书音义》：如淳曰："宓妃,羲氏之女也,死洛水为洛神。"

嵇康撰《高士传》,取《庄子》《楚辞》二渔父事,合成一篇,夫以园吏之寓言,骚人之假说,而定为实录,斯已谬矣。况此二渔父者,较年则前后别时,论地则南北殊壤,而辄并之为一,岂非惑哉？苟如是,则苏代所言双擒蚌鹬,伍胥所遇渡水芦中,斯并渔父善事,亦可同归一录,何止揄袂缁帷之林,濯缨沧浪之水,若斯而已也。"苏代"至末四十七字,旧本作细书，其原文别有四十三字，大意略同。盖是两本互异之文，非注也。【今按】本书体裁骈者为称，故转用之。仍录原文于左。◎苏代所言双擒蚌鹬，此亦渔父之一事，何不同书于传乎？必唯取揄袂缁帷之林，濯缨沧浪之水，弥见其末学也。◎旧本此下连后条，郭本此处截。

庄周著书，以寓言为主；嵇康述《高士传》，多引其虚辞。至若神有混沌，编者首录。苟以此为实，则其流甚多，至如蛙鳖竞长，蚿蛇相怜，莺《庄子》作"学"。鸠笑而后言，鲋鱼忿以作色。向使康撰《幽明录》《齐谐记》，一衍"怪"字。并可引为真事矣。夫识理如此，何为而薄周、孔哉？

【按】已上二条，并纠中散书也。旧本联为一通，斗榫未緻。前论中垒亦分条矣。援而例之，可无合糅。

【注释】

二渔父 《庄子·渔父》篇：孔子游于缁帷之林，弦歌鼓琴，奏曲未半，有渔父者下船而来；须眉交白，被发揄袂，行原以上，距陆而止，左手据膝，右手持颐，以听曲终。《楚辞·渔父》篇：渔父莞尔而笑，鼓枻而去。歌曰："沧浪之水清兮，可以濯吾缨。沧浪之水浊兮，可以濯吾足。"遂去，不复与言。

擒鹬蚌 《战国·燕策》：赵且伐燕。苏代为燕谓赵王曰："臣过易水，蚌方出曝，而鹬啄其肉，蚌合而钳其喙。鹬曰：'今日不两，明日不两，即有死蚌。'蚌亦曰：'今日不出，明日不出，即有死鹬。'不肯相舍，渔者并擒之。《天禄识余》：两谓辟口，或改"两"作"雨"，非。愚谓：作"雨"者，不唯失义，且失韵。

渡芦中 《吴越春秋》：伍员奔吴至江，渔父渡之，有饥色，曰："为子取饷。"子胥乃潜身深苇之中。有顷，父来而呼之曰："芦中人，芦中人，岂非穷士乎?"子胥出应。食毕曰:"请丈人姓字。"渔父曰:"今日凶凶,两贼相逢。何用姓字为?"

混沌 《庄子·应帝王》:南海之帝为倏,北海之帝为忽,中央之帝为混沌。倏与忽,时相遇于混沌之地,混沌待之甚善。倏与忽谋报混沌之德曰:"人皆由七窍,以视听食息。此独无有,尝试凿之。"日凿一窍,七日而混沌死。【按】与《言语》篇各意。

其流甚多 《秋水》篇:埳井之蛙谓东海之鳖曰:"吾跳梁乎井干之上,入休乎缺甃之崖,此亦至矣。夫子奚不时来观乎?"东海之鳖左足未入,右膝已絷。于是蛙闻之,规规然自失也。又:蚿怜蛇,蛇怜风。蚿谓蛇曰:"吾以众足行,而不及子之无足,何也?"蛇曰:"夫天机之所动,何可易邪?吾安用足哉!"又:"鹦鸠"见《逍遥游》。又:"鲋鱼"见前。

薄周、孔 嵇康《绝交书》:自惟至熟,有必不堪者七,甚不可者二。每非汤、武而薄周、孔,在人间不止此事,会显世教所不容。此甚不可一也。

杜元凯撰《列女记》,博采经籍前史,显录古老明言,而事有可疑,犹阙而不载。斯岂非理存雅正,心嫉邪僻者乎?君子哉若人也!长者哉若人也!一本下连《李陵集》,非。

【按】此借元凯书,指出著书正令曰:显录明言,有疑犹阙,卓哉!当为挽近世掩袭作伪者一提其耳。

【注 释】

《列女记》《预本传》:撰《女记赞》,当时论者,谓文义质直。《隋书·经籍志》:《女记》十卷,杜预撰,在《杂传》类。

《李陵集》有《与苏武书》，词采壮丽，音句流靡。观其文体，不类西汉人，一无"人"字。殆后来一脱"来"字。所为，假称陵作也。迁《史》旧本此二字误入"以焉"之下。缺而不载，良有以焉。编于《李集》旧误作"传"。中，斯为谬矣。一本无此二句。

【按】决陵此书为假作，具眼在坡老之前，可悟此老非不知文者。◎海虞王侍御峻为余言，子瞻疑此书出齐、梁人手，恐亦强坐。江文通《上建平王书》已用"少卿槌心"之语，岂以时流语作典故哉？当是汉季晋初人拟为之。

杂识 十条

识，旧作"说"。【按】"杂说"乃篇之总名，岂以科别之名混之。杂识，犹言"杂记"也。或读作入声，遂以音讹转作"说"字耳。

夫自古旧有"之"字。学者谈称一作"讲"。多矣。精于《公羊》者，尤憎《左氏》；习于太史者，一多"则"字。偏嫉孟坚。夫能以彼所长而攻此所短，持此之是而述彼之非，兼善者鲜矣。【释】此言各是其所是。一本此处截条。又一无"又"字。观世之学者，或耽玩一经，或专精一史。谈《春秋》者，则不知宗周既陨，而人有六雄；论《史》《汉》者，则不悟刘氏云亡，而地分三国。亦犹武陵隐士，灭一作"遁"。迹桃源，当此晋年，犹谓暴秦之地也。【释】此言举一而废百。假有学穷千载，书总五车，见良直而不觉其善，逢抵牾而不知其失，葛洪所谓藏书之箱箧，《五经》之主人。而夫子有云：虽多亦安用为？其斯之谓也。【释】此言徒多者，漫无主见。一本误合下条。

【按】此条谓读书颛泥一家，局护偏遗，自亦一病。至若博涉群书，而胸迷苍素，又为徒读矣。盖首条泛举之文。

【注释】

桃源 《陶靖节集》：晋太元中，武陵人捕鱼为业。缘溪行，忽逢桃花林，夹岸数百步。林尽水源，便得一山，山有小口，便舍身从口入，初极狭，复行，豁然开朗。屋舍俨然，阡陌交通，其中男女衣着，悉如外人。见渔人，乃大惊，问所从来。具答之。自云：先世避秦时乱，率妻子邑人来此绝境。问今是何世，乃不知有汉，无论魏晋。

夫邹好长缨，齐珍紫服，斯皆一时所尚，非百王不易之道也。至如汉代《公羊》，擅名三传，晋年《庄子》，高视《六经》。今并挂壁不行，缀一作"赘"，非。䟽无绝。二句依郭本所定。旧本"挂"误作"蛙"，"䟽"误作"缉"。岂与夫《春秋左氏》《古文尚书》，虽暂废于一朝，终独高于千载。校其优劣，可同年而语哉？

【按】集内《尚书》《春秋》往往连举。此条持论庄惠，可证向诸疑惑果非质言。

【注释】

长缨紫服 《文选》：任彦升《策秀才文》云："紫衣贱服，犹化齐风；长缨鄙好,且变邹俗。"善注:韩子曰:"邹君好长缨,左右皆服长缨,甚贵,邹君患之。左右曰:'君好服之,百姓亦多服,是故贵。'邹君因断其缨而出,国中皆不服。"又齐桓公好服紫,一国尽服紫。当时十素不得一紫,公患之。管仲曰:"君欲止之,何不自戒勿衣也?"公曰:"诺。"于是境内莫衣紫也。

夫书名竹帛,物情所竞,虽旧作"维"。圣人无私,而君子亦党。盖《易》之作也,本非记事之流,而孔子《系辞》,辄盛述颜子,称其"殆庶"。虽言则无愧,事非虚美,亦犹视予犹父,门人曰亲,故非所要言,而曲垂编录者矣。【释】一层兴起后文。既而扬雄寂寞,师心典诰,至于童乌稚子,蜀汉诸贤,【原注】谓严、李、郑、司马之徒。【按】郑,旧作"柳"。《太玄》二字带笔。《玄》主数,不衡人。《法言》,恣加褒赏,虽内举不避,而情有所偏者焉。【释】又一层兴起后文。夫以宣尼叡同睿。哲,子云参圣,在于著述,不能忘私,则自中庸以降,抑可知矣。如谢承《汉书》偏党吴、越,魏收《代史》盛夸胡塞,复焉足怪哉?【释】所嗤者在此。

【按】此本为谢魏偏怙而发,多事牵扯烘托以自取讥,集中授人口实处皆然。

【注 释】

童乌 《法言·问神》篇:育而不苗者,吾家之童乌乎?九龄而与我玄文。注:童乌,子云之子也。

蜀汉诸贤 《问明》篇:蜀庄沉冥,蜀庄之才之珍也。不作苟见,不治苟得,吾珍庄也,居难为也。【按】"庄"即注之所谓"严",即严君平也。《渊骞》

篇：或问子，蜀人也。请人曰："有李仲元者人也，不夷不惠，可否之间也。见其貌者，肃如也；闻其言者，愀如也；观其行者，穆如也。"《问神》篇：谷口郑子真，不屈其志，而耕乎岩石之下，名震于京师。【按】谷口，汉中地。与所云蜀汉恰合。"旧作'柳'"，不知何人。雄书亦无，定误。《君子》篇：必也儒乎！文丽用寡，长卿也。

子云参圣 语本陆绩述玄，已具《自叙》篇注。

子曰："汝为君子儒，无为小人儒。"儒诚有之，史亦宜然。盖左丘明、司马迁，君子之史也；吴均、魏收，小人之史也。其薰犹不类，何相去之远哉？

【按】史而以君子、小人命之，奇情确品，此岂于文句间求之？◎向来申左乙马，人或以过分疑之，观此可以融通前说矣。

"礼云礼云，玉帛云乎哉？"史云史云，文饰云乎哉？何则？一有"修"字。史者固当以好善为主，嫉恶为次。若司马迁、班叔皮，史之好善者也；晋董狐、齐南史，史之嫉恶者也。必兼此二者，而重之以文饰，其唯左丘明乎？自兹已降，吾未之见也。

【按】好善嫉恶两言分品，亦确。

夫所谓直笔者，不掩恶不虚美，书之有益于褒贬，不书无损于劝诫。但举其宏纲，存其大体而已。非谓丝毫必录，琐细无遗者也。如宋孝王、王劭之徒，其所记也，喜论人帷簿"箔"通。不修。言貌鄙事，讦以为直,吾无取焉。王本连下条。

【按】宋与王皆刘氏所盛称者,于此仍无恕辞,可知胸中不设封府,异夫党枯护朽辈人。夫故立异端,喜造奇说,汉有刘向,晋有葛洪,近者沈约又其甚一作"比"。也。后来君子,幸为详焉。

【按】向、洪书杂家也,休文书正史也,故曰"又甚"。

昔魏史二字有疑。称朱异二字亦恐误。有口才,挚虞有笔才。故知喉舌翰墨,其辞本异。而近世作者,撰彼口语,同诸笔文。斯皆以元瑜、孔璋之才,而处丘明、子长之任。文之与史,何相乱之甚乎?

【按】此亦史体尚质旨。

【注 释】

口才、笔才 《吴志》:朱异,字季文。注:《文士传》曰:异童少往见朱据。据曰:"为我赋一物。"乃坐。异赋弩曰:"南岳之干,钟山之铜。应机命中,获隼高墉。"成而后坐。王《训故》:王隐《晋书》云:挚虞与太叔广,名位略同。广长口才,虞长笔才。广谈虞不能对,退笔难广,广不能答。【按】此见《世说·文学》篇注。而朱异赋物,不言自口,其本传亦不称其口才。《史通》所称,或即二书之言而误记耳。

元瑜、孔璋 魏世子丕《与吴质书》:元瑜书记翩翩,致足乐也。孔璋表章殊健,微为繁富。【按】元瑜,阮禹字。孔璋,陈琳字。

夫载笔立言，名流今古。如马迁《史记》，能成一家；扬雄《太玄》，可传千载。此则其事尤大，记之于传可也。至于一作"如"。近代则不然。其有雕虫末伎，短才小说，或为集不过数卷，【原注】如《陈书·阴铿传》云"有集五卷"，其类是也。或著书才至一篇，【原注】如《梁书·孝元纪》云"撰《同姓名人录》一卷"，其类是也。莫不一一或作"一二"。列名，编诸传末。【原注】如《梁书·孝元纪》云"撰《研神记》"；《陈书·姚察传》云"撰《西征记》《辨茗酪记》"；《后魏书·刘芳传》云"撰《周官音》《礼记音》"；《齐书·祖鸿勋传》云"撰《晋祠记》"。凡此，书或一卷、两卷而已。自余人有文集，或四卷或五卷者，不可胜记，故不具列之。【按】此注于"梁元"复"同姓名录"，去之。事同《七略》，巨细必书，斯亦烦之甚者。

【按】书贵持择。有多而不足传者，有少而不可没者，宜勿以卷帙为差次。然如注内所列，除《周官》《礼记》二音，有关经学，余则琐杂居多。其书即可留而传，固可不具载也。◎《研神》《辨茗酪记》，今本梁、陈纪传原不录，恐姚氏前别本有之。

子曰："齐景公有马千驷，死之日，人无德而称焉。伯夷、叔齐饿于首阳之下，民一讳一不讳，笔误。到于今称之。"若汉代青翟、刘舍，位登丞相，而班史无录；姜诗、赵一，身止计吏，而谢《书》谢承《后汉》。有传。即其例也。今之修史者则不然，其有才德阙如，而位宦通显，史臣载笔，必为立传。其所一无"所"字。记也，止具其生前历官，殁后赠谥，若斯而已矣。虽其间伸以状迹，粗陈一二，么么恒一作"常"。事，曾何足观。始自伯起《魏书》，迄乎皇家《五史》，【原注】《五史》谓《五代史》。通多此体。流荡忘归，《史》《汉》之风，忽焉不祀一作"嗣"。者一无"者"字。矣。

【按】后来诸史,恐益不免,奈何!假如《汉书·列传》人不盈三百,宋史年视西汉稍赢,而《列传》人至二千四百有奇,又辽、金、北人不与焉。何古才之难?而晚秀之蔚,若斯其远耶。

【注　释】

青翟、刘舍 《汉书·申屠嘉传》:自嘉死后,开封侯陶青、桃侯刘舍、柏至侯许昌、平棘侯薛泽、武强侯庄青翟、商陵侯赵周,皆躢躢廉谨,为丞相备员而已,无所能发明功名著于世者。

姜诗 【按】后汉广汉人。姜诗事母至孝,永平三年,察孝廉,拜中郎,除江阳令。其事范《书》具诗妻《庞氏传》中。《史通》不征范而征谢,盖谢《书》则诗自有传也。

赵— 范《书》亦有传,见《载文》篇。

卷十九

汉书五行志错误 第十

班氏著志，抵牾者多。在于《五行》，芜累尤甚。今辄条其错缪，定为四科：一曰引书失宜，二曰叙事乖理，三曰释灾多滥，四曰古学不精。又于四科之中，疏为杂目，一作"志"，非。类聚区分。一作"别"。编之如后。

【按】是篇强半检举错误，如所指遗脱、复沓、淆讹、糅杂之类皆是。至第三科带纠传会，尤为法言。

第一科

引书失宜者，其流有四：一曰史记、《左氏》，交错相并；二曰《春秋》、史记，杂乱难别；三曰屡举《春秋》，言无定体；四曰书名去取，所记不同。

其《志》叙言之不从也，先称史记周单襄公告鲁成公曰，晋将有乱。又称宣公六年，郑公子曼满与王子伯廖语，欲为卿。两引并在《志》中上。◎增注所在，用便翻捡，后仿此。案宣公六年，自《左传》所载也。夫上论单襄，则持史记以标首；下列曼满，则遗《左氏》而无言。遂令读者疑此宣公，亦旧作"上"。出史记；而不或作"下"，误。云鲁后，莫定何邦。是非难悟，进退无准。此所谓史记、《左氏》交错相并也。

【按】春秋以鲁纪年，谁不知宣公为鲁君者！然既先列他书而踵事续叙，则固当于宣公之上加"《春秋》鲁"三字。此书法定律也。

【注释】

单襄告鲁 《史记·世家》：周单襄公与晋郤锜、郤犨、郤至，齐国佐语，告鲁成公曰："晋将有乱，三郤其当之乎！"

曼满语 《左传·宣六》：郑公子曼满与王子伯廖语，欲为卿。伯廖告人曰："无德而贪，其在《周易》丰之离，弗过之矣。"间一岁，郑人杀之。

《志》云：史记成公十六年，公会诸旧讹作"齐"。侯于周。在《志》中上。案成公者，即鲁侯也。班氏凡说鲁之某公，皆以《春秋》为冠。何则？《春秋》者，鲁史之号。言《春秋》则知公是鲁君。一作"公"。今引史记居先，成公在下，书非鲁史，而公舍鲁名。胶柱不移，守株何甚。此所谓《春秋》、史记杂乱难别也。

【按】"史记成公"四字，如何胶并，判语如谳。然此一事，班

《志》之误,更不止此,附悉注中。

【注释】

会于周 本《志》:史记成公十六年,公会诸侯于周,单襄公见晋厉公视远步高,告公曰:"晋将有乱。"鲁侯问天道人故。对曰:"吾非瞽史,焉知天道?吾见晋君之容,殆必祸者也。"【按】此会《史记·周简王纪》及《鲁》《晋》二《世家》皆不载,《左氏·成十六·经·传》亦不书。其文乃在《外传·周语》下卷,然亦不言"成十六年",但曰"柯陵之会"云云。是则"史记成公"以下十三字,乃班《志》自撰之文。本当云《国语》,而误书《史记》也。【又按】柯陵之盟,在成十七年。杜注:柯陵,郑西地。亦非会于周也。

案班《书》为志,本以汉为主。在于汉时,直记其帝号谥耳。至于它代,则云某书、某国君,此其大例也。至如叙火不炎上,具《春秋》桓公十四年:次叙稼穑不成,直云严公【原注】"严公"即"庄公"也。汉避明帝讳,故改曰"严"。◎注旧在后,今移置首见处。二十八年而已。两引并在《志》之上。夫以火、稼之间,别书汉、莽之事。年代已隔,去鲁尤疏。洎乎改说异端,仍取《春秋》为始,而于严公之上,不复以《春秋》建名。遂使汉帝、鲁公同归一揆。必为永例,理亦可容。在诸异科,事又不尔。求之画一,其例无恒。一作"常"。此所谓屡举《春秋》,言无定体也。

【按】此所攻在例不书一,故曰"屡举无定体"。

【注释】

火、稼之间 本《志》：前言火失其性，首举其文曰：《春秋》桓公十四年八月壬申，御廪灾。已下历述火事。至汉平帝末，高祖原庙灾，明年莽居摄而止。其下更端言"稼穑不成"，乃举严公二十八年冬大水亡麦禾之文。中间隔越甚多，其前"春秋"二字，管不及此也。

案本《志》叙汉已前事，多略其书名。至于服妖章，初云晋献公使太子率师，佩之金玦。续云郑子臧好为聚鹬之冠，在《志》中上。此二事之上，每加《左氏》为首。夫一言可悉，而再列其名，省则都捐，繁则大甚。此所谓书名去取，所记不同也。

【按】合前条观之，彼以偶脱"春秋"为轶例，此以连缀《左氏》为冗笔。故云："去取不同。"本宁李氏曰："古人读书细心，一字不肯放过。"观此数条可见。

【注释】

佩金玦 《左传·闵二》：晋献公使太子申生帅师，公衣之偏衣，佩之金玦。后四年，申生缢。

聚鹬冠 《左传·僖二十四》：郑子臧好聚鹬冠，文公恶之，使盗杀之。

第二科
叙事乖理者，其流有五：一曰徒发首端，不副征验；二曰虚编古语，讨事不终；三曰直引时谈，竟无它述；四曰科条不整，寻绎难知；五曰标举年号，详略无准。

《志》曰：《左氏》昭公十五年，晋籍谈如周葬穆后。既除丧而燕。《传》作"宴"，下同。叔向曰："王其不终乎！吾闻之，所乐必卒焉。今王一岁而有三年之丧二焉。"于是乎与丧宾燕，乐忧甚矣。礼，王之大经也。一动而失二礼，无大经矣，将安用之。在《志》中上。案其后七年，王室终如羊舌所说，此即其效也，而班氏了不言之。此所谓徒发首端，不副征验也。

【按】前之引言既征其所料，后之书事不要其所终。有头无尾，故纠之。

【注释】

三年之丧二《昭十五》：六月王太子寿卒，秋八月王穆后崩。叔向曰："王一岁而有三年之丧二焉。"注：天子绝期，唯服三年。故后虽期，通谓之三年。顾炎武《日知录》：礼，为长子三年。妻丧虽期年，而《传》曰父必三年，然后娶，达子之志也。是亦有三年之义。愚谓：天子自绝期，后丧自三年。义本两行耳。

《志》云：《左氏》襄公二十九年，晋女齐语智伯曰：齐高子容、宋司徒皆将不免。子容专，司徒侈，皆亡家之主也。专责速及，侈责将以力毙。九月，高子一作"止"。出奔北燕。所载至此，更无他说。案《左氏》昭公二十年，宋司徒奔陈。而班氏采诸本传，直写片言。阅彼全书，唯征半事。遂令学者疑丘明之说，有是有非；女齐之言，或得或失。此一多"明"字。所谓虚编古语，讨事不终也。

【按】此条李本宁评最明。评曰：高止即高子容。华定即宋司徒。二人并书，宜双收以足前志，而单征高止，此叙事逗漏处。

【注释】

子容专、司徒侈《传》：高子容与宋司徒见知伯，女齐相礼。宾出，司马侯言于智伯曰："二子皆将不免。子容专，司徒侈，皆亡家之主也。专则速及，侈将以其力毙。专则人实毙之，将及矣。"杜注：为此秋高止奔燕，昭二十年华定出奔陈传。【按】司马侯即女齐。

《志》云：成帝于鸿嘉、永始之载，好为微行，置私田于民间。谷永谏曰："诸侯梦得田，占为失国。而况王者蓄私田财物，为庶人之事乎？"在《志》中上。已下弗云成帝悛与不悛，谷永言效与不效。谏词虽具，诸一作"而"。事阙如。此所谓直引时谈，竟无它述者也。

【按】不书悛，不书效，断章取义之书则可也。班之此《志》而文惟半，至几成虚设矣。

【注释】

鸿嘉、永始 荀悦《汉纪》：成帝鸿嘉二年，行幸云阳。大司马音上言："陛下即位十五年，继嗣不立，而日夜出游。外有微行之害，内有疾病之忧。"是时，谷永亦上疏谏。【按】成帝十三年，改元鸿嘉；十七年，改元永始。

其述庶征之恒寒也，先云螯"螯"即"僖"也。有原注，在《杂驳》篇。公十年冬，大雨雹。今《志》作"雪"，疑唐初本作"雹"。随载刘向之占，次云：《公羊经》曰"大雨雹"，续书董生之解。在《志》中下。案《公羊》所说，与上奚殊，而再列其辞，俱云"大雨雹"而已。一脱"已"字。【释】已上专指《志》中釐公十年至专一之政一段而言。又一改作"入"，非。此科始一脱"始"字，一作"又"字。言大雪与雹，继言殒霜杀草，起自春秋，讫一作"终"。乎汉代。其事既尽，仍重叙雹灾。并在《志》中下。分散相离，断绝无趣。【释】此层统本至前后，起自刘歆以为大雨雪及雨雹殒霜，至蜚鸟死一长片千六百字而言。夫同是一类，而限成二条，二句指釐十年。首尾纷挐，而旧脱"而"字。章句错糅。此统指全文。此所谓科条不整，寻绎难知者也。

【按】此条评家丛剌，实未剖疏。剖疏之，须两截看：前一截先举《左氏·釐十年》合《公羊经》所言雨雹以为的，后一截乃统举全文，谓雪、雹、霜三者，忽彼忽此，文不归类。始于釐十之前，先言桓雪，而随以釐雹间之矣，其下复间之雪事焉，忽又间之霜事焉，后又还而述雹焉。故曰"科条不整"也。评者但摘"雹"字之讹，局于釐十年之一事，不复从长片章法处加详，是犹睹一指而失肩背也。◎三传中同经异字，如君氏、尹氏、入郱、入楚之类，未易一二数。传写不准，流传靡常。而谓子玄不识"雪"字"雹"字，恐未足以相服也。夫《公羊》"雹"而《左》"雪"，亦流转之讹也，则或《左经》"雪"而《汉志》"雹"，又或唐本"雹"而近本"雪"。钞胥歧迕，事所应有。且刘向阴盛之解固以解雨雪，即移为雨雹之解，亦岂悖理乎？愚故于"釐十年雨雹"注云"今作'雪'，疑唐本作'雹'也"。

【注释】

刘占董解 《志》"釐十年大雨雪",刘向以为阴气盛也。《公羊经》"大雨雹",董仲舒以为有所渐胁。注:阴气胁也。【按】刘向所举盖《左经》也,《左》无传。

始言继言 《志》:刘歆以为大雨雪,及未当雪而雪,及大雨雹,陨霜杀草,皆常寒之罚。桓八年十月雪,刘、董皆有占。【按】此一段在釐十年《左》"雪"、《公羊》"雹"、仲舒"占"之前。又昭公四年及文帝四、景帝中六、武帝元狩元、元鼎二十三、元帝建昭二十四、阳朔四等年夹志"雪",又定公元、釐公三及武帝元光四、元帝永光元等年夹志"霜",又釐公二十九、昭公三及武帝元封三、宣帝地节四等年复志"雹"。【按】此三段并在釐十年《志》文之后。

夫人君改元,肇自刘氏。史官所录,须存凡例。案斯《志》之记异也,下所引并在《志》中下,即前条所述恒寒事内之文。首列元封年号,不详汉代何君;次言地节、河平,具述宣、成二帝。【原注】宣帝地节四年,成帝河平二年,其纪年号如此。武称元鼎,每岁皆书;【原注】始云元鼎二年,又续云元鼎三年。案三年宜除元鼎之号也。哀曰建平,同年必录。【原注】始云哀帝建平三年,续复云哀帝建平三年。案同是一年,宜云是岁而已,不当重言其年也。此所谓标举年号,详略无准者也。

【按】古人此等处,多不甚检点。后世文笔益靡,然而犯此者少矣。

第三科

释灾多滥者,一脱"者"字。其流有八:一曰商榷前世,全违故实;二曰影响不接,牵引相会;三曰敷演多端,准的无主;四曰轻持善政,用配妖祸；五曰但伸解释，不显符应；六曰考核虽说，义理非精；七曰妖祥可知，寝嘿无说；八曰不循经典，自任胸怀。

《志》云：史记周威烈王二十三年，九鼎震。是岁，韩、魏、赵篡晋而分其地，威烈王命以为诸侯。天子不恤同姓，而爵其贼臣，天下不附矣。在《志》中上。案周当战国之世，微弱尤甚。故君疑窃斧，台名逃债。正一有"可"字。比夫泗上诸侯，附庸小国者耳。至如三晋跋扈，欲为诸侯，虽假王命，实由已出。譬夫近代莽称安汉，匪平帝之至诚；卓号太师，岂献皇之本愿。而作者苟责威烈以妄施爵赏，坐贻妖孽，岂得谓此三字，一作"谓得"二字。"人之情伪，尽知之矣"一无"知"字。者乎！此所谓商榷前世，全违故实也。

【按】揆时势以立言，非奖乱也。◎此为《通鉴》纲目之所托始，其文皆曰："命晋大夫、魏斯、赵籍、韩虔为诸侯，司马氏言天子自坏其礼也。"释书法者，言以正纲常为万世戒也，皆以病周也。夫国形至纽解之时，天变垂鼎震之警，《汉志》此占为宋儒发脉是矣。然耳食者，遂不复以世会参之矣。要之维世觊世，各具识解。宋人议论揩撑，无救于弱势积痿不起者。妾乘夫，奴制主，且然矣。噫！

【注释】

窃斧逃债 《汉书·诸侯王表叙论》：自幽平之后，日以陵夷，分为二周，有逃责之台，被窃斧之言。注：服虔曰："周赧王负责。主伯责急，乃逃于此台。后人因以名之。"师古曰："斧钺，王者以为威也。周衰，政令不行，虽有斧钺，无所用之。是谓私窃隐藏之耳。"《陈书·纪》：九锡诏云："窃斧逃责，容身之地无所。"

莽称安汉 《汉书·王莽传》：莽讽益州令塞外蛮夷献白雉，群臣盛称莽功德，致周成白雉之瑞，莽有定国安汉家之功，宜赐号安汉公。

卓号太师 《后汉·卓传》：卓徙都长安，讽朝廷使光禄勋宣璠持节拜卓为太师，位诸侯王上。

《志》云：昭公十六年九月，大雩。先是，昭母夫人归氏薨，昭不戚，而大一无"大"字，下同。蒐于比蒲。又曰：定公十二年九月，大雩。先是，公自侵郑归而城中城，二大夫围郓。在《志》中上。案大旧衍"夫"字。蒐于比蒲，昭之十一年。城中城、围郓，定之六年也，其二役去雩，皆非一载。夫以国家恒一作"常"。事，而坐延灾告，岁月既遥，而方闻响一作"感"。应。斯岂非乌有成说，扣寂为辞者哉！此所谓影响不接，牵引相会也。

【按】传会征应，是《五行志》真坐病处。是科所陈，比诸科立意稍歧，然仍入肯綮。◎《志》言某眚之罚，定作某应，此为真付会。是科两大雩于年暌罚异之间，纠其缪幽，故可作付会用。亦仍可作错误用也。

《志》云：严公"严"谓"庄"，原注旧在此。七年秋，大水。董仲舒、刘向以为严母姜与兄齐侯淫，共杀桓公。严释父旧讹作"公"。仇，复娶齐女，未入先与之淫，一年再出会，于道逆乱，臣下贱之之旧脱一"之"字。应也。又云：十一年秋，宋大水。董仲舒以为时鲁、宋比年有一作"为"。乘丘、鄑之战，百姓愁怨，阴气盛，故二国俱水。【原注】谓七年鲁大水，今年宋大水也。◎并在《志》之上。案此说有三失焉。【释】三失，专指比年战之占。何者？严公十年、十一年，公败宋师于乘丘及鄑。夫以制胜克敌,策勋命赏,可以欢一无"以"字。"欢",一作"祈"。荣降福,而反愁怨贻灾邪?其失一也。且先是数年,严遭大水,【原注】亦谓七年。校其时月,殊在战前。而云与宋交兵,故二国大水,其失二也。【释】此二失,专就大水占战说。况于七年之内,已释水灾,始以齐女为辞,终以宋师为应。前后靡定,向背何依?一作"倚"。其失三也。【释】此一失合母姜与战事对勘说。夫以一灾示告,而三说竞兴,此所谓敷演多端,准的无主一有"者"字。也。

　　【按】此亦搜抉付会之一间。◎克敌降福之说,评者非之,以为贪人土地,不得云福。愚谓,本文盖据鲁而言,人侵我地,而我克之,岂贪耶?刘说非过。

【注释】

比年有战　《左传·庄十·经》:公败宋师于乘丘。又《十一·经》:公败宋师于鄑。杜注:乘丘鄑并鲁地,鄑子斯反。

其释"厥咎舒,厥罚恒燠",以为其政弛慢,失在舒缓,故罚之以燠,冬而亡冰。在《志》中下,以下并同。寻其解《春秋》之无冰也,皆主内失黎庶,外失诸侯;不事诛赏,不明善恶;蛮夷猾夏,天子不能讨;大夫擅权,邦君不敢制。并《志》内释无冰之语。若斯而已矣。次至武帝元狩照《志》改,旧作"元封"。六年冬,亡冰,而云先是遣卫、霍二将军穷追单于,斩首十余万级,归而大行庆赏。上又闵悔一作"恤"。勤劳,遣使巡行天下,存赐鳏寡,假一多"贷"字。与乏困,此二字,或作"之因"。举遗逸独行君子诣行在所。郡国有以为便宜者,上丞相、御史以闻。于是天下咸喜。【释】述《志》止此。案汉帝其武功文德也如彼，其先猛后宽也如此，岂是有懦弱凌迟之失，而无刑罚戡定之功哉！何得苟以无冰示灾，便谓与昔人同罪。矛盾自己，始末相违，岂其甚邪？此所谓轻持善政，用配妖祸也。

【按】此讥占者，不自关照，解灾罚则然，征事实则不然。以违反为参合，所谓矛盾自己也。似此并穷于傅会矣。昆圌黄氏叔琳谓"《五行志》自走拙路"，此其是欤。

《志》云：孝昭元凤三年，太山有大石立。眭孟以为当有庶人为天子者。京房《易传》云："太山之石颠而下，圣人受命人君虏。"又曰：石立于山，同姓为天下雄。在《志》中上。案此当是孝宣皇帝即位之祥也。夫宣帝出自闾阎，坐登宸极，所谓"庶人受命"者也。以曾孙血属，上篡皇统，所谓"同姓一多"之"字。雄"者也。昌邑见废，谪居远方，所谓"人君虏"者也。【释】自案此以下，皆子玄推说之辞。班《志》脱书所应。班《书》载此征祥，虽具有剖析，而求诸后应，曾不缕陈。叙事之宜，岂其若是？苟文有所阙，则何以载一作"成"。言者哉？此所谓但申解释，不显符应也。

【按】此条与第二科徒发首端略同。◎愚谓《志五行》者，止记灾祥，不摭符应，并亦不缀訾解，乃是正体。庐陵司天考所以识冠前史也，而班《志》则必申解，必征应。至如此《志》，又类例不全，能逃子玄之驳乎！

【注 释】

眭孟《汉书·眭弘传》：弘，字孟，从嬴公受《春秋》为议郎。孝昭元凤三年，泰山芙芜山南有大石自立，孟推《春秋》之意，以石乃阴类，下民之象。泰山乃王者易姓告代之处，此当有从匹夫为天子者。霍光恶之。诛后五年，孝宣帝兴于民间，征孟子为郎。

《志》云：成帝建始三年，小女陈持弓年九岁，走入未央宫。又云：绥和二年，男子王褒入北司马门上前殿。在《志》上下。班《志》虽已有证据，言多疏阔。今聊演而申之。案女子九岁者，九一脱"九"字。则阳数之极也。男子王褒者，王则巨君之姓也。入北司马门上前一少"前"字。殿者，王莽始为大司马，至哀帝时就国。帝崩后，仍此官，因以篡位。夫人一无"人"字。入司马门而上殿，亦由作"犹"。从大一少"大"字。司马而升一作"登"。极。灾祥示兆，其事甚明。忽而不书，为略何甚？此所谓解释虽说，义理非精也。

【按】班《志》此事证应已具，特"九"字未释，王姓姓字未点耳。加演二言，无关错误。

《志》云：哀帝建平四年，山阳女子田无啬怀妊二字刘补。未生。二字今依《志》补。二依《志》改，旧作"三"。月，儿啼腹中。及生，不举，葬之陌上。三日，人过闻啼声。母掘土收养。在《志》下上。寻本《志》虽述此妖灾，而了无解释。案人从胞至育，含灵受气，始末有成一作"恒"。数，前后有定准。此何待言，毋乃累笔。至于一无"于"字。在孕甫尔，遽发啼声者，亦由作"犹"，下同。物有基业未彰，而形象已兆，即王氏篡国之征。生而不举,葬而不死者,亦由物有期运已定,非诛蕲所平,即王氏受命之应也。【释】此上为本《志》补占,此下合前条此论。又案班云一作"志",下多"以"字。"小女陈持弓"者,"陈"即莽之所出;此语班《志》所有。如"女子田无啬"者,"田"故莽之本宗。此意班《志》未言。事既同占,言无一概。岂非唯知其一,而不知其二者乎?此所谓妖祥可知,寝嘿无说也。

【按】此因本《志》"田无啬"前后数事相比,各著占解,惟此独无,故为摘补云尔。然在班为阙例,在刘为小言。盖亦随入向歆窠臼,不能解脱也。◎上二条可省。

【注释】

陈之出、田之宗 《莽传》:莽下书,曰:"予托于皇初祖考黄帝之后,皇始祖考虞帝之苗裔。"又曰:"虞帝之先受姓曰姚,其在陶唐曰妫,在周曰陈,在齐曰田,在济南曰王。"其令天下上此五姓名籍于秩宗,封陈崇为统睦侯奉胡王后。田丰为世睦侯奉敬王后。注:孟康曰:"胡王追王陈胡公,敬王追王田敬仲。"

当春秋之时,诸国贤后多矣。如沙鹿《传》作"麃",《志》作"麓"。其坏,梁山云崩,鹢退蜚于宋都,龙交斗于郑水。或伯宗、子产,具述其非妖;或卜偃、史过,《传》作"周内史叔兴"。盛言其必应。并在《志》下上。盖于时有识君子,以为美谈。故左氏书之不刊,贻厥来裔。既而古今路阻,闻见壤隔,至汉代儒者董仲舒、刘向之徒,始别构异闻,辅申它说。以兹后学,陵彼先贤,盖今谚所谓"季与厥昆,争知嫂讳"者也。"知嫂"五字,一作"私嫂者"三字,谬。【原注】今谚曰:"弟与兄,争嫂字。"以其名鄙,故稍文饰之。◎一失此注。而班《志》尚舍长用短,捐旧习新,苟出异同,自矜魁博,多见其无识者矣。此所谓不循经典,自任胸怀也。

【按】意宗左氏《传》为主,而斥群说之支离,所言最直截。然则陈持弓之演义,田无啬之补占,得毋亦蹈自矜魁博之诮乎?

【注释】

沙鹿、梁山、鹢蜚、龙斗 《左传·僖十四》:秋八月,沙鹿崩。晋卜偃曰:"期年将有大咎。"几亡国。杜注:沙鹿,山名。又《成五》:梁山崩,晋侯以传召伯宗。伯宗辟重。重,绛人也。问焉,曰:"国主山川,山崩川竭,君为之不举。降服、乘缦、彻乐、出次、祝币、史辞以礼焉。如此而已。"伯宗以告而从之。又《僖十六》:六鹢退飞过宋都,风也。周内史叔兴聘于宋。宋襄公问焉,曰:"是何祥也?吉凶焉在?"对曰:"君将得诸侯而不终。"退而告人曰:"君失问,阴阳之事,非吉凶所生也。"又《昭十九》:郑大水,龙斗于时门之外洧渊。国人请禜焉,子产弗许。曰:"我斗龙不我觌也,龙斗我独何觌焉?禳之则彼其室也。吾无求于龙,龙亦无求于我。"乃止。

董、刘别构异闻 《志》:沙麓崩。《穀梁》曰:林属于山曰麓,沙其名也。刘向以为背叛散乱之象,齐桓霸道将废。公羊以为沙麓河上邑也。董仲舒说略同。又:梁山崩。《穀梁》曰:壅河三日不流,晋君率臣哭之乃流。刘向以为山阳,君也;水阴,民也。丧亡象也。董说略同。又:六鹢退蜚过宋都。刘歆以为风发它所,至宋而高。鹢高蜚而逢之则退,象宋襄与强楚争盟。后六年为楚所执,应六之数云。又:龙斗于郑洧渊。刘向以为近龙孽也。郑以小国摄乎晋、楚之间。重以强吴,郑当其衡。子产任政,郑卒无患。能以德消变之效也。【按】龙之占,后又见《杂驳》篇。

第四科

古学不精者,其流有三:一曰博引前书,网罗不尽;二曰兼采《左氏》,遗逸甚多;三曰屡举旧事,不知所出。

《志》云:庶征之恒一作"常"。风,刘向以为《春秋》无其应。刘歆以为釐十六年《左氏传》释六鹢同"鹢"。退飞是也。在《志》下上。案旧史称刘向学《穀梁》,一有"刘"字。歆学《左氏》。既祖习各异,而闻见不同,信矣。而周木斯拔,郑车偾济,风之为害,备于《尚书》《春秋》。向则略而不言,歆则知而不传。恐当作"博"。【释】此就风占所遗进难。又详言众怪,历叙群妖。述雨螽为灾,在《志》中上。而不录赵毛生地;书异鸟相育,在《志》中下。而不载宋雀生鹯。斯皆见小忘大,举轻略重。盖学有不同,识无通鉴故也。【释】此又检出二事之未尽者进难。且当炎汉之代,厥异尤奇。若景当作"武"。帝承平,赤风如血;于公在职,亢阳为旱。惟一作"在"。纪与传,各具其详,在于《志》中,独无其说者,何哉?【释】此更搜出本书所有彼载此遗进难。此所谓博引前书,网罗不尽也。

【按】不尽之款三,而前二款款从它出,后一款款在自边。越追越紧,觉此老于此事真路熟眼明。

【注释】

木拔 见《金縢》。

车偾 《左传·隐三》:冬庚戌,郑伯之车偾于济。杜注:既盟而遇大风,

《传》记异也。

雨氂 《志》中上：天汉元年，天雨白毛。三年八月，天雨白氂。《京房易传》曰：前乐后忧，厥妖天雨羽。

赵毛生地 《风俗通·皇霸》篇：赵王迁信秦反间，杀李牧，遂为所灭。先此童谣曰："赵为号，秦为笑。以为不信，视地上生毛。"谣亦见《赵世家》。

鸟相育 《志》中下：成帝绥和二年三月，天水平襄有燕生爵，哺食至大，俱飞去。《京房易传》曰：燕生爵，诸侯销。一曰："生非其类，子不嗣世。"

宋雀生鹯 王《训故》：贾谊《新书》曰："宋康王时有雀生鹯于城之陬。占曰：吉。小而生大，必霸天下。康王喜，于是灭滕伐诸侯。射天笞地，灭社稷。齐侯伐之，王逃于郳侯之馆而死。"【按】即宋王偃也。

赤风如血 《汉书·孝武纪》：建元四年，夏有风，赤如血。

亢阳为旱 《汉书·于定国传》：父于公为郡决曹。东海太守杀孝妇，郡中枯旱三年。后太守至，卜其故。于公曰："孝妇不当死，前太守强断之，咎傥在是乎？"于是太守祭孝妇冢，表其墓，天立大雨。

《左传》云：宋人逐猰《志》作"猘"。狗，华臣出奔陈。在《志》中上。又云：宋公子地旧误作"它"，下同。有白马，景公夺而朱其尾鬣。地弟辰以萧叛。在《志》下上。班《志》书此二事，以为犬马之祸。【原注】此二事是班生自释，非引诸儒所言。案《左氏》所载，斯流实繁。如季氏之逆也，由斗鸡而傅介；卫侯之败也，因养鹤以乘轩。曹亡首于获雁，郑弑旧作"杀"。萌于解鼋。郯传作"邻"。至夺豕而家灭，华元杀原作"煞"，一作"烹"。羊而卒奔。此亦一讹"言"。白黑之祥，羽毛之孽。何独舍而不论，唯征犬马而已。此所谓兼采《左氏》，遗逸甚多也。

【按】狗獫鼋朱，本非物怪，故条内拾遗，皆词此类。然愚以此段科眼尚未厌心，不如直折之曰"贪采《左氏》阑入非妖"，似更快爽也。

【注 释】

獫狗 《左传·襄十七》：国人逐獫狗，獫狗入于华臣氏。国人从之，华臣惧，遂奔陈。

朱尾鼋 《定十》：宋公子地有白马四。景公嬖向魋，魋欲之，公取而朱其尾鬣以予之。地怒，使其徒抶魋而夺之。

鸡搏介 《昭二十五》：季郈之鸡斗，季氏介其鸡，郈氏为之金距。平子怒，益宫于郈氏，且让之，故郈昭伯怨平子。

鹤乘轩 《闵二》：卫懿公好鹤。鹤有乘轩者，狄伐卫。将战，国人受甲者皆曰："使鹤。鹤实有禄位，余焉能战？"

获雁 《哀七》：曹伯阳好田弋。曹鄙人公孙强好弋，获白雁，献之。使为司城。强言霸说于曹伯，从之，乃背晋而奸宋。宋人伐之，晋人不救，遂灭曹。

解鼋 《宣四》：楚人献鼋于郑灵公。子公子家将见。子公之食指动，以示子家曰："他日我如此，必当异味。"及入，宰夫将解鼋，相视而笑。公问之，以告。及食，召子公而弗与也。怒，染指于鼎，尝之而出。公怒。子公弑灵公。

夺豕 《成七》：晋厉公田，妇人先杀而饮，后使大夫杀。郤至奉豕，寺人孟张夺之，郤至射而杀之。公曰："季子欺予。"谋诛三郤。

杀羊 见《模拟》篇。

案《太史公书》，自《春秋》已前，所有国家灾眚，贤哲占候，皆出于《左氏》《国语》者也。今班《志》所引，上自周之幽、厉，下终鲁之定、哀。而不云《国语》，唯称史记，岂非忘本徇末，逐近弃远者乎？此所谓屡与旧事,不知所出也。

【按】数典而忘其祖,注书家亦通多此病。浚仪王氏有云:东坡诗"黄花后秋节,远自夏小正",盖以夏小正有"九月荣鞠"之句也。注者止引月令,非也。愚鉴于此,如《史通》本摘《元魏书》也,注家辄引《北史》当之;本摘沈《宋》萧《齐》书也,注家辄引《南史》当之。自余《杂述》,枚举更多。拙注一依文返本,庶免举事不原所出之诮云。附识。

【注释】

不云《国语》 【按】第一科之二条云"公会诸侯于周",即是"不云《国语》"之一也。又其他如"言不从"之征三邻,语"火沴水"之征谷洛斗,其误亦同,《志》中屡见。

所定多目,凡二十或讹"一十九",或讹"二十九"。种。但其失既众,不可殚论。故每目之中,或时举一事。庶触类而长,他皆可知。【释】缴过四科。又案斯志之作也,本欲明吉凶,释休咎,惩恶劝善,以戒将来。【释】数语提下,言既号五行,征应宜核矣。至如春秋已还,汉代而往,其间日蚀、地震、石陨、山崩、雨雹、雨鱼、大旱、大水。犬一作"鸡",与注不应。豕为祸,桃李冬花,多一无"多"字。直叙其灾,而不言其应。【原注】载春秋时日蚀三十六而二不言其应,汉时日蚀五十三而四十不言其应(并下下)。又惠帝二年,武帝征和二年,宣帝本始四年,元帝永光三年、绥和二年,皆地震(下上)、陨石(下下),凡十四,总不言其应。又高后二年,武都山崩(下上);成帝河平二年,楚国雨雹,大如斧,蜚鸟死(中下);成帝鸿嘉四年,雨鱼于信都（中下）；孝景之时大旱者二（中上）；昭成二代大雨水三（中上）；河平元年，长安有如人状，被甲持兵，弩击之，皆狗也（中上）；又鸿嘉中，狗与豕交（中上）；惠帝五年十月，桃李花，枣实（中下）。皆不言其应也。◎注字有与行本不同者，皆照《史》改。此乃一作"皆"，非。鲁史之《春秋》、《汉书》之帝纪耳，何用复编之于此志哉！昔班叔皮云：司马迁叙相如则举其郡县，著其字。此三字照班《传》补，旧脱。萧、曹、陈平之属，"陈平之属"四字，亦旧脱，照《传》补。否则萧、曹亦马迁并时矣。仲舒并时之人，不记其字，或县而不郡，盖有所未暇也。若孟坚此《志》，错缪殊多，岂亦刊削未周者邪？不然，何脱略之甚也。【释】已上皆谓《志》应逗漏不齐。亦有穿凿成文，强生异义。如蜮之为惑，麋之为迷，陨五石者齐五子之征，溃旧作"崩"，误。七山者汉七国之象，叔服会葬，郕旧作"成"，非。伯来奔，亢阳所以成妖，郑易许田，鲁谋莱国，食苗所以为祸。诸如此比，一作"事"。其类弘多。徒有解释，无足观采。知音君子，幸为祥焉。【释】此段谓有解有征而又失之凿也。

【按】此条束上，而又推类言之。脱略穿凿，四字分括。◎班氏志五行，纠轕曼延，都为五册。虽嗜古之士，擎未盈卷，辄已神惛。今观《史通》之编排错误也，科总以四，流别二十。如铺一箔米，砂稗秕麸，粒中自献；如摊一本律，以准皆各，例裹出支。非穿穴烂熟，安从措手？尝窃自料，使我下笔，能为杂驳体，决定不作科别体。非不作也，不能也。后生口滑，嗤点前贤，假有掩去斯篇，第令拟立条目，蚤恐不见水端旋其面目者矣。敢持斯语，箴警嚣嗸者。◎后史志灾祥，咸知刊落葛藤矣。然篇宗五行，卒相踵不改，何也？门分则有条，纲与则无漏。班仍事祖哉。

【注释】

司马迁至未暇也 皆《后汉书·班彪传》之文。【按】董仲舒,《史记》入儒林传。

蜮为惑 《志》下上：严公十八年秋有蜮。刘向以为蜮生南越，越地男女同川浴，乱气所生，故名之曰"蜮"。蜮犹惑也。

麋为迷 《志》中上：严公十七年冬多麋。刘向以为麋色青近。青，祥也。麋之为言迷也，盖牝兽之淫者也。

五石五子 《志》下上：釐公十六年正月，陨石于宋五。刘歆以为正月，日在星纪，厌在玄枵。玄枵，齐分野也，石山物，齐太岳后。五石象齐威卒而五公子作乱。

七山七国 《志》下上：文帝元年，齐楚地山二十九所，大发水溃出。刘向以为水渗土，天戒勿盛齐、楚之君。后十六年，帝分齐地，立悼惠王庶子六人皆为王。至景帝三年，齐、楚七国起兵，汉皆破之。汉七国众山溃，咸被其害。【按】文言溃七山者，七国之山皆水溃也。

叔服郕伯 《志》中上：文公二年，自十二月不雨。至于秋七月，天子使叔服会葬。【按】事详《杂驳》首条。又：十三年，自正月不雨。至于秋七月，先是曹杞滕来朝，郕伯来犇，秦使来聘，城诸及郓。二年之间，五国趋之。内城二邑，炕阳失众。

易田谋莱 《志》下上：隐公八年九月螟。时郑伯以邴将易许田，有贪利心。《京房易传》曰："贪厌灾虫，虫食根。"又中下：桓公五年螽。刘向以为介虫之孽，易邑兴役。宣公六年螽。刘向以为宣比再如齐谋伐莱。

五行志杂驳 第十一

【原注】春秋时事，违误最多。总十五条。【按】此注的是原文，《杂驳》总不越春秋时也。

鲁文公二年，不雨。班氏以为自文即位，天子使叔服会葬，毛伯赐命，又会晋侯于戚。上得天子，外得诸侯，沛然自大，故致亢阳之祸。《志》中上。案周之东迁，日以微弱。故郑取温麦，隐三。射王中肩。桓五。楚绝苞茅，僖四。观兵问鼎。宣三。事同列国，变《雅》为《风》。如鲁者方大邦不足，比小国有余。安有暂降衰周使臣，遽以骄矜自恃，坐招厥罚，亢阳为怪。一无"为怪"二字。求诸人事，理必不然。天高听卑，岂其若是也。

【按】此条所驳，专主"上得天子"句，"外得诸侯"特带引。◎从周衰入议，似隔膜。

【注释】

会葬赐命会戚 本《志》师古注：会葬，葬僖公。赐，赐以命圭为瑞信也。会戚，大夫公孙敖会之。戚，卫地。

变雅为风 《黍离》郑笺：幽王之乱，宗周灭，平王东迁，政遂微弱，下列于诸侯。其诗不能复《雅》，而同归于《国风》焉。

《春秋》成公元年，无冰。班氏以为其时王札子一误作"子札"，下同。杀召伯、毛伯。《志》中下。案今《春秋经》札子杀毛、召，事在宣十五年。而此言成公时，未达其说。下去一讹作"云"。无冰，凡有三载。

【按】此条纠年分之讹,本颜注立说。

【注释】

今春秋至未达其说 本《志》师古注:王札子,即王子捷。召伯、毛伯,皆周大夫。其下即今《春秋》五句之文。

去无冰三载 【按】宣公之年尽于十八,今自宣十五,下距成公之元,凡三年也。

《春秋》昭公九年,陈火。董仲舒以为陈夏征舒弑君,楚严王【原注】"严"即"庄"也。皆依本书不改其字。下同。托欲为陈讨贼,陈国辟门而待之,因灭陈。陈之臣子毒恨尤甚,极阴生阳,故致火灾。《志》下上。案楚严王之入陈,乃宣十一年事也。始有蹊田之谤,取愧叔时;一讹作"取讥隗叔"。终有封国之恩,见贤尼父。毒恨尤甚,其理未闻,又一脱"又"字。案陈前后为楚所灭者三,始宣十一年为楚严王所灭,次昭八年为楚灵王所灭,后哀十七年为楚惠王所灭。今董生误以陈次一脱"次"字。亡之役,是楚始灭之时,遂妄有占候,虚辨物色。寻昭之上去于宣,鲁易四公;一作"主"。严之下至于灵,楚经五代。虽悬隔顿别,而混杂无分。嗟乎!下帷三年,诚则勤矣。差之千里,何其阔哉!

【按】旧评谓董误以楚灵之事移于楚庄,是也。又有评云:宣十一年未尝言灭陈,昭公八年乃灭之。以三灭之言为不审,夫既县之矣。非灭而何?其初灭而复封,其继亦灭而复立,至哀十七年之灭然后亡。子玄此条,殊无不审之言也。◎宣十一灭陈,本《志》董占及《左传》杜注,皆有明文。

【注释】

蹊田 《左传·宣十一》：楚子为陈夏氏乱故，伐陈。因县陈。申叔时曰："人亦有言曰：'牵牛以蹊人之田，而夺之牛。'牵牛以蹊者，信有罪矣；而夺之牛，罚已重矣。"

见贤尼父 《史记·陈世家》：楚庄王伐陈。因县陈而有之。申叔时谏庄王。乃迎陈灵公太子午于晋而立之，复君陈如故，是为成公。孔子读史记至楚复陈，曰："贤哉楚庄王！轻千乘之国而重一言。"【按】即如此注，王本全引《左传》，而以"贤哉"一赞贯入之，亦不原所出之一端也。《左传》乌有此赞哉。

陈为楚灭者三 楚始灭陈，即宣十一县陈事。注：灭陈以为楚县。《昭八》：楚公子弃疾帅师奉孙吴围陈，宋戴恶会之。冬十一月，灭陈。晋侯问于史赵，曰："陈其遂亡乎？"对曰："未也。岁在鹑火，卒灭。今在析木之津，犹将复由。"《哀十七》：楚白公之乱，陈人恃其聚而侵楚。楚既宁。楚子使武城尹帅师取陈麦，遂围陈。秋，灭陈。

楚严至灵五代 《楚世家》：庄王卒，子共王审立。共王卒，子康王招立。康王卒，子员立，是为郏敖。公子围弑之而自立，是为灵王。凡五世。

《春秋》桓公三年，日有蚀之，既。京房《易传》以为后楚严始称王，《志》无"始"字。此用师古注语。兼地千里。《志》下下。案楚自武王僭号。邓盟是惧，荆尸久旧讹"又"。传。亦用师古注语。历文、成、缪三王，一作"主"。方至于严。是则楚之为王，已四世矣，何得言严始称之者哉？又鲁桓公薨后，历严、闵、釐、文、宣，【原注】"釐"即"僖"。皆依本书，不改其字也。下同。凡五公。而楚严始作霸，安有桓三年日蚀而已应之者邪？非唯叙事有违，亦自一无"自"字。占候失中者矣。

《春秋》釐公二十九年秋，大雨雹。刘向以为釐公末年，公子遂专权自恣，至于弑君，阴胁阳之象见。釐公不悟，遂后二年杀公子赤，立宣公。《志》中下。案遂之立宣杀子赤也，此乃文公末代。辄谓僖公暮年，世实"世实"，一作年世。悬殊，言何倒错？

【按】此与上条皆驳《志》中占事年世悬殊之缪。年既缪矣，占复何施？禨祥家言，果可依据哉？

【注释】

邓盟 《桓二》：蔡侯、郑伯会于邓，始惧楚也。注：楚武始僭号称王，欲害中国。蔡、郑近楚，故惧而会盟。

荆尸 《庄四》：楚武王荆尸，授师孑焉。注：尸，陈也。更为楚陈兵之法。扬雄方言：孑，戟也。然则楚始于此参用戟为陈。

楚始称王 《楚世家》：楚熊通伐随，随人之周，请尊楚，王室不听。熊通怒曰："吾先鬻熊，文王之师也，早终。成王令我先公以子男田居楚，蛮夷率服。而王不加位，我自尊耳。"乃自立为武王。【按】此楚始称王明文也。评者云：楚先熊渠三子，有句亶王、鄂王、越章王之称，称王非始于武。以此驳刘。夫三号者，非当国本号，乃为子时父名之，不久便除之，复何足算？且事在《春秋》前百年矣。《杂驳》诸条，皆不越《春秋》时事，题下注又甚明也。视短而喙长，可谓辨乎？

杀赤立宣 见《编次》篇。事在文公十八年。公子遂者，襄仲也。公子赤者，恶也。

《春秋》釐公十二年，日有蚀之。刘向以为是时莒灭杞。《志》下下。案釐一无"案"字。一无"釐"字。十四年，诸侯城缘陵。《公羊传》曰：曷为城？杞灭之。孰灭之？盖徐、莒也。如中垒所释，当以《公羊》为本耳。一作"尔"。然则作"然而"用。《公羊》所说，不如《左氏》之详。《左氏》襄公二十九年，晋平公时，杞尚在云。"在"，一作"存"。旧赘二"云"字。

【按】此等皆申《左》之余。◎有据《史记》杞亡在获麟后四十八年，而病刘未审者，不知刘但据《春秋》言春秋，持《左氏》已足折《公羊》矣。岂待更要其后乎？此亦失记题下注语者也。

【注释】
杞尚在 《左传·襄二十九》：晋侯使司马女叔来治杞田，弗尽归也。晋悼夫人愠叔侯曰："杞，夏余也。而即东夷，鲁周公之后也。而睦于晋，何必瘠鲁以肥杞。"注：夫人，杞女也。

《春秋》文公元年，日有蚀之。刘向以为后晋灭江。《志》下下。案本《经》书文四年，楚人灭江。今云晋灭，其说无取。本《志》师古注亦云。且江居南裔，与楚为邻；晋处北方，去江殊远。称晋所灭，其理难通。

【按】此止一字之讹，或传写者误？未可知。

《左氏传》鲁襄公时，宋有生女子赤而毛，弃之堤下。宋平公母共姬之御者见而收之，因名曰弃。长而美好，纳之平公，生子曰佐。后宋臣伊戾谮太子痤一脱"伊"字。戾谮太子痤一讹"座"。而杀之。【原注】事在襄二十六年。先是，大夫华元出奔晋，【原注】事在成十五年。华合比奔卫。【原注】事在昭六年。刘向以为时则有火灾，赤眚之明应也。《志》中下。案灾祥之作，将应后来；事迹之彰，用符前兆。如华元奔晋，在成十五年，参诸弃堤，实难符会。又合比奔卫，在昭六年，而与元奔，一作"华元奔晋"。俱云"先是"。惟前与后，事并相违者焉。

【按】前后既不相会，后更不得云先。一《志》两失。

【注释】

伊戾谮《左传·襄二十六》：宋寺人惠墙伊戾为太子内师而无宠。楚客聘于晋，过宋。太子野享之，伊戾从至。则歃，用牲，加书，征之。而骋告公曰："太子将为乱，既与楚客盟矣。"公使视之，信有焉。太子缢。

华元奔晋《左传·成十五》：华元曰："吾为右师，公室卑而不能正，吾罪大矣。敢赖宠乎？"乃出奔晋。

合比奔卫《左传·昭六》：宋寺人柳有宠，太子佐恶之。华合比曰："我杀之。"柳闻之告公曰："合比将纳亡人之族。"公逐华合比。合比奔卫。

《春秋》成公五年，梁山崩。《志》下上。七年，鼷鼠食郊牛角。《志》中上。襄公十五年，日有蚀之。《志》下下。董仲舒、刘向皆以为自此前一无"前"字。后，晋为鸡泽之会，诸侯盟，大夫又盟。后为溴音读如"葛"。梁之会，诸侯一多"不"字。在而大夫独相与盟，君若缀旒，不得举手。又襄公十六年五月，地震。刘向以为是岁三月，大夫盟于溴梁，而五月地震矣。《志》下上。又其二十八年春，无冰。班固以为天下异者。襄公时，天下诸侯之大夫，皆执国权，君不能制，渐将日甚。【原注】《穀梁》云："诸侯始失政，大夫执国权。"又曰："诸侯失政，大夫盟。政在大夫，大夫之不臣也。"◎《志》中下。【释】杂引《志》文止此。眼在"君若缀旒""不得举手""大夫执权，君不能制"等句。案春秋诸国，权臣可得言者，如三桓、六卿、田氏而已。如鸡泽之会、溴梁之盟，其臣岂有若向之所说者邪？【释】先折去董、刘之说。然而《穀梁》谓一作"为"。大夫不臣，诸侯失政。《穀梁传》作"正"，前注同。讥其无礼自擅，在兹一举而已。非是如一作"知"，非。"政由宁氏，祭则寡人"，相承世官，遂移国柄。若斯之失也，若董、刘之徒，不窥《左氏》，直凭二传，遂广为它说，多肆侈陟加切。或误作"大多"二字，或改作"侈"，并非。言。仍云"君若缀旒""臣将日甚"，何其妄也。【释】原出董、刘之说。盖本二传而甚之。

【按】所驳总由援《左》起见，亦与《申左》意同。◎鸡泽、溴梁二盟，苏黄门辙以为合礼，赵氏鹏飞以为尊卑之分正。及与诸释经之言互证之，亦复往往而合。然至襄十六之盟，在晋平之世，权移之渐，亦自此矣。

【注 释】

鸡泽之会《左传·襄三》：六月，公会单顷公及诸侯，同盟于鸡泽。陈成公使袁侨如会求成。晋侯使和组父告于诸侯，秋叔孙豹及诸侯之大夫及陈袁侨盟。陈请服也。杜注：其君不来，使大夫盟之。匹敌之宜。

溴梁之盟《左传·襄十六》：晋平公即位，改服修官，烝于曲沃。警守而下，会于溴梁。命归侵田。晋侯与诸侯宴于温，使诸大夫舞曰："歌诗必类。"

于是叔孙豹、晋荀偃、宋向戌、卫宁殖、郑公孙虿、小邾之大夫盟曰："同讨不庭。"

政由宁氏二句《左传·襄二十六》：卫献公自夷求复国，使子鲜与宁喜相要之言也。

二传为说《襄三·穀梁》：会鸡泽下，即注中云云。又《十六》：会溴梁下，即注中"又曰"云云。又《公羊》：会溴梁诸侯皆在，使其言大夫盟何？信在大夫也，君若赘疣然。

夸言《字书》：夸言犹夸言也。《唐·陆贽传》：夸言无验。

《春秋》昭十七年六月，日有蚀之。董仲舒以为时宿在毕，晋国象也。晋厉公诛四大夫，失众心，以弑死。后莫敢复责一有"其"字。大夫，六卿遂相与比周，专晋国，晋君还事之。《志》下下。案一脱"案"字。晋厉公所尸唯三郤耳，何得云诛四大夫者哉？又州满既死，【原注】今《春秋左氏》本皆作"州蒲"，误也。当为州满，事具王劭《续书志》。【按】续，疑当作"读"。悼公嗣立，选六宫者皆获其才，一作"事"。逐七人者尽当其罪。以辱及扬干，将诛魏绛，览书后悟，引愆授职。此则生杀在己，宠辱自由。故能申五利以和戎，驰三驾以挫楚。威行夷夏，霸复文、襄。而云不复责大夫，何厚诬之甚也。自昭公谓晋昭公。已降，晋政多门。如以君事臣，居下僭上者，此乃因昭之失，渐至陵夷。匪由惩厉之弑，自取沦辱也。岂可辄持彼后事，用诬先代者乎？

【按】节中凡三提句，三驳之。诛四大夫，一驳也；莫敢责大夫，又一驳也；还事其六卿，又一驳也。○细审之，刘为此驳，还似含糊。彼晋厉之事，在鲁成十七八年间，下距昭十七之蚀，且逾五十载。而董占如是，直缘成十七年亦有书蚀之文。因而误牵及此，年迷远近，言出支离，只从迷处醒之日，浑将两个十七，并做一番日蚀。桶底脱了也！刘唯勘未尽彻，所以从前《书志》篇小注，反误"昭"为"成"，而辩亦不中窾。会阅者宜取而参校之。

【注释】

所尸唯三郤 《左传·成十七》：晋杀其大夫郤锜郤犨郤至。《传》：长鱼矫以戈杀之。皆尸诸朝。胥童以甲劫栾书中行偃于朝。公曰：一朝而尸三卿，余不忍益也。对曰：人将忍君。

州蒲 《成十八》：晋杀其君州蒲。【按】厉公名也。其言州蒲，具王劭书。无考。

六官七人 《左传·成十八》：春王正月，晋人迎周子于京师而立之。生十四年矣。周子曰："孤始愿不及此，虽及此，岂非天乎？二三子用我今日，否亦今日。共而从君，神之所福也。"对曰："敢不唯命！"庚午，盟而入。遂不臣者七人。二月，悼公即位于朝。始命百官。凡六官之长，皆民誉也。举不失职，官不易方，所以复霸也。

魏绛 《左传·襄三》：会于鸡泽。晋侯之弟扬干，乱行于曲梁，魏绛戮其仆。晋侯怒。羊舌赤曰："绛无二志，其将来辞。"言终，魏绛至，授仆人书，将伏剑。士鲂、张老止之。公读书，跣而出曰："寡人之过也。子无重寡人之过。"晋侯以魏绛能以刑佐民矣，反役，与之礼食。使佐新军。又《四》：魏庄子请和诸戎曰："和戎有五利焉：贵货易土，稸人成功，四邻振动，师徒不勤，而用德度。"公说，修民事，田以时。

三驾 《襄九》：同盟于戏。晋人不得志于郑，归谋所以息民。行之期年，国乃有节，三驾而楚不能与争。《十年》：晋伐郑师于牛首。《十一年》：四月，伐郑盟于亳城北。秋七月，伐郑会于萧鱼。注：此三驾也。

哀公十三年十一月，有星孛于一无"于"字。东方。董仲舒、刘向以为周之十一月，夏九月，日在氏。出东方者，轸、角、亢也。或曰：角、亢，大国之一无"之"字。象，为齐、晋也。其后田氏篡齐，六卿分晋。《志》下下。案星孛之后二年，《春秋》之经尽矣。又十一年，《左氏》之传尽矣。自《传》尽后八十二年，齐康公为田和所灭。又七年，晋静公为韩、魏、赵所灭。上去星孛之岁，皆出百余年。辰象所缠，氛祲所指，若一作"共"。相感应，何太疏阔者哉？【释】此层为正驳。且当《春秋》既终之后，《左传》未尽之前，其间卫弑君，越灭吴，鲁逊越，旧衍"云云"二字。贼臣逆子破家亡国多矣。此正得东方之象，大国之征，何故舍而不述，远求他代者乎？【释】此层代考时事。益见彼强附之拙。又范与中行，早从殄灭。智入战国，继踵云亡。辄与三晋连名，总以六卿为目，殊为谬也。【释】此层为抽驳。寻斯失所起，可以意测；何者？二传所引，事终西狩获麟。《左氏》所书，语连赵襄灭智。汉代学者，唯读二传，不观《左氏》。故事有不周，言多脱略。且春秋之后，战国之时，史官阙书，年祀难记。而学者遂疑篡齐分晋，时与鲁史相邻，故轻引灾祥，用相符会。白圭之玷，何其甚欤？【释】后以优劣三传结。

【按】意亦归于《申左》也。○三卿分晋而云六卿，师古注亦同此误。○亦可证《杂驳》所陈，只笼在春秋年。

【注释】

卫弑君《哀十七》：卫侯贞卜，其繇曰："如鱼窥尾，衡流而方羊。"公使匠久。公欲逐石圃。石圃因匠氏攻公。公逾于北方而坠，折股。公入于戎州，谓已氏曰："活我，我与女璧。"已氏曰："杀女，璧将焉往？"遂弑之。

越灭吴 《哀二十二》：冬十一月，越灭吴，请使吴王居甬东，辞曰："孤老矣，焉能事君。"乃缢。

鲁逊越 在《哀二十七年》。语见《惑经》篇。

《春秋》釐公三十三年十二月，陨霜不杀草。《志》中下。◎其下刘向占，牵及三家逐昭公之文。成公五年，梁山崩。《志》下上。◎刘向占，亦及三家逐鲁昭。七年，鼷鼠食郊牛角。刘向以似脱"为"字。其后三家逐鲁昭公，卒死于外之象。《志》中上。◎单述一占，括上三灾。案乾侯之出，事由季氏。孟、叔二孙，本所不预。况昭子以纳君不遂，发愤而卒。论其义烈，道贯幽明。定为忠臣，犹且无愧；编诸逆党，何乃厚诬？夫以罪由一家，而兼云二族，以此题目，何其滥欤？

【按】三《志》见三处，皆有三家逐昭之占。此盖专驳三家二字也。本为叔孙昭子洗雪，而笔端少纵，带契孟孙，不免失出。◎釐成与昭，隔世三五，纠不及此，亦更失拈。

【注释】

昭子发愤 《昭二十五》：季氏逐昭公。叔孙昭子自阚归。平子稽颡，曰："苟使意如得改事君，所谓生死而肉骨也。"昭子从公于齐，与公言。公使昭子自铸归。平子有异志。十月辛酉，昭子齐于其寝，使祝宗祈死。戊辰，卒。

《左氏传》昭公十九年，龙斗于郑时门之外洧渊。刘向以为近龙孽也。郑，小国，摄乎晋、楚之间，重以强吴，郑当其冲，不能修德，将斗三国，以自危亡。是时，子产任政，内惠于民，外善辞令。以交三国，郑卒亡患，此能以德销灾之道也。《志》下下。案昭之十九年，晋、楚连盟，干戈不作。吴虽强暴，未扰诸华。郑无外虞，非子产之力也。又吴为远国，僻在江干，必略中原，当以楚、宋为始。郑居河、颍，地匪夷庚，谓当要冲，殊为乖角。求诸地理，不其爽欤？

【按】此专驳"郑当吴冲"一语也，故曰"地匪夷庚"。至云"非子产力"，不合兼顶晋、楚。语欠钩画，太抹煞了。

【注释】

郑居河颍 《外传·郑语》：桓公为司徒，问于史伯曰："王室多故，余惧及焉。其何所可以逃死？"史伯对曰："其济、洛、河、颍之间乎？是其子男之国。君若寄孥与贿焉，不敢不许。"

夷庚 《左传·成十八》：塞夷庚。注：吴晋往来之要道。【疏】夷，平地也。《诗》序云："由庚，以庚为道也。"束皙《补亡诗》：荡荡夷庚，物则由之。

《春秋》昭公十五年六月，日有蚀之。董仲舒以为时宿在毕，晋国象也。又云：旧作"云云"，误。"日比再蚀，其事在《春秋》后，故不载于《经》。"《志》下下。案自昭十五旧作"四"，误。年，迄于获麟之岁，其间日蚀复有九旧误"七"，下同。焉。事例本《经》，披文立验，安得云再蚀而已，又在《春秋》之后也？且观班《志》编此九蚀，其八旧误"六"。皆载董生所占。复不得言董以事后《春秋》，故不存编录。再思其语，三覆所由，斯盖孟坚之误，非仲舒之罪也。

【按】此条所驳，主"日比再蚀"等句。故本文当作又云：其于"再蚀"三言，悟得是班文，非董语。譬画最精，所谓彼节有间，而吾刃无厚。观书不当如是耶！

【注释】

九蚀八占 【按】《本志》志日蚀，自昭十五年之后，于昭又有十七、二十一、二十二、二十四、三十一凡五蚀，于定则有五年、十二、十五凡三蚀，下至哀十四之蚀。而春秋尽，总九蚀也。董之占，惟哀十四无占，总八占也。

《春秋》昭公九年，陈火。刘向以为先是陈侯之弟招杀陈太子偃师，楚因灭陈。《春秋》不与蛮夷灭中国，故复书陈火也。《志》之上。案楚县中国以为邑者多矣，如邑有宜见于《经》者，岂可不以楚为名者哉？盖当斯时，陈虽暂亡，寻复旧国，故仍取陈号，不假楚名。独不见郑裨灶之说乎？裨灶之说一脱此五字。斯灾也，曰："五年，陈将复封。封五十二年而遂亡。"此其效也。一脱此四字。自斯而后，若颛顼之墟，宛丘之地，如有应书于国史者，一无"者"字。岂可复谓之陈乎？

【按】此为"陈火"二字申解义，以辟"不与蛮夷"之说也。"陈火"之义具两解，《史通》从裨说，而杜注别为一说，今以注补备之。

【注释】

陈火《左传·昭九》：夏四月，陈灾。郑裨灶曰："五年陈将复封，封五十二年而遂亡。"对曰:"陈,水属也;火,水妃也。而楚所相也。今火出而火陈,逐楚而建陈也。妃以五成,故曰五年。岁五及鹑火,而后陈卒亡,楚克有之,天之道也,故曰五十二年。"杜预经注:天火曰灾。陈既为楚县而书陈灾者,犹晋之梁山沙鹿崩。不书晋灾,击于所灾,故以所在为名。

招杀偃师 《昭八·经》:陈侯之弟招,杀陈世子偃师。《传》:陈哀公元妃郑姬生悼太子偃师,二妃生公子留。二妃嬖,留有宠,属诸司徒招。哀公有废疾。招杀偃师而立留。哀公缢。干征师赴于楚。楚灭陈。【按】灭陈事见上。

卷二十

暗惑 第十二
十四条前后有序、跋。

夫人识有不烛，神有不明，则真伪莫分，邪正靡别。昔人一无"人"字。有以发绕炙，误其国君者，有置毒于胙，诬其太子者。一有"矣"字。夫发经炎一作"炙"。炭，必致焚灼，毒味经时，无复杀害。而行之者伪成其事，受之者信以为然。故使见咎一时，取怨千载。夫史传叙事，亦多如此。其有道理难凭，欺诬可见，如古来学者，莫觉其非，盖往往有焉。今聊举一二，加以驳难，列之于左。

【按】全书纠缪，率皆显迹，兹又摘诸习相传而习不加察者纠之，故以"暗惑"名篇。篇序指明其义。◎大致颇似《风俗通·过誉》等篇。

【注释】

发绕炙 王《训故》：《韩非子》：文公之时，宰臣上炙而发绕之。文公召宰夫谯之。宰夫顿首再拜曰："奉炽炉炭，火尽赤红，炙熟而发不焦，臣之罪也。堂下得无微有嫉臣者乎？"公乃召堂下而谯之，果然。

毒胙《左传·僖四》：晋太子申生祭于曲沃，归胙于公。公田，置之宫六日。公至，毒而献之。公祭之地，地坟。与犬，犬毙。与小臣，小臣亦毙。姬泣曰："贼由太子。"杜注：毒酒经宿辄败，而经六日，明公之惑。

《史记》本纪曰：瞽叟使舜穿井，为匿空旁出。瞽叟与象共下土实井。瞽叟、喜象以舜为已死。象乃止舜宫。

难曰：夫杳冥不测，变化无恒，兵革所不能伤，网罗所不能制，若左慈易质为羊，刘根窜形入壁，是也。时无可移，祸有一作"所"。必至，虽大圣所不能免，若姬伯拘于羑里，孔父厄于陈、蔡，是也。然俗之愚者，皆谓彼幻化，是为圣人。岂知圣人智周万物，才兼百行。若斯而已，与夫方内之士，有何异哉？如《史记》云重华入于井中，匿空出去。此则其意以舜是左慈、刘根之类，非姬伯、孔父之徒。苟识事如斯，难以语夫圣道矣。且案太史公云：旧脱"云"字。黄帝、尧、舜轶事，时时见于他说，余择其言尤雅者，著为本纪书首。若如向之所述，岂可谓之一无"之"字雅邪？

【按】此事由孟子不置深辨，唯借其忧喜之端，指与亲爱之本。史家采取杂说，据谓其事实然。得《史通》刊正，可补孟义。

【注释】

匿空旁出《本纪》注：正义曰："言舜潜匿穿空，旁从他并而出也。"《括地志》云：舜井在妫州怀戎县西外城，其西又有一井。《耆旧传》云：并舜井也。舜自中出。【按】此等皆出傅会。

左慈易质 见《采撰》篇。

刘根窜形 《后汉·方术传》：刘根隐嵩山，诸好事者就根学道。太守史祈以根为妖妄，收执诣郡。根曰："实无它异，颇能令人见鬼。"祈曰："促召之。"根于是左顾而啸，有顷，祈之亡父祖近亲，皆返缚向根叩头曰："小儿无状……"祈惊惧悲哀，顿首流血。根默而不应，忽然俱去，不知在所。

又旧本自此以下，节首并有"又"字。一本皆无。今从旧本。《史记·滑稽传》：孙叔敖为楚相，楚王以霸。病死，居数年，其子穷困负薪。优孟即为孙叔敖衣冠，抵掌谈语。岁余，象孙叔敖，楚王及左右不能别也。庄王置酒，优孟为寿，王大惊，以为孙叔敖复生，欲以为相。

难曰：盖语有之："人心不同，有如其面。"故窊旧作"窳"。隆异等，修短殊姿，皆禀之自然，得诸造化。非由仿效，俾有迁革。著想滞。如优孟之象孙叔敖也，衣冠谈说，容或乱真，眉目口鼻，如何取类？而楚王与其左右，曾无疑惑者邪？一作"也"。昔陈焦既亡，累年《吴志》亦作"六日"。而活；秦谍从缢，六日而苏。顾或讹"须"，一改"遂"。使竹帛显书，古今或作"今古"。称怪。况叔敖之殁，时日已久。楚王必谓其复生也，先当诘其枯骸再肉所由，阖棺重开所以。又是滞语。岂有片言不接，一见无疑，遽欲加以宠荣，复其禄位！此乃类梦中行事，岂人伦所为者哉！

【按】此滑稽耳，驳语黏埴，可以失笑。然谓子玄错却不错，覆思叙优孟事，落第二手。决不一直当真，况国史更非游戏事也。

【注释】

优孟 本传：优孟者，故楚之乐人也，多辩，常以谈笑讽谏。楚相孙叔敖知其贤人也，善待之。病且死云云。【按】节首二句，小异其文。

陈焦 《三国·吴志》：孙休永安四年，安吴民陈焦死，埋之，六日更生，穿土中出。

秦谍 《左传·宣八》：白狄及晋平。夏，会晋伐秦。晋人获秦谍，杀之绛市，六日而苏。

又《史记·田敬仲世家》曰：田常成子以大斗出贷，以小斗收。齐人歌之曰："妪乎采芑，归乎田成子。"

难曰：夫人既从物故，然后加以易名。田常见存，而遽呼以谥，此之不实，明一作"昭"。然可知。又案《左氏传》，石碏曰："陈桓公方有宠于王。"《论语》，陈司败问孔子："昭公知礼乎？"同《史记》文。《史记》，家令说太上皇曰："高祖虽子，人主也。"诸如此说，其例皆同。然而事由过误，易为笔削。若《田氏世家》之论成子也，乃结以韵语，篡成歌词，欲加刊正，无可厘革。故独举其失，以为标冠云。

【按】民谣或预兆谥成耶？郭评云。◎陈司败问"昭公"时，当在定哀之世。记者举谥，非误也。子玄摘之，非是。余所摘皆是。此类秦前汉初多有。李本宁乃谓公子遂生而赐氏，乌知此谥非此类。咦，弄巧成拙，奚自首眼不见《史记》。为一笑。

【注 释】

田常成子 《田齐世家》：陈敬仲之如齐，以陈字为田氏五世孙田釐子，乞事齐景公。其收赋税于民以小斗受之，予民以大斗，由是田氏得齐众心，宗族益疆。乞卒，子常代立，是为田成子。齐简公立，田常修釐子之政，齐人歌之云云。常卒，谥为成子。【按】史缀后句，尤露破绽。

陈桓高祖 "陈桓公"句，见《左传·隐四年》。"高祖虽子"，见《史记·高纪》。

又《史记·仲尼弟子列传》曰：孔子既殁，有若状似孔子，弟子相与共立为师，师一作"事"。之如夫子。他日，弟子进问曰："昔夫子当旧作"尝"。行，使弟子持雨具，已而果雨。""商瞿年一脱"年"字。长无子，母为此二字一作"欲更"。取室。孔子曰：'瞿年四十后，当有五丈夫子。'已而果然。敢问夫子何以知此？"旧作"之"。有若默然无史有"以"字。应。弟子起曰："有子一作"若"。避，史有"之"字。断句。此非子之坐也！"

难曰：孔门弟子七十二人，柴愚参鲁，宰言游学，俗作"宰我言语"，误。师、商可方，回、赐非俗误作"之"。类。此并圣人品藻，优劣已详，门徒商榷，臧否又定。如有若者，名不隶于四科，誉无偕于十喆。同哲。逮尼父既殁，方取为师。以不答所问，始令避坐。同称达者，何见事之晚乎？且退老西河，取疑夫子，犹使丧明致罚，投杖谢愆。何肯公然自欺，诈相策一作"承"。奉？此乃童儿相戏，非复长老所为。观孟轲著书，首陈此说；马迁裁史，仍习其言。得自委巷，曾无先觉，悲夫！

【按】援举四科，品隮有子。刘非讲学家，故应袭此盲语，不须与辩也。乃其叹是史文,侪诸童戏,龙门有口,此判不移。◎有若似圣,几如孔融之坐饮虎贲。学者遇此等语,虽孟子亦不可执。

【注释】

西河取疑 《檀弓》:子夏丧其子而丧其明。曾子吊之曰:"吾与女事夫子于洙泗之间,退而老于西河之上。使西河之民疑女于夫子,尔何无罪与?"子夏投其杖而拜曰:"吾过矣,吾过矣。"郑注:言有师而不称师也。【疏】使西河疑与夫子相似,皇氏言疑子夏是夫子之身。非也。

又《史记》《汉书》皆曰:上自《史记》作"在",《汉书》作"居"。洛阳南宫,从复道望见诸将,往往相与坐沙中语。《汉书》作"往往数人偶语"。上曰:"此何语?"留侯曰:"陛下所封皆故人亲爱,所诛皆平生雠一作"仇"。忌。《史》《汉》作"怨"。此属畏诛,故相聚谋反尔。"上乃忧曰:"为之奈何?"留侯曰:"上平生所憎,谁最甚者。"上曰:"雍齿。"留侯曰:"今先封雍齿,以示群臣。群臣见雍齿封,则人人自坚矣。"于是上置酒,封雍齿为侯。

难曰:夫公家之事,知无不为,见无礼于君,如鹰鹯之逐鸟雀。案子房之一无"之"字。少也,倾家结客,为韩报雠。一作"仇"。此则忠义素彰,名节甚著。其事汉也,何为属群小聚一脱"聚"字。谋,将犯其君,遂默然杜口,俟问方对?倘若高祖不问,竟欲无言者邪?且将而必诛,罪在不测。如诸将屯聚,图为祸乱,密言台上,犹惧觉知;群议沙中,何无避忌?为国当作"图"。之道,必不如斯。然则张良虑反侧不安,雍齿以嫌疑受爵,盖当时实有其事也。如复道之望、坐沙而语,是说者敷演,妄溢其端耳。

【按】一路说来，两面搏击，理事俱到，皆属蹠下之文。节尾数言，是正指真晓事人语，玉连环谨以解矣。◎涑水氏论此事，亦有帝见方对之疑。因为之说曰："良以帝数任爱憎为诛赏，诸将有自危之心。故因事纳忠，以移帝意，使上下无猜忌也。"此又一解。以"谋反"一语为诡辞谲谏，又一妙会。

【注释】

雍齿 《留侯世家》：雍齿与我故，数尝辱我，我欲杀之，为其功多故不忍。又：封为什方侯。注：《括地志》云：益州什邡县。

知无不为 《左传·僖九》：晋荀息曰："公家之事，知无不为，忠也。"

鹰鹯之逐 《左传·文十八》：季文子出莒仆之语。

将而必诛 《公羊·庄三十二》：公子牙今将尔辞曷为，与亲弑者同，君亲无将，将而诛焉。

又《东观汉记》曰：赤眉降后，积甲与熊耳山齐云云。所难之指，文中已足。"云云"字疑衍。

难曰：案盆子既亡，弃甲诚众。必与山比峻，则未之有也。昔《武成》云："前徒倒戈""血流漂杵"。孔安国曰：盖言之甚也。如"积甲与熊耳山齐"者，抑亦"血流漂杵"之徒欤？

【按】此条文简独无驳句，如古书义疏，于诸条中最为雅饬。

【注释】

赤眉盆子 《后汉书》：刘盆子者，太山式人城阳景王章之后。琅邪人樊崇起兵于莒，王莽遣廉丹王匡击之。崇恐其众与莽兵乱，乃皆朱其眉相识别，由是号曰赤眉。赤眉将兵西求刘氏，共尊立之，遂立盆子为帝，自号建始，元年入长安城。更始来降，赤眉贪财物，出大掠。时三辅饥，引而东归。光武要其还路，赤眉惊震乞降，曰："盆子将百万众降，陛下何以待之？"帝曰："待女以不死耳。"樊崇乃将盆子肉袒降。积兵甲宜阳城西，与熊耳山齐。

又《东观汉记》曰：郭伋为并州牧，行部到西河美稷，有童儿数百，各骑竹马，于道次迎拜。伋问：一有"日"字。"儿曹何自远来？"对曰："闻使君始到，喜，故奉迎。"伋辞谢之。事讫，诸儿送至一作"出"。郭外，问："使君何日当还？"伋使别驾计日告之。既还，先期一日。伋为达信，止于野亭，须期乃入。

难曰：盖此事不可信者三焉。案汉时方伯，仪比诸侯，其行也，前驱竟一作"蔽"。野，后乘塞路，鼓吹沸喧，旌棨填咽。彼草莱稚子，龆龀童儿，非唯羞赧不见，亦自惊惶失据。安能犯驺驾，凌襜帷，首触威严，自陈襟抱？其不可信一也。又方伯案部，举州振肃。至于墨绶长吏，黄绶群官，率彼吏人，颙然伫候。兼复扫除逆旅，行李有程，严备供具，憩息有所。如弃而不就，居止无恒，一作"常"。必公私阙拟，客主俱窘。凡为良二千石，固当知人所苦，安得轻赴数童之期，坐失百城之望？其不可信二也。夫以晋阳无竹，古今共知，假有传檄它方，盖亦事同大夏，访知一作"诸"。商贾，不可多得。况在童孺，弥复难求，群戏而乘，如何克办？其不可信三也。凡说此事，总有三科。三科属《汉记》言。推而论之，了无一实，异哉！【补注】"传檄"恐当作"转致"。

【按】三科揭辩，殊欠老成。傔从可省也，供顿可断也，竹材可转也。然必如史事，亦岂事理之常。其上文既言所到县邑，老幼相逢迎矣，独美稷曾无父老，尽童稚耶？其有导之使然，屏视隐处者耶？毋乃县令丞喻指里陌，工为媚者耶？将二千石上计史馆，作新语相矜耀，稍增饰之也。千载美谈，一经扑破，顿起人几许疑端矣。

【注释】

郭伋《后汉书》本传：伋，字细侯。高祖父解，武帝时以任侠闻。伋少有志行，世祖建武九年，征拜颍川太守。帝劳之曰："去帝城不远，河润九里，冀京师并蒙福也。"十一年，省朔方刺史属并州，调伋为并州牧。前在并州，素结恩德，及入界，所到县邑，老幼相携，逢迎道路，其行部到西河以下。与《东观记》同文。

晋阳无竹《困学纪闻》：《史通》云"晋阳无竹"，事不可信。【阎若璩案】唐晋阳童子寺有竹，日报平安。而美稷乃在今汾州府也。【按】为竹报平安，则蓺植可知。晋阳、汾州，地气亦未必大异，然愚意此事疑辨，总不在此。

大夏不多得《史记·大宛传》：张骞曰："臣在大夏时，见邛竹杖蜀布，问曰：'安得此？'大夏国人曰：'吾贾人往市之身毒，身毒在大夏东南可数千里。'以骞度之，此其去蜀不远矣。"

又《魏志》注：《语林》曰：匈奴遣使人一无"人"字。来朝，太祖令崔琰在座，而己握刀侍立。既而使人问匈奴使者曰："曹公何如？"对曰："曹公美则美矣，而侍立者非人臣之相。"太祖乃追杀使者云云。二字亦赘。一本止一"云"字，亦衍。

难曰：昔孟阳卧一作"坐"。床，诈称齐后；纪信乘舆，矫号汉王。或遘主屯蒙，或朝罹兵革。故权以取济，事非获已。如崔琰本无此意，何得以臣代君者哉？且凡称人君，皆慎其举措，况魏武经纶霸业，南面受朝，而使臣居君座，君处臣位，将何以使万国具瞻，百寮佥瞩也！又汉代之于匈奴，其为绥抚勤矣。虽复赂以金帛，结以亲姻，犹恐一脱"恐"字。虺毒不悛，狼心易扰。如辄杀其使者，不显罪名，复何以怀四夷于万藩，建五利于中国？且曹公必以所为过失，惧招物议，故诛彼行人，将以杜兹谤口，而言同纶綍，声遍寰区，欲盖而彰，止益其辱。虽愚暗之主，犹所不为，况英略之君，岂其若是？夫刍荛鄙说，间巷谰旧作"谘"，或作"澜"，并非。言，凡一作"谘"。如此书，通无击难。而裴引《语林》斯事，编入《魏史》注中，持彼虚词，乱兹实录。盖曹公多诈，好立诡谋，流俗相欺，遂为此说。盖曹公十七字，一本失去，一本缀注节末。细按之，定是正文，应置于此。故特申掎摭，辩其疑误者焉。

【按】裴注固饶博趣，《史通》雅恶谲辞，故往往排之。而此条通节责裴，至末结罪老瞒，正名诈诡，可云廷尉当是也。第嫌"具瞻""纶綍"等句，施非其分。又检《魏志·注》，不见此段，殊不可晓。

【注释】

崔琰 《魏志》本传：琰，字季珪，清河人，为东西曹掾属迁中尉。琰声姿高畅，眉目疏朗，须长四尺，甚有威重，朝士瞻望，而太祖亦敬惮焉。【按】《语林》事，亦见《世说·容止》篇，魏武将见匈奴使，自以形陋，使崔季珪代，帝自捉刀立床头云云。匈奴使曰："床头捉刀人，乃英雄也。"

孟阳卧床 《左传·庄八》：齐侯田于贝邱，坠车，反。徒人费遇贼于门，先入，伏公而出，斗，死于门中。遂入杀孟阳于床，曰："非君也，不类。"

纪信乘纛 《项羽本纪》：汉王食乏，夜出女子荥阳东门，楚兵四面击之。纪信乘黄屋车，付左纛，曰："汉王降。"楚皆呼万岁。汉王与数十骑从西门出。项王见纪信，问："汉王安在？"信曰："已出矣。"项王烧杀纪信。

又魏世诸小书，一讹作"事"。皆云文鸯侍讲，殿瓦皆飞云云。二字赘。○此事列《晋阳秋》之前，亦指曹魏时。

难曰：案《汉书》云"项王叱咤，慑伏千人"，然则呼声之极大者，不过使人披靡而已。寻文鸯武勇，远惭项籍，况侍君侧，固当屏气徐言，安能一多"使"字。檐瓦皆飞，有逾旧作"喻"。武安鸣鼓！且瓦既飘陨，则人必震惊，而魏帝与其群臣焉得岿然无害也？

【按】形容语，与"积甲山齐"同类。而侍讲瓦飞，语尤过当，故彼为解词，此为诘词。

【注释】

文鸯【按】文鸯有二，一在魏高贵乡公时，即文钦子；一在西晋末，辽西鲜卑段务勿尘子匹䃅弟也。文乃指魏时者。《通鉴》：高贵正元二年，鸯夜袭司马师营。甘露三年，降于司马昭。《晋书·景纪》：鸯勇冠三军。景帝目有瘤，割之。鸯来攻，惊而目出，即其人也。小书侍讲事无考。

武安鸣鼓 《史记·廉蔺传》：秦伐韩军于阏与。王令赵奢将救之，兵去邯郸三十里。秦军军武安西，鼓噪勒兵，武安屋瓦尽振。

又《晋阳秋》曰：胡质为荆州刺史，子威自京都一作"师"。省之，见父。史有"停厩中"三字。文当摘一"停"字,乃成句。十余日,告归。质赐绢一匹,为路粮。威曰:"大人清高,不审于何得此绢?"质曰:"是吾俸禄之余。"

难曰:古人谓方牧为二千石者,以其禄有二千石故也。名以定体,贵实甚焉。设使廉如伯夷,介若黔敖,恐当作"娄"。苟居此职,终不患于贫馁者。如胡威之别其父也,一缣之财,犹且发问,则千石之俸,其费安施?料以牙筹,推以食一作"之借"。箸,察其厚薄,知不然矣。或曰观诸史所载,兹流非一。【原注】如张堪为蜀郡,乘折辕车;吴隐之为广川,货犬待客。并其类也。◎"张堪"旧作"张湛","货犬"或作"贷米",并误。必以多为证,则足可无疑。然人自有身安弊古通"敝"。缊,口甘粗粝,而多藏锱帛,无所散用者。故公孙弘位至三公,而卧布被,食脱粟饭。汲黯所谓齐人多诈者,是也。安知胡威之徒,其俭亦皆如此,而史臣不详厥理,直谓清白当然,一脱"当然"二字。缪矣哉!

【按】流传清节,刻用深文,过矣。然不怪其父而疵其子,人情王道。推隐入微,楚直证羊,齐廉咽李,圣贤不与。正见气象光明。◎仲长统论损益曰:"君子居位为士民之长,固宜重肉累帛,朱轮驷马。今反谓薄屋者为高,藿食者为清,既失天地之心,又开虚伪之门。"又张敞饬长吏奏曰:"假令京师先行让畔异路,道不拾遗,其实无益廉贪贞淫之行,而以伪先天下,固未可也;即诸侯先行之,而伪声轶于京师,非细事也。"其言与此段相发,故引申录之。

【注 释】

胡质子威《晋·良吏传》:胡威,字伯武,父质以忠清者著称,仕魏至征东将军荆州刺史。咸早厉志尚,质之为荆州也云云。与《晋阳秋》略同。咸历徐州刺史入朝。武帝语平生曰:"卿孰与父清?"对曰:"臣父清恐人知,臣清恐人不知,是臣不及远也。"

介若黔敖 《檀弓》:齐大饥,黔敖为食于路。有饿者贸贸然来。黔敖曰:"嗟,来食!"曰:"予惟不食嗟来之食,以至于斯也!"【按】介,当属饿者。文似误,恐当作黔娄。《法言·重黎篇》:或问贤。曰:"颜渊黔娄。"皇甫《高士传》:黔娄死,妻以康为谥。曾子曰:"先生食不充肤,衣不盖形,何乐而为康?"妻曰:"昔君尝赐粟三千钟,先生辞不受。甘天下之淡味,求仁而得仁。谥为康,不亦宜乎?"亦见《列女传》。

史载非一 原注:引张、吴二事。【按】《后汉·张堪传》:堪在蜀,公孙述破珍宝,足富十世。而堪去职之日,乘折辕车布被囊而已。《晋书·良吏传》:吴隐之将嫁女,谢石知其贫素,令助厨帐。使至,方见婢牵犬卖之,此外萧然无办。

布被脱粟 《汉·公孙弘传》:汲黯曰:"弘位三公,奉禄甚多,然为布被。此诈也。"又:"弘身食一肉脱粟饭。"《西京杂记》:弘故人高贺告人曰:"公孙内服貂蝉,外衣麻枲;内厨五鼎,外膳一肴。云何示天下?"于是朝廷疑其矫焉。弘闻之,叹曰:"宁逢恶宾,勿逢故人。"

又《新晋书·阮籍传》曰:籍至孝。母终,正与人围棋。对者求止,籍留与决。史有"赌"字。既而饮酒二斗,举声一号,吐血数升。及史有"将"字。葬,食一蒸豚,饮二斗酒。一本"酒"字在"二斗"上。然后临穴,史作"诀"。自言"穷矣!"举声一号,因复吐血数斗。史亦作"升"。毁瘠骨立,殆致灭性。

难曰:夫人才虽下愚,识虽不肖,始亡天属,必致其哀。但有旧误作"以"。苴经未几,悲荒遽辍,如谓本无戚容,则未之有也。况嗣宗当圣善将殁,闵凶所钟,合门惶恐,举族悲咤。居里巷者,犹停舂相一作"杵"。之音,在邻伍者,尚申匍匐之救,而为其子者,方对局求决,举杯酣畅。但当此际,曾无感恻,则心同木石,志如枭獍者,安有既临泉穴,始知摧恸者乎?求诸人情,事必不尔。又孝子之丧亲也,朝夕孺慕,盐酪不尝,斯可至于癯瘠矣。如甘旨在念,则斤肉内宽;醉饱自得,一作"支"。则饥肤外博。况乎溺情豚酒,不改平素,虽复时一呕恸,岂能柴毁骨立乎?已上两驳,理解皆得,苦其烦絮。盖彼阮生者,不修名教,居丧过失,而说者遂言其无礼如彼。又旧讹作"人"。以其志操本一作"尤"。异,才识甚高,而谈者遂言其至性如此。惟毁及誉,皆无取焉。

【按】无礼如彼,至性如此。猖狂生态,正复跃见楮墨间。愚意刘生此段,宜为训俗摭言,不须作箴史博议。

【注 释】

阮籍 见《史官建置》篇。又本传"殆致灭性"之下云:裴楷往吊之。籍散发箕踞,醉而直视。楷吊唁毕便去。或问曰:"籍既不哭,君何为礼?"楷曰:"阮籍方外之士,我俗中之人。"时人叹为两得。【愚谓】此一段语,乖诞尤甚。

舂相 《檀弓》:邻有丧,舂不相。《史记·商君传》:赵良曰:"五羖大夫死,秦国男女流涕,童子不歌谣,舂者不相杵。"

又《新晋书·王祥传》曰:祥汉末遭乱,扶母携弟览,避地庐一作"卢",误。江,隐居三十余年,不应州郡之命。母终,徐州刺史吕虔檄为别驾,年垂耳顺,览劝之,乃应召。于时,寇贼充斥,祥率励兵士,频讨破之。时人歌曰:"海、沂之康,实赖王祥。"年八十五,太始五年薨。

【补按】《魏志·吕虔传》注：祥始仕，年过五十，以泰始四年年八十九薨。其文较核。

难曰：祥为徐州别驾，寇盗充斥，固是汉建安中献帝第三改元。徐州末清时事耳。子玄黏看在此，疑端从此生。有魏受命，凡四十一作"三十"，误。五年，自丕至陈留王，全魏之数也。陈留即常道乡公，后谥元帝。上去徐州寇贼充斥，下至晋太始武帝初元。五年，当六十年已上矣。祥于建安中，年垂耳顺，更加六十一多"六"字。载，至晋太始五年薨，则当年一百二十岁矣。而史云"年八十五薨"者，何也？如必以终时实年八十五，则为徐州别驾，止可年"年"字一在"五六"下。二十五六矣。又云其未从高官已前，隐居三十余载者，但其初被檄时，止年二十五六。自此而往，安得复有三十余年乎？必谓祥为别驾在建安后，则徐州清晏，易代频仍，么么窃发，固亦时有，史不悉载耳，胡可臆泥？何得云"于时寇贼充斥，祥率励兵士，频讨破之"乎？求其前后，无以符会也。

【按】祥应徐州檄时，年垂耳顺。以太始五年年八十五计之，则与建安兵事无预矣。传有"从讨毌丘俭"之文，正是淮徐用兵之事；而事在累官光禄勋后，则其先所谓别驾励兵者，又非钦、俭等也。条疑根只在"徐州寇盗"四字，愚谓此四字活看为得。◎篇多颛固之言，然所发覆，非无理即不情。功在惩戏遏伪，而貌取之，失子羽矣。

【注释】

王祥《晋书》本传：祥，字休征，琅邪临沂人。继母朱氏不慈，每使扫除牛下。祥愈恭敬。母尝欲生鱼，冰冻忽解，双鲤跃出；母又思黄雀炙，黄雀数十入其幙。乡里称为孝感焉。汉末遭乱云云。

沂徐寇贼 建安初年，则有吕布、袁术之乱，是在魏之初起。至高贵乡公时，则有毋丘俭、文钦、诸葛诞等据淮阳檄讨司马氏事，是在魏之末造。【按】祥传为徐州别驾，在吕、袁等事后。从讨毋丘俭，是为司隶校尉时，非为别驾时。【补按】《虔传》：守徐在魏文明间，任别驾。祥有讨定利城贼事，徐寇当谓此。

凡所驳难，具列如右。盖精《五经》者，讨群儒之别义；练《三史》者，征诸子之异闻。加以探赜索隐，然后辨其纰缪。如向之诸史所载则不然，何者？其叙事也，唯记一途，直论一理，而矛盾自显，表里相乖。非复抵牾，直成狂惑者尔！寻兹失所起，良由作者情多忽略，识惟愚滞。或采彼流言，不加铨一作"诠"。择；或传诸缪说，即从编次。用使真伪混淆，是非参错。盖语曰：君子可欺不可罔。至如邪说害正，虚词损实，小人以为信尔，君子知其不然。又一无"又"字。语曰：信书不如无书。盖为此也。夫书彼竹帛，事非容易，凡为国史，可不慎诸！

【按】此为篇尾，即是全书结尾。书中每以狂惑、愚滞、邪说、小人等字轻易加人，子玄罪过。◎采彼流言数句，乃《史通》全部通指。凡所为纠前失者，皆以严后式也。吹求病或过正，而铨次犁然就班，合条成章，合章成卷，通部一贯，岂苟作者。◎惟史与经，相为对待。谈经之书，日益充栋；衡史之部，邈焉孤行。其为结体严重，宁讵说家等夷。涪翁老眼，乃与《雕龙》并称，所由没其实者，盖已久矣。

忤时 第十三

孝和皇帝时，中宗初谥孝和。韦、武弄权，母媪一作"娼"。预政。士有附丽之者，起家而绾朱紫，予以无所传会，取摈当时。【原注】一为中允，四载不迁。会天子还京师，朝廷愿从者众。予求番次，在大驾后发日，此二句"后"字错置，当云"予求番次，在后大驾发日"。因古本有"因"字。逗留不去，守司东都。杜门却扫，凡经三载。【释】上述《忤时》缘起。或有谮予躬为史臣，不书国事，而取乐丘园，私自著述者。由是驿召至京，令专执史笔。于时小人道长，纲纪日坏，仕于其间，忽忽不乐，遂于监修国史萧至忠等诸官书求退，曰：【释】满肚不合时宜，具在简萧一牍。本篇之作，只欲录存此牍编入部尾耳。已上当作小序观。

仆幼闻《诗》《礼》，长涉艺文，至于史传之言，尤所耽悦。寻夫左史、右史，是曰《春秋》《尚书》；素王、素臣，斯称微婉志晦。两京、三国，班、谢、陈、习阐其暮；中朝、江左，王、陆、干、孙纪其历。刘、石僭号，方策委于和、芭。张；未详。宋、齐应箓，惇史归于萧、沈。亦有汲冢古篆，禹穴残编。孟坚所亡，葛洪刊其《杂记》；休文所缺，荀当作"谢"。绰裁其《拾遗》。凡此诸家，其流盖广。莫不赜一作"颐"。彼泉讳"渊"作"泉"。薮，寻其枝叶，原始要终，备知之矣。【释】牍首自述性耽史学，搜览靡遗。

若乃刘峻作传，自述长于论才；范晔为书，盛言矜其赞体。斯又当仁不让，庶几前哲者焉。【释】次明素志，本以著述自许。然自策名仕伍，待罪朝列，三为史臣，再入东观，竟不能勒成国典，此句当与《正史》篇"撰《唐书》八十卷、重修《则天实录》三十卷"参互活看。贻彼后一脱"后"字。来者，何哉？【释】转到逊避不为。起下。静言思之，其不可有五故也。

【释】提五不可,是全篇柱棒。

何者?古之国史,皆出自一家,如鲁、汉之丘明、子长,晋、齐之董狐、南史,咸能立言不朽,藏诸名山。未闻藉以众功,方云绝笔。唯后汉东观,大集群儒,著述无主,条章靡立。由是伯度讥其不实,公理以为可焚,张、衡。蔡邕。二子纠之于当代,傅、玄。范晔。两家嗤之于后叶。今者史司取士,有倍东京。人自以为荀、袁,家自称为政、骏。谓刘向歆。每欲记一事,载一言,皆阁笔相视,含毫不断。故头或作"首"。白可期,而汗青无日。其不可一也。【释】第一不可,谓古史成于一手,近世例取多员,遂致观望相延,旷废时日。

前汉郡国计书,先上太史,副上丞相。后汉公卿所撰,始集公府,乃上兰台。由是史官所修,载事为博。爰自近古,此道不行。史官编录,唯自询采,而左、右二史,阙注起居,衣冠百家,罕通行状。求风俗于州郡,视听不该;讨沿革于台阁,簿籍难见。虽使尼父再出,犹且成于管窥;况仆限以中才,安能遂其博物!其不可二也。【释】第二不可,谓史馆聚书,汉县公令,近须史臣自采,能无阙略稽时。

昔董狐之书法也,以我示于朝;南史之书弑也,执简以往。而近代史局,皆通籍禁门,深居九重,欲人不见。寻其义者,盖由杜彼颜面,防诸请谒故也。然今馆中作者,多士如林,皆愿长喙,无闻齰同"龂"。舌。倘有五始初成,一字加贬,言未绝口而朝野具知,笔未栖毫而搢绅咸诵。夫孙盛实录,一作"纪实"。取嫉权门;王劭一作"王韶"。直书,见雠贵族。人之情也,能无畏乎?其不可三也。【释】第三不可,谓古时良史,秉直公朝;近制禁防,转滋多口,人皆畏缩迟回矣。

古者刊定一史,纂成一家,体统各殊,指归咸别。夫《尚书》之教也,以疏通知远为主;《春秋》之义也,以惩恶劝善为先。《史记》则退处士而进奸雄,《汉书》则抑忠臣而饰主阙。斯并曩时得失之列,良史是非之准,作者言之详矣。顷史官注记,多取禀监修,杨令公则云"必须直词",宗尚书则云"宜多隐恶"。十羊九牧,其令难行;一国三公,适从何在?其不可四也。【释】第四不可,谓古人作史,是非进退,得自主张;近则例设监修,禀承牵制,无从下笔。

窃一作"切"。以史置监修,虽古无式,寻其名号,可得而言。夫言监者,盖总领之义耳。如创纪编年,一作"创立纪年",一脱"编"字。则年有断限;草传叙事,则事有丰约。或可略而不略,或应书而不书,此刊削之务也。属词比事,劳逸宜均,挥铅奋墨,勤惰须等。某帙一讹"表"。某篇,付之此职;某传某志,一作"某纪某传"。归之彼官。此铨配之理也。斯并宜明立科条,审定区域。倘人思自勉,则书可立成。今监之者既不指授,修之者又无遵奉,用使争学苟且,务相推避,坐变炎凉,徒延岁月。其不可五也。【释】第五不可,从上条来。既设监局,宜定科指,讫无配派,谁独承当?废职奚咎。

凡此不可,其流实多,一言以蔽,三隅自反。而时谈物议,安得笑仆编次无闻者哉!【释】略一束勒。比者伏见明公,每汲汲于劝诱,勤勤於课责,或云"坟籍事重,努力用心",或云"岁序已淹,何时辍手"。切一作"窃"。以纲维不举,而督课徒勤,虽威以刺骨之刑,勖以悬金之赏,终不可得也。语曰:"陈力就列,不能者止。"所以比者布怀知己,历抵旧作"诋"。群公,屡辞载笔之官,愿罢记言之职一作"责"。者,正为此尔。【释】针对课督之词,再一束勒。《忤时》正旨,已尽于此。

抑又有所未谕,古通"喻"。聊复一二言之。比奉高命,令隶名修史,而其职非一。如张尚书,崔、岑二吏部,郑太常等,既迫以吏道,不可拘之史任。以仆曹务多闲,勒令专知下笔。夫以惟寂惟寞,乃使记事记言。

苟如其例，则柳常侍、刘秘监、徐礼部等，并一脱"并"字，一作"并"。门可张罗，府无堆案，何事置之度外，而使各无羁束乎？【释】自此以下，将言专寄责成，宜隆异数，先以陪员挑起。

必谓诸贤载削非其所长，以仆枪枪铰铰，故推为首最。就如斯理，亦有其说。【释】转入自身。何者？仆少小从仕，早蹑通班。当皇上初临万邦，未亲庶务，而以守兹介直，不附奸回，遂使官若土牛，弃同刍狗。逮銮舆西幸，百寮毕从，自惟官曹务简，求以留后。居台常谓朝廷不知，国家于我已矣。【释】就本身作甘投闲散一跌，即指番次在后守司东都时。岂谓一旦忽承恩旨，州司临门，使者结辙。既而驱驷马入函关，排千门谒天子。引贾生于宣室，虽叹其才；召季布于河东，反增其愧。【释】即前所云"驿召至京"，忽不乐意，正是目前光景。明公既位居端揆，本音上声。望重台衡，飞沈属其顾盼，一作"眄"。荣辱由其俛仰。曾不上祈宸极，申之以宠光；佥议搢绅，縻我以好爵。其相见也，直云"史笔阙书，为日已久；石渠扫第，思子为劳"。今之仰追，唯此而已。【释】此节剖明责有专归，礼无加异之故。

抑明公足下，独不闻刘炫蜀王之说乎？昔刘炫仕隋，为蜀王侍读。尚书牛弘尝问之曰："君王遇子，其礼如何？"曰："相期高于周、孔，见待下于奴仆。"弘不悟其言，请闻其义。炫曰："吾王每有所疑，必先见访，是相期高于周、孔。酒食左右皆餍，而我余沥不餂，是见待下于奴仆也。"仆亦窃不自揆，轻一作"辄"。敢方于鄙宗。刘炫同姓，故云。何者？求史才则千里降追，语宦途则十年不进。意者得非相期高于班、马，见待下于兵卒乎？【释】援古为况，申足上意。

又人之品藻，贵识其性。明公视仆于名利何如哉？当其坐啸洛城，非隐非吏，惟以守愚自得，宁以充诎撄心。但今者黾勉从事，牵拘就役，朝廷厚用其才,竟不薄加其礼。求诸陒始,其义安施?倘使士有澹雅若严君平,清廉如段干木,与仆易地而处,亦将弹铗告劳,积薪为恨。况仆未能免俗,能不蒂读如"蚕"。芥于心者乎?【释】此节又拓开上说,自占身分。

当今朝号得人,国称多士。蓬山之下,良直差肩;芸阁之中,英奇接武。仆既功亏刻鹄,笔未获麟,详此二句,非不草撰者,但未卒业耳。徒殚太官之膳,虚索长安之米。乞已本职,还其旧居,多谢简书,请避贤路。唯明公足下,哀而许之。【释】牍尾结归辞退。

至忠得书大惭,无以酬答。又惜其才,不许解史任。而宗楚客、崔湜、郑愔等,皆恶闻其短,共雠嫉之。俄而萧、宗等相次伏诛,然后获免于难。【释】此是书后体,其文则配应篇头。小人道长,至此归杜也。

【按】篇名《忤时》,其实只是与萧至忠等一通简札也。其前作小序用,其后作附跋用,不必连属。全札所主,只在"五不可"。五层递下,其本指更在后。"二不可"盖紧对监领非人,多作鄙夷负气语,故号其篇曰《忤时》也。○《忤时》与《自叙》相表里,《自叙》主衡史,《忤时》主职史。衡史本于识定,识定故论定,《史通》作而识寓焉。职史期于道行,道行故直行,《史通》成而道存焉。是二篇者,函古砥今,屹然分峙,为内、外篇之殿,器鉴风棱,不规不随。

【注 释】

天子还京 《武后纪》:光宅元年,废嗣圣皇帝为庐陵王,迁于房州,改东都为神州,拜洛受图。圣历元年,召庐陵王于房州。长安五年,皇帝复于位。【按】其时临朝复辟,并在东都也。《中宗纪》:神龙二年十月,至自东都,赐行从官勋一转。【按】是为中宗还京师也。

萧至忠 《唐书》本传：至忠同中书门下平章事，以韦后党出。太平公主用事，附纳丐还，复为中书令，主谋逆。至忠遁入南山，捕诛之。至忠外方直而内无守，因武三思得中丞，附安乐主为宰相。《旧书》：代韦巨源为侍中，仍依旧修史。【按】《巨源传》云："至忠仍旧监修国史。"则此云修史，即谓监修也。

素王素臣 《家语》：齐太史子余叹美孔子曰："天其素王之乎？"又见《庄子》及《董子·对策》贾郑序论。又杜氏《〈左传〉序》：说者谓仲尼自卫反鲁，修《春秋》，立素王，丘明为素臣。答曰："异乎余所闻。子路欲使门人为臣，孔子以为欺天。而云仲尼素王，丘明素臣，非通论也。"

葛洪杂记 《晋书》本传：洪著述不辍，抄五经史汉百家之言，力校杂事三百一十卷。

荀绰拾遗 【按】《隋书·经籍志》：《宋拾遗》十卷，梁少府谢绰撰。《书事》篇云："谢拾沈遗。"此处作荀绰，误。

东观群儒 详"汉书家"及《正史》篇。

伯度讥其不实 《渊监》古文本注：杜伯度，汉末人名操。【按】即杜度也。庾肩吾《书品》：杜度滥觞于草书，取奇于汉帝，品在上之中。然颇疑与讥《汉纪》无涉。及考常璩《华阳士女志》：李法，子伯度，桓帝时为侍中，数表宦官太盛，椒房太重，史官记事无实录之才，虚相褒述，必为后笑。乃知此处伯度是李，非杜也。注书不可率意如此。

公理以为可焚 《后汉·仲长统传》：统，字公理，博涉书记，每论说古今及时俗行事，恒发愤叹息。著论名《昌言》，凡三十四篇。又作诗见志曰：百家杂碎，请用从火。

史局通籍禁门 见《辨职》篇。

王劭见雠 《困学纪闻》：《文粹》云："王韶直宽，见响贵族。"宋王韶之为晋史，叙王珣货殖，王廞作乱。珣子弘、廞子华皆贵，韶之惧为所陷，深附结徐傅等。当从《文粹》。【按】《旧唐书》亦作王韶。然观《史通》与《叙事》《曲笔》等篇及《杂说》中，北齐、隋史等节，累累言王劭直书犯时忌。从本文作劭亦合。集内评家历诋王劭，正缘不悟此旨耳。

杨令公 《唐书·杨再思传》：再思为人佞而智。张昌宗坐事，武后问昌宗于国有功乎？再思言昌宗为陛下治丹饵而愈，此为有功。戴令言赋两脚狐讥之。中宗立，拜中书令，监修国史。

宗尚书 《唐书》宗楚客传：楚客，字叔敖，武后从姊子，同凤阁鸾台平章事。韦后安乐公主亲信之，与纪处讷为党，世号宗纪。韦氏败诛。楚客冒于权利，尝讽陈延禧、陈符命以媚帝曰："陛下承母禅，周唐一统。"《知几本传》：楚客亦领监修。

张尚书 《唐书·张文瓘传》：弟子锡，久视初为宰相，请还庐陵王，不为张易之所右，流循州。龙朔中，累迁工部尚书兼修国史。

崔、岑二吏部 《唐书·崔仁师传》：其孙湜，字澄澜，少以文词称。附托昭容上官氏，数与宣淫于外。俄检校吏部侍郎。后赐死。湜猜毒诡险，进趣不已，至于败。又《岑文本传》：其孙羲，字伯华。中宗时，迁秘书少监，进吏部。时崔湜、郑愔等分掌选，皆以贿闻，独羲劲廉。为时议嘉仰，但不能抑退，坐豫太平公主谋诛。

郑太常 疑即后所云郑愔，《新、旧书》皆无传。其名附见岑、羲等传。

惟寂惟寞 扬雄《解嘲》：惟寂惟漠，守德之宅。

柳常侍、刘秘监、徐礼部 柳常侍，北平补注：以柳芳当之。而刘、徐无注。【按】芳官非常侍，生亦少后。同时有柳泽者，疏谏斜封，官拜监察御史，进殿中侍御史。然亦未知否。愚谓此三人官不甚著，本文亦未举其名，不必强求其人以实之。

枪枪铰铰 恐即"铁中铮铮、庸中佼佼"之义。未详别见。

引贾生 《汉书·贾谊传》：谊为长沙王太傅。后岁余，文帝思谊，征之至。入见，上方受厘坐宣室。因问鬼神之本，谊道所以然。夜半，文帝前席曰："吾久不见贾生，自以为过之。今不及也。"

召季布 《史记》本传：季布为河东守。人有言其贤者，孝文召欲以为御史大夫。复有言其勇使酒难近者，见罢。布因进曰："陛下无故召臣，人必有以臣欺陛下者；今罢去，人必有以毁臣者。陛下以一人誉而召臣，一人毁而去臣，臣恐有识闻之，有以窥陛下也。"上默惭。

弹铗积薪 弹铗见《战国·齐策》。《史记·汲黯传》：黯列为九卿。故黯时，丞相史皆与黯同列，或尊用过之。黯褊心，不能无少望，见上，前言曰："陛下用群臣如积薪耳，后来者居上。"

刻鹄 本见《马援传》，然此处语意乃以积功未究为言。王禹偁诗"收萤秋不倦，刻鹄夜忘疲"，亦此用法也。

导　读

章学诚（1738—1801），字实斋，浙江会稽人。他生在清朝乾嘉考据的盛世，但却超出考据圈外，提倡新的史学和方法。

中国古代有史官、有史书，但却没有什么史学和方法。最早的史学方法，姑且可说是孔丘的"约其文词，去其繁重，以制义法"。在这些原则下，出来了《左传》跟《史记》。孔丘以后，唐朝的刘知几（《史通》作者）、宋朝的司马光（《通鉴考异》作者）、李心传（《旧闻证误》作者）、清朝的章学诚（《文史通义》作者）、崔述（《考信录》作者）等出来，相继给史学方法加添了枝叶，其中最有成绩的，就是章学诚。

《文史通义》出版在1832年（道光十二年），分《内篇》五卷，《外篇》三卷。内容包括易教、书教、诗教、经解、言公、史德、方志等。全书的重点是"六经皆史"说，并指出单纯的编纂和考证不算史学，史学得有个人见解才成。章学诚认为六经不过是些古史史料，并不是"载道之书"，这种见解，根本推翻了"守六经以言道"的传统的错误观点，给九十年后的国故整理与疑古风气，提供了理论基础。

章学诚主张"学为实事，而非为空言"。所以他的见解，"颇乖时人好恶"，直到他死后，才更被人重视。

序

先君子幼资甚鲁,赋禀复孱弱,少从童子塾,日诵百余言,常形亟亟。先大父顾而怜之,从不责以课程。惟性耽坟籍,不甘为章句之学,塾师所授举子业,不甚措意。塾课稍暇,辄取子史等书,日夕披览,孜孜不倦。观书常自具识力,知所去取,意所不惬,辄批抹涂改,疑者随时札记,以俟参考。自游朱竹君先生之门,先生藏书甚富,因得遍览群书。日与名流讨论讲贯,备知学术源流同异,以所闻见证平日之见解,有幼时所见及,至老不可移者。乃知一时创见,或亦有关天授,特少时学力未充,无所取证,不能发挥尽致耳。从此所学益以坚定。著有《文史通义》一书,其中倡言立议,多前人所未发,大抵推原《官礼》,而有得于向、歆父子之传,故于古今学术渊源,辄能条别而得其宗旨。易箦时,以全稿付萧山王谷塍先生,乞为校定,时嘉庆辛酉年也。谷塍先生旋游道山。道光丙戌,长兄杼思,自南中寄出原草并谷塍先生订定目录一卷,查阅所遗尚多,亦有与先人原编篇次互异者,自应更正,以复旧观。先录成副本十六册，其中亥豕鲁鱼，别无定本，无从校正。庚寅辛卯，得交洪洞刘子敬、华亭姚春木二先生，将副本乞为覆勘，今勘定《文史通义》内篇五卷，外篇三卷，《校雠通义》三卷，先为付梓。尚有杂篇及《湖北通志》检存稿并文集等若干卷，当俟校定，再为续刊。

道光壬辰十月，男华绂谨识

文史通义

内 篇

易教上

六经皆史也。古人不著书,古人未尝离事而言理,六经皆先王之政典也。或曰:"《诗》《书》《礼》《乐》《春秋》则既闻命矣。《易》以道阴阳,愿闻所以为政典,而与史同科之义焉。"曰:闻诸夫子之言矣。"夫《易》开物成务,冒天下之道,知来藏往,吉凶与民同患。"其道盖包政教典章之所不及矣。象天法地,"是兴神物,以前民用"。其教盖出政教典章之先矣。《周官》太卜掌三易之法,夏曰《连山》,殷曰《归藏》,周曰《周易》,各有其象与数,各殊其变与占,不相袭也。然三易各有所本,《大传》所谓庖羲、神农与黄帝、尧、舜是也。《归藏》本庖羲,《连山》本神农,《周易》本黄帝。由所本而观之,不特三王不相袭,三皇五帝亦不相沿矣。盖圣人首出御世,作新视听,神道设教,以弥纶乎礼乐刑政之所不及者,一本天理之自然,非如后世托之诡异妖祥,谶纬术数,以愚天下也。夫子曰:"我观夏道,杞不足征,吾得夏时焉;我观殷道，宋不足征，吾得坤乾焉。"夫夏时，夏正书也。坤乾，《易》类也。夫子憾夏商之文献无所征矣，而坤乾乃与夏正之书同为观于夏商之所得，则其所以厚民生与利民用者，盖与治宪明时同为一代之法宪，而非圣人一己之心思。离事物而特著一书，以谓明道也。夫悬象设教与治宪授时，天道也。《礼》《乐》《诗》《书》与刑政教令，人事也。天与人参，王者治世之大权也。韩宣子之聘鲁也，观书于太史氏，得见《易象》《春秋》，以为周礼在鲁。夫《春秋》乃周公之旧典，谓周礼之在鲁可也。《易象》亦称周礼，其为政教典章，切于民用，而非一己空言。自垂昭代，而非相沿旧制，则又明矣。夫子曰："《易》之兴也，其于中古乎。作《易》者，其有忧患乎。"顾氏炎武尝谓《连山》《归藏》，不名为"易"，太卜所谓"三易"，因《周易》而牵连得名。今观八卦起于伏羲，《连山》作于夏后，而夫子乃谓《易》兴于中古，作《易》之人，独指文王，则《连山》《归藏》不名为"易"，又其征矣。或曰：文王拘幽，未尝得位行道，岂得谓之作《易》以垂政典欤？"曰：八卦为三易所同，文王自就八卦而系之辞。商道之衰，文王与民同其忧患，故反覆于处忧患之道，而要于无咎，非创制也。周武既定天下，遂名《周易》而立一代之典教，非文王初意所计及也。夫子生不得位，不能创制立法以前民用，因见《周易》之于道法，美善无可复加，惧其久而失传，故作《彖》《象》《文言》诸传，以申其义蕴，所谓述而不作，非力有所不能，理势固有所不可也。

后儒拟《易》，则亦妄而不思之甚矣！彼其所谓理与数者，有以出《周易》之外邪？无以出之，而惟变其象数法式，以示与古不相袭焉，此王者宰制天下，作新耳目，殆如汉制所谓色黄数五，事与改正朔而易服色者为一例也。扬雄不知而作，则以九九八十一者，变其八八六十四矣。

后代大儒，多称许之，则以其数通于治历，而蓍揲合其吉凶也。夫数乃古今所共，凡明于历学者，皆可推寻，岂必《太玄》而始合哉？蓍揲合其吉凶，则又阴阳自然之至理，诚之所至，探筹钻瓦，皆可以知吉凶，何必支离其文，艰深其字，然后可以知吉凶乎？《元包》妄托《归藏》，不足言也。司马《潜虚》又以五五更其九九，不免贤者之多事矣！故六经不可拟也，先儒所论，仅谓畏先圣而当知严惮耳；此指扬氏《法言》、王氏《中说》，诚为中其弊矣。若夫六经，皆先王得位行道，经纬世宙之迹，而非托于空言，故以夫子之圣，犹且述而不作，如其不知妄作，不特有拟圣之嫌，抑且蹈于僭窃王章之罪也，可不慎欤！

易教中

孔仲达曰："夫《易》者，变化之总名，改换之殊称。"先儒之释《易》义，未有明通若孔氏者也。得其说而进推之，《易》为王者改制之巨典，事与治历明时相表里，其义昭然若揭矣。许叔重释"易"文曰："蜥易，守宫，象形。秘书说：'日月为易，象阴阳也。'"《周官》太卜，掌三易之法。郑氏注："易者，揲蓍变易之数可占者也。"朱子以谓"易"有交易变易之义。是皆因文生解，各就一端而言，非当日所以命《易》之旨也。三易之名，虽始于《周官》，而《连山》《归藏》，可并名《易》；《易》不可附《连山》《归藏》而称为三连、三归者，诚以《易》之为义，实该羲农以来，不相沿袭之法数也。易之初见于文字，则《帝典》之"平在朔易"也。孔《传》谓"岁改易，而周人即取以名揲卦之书"，则王者改制更新之大义，显而可知矣。《大传》曰："生生之谓易。"韩康伯谓"阴阳转易,以成化生",此即朱子交易变易之义所由出也。三易之文虽不传,今观《周官》太卜有其法,左氏记占有其辞,则《连山》《归藏》皆有交易变易之义,是羲农以来,《易》之名虽未立,而《易》之意已行乎其中矣。上古淳质,文字无多,固有具其实而未著其名者;后人因以定其名,则彻前后而皆以是为主义焉,一若其名之向著者,此亦其一端也。钦明之为敬也,允塞之为诚也,历象之为历也,历象之历,作推步解,非历书之名。皆先具其实,而后著之名也。《易·革·象》曰:"泽中有火,君子以治历明时。"其《彖》曰:"天地革而四时成,汤武革命,顺乎天而应乎人。"历自黄帝以来,代为更变,而夫子乃为取象于泽火,且以天地改时,汤武革命为《革》之卦义,则《易》之随时废兴,道岂有异乎。《易》始羲农,而备于成周;历始黄帝,而递变于后世。上古详天道,而中古以下详人事之大端也。然卦气之说,虽创于汉儒,而卦序卦位,则已具函其终始。则疑大挠未造甲子以前,羲农即以卦画为历象,所谓天人合于一也。《大传》曰:"古者庖羲氏之王天下也,仰则观象于天,俯则观法于地,观鸟兽之文与地之宜,近取诸身,远取诸物,于是始作八卦,以通神明之德,以类万物之情。"此黄帝未作干支之前所创造也。观于羲和分命,则象法文宜,其道无所不备,皆用以为授人时也。是知上古圣人,开天创制,立法以治天下,作《易》之与造历,同出一源,未可强分孰先孰后。故《易》曰:"开物成务,冒天下之道。"《书》曰:"平秩敬授,作讹成易。"皆一理也。夫子曰:"加我数年,五十以学《易》,可以无大过矣。"又曰:"吾学周礼,今用之,吾从周!"学《易》者,所以学周礼也。韩宣子见《易象》《春秋》,以为周礼在鲁。夫子学《易》而志《春秋》,所谓学周礼也。

夫子语颜渊曰:"行夏之时,乘殷之辂,服周之冕,乐则《韶》

舞。"是斟酌百王，损益四代，为万世之圭臬也。历象递变，而夫子独取于夏时；筮占不同，而夫子独取于《周易》，此三代以后，至今循行而不废者也。然三代以后，历显而《易》微；历存于官守，而《易》流于师传，故儒者敢于拟《易》而不敢造历也。历之薄蚀盈亏，有象可验，而《易》之吉凶悔吝，无迹可拘，是以历官不能穿凿于私智，而《易》师各自为说，不胜纷纷也。故学《易》者，不可以不知天。观此益知《太玄》《元包》《潜虚》之属，乃是万无可作之理，其故总缘不知为王制也。

易教下

《易》之象也，《诗》之兴也，变化而不可方物矣。《礼》之官也，《春秋》之例也，谨严而不可假借矣。夫子曰："天下同归而殊途，一致而百虑。"君子之于六艺，一以贯之，斯可矣。物相杂而为之文，事得比而有其类，知事物名义之杂出而比处也。非文不足以达之，非类不足以通之。六艺之文，可以一言尽也。夫象欤，兴欤，例欤，官欤，风马牛之不相及也。其辞可谓文矣，其理则不过曰通于类也。故学者之要，贵乎知类。

象之所包广矣，非徒《易》而已，六艺莫不兼之，盖道体之将形而未显者也。雎鸠之于好逑，樛木之于贞淑，甚而熊蛇之于男女，象之通于《诗》也。五行之征五事，箕毕之验雨风，甚而傅岩之入梦赍，象之通于《书》也。古官之纪云鸟，《周官》之法天地四时，以至龙翟章衣，熊虎志射，象之通于《礼》也。歌协阴阳，舞分文武，以至磬念封疆，鼓思将帅，象之通于《乐》也。笔削不废灾异，左氏遂广妖祥，象之通于《春秋》也。《易》与天地准，故能弥纶天地之道。万事万物，当其自静而动，形迹未彰而象见矣。故道不可见，人求道而恍若有见者，皆其象也。

有天地自然之象，有人心营构之象。天地自然之象，《说卦》为天为圜诸条，约略足以尽之；人心营构之象，噬车之载鬼，翰音之登天，意之所至，无不可也。然而心虚用灵，人累于天地之间，不能不受阴阳之消息。心之营构，则情之变易为之也。情之变易，感于人世之接构而乘于阴阳倚伏为之也。是则人心营构之象，亦出天地自然之象也。

《易》象虽包六艺，与《诗》之比兴，尤为表里。夫《诗》之流别，盛于战国人文，所谓长于讽喻，不学《诗》则无以言也。详《诗教》篇。然战国之文，深于比兴，即其深于取象者也。《庄》《列》之寓言也，则触蛮可以立国，蕉鹿可以听讼；《离骚》之抒愤也，则帝阙可上九天，鬼情可察九地。他若纵横驰说之士，飞箝捭阖之流，徙蛇引虎之营谋，桃梗土偶之问答，愈出愈奇，不可思议。然而指迷从道，固有其功；饰奸售欺，亦受其毒。故人心营构之象，有吉有凶，宜察天地自然之象而衷之以理，此《易》教之所以范天下也。

诸子百家，不衷大道，其所以持之有故而言之成理者，则以本原所出，皆不外于《周官》之典守。其支离而不合道者，师失官守，末流之学，各以私意恣其说尔，非于先王之道，全无所得，而自树一家之学也。至于佛氏之学，来自西域，毋论彼非世官典守之遗，且亦生于中国，言语不通，没于中国，文字未达也。然其所言与其文字，持之有故而言之成理者，殆较诸子百家为尤盛。反复审之，而知其本原出于《易》教也。盖其所谓心性理道，名目有殊，推其义指，初不异于圣人之言。其异于圣人者，惟舍事物而别见有所谓道尔。至于丈六金身，庄严色相，以至天堂清明，地狱阴惨，天女散花，夜叉披发，种种诡幻，非人所见，儒者斥之为妄。不知彼以象教，不啻《易》之龙血玄黄，张弧载鬼。是以阎摩变相，皆即人心营构之象而言，非彼造作诳诬以惑世也。至于末流失传，凿而实之，夫妇之愚，偶见形于形凭于声者而附会出之，遂谓光天之下，别有境焉。儒者又不察其本末，攘臂以争，愤若不共戴天，而不知非其实也。今彼所学，与夫文字之所指拟，但切入于人伦之所日用，即圣人之道也。以象为教，非无本也。

《易》象通于《诗》之比兴，《易》辞通于《春秋》之例。严天泽之分，则二多誉，四多惧焉。谨治乱之际，则阳君子，阴小人也。杜微渐之端，《姤》一阴而已惕女壮；《临》二阳而即虑八月焉。慎名器之假，五戒阴柔，三多危惕焉。至于四德尊元而无异称，亨有小亨，利贞有小利贞，贞有贞吉贞凶，吉有元吉，悔有悔亡，咎有无咎，一字出入，谨严甚于《春秋》。盖圣人于天人之际，以谓甚可畏也。《易》以天道而切人事，《春秋》以人事而协天道，其义例之见于文辞，圣人有戒心焉。

书教上

《周官》外史，掌三皇五帝之书，今存虞夏商周之策而已。五帝仅有二，而三皇无闻焉。左氏所谓《三坟》《五典》，今不可知，未知即是其书否也。以三王之誓、诰、贡、范诸篇，推测三皇诸帝之义例，则上古简质，结绳未远，文字肇兴，书取足以达微隐、通形名而已矣。因事命篇，本无成法，不得如后史之方圆求备，拘于一定之名义者也。夫子叙而述之，取其疏通知远，足以垂教矣。世儒不达，以谓史家之初祖实在《尚书》，因取后代一成之史法，纷纷拟《书》者，皆妄也。

三代以上之为史，与三代以下之为史，其同异之故可知也。三代以上，记注有成法而撰述无定名；三代以下，撰述有定名而记注无成法。夫记注无成法，则取材也难；撰述有定名，则成书也易。成书易，则文胜质矣；取材难，则伪乱真矣。伪乱真而文胜质，史学不亡而亡矣！良史之才，间世一出，补偏救弊，怠且不支，非后人学识不如前人，《周官》之法亡而《尚书》之教绝，其势不得不然也。

《周官》三百六十，具天下之纤析矣。然法具于官而官守其书，观于六卿联事之义，而知古人之于典籍，不惮繁复周悉，以为记注之备也。即如六典之文，繁委如是，太宰掌之，小宰副之，司会、司书、太史又为各掌其贰；则六典之文，盖五倍其副贰，而存之于掌故焉。其他篇籍，亦当称是，是则一官失其守，一典出于水火之不虞，他司皆得籍征于副策，斯非记注之成法，详于后世欤。汉至元成之间，典籍可谓备矣。然刘氏《七略》，虽溯六典之流别，亦已不能具其官。而律令藏于法曹，章程存于故府，朝仪守于太常者，不闻石渠、天禄别储副贰，以备校司之讨论，可谓无成法矣。汉治最为近古，而荒略如此，又何怪乎后世之文章典故，杂乱而无序也哉！

孟子曰："王者之迹息而《诗》亡，《诗》亡，然后《春秋》作。"盖言王化之不行也，推原《春秋》之用也。不知《周官》之法废而《书》亡，《书》亡而后《春秋》作，则言王章之不立也，可识《春秋》之体也。何谓《周官》之法废而《书》亡哉？盖官礼制密而后记注有成法，记注有成法，而后撰述可以无定名，以谓纤悉委备，有司具有成书，而吾特举其重且大者，笔而著之，以示帝王经世之大略。而典、谟、训、诰、贡、范、官、刑之属，详略去取，惟意所命，不必著为一定之例焉。斯《尚书》之所以经世也。至官礼废而记注不足备其全；《春秋》比事以属辞，而左氏不能不取百司之掌故，与夫百国之宝书，以备其事之始末，其势有然也。马、班以下，演左氏而益畅其支焉，所谓记注无成法，而撰述不能不有定名也。故曰：王者迹息而《诗》亡，见《春秋》之用；《周官》法废而《书》亡，见《春秋》之体也。

《记》曰："左史记言，右史记动。"其职不见于《周官》，其书不传于后世，殆礼家之衍文欤。后儒不察，而以《尚书》分属记言，《春秋》分属记事，则失之甚也。夫《春秋》不能舍传而空存其事目，则左氏所记之言，不啻千万矣。《尚书》典谟之篇，记事而言亦具焉；训诰之篇，记言而事亦见焉。古人事见于言，言以为事，未尝分事言为二物也。刘知几以二典、贡、范诸篇之错出，转讥《尚书》义例之不纯，毋乃因后世之空言，而疑古人之实事乎！《记》曰："疏通知远，《书》教也。"岂曰记言之谓哉！

六艺并立，《乐》亡而入于《诗》《礼》，《书》亡而入于《春秋》，皆天时人事，不知其然而然也。《春秋》之事，则齐桓、晋文，而宰孔之命齐侯，王子虎之命晋侯，皆训诰之文也；而左氏附传以翼经，夫子不与《文侯之命》同著于编，则《书》入《春秋》之明证也。马迁绍法《春秋》，而删润典谟以入纪传；班固承迁有作，而《禹贡》取冠《地理》，《洪范》特志《五行》，而《书》与《春秋》不得不合为一矣。后儒不察，又谓纪传法《尚书》而编年法《春秋》，是与左言右事之强分流别，又何以异哉！

书教中

《书》无定体,故易失其传;亦惟《书》无定体,故托之者众。周末文胜,官礼失其职守,而百家之学,多争托于三皇五帝之书矣。艺植托于神农,兵法医经托于黄帝,好事之徒,传为《三坟》之逸书而《五典》之别传矣。不知书固出于依托,旨亦不尽无所师承。官礼政举而人存,世氏师传之掌故耳。惟三五之留遗,多存于《周官》之职守,则外史所掌之书,必其籍之别具,亦如六典各存其副之制也。左氏之所谓"三坟""五典",或其概而名之,或又别为一说,未可知也;必欲确指如何为三皇之坟,如何为五帝之典则凿矣!

《逸周书》七十一篇,多《官礼》之别记与《春秋》之外篇,殆治《尚书》者杂取以备经书之旁证耳。刘、班以谓孔子所论百篇之余,则似逸篇,初与典、谟、训、诰同为一书,而孔子为之删彼存此耳。毋论其书文气不类,醇驳互见,即如《职方》《时训》诸解,明用经记之文;《太子晋解》,明取春秋时事,其为外篇别记,不待繁言而决矣。而其中实有典言宝训,识为先王誓、诰之遗者,亦未必非百篇之逸旨,而不可遽为删略之余也。夫子曰:"信而好古。"先王典诰,衰周犹有存者,而夫子删之,岂得为"好古"哉!惟《书》无定体,故《春秋》《官礼》之别记外篇,皆得从而附合之,亦可明《书》教之流别矣。

《书》无定体,故附之者杂。后人妄拟《书》以定体,故守之也拘。古人无空言,安有记言之专书哉?汉儒记误信《玉藻》记文,而以《尚书》为记言之专书焉。于是后人削趾以适履,转取事文之合者,削其事而辑录其文,以为《尚书》之续焉。若孔氏《汉魏尚书》、王氏《续书》之类皆是也。无其实而但貌古人之形似,譬如画饼,饵之不可以充饥,况

《尚书》本不止于记言，则孔衍、王通之所拟，并古人之形似而不得矣。刘知几尝患史策记事之中，忽间长篇文笔，欲取君上诏诰，臣工奏章，别为一类，编次纪传史中，略如书志之各为篇目，是刘亦知《尚书》折而入《春秋》矣。然事言必分焉二，则有事言相贯质与文宣之际。如别自为篇，则不便省览；如仍然合载，则为例不纯。是以刘氏虽有是说，后人讫莫之行也。至如论事章疏，本同口奏，辨难书牍，不异面论，次于纪传之中，事言无所分析，后史恪遵成法可也。乃若扬、马之辞赋，原非政言；严、徐之上书，亦同献颂；邹阳、枚乘之纵横，杜钦、谷永之附会，本无关于典要；马、班取表国华，削之则文采灭如，存之则纪传猥滥，斯亦无怪刘君之欲议更张也。

杜氏《通典》，为卷二百，而《礼典》乃八门之一，已占百卷。盖其书本官礼之遗，宜其于礼事加详也。然叙典章制度，不异诸史之文；而礼文疑似，或事变参差，博士经生，折中详议。或取裁而径行，或中格而未用，入于正文，则繁复难胜；削而去之，则事理未备。杜氏并为采辑其文，附著礼门之后，凡二十余卷，可谓穷天地之际，而通古今之变者矣。史迁之书，盖于《秦纪》之后，存录秦史原文，惜其义例未广，后人亦不复踵行。斯并纪言记事之穷，别有变通之法，后之君子，所宜参取者也。

滥觞流为江河，事始简而终巨也。东京以还，文胜篇富，史臣不能概见于纪传，则汇次为文苑之篇。文人行业无多，但著官阶贯系，略如《文选》人名之注，试榜履历之书，本为丽藻篇名，转觉风华消索，则知一代文章之盛，史文不可得而尽也。萧统《文选》以还，为之者众。今之尤表表者，姚氏之《唐文粹》，吕氏之《宋文鉴》，苏氏之《元文类》，并欲包括全代，与史相辅，此则转有似乎言事分书，其实诸选乃是春华，正史其秋实尔。史与《文选》，各有言与事，故仅可分华与实，不可分言与事。

四部既分，集林大畅，文人当诰，则内制外制之集自为编矣。宰相论思，言官白简，卿曹各言职事，阃外料敌善谋，陆贽奏议之篇，苏轼进呈之策，又各著于集矣。萃合则有名臣经济，策府议林，连编累牍可胜数乎。大抵前人著录，不外别集总集二条，盖以一人文字观也。其实应隶史部，追源当系《尚书》，但训诰乃《尚书》之一端，不得如汉人之直以记言之史目《尚书》耳。

名臣章奏，隶于《尚书》，以拟训诰，人所易知。撰辑章奏之人，宜知训诰之记言，必叙其事以备所言之本末，故《尚书》无一空言；有言，必措诸事也。后之辑章奏者，但取议论晓畅，情辞恳切，以为章奏之佳也；不备其事之始末，虽有佳章，将何所用！文人尚华之习见，不可语于经史也。班氏董、贾二传，则以《春秋》之学为《尚书》也。即《尚书》折入《春秋》之证也。其叙贾、董生平行事，无意求详，前后寂寥数言，不过为政事诸疏、天人三策备始末尔。贾、董未必无事可叙，班氏重在疏策，不妨略去一切，但录其言。前后略缀数语，备本末耳。不似后人作传，必尽生平，斤斤求备。噫！观史裁者，必知此意，而始可与言《尚书》《春秋》之学，各有其至当，不似后世类钞征事，但知方圆求备而已也。

书教下

《易》曰："蓍之德圆而神，卦之德方以智。"间尝窃取其义，以概古今之载籍，撰述欲其圆而神，记注欲其方以智也。夫智以藏往，神以知来，记注欲往事之不忘，撰述欲来者之兴起；故记注藏往似智，而撰述知来拟神也。藏往欲其赅备无遗，故体有一定而其德为方。知来欲其决择去取，故例不拘常而其德为圆。《周官》三百六十，天人官曲之故，可谓无不备矣。然诸史皆掌记注，而未尝有撰述之官，祝史命告，未尝非撰述，然无撰史之人，如《尚书》誓诰自出史职，至于帝典诸篇，并无应撰之官。则传世行远之业，不可拘于职司，必待其人而后行，非圣哲神明，深知二帝三王精微之极致，不足以与此。此《尚书》之所以无定法也。

《尚书》《春秋》，皆圣人之典也。《尚书》无定法，而《春秋》有成例。故《书》之支裔折入春秋，而《书》无嗣音。有成例者易循，而无定法者难继，此人之所知也。然圆神方智，自有载籍以还，二者不偏废也。不能究六艺之深耳，未有不得其遗意者也。史氏继《春秋》而有作，莫如马、班，马则进于圆而神，班则近于方以智也。

《尚书》一变而为左氏之《春秋》，《尚书》无成法，而《左氏》有定例，以纬经也。《左氏》一变而为史迁之纪传，左氏依年月，而迁书分类例以搜逸也。迁书一变而为班氏之断代，迁书通变化，而班氏守绳墨，以示包括也。就形貌而言，迁书远异左氏，而班史近同迁书。盖左氏体直，自为编年之祖；而马、班曲备，皆为纪传之祖也。推精微而言，则迁书之去左氏也近，而班史之去迁书也远。盖迁书体圆用神，多得《尚书》之遗，班氏体方用智，多得官礼之意也。

迁书纪、表、书、传，本左氏而略示区分，不甚拘拘于题目也。《伯夷列传》，乃七十篇之序例，非专为伯夷传也。《屈贾列传》，所以恶绛、灌之谗，其叙屈之文，非为屈氏表忠，乃吊贾之赋也。《仓公》录其医案，《货殖》兼书物产，《龟策》但言卜筮，亦有因事命篇之意，初不沾沾为一人具始末也。《张耳陈余》，因此可以见彼耳。《孟子荀卿》，总括游士著书耳。名姓标题，往往不拘义例，仅取名篇，譬如《关雎》《鹿鸣》，所指乃在嘉宾淑女，而或且讥其位置不伦，如孟子与三邹子。或又摘其重复失检，如子贡已在《弟子传》，又见于《货殖》。不知古人著书之旨，而转以后世拘守之成法，反訾古人之变通，亦知迁书体圆而用神，犹有《尚书》之遗者乎。

迁《史》不可为定法，固《书》因迁之体而为一成之义例，遂为后世不祧之宗焉！三代以下，史才不世出，而谨守绳墨，待其人而后行，势之不得不然也。然而固《书》本撰述而非记注，则于近方近智之中，仍有圆且神者，以为之裁制。是以能成家而可以传世行远也。后史失班史之意，而以纪表志传，同于科举之程式，官府之簿书，则于记注撰述两无所似，而古人著书之宗旨不可复言矣。史不成家而事文皆晦，而犹拘守成法，以谓其书固祖马而宗班也，而史学之失传也久矣！

历法久则必差，推步后而愈密，前人所以论司天也，而史学亦复类此。《尚书》变而为《春秋》，则因事命篇，不为常例者，得从比事属辞为稍密矣。《左》《国》变而为纪传，则年经事纬不能旁通者，得从类别区分为益密矣。纪传行之千有余年，学者相承，殆如夏葛冬裘，渴饮饥食，无更易矣。然无别识心裁，可以传世行远之具，而斤斤如守科举之程式，不敢稍变；如治胥吏之簿书，繁不可删。以云方智，则冗复疏舛，难为典据；以云圆神，则芜滥浩瀚，不可诵识。盖族史但知求全于纪表志传之成规，而书为体例所拘。但欲方圆求备，不知纪传原本《春秋》，《春秋》原合《尚书》之初意也。《易》曰："穷则变，变则通，通则久。"纪传实为三代以后之良法，而演习既久，先王之大经大法，转为末世拘守之纪传所蒙，曷可不思所以变通之道欤！

左氏编年，不能曲分类例，《史》《汉》纪表传志，所以济类例之穷也。族史转为类例所拘，以致书繁而事晦，亦犹训诂注疏，所以释经，俗师反溺训诂注疏而晦经旨也。夫经为解晦，当求无解之初。史为例拘，当求无例之始。例自《春秋》左氏始也,盍求《尚书》未入《春秋》之初意欤!

神奇化臭腐,臭腐复化为神奇,解《庄》书者,以谓天地自有变化,人则从而奇腐云耳!事屡变而复初,文饰穷而反质,天下自然之理也。《尚书》圆而神,其于史也,可谓天之至矣。非其人不行,故折入左氏,而又合流于马、班。盖自刘知几以还,莫不以谓《书》教中绝,史官不得衍其绪矣。又自《隋书·经籍志》著录,以纪传为正史,编年为古史,历代依之,遂分正附,莫不甲纪传而乙编年,则马、班之史,以支子而嗣《春秋》,荀悦、袁宏,且以左氏大宗而降为旁庶矣。司马《通鉴》,病纪传之分而合之以编年;袁枢《纪事本末》,又病《通鉴》之合而分之以事类。按本末之为体也,因事命篇,不为常格,非深知古今大体,天下经纶,不能网罗隐括,无遗无滥。文省于纪传,事豁于编年,决断去取,体圆用神,斯真《尚书》之遗也。在袁氏初无其意,且其学亦未足与此,书亦不尽合于所称,故历代著录诸家,次其书于杂史,自属纂录之家,便观览耳。但即其成法,沉思冥索,加以神明变化,则古史之原,隐然可见。书有作者甚浅,而观者甚深,此类是也。故曰,神奇化臭腐,而臭腐复化为神奇,本一理耳。

夫史为记事之书,事万变而不齐,史文屈曲,而适如其事,则必因事命篇,不为常例所拘,而后能起讫自如,无一言之或遗而或溢也。此《尚书》之所以神明变化,不可方物。降而左氏之传,已不免于以文徇例,理势不得不然也。以上古神圣之制作,而责于晚近之史官,岂不悬绝欤!不知经不可学而能,意固可师而仿也。且《尚书》固有不可尽学者也。即《纪事本末》,不过纂录小书,亦不尽取以为史法,而特以义有所近,不得以辞害意也。斟酌古今之史,而定文质之中,则师《尚书》之意,而以迁史义例，通左氏之裁制焉，所以救纪传之极弊，非好为更张也。

纪传虽创于史迁，然亦有所受也。观于《太古年纪》、夏殷《春秋》、《竹书纪年》，则本纪编年之例，自文字以来即有之矣。《尚书》为史文之别具，如用左氏之例而合于编年，即传也。以《尚书》之义，为《春秋》之传，则左氏不致以文徇例，而浮文之刊落者多矣。以《尚书》之义，为迁史之传，则八书、三十世家，不必分类，皆可仿左氏而统名曰传。或考典章制作，或叙人事终始，或究一人之行，即列传本体。或合同类之事，或录一时之言，训诰之类。或著一代之文，因事命篇，以纬本纪。则较之左氏翼经，可无局于年月后先之累；较之迁史之分列，可无歧出互见之烦。文省而事益加明，例简而义益加精，岂非文质之适宜，古今之中道欤！至于人名事类，合于本末之中，难于稽检，则别编为表以经纬之；天象地形，舆服仪器，非可本末该之，且亦难以文字著者，别绘为图以表明之。盖通《尚书》《春秋》之本原，而拯马《史》班《书》之流弊，其道莫过于此。至于创立新裁，疏别条目，较古今之述作，定一书之规模，别具《圆通》之篇，此不具言。

邵氏晋涵云："纪传史裁，参仿袁枢，是貌同心异。以之上接《尚书》家言，是貌异心同。是篇所推，于六艺为支子，于史学为大宗，于前史为中流砥柱，于后学为蚕丛开山。"

诗教上

周衰文弊，六艺道息，而诸子争鸣，盖至战国而文章之变尽，至战国而著述之事专，至战国而后世之文体备。故论文于战国，而升降盛衰之故可知也。战国之文，奇邪错出而裂于道，人知之；其源皆出于六艺，人不知也。后世之文，其体皆备于战国，人不知；其源多出于《诗》教，人愈不知也。知文体备于战国，而始可与论后世之文；知诸家本于六艺，而后可与论战国之文；知战国多出于《诗》教，而后可与论六艺之文；可与论六艺之文，而后可与离文而见道；可与离文而见道，而后可与奉道而折诸家之文也。

战国之文，其源皆出于六艺，何谓也？曰：道体无所不该，六艺足以尽之。诸子之为书，其持之有故，而言之成理者，必有得于道体之一端，而后乃能恣肆其说，以成一家之言也。所谓一端者，无非六艺之所该，故推之而皆得其所本，非谓诸子果能服六艺之教，而出辞必衷于是也。老子说本阴阳，庄、列寓言假象，《易》教也。邹衍侈言天地，关尹推衍五行，《书》教也。管、商法制，义存政典，《礼》教也。申、韩刑名，旨归赏罚，《春秋》教也。其他杨、墨、尹文之言，苏、张、孙、吴之术，辨其源委，挹其旨趣，九流之所分部，《七录》之所叙论，皆于物曲人官得其一致，而不自知为六典之遗也。

战国之文，既源于六艺，又谓多出于《诗》教，何谓也？曰：战国者，纵横之世也。纵横之学，本于古者行人之官，观春秋之辞命，列国大夫聘问诸侯，出使专对，盖欲文其言以达旨而已。至战国而抵掌揣摩，腾说以取富贵，其辞敷张而扬厉，变其本而加恢奇焉，不可谓非行人辞命之极也。孔子曰："诵《诗》三百，授之以政，不达；使于四方，不能专对，虽多奚为。"是则比兴之旨，讽谕之义，固行人之所肄也。纵横者流，推而衍之，是以能委折而入情，微婉而善讽也。九流之学，承官曲于六典，虽或原于《书》《易》《春秋》，其质多本于《礼》教，为其体之有所该也。及其出而用世，必兼纵横，所以文其质也。古之文质合于一，至战国而各具之质，当其用也，必兼纵横之辞以文之，周衰文弊之效也。故曰，战国者，纵横之世也。

后世之文，其体皆备于战国，何谓也？曰：子史衰而文集之体盛，著作衰而辞章之学兴。文集者，辞章不专家，而萃聚文墨以为蛇龙之菹也。详见《文集》篇。后贤承而不废者，江河导而其势不容复遏也。经学不专家，而文集有经义；史学不专家，而文集有传记；立言不专家，即诸子书也。而文集有论辨。后世之文集，舍经义与传记论辨之三体，其余莫非辞章之属也。而辞章实备于战国，承其流而代变其体制焉。学者不知，而溯挚虞所裒之《流别》，挚虞有《文章流别传》。甚且以萧梁《文选》，举为辞章之祖也，其亦不知古今流别之义矣！

今即《文选》诸体，以征战国之赅备，挚虞《流别》，孔逭《文苑》，今俱不传，故据《文选》。京都诸赋，苏、张纵横六国，侈陈形势之遗也。《上林》《羽猎》，安陵之从田，龙阳之同钓也。《客难》《解嘲》，屈原之《渔父》《卜居》，庄周之惠施问难也。韩非《储说》，比事征偶，《连珠》之所肇也，前人已有言及之者。而或以为始于傅毅之徒，傅玄之言。非其质矣。孟子问齐王之大欲，历举轻暖肥甘，声音采色，《七林》之所启也，而或以为创之枚乘，忘其祖矣。邹阳辨谤于梁王，江淹陈辞于建平，苏秦之自解忠信而获罪也。《过秦》《王命》《六代》《辨亡》诸论，抑扬往复，诗人讽谕之旨，孟、荀所以称述先王儆时君也。屈原上称帝誉，中述汤、武，下道齐桓，亦是。淮南宾客，梁苑辞人，原、尝、申、陵之盛举也。东方、司马，侍从于西京；徐、陈、应、刘征逐于邺下，谈天雕龙之奇观也。遇有升沉，时有得失，畸才汇于末世，利禄萃其性灵，廊庙山林，江湖魏阙，旷世而相感，不知悲喜之何从，文人情深于《诗》《骚》，古今一也。

至战国而文章之变尽，至战国而后世之文体备，其言信而有征矣！至战国而著述之事专，何谓也？曰：古未尝有著述之事也，官师守其典章，史臣录其职载，文字之道，百官以之治而万民以之察，而其用已备矣。是故圣王书同文以平天下，未有不用之于政教典章，而以文字为一人之著述者也。道不行而师儒立其教，我夫子之所以功贤尧、舜也。然而"予欲无言"，"无行不与"，六艺存周公之旧典，夫子未尝著述也。《论语》记夫子之微言，而曾子、子思俱有述作以垂训，至孟子而其文然后闳肆焉，著述至战国而始专之明验也。《论语》记曾子之没，吴起尝师曾子，则曾子没于战国初年，而《论语》成于战国之时明矣。春秋之时，管子尝有书矣。《鬻子》《晏子》，后人所托。然载一时之典章政教，则犹周公之有官礼也。记管子之言行，则习管氏法者所缀辑，而非管仲所著述也。或谓管仲之书，不当称桓公之谥，阎氏若璩又谓后人所加。非管子之本文，皆不知古人并无私自著书之事，皆是后人缀辑，详《诸子》篇。兵家之有《太公阴符》，医家之有《黄帝素问》，农家之《神农》《野老》，先儒以谓后人伪撰而依托乎古人，其言似是，而推究其旨，则亦有所未尽也。盖末数小技，造端皆始于圣人，苟无微言要旨之授受，则不能以利用千古也。

　　三代盛时，各守人官物曲之世氏，是以相传以口耳；而孔、孟以前，未尝得见其书也。至战国而官守师传之道废，通其学者述旧闻而著于竹帛焉。中或不能无得失，要其所自，不容遽昧也。以战国之人而述黄、农之说，是以先儒辨之文辞，而断其伪托也。不知古初无著述，而战国始以竹帛代口耳，外史掌三皇五帝之书及四方之志，与孔子所述六艺旧典，皆非著述一类，其说已见于前。实非有所伪托也。然则著述始专于战国，盖亦出于势之不得不然矣。著述不能不衍为文辞，而文辞不能不生其好尚。后人无前人之不得已，而惟以好尚逐于文辞焉，然犹自命为著述，是以战国为文章之盛，而衰端亦已兆于战国也。

诗教下

或曰：若是乎，三代以后，六艺惟《诗》教为至广也。敢问文章之用莫盛于《诗》乎？曰：岂特三代以后为然哉？三代以前，《诗》教未尝不广也。夫子曰："不学《诗》，无以言。"古无私门之著述，未尝无达衷之言语也。惟托于声音，而不著于文字，故秦人禁《诗》《书》，《书》阙有间，而《诗》篇无有散失也。后世竹帛之功胜于口耳，而古人声音之传胜于文字，则古今时异而理势亦殊也。自古圣王以礼乐治天下，三代文质，出于一也。世之盛也，典章存于官守，礼之质也；情志和于声诗，乐之文也。迨其衰也，典章散而诸子以术鸣，故专门治术，皆为官礼之变也，情志荡而处士以横议，故百家驰说，皆为声诗之变也。名、法、兵、农、阴阳之类，主实用者谓之专门治术。其初各有职掌，故归于官而为礼之变也。谈天雕龙、坚白异同之类，主虚理者谓之百家驰说，其言不过达其情志，故归于诗而为乐之变也。战国之文章，先王礼乐之变也。六艺为官礼之遗。然而独谓诗教广于战国者，专门之业少而纵横腾说之言多，后世专门子术之书绝，伪体子书，不足言也。而文集繁，虽有醇驳高下之不同，其究不过自抒其情志，故曰，后世之文体皆备于战国，而《诗》教于斯可谓极广也。学者诚能博览后世之文集，而想见先王礼乐之初焉，庶几有立而能言。学问有主即是立，不尽如朱子所云肌肤筋骸之束而已也。可以与闻学《诗》学《礼》之训矣！

学者惟拘声韵之为诗，而不知言情达志，敷陈讽谕，抑扬涵泳之文，皆本于《诗》教。是以后世文集繁，而纷纭承用之文，相与沿其体而莫由知其统要也。至于声韵之文，古人不尽通于《诗》，而后世承用诗赋之属，亦不尽出六义之教也，其故亦备于战国。是故明于战国升降之体势，而后礼乐之分可以明；六艺之教可以别；《七略》九流诸子百家之言，可以导源而浚流；两汉、六朝、唐、宋、元、明之文，可以畦分而塍别；官曲术业，声诗辞说，口耳竹帛之迁变，可坐而定矣！

演畴皇极，训诂之韵者也；所以便讽诵，志不忘也。六象赞言，爻系之韵者也；所以通卜筮，阐幽玄也。六艺非可皆通于《诗》也，而韵言不废，则谐音协律不得专为《诗》教也。传记如《左》《国》，著说如《老》《庄》，文逐声而遂谐，语应节而遽协，岂必合《诗》教之比兴哉！焦贡之《易林》，史游之《急就》，经部韵言之不涉于《诗》也；《黄庭经》之七言，《参同契》之断字，子术韵言之不涉于《诗》也。后世杂艺百家，诵拾名数，率用五言七字，演为歌诀，咸以取便记诵，皆无当于诗人之义也。而文指存乎咏叹，取义近于比兴，多或滔滔万言，少或寥寥片语，不必谐韵和声，而识者雅赏其为《风》《骚》遗范也。故善论文者，贵求作者之意指，而不可拘于形貌也。

传曰："不歌而诵谓之赋。"班氏固曰："赋者古诗之流。"刘氏勰曰："六艺附庸，蔚为大国。"盖长言咏叹之一变，而无韵之文可通于《诗》者，亦于是而益广也。屈氏二十五篇，刘、班著录以为《屈原赋》也。《渔父》之辞，未尝谐韵而入于赋，而文体承用之流别，不可不知其渐也。文之敷张而扬厉者，皆赋之变体，不特附庸之为大国，抑亦陈完之后，离去宛丘故都，而大启疆宇于东海之滨也。后世百家杂艺，亦用赋体为拾诵，窦氏《述书赋》，吴氏《事类赋》，医家《药性赋》，星卜命相术业赋之类。盖与歌诀同出六艺之外矣。然而赋家者流，犹有诸子之遗意，居然自命一家之言者，其中又各有其宗旨焉。殊非后世诗赋之流，拘于文而无其质，茫然不可辨其流别也。是以刘、班《诗赋》一略，区分五类，而屈原、陆贾、荀卿定为三家之学也。马、班二史，于相如、扬雄诸家之著赋，俱详载于列传。自刘知几以还，从而抵排非笑者，盖不胜其纷纷矣！要皆不为知言也。盖为后世文苑之权舆，而文苑必致文采之实迹，以视范史而下，标文苑而止叙文人行略者，为远胜也。然而汉廷之赋，实非苟作，长篇录入于全传，足见其人之极思，殆与贾疏、董策为用不同，而同主于以文传人也。是则赋家者流，纵横之派别而兼诸子之余风，此其所以异于后世辞章之士也。故论文于战国而下，贵求作者之意指，而不可拘于形貌也。

论文拘形貌之弊，至后世文集而极矣！盖编次者之无识，亦缘不知古人之流别，作者之意指，不得不拘貌而论文也。集文虽始于建安，魏文撰徐、陈、应、刘文为一集，此文集之始，挚虞《流别集》犹其后也。而实盛于齐、梁之际，古学之不可复，盖至齐、梁而后荡然矣！挚虞《流别集》，乃是后人集前人，人自为集，自齐之《王文宪集》始，而昭明《文选》又为总集之盛矣。范、陈《晋》、《宋》诸史所载文人列传，总其撰著，必云诗、赋、碑、箴、颂、诔若干篇，而未尝云文集若干卷，则古人文字，散著篇籍，而不强以类分可知也。孙武之书，盖有八十二篇矣，而阖闾以谓"子之十三篇，吾既得而见"，是《始计》以下十三篇，当日别出独行，而后世始合之明征也。韩非之书，今存五十五篇矣，而秦王见其《五蠹》《孤愤》，恨不得与同时，是《五蠹》《孤愤》当日别出独行，而后世始合之明征也。《吕氏春秋》自序，以为良人问《十二纪》，是八览六论未尝入序次也。董氏《清明》《玉杯》《竹林》之篇，班固与《繁露》并纪其篇名，是当日诸篇未入《繁露》之书也。夫诸子专家之书，指无旁及，而篇次犹不可强绳以类例，况文集所裒，体制非一，命意各殊，不深求其意指之所出，而欲强以篇题形貌相拘哉！

赋先于诗，骚别于赋。赋有问答发端，误为赋序，前人之议《文选》，犹其显然者也。若夫《封禅》《美新》《典引》，皆颂也。称符命以颂功德，而别类其体为符命，则王子渊以圣主得贤臣而颂嘉会，亦当别类其体为主臣矣。班固次韵，乃汉书之自序也。其云述《高帝纪》第一，述《陈项传》第一者，所以自序撰书之本意，史迁有作于先，故己退居于述尔！今于史论之外，别出一体为史述赞，则迁书自序所谓作《五帝纪》第一、作《伯夷传》第一者，又当别出一体为史作赞矣。汉武诏策贤良，即策问也。今以出于帝制，遂于策问之外，别名曰诏。然则制策之对，当离诸策而别名为表矣。贾谊《过秦》，盖《贾子》之篇目也。今传贾氏《新书》，首列《过秦》上下二篇，此为后人辑定，不足为据。《汉志》《贾谊》五十八篇，又赋七篇，此外别无论著，则《过秦》乃《贾子》篇目明矣。因陆机《辨亡》之论，规仿《过秦》，遂援左思"著论准《过秦》"之说，而标体为论矣。左思著论之说，须活看，不可泥。魏文《典论》，盖犹桓子《新论》、王充《论衡》之以论名书耳，《论文》其篇目也。今与《六代》《辨亡》诸篇，同次于论，然则昭明《自序》，所谓"老、庄之作，管、孟之流，立意为宗，不以能文为本"，其例不收诸子篇次者，岂以有取斯文，即可裁篇题论，而改子为集乎？《七林》之文，皆设问也。今以枚生发问有七，而遂标为七，则《九歌》《九章》《九辨》，亦可标为九乎？《难蜀父老》亦设问也。今以篇题为难，而别为难体，则《客难》当与同编，而《解嘲》当别为嘲体，《宾戏》当别为戏体矣。《文选》者，辞章之圭臬，集部之准绳，而淆乱芜秽，不可殚诘，则古人流别，作者意指，浏览诸集，孰是深窥而有得者乎？集人之文尚未得其意指，而自裒所著为文集者，何纷纷耶！若夫总集别集之类例，编辑撰次之得失，今古详略之攸宜，录选评钞之当否，别有专篇讨论，不尽述也。

经解上

六经不言经，三传不言传，犹人各有我，而不容我其我也。依经而有传，对人而有我，是经传人我之名，起于势之不得已，而非其质本尔也。《易》曰："上古结绳而治，后世圣人易之以书契，百官以治，万民以察。"夫为治为察，所以宣幽隐而达形名，布政教而齐法度也，未有以文字为一家私言者也。《易》曰："云雷屯，君子以经纶。"经纶之言，纲纪世宙之谓也。郑氏注谓"论撰书礼乐，施政事"，经之命名，所由昉乎。然犹经纬经纪云尔，未尝明指《诗》《书》、六艺为经也。

三代之衰，治教既分，夫子生于东周，有德无位，惧先圣王法积道备，至于成周，无以续且继者，而至于沦失也。于是取周公之典章，所以体天人之撰而存治化之迹者，独与其徒相与申而明之，此六艺之所以虽失官守，而犹赖有师教也。然夫子之时，犹不名经也。逮夫子既殁，微言绝而大义将乖，于是弟子门人，各以所见所闻所传闻者，或取简毕，或授口耳，录其文而起义。左氏《春秋》、子夏《丧服》诸篇，皆名为传。而前代逸文，不出于六艺者，称述皆谓之传，如孟子所对汤武及文王之囿是也。则因传而有经之名，犹之因子而立父之号矣。至于官师既分，处士横议，诸子纷纷著书立说，而文字始有私家之言，不尽出于典章政教也。儒家者流乃尊六艺而奉以为经，则又不独对传为名也。荀子曰："夫学始于诵经，终于读《礼》。"庄子曰："孔子言《诗》《书》《礼》《乐》

《易》《春秋》六经。"又曰："翻十二经，以见老子。"荀、庄皆出子夏门人而所言如是，六经之名起于孔门弟子亦明矣。然所指专言六经，则以先王政教典章纲维天下，故《经解》疏别六经，以为入国可知其教也。《论语》述夫子之言行，《尔雅》为群经之训诂，《孝经》则又再传门人之所述，与《缁衣》《坊》《表》诸记相为出入者尔。刘向、班固之徒，序类有九而称艺为六，则固以三者为传而附之于经，所谓离经之传，不与附经之传相次也。当时诸子著书，往往自分经传，如撰辑《管子》者之分别经言，墨子亦有《经》篇，韩非则有《储说》经传，盖亦因时立义，自以其说相经纬尔，非有所拟而僭其名也。经同尊称，其义亦取综要，非如后世之严也。

圣如夫子而不必为经，诸子有经以贯其传，其义各有攸当也。后世著录之家，因文字之繁多，不尽关于纲纪，于是取先圣之微言与群经之羽翼，皆称为经，如《论语》《孟子》《孝经》与夫大小《戴记》之别于《礼》，《左氏》《公》《穀》之别于《春秋》，皆题为经，乃有九经、十经、十三、十四诸经以为专部，盖尊经而并及经之支裔也。而儒者著书，始严经名，不敢触犯，则尊圣教而慎避嫌名，盖犹三代以后，非人主不得称我为朕也。然则今之所谓经，其强半皆古人之所谓传也；古之所谓经，乃三代盛时，典章法度见于政教行事之实，而非圣人有意作为文字以传后世也。

经解中

事有实据而理无定形，故夫子之述六经，皆取先王典章，未尝离事而著理。后儒以圣师言行为世法，则亦命其书为经，此事理之当然也。然而以意尊之，则可以意僭之矣。盖自官师之分也，官有政，贱者必不敢强干之，以有据也；师有教，不肖者辄敢纷纷以自命，以无据也。孟子时以杨、墨为异端矣，杨氏无书，墨翟之书初不名经，虽有《经》篇《经说》，未名全书为经。而庄子乃云"苦获、邓陵之属，皆诵《墨经》"，则其徒自相崇奉而称经矣。东汉秦景之使天竺，《四十二章》皆不名经。佛经皆中国翻译，竺书无经字。其后华言译受，附会称经，则亦文饰之辞矣。《老子》二篇，刘、班著录初不称经，《隋志》乃依阮《录》称《老子经》，意者阮《录》出于梁世，梁武崇尚异教，则佛老皆列经科，其所仿也；而加以《道德真经》，与《庄子》之加以《南华真经》，《列子》之加以《冲虚真经》，则开元之玄教设科，附饰文致，又其后而益甚者也。韩退之曰："道其所道，非吾所谓道。"则名教既殊，又何妨于经其所经，非吾所谓经乎。若夫国家制度，本为经制。李悝《法经》，后世律令之所权舆。唐人以律设科，明祖颁示《大诰》，师儒讲习以为功令，是即《易》取经纶之意，国家训典，臣民尊奉为经，义不背于古也。

孟子曰："行仁政，必自经界始。"地界言经，取经纪之意也。是以地理之书，多以经名。《汉志》有《山海经》，《隋志》乃有《水经》，后代州郡地理多称图经，义皆本于经界，书亦自存掌故，不与著述同科，其于六艺之文固无嫌也。至于术数诸家，均出圣门制作。周公经理垂典，皆守人官物曲而不失其传。及其官司失守而道散品亡，则有习其说者，相与讲贯而授受，亦犹孔门传习之出于不得已也。然而口耳之学，不能历久而不差，则著于竹帛以授之其人，说详《诗教》上篇。亦其理也。是以至战国而羲、农、黄帝之书，一时杂出焉！其书皆称古圣，如天文之《甘石星经》，方技之《灵》《素》《难》经，其类实繁，则犹匠祭鲁般，兵祭蚩尤,不必著书者之果为圣人,而习是术者奉为依归,则亦不得不尊以为经言者也。又如《汉志》以后,杂出春秋战国时书,若师旷《禽经》、伯乐《相马》之经,其类亦繁,不过好事之徒因其人而附合,或略知其法者托古人以鸣高,亦犹儒者之传梅氏《尚书》与子夏之《诗大序》也。他若陆氏《茶经》,张氏《棋经》,酒则有《甘露经》,货则有《相贝经》,是乃以文为谐戏,本无当于著录之收。譬犹毛颖可以为传,蟹之可以为志,琴之可以为史,荔枝、牡丹之可以为谱耳。此皆若有若无,不足议也。盖即数者论之,异教之经,如六国之各王其国,不知周天子也。而《春秋》名分,人具知之,彼亦不能窃而据也。制度之经,时王之法,一道同风,不必皆以经名。而礼时为大,既为当代臣民,固当率由而不越,即服膺六艺,亦出遵王制之一端也。术艺之经,则各有其徒相与守之,固无虞其越畔也。至谐戏而亦以经名,此赵佗之所谓"妄窃帝号,聊以自娱",不妨谐戏置之。六经之道,如日中天,岂以是为病哉!

经解下

异学称经以抗六艺,愚也;儒者僭经以拟六艺,妄也。六经初不为尊称,义取经纶为世法耳。六艺皆周公之政典,故立为经。夫子之圣,非逊周公,而《论语》诸篇不称经者,以其非政典也。后儒因所尊而尊之,分部隶经,以为传固翼经者耳。佛老之书,本为一家之言,非有纲纪政事,其徒欲尊其教,自以一家之言尊之过于六经,无不可也。强加经名以相拟,何异优伶效楚相哉?亦至愚也。扬雄、刘歆,儒之通经者也。扬雄《法言》,盖云时人有问,用法应之,抑亦可矣。乃云象《论语》者,抑何谬邪？虽然，此犹一家之言，其病小也。其大可异者，作《太玄》以准《易》，人仅知谓僭经尔，不知《易》乃先王政典而非空言，雄盖蹈于僭窃王章之罪，弗思甚也。详《易教》篇。卫氏之《元包》，司马之《潜虚》，方且拟《玄》而有作，不知《玄》之拟《易》已非也。刘歆为王莽作《大诰》，其行事之得罪名教，固无可说矣！即拟《尚书》，亦何至此哉！河汾六籍，或谓好事者之缘饰，王通未必遽如斯妄也。诚使果有其事，则"六经奴婢"之诮，犹未得其情矣。奴婢未尝不服劳于主人，王氏六经服劳于孔氏者又何在乎！束晳之《补笙诗》，皮日休之《补九夏》，白居易之《补汤征》，以为文人戏谑而不为虐，称为拟作，抑亦可矣。标题曰补，则亦何取辞章家言以缀《诗》《书》之阙邪！至《孝经》，虽名为经，其实传也。儒者重夫子之遗言，则附之经部矣。马融诚有志于劝忠，自以马氏之说，援经征传，纵横反复，极其言之所至可也，必标《忠经》，亦已异矣！乃至分章十八，引《风》缀《雅》，一一效之，何殊张载之《拟四愁》，《七林》之仿《七发》哉！诚哉非马氏之书，俗儒所依托也。宋氏之《女孝经》，郑氏之《女论语》，以谓女子有才，嘉尚其志可也。但彼如欲明女教，自以其意立说可矣。假设班氏惠姬与诸女相问答，则是将以书为训典，而先自托于子虚、亡是之流，使人何所适从？彼意取其似经传耳。夫经岂可似哉！经求其似，则诨骗有卦，见《辍耕录》。鞞始收声，有《月令》矣。皆诸谑事。

若夫屈原抒愤，有辞二十五篇，刘、班著录，概称之曰《屈原赋》矣。乃王逸作注，《离骚》之篇已有经名。王氏释经为径，亦不解题为经者始谁氏也。至宋人注屈，乃云"一本《九歌》以下有传字"。虽不知称名所始，要亦依经而立传名，不当自宋始也。夫屈子之赋，固以《离骚》为重，史迁以下，至取《骚》以名其全书，今犹是也。然诸篇之旨本无分别，惟因首篇取重而强分经传，欲同正《雅》为经，变《雅》为传之例，是《孟子》七篇，当分《梁惠王》经与《公孙》《滕文》诸传矣！夫子之作《春秋》，庄生以谓议而不断，盖其义寓于其事其文，不自为赏罚也。汉魏而下，仿《春秋》者，盖亦多矣。其间或得或失，更仆不能悉数。后之论者，至以迁、固而下拟之《尚书》，诸家编年拟之《春秋》。不知迁、固本纪，本为《春秋》家学，书志表传殆犹《左》《国》内外之与为终始发明耳！诸家阳秋，先后杂出，或用其名而变其体，《十六国春秋》之类。或避其名而拟其实，《通鉴纲目》之类。要皆不知迁、固之书本绍《春秋》之学，并非取法《尚书》者也。故明于《春秋》之义者，但当较正迁、固以下，其文其事之中，其义固何如耳！若欲萃聚其事，以年分编，则荀悦、袁宏之例具在，未尝不可法也。必欲于纪传编年之外，别为《春秋》，则亦王氏《元经》之续耳。夫异端抗经，不足道也。儒者服习六经，而不知经之不可以拟，则浅之乎为儒者矣！

原道上

"道之大原出于天"，天固谆谆然命之乎？曰：天地之前，则吾不得而知也。天地生人，斯有道矣，而未形也；三人居室，而道形矣，犹未著也；人有什伍，而至百千，一室所不能容，部别班分，而道著矣！仁义忠孝之名，刑政礼乐之制，皆其不得已而后起者也。

人生有道，人不自知。三人居室，则必朝暮启闭其门户，饔飧取给于樵汲，既非一身，则必有分任者矣！或各司其事，或番易其班，所谓不得不然之势也，而均平秩序之义出矣！又恐交委而互争焉，则必推年之长者持其平，亦不得不然之势也，而长幼尊卑之别形矣！至于什伍千百，部别班分，亦必各长其什伍，而积至于千百，则人众而赖于干济，必推才之杰者理其繁；势纷而须于率俾，必推德之懋者司其化，是亦不得不然之势也；而作君、作师、画野、分州、井田、封建、学校之意著矣！故道者，非圣人智力之所能为，皆其事势自然，渐形渐著，不得已而出之，故曰"天"也。

《易》曰："一阴一阳之谓道。"是未有人而道已具也。继之者善，成之者性。是天著于人而理附于气，故可形其形而名其名者，皆道之故而非道也。道者，万事万物之所以然，而非万事万物之当然也。人可得而见者，则其当然而已矣！人之初生，至于什伍千百，以及作君、作师、分州、画野，盖必有所需而后从而给之，有所郁而后从而宣之，有所蔽而后从而救之。羲、农、轩、颛之制作，初意不过如是尔！法积美备，至唐、虞而尽善焉。殷因夏监，至成周而无憾焉。譬如滥觞积而渐为江河，培塿积而至于山岳，亦其理势之自然，而非尧、舜之圣过乎羲、轩，文、武之神胜于禹、汤也。后圣法前圣，非法前圣也，法其道之渐形而渐著者也。三皇无为而自化，五帝开物而成务，三王立制而垂法，后人见为治化不同有如尔。当日圣人创制，则犹暑之必须为葛，寒之必须为裘，而非有所容心，以谓吾必如是而后可以异于前人，吾必如是而后可以齐名前圣也。此皆一阴一阳往复循环所必至，而非可即是以为一阴一阳之道也。一阴一阳，往复循环者，犹车轮也。圣人创制，一似暑葛寒裘，犹轨辙也。

道有自然，圣人有不得不然，其事同乎？曰：不同。道无所为而自然，圣人有所见而不得不然也。圣人有所见，故不得不然；众人无所见，则不知其然而然。孰为近道？曰：不知其然而然，即道也。非无所见也，不可见也。不得不然者，圣人所以合乎道，非可即以为道也。圣人求道，道无可见，即众人之不知其然而然，圣人所藉以见道者也。故不知其然而然，一阴一阳之迹也。学于圣人，斯为贤人；学于贤人，斯为君子；学于众人，斯为圣人。非众可学也，求道必于一阴一阳之迹也。自有天地而至唐、虞、夏、商，迹既多而穷变通久之理亦大备。周公以天纵生知之圣，而适当积古留传道法大备之时，是以经纶制作，集千古之大成，则亦时会使然，非周公之圣智能使之然也。盖自古圣人，肯学于众人之不知其然而然，而周公又遍阅于自古圣人之不得不然，而知其然也。周公固天纵生知之圣矣，此非周公智力所能也，时会使然也。譬如春夏秋令，各主一时，而冬令告一岁之成，亦其时会使然，而非冬令胜于三时也。故创制显庸之圣，千古所同也；集大成者，周公所独也。时会适当然而然，周公亦不自知其然也。

　　孟子曰："孔子之谓集大成。"今言集大成者为周公，毋乃悖于孟子之指欤？曰：集之为言，萃众之所有而一之也。自有天地而至唐、虞、夏、商，皆圣人而得天子之位，经纶治化，一出于道体之适然。周公成文、武之德，适当帝全王备，殷因夏监，至于无可复加之际，故得藉为制作典章，而以周道集古圣之成，斯乃所谓集大成也。孔子有德无位，即无从得制作之权，不得列于一成，安有大成可集乎？非孔子之圣逊于周公也，时会使然也。孟子所谓集大成者，乃对伯夷、伊尹、柳下惠而言之也。恐学者疑孔子之圣与三子同，无所取譬，譬于作乐之大成也。故孔子大成之说，可以对三子，而不可以尽孔子也。以之尽孔子，反小孔子矣。何也？周公集羲、轩、尧、舜以来之大成，周公固学于历圣而集之，无历圣之道法，则固无以成其周公也。孔子非集伯夷、尹、惠之大成，孔子固未尝学于伯夷、尹、惠，且无伯夷、尹、惠之行事，岂将无以成其孔子乎？夫孟子之言，各有所当而已矣，岂可以文害意乎。

达巷党人曰："大哉孔子，博学而无所成名。"今人皆嗤党人不知孔子矣！抑知孔子果成何名乎？以谓天纵生知之圣，不可言思拟议，而为一定之名也，于是援天与神，以为圣不可知而已矣！斯其所见何以异于党人乎？天地之大，可一言尽；孔子虽大，不过天地，独不可以一言尽乎？或问何以一言尽之？则曰：学周公而已矣！周公之外别无所学乎？曰：非有学而孔子有所不至，周公既集群圣之成，则周公之外，更无所谓学也。周公集群圣之大成，孔子学而尽周公之道，斯一言也，足以蔽孔子之全体矣。"祖述尧、舜"，周公之志也；"宪章文、武"，周公之业也。一则曰："文王既没，文不在兹。"再则曰："甚矣吾衰，不复梦见周公。"又曰："吾学周礼，今用之。"又曰："郁郁乎文哉，吾从周。"哀公问政，则曰："文、武之政，布在方策。"或问"仲尼焉学？"子贡以谓"文、武之道，未坠于地。""述而不作"，周公之旧典也；"好古敏求"，周公之遗籍也。党人生同时而不知，乃谓无所成名，亦非全无所见矣。后人观载籍而不知夫子之所学，是不如党人所见也，而犹嗤党人为不知，奚翅百步之笑五十步乎！故自古圣人，其圣虽同，而其所以为圣不必尽同，时会使然也。惟孔子与周公，俱生法积道备，至于无可复加之后，周公集其成以行其道，孔子尽其道以明其教，符节吻合，如出于一人，不复更有毫末异同之致也。然则欲尊孔子者，安在援天与神而为恍惚难凭之说哉！

或曰：孔子既与周公同道矣，周公集大成，而孔子独非大成欤？曰：孔子之大成，亦非孟子所谓也。盖与周公同其集羲、农、轩、顼、唐、虞、三代之成，而非集夷、尹、柳下之成也。盖君师分而治教不能合于一，气数之出于天者也。周公集治统之成，而孔子明立教之极，皆事理之不得不然，而非圣人异于前人，此道法之出于天者也。故隋唐以前，学校并祀周、孔，以周公为先圣，孔子为先师，盖言制作之为圣，而立教之为师。故孟子曰："周公、仲尼之道一也。"然则周公、孔子，以时会而立统宗之极，圣人固藉时会欤？宰我以谓"夫子贤于尧、舜"，子贡以谓"生民未有如夫子"，有若以夫子较古圣人则谓"出类拔萃"，三子皆舍周公，独尊孔氏，朱子以谓事功有异，是也。然而治见实事，教则垂空言矣。后人因三子之言，而盛推孔子，过于尧、舜，因之崇性命而薄事功，于是千圣之经纶，不足当儒生之坐论矣！伊川论禹、稷较颜子为粗，朱子又以二程与颜、孟切比长短。盖门户之见，贤者不免，古今之通患。夫尊夫子者，莫若切近人情。不知其实，而但务推崇，则玄之又玄，圣人一神天之通号耳，世教何补焉？故周、孔不可优劣也，尘垢秕糠，陶铸尧、舜，庄生且谓寓言，曾儒者而袭其说欤？故欲知道者，必先知周、孔之所以为周、孔。

原道中

韩退之曰："由周公而上，上而为君，故其事行；由周公而下，下而为臣，故其说长。"夫说长者道之所由明，而说长者亦即道之所由晦也。夫子明教于万世，夫子未尝自为说也。表章六籍，存周公之旧典，故曰："述而不作，信而好古。"又曰："盖有不知而作之者，我无是也。""子所雅言，《诗》《书》执《礼》。"所谓明先王之道以导之也。非夫子推尊先王，意存谦牧而不自作也，夫子木无可作也。有德无位即无制作之权，空言不可以教人，所谓"无征不信"也。教之为事，羲、轩以来，盖已有之。观《易大传》之所称述，则知圣人即身示法，因事立教，而未尝于敷政出治之外，别有所谓教法也。虞廷之教，则有专官矣；司徒之所敬敷，典乐之所咨命，以至学校之设通于四代，司成师保之职详于《周官》。然既列于有司，则肄业存于掌故，其所习者修齐治平之道，而所师者守官典法之人。治教无二，官师合一，岂有空言以存其私说哉！儒家者流尊奉孔子，若将私为儒者之宗师，则亦不知孔子矣！孔子立人道之极，岂有意于立儒道之极也？儒也者，贤士不遇明良之盛，不得位而大行，于是守先王之道以待后之学者，出于势之无可如何尔。人道所当为者，广矣！大矣！岂当身皆无所遇，而必出于守先待后，不复涉于人世哉？学《易》原于羲画，不必同其卉服野处也；观《书》始于虞典，不必同其呼天号泣也。以为所处之境，各有不同也。然则学夫子者，岂曰屏弃事功，预期道不行而垂其教邪？

《易》曰："形而上者谓之道，形而下者谓之器。"道不离器，犹影不离形，后世服夫子之教者自六经，以谓六经载道之书也，而不知六经皆器也。《易》之为书，所以开物成务，掌于《春官》太卜，则固有官守而列于掌故矣。《书》在外史，《诗》领太师，《礼》自宗伯，《乐》有司成，《春秋》各有国史。三代以前，《诗》《书》六艺，未尝不以教人，不如后世尊奉六经，别为儒学一门，而专称为载道之书者。盖以学者所习，不出官司典守、国家政教，而其为用，亦不出于人伦日用之常，是以但见其为不得不然之事耳，未尝别见所载之道也。夫子述六经以训后世，亦谓先圣先王之道不可见，六经即其器之可见者也。后人不见先王，当据可守之器，而思不可见之道，故表章先王政教，与夫官司典守以示人，而不自著为说，以致离器言道也。夫子自述《春秋》之所以作，则云"我欲托之空言，不如见诸行事之深切著明"。则政教典章人伦日用之外，更无别出著述之道，亦已明矣！秦人禁偶语《诗》《书》，而云"欲学法令，以吏为师"。夫秦之悖于古者，禁《诗》《书》耳。至云学法令者以吏为师，则亦道器合一，而官师治教未尝分歧为二之至理也。其后治学既分，不能合一，天也。官司守一时之掌故，经师传授受之章句，亦事之出于不得不然者也。然而历代相传，不废儒业，为其所守先王之道也。而儒家者流，守其六籍，以谓是特载道之书耳。夫天下岂有离器言道，离形存影者哉？彼舍天下事物人伦日用，而守六籍以言道，则固不可与言夫道矣。

《易》曰："仁者见之谓之仁，智者见之谓之智，百姓日用而不知。"然而不知道而道存，见谓道而道亡。大道之隐也，不隐于庸愚，而隐于贤智之伦者纷纷有见也。盖官师治教合，而天下聪明范于一，故即器存道，而人心无越思；官师治教分，而聪明才智不入于范围，则一阴一阳入于受性之偏，而各以所见为固然，亦势也。夫礼司乐职，各守专官，虽有离娄之明，师旷之聪，不能不赴范而就律也。今云官守失传，而吾以道德明其教，则人人皆自以为道德矣！故夫子述而不作，而表章六艺，以存周公旧典也，不敢舍器而言道也。而诸子纷纷则已言道矣，庄生譬之为耳目口鼻，司马谈别之为六家，刘向区之为九流，皆自以为至极，而思以其道易天下者也。由君子观之，皆仁智之见而谓之，而非道之果若是易也。夫道因器而显，不因人而名也。自人有谓道者，而道始因人而异其名矣。仁见谓仁，智见谓智，是也。人自率道而行，道非人之所能据而有也。自人各谓其道，而各行其所谓，而道始得为人所有矣。墨者之道，许子之道，其类皆是也。夫道自形于三人居室，而大备于周公、孔子，历圣未尝别以道名者，盖犹一门之内不自标其姓氏也。至百家杂出而言道，而儒者不得不自尊其所出矣。一则曰尧、舜之道，再则曰周公、仲尼之道，故韩退之谓"道与德为虚位"也。夫"道与德为虚位"者，道德之衰也。

原道下

　　人之萃处也，因宾而立主之名；言之庞出也，因非而立是之名。自诸子之纷纷言道而为道病焉，儒家者流乃尊尧、舜、周、孔之道，以为吾道矣。道本无吾而人自吾之，以谓庶几别于非道之道也。而不知各吾其吾，犹三军之众可称我军，对敌国而我之也；非临敌国，三军又各有其我也。夫六艺者，圣人即器而存道，而三家之《易》，四氏之《诗》，攻且习者，不胜其入主而出奴也。不知古人于六艺，被服如衣食，人人习之为固然，未尝专门以名家者也。后儒但即一经之隅曲，而终身殚竭其精力，犹恐不得一当焉，是岂古今人不相及哉？其势有然也。古者道寓于器，官师合一，学士所肄，非国家之典章，即有司之故事，耳目习而无事深求，故其得之易也；后儒即器求道，有师无官，事出传闻而非目见，文须训故而非质言，是以得之难也。夫六艺并重，非可止守一经也；经旨闳深，非可限于隅曲也。而诸儒专攻一经之隅曲，必倍古人兼通六艺之功能，则去圣久远，于事固无足怪也。但既竭其心思耳目之智力，则必于中独见天地之高深，因谓天地之大，人莫我尚也，亦人之情也。而不知特为一经之隅曲，未足窥古人之全体也。训诂章句，疏解义理，考求名物，皆不足以言道也。取三者而兼用之，则以萃聚之力补遥溯之功，或可庶几耳。而经师先已不能无抵牾，传其学者又复各分其门户，不啻儒墨之辨焉，则因宾定主而又有主中之宾，因非立是而又有是中之非。门径愈歧而大道愈隐矣！

　　"上古结绳而治，后世圣人易之以书契，百官以治，万民以察。"夫文字之用，为治为察，古人未尝取以为著述也。以文字为著述，起于官师之分职，治教之分途也。夫子曰："予欲无言。"欲无言者，不能不有所言也；孟子曰："予岂好辨哉？予不得已也。"后世载笔之士，作为文章，将以信今而传后，其亦尚念"欲无言"之旨与夫"不得已"之情，庶几哉！言出于我，而所以为言者，初非由我也。夫道备于六经，义蕴之匿于前者，章句训诂足以发明之。事变之出于后者，六经不能言，固贵约六经之旨而随时撰述，以究大道也。"太上立德，其次立功，其次立言。"立言与立功相准，盖必有所需而后从而给之，有所郁而后从而宣之，有所弊而后从而救之，而非徒夸声音采色，以为一己之名也。《易》曰："神以知来，智以藏往。"知来，阳也；藏往，阴也。一阴一阳，道也。文章之用，或以述事，或以明理。事溯已往，阴也；理阐方来，阳也。其至焉者，则述事而理以昭焉，言理而事以范焉，则主适不偏，而文乃衷于道矣。迁、固之史，董、韩之文，庶几哉有所不得已于言者乎，不知其故而但溺文辞，其人不足道已。即为高论者，以谓文贵明道，何取声情色采以为愉悦，亦非知道之言也。夫无为之治而奏薰风，灵台之功而乐钟鼓，以及弹琴遇文，风雩言志，则帝王致治，贤圣功修，未尝无悦目娱心之适，而谓文章之用，必无咏叹抑扬之致哉！

子贡曰："夫子之文章，可得而闻也；夫子之言性与天道，不可得而闻也。"盖夫子所言，无非性与天道，而未尝表而著之曰，此"性"，此"天道"也。故不曰"性与天道不可得闻"，而曰"言性与天道不可得闻"也。所言无非性与天道，而不明著此性与天道者，恐人舍器而求道也。夏礼能言，殷礼能言，皆曰"无征不信"，则夫子所言，必取征于事物，而非徒托空言以为明道也。曾子真积力久，则曰"一以贯之"，子贡多学而识，则曰"一以贯之"，非真积力久与多学而识，则固无所据为一之贯也。训诂名物，将以求古圣之迹也，而侈记诵者如货殖之市矣；撰述文辞，欲以阐古圣之心也，而溺光采者如玩好之弄矣。异端曲学，道其所道而德其所德，固不足为斯道之得失也。记诵之学，文辞之才，不能不以斯道为宗主,而市且弄者之纷纷忘所自也。宋儒起而争之,以谓是皆溺于器而不知道也。夫溺于器而不知道者,亦即器而示之以道斯可矣!而其弊也,则欲使人舍器而言道。夫子教人"博学于文",而宋儒则曰"玩物而丧志";曾子教人"辞远鄙倍",而宋儒则曰"工文则害道"。夫宋儒之言,岂非末流良药石哉!然药石所以攻脏腑之疾耳,宋儒之意,似见疾在脏腑,遂欲并脏腑而去之。将求性天,乃薄记诵而厌辞章,何以异乎?然其析理之精,践履之笃,汉、唐之儒未之闻也。孟子曰:"义理之悦我心,犹刍豢之悦我口。"义理不可空言也,博学以实之,文章以达之,三者合于一,庶几哉!周、孔之道虽远,不啻累译而通矣。顾经师互诋,文人相轻,而性理诸儒,又有朱、陆之同异,从朱从陆者之交攻,而言学问与文章者又逐风气而不悟,庄生所谓"百家往而不反,必不合矣",悲夫!

邵氏晋涵曰:是篇初出,传稿京师,同人素爱章氏文者,皆不满意,谓蹈宋人语录习气,不免陈腐取憎,与其平日为文不类,至有移书相规诫者。余谛审之,谓朱少伯_{名锡庚}。曰:此乃明其《通义》所著一切创言别论,皆出自然,无矫强耳。语虽浑成,意多精湛,未可议也。

族子廷枫曰:叔父《通义》,平日脍炙人口,岂尽得其心哉!不过清言高论,类多新奇可喜,或资为掌中之谈助耳。不知叔父尝自恨其名隽过多,失古意也。是篇题目虽似迂阔,而意义实多创辟,如云道始三人居室,而君师政教皆出乎天;贤智学于圣人,圣人学于百姓;集大成者为周公而非孔子,学者不可妄分周、孔;学孔子者,不当先以垂教万世为心;孔子之大,学周礼一言,可以蔽其全体;皆作闻至奇,深思至确,《通义》以前,从未经人道过,岂得谓陈腐耶?诸君当日诋为陈腐,恐是读得题目太熟,未尝详察其文字耳。

原学上

《易》曰："成象之谓乾，效法之谓坤。"学也者，效法之谓也；道也者，成象之谓也。夫子曰："下学而上达。"盖言学于形下之器，而自达于形上之道也。"士希贤，贤希圣，圣希天。"希贤希圣，则有其理矣。"上天之载，无声无臭。"圣如何而希天哉？盖天之生人，莫不赋之以仁义礼智之性，天德也；莫不纳之于君臣、父子、夫妇、兄弟、朋友之伦，天位也。以天德而修天位，虽事物未交隐微之地，已有适当其可，而无过与不及之准焉，所谓成象也。平日体其象，事至物交，一如其准以赴之，所谓效法也。此圣人之希天也，此圣人之下学上达也。伊尹曰："天之生斯民也，使先知觉后知，使先觉觉后觉也。"人生禀气不齐，固有不能自知适当其可之准者，则先知先觉之人从而指示之，所谓教也。教也者，教人自知适当其可之准，非教之舍己而从我也。故士希贤，贤希圣，希其效法于成象，而非舍己之固有而希之也。然则何以使知适当其可之准欤？何以使知成象而效法之欤？则必观于生民以来，备天德之纯而造天位之极者，求其前言往行，所以处夫穷变通久者而多识之，而后有以自得所谓成象者，而善其效法也。故效法者，必见于行事。《诗》《书》诵读，所以求效法之资，而非可即为效法也。然古人不以行事为学，而以《诗》《书》诵读为学者，何邪？盖谓不格物而致知，则不可以诚意，行则如其知而出之也。故以诵读为学者，推教者之所及而言之，非谓此外无学也。子路曰："有民人焉，有社稷焉，何必读书，然后为学？"夫子斥以为佞者，盖以子羔为宰，不若是说；非谓学必专于诵读也。专于诵读而言学，世儒之陋也。

原学中

古人之学，不遗事物，盖亦治教未分，官师合一，而后为之较易也。司徒敷五教，典乐教胄子，以及三代之学校，皆见于制度，彼时从事于学者，入而申其占毕，出而即见政教典章之行事，是以学皆信而有征，而非空言相为授受也。然而其知易入，其行难副，则从古已然矣。尧之斥共工也，则曰"静言庸违"，夫静而能言，则非不学者也。试之于事而有违，则与效法于成象者异矣。傅说之启高宗也，则曰"非知之艰，行之惟艰"，高宗旧学于甘盘，久劳于外，岂不学者哉！未试于事，则恐行之而未孚也。又曰"人求多闻，时惟建事，学于古训乃有获"，说虽出于古文，其言要必有所受也。夫求多闻而实之以建事，则所谓学古训者非徒诵说，亦可见矣。夫治教一而官师未分，求知易而实行已难矣！何况官师分，而学者所肄皆为前人陈迹哉！

夫子曰："学而不思则罔，思而不学则殆。"又曰："吾尝终日不食，终夜不寝，以思，无益，不如学也。"夫思，亦学者之事也。而别思于学，若谓思不可以言学者，盖谓必习于事而后可以言学，此则夫子诲人知行合一之道也。诸子百家之言，起于徒思而不学也，是以其旨皆有所承禀而不能无敝耳。刘歆所谓某家者流，其源出于古者某官之掌，其流而为某家之学，其失而为某事之敝。夫某官之掌，即先王之典章法度也；流为某家之学，则官守失传，而各以思之所至，自为流别也；失为某事之敝，则极思而未习于事，虽持之有故，言之成理，而不能知其行之有病也。是以三代之隆，学出于一，所谓学者，皆言人之功力也。统言之，十年曰幼学，是也；析言之，则十三学乐，二十学礼，是也。国家因人功力之名，而名其制度，则曰乡学、国学、学则三代共之，是也。未有以学属乎人，而区为品诣之名者。官师分而诸子百家之言起，于是学始因人品诣以名矣，所谓某甲家之学，某乙家之学，是也。学因人而异名，学斯舛矣。是非行之过而至于此也，出于思之过也。故夫子言学思偏废之弊，即继之曰："攻乎异端，斯害也已！"夫异端之起，皆思之过，而不习于事者也。

原学下

诸子百家之患，起于思而不学；世儒之患，起于学而不思。盖官师分，而学不同于古人也。后王以谓儒术不可废，故立博士，置弟子，而设科取士，以为诵法先王者劝焉！盖其始也，以利禄劝儒术；而其究也，以儒术徇利禄，斯固不足言也。而儒宗硕师由此辈出，则亦不可谓非朝廷风教之所植也。

夫人之情，不能无所歆而动，既已为之，则思力致其实，而求副乎名，中人以上可以勉而企焉者也。学校科举，奔走千百才俊，岂无什一出于中人以上者哉！去古久远，不能学古人之所学，则既以诵习儒业即为学之究竟矣。而攻取之难，势亦倍于古人，故于专门攻习儒业者，苟果有以自见，而非一切庸俗所可几，吾无责焉耳。学博者长于考索，侈其富于山海，岂非道中之实积？而骛于博者，终身敝精劳神以徇之，不思博之何所取也。才雄者健于属文，矜其艳于云霞，岂非道体之发挥？而擅于文者，终身苦心焦思以构之，不思文之何所用也。言义理者似能思矣，而不知义理虚悬而无薄，则义理亦无当于道矣。此皆知其然而不知所以然也。程子曰："凡事思所以然，天下第一学问。"人亦盍求所以然者思之乎！

天下不能无风气，风气不能无循环，一阴一阳之道，见于气数者然也。所贵君子之学术，为能持世而救偏，一阴一阳之道，宜于调剂者然也。风气之开也，必有所以取，学问文辞与义理，所以不无偏重畸轻之故也。风气之成也，必有所以敝，人情趋时而好名，徇末而不知本也。是故开者虽不免于偏，必取其精者，为新气之迎；敝者纵名为正，必袭其伪者为末流之托；此亦自然之势也。而世之言学者，不知持风气而惟知徇风气，且谓非是不足邀誉焉，则亦弗思而已矣！

博约上

沈枫墀以书问学，自愧通人广座，不能与之问答，余报之以学在自立，人所能者，我不必以不能愧也。因取譬于货殖，居布帛者不必与知粟菽，藏药饵者不必与闻金珠；患己不能自成家耳，譬市布而或阙于衣材，售药而或欠于方剂，则不可也。或曰：此即苏子瞻之教人读《汉书》法也，今学者多知之矣。余曰：言相似而不同，失之毫厘，则谬以千里矣！

或问苏君曰："公之博赡，亦可学乎？"苏君曰："可。吾尝读《汉书》矣。凡数过而尽之，如兵、农、礼、乐，每过皆作一意求之，久之而后贯彻。"因取譬于市货，意谓货出无穷而操贾有尽，不可不知所择云尔。学者多诵苏氏之言，以为良法，不知此特寻章摘句，如近人之纂类策括者尔。问者但求博赡，固无深意。苏氏答之，亦不过经生决科之业。今人稍留意于应举业者，多能为之，未可进言于学问也。而学者以为良法，则知学者鲜矣！夫学必有所专，苏氏之意，将以班书为学欤？则终身不能竟其业也，岂数过可得而尽乎？将以所求之礼、乐、兵、农为学欤？则每类各有高深，又岂一过所能尽一类哉？就苏氏之所喻，比于操贾求货，则每过作一意求，是欲初出市金珠，再出市布帛，至于米粟药饵，以次类求矣。如欲求而尽其类欤？虽陶朱、猗顿之富，莫能给其贾也。如约略其贾，而每种姑少收之，则是一无所成其居积也。苏氏之言，进退皆无所据。而今学者，方奔走苏氏之不暇，则以苏氏之言，以求学问则不足，以务举业则有余也。举业比户皆知诵习，未有能如苏氏之所为者，偶一见之，则固矫矫流俗之中，人亦相与望而畏之；而其人因以自命，以谓是学问，非举业也，而不知其非也。苏氏之学，出于纵横，其所长者，揣摩世务，切实近于有用，而所凭以发挥者，乃策论也。策对必有条目，论锋必援故实，苟非专门夙学，必须按册而稽。诚得如苏氏之所以读《汉书》者尝致力焉，则亦可以应猝备求，无难事矣。

韩昌黎曰："记事者必提其要，纂言者必钩其玄。"钩玄提要，千古以为美谈；而韩氏所自为玄要之言，不但今不可见，抑且当日绝无流传，亦必寻章摘句取备临文摭拾者耳。而人乃欲仿钩玄提要之意而为撰述，是亦以苏氏类求误为学问，可例观也。或曰：如子所言，韩、苏不足法欤？曰：韩、苏用其功力，以为文辞助尔，非以此谓学也。

博约中

或曰：举业所以觇人之学问也，举业而与学问科殊，末流之失耳。苟有所备以俟举，即《记》之所谓博学强识以待问也，宁得不谓之学问欤？余曰：博学强识，儒之所有事也。以谓自立之基，不在是矣。学贵博而能约，未有不博而能约者也。以言陋儒荒俚，学一先生之言以自封域，不得为专家也。然亦未有不约而能博者也。以言俗儒记诵，漫漶至于无极，妄求遍物，而不知尧、舜之知所不能也。博学强识，自可以待问耳。不知约守，而只为待问设焉，则无问者，儒将无学乎？且问者，固将闻吾名而求吾实也。名有由立，非专门成学不可也，故未有不专而可成学者也。

或曰：苏氏之类求，韩氏之钩玄提要，皆待问之学也，子谓不足以成家矣。王伯厚氏搜罗摘抉，穷幽极微，其于经传子史，名物制数，贯串旁骛，实能讨先儒所未备，其所纂辑诸书，至今学者资衣被焉，岂可以待问之学而忽之哉？答曰：王伯厚氏盖因名而求实者也。昔人谓韩昌黎因文而见道，既见道则超乎文矣。王氏因待问而求学，既知学则超乎待问矣。然王氏诸书，谓之纂辑可也，谓之著述则不可也；谓之学者求知之功力可也，谓之成家之学术则未可也。今之博雅君子，疲精劳神于经传子史，而终身无得于学者，正坐宗仰王氏，而误执求知之功力，以为学即在是尔！学与功力，实相似而不同。学不可以骤几，人当致攻乎功力则可耳。指功力以谓学，是犹指秫黍以谓酒也。夫学有天性焉，读书服古之中，有人识最初而终身不可变易者，是也。学又有至情焉，读书服古之中，有欣慨会心而忽焉不知歌泣何从者，是也。功力有余而性情不足，未可谓学问也。性情自有而不以功力深之，所谓有美质而未学者也。

夫子曰："发愤忘食，乐以忘忧，不知老之将至。"不知孰为功力？孰为性情？斯固学之究竟，夫子何以致是。则曰："好古敏以求之者也。"今之俗儒，且憾不见夫子未修之《春秋》，又憾戴公得《商颂》而不存七篇之阙目，以谓高情胜致，至相赞叹。充其僻见，且似夫子删修，不如王伯厚之善搜遗逸焉！盖逐于时趋，而误以襞绩补苴谓足尽天地之能事也。幸而生后世也，如生秦火未毁以前，典籍具存，无事补辑，彼将无所用其学矣。

博约下

或曰：子言学术功力必兼性情，为学之方不立规矩，但令学者自认资之所近与力能勉者而施其功力，殆即王氏良知之遗意也。夫古者教学，自数于方名，诵《诗》舞《勺》，各有一定之程，不问人之资近与否，力能勉否。而子乃谓人各有能有所不能，不相强也，岂古今人有异教与？答曰：今人为学，不能同于古人，非才不相及也，势使然也。自官师分而教法不合于一，学者各以己之所能私相授受，其不同者一也。且官师既分，则肄习惟资简策，道不著于器物，事不守于职业，其不同者二也。故学失所师承，六书九数，古人幼学皆已明习，而后世老师宿儒，专门名家，殚毕生精力求之，犹不能尽合于古，其不同者三也。

天时人事，今古不可强同，非人智力所能为也。然而六经大义，昭如日星，三代损益，可推百世。高明者由大略而切求，沉潜者循度数而徐达。资之近而力能勉者，人人所有，则人人可自得也，岂可执定格以相强欤！王氏"致良知"之说，即孟子之遗言也。良知曰致，则固不遗功力矣。朱子欲人因所发而遂明，孟子所谓察识其端而扩充之，胥是道也。而世儒言学，辄以良知为讳，无亦惩于末流之失，而谓宗指果异于古所云乎？

或曰：孟子所谓扩充，固得仁义礼智之全体也。子乃欲人自识所长，遂以专其门而名其家，且戒人之旁骛焉，岂所语于通方之道欤？答曰：言不可以若是其几也。道欲通方而业须专一，其说并行而不悖也。圣门身通六艺者七十二人，然自颜、曾、赐、商，所由不能一辙。再传而后，荀卿言《礼》，孟子长于《诗》《书》，或疏或密，途径不同，而同归于道也。后儒途径所由寄，则或于义理，或于制数，或于文辞，三者其大较矣。三者致其一，不能不缓其二，理势然也。知其所致为道之一端，而不以所缓之二为可忽，则于斯道不远矣。徇于一偏而谓天下莫能尚，则出奴入主，交相胜负，所谓物而不化者也。是以学必求其心得，业必贵于专精，类必要于扩充，道必抵于全量，性情喻于忧喜愤乐，理势达于穷变通久，博而不杂，约而不漏，庶几学术醇固，而于守先待后之道，如或将见之矣。

言公上

古人之言，所以为公也，未尝矜于文辞，而私据为己有也。志期于道，言以明志，文以足言，其道果明于天下，而所志无不申，不必其言之果为我有也。《虞书》曰："敷奏以言，明试以功。"此以言语观人之始也。必于试功而庸服，则所贵不在言辞也。誓、诰之体，言之成文者也。苟足立政而敷治，君臣未尝分居立言之功也。周公曰："王若曰多方。"诰四国之文也。说者以为周公将王之命，不知斯言固本于周公，成王允而行之，是即成王之言也。盖圣臣为贤主立言，是谓贤能任圣，是亦圣人之治也。曾氏巩曰："典、谟载尧、舜功绩，并其精微之意而亦载之，是岂寻常所及哉！当时史臣载笔，亦皆圣人之徒也。"由是观之，贤臣为圣主述事，是谓贤能知圣，是亦圣人之言也。文与道为一贯，言与事为同条，犹八音相须而乐和，不可分属一器之良也；五味相调而鼎和，不可标识一物之甘也。故曰，古人之言，所以为公也。未尝矜于文辞，而私据为己有也。

司马迁曰："《诗》三百篇，大抵贤圣发愤所为作也。"是则男女慕悦之辞，思君怀友之所托也；征夫离妇之怨，忠国忧时之所寄也。必泥其辞而为其人之质言，则《鸱鸮》实鸟之哀音，何怪鲋鱼忿诮于庄周；《衺楚》乐草之无家，何怪雌凤慨叹于宋玉哉！夫诗人之旨，温柔而敦厚，主文而谲谏，言之者无罪，闻之者足戒；舒其所愤懑，而有裨于风教之万一焉，是其所志也。因是以为名，则是争于艺术之工巧，古人无是也。故曰，古人之言，所以为公也，未尝矜于文辞，而私据为己有也。

夫子曰："述而不作。"六艺皆周公之旧典，夫子无所事作也。《论语》则记夫子之言矣。"不恒其德"，证义巫医，未尝明著《易》文也；"不忮不求"之美季路，"诚不以富"之叹夷、齐，未尝言出于《诗》也；"允执厥中"之述尧言，"玄牡昭告"之述《汤誓》，未尝言出于《书》也。墨子引《汤誓》。《论语》记夫子之微言，而《诗》《书》初无识别，盖亦述作无殊之旨也。王伯厚常据古书出孔子前者，考证《论语》所记夫子之言，多有所本。古书或有伪托，不尽可凭。要之古人引用成说，不甚拘别。夫子之言，见于诸家之称述，诸家不无真伪之参，而子思、孟子之书，所引精粹之言，亦多出于《论语》所不载。而《论语》未尝兼收，盖亦详略互托之旨也。夫六艺为文字之权舆，《论语》为圣言之荟粹，创新述故，未尝有所庸心；盖取足以明道而立教，而圣作明述，未尝分居立言之功也。故曰，古人之言，所以为公也，未尝矜其文辞，而私据为己有也。

周衰文弊，诸子争鸣，盖在夫子既殁，微言绝而大义之已乖也。然而诸子思以其学易天下，固将以其所谓道者，争天下之莫可加，而语言文字未尝私其所出也。先民旧章存录而不为识别者，《幼官》《弟子》之篇，《月令》《土方》之训是也。《管子·地圆》《淮南·地形》，皆《土训》之遗。辑其言行，不必尽其身所论述者，管仲之述其身死后事，韩非之载其李斯驳议是也。《庄子·让王》《渔父》之篇，苏氏谓之伪托；非伪托也。为庄氏之学者所附益尔。《晏子春秋》，柳氏以谓墨者之言，非以晏子为墨，为墨学者述晏子事以名其书，犹孟子之《告子》《万章》名其篇也。《吕氏春秋》，先儒与《淮南鸿烈》之解同称，盖谓集众宾客而为之，不能自命专家，斯固然矣。然吕氏、淮南未尝以集众为讳，如后世之掩人所长以为己有也。二家固以裁定之权自命家言，故其宗旨未尝不约于一律，吕氏将为一代之典要，刘安托于道家之支流。斯又出于宾客之所不与也。诸子之奋起，由于道术既裂，而各以聪明才力之所偏，每有得于大道之一端，而遂欲以之易天下，其持之有故而言之成理者，故将推衍其学术而传之其徒焉。苟足显其术而立其宗，而援述于前与附衍于后者，未尝分居立言之功也。故曰，古人之言，所以为公也，未尝矜其文辞而私据为己有也。

夫子因鲁史而作《春秋》，孟子曰：其事齐桓、晋文，其文则史，孔子自谓窃取其义焉耳！载笔之士，有志《春秋》之业，固将惟义之求，其事与文，所以藉为存义之资也。世之讥史迁者，责其裁裂《尚书》《左氏》《国语》《国策》之文，以谓割裂而无当；出苏明允《史论》。世之讥班固者，责其孝武以前之袭迁书，以谓盗袭而无耻，出郑渔仲《通志》。此则全不通乎文理之论也。迁《史》断始五帝，沿尚及三代、周、秦，使舍《尚书》《左》《国》，岂将为凭虚亡是之作赋乎？必谓《左》《国》而下为迁所自撰，则陆贾之《楚汉春秋》，高祖、孝文之传，皆迁之所采撮，其书后世不传，而徒以所见之《尚书》《左》《国》怪其割裂焉，可谓知一十而不知二五者矣。固《书》断自西京一代，使孝武以前不用迁《史》，岂将为经生决科之同题而异文乎？必谓孝武以后为固之自撰，则冯商、扬雄之纪，刘歆、贾护之书，皆固之所原本，其书后人不见，而徒以所见之迁《史》怪其盗袭焉，可谓知白出而不知黑入者矣！以载言为翻空欤？扬、马词赋，尤空而无实者也；马、班不为"文苑传"，藉是以存风流文采焉，乃述事之大者也。以叙事为征实欤？年表传目，尤实而无文者也。《屈贾》《孟荀》《老庄申韩》之标目，《同姓侯王》《异姓侯王》之分表，初无发明而仅存题目，褒贬之意默寓其中，乃立言之大者也。作史贵知其意，非同于掌故，仅求事文之末也。夫子曰："我欲托之空言，不如见诸行事之深切著明也。"此则史氏之宗旨也。苟足取其义而明其志，而事次文篇，未尝分居立言之功也。故曰，古人之言，所以为公也，未尝矜其文辞，而私据为己有也。

汉初经师，抱残守缺，以其毕生之精力，发明前圣之绪言，师授渊源，等于宗支谱系；观弟子之术业，而师承之传授，不啻凫鹄黑白之不可相淆焉，学者不可不尽其心也。公、穀之于《春秋》，后人以谓假设问答以阐其旨尔。不知古人先有口耳之授，而后著之竹帛焉，非如后人作经义，苟欲名家，必以著述为功也。商瞿受《易》于夫子，其后五传而至田何，施、孟、梁丘，皆田何之弟子也。然自田何而上，未尝有书，则三家之《易》著于《艺文》，皆悉本于田何以上口耳之学也。是知古人不著书，其言未尝不传也。治《韩诗》者不杂齐、鲁，传伏《书》者不知孔学，诸家章句训诂，有专书矣。门人弟子援引称述，杂见传纪章表者，不尽出于所传之书也，而宗旨卒亦不背乎师说。则诸儒著述成书之外，别有微言绪论口授其徒，而学者神明其意，推衍变化，著于文辞，不复辨为师之所诏与夫徒之所衍也。而人之观之者，亦以其人而定为其家之学，不复辨其孰为师说，孰为徒说也。盖取足以通其经而传其学，而口耳竹帛，未尝分居立言之功也。故曰：古人之言，所以为公也，未尝矜于文辞，而私据为己有也。

言公中

呜呼！世教之衰也，道不足而争于文，则言可得而私矣；实不充而争于名，则文可得而矜矣！言可得而私，文可得而矜，则争心起而道术裂矣！古人之言，欲以喻世；而后人之言，欲以欺世。非心安于欺世也，有所私而矜焉，不得不如是也。古人之言，欲以淑人；后人之言，欲以炫己。非古人不欲炫而后人偏欲炫也，有所不足与不充焉，不得不如是也。孟子曰："矢人岂不仁于函人哉？操术不可不慎也。"古人立言处其易，后人立言处其难，何以明之哉？古人所欲通者，道也。不得已而有言，譬如喜于中而不得不笑，疾被体而不能不呻，岂有计于工拙敏钝而勉强为之效法哉！若夫道之所在，学以趋之；学之所在，类以聚之。古人有言，先得我心之同然者，即我之言也。何也？其道同也。传之其人，能得我说而变通者，即我之言也。何也？其道同也。穷毕生之学问思辨于一定之道，而上通千古同道之人以为之藉，下俟千古同道之人以为之辅，其立言也不易然哉！惟夫不师之智，务为无实之文，则不喜而强为笑貌，无病而故为呻吟，已不胜其劳困矣；而况挟恐见破之私意，窃据自擅之虚名，前无所藉，后无所援，处势孤危而不可安也，岂不难哉？夫外饰之言与中出之言，其难易之数可知也；不欲争名之言与必欲争名之言，其难易之数又可知也；通古今前后而相与公之之言，与私据独得必欲己出之言，其难易之数又可知也。立言之士，将有志于道而从其公而易者欤？抑徒竞于文而从其私而难者欤？公私难易之间，必有辨矣。呜呼！安得知言之士而与之勉进于道哉！

古未有窃人之言以为己有者，伯宗、梁山之对，既受无后之消，而且得蔽贤之罪矣；古未有窃人之文以为己有者，屈平属草稿未定，上官大夫见而欲夺，既思欺君而且以谖友矣！窃人之美，等于窃财之盗，老氏言之，断断如也，其弊由于自私其才智，而不知归公于道也。向令伯宗荐辇者之贤，而用缟素哭祠之成说，是即伯宗兴邦之言也，功不止于梁山之事也；上官大夫善屈平，而赞助所为宪令焉，是即上官造楚之言也，功不止于宪令之善也。韩琦为相而欧阳修为翰林学士，或谓韩公无文章，韩谓："琦相而用修为学士，天下文章孰大于琦。"呜呼！若韩氏者，可谓知古人言公之旨矣！

窃人之所言以为己有者，好名为甚，而争功次之，功欺一时而名欺千古也。以己之所作伪托古人者，奸利为甚，而好事次之；好事则罪尽于一身，奸利则效尤而蔽风俗矣。齐丘窃《化书》于谭峭，郭象窃《庄》注于向秀，君子以谓儇薄无行矣。作者如有知，但欲其说显白于天下，而不必明之自我也。然而不能不恫心于窃之者，盖穿窬肤箧之智，必有窜易更张以就其掩着，而因以失其本指也。刘炫之《连山》，梅赜之《古文尚书》，应诏入献，将以求禄利也。侮圣人之言，而窃比河间、河内之搜讨，君子以为罪不胜诛矣。夫坟、典既亡，而作伪者之搜辑补苴，如古文之采辑逸书，散见于记传者，几无遗漏。亦未必无什一之存也。然而不能不深恶于作伪者，遗篇逸句附于阙文而其义犹存，附会成书而其义遂亡也。向令易作伪之心力而以采辑补缀为己功，则功岂下于河间之《礼》，河内之《书》哉！王伯厚之《三家诗考》，吴草庐之《逸礼》，生于宋、元之间，去古浸远，而尚有功于经学；六朝古书不甚散亡，其为功较之后人，必更易为力。惜乎计不出此，反藉以作伪。郭象《秋水》《达生》之解义，非无精言名理可以为向之亚也。向令推阐其旨，与秀之所注相辅而行，观者亦不辨其孰向孰郭也，岂至遽等穿窬之术哉！不知言公之旨而欲自私自利以为功，大道隐而心术不可复问矣！

学者莫不有志于不朽，而抑知不朽固自有道乎？言公于世，则书有时而亡，其学不至遽绝也。盖学成其家而流衍者长，观者考求而能识别也。孔氏《古文》虽亡，而史迁问故于安国，今迁书具存，而孔氏之《书》未尽亡也；韩氏之《诗》虽亡，而许慎治《诗》兼韩氏，今《说文》具存，而韩婴之《诗》未尽亡也；刘向《洪范五行传》与《七略》《别录》虽亡，而班固史学出刘歆，歆之《汉记》，《汉书》所本。今《五行》《艺文》二志具存，而刘氏之学未亡也。亦有后学托之前修者，褚少孙之藉灵于马迁，裴松之之依光于陈寿，非缘附骥，其力不足自存也。又有道同术近，其书不幸亡逸，藉同道以存者，《列子》残阙，半述于庄生；杨朱书亡，多存于《韩子》；盖庄、列同出于道家，而杨朱为我，其术自近名法也。又有才智自骋，未足名家，有道获亲，幸存斧琢之质者，告子杞柳湍水之辨，藉孟子而获传；惠施白马三足之谈，因庄生而遂显；虽为射者之鹄，亦见不羁之才，非同泯泯也。又有琐细之言，初无高论，而幸人会心，竟垂经训。孺子濯足之歌，通于家国；时俗苗硕之谚，证于身心。其喻理者即浅可深，而获存者无俗非雅也。凡若此者，非必古人易而后人难也，古人巧而后人拙也，古人是而后人非也。名实之势殊，公私之情异，而有意于言与无意于言者，不可同日语也。故曰：无意于文而文存，有意于文而文亡。

　　今有细民之讼，两造具辞，有司受之，必据其辞而赏罚其直枉焉。所具之辞，岂必乡曲细民能自撰哉？而曲直赏罚，不加为之辞者而加之讼者，重其言之之意，而言固不必计其所出也。墓田陇亩，祠庙宗支，履勘碑碣，不择鄙野，以谓较论曲直，舍是莫由得其要焉。岂无三代钟鼎，秦、汉石刻，款识奇古，文字雅奥，为后世所不可得者哉？取辨其事，虽庸而不可废；无当于事，虽奇而不足争也。然则后之学者，求工于文字之末，而欲据为一己之私者，其亦不足与议于道矣！

或曰：指远辞文，《大传》之训也；辞远鄙背，贤达之言也；"言之不文，行之不远"，辞之不可以已也。今日求工于文字之末者，非也，其何以为立言之则欤？曰：非此之谓也。《易》曰："修辞立其诚。"诚不必于圣人至诚之极致，始足当于修辞之立也。学者有事于文辞，毋论辞之如何，其持之必有其故，而初非徒为文具者，皆诚也。有其故而修辞以副焉，是其求工于是者，所以求达其诚也。"《易》奇而法，《诗》正而葩"，"《易》以道阴阳，《诗》以道性情"也。其所以修而为奇与葩者，则固以为不如是则不能以显阴阳之理与性情之发也。故曰：非求工也。无其实而有其文，即六艺之辞犹无所取，而况其他哉！

文，虚器也；道，实指也。文欲其工，犹弓矢欲其良也。弓矢可以御寇，亦可以为寇，非关弓矢之良与不良也；文可以明道，亦可以叛道，非关文之工与不工也。陈琳为袁绍草檄，声曹操之罪状，辞采未尝不壮烈也。他日见操，自比矢之不得不应弦焉，使为曹操檄袁绍，其工亦必犹是尔。然则徒善文辞，而无当于道，譬彼舟车之良，洵便于乘者矣，适燕与粤，未可知也。

圣人之言，贤人述之，而或失其指。贤人之言，常人述之，而或失其指。人心不同，如其面焉。而曰言托于公，不必尽出于己者，何也？盖谓道同而德合，其究终不至于背驰也。且赋诗断章，不啻若自其口出，而本指有所不拘也；引言互辨，与其言意或相反，而古人并存不废也。前人有言，后人援以取重焉，是同古人于己也；前人有言，后人从而扩充焉，是以己附古人也。仁者见仁，知者见知，言之从同而异、从异而同者，殆如秋禽之毛，不可遍举也。是以后人述前人，而不废前人之旧也，以为并存于天壤，而是非失得自听知者之别择，乃其所以为公也。君子恶夫盗人之言，而遽铲去其迹以遂掩着之私也。若夫前人已失其传，不得已而取裁后人之论述，是乃无可如何。譬失祀者得其族属而主之，亦可通其魂魄尔。非喻言公之旨，不足以知之。

言公下

于是泛滥文林，回翔艺苑，离形得似，弛羁脱鞿。上窥作者之指，下挹时流之撰。口耳之学既微，竹帛之功斯显。窟巢托足，遂启璇雕；毛叶御寒，终开组纂。名言忘于太初，流别生于近晚。譬彼醽沸酌于觞窦，斯褰裳以厉津；堤防拯于横流，必方舟而济乱。推言公之宗旨，得吾道之一贯。惟日用而不知，鸮炙忘乎飞弹。试一揽夫沿流，蔚春畦之葱蒨。

若乃九重高拱，六合同风。王言纶綍，元气寰中，秉钧燮鼎之臣，襄谟殿柏；珥笔执简之士，承旨宸枫。于是西掖挥麻，北门视草。天风四方，渊雷八表。敷洋溢之德音，述忧勤之怀抱。崇文则山《韶》海《濩》，厉武则泰秩氿驱，敷政则云龙就律，恤灾则鸠鹄回腴。斯并石室金縢，史咸尊藏掌故，而缥函缃轴，学士辑为家书。左史右史之纪，王者无私；内制外制之集，词臣非擅。虽木天清閟，公言自有专官；而竹簟茅檐，存互何妨于外传也。<small>制诰之公。</small>

至于右文稽古，购典延英。鸾台述史，虎观谈经。议簧校帜，六天五帝、三统九畴之论，专家互执；《礼》仇《书》讼、齐言鲁故、孔壁梁坟之说，称制以平。《正义》定著乎一家，《晋史》约删以百卷，六百年之解诂章疏，《五经正义》，取两汉六朝专家之说而定于一。十八家之编年纪传，《晋史》一十八家。譬彼漳分江合，济伏河横，淮申汭曲。汨兮朝宗于谷王；翡翠空青，蔚蓝芝紫，水碧砂丹，烂兮章施于采绚。凡以统车书而一视听，齐钧律而抑邪滥，虽统名乎敕定，实举职于儒臣。领袖崇班，表进勒名首简；群工集事，一时姓氏俱湮。盖新庙献功，岂计众匠奔趋；而将作用纪，明禋成礼，何论庖人治俎而尸祝辞陈？馆局之公。

尔其三台八座，百职庶司。节镇统部，郡县分治。罗群星于秋旻，茁百谷于东菑。簿书稠匝，卷牒纷披。文昌武库，礼司乐署之灿烂，若辐凑而运轴于车轮；甲兵犴讼，钱货农田之条理，若棋置而列枰以方罫。雁行进蓝田之牒，准令式而文行；牛耳招平原之徒，奉故事而诺画。是则命笔为刀，称书曰隶，遣言出自胥徒，得失归乎长吏。盖百官治而万民察，所以易结绳而为书契，昧者徒争于末流，知者乃通其初意。文移之公。

若夫侯王将相，岳牧群公，铃阁启事。戟门治戎，称崇高之富贵，具文武之威风。则有书记翩翩，风流名士，幕府宾客，文学掾史。鹢击海滨，仲连飞书于沙漠；鹰扬河朔，孔璋驰檄于当涂。王粲慷慨而依刘，赋传荆阙；班固倜傥以从窦，铭勒狼居。乌毁涂摧，死魄感惠连之吊；莺啼花发，生魂归希范之书。斯或精诚贯金石之坚，忠烈奋风云之气。输情则青草春生，腾说则黄涛夏沸，感幽则山鬼夜啼，显明则海灵朝霁。并能追查入冥，传心达志，变化从人，曲屈如意。盖利禄之途既广，则揣摩之功微至。中晚文人之集，强半捉刀之技。既合驭而和鸾，岂分途而争帜？书记之公。

盖闻富贵愿足，则慕神仙。黄白之术既绌，文章之尚斯专。度生人之不朽，久视弗若名传；既惩愚而显智，遂以后而胜前。则有爵擅七貂，抑或户封十万，当退食之委蛇，或休沐之闲宴，耻汨没于世荣，乃雅羡乎述赞。于是西园集雅，东阁宾儒，列铅置椠，纷墨披朱。求艺林之胜事，遂合力而并图，或抱荆山之璞，或矜隋侯之珠，或宝燕市之石，或滥齐门之竽。皆怀私而自媚，视匠指而奔趋。既取多而用闳，譬峙粮而聚稿；藉大力以赅存，供善学之搜讨。立功固等乎立言，何尝少谢于专家之独造也哉。募集之公。

至如《诗》《骚》体变，乐府登场。《朱鹭》《悲翁》《上邪》《如张》之篇题，学士无征于诠解；呼豨、瑟二、存吾、几令之音拍，工师惟记乎铿锵。则有拟议形容，敷陈推表，好事者为之说辞，伤心人别有怀抱。金羁白马，酒市钗楼，年少之乐也；关山杨柳，行李风烟，离别之情也；草蓇禽肥，马骄弓逸，游猎之快也；陇水呜咽，塞日昏黄，征戍之行也。或以感愤而申征夫之怨，或以悒郁而抒去妾之悲，或以旷怀而恢游宴之兴，或以古意而托艳冶之词。盖传者未达其旨，遂谓《子夜》乃女子之号，《木兰》为自叙之诗。苟不背于六义之比兴，作者岂欲以名姓而自私。乐府之公。

别有辞人点窜，略仿史删。因袭成文，或稍加点窜，惟史家义例有然，诗文集中本无此例。间有同此例者，大有神奇臭腐之别，不可不辨。凤困荆墟，悲迷阳于南国；庄子改《凤兮歌》。《鹿鸣》萍野，诵《宵雅》于《东山》。魏武用《小雅》诗。女萝薜荔，《陌上》演《山鬼》之辞；绮纨流黄，《狭斜》袭《妇艳》之故。乐府《陌上桑》与《三妇艳》之辞也。梁人改《陇头》之歌，增减古辞为之。韩公删《月蚀》之句，删改卢仝之诗。岂惟义取断章，不异宾筵奏赋。歌古人诗，见己意也。以至河分冈势，乃联春草青痕；宋诗僧用唐句。积雨空林，爱入水田白鹭。譬之古方今效，神加减于刀圭；赵璧汉师，变旌旗于节度。艺林自有雅裁，条举难穷其数者也。苟为不然，效出于尤。仿《同谷》之七歌，宋后诗人颇多。拟河间之《四愁》，傅玄、张载尚且为之，大可骇怪。非由中以出话，如随声而助讴。直是孩提学语，良为有识所羞者矣！点窜之公。

又有诗人流别，怀抱不同。变韵言兮裁文体，拟古事兮达私衷，旨原诸子之寓辞，文人沿袭而成风，后人不得其所自，因疑作伪而相攻。盖伤心故国，斯传塞外之书；李陵《答苏武书》，自刘知几以后，众口一辞，以为伪作。以理推之，伪者何所取乎？当是南北朝时，有南人羁北，而事类李陵，不忍明言者，拟此书以见志耳。灰志功名，乃托河边之喻；世传鬼谷子《与苏秦张仪书》，言河边之树，处非其地，故招剪伐，托喻以招二子归隐，疑亦功高自危之人所托言也。读者以意逆志，不异骚人之赋。出之本人，其意反浅，出之拟作，其意甚深，同于骚也。其后词科取士，用拟文为掌故，庄严则诏诰章表，威猛则文檄露布。作颂准于王褒，著论裁于贾傅。兹乃为矩为规，亦趋亦步，庶几他有心而予忖，亦足阐幽微而互著。拟文之公。

又如文人假设，变化不拘。《诗》通比兴，《易》拟象初。庄入巫咸之座，屈造詹尹之庐。楚太子疾，有客来吴，乌有、子虚之徒，争谈于较猎，凭虚、安处之属，讲议于京都。《解嘲》《客难》《宾戏》之篇衍其绪，镜机、玄微、冲漠之类浚其途。此则寓言十九，诡说万殊者也。乃其因事著称，缘人生主义。譬若酒袭杜康之名，钱用邓通之字。空槐落火，桓温发叹于仲文之迁；庾信《枯树赋》所借用者，其实殷仲文迁东阳，在桓温久卒之后。素月流天，王粲抽毫于应、刘之逝。谢庄《月赋》所借用者，其实王粲卒于应刘之前。斯则善愁即为宋玉，岂必楚廷；旷达自是刘伶，何论晋世？善读古人之书，尤贵心知其意，愚者介介而争，古人不以为异也已。假设之公。

及夫经生制举，演义为文，虽源出于训故，实解主于餐新。截经书兮命题，制变化兮由人。长或连篇累章，短或片言只字。脱增减兮毫厘，即步移兮影徙。为圣贤兮立言，或庸愚兮申志。并欲描情摩态，设身处地。或语全而意半，或神到而形未。如云去而尚留，如马跃而未逝。纵收俄顷之间，刻画几希之际。水平剂量，何足喻其充周；历算交躔，曾莫名其微至。《易》奇《诗》正，《礼》节《乐》和，以至《左》夸、《庄》肆、《屈》幽、《史》洁之文理，无所不包；天人性命，经济闳通，以及儒纷、墨俭、名鈲、法深之学术，无乎不备。惟制颁于功令，而义得于师承。严民生之三事，约智力于规绳，守共由之义法，申各尽之精能。体会为言，曾何嫌乎拟圣？因心作则，岂必纵己说而成名。制义之公。

凡此区分类别，鳞次部周。夭华媚春，硕果酣秋。极浅深之殊致，标左右之分流。其匿也几括，其争也寇仇；其同也交誉，其异也互纠；其合也沾沾而自喜，其违也耿耿而孤忧。孰鸿鹄而高举，孰鹈鹕而啁啾；孰梧桐于高冈，孰茅苇于平洲。众自是而人非，喜伐异而党俦。饮齐井而相捽，曾不知伏泉之在幽。由大道而下览夫群言，奚翅激、嗃、叱、吸、叫、嚎、宎、咬之殊声，而酝酿于鼻、口、耳、枅、圈、臼、洼、污之异窍。厉风济而为虚，知所据而有者，一土囊之噫啸。能者无所竞其名，黠者无所事其剽，核者无所恃其辨，夸者无所争其耀。识言公之微旨，庶自得于道妙。或疑著述不当入辞赋，不知著述之体，初无避就，荀卿有《赋篇》矣。但无实之辞赋，自不宜溷著述尔。

史德

才、学、识三者，得一不易而兼三尤难，千古多文人而少良史，职是故也。昔者刘氏子玄盖以是说谓足尽其理矣。虽然，史所贵者义也，而所具者事也，所凭者文也。孟子曰："其事则齐桓、晋文，其文则史，义则夫子自谓窃取之矣！"非识无以断其义，非才无以善其文，非学无以练其事,三者,固各有所近也。其中固有似之而非者也;记诵以为学也,辞采以为才也,击断以为识也,非良史乏才学识也;虽刘氏之所谓才学识,犹未足以尽其理也。

夫刘氏以谓有学无识,如愚估操金,不解贸化。推此说以证刘氏之指,不过欲于记诵之间,知所决择,以成文理耳。故曰:"古人史取成家,退处士而进奸雄,排死节而饰主阙,亦曰一家之道然也。"此犹文士之识,非史识也。能具史识者,必知史德;德者何?谓著书者之心术也。夫秽史者所以自秽,谤书者所以自谤,素行为人所羞,文辞何足取重?魏收之矫诬,沈约之阴恶,读其书者,先不信其人,其患未至于甚也。所患夫心术者,谓其有君子之心,而所养未底于粹也。

夫有君子之心,而所养未粹,大贤以下所不能免也。此而犹患于心术,自非夫子之《春秋》不足当也。以此责人,不亦难乎?是亦不然也。

盖欲为良史者,当慎辨于天人之际,尽其天而不益以人也。尽其天而不益以人,虽未能至,苟允知之,亦足以称著述者之心术矣。而文史之儒,竞言才学识而不知辨心术,以议史德,乌乎可哉!

夫是尧、舜而非桀、纣,人皆能言矣!崇王道而斥霸功,又儒者之习故矣!至于善善而恶恶,褒正而嫉邪,凡欲托文辞以不朽者,莫不有是心也;然而心术不可不虑者,则以天与人参,其端甚微,非是区区之明所可恃也。夫史所载者事也,事必藉文而传,故良史莫不工文,而不知文又患于为事役也。盖事不能无得失是非,一有得失是非,则出入予夺相奋摩矣,奋摩不已而气积焉。事不能无盛衰消息,一有盛衰消息,则往复凭吊生流连矣,流连不已而情深焉。

凡文不足以动人,所以动人者,气也。凡文不足以入人,所以入人者,情也。气积而文昌,情深而文挚;气昌而情挚,天下之至文也。然而其中有天有人，不可不辨也。气得阳刚而情合阴柔，人丽阴阳之间，不能离焉者也。气合于理，天也；气能达理以自用，人也。情本于性，天也；情能汩性以自恣，人也。史之义出于天，而史之文不能不藉人力以成之。人有阴阳之患，而史文即忤于大道之公，其所感召者微也。

夫文非气不立，而气贵于平；人之气，燕居莫不平也。因事生感，而气失则宕，气失则激，气失则骄，毗于阳矣。文非情不深，而情贵于正。人之情，虚置无不正也。因事生感，而情失则流，情失则溺，情失则偏，毗于阴矣，阴阳伏沴之患，乘于血气而入于心知，其中默运潜移，似公而实逞于私，似天而实蔽于人，发为文辞，至于害义而违道，其人犹不自知也。故曰心术不可不慎也。

夫气胜而情偏，犹曰动于天而参于人也。才艺之士，则又溺于文辞，以为观美之具焉，而不知其不可也。史之赖于文也，犹衣之需乎采，食之需乎味也。采之不能无华朴，味之不能无浓淡，势也。华朴争而不能无邪色，浓淡争而不能无奇味。邪色害目，奇味爽口，起于华朴浓淡之争也。文辞有工拙，而族史方且以是为竞焉，是舍本而逐末矣。以此为文，未有见其至者；以此为史，岂可与闻古人大体乎？

韩氏愈曰："仁义之人，其言蔼如。"仁者情之普，义者气之遂也。程子尝谓有《关雎》《麟趾》之意，而后可以行《周官》之法度。吾则以谓通六义比兴之旨，而后可以讲春王正月之书，盖言心术贵于养也。史迁百三十篇，《报任安书》所谓"究天地之际，通古今之变，成一家之言"，自序以谓"绍名世，正《易传》，本《诗》《书》《礼》《乐》之际"，其本旨也。所云"发愤著书"，不过叙述穷愁而假以为辞耳。后人泥于发愤之说，遂谓百三十篇，皆为怨诽所激发，王允亦斥其言为谤书。于是后世论文，以史迁为讥谤之能事，以微文为史职之大权，或从羡慕而仿效为之，是直以乱臣贼子之居心，而妄附《春秋》之笔削，不亦悖乎？今观迁所著书，如《封禅》之惑于鬼神，《平准》之算及商贩，孝武之秕政也。后世观于相如之文，桓宽之论，何尝待史迁而后著哉！《游侠》《货殖》诸篇，不能无所感慨，贤者好奇，亦洵有之。余皆经纬古今，折衷六艺，何尝敢于讪上哉？朱子尝言《离骚》不甚怨君，后人附会有过。吾则以谓史迁未敢谤主，读者之心，自不平耳。夫以一身坎轲，怨诽及于君父，且欲以是邀千古之名，此乃愚不安分，名教中之罪人，天理所诛，又何著述之可传乎？

夫《骚》与《史》，千古之至文也。其文之所以至者，皆抗怀于三代之英，而经纬乎天人之际者也。所遇皆穷，固不能无感慨，而不学无识者流，且谓诽君谤主不妨尊为文辞之宗焉，大义何自得明，心术何由得正乎？夫子曰："《诗》可以兴。"说者以谓兴起好善恶恶之心也。好善恶恶之心，惧其似之而非，故贵平日有所养也。《骚》与《史》，皆深于《诗》者也，言婉多风，皆不背于名教，而梏于文者不辨也。故曰必通六义比兴之旨，而后可以讲春王正月之书。

史释

或问《周官》府史之史，与内史、外史、太史、小史、御史之史，有异义乎？曰：无异义也。府史之史，庶人在官供书役者，今之所谓书吏是也。五史则卿、大夫、士为之，所掌图书、纪载、命令、法式之事，今之所谓内阁六科、翰林中书之属是也。官役之分，高下之隔，流别之判，如霄壤矣。然而无异义者，则皆守掌故而以法存先王之道也。

史守掌故而不知择，犹府守库藏而不知计也。先王以谓太宰制国用，司会质岁之成，皆有调剂盈虚，均平秩序之义，非有道德贤能之选不能任也，故任之以卿、士、大夫之重。若夫守库藏者，出纳不敢自专，庶人在官足以供使而不乏矣。然而卿、士、大夫讨论国计，得其远大，若问库藏之纤悉，必曰府也。

五史之于文字，犹太宰司会之于财货也。典、谟、训、诰，曾氏以谓唐、虞、三代之盛，载笔而纪，亦皆圣人之徒，其见可谓卓矣。五史以卿、士大夫之选，推论精微；史则守其文诰、图籍、章程、故事而不敢自专。然而问掌故之委折，必曰史也。

夫子曰："民可使由之，不可使知之。"先王道法，非有二也。卿、士大夫能论其道，而府史仅守其法，人之知识有可使能与不可使能尔，非府史所守之外，别有先王之道也。夫子曰："俎豆之事，则尝闻之矣。"曾子乃曰："君子所贵乎道者三，笾豆之事，则有司存。"非曾子之言异于夫子也。夫子推其道，曾子恐人泥其法也。子贡曰："文武之道，未坠于地，在人。夫子焉不学，亦何常师之有。""入太庙，每事问。"则有司、贱役、巫祝、百工，皆夫子之所师矣。问礼问官，岂非学于掌故者哉！故道不可以空诠，文不可以空著。三代以前，未尝以道名教，而道无不存者，无空理也；三代以前，未尝以文为著作，而文为后世不可及者，无空言也。盖自官师治教分，而文字始有私门之著述，于是文章学问，乃与官司掌故为分途，而立教者可得离法而言道体矣。《易》曰："苟非其人，道不虚行。"学者崇奉六经，以谓圣人立言以垂教，不知三代盛时，各守专官之掌故，而非圣人有意作为文章也。

《传》曰："礼时为大。"又曰："书同文。"盖言贵时王之制度也。学者但诵先圣遗言，而不达时王之制度，是以文为罄声帨绤绣之玩，而学为斗奇射覆之资，不复计其实用也。故道隐而难知，士大夫之学问文章，未必足备国家之用也；法显而易守，书吏所存之掌故，实国家之制度所存，亦即尧、舜以来因革损益之实迹也。故无志于学则已，君子苟有志于学，则必求当代典章以切于人伦日用，必求官司掌故而通于经术精微，则学为实事而文非空言，所谓有体必有用也。不知当代而言好古，不通掌故而言经术，则鞶帨之文，射覆之学，虽极精能，其无当于实用也审矣。

孟子曰："力能举百钧，而不足举一羽；明足察秋毫之末，而不见舆薪。"难其所易而易其所难，谓失权度之宜也。学者昧今而博古，荒掌故而通经术，是能胜《周官》卿士之所难而不知求府史之所易也。故舍器而求道，舍今而求古，舍人伦日用而求学问精微，皆不知府史之史通于五史之义者也。

"以吏为师"，三代之旧法也。秦人之悖于古者，禁《诗》《书》而仅以法律为师耳。三代盛时，天下之学，无不以吏为师。《周官》三百六十，天人之学备矣。其守官举职而不坠天工者，皆天下之师资也。东周以还，君师政教不合于一，于是人之学术，不尽出于官司之典守。秦人以吏为师，始复古制，而人乃狃于所习，转以秦人为非耳。秦之悖于古者多矣，犹有合于古者，以吏为师也。

孔子曰："生乎今之世，反古之道，灾及其身者也。"李斯请禁《诗》《书》，以谓"儒者是古而非今"，其言若相近而其意乃大悖。后之君子不可不察也。夫三王不袭礼，五帝不沿乐，不知礼时为大而动言好古，必非真知古制者也。是不守法之乱民也，故夫子恶之。若夫殷因夏礼，百世可知，损益虽曰随时，未有薄尧、舜而诋斥禹、汤、文、武、周公而可以为治者。李斯请禁《诗》《书》，君子以谓愚之首也。后世之去唐、虞、三代则更远矣。要其一朝典制，可以垂奕世而致一时之治平者，未有不于古先圣王之道得其彷佛者也。故当代典章，官司掌故，未有不可通于《诗》《书》六艺之所垂。而学者昧于知时，动矜博古，譬如考西陵之蚕桑，讲神农之树艺，以谓可御饥寒而不须衣食也。

史注

昔夫子之作《春秋》也，笔削既具，复以微言大义口授其徒。三传之作，因得各据闻见，推阐经蕴，于是《春秋》以明。诸子百家既著其说，亦有其徒相与守之，然后其说显于天下。至于史事，则古人以业世其家，学者就其家以传业，孔子问礼必于柱下史。盖以域中三大，非取备于一人之手，程功于翰墨之林者也。史迁著百三十篇，《汉书》谓之《太史公》，《隋志》始曰《史记》。乃云："藏之名山，传之其人。"其后外孙杨恽始布其书。班固《汉书》，自固卒后，一时学者未能通晓。马融乃伏阁下从其女弟受业，然后其学始显。

夫马、班之书，今人见之悉矣，而当日传之必以其人，受读必有所自者，古人专门之学，必有法外传心，笔削之功所不及，则口授其徒而相与传习其业，以垂永久也。迁书自裴骃为注，固书自应劭作解，其后为之注者犹若干家，则皆阐其家学者也。魏、晋以来，著作纷纷，前无师承，后无从学；且其为文也，体既滥漫，绝无古人笔削谨严之义，旨复浅近，亦无古人隐微难喻之故，自可随其诣力孤行于世耳。

至于史籍之掌，代有其人，而古学失传，史存具体，惟于文诰案牍之类次，月日记注之先后，不胜扰扰，而文亦繁芜复沓，尽失迁、固之旧也。是岂尽作者才力之不逮，抑史无注例，其势不得不日趋于繁富也。

古人一书而传者数家，后代数人而共成一书。夫传者广，则简尽微显之法存；作者多，则抵牾复沓之弊出。循流而日忘其源，古学如何得复？而史策何从得简乎？是以《唐书》倍《汉》，《宋史》倍《唐》，检阅者不胜其劳，传习之业安得不亡！

夫同闻而异述者，见崎而分道也；源正而流别者，历久而失真也。九师之《易》，四氏之《诗》，师儒林立，传授已不胜其纷纷。士生三古而后，能自得于古人，勒成一家之作，方且彷徨乎两间，孤立无徒，而欲抱此区区之学，待发挥于子长之外孙，孟坚之女弟，必不得之数也。

太史《自叙》之作，其自注之权舆乎。明述作之本旨，见去取之从来，已似恐后人不知其所云，而特笔以标之。所谓"不离古文"乃"考信六艺"云云者，皆百三十篇之宗旨，或殿卷末，或冠篇端，未尝不反复自明也。班《书》年表十篇与《地理》《艺文》二志皆自注，则又大纲细目之规矩也。其陈、范二史，尚有松之、章怀为之注。至席惠明注《秦记》，刘孝标注《世说新语》，则杂史支流犹有子注，是六朝史学家法未亡之一验也。

自后史权既散，详《三变》篇。纪传浩繁，惟徐氏《五代史注》，亦已简略，尚存饩羊于一线。而唐、宋诸家，则茫乎其不知涯涘焉！宋范冲修《神宗实录》，别为《考异》五卷以发明其义，是知后无可代之人而自为之解，当与《通鉴举要》《考异》之属，同为近代之良法也。刘氏《史通》，画补注之例为三条，其所谓小书人物之《三辅决录》《华阳士女》，与所谓史臣自刊之《洛阳伽蓝》《关东风俗》者，虽名为二品，实则一例，皆近世议史诸家之不可不亟复者也。惟所谓思广异闻之松之《三国》、刘昭《后汉》一条，则史家之旧法，与《索隐》《正义》之流，大同而小异者也。

夫文史之籍，日以繁滋，一编刊定，则征材所取之书，不数十年，尝失亡其十之五六。宋、元修史之成规，可覆按焉。使自注之例得行，则因援引所及，而得存先世藏书之大概，因以校正艺文著录之得失，是亦史法之一助也。且人心日漓，风气日变，缺文之义不闻，而附会之习且愈出而愈工焉。在官修书，惟冀塞责；私门著述，苟饰浮名，或剽窃成书，或因陋就简，使其术稍黠，皆可愚一时之耳目，而著作之道益衰。诚得自注以标所去取，则闻见之广狭，功力之疏密，心术之诚伪，灼然可见于开卷之顷，而风气可以渐复于质古，是又为益之尤大者也。然则考之往代，家法既如彼；揆之后世，系重又如此；夫翰墨省于前，而功效多于旧，孰有加于自注也哉！

传记

传记之书，其流已久，盖与六艺先后杂出，古人文无定体，经史亦无分科，《春秋》三家之传，各记所闻，依经起义，虽谓之记可也。经礼二戴之记，各传其说，附经而行，虽谓之传可也。其后支分派别，至于近代，始以录人物者，区为之传，叙事迹者，区为之记。盖亦以集部繁兴，人自生其分别，不知其然而然，遂若天经地义之不可移易。此类甚多，学者生于后世，苟无伤于义理，从众可也。然如虞预《妒记》《襄阳耆旧记》之类，叙人何尝不称记？《龟策》《西域》诸传，述事何尝不称传！大抵为典为经，皆是有德有位纲纪人伦之所制作，今之六艺是也。

夫子有德无位，则述而不作，故《论语》《孝经》，皆为传而非经，而《易·系》亦止称为《大传》。其后悉列为经，诸儒尊夫子之文，而使之有以别于后儒之传记尔。周末儒者，及于汉初，皆知著述之事，不可自命经纶，蹈于妄作；又自以立说，当禀圣经以为宗主，遂以所见所闻各笔于书而为传记，若二《礼》诸记、《诗》《书》《易》《春秋》诸传是也。

盖皆依经起义，其实各自为书，与后世笺注，自不同也。后世专门学衰，集体日盛，叙人述事，各有散篇，亦取传记为名，附于古人传记专家之义尔。明自嘉靖而后，论文各分门户，其有好为高论者，辄言传乃史职，身非史官，岂可为人作传？世之无定识而强解事者，群焉和之，以谓于古未之前闻。夫后世文字，于古无有，而相率而为之者，集部纷纷，大率皆是。若传则本非史家所创，马、班以前，早有其文。孟子答苑囿汤、武之事，皆曰："于传有之。"彼时并未有纪传之史，岂史官之文乎？今必以为不居史职，不宜为传，试问传记有何分别，不为经师，又岂宜更为记耶？记无所嫌而传为厉禁，则是重史而轻经也。文章宗旨，著述体裁，称为例义。今之作家，昧焉而不察者多矣，独于此等无可疑者，辄为无理之拘牵，殆如村俚巫妪妄说阴阳禁忌，愚民举措为难矣。明末之人，思而不学，其为瞽说，可胜唾哉！今之论文章者，乃又学而不思，反袭其说以矜有识，是为古所愚也。

辨职之言，尤为不明事理。如通行传记，尽人可为，自无论经师与史官矣。必拘拘于正史列传，而始可为传，则虽身居史职，苟非专撰一史，又岂可别自为私传耶？若但为应人之请，便与撰传，无以异于世人所撰。惟他人不居是官，例不得为，己居其官，即可为之，一似官府文书之须印信者然，是将以史官为胥吏，而以应人之传为倚官府而舞文之具也，说尤不可通矣。道听之徒，乃谓此言出大兴朱先生，不知此乃明末人之矫论，持门户以攻王、李者也。

朱先生尝言："见生之人，不当作传。"自是正理。但观于古人，则不尽然。按《三国志》庞淯母赵娥，为父报仇杀人，注引皇甫《烈女传》云："故黄门侍郎安定梁宽为其作传。"是生存之人，古人未尝不为立传。李翱撰《杨烈妇传》，彼时杨尚生存，恐古人似此者不乏。盖包举一生而为之传，《史》《汉》列传体也。随举一事而为之传，左氏传经体也。朱先生言，乃专指列传一体尔。

邵念鲁与家太詹尝辨古人之撰私传曰："子独不闻邓禹之传，范氏固有本欤？"按此不特范氏，陈寿《三国志》裴注，引东京、魏、晋诸家私传相证明者，凡数十家。即见于隋、唐《经籍》《艺文志》者，如《东方朔传》《陆先生传》之类，亦不一而足，事固不待辨也。彼挟兔园之册，但见昭明《文选》、唐宋八家鲜入此体，遂谓天下之书，不复可旁证尔。

往者聘撰《湖北通志》，因恃督府深知，遂用别识心裁，勒为三家之学。人物一门，全用正史列传之例，撰述为篇。而隋、唐以前，史传昭著，无可参互详略施笔削者，则但揭姓名为《人物表》。说详本篇《序例》。其诸史本传，悉入文征以备案检。所谓三家之学，文征以拟文选。其于撰述义例，精而当矣！时有金人，穷于宦拙，求余荐入书局，无功冒餐给矣。值督府左迁，小人涎利构谗，群刺蜂起，当事惑之，檄委其人校正。余方恃其由余荐也，而不虞其背德反噬，昧其平昔所服膺者，而作诐张以罔上也。别有专篇《辨例》。乃曰："文征例仿《文选》《文苑》，《文选》《文苑》本无传体。"因举《何蕃》《李赤》《毛颖》《宋清》诸传出于游戏投赠，不可入正传。上官乃亟赞其有学识也，而又阴主其说，匿不使余知也。噫！《文苑英华》有传五卷，盖七百九十有二至于七百九十有六，其中正传之体，公卿则有兵部尚书梁公李岘，节钺则有东川节度卢坦，皆李华撰传。文学如陈子昂，卢藏用撰传。节操如李绅，沈亚之撰传。贞烈如杨妇、李翱。窦女，杜牧。合于史家正传例者，凡十余篇，而谓《文苑》无正传体，真丧心矣！

宋人编辑《文苑》，类例固有未尽，然非金人所能知也。即传体之所采，盖有排丽如碑志者，庾信《丘乃敦敦崇传》之类。自述非正体者，《陆文学自传》之类。立言有寄托者，《王承福传》之类。藉名存讽刺者，《宋清传》之类。投赠类序引者，《强居士传》之类。俳谐为游戏者，《毛颖传》之类。亦次于诸正传中；不如李汉集韩氏文，以《何蕃传》入杂著，以《毛颖传》入杂文，义例乃皎然矣。

习固

辨论乌乎起？起于是非之心也。是非之心乌乎起？起于嫌介疑似之间也。乌乎极？极于是尧非桀也。世无辨尧、桀之是非，世无辨天地之高卑也。目力尽于秋毫，耳力穷乎穴蚁。能见泰山，不为明目，能闻雷霆，不为聪耳。故尧、桀者，是非之名，而非所以辨是非也。嫌介疑似，未若尧、桀之分也，推之而无不若尧、桀之分，起于是非之微而极于辨论之精也。故尧、桀者辨论所极，而是非者隐微之所发端也。

隐微之创见，辨者矜而宝之矣。推之不至乎尧、桀，无为贵创见焉。推之既至乎尧、桀，人亦将与固有之尧、桀而安之也。故创得之是非，终于无所见是非也。尧、桀无推者也。积古今之是非而安之如尧、桀者，皆积古今人所创见之隐微，而推极之者也。安于推极之是非者，不知是非之所在也；不知是非之所在者，非竟忘是非也，以谓固然而不足致吾意焉尔。

触乎其类而动乎其思，于是有见所谓诚然者，非其所非，而是其所是，矜而宝之，以谓隐微之创见也。推而合之，比而同之，致乎其极，乃即向者安于固然之尧、桀也。向也不知所以，而今知其所以，故其所见，有以异于向者之所见；而其所云，实不异于向之所云也。故于是非而不致其思者，所矜之创见，皆其平而无足奇者也。

酤家酿酒而酸，大书酒酸减直于门，以冀速售也。有不知书者，入饮其酒而酸，以谓主人未之知也。既去而遗其物，主家追而纳之，又谓主人之厚己也，屏人语曰："君家之酒酸矣，盍减直而急售。"主人闻之而哑然也。故于是非而不致其思者，所矜之创见，乃告主家之酒酸也。

尧、桀固无庸辨矣，然被尧之仁必有几，几于不能言尧者，乃真是尧之人也。遇桀之暴必有几，几于不能数桀者，乃真非桀之人也。千古固然之尧、桀，犹推始于几，几不能言与数者，而后定尧、桀之固然也。故真知是非者，不能遽言是非也。真知是尧非桀者，其学在是非之先，不在是尧非桀也。是尧而非桀，贵王而贱霸，遵周、孔而斥异端，正程、朱而偏陆、王，吾不谓其不然也；习固然而言之易者，吾知其非真知也。

朱陆

天人性命之理，经传备矣。经传非一人之言，而宗旨未尝不一者，其理著于事物而不托于空言也。师儒释理以示后学，惟著之于事物，则无门户之争矣。理，譬则水也；事物，譬则器也。器有大小浅深，水如量以注之，无盈缺也。今欲以水注器者，姑置其器而论水之挹注盈虚，与夫量空测实之理，争辨穷年未有已也，而器固已无用矣。

子夏之门人，问交于子张，治学分而师儒尊，知以行闻，自非夫子，其势不能不分也。高明沈潜之殊致，譬则寒暑昼夜，知其意者交相为功，不知其意交相为厉也。宋儒有朱、陆，千古不可合之同异，亦千古不可无之同异也。末流无识，争相诟詈，与夫勉为解纷，调停两可，皆多事也。然谓朱子偏于道问学，故为陆氏之学者，攻朱氏之近于支离；谓陆氏之偏于尊德性，故为朱氏之学者，攻陆氏之流于虚无。各以所畸重者，争其门户，是亦人情之常也。但既自承朱氏之授受，而攻陆、王，必且博学多闻，通经服古，若西山、鹤山、东发、伯厚诸公之勤业，然后充其所见，当以空言德性为虚无也。今攻陆、王之学者，不出博洽之儒而出荒俚无稽之学究，则其所攻与其所业相反也。问其何为不学问，则曰支离也；诘其何为守专陋，则曰性命也。是攻陆、王者，未尝得朱之近似，即伪陆、王以攻真陆、王也，是亦可谓不自度矣！

荀子曰："辨生于末学。"朱、陆本不同，又况后学之晓晓乎。但门户既分，则欲攻朱者，必窃陆、王之形似；欲攻陆、王，必窃朱子之形似。朱之形似必繁密，陆、王形似必空灵，一定之理也。而自来门户之交攻，俱是专己守残，束书不观，而高谈性天之流也。则自命陆、王以攻朱者，固伪陆、王，即自命朱氏以攻陆、王者，亦伪陆、王，不得号为伪朱也。同一门户，而陆、王有伪，朱无伪者，空言易而实学难也。黄、蔡、真、魏，皆承朱子而务为实学，则自无暇及于门户异同之见，亦自不致随于消长盛衰之风气也。是则朱子之流别优于陆、王也。然而伪陆、王之冒于朱学者，犹且引以为同道焉，吾恐朱氏之徒叱而不受矣！

传言有美疢，亦有药石焉。陆、王之攻朱，足以相成而不足以相病。伪陆、王之自谓学朱而奉朱，朱学之忧也。盖性命事功学问文章合而为一，朱子之学也。求一贯于多学而识，寓约礼于博文，是本末之兼该也。

诸经解义，不能无得失；训诂考订，不能无疏舛，是何伤于大体哉？且传其学者，如黄、蔡、真、魏，皆通经服古，躬行实践之醇儒，其于朱子有所失，亦不曲从而附会，是亦足以立教矣。乃有崇性命而薄事功，弃置一切学问文章，而守一二章句、集注之宗旨，因而斥陆讥王，愤若不共戴天，以谓得朱之传授，是以通贯古今、经纬世宙之朱子，而为村陋无闻，傲狠自是之朱子也。且解义不能无得失，考订不能无疏舛，自获麟绝笔以来，未有免焉者也。今得陆、王之伪，而自命学朱者，乃曰："墨守朱子，虽知有毒，犹不可不食。"又曰："朱子实兼孔子与颜、曾、孟子之所长。"噫！其言之是非毋庸辨矣！朱子有知，忧当如何邪！

告子曰："不得于言，勿求于心；不得于心，勿求于气。"不动心者，不求义之所安，此千古墨守之权舆也。是非之心，人皆有之。不能充之以义理，而又不受人之善，此墨守之似告子也。然而藉人之是非以为是非，不如告子之自得矣。

藉人之是非以为是非，如佣力佐斗，知争胜而不知所以争也。故攻人则不遗余力，而诘其所奉者之得失为何如，则未能悉也。故曰：明知有毒，而不可不服也。

末流失其本，朱子之流别，以为优于陆、王矣。然则承朱氏之俎豆，必无失者乎？曰：奚为而无也。今人有薄朱氏之学者，即朱氏之数传而后起者也。其与朱氏为难，学百倍于陆、王之末流，思更深于朱门之从学，充其所极，朱子不免先贤之畏后生矣。然究其承学，实自朱子数传之后起也，其人亦不自知也。而世之号为通人达士者，亦几几乎褰裳以从矣。有识者观之，齐人之饮井相捽也。性命之说，易入虚无。朱子求一贯于多学而识，寓约礼于博文，其事繁而密，其功实而难，虽朱子之所求，未敢必谓无失也。然沿其学者，一传而为勉斋、九峰，再传而为西山、鹤山、东发、厚斋，三传而为仁山、白云，四传而为潜溪、义乌，五传而为宁人、百诗，则皆服古通经，学求其是，而非专己守残，空言性命之流也。自是以外，文则入于辞章，学则流于博雅，求其宗旨之所在，或有不自知者矣。生乎今世，因闻宁人、百诗之风，上溯古今作述，有以心知其意，此则通经服古之绪又嗣其音矣。无如其人慧过于识而气荡乎志，反为朱子诟病焉，则亦忘其所自矣，夫实学求是，与空谈性天不同科也。考古易差，解经易失，如天象之难以一端尽也。历象之学，后人必胜前人，势使然也。因后人之密，而贬羲、和，不知即羲、和之遗法也。今承朱氏数传之后，所见出于前人，不知即是前人之遗绪，是以后历而贬羲、和也。盖其所见能过前人者，慧有余也，抑亦后起之智虑所应尔也。不知即是前人遗蕴者，识不足也。其初意未必遂然，其言足以慑一世之通人达士而从其井捽者，气所荡也。其后亦遂居之不疑者，志为气所动也。攻陆、王者，出伪陆、王，其学猥陋，不足为陆、王病也；贬朱者之即出朱学，其力深沉，不以源流互质，言行交推，世有好学而无真识者，鲜不从风而靡矣。

　　古人著于竹帛，皆其宣于口耳之言也。言一成，而人之观者，千百其意焉，故不免于有向而有背。今之黠者则不然，以其所长，有以动天下之知者矣；知其所短不可以欺也，则似有不屑焉。徒泽之蛇，且以小者神君焉。其遇可以知，而不必且为知者，则略其所长，以为未可与言也；而又饰所短，以为无所不能也。雷电以神之，鬼神以幽之，键簏以固之，标帜以市之，于是前无古人而后无来者矣！天下知者少，而不必且为知者之多也。知者一定不易，而不必且为知者之千变无穷也。故以笔信知者，而以舌愚不必深知者，天下由是靡然相从矣！夫略所短而取其长，遗书具存，强半皆当遵从而不废者也，天下靡然从之，何足忌哉！不知其口舌遗厉，深入似知非知之人心，去取古人，任偏衷而害于道也。语云："其父杀人报仇,其子必且行劫。"其人于朱子,盖已饮水而忘源。及笔之于书,仅有微辞隐然见耳,未敢居然斥之也,此其所以不见恶于真知者也。而不必深知者,习闻口舌之间,肆然排诋而无忌惮,以谓是人而有是言,则朱子真不可以不斥也。故趋其风者,未有不以攻朱为能事也。非有恶于朱也,惧其不类于是人,即不得为通人也。夫朱子之授人口实,强半出于《语录》,《语录》出于弟子门人杂记,未必无失初旨也。然而大旨,实与所著之书相表里,则朱子之著于竹帛,即其宣于口耳之言,是表里如一者,古人之学也。即以是义责其人,亦可知其不如朱子远矣,又何争于文字语言之末也哉!

文德

凡言义理,有前人疏而后人加密者,不可不致其思也。古人论文,惟论"文辞"而已矣!刘勰氏出,本陆机氏说而昌论"文心";苏辙氏出,本韩愈氏说而昌论"文气";可谓愈推而愈精矣。未见有论"文德"者,学者所宜深省也。夫子尝言"有德必有言",又言"修辞立其诚",孟子尝论"知言""养气",本乎"集义",韩子亦言"仁义之途","《诗》《书》之流",皆言德也。今云未见论文德者,以古人所言,皆兼本末,包内外,犹合道德文章而一之;未尝就文辞之中,言其有才、有学、有识,又有文之德也。

凡为古文辞者,必敬以恕。临文必敬,非修德之谓也;论古必恕,非宽容之谓也。敬非修德之谓者,气摄而不纵,纵必不能中节也;恕非宽容之谓者,能为古人设身而处地也。嗟乎!知德者鲜,知临文之不可无敬恕，则知文德矣！

昔者陈寿《三国志》，纪魏而传吴、蜀，习凿齿为《汉晋春秋》，正其统矣；司马《通鉴》仍陈氏之说，朱子《纲目》又起而正之。"是非之心，人皆有之"，不应陈氏误于先，而司马再误于其后，而习氏与朱子之识力偏居于优也。而古今之讥《国志》与《通鉴》者，殆于肆口而骂詈，则不知起古人于九原，肯吾心服否邪？陈氏生于西晋，司马生于北宋，苟黜曹魏之禅让，将置君父于何地？而习与朱子则固江东南渡之人也，惟恐中原之争天统也。此说前人已言。诸贤易地则皆然，未必识逊今之学究也。是则不知古人之世，不可妄论古人文辞也。知其世矣，不知古人之身处，亦不可以遽论其文也。身之所处，固有荣辱、隐显、屈伸、忧乐之不齐，而言之有所为而言者，虽有子不知夫子之所谓，况生千古以后乎？圣门之论恕也，"己所不欲，勿施于人"，其道大矣！今则第为文人，论古必先设身，以是为文德之恕而已尔。

韩氏论文，"迎而拒之，平心察之"，喻气于水，言为浮物。柳氏之论文也，"不敢轻心掉之""怠心易之""矜气作之""昏气出之"。夫诸贤论心论气，未即孔、孟之旨，及乎天人性命之微也。然文繁而不可杀，语变而各有当。要其大旨，则临文主敬，一言以蔽之矣！主敬则心平而气有所摄，自能变化从容以合度也。

夫史有三长，才、学、识也。古文辞而不由史出，是饮食不本于稼穑也。夫识，生于心也；才，出于气也；学也者，凝心以养气，炼识而成其才者也。心虚难恃，气浮易弛，主敬者，随时检摄于心气之间，而谨防其一往不收之流弊也。夫缉熙敬止，圣人所以成始而成终也，其为义也广矣。今为临文检其心气，以是为文德之敬而已尔。

文理

偶于良宇案间见《史记》录本，取观之，乃用五色圈点，各有段落，反复审之，不解所谓。询之良宇，哑然失笑，以谓已亦厌观之矣。其书云出前明归震川氏。五色标识，各为义例，不相混乱，若者为全篇结构，若者为逐段精彩，若者为意度波澜，若者为精神气魄，以例分类，便于拳服揣摩，号为古文秘传。前辈言古文者，所为珍重授受，而不轻以示人者也。又云："此如五祖传灯，灵素受箓，由此出者，乃是正宗。不由此出，纵有非常著作，释子所讥为'野狐禅'也。余幼学于是，及游京师，闻见稍广，乃知文章一道，初不由此。然意其中，或有一二之得，故不遽弃，非珍之也。"余曰：文章一道，自元以前，衰而且病，尚未亡也。明人初承宋、元之遗，粗存规矩。至嘉靖、隆庆之间，晦蒙否塞，而文几绝矣。归震川氏生于是时，力不能抗王、李之徒，而心知其非，故斥凤洲以为庸妄，谓其创为秦、汉伪体，至并官名地名而改用古称，使人不辨作何许语，故直斥之曰文理不通，非妄言也。然归氏之文，气体清矣，而按其中之所得，则亦不可强索。故余尝书识其后，以为先生所以砥柱中流者，特以文从字顺，不汩没于流俗，而于古人所谓阈中肆外，言以声其心之所得，则未之闻尔。然亦不得不称为彼时之豪杰矣！但归氏之于制艺，则犹汉之子长，唐之退之，百世不祧之大宗也。故近代时文家之言古文者，多宗归氏。唐、宋八家之选，人几等于五经四子，所由来矣。惟归、唐之集，其论说文字，皆以《史记》为宗；而其所以得力于《史记》者，乃颇怪其不类。盖《史记》体本苍质，而司马才大，故运之以轻灵。今归、唐之所谓疏宕顿挫，其中无物，遂不免于浮滑，而开后人以描摩浅陋之习。故疑归、唐诸子得力于《史记》者，特其皮毛，而于古人深际，未之有见。今观诸君所传五色订本，然后知归氏之所以不能至古人者，正坐此也。

夫立言之要，在于有物。古人著为文章，皆本于中之所见，初非好为炳炳烺烺，如锦工绣女之矜夸采色已也。富贵公子，虽醉梦中，不能作寒酸求乞语；疾痛患难之人，虽置之丝竹华宴之场，不能易其呻吟而作欢笑。此声之所以肖其心，而文之所以不能彼此相易，各自成家者也。今舍己之所求，而摩古人之形似，是杞梁之妻，善哭其夫，而西家偕老之妇亦学其悲号；屈子自沉汨罗，而同心一德之朝，其臣亦宜作楚怨也，不亦慎乎！至于文字，古人未尝不欲其工。

孟子曰："持其志，无暴其气。"学问为立言之主，犹之志也；文章为明道之具，犹之气也。求自得于学问，固为文之根本；求无病于文章，亦为学之发挥。故宋儒尊道德而薄文辞，伊川先生谓工文则害道，明道先生谓记诵为玩物丧志，虽为忘本而逐末者言之；然推二先生之立意，则持其志者不必无暴其气，而出辞气之远于鄙倍，辞之欲求其达，孔、曾皆为不闻道矣。但文字之佳胜，正贵读者之自得，如饮食甘旨，衣服轻暖，衣且食者之领受，各自知之，而难以告人。如欲告人，衣食之道，当指脍炙而令其自尝，可得旨甘；指狐貉而令其自被，可得轻暖，则有是道矣。必吐己之所尝，而哺人以授之甘；搂人之身，而置怀以授之暖，则无是理也。

韩退之曰："记事者必提其要，纂言者必钩其玄。"其所谓钩玄提要之书，不特后世不可得而闻，虽当世籍、湜之徒亦未闻其有所见，果何物哉？盖亦不过寻章摘句，以为撰文之资助耳。此等识记，古人当必有之。如左思十稔而赋《三都》，门庭藩溷，皆著纸笔，得即书之。今观其赋，并无奇思妙想，动心骇魄，当藉十年苦思力索而成。其所谓得即书者，亦必标书志义，先掇古人菁英，而后足以供驱遣尔。然观书有得，存乎其人，各不相涉也。故古人论文，多言读书养气之功，博古通经之要，亲师近友之益，取材求助之方，则其道矣。至于论及文辞工拙，则举隅反三，称情比类，如陆机《文赋》、刘勰《文心雕龙》、钟嵘《诗品》，或偶举精字善句，或品评全篇得失，令观之者得意文中，会心言外，其于文辞思过半矣。至于不得已而摘记为书，标识为类，是乃一时心之所会，未必出于其书之本然。比如怀人见月而思，月岂必主远怀？久客听雨而悲，雨岂必有愁况？然而月下之怀，雨中之感，岂非天地至文？而欲以此感此怀藏为秘密，或欲嘉惠后学，以谓凡对明月与听霖雨，必须用此悲感方可领略，则适当良友乍逢及新昏宴尔之人，必不信矣！

是以学文之事，可授受者，规矩方圆；其不可授受者，心营意造。至于纂类摘比之书，标识评点之册，本为文之末务，不可揭以告人，只可用以自志。父不得而与子，师不能以传弟，盖恐以古人无穷之书，而拘于一时有限之心手也。律诗当知平仄，古诗宜知音节。顾平仄显而易知，音节隐而难察，能熟于古诗，当自得之。执古诗而定人之音节，则音节变化，殊非一成之诗所能限也。赵伸符氏，取古人诗为《声调谱》，通人讥之。余不能为赵氏解矣。然为不知音节之人言，未尝不可生其启悟，特不当举为天下之式法尔。时文当知法度，古文亦当知有法度。时文法度，显而易言；古文法度，隐而难喻。能熟于古文，当自得之。执古文而示人以法度，则文章变化，非一成之文所能限也。归震川氏取《史记》之文，五色标识，以示义法，今之通人，如闻其事，必窃笑之，余不能为归氏解也。然为不知法度之人言，未尝不可资其领会，特不足据为传授之秘尔。据为传授之秘，则是郢人宝燕石矣。

夫书之难以一端尽也，仁者见仁，智者见智。诗之音节，文之法度，君子以谓可不学而能，如啼笑之有收纵，歌哭之有抑扬，必欲揭以示人，人反拘而不得歌哭啼笑之至情矣。然使一己之见，不事穿凿过求，而偶然浏览，有会于心，笔而志之，以自省识，未尝不可资修辞之助也。乃因一己所见，而谓天下之人，皆当范我之心手焉，后人或我从矣，起古人而问之，乃曰："余之所命，不在是矣。"毋乃冤欤！

文集

集之兴也，其当文章升降之交乎。古者朝有典谟，官存法令，风诗采之闾里，敷奏登之庙堂，未有人自为书，家存一说者也。刘向校书，叙录诸子百家，皆云出于古者某官某氏之掌，是古无私门著述之征也，余详外篇。自治学分途，百家风起，周、秦诸子之学，不胜纷纷，识者已病道术之裂矣。然专门传家之业，未尝欲以文名，苟足显其业而可以传授于其徒，诸子俱有学徒传授，《管》《晏》二子书多记其身后事，《庄子》亦记其将死之言，《韩非·存韩》篇之终以李斯驳议，皆非本人所撰，盖为其学者各据闻见而附益之尔。则其说亦遂止于是，而未尝有参差庞杂之文也。两汉文章渐富，为著作之始衰。然贾生奏议，编入《新书》，即《贾子书》，唐《集贤书目》始有《新书》之名。相如词赋，但记篇目，《艺文志》《司马相如赋》二十九篇，次《屈原赋》二十五篇之后，而叙录总云诗赋一百六家，一千三百一十八篇，盖各为一家言，与《离骚》等。皆成一家之言，与诸子未甚相远，初未尝有汇次诸体，裒焉而为文集者也。

自东京以降，讫乎建安、黄初之间，文章繁矣，然范、陈二史《文苑传》始于《后汉书》。所次文士诸传，识其文笔，皆云所著诗、赋、碑、箴、颂、诔若干篇，而不云文集若干卷，则文集之实已具，而文集之名犹未立也。《隋志》云："别集之名，东京所创。"盖未深考。自挚虞创为《文章流别》，学者便之，于是别聚古人之作，标为"别集"，则文集之名，实仿于晋代。陈寿定《诸葛亮集》二十四篇，本云《诸葛亮故事》，其篇目载《三国志》，亦子书之体。而《晋书·陈寿传》云定《诸葛集》，寿于目录标题亦称《诸葛氏集》，盖俗误云。而后世应酬牵率之作，决科俳优之文，亦泛滥横裂而争附别集之名，是诚刘《略》所不能收，班《志》所无可附。而所为之文，亦矜情饰貌，矛盾参差，非复专门名家之语无旁出也。

夫治学分而诸子出，公私之交也。言行殊而文集兴，诚伪之判也。势屡变则屡卑，文愈繁则愈乱，苟有好学深思之士，因文以求立言之质，因散而求会同之归，则三变而古学可兴。惜乎循流者忘源，而溺名者丧实，二缶犹且以钟惑，况滔滔之靡有底极者！昔者向、歆父子之条别，其《周官》之遗法乎。聚古今文字而别其家，合天下学术而守于官，非历代相传有定式，则西汉之末，无由直溯周、秦之源也。《艺文志》有录无书者亦归其类，则刘向以前必有传授矣。且《七略》分家亦未有确据，当是刘氏失其传。班《志》而后，纷纷著录者，或合或离，不知宗要，其书既不尽传，则其部次之得失，叙录之善否，亦无从而悉考也。荀勖《中经》有四部，诗赋图赞与汲冢之书归丁部。王俭《七志》以诗赋为《文翰志》，而介于诸子军书之间，则集部之渐日开，而尚未居然列专目也。至阮孝绪撰《七录》，惟技术、佛、道分三类，而经典、纪传、子兵、文集之四录，已全为唐人经、史、子、集之权舆。是集部著录实仿于萧梁，而古学源流，至此为一变，亦其时势为之也。呜呼！著作衰而有文集，典故穷而有类书，学者贪于简阅之易而不知实学之衰，狃于易成之名而不知大道之散。江河日下，豪杰之士，从狂澜既倒之后而欲障百川于东流，其不为举世所非笑而指目牵引为言词，何可得耶？

且名者，实之宾也；类者，例所起也。古人有专家之学，而后有专门之书；有专门之书，而后有专门之授受。郑樵盖尝云尔。即类求书，因流溯源，部次之法明，虽三坟五典可坐而致也。自校雠失传而文集类书之学起，一编之中，先自不胜其庞杂，后之兴者，何从而窥古人之大体哉？夫《楚辞》，屈原一家之书也；自《七录》初收于集部，《隋志》特表《楚辞》类，因并总集别集为三类，遂为著录诸家之成法。充其义例，则相如之赋，苏、李之五言，枚生之《七发》，亦当别标一目而为赋类、五言类、《七发》类矣。总集别集之称，何足以配之！其源之滥，实始词赋不列专家，而文人有别集也。《文心雕龙》，刘勰专门之书也。自《集贤书目》收为总集，《隋志》已然。《唐志》乃并《史通》《文章龟鉴》《史汉异义》为一类，遂为郑《略》、马《考》诸子之通规，郑志以《史通》入通史类，以《雕龙》入文集类，夫渔仲校雠义例最精，犹舛误若此，则俗学之传习已久也。充其义例，则魏文《典论》，葛洪《史抄》，张骘《文士传》，《典论·论文》篇如《雕龙》，《史抄》如《史汉异义》，《文士传》如《文章龟鉴》，类皆相似。亦当混合而入总集矣。史部子部之目何得而分之？《典论》，子类也；《史抄》《文士传》，史类也。其例之混，实由文集难定专门，而似者可乱真也。著录既无源流，作者标题，遂无定法。郎蔚之《诸州图经集》，则史部地理而有集名矣；《隋志》所收。王方庆《宝章集》，则经部小学而有集名矣；《唐志》所收。玄觉《永嘉集》，则子部释家而有集名矣。《唐志》所收。百家杂艺之末流，识既庸暗，文复鄙俚，或钞撮古人，或自明小数，本非集类而纷纷称集者，何足胜道。虽曾氏《隆平集》，亦从流俗，当改为传志，乃为相称。然则三集既兴，九流必混，学术之迷，岂特黎丘有鬼，歧路亡羊而已耶！

篇卷

《易》曰："艮其辅，言有序。"《诗》曰："出言有章。"古人之于言，求其有章有序而已矣！著之于书，则有简策标其起讫，是曰篇章。孟子曰："吾于《武成》，取二三策而已矣！"是连策为篇之证也。《易·大传》曰："二篇之策，万有一千五百二十。"是首尾为篇之证也。左氏引《诗》，举其篇名而次第引之，则曰某章云云，是篇为大成而章为分阕之证也。要在文以足言，成章有序，取其行远可达而已。篇章简策，非所计也。后世文字繁多，爰有较雠之学，而向、歆著录，多以篇卷为计。大约篇从竹简，卷从缣素，因物定名，无他义也。而缣素为书，后于竹简，故周、秦称篇，入汉始有卷也。第彼时竹素并行，而名篇必有起讫。卷无起讫之称，往往因篇以为之卷，故《汉志》所著几篇，即为后世几卷，其大较也。然《诗经》为篇三百，而为卷不过二十有八。《尚书》《礼经》，亦皆卷少篇多，则又知彼时书入缣素，亦称为篇。篇之为名，专主文义起讫，而卷则系乎缀帛短长，此无他义，盖取篇之名书，古于卷也。故异篇可以同卷，而分卷不闻用以标起讫也。考班氏《五行》之志，《元后》之传，篇长卷短，则分子卷，是篇不可易而卷可分合也。嗣是以后，讫于隋、唐，书之计卷者多，计篇者少。著述诸家所谓一卷，往往即古人之所谓一篇，则事随时变，人亦出于不自知也。惟司马彪《续后汉志》八篇之书，分卷三十，割篇徇卷，大变班书子卷之法，作俑唐、宋史传，失古人之义矣。《史》《汉》之书，十二本纪、七十列传、八书、十志之类，但举篇数，全书自了然也。《五行志》分子卷五，《王莽传》分子卷三，而篇目仍合为一。总卷之数仍与相符，是以篇之起讫为主，不因卷帙繁重而苟分也。自司马彪以八志为三十卷，遂开割篇徇卷之例，篇卷混淆，而名实亦不正矣。欧阳

《唐志》五十，其实十三志也，年表十五，其实止四表也。《宋史》列传二百五十有五，《后妃》以一为二，《宗室》以一为四，李纲一人，传分二卷，再并《道学》《儒林》以至《外国》《蛮夷》之同名异卷，凡五十余卷，其实不过一百九十余卷耳。至于其间名小异而实不异者，道书称号，即卷之别名也。元人《说郛》用之，蒯通《隽永》称首，则章之别名也。梁人《文选》用之，此则标新著异，名实故无伤也。唐、宋以来，卷轴之书，又变而为纸册，则成书之易，较之古人，盖不啻倍蓰已也。

古人所谓简帙繁重，不可合为一篇者，分上中下之类。今则再倍其书，而不难载之同册矣。故自唐以前，分卷甚短，六朝及唐人文集，所为十卷，今人不过三四卷也。自宋以来，分卷遂长，以古人卷从卷轴，势自不能过长，后人纸册为书，不过存卷之名，则随其意之所至，不难巨册以载也。以纸册而存缣素为卷之名，亦犹汉人以缣素而存竹简为篇之名，理本同也。然篇既用以计文之起讫矣，是终古不可改易，虽谓不从竹简起义可也。卷则限于轴之长短，而并无一定起讫之例，今既不用缣素而用纸册，自当量纸册之能胜而为之界，其好古而标卷为名，从质而标册为名，自无不可。不当又取卷数与册本，故作参差，使人因卷寻篇，又复使人挟册求卷，徒滋扰也。

夫文之繁省起讫，不可执定，而方策之重，今又不行。古人寂寥短篇，亦可自为一书，孤行于世。盖方策体重，不如后世片纸难为一书也。则篇自不能孤立，必依卷以连编，势也。卷非一定而不可易，既欲包篇以合之，又欲破册而分之，使人多一检索于离合之外，又无关于义例焉，不亦扰扰多事乎？故著书但当论篇，不当计卷。卷不关于文之本数，篇则因文计数者也。故以篇为计，自不忧其有阙卷，以卷为计，不能保其无阙篇也。必欲计卷，听其量册短长而为铨配可也。不计所载之册而铢铢分卷，以为题签著录之美观，皆是泥古而忘实者也。《崇文》《宋志》，间有著册而不详卷者，明代《文渊阁目》则但计册而无卷矣。是虽著录之阙典，然使卷册苟无参差，何至有此弊也。古人已成之书，自不宜强改。

天喻

夫天浑然而无名者也。三垣、七曜、二十八宿、一十二次、三百六十五度、黄道、赤道，历家强名之以纪数尔。古今以来，合之为文质损益，分之为学业、事功、文章、性命。当其始也，但有见于当然，而为乎其所不得不为，浑然无定名也。其分条别类，而名文、名质，名为学业、事功、文章、性命，而不可合并者，皆因偏救弊，有所举而诏示于人，不得已而强为之名，定趋向尔。后人不察其故而徇于其名，以谓是可自命其流品，而纷纷有入主出奴之势焉。汉学宋学之交讥，训诂辞章之互诋，德性学问之纷争，是皆知其然而不知其所以然也。

学业将以经世也，如治历者尽人功以求合于天行而已矣！初不自为意必也。其前人所略而后人详之，前人所无而后人创之，前人所习而后人更之。譬若《月令》中星不可同于《尧典》，太初历法不可同于《月令》，要于适当其宜而可矣。周公承文、武之后，而身为冢宰，故制作礼乐，为一代成宪；孔子生于衰世，有德无位，故述而不作以明先王之大道；孟子当处士横议之时，故力距杨、墨以尊孔子之传述；韩子当佛老炽盛之时，故推明圣道以正天下之学术；程、朱当末学忘本之会，故辨明性理以挽流俗之人心。其事与功皆不相袭，而皆以言乎经世也。故学业者，所以辟风气也。风气未开，学业有以开之；风气既弊，学业有以挽之。人心风俗不能历久而无弊，犹羲和、保章之法不能历久而不差也。因其弊而施补救，犹历家之因其差而议更改也。历法之差，非过则不及；风气之弊，非偏重则偏轻也。重轻过不及之偏，非因其极而反之，不能得中正之宜也。好名之士，方且趋风气而为学业，是以火救火而水救水也。

天定胜人，人定亦能胜天。二十八宿，十二次舍，以环天度数尽春秋中国都邑。夫中国在大地中，东南之一隅耳。而周天之星度属之，占验未尝不应，此殆不可以理推测，盖人定之胜于天也。且如子平之推人生年月日时，皆以六十甲子分配五行生克。夫年月与时，并不以甲子为纪，古人未尝有是言也。而后人既定其法，则亦推衍休咎而无不应，岂非人定之胜天乎？《易》曰："先天而天弗违"，盖以此也。学问亦有人定胜天之理，理分无极太极，数分先天后天，图有《河图》《洛书》，性分义理气质，圣人之意，后贤以意测之，遂若圣人不妨如是解也。率由其说，亦可以希圣，亦可以希天，岂非人定之胜天乎？尊信太过，以谓真得圣人之意固非，即辨驳太过，以为诸儒诬罔，亦岂有当哉？

师说

韩退之曰："师者，所以传道授业解惑者也。"又曰："师不必贤于弟子，弟子不必不如师，道之所在，师之所在也。"又曰："巫医百工之人，不耻相师。"而因怪当时之人，以相师为耻，而曾巫医百工之不如。韩氏盖为当时之敝俗而言之也，未及师之究竟也。《记》曰："民生有三，事之如一，君、亲、师也。"此为传道言之也。授业解惑，则有差等矣。业有精粗，惑亦有大小，授且解者之为师，固然矣；然与传道有间矣。巫医百工之相师,亦不可以概视也。盖有可易之师与不可易之师,其相去也不可同日语矣。知师之说者,其知天乎。盖人皆听命于天者也,天无声臭而俾君治之,人皆天所生也。天不物物而生,而亲则生之,人皆学于天者也。天不谆谆而诲而师则教之,然则君子而思事天也,亦在谨事三者而已矣!

人失其道,则失所以为人;犹无其身,则无所以为生也。故父母生而师教,其理本无殊异。此七十子之服孔子,所以可与之死,可与之生,东西南北,不敢自有其身。非情亲也,理势不得不然也。若夫授业解惑,则有差等矣;经师授受,章句训诂,史学渊源,笔削义例,皆为道体所该,古人书不尽言,言不尽意,竹帛之外,别有心传;口耳转受,必明所自,不窨宗支谱系,不可乱也。此则必从其人而后受,苟非其人,即已无所受也,是不可易之师也。学问专家,文章经世,其中疾徐甘苦,可以意喻,不可言传。此亦至道所寓,必从其人而后受,不从其人,即已无所受也,是不可易之师也。苟如是者,生则服勤,左右无方,没则尸祝俎豆,如七十子之于孔子可也。至于讲习经传,旨无取于别裁;斧正文辞,义未见其独立;人所共知共能,彼偶得而教我。从甲不终,不妨去而就乙;甲不我告,乙亦可询;此则不究于道,即可易之师也。虽学问文章,亦末艺耳。其所取法,无异梓人之恝琢雕,红女之传缔绣,以为一日之长,拜而礼之,随行偶坐,爱敬有加可也。必欲严昭事之三而等生身之义,则责者罔而施者亦不由衷矣。

巫医百工之师,固不得比于君子之道,然亦有说焉!技术之精,古人专业名家,亦有隐微独喻,得其人而传,非其人而不传者,是亦不可易之师,亦当生则服勤而没则尸祝者也。古人饮食,必祭始为饮食之人,不忘本也。况成我道德术艺,而我固无从他受者乎?至于"弟子不必不如师,师不必贤于弟子",则观所得为何如耳。所争在道,则技曲艺业之长,又何沾沾而较如不如哉!

嗟夫!师道失传久矣!有志之士,求之天下,不见不可易之师,而观于古今,中有怦怦动者,不觉辗然而笑,索焉不知涕之何从,是亦我之师也。不见其人,而于我乎隐相授受,譬则孤子见亡父于影像,虽无人告之,梦寐必将有警焉!而或者乃谓古人行事,不尽可法,不必以是为尸祝也。夫禹必祭鲧,尊所出也;兵祭蚩尤,宗创制也。若必选人而宗之,周、孔乃无遗憾矣!人子事其亲,固有论功德而祧祢以奉大父者耶!

假年

客有论学者,以谓书籍至后世而繁,人寿不能增加于前古,是以人才不古若也。今所有书,如能五百年生,学者可无遗憾矣。计千年后,书必数倍于今,则亦当以千年之寿副之。或传以为名言也。余谓此愚不知学之言也。必若所言,造物虽假之以五千年,而犹不达者也。

学问之于身心,犹饥寒之于衣食也。不以饱暖慊其终身,而欲假年以穷天下之衣食,非愚则罔也。传曰:"至诚能尽其性,则能尽人之性;能尽人之性,则能尽物之性。"人之异于物者,仁义道德之粹,明物察伦之具,参天赞地之能,非物所得而全耳。若夫知觉运动,心知血气之禀于天者,与物岂有殊哉!夫质大者所用不得小,质小者所资不待大;物各有极也,人亦一物也。鲲鹏之寿十亿,虽千年其犹稚也;蟪蛄不知春秋,期月其大耋也。人于天地之间,百年为期之物也;心知血气,足以周百年之给欲,而不可强致者也。

夫子十五志学，"七十而从心所欲，不逾矩"。圣人，人道之极也。人之学为圣者，但有十倍百倍之功，未闻待十倍百倍之年也。一得之能，一技之长，亦有志学之始与不逾矩之究竟也。其不能至于圣也，质之所限也，非年之所促也。颜子三十而夭，夫子曰："惜乎！吾见其进也，未见其止也。"盖痛其不足尽百年之究竟也，又曰："后生可畏，四十五十而无闻焉，斯不足畏。"人生固有八十九十至百年者，今不待终其天年，而于四十五十谓其不足畏者，亦约之以百年之生，度其心知血气之用，固可意计而得也。五十无闻，虽使更千百年，亦犹是也。

神仙长生之说，诚渺茫矣。同类殊能，则亦理之所有，故列仙洞灵之说，或有千百中之十一，不尽诬也。然而千岁之神仙，不闻有能胜于百岁之通儒，则假年不足恋学之明征也。禹惜分阴，孔子"发愤忘食，乐以忘忧，不知老之将至。"又曰："假我数年，五十以学《易》。"盖惧不足尽百年之能事，以谓人力可至者，而吾有不至焉，则负吾生也。蟪蛄纵得鲲鹏之寿，其能止于啾啾之鸣也；盖年可假而质性不可变。是以圣贤爱日力，而不能憾百年之期蹙，所以谓之尽性也。

世有童年早慧，诵读兼人之倍蓰，而犹不止焉者，宜大异于常人矣！及其成也，较量愚柔百倍之加功，不能遽胜也。则敏钝虽殊，要皆画于百年之能事，而心知血气，可以理约之明征也。今不知为己，而骛博以炫人，天下闻见不可尽，而人之好尚不可同，以有尽之生而逐无穷之闻见，以一人之身而逐无端之好尚，尧、舜有所不能也。孟子曰："尧、舜之智，而不遍物，尧、舜之仁，不遍爱人。"今以凡猥之资而欲穷尧、舜之所不遍，且欲假天年于五百焉；幸而不可能也，如其能之，是妖孽而已矣！

　　族子廷枫曰：叔父每见学者，自言苦无记性，书卷过目辄忘，因自解其不学。叔父辄曰："君自不善学耳。果其善学，记性断无不足用之理。书卷浩如烟海，虽圣人犹不能尽。古人所以贵博者，正谓业必能专，而后可与言博耳。盖专则成家，成家则已立矣。宇宙名物，有切己者，虽锱铢不遗。不切己者，虽泰山不顾。如此用心，虽极钝之资，未有不能记也。不知专业名家，而泛然求圣人之所不能尽，此愚公移山之智，而同斗筲之见也。"此篇盖有为而发，是亦为夸多斗靡者下一针砭。故其辞亦庄亦谐，令人自发深省，与向来所语学者，足相证也。

感遇

古者官师政教出于一，秀民不艺其百亩，则饩于庠序，不有恒业，谓学业。必有恒产，无旷置也。周衰官失，道行私习于师儒，于是始有失职之士。孟子所谓尚志者也。士与公卿大夫皆谓爵秩，未有不农不秀之间，可称尚志者也。孟子所言，正指为官失师分，方有此等品目。进不得禄享其恒业，退不得耕获其恒产，处世孤危所由来也。圣贤有志斯世，则有际可公养之仕，三就三去之道，遇合之际，盖难言也。夫子将至荆，先之以子夏，申之以冉有。泄柳、申详，无人乎缪公之侧，则不能安其身。孟子去齐，时子致矜式之言，有客进留行之说。相需之殷而相遇之疏，则有介绍旁通，维持调护，时势之出于不得不然者也。圣贤进也以礼，退也以义，无所撄于外，故自得者全也。士无恒产，学也禄在其中，非畏其耕之馁，势有不暇及也。虽然，三月无君，则死无庙祭。生无宴乐，霜露恒心，凄凉相吊，圣贤岂必远于人情哉？君子固穷，枉尺直寻，羞同诡御，非争礼节，盖恐不能全其所自得耳。

古之不遇时者，隐居下位；后世下位，不可以幸致也。古之不为仕者，躬耕乐道；后世耕地，不可以幸求也。古人廉退之境，后世竭贪幸之术而求之，犹不得也。故责古之君子，但欲其明进退之节，不苟慕夫荣利而已。责后之君子，必具志士沟壑，勇士丧元之守而后可！圣人处遇，固无所谓难易也。大贤以下，必尽责，其丧元沟壑而后可！亦人情之难者也。商鞅浮尝以帝道，贾生详对于鬼神，或致隐几之倦，或逢前席之迎，意各有所为也。然而或有遇不遇者，商因孝公之所欲，而贾操文帝之所难也。韩非致慨于《说难》，曼倩托言于谐隐，盖知非学之难，而所以申其学者难也。然而韩非卒死于说，而曼倩尚畜于俳，何也？一则露锷而遭忌，一则韬锋而幸全也。故君子不难以学术用天下，而难于所以用其学术之学术，古今时异势殊，不可不辨也。古之学术简而易，问其当否而已矣！后之学术曲而难，学术虽当，犹未能用，必有用其学术之学术，而其中又有工拙焉。身世之遭遇，未责其当否，先责其工拙。学术当而趋避不工，见摈于当时；工于遇而执持不当，见讥于后世。沟壑之患逼于前，而工拙之效驱于后，呜呼！士之修明学术，欲求寡过，而能全其所自得，岂不难哉！

且显晦时也，穷通命也，才之生于天者有所独，而学之成于人者有所优，一时缓急之用，与一代风尚所趋，不必适相合者，亦势也。刘歆经术而不遇孝武，李广飞将而不遇高皇，千古以为惜矣！周人学武而世主尚文，改而学文，主又重武；方少而主好用老，既老而主好用少，白首泣涂，固其宜也。若夫下之所具，即为上之所求，相须綦亟而相遇终疏者，则又不可胜道也。孝文拊髀而思颇、牧，而魏尚不免于罚作。理宗端拱而表程、朱，而真、魏不免于疏远；则非学术之为难，而所以用其学术之学术，良哉其难也。望远山者，高秀可挹，入其中而不觉也；追往事者，哀乐无端，处其境而不知也。汉武读相如之赋，叹其飘飘凌云，恨不得与同时矣！及其既见相如，未闻加于一时侍从诸臣之右也。人固有爱其人，而不知其学者；亦有爱其文，而不知其人者。唐有牛、李之党，恶白居易者，缄置白氏之作，以谓见则使人生爱，恐变初心，是于一人之文行，殊爱憎也；郑畋之女，讽咏罗隐之诗，至欲委身事之，后见罗隐貌寝，因之绝口不道，是于一人之才貌，分去取也。文行殊爱憎，自出于党私；才貌分去取，则是妇人女子之见也。然而世以学术相贵，读古人书，常有生不并时之叹；脱有遇焉，则又牵于党援异同之见，甚而效郑畋女子之别择于容貌焉。则士之修明学术，欲求寡过，而能全其所自得，岂不难哉！淳于量饮于斗石，无鬼论相于狗马，所谓赋《关雎》而兴淑女之思，咏《鹿鸣》而致嘉宾之意也。

有所托以起兴，将以浅而入深，不特诗人微婉之风，实亦世士羔雁之质。欲行其学者，不得不度时人之所喻以渐入也。然而世之观人者，闻《关雎》而索河洲，言《鹿鸣》而求苹野，淑女嘉宾则弃置而弗道也。中人之情，乐易而畏难，喜同而恶异，听其言而不能察其言之所谓者，十常八九也。有贱丈夫者，知其遇合若是之难也，则又舍其所长而强其所短，力趋风尚，不必求惬于心。风尚岂尽无所取哉！其开之者尝有所为，而趋之者但袭其伪也。

夫雅乐不亡于下里，而亡于郑声，郑声工也；良苗不坏于蒿莱，而坏于莠草，莠草似也；学术不丧于流俗，而丧于伪学，伪学巧也。天下不知学术，未尝不虚其心以有待也。伪学出，而天下不复知有自得之真学焉。此孔子之所以恶乡愿，而孟子之所为深嫉似是而非也。然而为是伪者，自谓所以用其学术耳！昔者夫子未尝不猎较，而簿正之法卒不废，兆不足行而后去也。然则所以用其学术之学术，圣贤不废也。学术不能随风尚之变，则又不必圣贤，虽梓匠轮舆，亦如是也。是以君子假兆以行学，而遇与不遇听乎天。昔扬子云早以雕虫获荐，而晚年草玄寂寞，刘知几先以词赋知名，而后因述史减誉，诚知其不可奈何而安之若命也。

辨似

人藏其心，不可测度也。言者心之声，善观人者，观其所言而已矣！人不必皆善，而所言未有不托于善也。善观人者，察其言善之故而已矣！夫子曰："始吾于人也，听其言而信其行；今吾于人也，听其言而观其行。"恐其所言不出于意之所谓诚然也。夫言不由中，如无情之讼，辞穷而情易见，非君子之所患也。学术之患，莫患乎同一君子之言，同一有为言之也，求其所以为言者，咫尺之间而有霄壤之判焉，似之而非也。

天下之言，本无多也。言有千变万化，宗旨不过数端可尽，故曰言本无多。人则万变不齐者也。以万变不齐之人，而发为无多之言，宜其迹异而言则不得不同矣！譬如城止四门，城内之人千万；出门而有攸往，必不止四途，而所从出者，止四门也。然则趋向虽不同，而当其发轫，不得不同也。非有意以相袭也，非投东而伪西也，势使然也。

树艺五谷，所以为烝民粒食计也。仪狄曰："五谷不可不熟也。"问其何为而祈熟？则曰："不熟无以为酒浆也。"教民蚕桑，所以为老者衣帛计也。蚩尤曰："蚕桑不可不植也。"诘其何焉而欲植？则曰："不植无以为旌旗也。"夫仪狄、蚩尤，岂不诚然须粟帛哉，然而斯民衣食不可得而赖矣！

《易》曰："阴阳不测之为神。"又曰："神也者，妙万物而为言也。"孟子曰："大而化之之谓圣，圣而不可知之之谓神。"此神化神妙之说所由来也。夫阴阳不测，不离乎阴阳也；妙万物而为言，不离乎万物也；圣不可知，不离乎充实光辉也。然而曰圣、曰神、曰妙者，使人不滞于迹，即所知见以想见所不可知见也。学术文章，有神妙之境焉。末学肤受，泥迹以求之；其真知者，以谓中有神妙，可以意会而不可以言传者也。不学无识者，窒于心而无所入，穷于辨而无所出，亦曰可意会而不可言传也。故君子恶夫似之而非者也。

伯昏瞀人谓列御寇曰："人将保汝矣，非汝能使人保也，乃汝不能使人毋汝保也。"然则不能使人保者，下也；能使人毋保者，上也；中则为人所保矣。故天下惟中境易别，上出乎中而下不及中，恒相似也。学问之始，未能记诵；博涉既深，将超记诵。故记诵者，学问之舟车也。人有所适也，必资乎舟车，至其地，则舍舟车矣。一步不行者，则亦不用舟车矣。不用舟车之人，乃托舍舟车者为同调焉，故君子恶夫似之而非者也。程子见谢上蔡多识经传，便谓玩物丧志，毕竟与孔门一贯不似。

理之初见，毋论智愚与贤不肖，不甚远也。再思之。则恍惚而不可恃矣！三思之，则眩惑而若夺之矣！非再三之力，转不如初也；初见立乎其外，故神全。再三则入乎其中，而身已从其旋折也。必尽其旋折，而后复得初见之至境焉。故学问不可以惮烦也。然当身从旋折之际，神无初见之全，必时时忆其初见，以为恍惚眩惑之指南焉，庶几哉有以复其初也！吾见今之好学者，初非有所见而为也，后亦无所期于至也，发愤攻苦，以谓吾学可以加人而已矣！泛焉不系之舟，虽日驰千里，何适于用乎？乃曰学问不可以惮烦，故君子恶夫似之而非者也。

夫言所以明理，而文辞则所以载之之器也。虚车徒饰，而主者无闻，故溺于文辞者，不足与言文也。《易》曰："物相杂，故曰文。"又曰："其指远，其辞文。"《书》曰："政贵有恒，辞尚体要。"《诗》曰：

"辞之辑矣,民之洽矣。"《记》曰:"毋剿说,毋雷同,则古昔,称先王。"《传》曰:"辞达而已矣!"曾子曰:"出辞气,斯远鄙倍矣。"经传圣贤之言,未尝不以文为贵也。盖文固所以载理,文不备则理不明也。且文亦自有其理,妍媸好丑,人见之者,不约而有同然之情,又不关于所载之理者,即文之理也。故文之至者,文辞非其所重尔,非无文辞也。而陋儒不学,猥曰"工文则害道"。故君子恶夫似之而非者也。

陆士衡曰:"虽杼轴于予怀,怵他人之我先;苟伤廉而愆义,亦虽爱而必捐。"盖言文章之士,极其心之所得,常恐古人先我而有是言,苟果与古人同,便为伤廉愆义,虽可爱之甚,必割之也。韩退之曰:"惟古于文必己出!降而不能乃剿袭!"亦此意也。立言之士,以意为宗,盖与辞章家流,不同科也。人同此心,心同此理。宇宙辽扩,故籍纷揉,安能必其所言古人皆未言邪?此无伤者一也。人心又有不同,如其面焉。苟无意而偶同,则其委折轻重,必有不尽同者,人自得而辨之,此无伤者二也。著书宗旨无多,其言则万千而未有已也。偶与古人相同,不过一二,所不同者足以概其偶同,此无伤者三也。吾见今之立言者,本无所谓宗旨,引古人言而申明之,申明之旨,则皆古人所已具也。虽然,此则才弱者之所为,人一望而知之,终归覆瓿,于事固无所伤也。乃有黠者,易古人之貌,而袭其意焉。同时之人有创论者,申其意而讳所自焉。或闻人言其所得,未笔于书,而遽窃其意以为己有。他日其人自著为书,乃反出其后焉。且其私智小慧,足以弥缝其隙,而更张其端,使人瞢然莫辨其底蕴焉。自非为所窃者,觌面质之,且穷其所未至,其欺未易败也。又或同其道者,亦尝究心,反复勘其本末,其隐始可攻也。然而盗名欺世,已非一日之厉矣!而当时之人,且曰某甲之学不下某氏,某甲之业胜某氏焉。故君子恶夫似之而非者也。

万世取信者，夫子一人而已！夫子之言不一端，而贤者各得其所长，不肖者各误于所似。"诲人不倦"，非渎蒙也；"予欲无言"，非绝教也；"好古敏求"，非务博也；"一以贯之"，非遗物也。盖一言而可以无所不包，虽夫子之圣亦不能也。得其一言，不求是而求似，贤与不肖，存乎其人，夫子之所无如何也。孟子，善学孔子者也。夫子言仁知，而孟子言仁义；夫子为东周，而孟子王齐、梁；夫子"信而好古"，孟子乃曰："尽信书则不如无书。"而求孔子者必自孟子也。故得其是者，不求似也；求得似者，必非其是者也。然而天下之误于其似者，皆曰吾得其是矣。

说林

道，公也；学，私也。君子学以致其道，将尽人以达于天也。人者何？聪明才力，分于形气之私者也；天者何？中正平直，本于自然之公者也。故曰道公而学私。

道同而术异者，韩非有《解老》《喻老》之书，列子有《杨朱》之篇，墨者述晏婴之事，作用不同，而理有相通者也。术同而趣异者，子张难子夏之交，荀卿非孟子之说，张仪破苏秦之从，宗旨不殊，而所主互异者也。

渥洼之驹，可以负百钧而致千里，合两渥洼之力，终不可致二千里。言乎绝学孤诣，性灵独至，纵有偏阙，非人所得而助也。两渥洼驹，不可致二千里，合两渥洼之力，未始不可负二百钧而各致千里。言乎鸿裁绝业，各效所长，纵有抵牾，非人所得而私据也。

文辞非古人所重，草创讨论，修饰润色，固已合众力而为辞矣。期于尽善，不期于矜私也。丁敬礼使曹子建润色其文，以谓后世谁知定吾文者，是有意于欺世也。存其文，而兼存与定之善否，是使后世读一人之文，而获两善之益焉，所补岂不大乎？

　　司马迁袭《尚书》《左》《国》之文，非好同也，理势之不得不然也。司马迁点窜《尚书》《左》《国》之文，班固点窜司马迁之文，非好异也，理势之不得不然也。有事于此，询人端末，岂必责其亲闻见哉！张甲述所闻于李乙，岂盗袭哉！人心不同，如其面也。张甲述李乙之言，而声容笑貌不能尽为李乙，岂矫异哉！

　　孔子学周公，周公监二代，二代本唐、虞，唐、虞法前古，故曰："道之大原出于天。"盖尝观于山下出泉，沙石隐显，流注曲直，因微渐著，而知江河舟楫之原始也。观于孩提呕哑，有声无言，形揣意求，而知文章著述之最初也。

　　有一代之史，有一国之史，有一家之史，有一人之史。整齐故事与专门家学之义不明，详《释通》《答客问》。而一代之史鲜有知之者矣；州县方志与列国史记之义不明，详《方志》篇。而一国之史鲜有知之者矣；谱牒不受史官成法，详《家史》篇。而一家之史鲜有知之者矣；诸子体例不明，文集各私撰著，而一人之史鲜有知之者矣。

　　展喜受命于展禽，则却齐之辞，谓出展禽可也，谓出展喜可也。弟子承师说而著书，友生因咨访而立解，后人援古义而敷言，不必讳其所出，亦自无愧于立言者也。

　　子建好人讥诃其文，有不善者，应时改定，讥诃之言可存也；致定之文亦可存也。意卓而辞蹶者，润丹青于妙笔；辞丰而学疏者，资卷轴于腹笥，要有不朽之实，取资无足讳也。

陈琳为曹洪作书上魏太子，言破贼之利害，此意诚出曹洪，明取陈琳之辞，收入曹洪之集可也。今云："欲令陈琳为书，琳顷多事，故竭老夫之思。"又云："怪乃轻其家丘，谓为倩人。"此掩着之丑也，不可入曹洪之集矣。

譬彼禽鸟，志识其身，文辞其羽翼也。有大鹏千里之身，而后可以运垂天之翼；鹪雀假鹍鹗之翼，势未举而先踬矣，况鹏翼乎？故修辞不忌夫暂假，而贵有载辞之志识，与己力之能胜而已矣！噫！此难与溺文辞之末者言也。

诸子一家之宗旨，文体峻洁而可参他人之辞。文集杂撰之统汇，体制兼该而不敢入他人之笔。其故何耶？盖非文采辞致，不如诸子，而志识卓然，有其离文字而自立于不朽者，不敢望诸子也。果有卓然成家之文集，虽入他人之代言，何伤乎！

庄周《让王》《渔父》诸篇，辨其为真为赝；屈原《招魂》《大招》之赋，争其为玉为瑳，固矣夫文士之见也。

醴泉，水之似醴者也。天下莫不饮醴，而独恨不得饮醴泉，甚矣！世之贵夫似是而非者也。

著作之体，援引古义，袭用成文，不标所出，非为掠美，体势有所不暇及也。亦必视其志识之足以自立，而无所藉重于所引之言，且所引者并悬天壤，而吾不病其重见焉，乃可语于著作之事也。考证之体，一字片言，必标所出。所出之书，或不一二而足，则必标最初者。譬如马、班并有，用马而不用班。最初之书既亡，则必标所引者，譬如刘向《七略》既亡，而部次见于《汉·艺文志》。阮孝绪《七录》既亡，而阙目见于《隋书·经籍志》注。则引《七略》《七录》之文，必云《汉志》《隋注》。乃是"慎言其余"之定法也。书有并见而不数其初，陋矣！引用逸书，而不标所出，使人观其所引，一似逸书犹存。罔矣！以考证之体而妄援著作之义，以自文其剽窃之私焉，谬矣！

文辞，犹三军也；志识，其将帅也。李广入程不识之军，而旌旗壁垒一新焉，固未尝物物而变，事事而更之也。知此意者，可以袭用成文而不必己出者矣。

文辞，犹舟车也；志识，其乘者也。轮欲其固，帆欲其捷，凡用舟车，莫不然也。东西南北，存乎其乘者矣。知此义者，可以以我用文，而不致以文役我者矣。

文辞，犹品物也；志识，其工师也。橙橘楂梅，庖人得之，选甘脆以供笾实也；医师取之，备药毒以疗疾疢也。知此义者，可以同文异取，同取异用，而不滞其迹者矣。古书断章取义，各有所用；拘儒不达，介介而争。

文辞，犹金石也；志识，其炉锤也。神奇可化臭腐，臭腐可以神奇。知此义者，可以不执一成之说矣。有所得者即神奇，无所得者即臭腐。

文辞，犹财货也；志识，其良贾也。人弃我取，人取我与，则贾术通于神明。知此义者，可以斟酌风尚而立言矣。风尚偏趋，贵有识者持之。

文辞，犹药毒也；志识，其医工也。疗寒以热，热过而厉甚于寒；疗热以寒，寒过而厉甚于热。良医当实甚而已有反虚之忧，故治偏不激而后无余患也。知此义者，可以拯弊而处中矣。

转桔槔之机者，必周上下前后而运之，上推下挽，力所及也。正前正后，力不及也。倍其推，则前如坠。倍其挽，则后如跃。倍其力之所及，以为不及之地也。人之聪明知识，必有力所不及者，不可不知所倍以为之地也。

五味之调，八音之奏，贵同用也。先后尝之，先后听之，不成味与声矣。邮传之达，刻漏之直，贵接续也。并驰同止，并直同休，不成邮与漏矣。书有数人共成者，历先后之传而益精，获同时之助而愈疏也。先后无争心，而同时有胜气也。先后可授受，而同时难互喻也。先后有补救，而同时鲜整暇也。

人之有能有不能者，无论凡庶圣贤，有所不免者也。以其所能，而易其不能，则所求者，可以无弗得也。主义理者，拙于辞章；能文辞者，疏于征实，三者交讥而未有已也。义理存乎识，辞章存乎才，征实存乎学，刘子玄所以有三长难兼之论也。一人不能兼而咨访以为功，未见古人绝业不可复绍也。私心据之，惟恐名之不自我擅焉，则三者不相为功而且以相病矣。

所谓好古者，非谓古之必胜乎今也；正以今不殊古，而于因革异同，求其折衷也。古之糟魄，可以为今之精华，非贵糟魄而直以为精华也，因糟魄之存，而可以想见精华之所出也。如类书本无深意，古类书尤不如后世类书之详备，然援引古书，为后世所不可得者，藉是以存，亦可贵宝矣。古之疵病，可以为后世之典型，非取疵病，而直以之为典型也。因疵病之存，而可以想见典型之所在也。如《论衡》最为偏驳，然所称说，有后世失其传者，未尝不藉以存。是则学之贵于考征者，将以明其义理尔。

出辞气，斯远鄙悖矣。悖者修辞之罪人，鄙则何以必远也。不文则不辞，辞不足以存，而将并所以辞者亦亡也。诸子百家悖于理而传者有之矣，未有鄙于辞而传者。理不悖而鄙于辞，力不能胜；辞不鄙而悖于理，所谓五谷不熟，不如荑稗也。理重而辞轻，天下古今之通义也。然而鄙辞不能夺悖理，则妍媸好恶之公心，亦未尝不出于理故也。

波者，水之风；风者，空之波。梦者，心之华；文者，道之私。止水无波，静空无风，至人无梦，至文无私，

演口技者，能于一时并作人畜、水火、男妇、老稚千万声态，非真

一口能作千万态也，千万声态齐于人耳，势必有所止也。取其齐于耳者以为止，故操约而致声多也。工绘事者，能于尺幅并见远近、浅深、正侧、回互千万形状，非真尺幅可具千万状也。千万形状齐于人目，势亦有所止也，取其齐于目者以为止，故笔简而著形众也。夫声色齐于耳目，义理齐于人心，等也。诚得义理之所齐，而文辞以是为止焉，可以与言著作矣。

天下有可为其半，而不可为其全者。偏枯之药，可以治偏枯；倍其偏枯之药，不可以起死人也。此说见《吕氏春秋》。天下有可为其全，而不可为其半者。樵夫担薪两钧，捷步以趋，去其半而不能行，非力不足，势不便也。风尚所趋，必有其弊，君子立言以救弊，归之中正而已矣！惧其不足夺时趋也，而矫之或过，则是倍用偏枯之药而思起死人也。仅取救弊，而不推明斯道之全量，则是担薪去半，而欲恤樵夫之力也。

十寸为尺，八尺曰寻。度八十尺，而可得十寻。度八百寸，而不可得十寻者，积小易差也。一夫之力，可耕百亩。合八夫之力，而可耕九百亩者，集长易举也。学问之事，能集所长，而不泥小数，善矣！

风会所趋，庸人亦能勉赴；风会所去，豪杰有所不能振也。汉廷重经术，卒史亦能通六书。吏民上书，讹误辄举劾。后世文学之士，不习六书之义者多矣，羲之俗书，见讥韩氏，韩氏又云，为文宜略识字。岂后世文学之士，聪明智力，不如汉廷卒史之良哉？风会使然也。越人相矜以燕语，能为燕语者，必其熟游都会，长于阅历，而口舌又自调利过人者也。及至燕，则庸奴贱婢，稚女鬌童，皆燕语矣。以是矜越语之丈夫，岂通论哉。仲尼之门，五尺童子，羞称五霸，必谓五尺童子，其才识过于管仲、狐、赵诸贤焉，夫子之所不许也。五谷之与稊稗，其贵贱之品，有一定矣；然而不熟之五谷，犹逊有秋之稊稗焉，而托一时风会所趋者，诩然自矜其途辙，以谓吾得寸木，实胜彼之岑楼焉，其亦可谓不达而已矣！尊汉学，尚郑、许，今之风尚如此，此乃学古，非即古学也。居然唾弃一切，若隐有所恃。

王公之仆围，未必贵于士大夫之亲介也。而是仆围也，出入朱门甲第，诩然负异，而骄士大夫曰"吾门大"，不知士大夫者，固得叱而系之，以请治于王公；王公亦必挞而楚之，以谢闲家之不饬也。学问不求有得，而矜所托以为高，王公仆围之类也。

"丧欲速贫，死欲速朽"，有子以谓非君子之言。然则有为之言，不同正义，圣人有所不能免也。今之泥文辞者，不察立言之所谓，而遽断其是非，是欲责人才过孔子也。

《春秋》讥佞人，《公羊传》。夫子尝曰："恶佞口之覆邦家者。"是佞为邪僻之名矣。或人以为"雍也，仁而不佞。"或人虽甚愚，何至惜仁人以不能为邪僻？且古人自谦称不佞，岂以不能邪僻为谦哉？是则佞又聪明才辨之通称也。荀子著《性恶》，以谓圣人为之"化性而起伪"。伪于六书，人为之正名也。荀卿之意，盖言天质不可恃，而学问必藉于人为，非谓虚诳欺罔之伪也。而世之罪荀卿者，以谓诬圣为欺诳，是不察古人之所谓，而遽断其是非也。

古者文字无多，转注通用，义每相兼。诸子著书，承用文字，各有主义。如军中之令，官司之式，自为律例。其所立之解，不必彼此相通也。屈平之"灵修"，庄周之"因是"，韩非之"参伍"，鬼谷之"捭阖"，苏张之"纵衡"，皆移置他人之书，而莫知其所谓者也。佛家之根尘、法相，法律家之以准、皆各、及其、即若，皆是也。

冯煖问孟尝君，收责反命，何市而归？则曰："视吾家所寡有者。"学问经世，文章垂训，如医师之药石偏枯，亦视世之寡有者而已矣！以学问文章，徇世之所尚，是犹既饱而进粱肉，既暖而增狐貉也。非其所长，而强以徇焉，是犹方饱粱肉，而进以糠秕；方拥狐貉，而进以裋褐也。其有暑资裘而寒资葛者，吾见亦罕矣。

宝明珠者，必集鱼目；尚美玉者，必竞碱砆。是以身有一影，而罔两后二三也。罔两乃影旁微影，见《庄子》注。然而鱼目碱砆之易售，较之明珠美玉为倍捷也，珠玉无心，而碱砆有意，有意易投也；珠玉难变，而碱砆能随，能随易合也；珠玉自用，而碱砆听用，听用易惬也。珠玉操三难之势，而无一定之价；碱砆乘三易之资，而求价也廉，碱砆安得不售？而珠玉安得不弃乎？

鸩之毒也，犀可解之；瘴之厉也，槟榔苏之。有鸩之地，必有犀焉；瘴厉之乡，必有槟榔。天地生物之仁，亦消息制化之理，有固然也。汉儒传经贵专门，专门则渊源不紊也。其弊，专己守残而失之陋。刘歆《七略》，论次诸家流别，而推官礼之遗焉，所以解专陋之瘴厉也。唐世修书置馆局，馆局则各效所长也。其弊则漫无统纪而失之乱。刘知几《史通》，扬榷古今利病而立法度之准焉，所以治散乱之瘴厉也。学问文章，随其风向所趋，而瘴厉时作者，不可不知槟榔犀角之用也。

所虑夫药者，为其偏于治病，病者服之可愈，常人服之，或反致于病也。夫天下无全功，圣人无全用，五谷至良贵矣，食之过乎其节，未尝不可以杀人也。是故知养生者，百物皆可服；知体道者，诸家皆可存。六经三史，学术之渊源也，吾见不善治者之瘴厉矣！

学问文章，聪明才辨，不足以持世，所以持世者，存乎识也。所贵乎识者，非特能持风尚之偏而已也，知其所偏之中，亦有不得而废者焉。非特能用独擅之长而已也，知己所擅之长，亦有不足以该者焉。不得而废者，严于去伪，风尚所趋，不过一偏，惟伪托者并其偏得亦为所害。而慎于治偏，真有得者，但治其偏足矣。则可以无弊矣。不足以该者，阙所不知而善推能者，无有其人，则自明所短而悬以待之，人各有能有不能，充类至尽，圣人有所不能，庸何伤乎？今之伪趋逐势者，无足责矣。其间有所得者，遇非己之所长，则强不知为知，否则大言欺人，以谓此外皆不足道。夫道大如天，彼不见天者，曾何足论。己处门内，偶然见天，而谓门外之天皆不足道，有是理乎？曾见其人，未暇数责。亦可以无欺于世矣。夫道公而我独私之，不仁也。风尚所趋，循环往复，不可力胜，乃我不能持道之平，亦入循环往复之中，而思以力胜，不智也。不仁不智，不足以言学也。不足言学，而嚣嚣言学者乃纷纷也。

知难

为之难乎哉！知之难乎哉！夫人之所以谓知者，非知其姓与名也，亦非知其声容之与笑貌也。读其书，知其言，知其所以为言而已矣！读其书者，天下比比矣。知其言者，千不得百焉。知其言者，天下寥寥矣。知其所以为言者，百不得一焉。然而天下皆曰：我能读其书，知其所以为言矣，此知之难也。人知《易》为卜筮之书矣，夫子读之而知作者有忧患，是圣人之知圣人也。人知《离骚》为词赋之祖矣，司马迁读之而悲其志，是贤人之知贤人也。夫不具司马迁之志，而欲知屈原之志；不具夫子之忧，而欲知文王之忧，则几乎罔矣。然则古之人，有其忧与其志，不幸不得后之人有能忧其忧，志其志，而因以湮没不章者，盖不少矣！刘彦和曰："《储说》始出，《子虚》初成，秦皇、汉武，恨不同时。既同时矣，韩囚马轻。"盖悲同时之知音，不足恃也。夫李斯之严畏韩非，孝武之俳优司马，乃知之深，处之当，而出于势之不得不然，所谓迹似不知，而心相知也。贾生远谪长沙，其后召对宣室，文帝至云："久不见生，自谓过之。"见之乃知不及，君臣之际，可谓遇矣，然不知其治安之奏，而知其鬼神之对，所谓迹似相知，而心不知也。刘知几负绝世之学，见轻时流，及其三为史臣，再入东观，可谓遇矣。然而语史才，则千里降追；议史事，则一言不合，所谓迹相知，而心不知也。夫迹相知者，非如贾之知而不用，即如刘之用而不信矣。心相知者，非如马之狎而见轻，即如韩之谗而遭戮矣。丈夫求知于世，得如韩、马、贾、刘，亦云盛矣！然而其得如彼，其失如此，若可恃若不可恃，若可知若不可知，此遇合之知，所以难言也。

庄子曰："天下之治方术者，皆以其有为不可加矣。"夫"耳目口鼻，皆有所明，而不能相通"，而皆以己之所治，为不可加，是不自知之过也。天下鲜自知之人，故相知者少也。凡封己护前不服善者，皆不甚自知者也。世传萧颖士能识李华《古战场文》，以谓文章有真赏。夫言根于心，其不同也如面，颖士不能一见而决其为华，而漫云华足以及此，是未得谓之真知也。而世之能具萧氏之识者，已万不得一。若夫人之学业，固有不止于李华者，于世奚赖焉！凡受成形者，不能无殊致也。凡禀血气者，不能无争心也。有殊致，则入主出奴，党同伐异之弊出矣。有争心，则挟恐见破、嫉忌诋毁之端开矣。惠子曰："奔者东走，追者亦东走；东走虽同，其东走之心则异。"今同走者众矣，亦能知同走之心欤？若可恃，若不可恃，若可知，若不可知，此同道之知，所以难言也。欧阳修尝慨《七略》四部目存书亡，以谓其人之不幸，盖伤文章之不足恃也。然自获麟以来，著作之业得如马迁、班固，斯为盛矣。迁则藏之名山，而传之其人，固则女弟卒业，而马融伏阁以受其书，于今犹日月也。然读史汉之书，而察徐广、裴骃、服虔、应劭诸家之诂释，其间不得迁固之意者，十常三四焉。以专门之攻习，犹未达古人之精微，况泛览所及，爱憎由己耶？

夫不传者，有部目空存之慨；其传者，又有推求失旨之病，与爱憎不齐之数；若可恃若不可恃，若可知若不可知，此身后之知，所以难言也。人之所以异于木石者，情也。情之所以可贵者，相悦以解也。贤者不得达而相与行其志，亦将穷而有与乐其道；不得生而隆遇合于当时，亦将殁而俟知己于后世。然而有其理者，不必有其事；接以迹者，不必接以心。若可恃若不可恃，若可知若不可知，后之视今，亦犹今之视昔，嗟乎！此伯牙之所以绝弦不鼓，而卞生之所以抱玉而悲号者也！夫鹨鹊啁啾，和者多也；茅苇黄白，靡者众也。凤高翔于千仞，桐孤生于百寻，知其寡和无偶，而不能屈折以从众者，亦势也。是以君子发愤忘食，暗然自修，不知老之将至，所以求适吾事而已。安能以有涯之生，而逐无涯之毁誉哉！

释通

《易》曰："惟君子为能通天下之志。"说者谓君子以文明为德，同人之时，能达天下之志也。《书》曰："乃命重、黎，绝地天通。"说者谓人神不扰，各得其序也。夫先王惧人有匿志，于是乎以文明出治，通明伦类，而广同人之量焉。先王惧世有棼治，于是乎以人官分职，绝不为通，而严畔援之防焉。自六卿分典，五史治书，内史、外史、太史、小史、御史。学专其师，官守其法，是绝地天通之义也。数会于九，书要于六，杂物撰德，同文共轨，是达天下志之义也。夫子没而微言绝，七十子丧而大义乖。汉氏之初，《春秋》分为五，《诗》分为四，然而治《公羊》者不议《左》《穀》，业韩《诗》者不杂齐、鲁，专门之业，斯其盛也。自后师法渐衰，学者聪明旁溢，异论纷起。于是深识远览之士，惧《尔雅》

训诂之篇不足以尽绝代离辞、同实殊号，而缀学之徒无由汇其指归也，于是总五经之要，辨六艺之文，石渠《杂议》之属，班固《艺文志》《五经杂议》十八篇。始离经而别自为书，则通之为义所由仿也。刘向总校五经，编录三礼，其于戴氏诸记，标分品目，以类相从，而义非专一，若《檀弓》《礼运》诸篇，俱题通论，则通之定名所由著也。《隋志》有《五经通义》八卷，注：梁有九卷，不著撰人；《唐志》有刘向《五经通义》九卷，然唐以前记传无考。

　　班固承建初之诏，作《白虎通义》；《儒林传》称《通义》，固本传称《通德论》，后人去"义"字，称《白虎通》，非是。应劭愍时流之失，作《风俗通义》，盖章句训诂，末流浸失，而经解论议家言起而救之。二子为书，是后世标通之权舆也。自是依经起义，则有集解、杜预《左传》，范宁《穀梁》，何晏《论语》。集注、荀爽《九家易》，崔灵恩《毛诗》，孔伦、裴松之《丧服经传》。异同、许慎《五经异义》，贺玚《五经异同评》。然否何休《公羊墨守》，郑玄《驳议》，谯周《五经然否论》。诸名。离经为书，则有六艺、郑玄论。圣证、王肃论。匡谬、唐颜师古《匡谬正俗》。兼明宋邱光庭《兼明书》。诸目。其书虽不标通，而体实存通之义，经部流别不可不辨也。若夫尧、舜之典，统名《夏书》。《左传》称《虞书》为《夏书》。马融、郑玄、王肃三家，首篇皆题《虞夏书》，伏生《大传》，首篇亦题《虞夏传》。《国语》《国策》，不从周记。《太史》百三十篇，自名一子。本名《太史公书》，不名《史记》也。班固《五行》《地理》，上溯夏、周。《地理》始《禹贡》，《五行》合《春秋》，补司马迁之阙略，不必以汉为断也。古人一家之言，文成法立，离合铨配，惟理是视，固未尝别为标题，分其部次也。梁武帝以迁、固而下，断代为书，于是上起三皇，下讫梁代，撰为《通史》一编，欲以包罗众史。史籍标通，此滥觞也。嗣是而后，源流渐别，总古今之学术，而纪传一规乎史迁，郑樵《通志》作焉。《通志》精要，在乎义例，盖一家之言，诸子之学识，而寓于诸史之规矩，原不以考据见长也。后人议其疏陋，非也。统前史之书志，而撰述取法乎官礼，杜佑《通典》作焉。《通典》本刘秩《政典》。合纪传之互文，纪传之文，互为详略。而编次总括乎荀、袁，荀悦《汉纪》三十卷，袁宏《后汉纪》三十卷，皆易纪传为编年。司马光《资治通鉴》作焉。汇公私之述作，而铨录略仿乎孔、萧，孔逭《文苑》百卷，昭明太子萧统《文选》三十卷。裴潾《太和通选》作焉。此四子者，或存正史之规，《通志》是也。自《隋志》以后，皆以纪传一类为正史。或正编年之的，《通鉴》。或以典故为纪纲，《通典》。或以词章存文献，《通选》。史部之通，于斯为极盛也。大部总选，意存掌故者，当隶史部，与论文家言不一例。至于高氏《小史》、唐元和中高峻及子迥。姚氏《统史》唐姚康复。之属，则搏节繁文，自就隐括者也。罗氏《路史》、宋罗泌。邓氏《函史》明邓元锡。之属，则自具别裁，成其家言者也。谯周《古史考》、苏辙《古史》、马骕《绎史》之属，皆采摭经传之书，与《通史》异。范氏《五代通录》，宋范质以编年体纪梁、唐、晋、汉、周事实。熊氏《九朝通略》，宋熊克合吕夷简《三朝国史》、王珪《两朝国史》、李焘、洪迈等《四朝国史》，以编年体为九朝书。标通而限以朝代者也。易姓为代，传统为朝。李氏《南北史》，李延寿。薛、欧《五代史》，薛居正、欧阳修，俱有《五代史》。断代而仍行通法者也。已上二类，虽通数代，终有限断，非如梁武帝之《通史》，统合古今。其余纪传故事之流，补缉纂录之策，纷然杂起，虽不能一律以绳，要皆仿萧梁《通史》之义而取便耳目，史部流别不可不知也。夫师法失传而人情怯于复古，末流浸失而学者囿于见闻。训诂流而为经解，一变而入于子部儒家，应劭《风俗通义》、蔡邕《独断》之类。再变而入于俗儒语录，程、朱语录，记者有未别择处，及至再传而后，浸流浸失，故曰俗儒。三变而入于庸师讲章，蒙存、浅达之类，支离蔓衍，甚于语录。不知者习而安焉，知者鄙而斥焉，而不知出于经解之通，而失其本旨者也。载笔汇而有通史，一变而流为史钞，小史、统史之类，但节正史，并无别裁，当入史钞。向来著录，入于通史，非是。史部有史钞，始于《宋史》。再变而流为策士之括类，《文献通考》之类，虽仿《通典》，而分析次比，实为类书之学。书无别识通裁，便于对策敷陈之用。三变而流为兔园之摘比，《纲鉴合纂》及《时务策括》之类。不知者习而安焉，知者鄙而斥焉，而不知出于史部之通而亡其大原者也。且《七略》流而为四部，类例显明，无复深求古人家法矣。然以语录讲章之混合，则经不为经，子不成子也。策括类摘之淆杂，则史不成史，集不为集也。四部不能收，九流无所别，纷纭杂出，妄欲附于通裁，不可不严其辨也。夫古人著书，即彼陈编，就我创制，所以成专门之业也。后人并省凡目，取便检阅，所以入记诵之陋也。夫经师但殊章句，即自名家。费直之《易》，申培之《诗》，《儒林传》言其别无著述训诂，而《艺文志》有《费氏说》、《申公鲁诗》，盖即口授章句也。史书因袭相沿，无妨并见。如史迁本《春秋》《国策》诸书，《汉书》本史迁所记及刘歆所著者，当时两书并存，不以因袭为嫌。专门之业，别具心裁，不嫌貌似也。剿袭讲义，沿习久而本旨已非；明人修《大全》，改先儒成说以就己意。摘比典故，原书出而舛讹莫掩。记诵之陋，漫无家法，易为剽窃也。然而专门之精与剽窃之陋，其相判也，盖在几希之间，则别择之不可不慎者也。

　　通史之修，其便有六：一曰免重复，二曰均类例，三曰便铨配，四曰平是非，五曰去抵牾，六曰详邻事。其长有二：一曰具剪裁，二曰立家法。其弊有三：一曰无短长，二曰仍原题，三曰忘标目。何谓免重复？夫鼎革之际，人物事实，同出并见。胜国亡征，新王兴瑞，即一事也。前朝草窃，新主前驱，即一人也。董卓、吕布，范、陈各为立传；禅位册诏，《梁》

《陈》并载全文，所谓复也。《通志》总合为书，事可互见，文无重出，不亦善乎。何谓均类例？夫马立《天官》，班创《地理》，《齐志·天文》，不载推步；《唐书·艺文》，不叙渊源；伊古以来，参差如是。郑樵著《略》，虽变史志章程，自成家法，但《六书》《七音》，原非沿革；《昆虫草木》，何尝必欲易代相仍乎？惟通前后而勒成一家，则例由义起，自就隐括。《隋书·五代史志》，梁、陈、北齐、周、隋。终胜沈、萧、魏氏之书矣。沈约《宋志》，萧子显《南齐志》，魏收《魏志》，皆参差不齐也。何谓便铨配？包罗诸史，制度相仍，惟人物挺生，各随时世。自后妃宗室，标题著其朝代。至于臣下，则约略先后，以次相比。《南北史》以宗室分冠诸臣之上，以为识别；欧阳《五代史》始标别朝代。然子孙附于祖父，世家会聚宗支，《南北史》王、谢诸传，不尽以朝代为断。一门血脉相承，时世盛衰，亦可因而见矣。即楚之屈原，将汉之贾生同传；周之太史，偕韩之公子同科。古人正有深意，相附而彰，义有独断，末学肤受，岂得从而妄议耶！何谓平是非？夫曲直之中，定于易代，然晋史终须帝魏，而周臣不立韩通。虽作者挺生，而国嫌宜慎，则亦无可如何者也。惟事隔数代，而衡鉴至公，庶几笔削平允，而折衷定矣。何谓去抵牾？断代为书，各有裁制，详略去取，亦不相妨。惟首尾交错，互有出入，则抵牾之端，从此见矣。居摄之事，班殊于范。二刘始末刘表、刘焉。范异于陈。统合为编，庶几免此。何谓详邻事？僭国载纪，四裔外国，势不能与一代同其终始；而正朔纪传，断代为编，则是中朝典故居全，而藩国载纪乃参半也。惟南北统史，则后梁、东魏悉其端，而五代汇编，斯吴越、荆、潭终其纪也。凡此六者，所谓便也。何谓具剪裁？通合诸史，岂第括其凡例，亦当补其缺略，截其浮辞，平突填砌，乃就一家绳尺。若李氏《南》《北》二史，文省前人，事详往牒，故称良史。盖生乎后代，耳目闻见，自当有补前人，所谓凭藉之资，易为力也。何谓立家法？陈编具在，何贵重事编摩？专门之业，自具体要。若郑氏《通志》，卓识名理，独见别裁，古人不能任其先声，后代不能出其规范；虽事实无殊旧录，而辨名正物，诸子之意寓于史裁，终为不朽之业矣。凡此二者，所谓长也。何谓无短长？纂辑之书，略以次比，本无增损，但易标题。则刘知几所谓"学者宁习本书，怠窥新录"者矣。何谓仍原题？诸史异同，各为品目，作者不为更定，自就新裁。《南史》有《孝义》而无《列女》，详《列女》篇。《通志》称《史记》以作时代，《通志》汉、魏诸人，皆标汉、魏，称时代，非称史书也。而《史记》所载之人，亦标《史记》而不标时代，则误仍原文也。一隅三反，则去取失当者多矣。何谓忘题目？帝王后妃，宗室世家，标题朝代，其别易见。臣下列传，自有与时事相值者，见于文词，虽无标别，但玩叙次，自见朝代。至于《独行》《方伎》《文苑》《列女》诸篇，其人不尽涉于世事，一例编次，若《南史》吴逵、韩灵敏诸人，几何不至于读其书不知其世耶？凡此三者，所谓弊也。

《说文》训通为达，自此之彼之谓也。通者，所以通天下之不通也。读《易》如无《书》，读《书》如无《诗》，《尔雅》治训诂，小学明六书，通之谓也。古人离合撰著，不言而喻，汉人以通为标目，梁世以通入史裁，则其体例盖有截然不可混合者矣。杜佑以刘秩《政典》为未尽而上达于三五，《典》之所以名通也。奈何魏了翁取赵宋一代之掌故，亦标其名谓之《国朝通典》乎？既曰国朝，画代为断，何通之有？是亦循名而不思其义者也。六卿联事，职官之书，亦有通之义也。奈何潘迪取有元御史之职守，亦名其书，谓之《宪台通纪》耶？又地理之学，自有专门；州郡志书，当隶外史。详《外篇·亳州志议》。前明改元代行省为十三，布政使司所隶府州县卫，各有本志。使司幅员既广，所在府县，惧其各自为书，未能一辙也，于是裒合所部，别为通志。通者，所以通府、州、县、卫之各不相通也。奈何修通志者，取府、州、县、山、川、人、物，分类为编，以府领县，以县领事实人文，摘比分标，不相联合。如是为书，则读者但阅府县本志可矣，又何所取于通哉？夫通史人文，上下千年，然而义例所通，则隔代不嫌合撰。使司所领，不过数十州县，而斤斤分界，惟恐越畔为虞，良由识乏通材，遂使书同胥史矣。

横通

通人之名，不可以概拟也；有专门之精，有兼览之博，各有其不可易，易则不能为良；各有其不相谋，谋则不能为益。然通之为名，盖取譬于道路，四冲八达，无不可至，谓之通也。亦取其心之所识，虽有高下、偏全、大小、广狭之不同，而皆可以达于大道，故曰通也。然亦有不可四冲八达，不可达于大道，而亦不得不谓之通；是谓横通。横通之与通人，同而异，近而远，合而离。

老贾善于贩书，旧家富于藏书，好事勇于刻书，皆博雅名流，所与把臂入林者也。礼失求野，其闻见亦颇有可以补博雅名流所不及者，固君子之所必访也。然其人不过琴工碑匠，艺业之得接于文雅者耳！所接名流既多，习闻清言名论，而胸无智珠，则道听涂说，根底之浅陋，亦不难窥周学士长发，以此辈人谓之横通，其言奇而确也。故君子取其所长，而略其所短，譬琴工碑匠之足以资用而已矣！无如学者陋于闻见，接横通之议论，已如疾雷之破山，遂使鱼目混珠，清流无别，而其人亦遂嚣然自命，不自如其通之出于横也。江湖挥麈，别开琴工碑匠家风，君子所宜慎流别也。

徐生善礼容，制氏识铿锵，汉廷讨论礼乐，虽宿儒耆学，有不如徐生、制氏者矣！议礼乐者，岂可不与相接？然石渠天禄之议论，非徐生、制氏所得参也。此亦礼乐之横通者也。

横通之人可少乎？不可少也。用其所通之横，以佐君子之纵也；君子亦不没其所资之横也。则如徐生之礼容，制氏之铿锵，为补于礼乐，岂少也哉！无如彼不自知其横也，君子亦不察识其横也，是礼有玉帛，而织妇琢工，可参高堂之座；乐有钟鼓，而镕金制革，可议河间之记也。故君子不可以不知流别，而横通不可以强附清流，斯无恶矣。

评妇女之诗文，则多假借。作横通之序跋，则多称许。一则怜其色，一则资其用也。设如试院之糊名易书，俾略知臭味之人详晰辨之，有不可欺者矣！虽然妇女之诗文，不过风云月露，其陋易见；横通之序跋，则称许学术；一言为智为不智，君子于斯，宜有慎焉！

横通之人，无不好名。好名者陋于知意者也。其所依附，必非第一流也。有如师旷之聪，辨别通于鬼神，斯恶之矣。故君子之交于横通也。不尽其欢，不竭其忠，为有试之誉，留不尽之辞，则亦足以相处矣。

繁称

尝读《左氏春秋》，而苦其书人名字，不为成法也。夫幼名冠字，五十以伯仲，死谥，周道也。此则称于礼文之言，非史文述事之例也。左氏则随意杂举，而无义例，且名字谥行以外，更及官爵封邑，一篇之中，错出互见，苟非注释相传，有授受至今，不复识为何如人。是以后世史文,莫不钻仰左氏,而独于此事,不复相师也。

史迁创列传之体,列之为言,排列诸人为首尾,所以标异编年之传也。然而列人名目,亦有不齐者,或爵,淮阴侯之类。或官,李将军之类。或直书名,虽非左氏之错出,究为义例不纯也。或曰:"迁有微意焉。"夫据事直书,善恶自见,《春秋》之意也。必标目以示褒贬,何怪沈约、魏收诸书,直以标题为戏哉!况七十列传,称官爵者,偶一见之,余并直书姓名,而又非例之所当贬,则史迁创始之初,不能无失云尔,必从而为之辞,则害于道矣。

唐末五代之风诡矣,称人不名不姓,多为谐隐寓言,观者乍览其文,不知何许人也。如李曰"陇西",王标"琅琊",虽颇乘忤,犹曰著郡望也。庄姓则称"漆园",牛姓乃称"太牢",则诙嘲谐剧,不复成文理矣。凡斯等类,始于骈丽华词,渐于尺牍小说,而无识文人,乃用之以记事。宜乎试牍之文流于苴轧,而文章一道入混沌矣!

自欧、曾诸君扩清唐末五季之诡僻,而宋、元三数百年,文辞虽有高下,气体皆尚清真,斯足尚矣。而宋人又自开其纤诡之门者,则尽人而有号,一号不止,而且三数未已也。夫上古淳质,人止有名而已。周道尚文,幼名冠字,故卑行之于尊者,多避名而称字,故曰字以表德。不足而加之以号,则何说也。流及近世,风俗日靡,始则去名而称字,渐则去字而称号,于是卑行之于所尊,不但讳名,且讳其字,以为触犯,岂不谄且渎乎?孔子曰:"名不正,则言不顺。"称号讳字,其不正不顺之尤者乎?

号之原起,不始于宋也。春秋战国,盖已兆其端矣。陶朱、鸱夷、子皮,有所托而逃焉者也。鹖冠、鬼谷诸子自隐姓名,人则因其所服所居而加之号也,皆非无故而云然也。唐开元间,宗尚道教,则有真人赐号,南华、冲虚之类。法师赐号，叶靖法师之类。女冠赐号，太真玉妃之类。僧伽赐号，三藏法师之类。三藏在太宗时，不始开元，今以类举及之。此则二氏之徒所标榜，后乃逮于隐逸，陈抟、林逋之类。则播及于士流矣。然出朝廷所赐，虽非典要，犹非本人自号也。度当日所以荣宠之意，已死者同于谥法，未死者同于头衔，盖以空言相赏而已矣！

自号之繁，仿于郡望，而沿失于末流之已甚者也。盖自六朝门第争标郡望，凡称名者，不用其人所居之本贯，而惟以族姓著望冠于题名，此刘子玄之所以反见笑于史官也。沿之既久，则以郡望为当时之文语而已矣！既以文语相与鲜新，则争奇吊诡，名随其意，自为标榜，故别号之始，多从山泉林薮以得名。此足征为郡望之变，而因托于所居之地者然也。渐乃易为堂、轩、亭、苑，则因居地之变，而反托于所居之室者然也。初则因其地，而后乃不必有其地者，造私臆之山川矣。初或有其室，而后乃不必有其室者，构空中之楼阁矣。识者但知人心之尚诡，而不知始于郡望之滥觞，是以君子恶夫作俑也。

峰、泉、溪、桥、楼、亭、轩、馆，亦既繁复而可厌矣。乃又有出于谐声隐语，此则宋元人之所未及开，而其风实炽于前明至近日也。或取字之同音者为号，或取字形离合者为号。夫盗贼自为号者，将以惑众也。赤眉、黄巾其类甚多。娼优自为号者，将以媚客也。燕、莺、娟、素之类甚多。而士大夫乃反不安其名字，而纷纷称号焉，其亦不思而已矣！

逸囚多改名，惧人知也。出婢必更名，易新主也。故屡逸之囚，转卖之婢，其名必多，所谓无如何也。文人既已架字而立号苟有寓意，不得不然，一已足矣。顾一号不足，而至于三且五焉。噫！可谓不惮烦矣！

古人著书，往往不标篇名，后人较雠，即以篇首字句名篇；不标书名，后世较警，即以其人名书，此见古人无意为标榜也。其有篇名书名者，皆明白易晓，未尝有意为吊诡也。然而一书两名，先后文质，未能一定，则皆较雠诸家，易名著录，相沿不察，遂开歧异，初非著书之人自尚新奇为吊诡也。

有本名质而著录从文者，有本名文而著录从质者，有书本全而为人偏举者，有书本偏而为人全称者，学者不可不知也。本名质而著录从文者，《老子》本无经名而书尊《道德》；《庄子》本以人名而书著《南华》之类是也。汉称《庄子》，唐则敕尊《南华真经》，在开元时，《隋志》已有《南华》之目。本名文而著录从质者，刘安之书本名《鸿烈解》，而《汉志》但著《淮南》内外，蒯通之书本名《隽永》，而《汉志》但著《蒯通》本名之类是也。《隽永》八十一首见本传，与志不符。书名本全而为人偏举者，《吕氏春秋》有十二纪、八览、六论，而后人或称《吕览》，《屈原》二十五篇，《离骚》特其首篇，而后世竟称《骚赋》之类是也。刘向名之《楚辞》，后世遂为专部。书名本偏而为人全称者，《史记》为书策纪载总名，而后人专名《太史公书》，孙武八十余篇，有图有书，而后人即十三篇称为《孙子》之类是也。此皆较雠著录之家所当留意。已详《校雠通义》。虽亦质文升降，时会有然，而著录之家不为别白，则其流弊，无异别号称名之吊诡矣。

子史之书，名实同异，诚有流传而不能免者矣！集部之兴，皆出后人缀集，故因人立名，以示志别，东京迄于初唐，无他歧也。中叶文人，自定文集，往往标识集名，《会昌一品》，元、白《长庆》之类，抑亦支矣。然称举年代，犹之可也。或以地名，杜牧《樊川集》、独孤及《毗陵集》之类。或以官名，韩偓《翰林集》。犹有所取。至于诙谐嘲弄，信意标名，如《锦囊》李松、《忘筌》杨怀玉、《披沙》李咸用、《屠龙》熊皦、《聱书》沈颜、《漫编》元结。纷纷标目，而大雅之风不可复作矣。

子史之书，因其实而立之名，盖有不得已焉耳。集则传文之散著者也。篇什散著，则皆因事而发，各有标题，初无不辨宗旨之患也。故集诗集文，因其散而类为一人之言，则即人以名集，足以识矣。上焉者，文虽散而宗旨出于一，是固子史专家之遗范也。次焉者，文墨之佳，而萃为一，则亦雕龙技曲之一得也。其文与诗，既以各具标名，则固无庸取其会集之诗文而别名之也。人心好异而竞为标题，固已侈矣。至于一名不足，而分辑前后，离析篇章，或取历官资格，或取游历程途，富贵则奢张荣显，卑微则酝酿寒酸，巧立名目，横分字号。遂使一人诗文，集名无数，标题之录，靡于文辞，篇卷不可得而齐，著录不可从而约。而问其宗旨，核其文华，黄茅白苇，毫发无殊。是宜概付丙丁，岂可猥尘甲乙者乎。欧、苏诸集，已欠简要，犹取文足重也。近代文集，逐狂更甚，则无理取闹矣。

匡谬

书之有序，所以明作书之旨也，非以为观美也。序其篇者，所以明一篇之旨也。至于篇第相承，先后次序，古人盖有取于义例者焉，亦有无所取于义例者焉，约其书之旨而为之，无所容勉强也。《周易·序卦》二篇，次序六十四卦相承之义，《乾》《坤》《屯》《蒙》而下，承受各有说焉。《易》义虽不尽此，此亦《易》义所自具，而非强以相加也。吾观后人之序书，则不得其解焉。书之本旨，初无篇第相仍之义例，观于古人而有慕，则亦为之篇序焉。猥填泛语，强结韵言，以为故作某篇第一，故述其篇第二，自谓淮南、太史、班固、扬雄，何其惑耶？夫作之述之，诚闻命矣。故一故二，其说又安在哉？且如《序卦》，《屯》次《乾》

《坤》，必有其义。盈天地间惟万物，《屯》次《乾》《坤》之义也。故受之以《屯》者，盖言不可受以《需》《讼》诸卦而必受以《屯》之故也。《蒙》《需》以下，亦若是焉而已矣。此《序卦》之所以称次第也。后人序篇，不过言斯篇之不可不作耳，必于甲前乙后，强以联缀为文，岂有不可互易之理如《屯》《蒙》之相次乎？是则摹《易》序者，不如序《诗》《书》之为得也。《诗》《书》篇次，岂尽无义例哉？然必某篇若何而承某篇，则无是也。六艺垂教，其揆一也，何必优于《易》序而歉于《诗》《书》之序乎！赵岐《孟子篇序》，尤为穿凿无取。

夫书为象数而作者，其篇章可以象数求也。其书初不关乎象数者，必求象数以实之，则凿矣。《易》有两仪四象，八八相生，其卦六十有四，皆出天理之自然也。《太玄》九九为八十一，《潜虚》五五为二十五，拟《易》之书，其数先定而后擒文，故其篇章，同于兵法之部伍，可约而计也。司马迁著百三十篇，自谓绍名世而继《春秋》，信哉三代以后之绝作矣！然其自拟，则亦有过焉者也。本纪十二，隐法《春秋》之十二公也。《秦纪》分割庄、襄以前，别为一卷，而末终汉武之世，为作《今上本纪》，明欲分占篇幅，欲副十二之数也。夫子《春秋》，文成法立，纪元十二，时世适然，初非十三已盈，十一则歉也。汉儒求古，多拘于迹，识如史迁，犹未能免，此类是也。然亦本纪而已，他篇未必皆有意耳。而治迁书者之纷纷好附会也，则曰十二本纪法十二月也，八书法八风，十表法十干，三十世家法一月三十日，七十列传法七十二候，百三十篇法一岁加闰，此则支离而难喻者矣！就如其说，则表法十干，纪当法十二支，岂帝纪反用地数而王侯用天数乎？岁未及三，何以象闰？七十二候，何以缺二？循名责实，触处皆矛盾矣。然而子史诸家多沿其说，或取阴阳奇偶，或取五行生成，少则并于三五，多或配至百十，宁使续凫断鹤，要必象数相符。孟氏七篇，必依七政；屈原《九歌》，难合九章。近如邓氏《函史》之老阳少阳，《景岳全书》之八方八阵，则亦几何其不为儿戏耶？

古人著书命篇，取辨甲乙，非有深意也。六艺之文，今具可识矣。盖有一定之名与无定之名，要皆取辨甲乙，非有深意也。一定之名，典、谟、贡、范之属是也。《帝典》《皋陶谟》《禹贡》《洪范》，皆古经定名。他如《多方》《多士》《梓材》之类，皆非定名。无定之名，风《诗》《雅》《颂》之属是也。皆以章首二字为名。诸子传记之书，亦有一定之名与无定之名，随文起例，不可胜举。其取辨甲乙而无深意，则大略相同也。象数之书，不在其例。夫子没而微言绝，《论语》二十篇，固六艺之奥区矣。然《学而》《为政》诸篇目，皆取章首字句标名，无他意也。《孟子》七篇，或云万章之徒所记，或云孟子自著，要亦诵法《论语》之书也。《梁惠王》与《公孙丑》之篇名，则亦章首字句，取以标名，岂有他哉？说者不求篇内之义理，而过求篇外之标题，则于义为凿也。师弟问答，自是常事；偶居章首，而取以名篇，何足异哉！说者以为卫灵公与季氏，乃当世之诸侯大夫，孔子道德为王者师，故取以名篇，与《公冶》《雍也》诸篇，等于弟子之列尔。《孟子》篇名有《梁惠王》《滕文公》，皆当世之诸侯，而与《万章》《公孙丑》篇同列，亦此例也。此则可谓穿凿而无理者矣！就如其说，则《论语》篇有《泰伯》，古圣贤也；《尧曰》，古圣帝也，岂亦将推夫子为尧与泰伯之师乎？微子，孔子祖也；《微子》名篇，岂将以先祖为弟子乎？且诸侯之中，如齐桓、晋文，岂不贤于卫灵？弟子自是据同时者而言，则鲁哀与齐景亦较卫灵为贤，不应取此也。晏婴、蘧瑗，岂不贤于季氏。同在章中，何不升为篇首，而顾去彼取此乎？孟子之于告子，盖卑之不足道矣，乃与公孙、万章跻之同列，则无是非之心矣！执此义以说书，无怪后世著书，妄拟古人而不得其意者，滔滔未已也。

或曰：附会篇名，强为标榜，盖汉儒话经，求其说而不免太过者也。然汉儒所以为此，岂竟全无所见，而率然自伸其臆欤！余曰：此恐周末贱儒，已有开其端矣。著书之盛，莫甚于战国，以著书而取给为干禄之资，盖亦始于战国也。故屈平之草稿，上官欲夺，而《国策》多有为人上书，则文章重而著书开假借之端矣！《五蠹》《孤愤》之篇，秦王见之，至恨不与同生，则下以是干，上亦以是取矣。求取者多，则矜榜起而饰伪之风亦开。余览汉《艺文志》儒家者流，则有《魏文侯》与《平原君》书，读者不察，以谓战国诸侯公子，何以入于儒家；不知著书之人，自托儒家，而述诸侯公子，请业质疑，因以所问之人名篇居首，其书不传，后人误于标题之名，遂谓文侯、平原所自著也。夫一时逐风会而著书者，岂有道德可为人师，而诸侯卿相，漫无择决，概焉相从而请业哉！必有无其事，而托于贵显之交以欺世者矣！《国策》一书，多记当时策士智谋，然亦时有奇谋诡计，一时未用，而著书之士，爱不能割，假设主臣问难以快其意，如苏子之于薛公及楚太子事，其明征也。然则贫贱而托显贵交言，愚陋而附高明为伍，策士夸诈之风，又值言辞相矜之际，天下风靡久矣。而说经者目见当日时事如此，遂谓圣贤道德之隆，必藉诸侯卿相，相与师尊，而后有以出一世之上也。呜呼！此则囿于风气之所自也。

假设问答以著书，于古有之乎？曰：有从实而虚者，《庄》《列》寓言称述尧、舜、孔、颜之问答，望而知其为寓也。有从虚而实者，屈赋所称渔父、詹尹，本无其人，而入以屈子所自言，是彼无而屈子固有也。亦可望而知其为寓也。有从文而假者，楚太子与吴客，乌有先生与子虚也。有从质而假者，公、穀传经，设为问难而不著人名是也。后世之士，摛词掞藻，率多诡托，知读者之不泥迹也。考质疑难，必著其名。不得其人，而以意推之，则称或问，恐其以虚构之言误后人也。近世著述之书，余不能无惑矣。理之易见者，不言可也。必欲言之，直笔于书，其亦可也。作者必欲设问，则已迂矣。必欲设问，或托甲乙，抑称或问，皆可为也。必著人以实之，则何说也。且所托者，又必取同时相与周旋，而少有声望者也，否则不足以标榜也。至取其所著而还诘问之，其人初不知也，不亦诬乎？且问答之体，问者必浅，而答者必深，问者有非，而答者必是。今伪托于问答，是常以深且是者自予，而以浅且非者予人也。不亦薄乎？君子之于著述，苟足显其义，而折是非之中，虽果有其人，犹将隐其姓名而存忠厚，况本无是说而强坐于人乎？诬人以取名，与劫人以求利，何以异乎？且文有起伏，往往假于义有问答，是则在于文势则然，初不关于义有伏匿也。倘于此而犹须问焉，是必愚而至陋者也。今乃坐人愚陋而以供己文之起伏焉，则是假推官以叶韵也。昔有居下僚而吟诗谤上官者，上官召之，适与某推官者同见。上官诘之，其人复吟诗以自解，而结语云"问某推官"。推官初不知也，惶惧无以自白，退而诘其何为见诬，答曰："非有他也，藉君衔以叶韵尔。"

问难之体，必屈问而申答，故非义理有至要，君子不欲著屈者之姓氏也。孟子拒杨、墨，必取杨、墨之说而辟之，则不惟其人而惟其学。故引杨、墨之言，但明杨、墨之家学，而不必专指杨朱、墨翟之人也，是其拒之之深，欲痛尽其支裔也。盖以彼我不两立，不如是，不足以明先王之大道也。彼异学之视吾儒，何独不然哉。韩非治刑名之说，则儒、墨皆在所摈矣。墨者之言少，而儒则《诗》《书》六艺，皆为儒者所称述，故其历诋尧、舜、文、周之行事，必藉儒者之言以辨之。故诸《难》之篇，多标儒者以为习射之的焉，此则在彼不得不然也，君子之所不屑较也。然而其文华而辨，其意刻而深，后世文章之士多好观之。惟其文，而不惟其人，则亦未始不可参取也。王充《论衡》，则效诸难之文而为之。效其文者，非由其学也，乃亦标儒者而诘难之。且其所诘，传记错杂，亦不尽出儒者也。强坐儒说而为志射之的焉，王充与儒何仇乎？且其《问孔》《刺孟》诸篇之辨难，以为儒说之非也，其文有似韩非矣。韩非绌儒，将以申刑名也。王充之意，将亦何申乎？观其深斥韩非鹿马之喻以尊儒，且其自叙，辨别流俗传讹，欲正人心风俗，此则儒者之宗旨也。然则王充以儒者而拒儒者乎？韩非宗旨，固有在矣；其文之隽，不在能斥儒也。王充泥于其文，以为不斥儒，则文不隽乎？凡人相诟，多反其言以诟之，情也。斥名而诟，则反诟者必易其名，势也。今王充之斥儒，是彼斥反诟而仍用己之名也。

质性

《洪范》三德，正直协中刚柔互克，以剂其过与不及，是约天下之心知血气，聪明才力，无出于三者之外矣。孔子之教弟子，不得中行则思狂狷，是亦三德之取材也。然而乡愿者流，貌似中行，而讥狂狷，则非三德所能约也。孔、孟恶之为德之贼，盖与中行狂狷乱而为四也。乃人心不古，而流风下趋，不特伪中行者，乱三为四，抑且伪狂伪狷者流，亦且乱四而为六；不特中行不可希冀，即求狂狷之诚然，何可得耶！孟子之论知言，以为生心发政，害于其事。吾盖于撰述诸家，深求其故矣。其曼衍为书，本无立言之旨，可弗论矣。乃有自命成家，按其宗旨，不尽无谓；而按以三德之实，则失其本性，而无当于古人之要道，所谓似之而非也。学者将求大义于古人，而不于此致辨焉，则始于乱三而六者，究且因三伪而亡三德矣。呜呼！质性之论，岂得已哉！

《易》曰："言有物而行有恒。"《书》曰："诗言志。"吾观立言之君子，歌咏之诗人，何其纷纷耶！求其物而不得也，探其志而茫然也，然而皆曰吾以立言也，吾以赋诗也。无言而有言，无诗而有诗，即其所谓物与志也，然而自此纷纷矣！

有志之士，矜其心，作其意，以谓吾不漫然有言也。学必本于性天，趣必要于仁义，称必归于《诗》《书》，功必及于民物，是尧、舜而非桀、纣，尊孔、孟而拒杨、墨。其所言者，圣人复起，不能易也。求其所以为言者，宗旨茫然也。譬如《彤弓》《湛露》，奏于宾筵，闻者以谓肄业及之也。或曰：宜若无罪焉。然而子莫于焉执中，乡愿于焉无刺也。惠子曰："走者东走，逐者亦东走，东走虽同，其东走之情则异。"观斯人之所言，其为走之东欤，逐之东欤？是未可知也，然而自此又纷纷矣！

豪杰者出，以谓吾不漫然有言也，吾实有志焉，物不得其平则鸣也。观其称名指类，或如诗人之比兴，或如说客之谐隐，即小而喻大，吊古而伤时，嬉笑甚于裂眦，悲歌可以当泣，诚有不得已于所言者。以谓贤者不得志于时，发愤著书以自表见也，盖其旨趣不出于《骚》也。吾读骚人之言矣："纷吾有此内美，又重之以修能。"太史迁曰："余读《离骚》，悲其志。"又曰："明道德之广崇，治乱之条贯，其志洁，其行廉，嚼然泥而不滓，虽与日月争光可也。"此贾之所以吊屈，而迁之所以传贾也，斯皆三代之英也。若夫托于《骚》以自命者，求其所以牢骚之故而茫然也。嗟穷叹老，人富贵而己贫贱也，人高第而己摈落也！投权要而遭按剑也，争势利而被倾轧也，为是不得志而思托文章于《骚》《雅》，以谓古人之志也。不知中人而下，所谓"齐心同所愿，含意而未伸"者也。夫科举擢百十高第，必有数千贾谊痛哭以吊湘江，江不闻矣。吏部叙千百有位，必有盈万屈原搔首以赋《天问》，天厌之矣。孟子曰："有伊尹之志则可，无伊尹之志则篡也。"吾谓牢骚者，有屈、贾之志则可，无屈、贾之志则鄙也。然而自命为《骚》者且纷纷矣。

有旷观者从而解曰：是何足以介也。吾有所言，吾以适吾意也。人以吾为然，吾不喜也。人不以吾为然，吾不愠也。古今之是非，不欲其太明也。人我之意见，不欲其过执也。必欲信今垂后，又何为也。有言不如无言之为愈也。是其宗旨，盖欲托于庄周之《齐物》也。吾闻庄周之言曰："内圣外王之学，暗而不明也。百家往而不反，道术将裂也。""寓言十九，卮言日出"。然而稠适上遂，充实而不可以已，则非无所持而漫为达观以略世事也。今附庄而称达者，其旨果以言为无用欤！虽其无用之说可不存也。即其无用之说将以垂教欤！则贩夫皂隶亦未闻其必蕲有用也。豕腹饔饔，羊角戢戢，何尝欲明古今之是非，而执人我之意见也哉！怯之所以胜勇者，力有余而不用也。讷之所以胜辨者，智有余而不竞也。蛟龙战于渊而蟢蚁不知其胜负，虎豹角于山而狌狸不知其强弱，乃不能也，非不欲也。以不能而托于不欲，则夫妇之愚可齐上智也。然而遁其中者又纷纷矣！

《易》曰："一阴一阳之谓道"，阳变阴合，循环而不穷者，天地之气化也。人秉中和之气以生，则为聪明睿智；毗阴毗阳，是宜刚克柔克，所以贵学问也。骄阳渗阴，中于气质，学者不能自克而以似是之非为学问，则不如其不学也。孔子曰："不得中行而与之，必也狂狷乎。狂者进取，狷者有所不为。"庄周、屈原，其著述之狂狷乎？屈原不能以身之察察受物之汶汶，不屑不洁之狷也；庄周独与天地精神相往来而不傲倪于万物，进取之狂也。昔人谓庄、屈之书，哀乐过人。盖言性不可见，而情之奇至如庄、屈，狂狷之所以不朽也。乡愿者流，托中行而言性天。剽伪易见，不足道也。于学见其人，而以情著于文，庶几狂狷可与乎。然而命骚者鄙，命庄者妄，狂狷不可见，而鄙且妄者纷纷自命也。夫情，本于性也；才，率于气也。累于阴阳之间者，不能无盈虚消息之机。才情不离乎血气，无学以持之，不能不受阴阳之移也。陶舞愠戚，一身之内，环转无端而不自知。苟尽其理，虽夫子愤乐相寻，不过是也。其下焉者，各有所至，亦各有所通。大约乐至沈酣而惜光景，必转生悲；而忧患既深，知其无可如何，则反为旷达。屈原忧极，故有轻举远游，餐霞饮瀣之赋；庄周乐至，故有后人不见天地之纯，古人大体之悲，此亦倚伏之至理也。若夫毗于阴者，妄自期许，感慨横生，贼夫骚者也；毗于阳者，猖狂无主，动称自然，贼夫庄者也，然而亦且循环未有已矣！

族子廷枫曰：论史才史学而不论史德，论文情文心而不论文性，前人自有缺义。此与《史德》篇俱足发前人之覆。

黠陋

取蒲于董泽，承考于《长杨》，矜谒者之通，著卜肆之应，人谓其黠也；非黠也，陋也。名者实之宾，徇名而忘实，并其所求之名而失之矣，质去而文不能独存也。太上忘名，知有当务而已，不必人之谓我何也。其次顾名而思义，天下未有苟以为我树名之地者，因名之所在而思其所以然，则知当务而可自勉矣。其次畏名而不妄为，尽其所知所能而不强所不知不能，黠者视之，有似乎拙也；非拙也，交相为功也。最下徇名而忘实。

取蒲于董泽，何谓也？言文章者宗《左》《史》，《左》《史》之于文，犹六经之删述也。《左》因百国宝书，《史》因《尚书》《国语》

及《世本》《国策》《楚汉春秋》诸记载，己所为者十之一，删述所存十之九也，君子不以为非也。彼著书之旨，本以删述为能事，所以继《春秋》而成一家之言者，于是兢兢焉，事辞其次焉者也！古人不以文辞相矜私，史文又不可以凭虚而别构，且其所本者并悬于天壤，观其人于删述之文辞，犹然各有其至焉，斯亦陶镕同于造化矣！吾观近日之文集而不能无惑也。传记之文，古人自成一家之书，不以入集，后人散著以入集，文章之变也。既为集中之传记，即非删述专家之书矣。笔所闻见以备后人之删述，庶几得当焉。黠于好名而陋于知意者，窥见当世之学问文章而不能无动矣。度己之才力不足以致之，于是有见史家之因袭，而点次其文为传记，将以渊海其集焉，而不知其不然也。宣城梅氏之历算，家有其书矣。裒录历议，书盈二卷，以为传而入文集，何为乎？退而省其私，未闻其于律算有所解识也。丹溪朱氏之医理，人传其学矣。节钞医案，文累万言，以为传而入文集，何为乎？进而求其说，未闻其于方术有所辨别也。班固因《洪范》之传而述《五行》，因《七略》之书而叙《艺文》，班氏未尝深于灾祥，精于校雠也；而君子以谓班氏之删述，其功有补于马迁，又美班氏之删述，善于因人而不自用也。盖以《汉书》为庙堂，诸家学术，比于大镛蕤鼓之陈也。今为梅、朱作传者，似羡宗庙百官之美富，而窃取庭燎反坫以为蓬户之饰也。虽然，亦可谓拙矣！经师授受，子术专家，古人毕生之业也。苟可猎取菁华以为吾文之富有，则四库典籍，犹董泽之蒲也，又何沾沾于是乎？

承考于《长杨》，何谓也？善则称亲，过则归己，此孝子之行，亦文章之体也。《诗》《书》之所称述，远矣。三代而后，史迁、班固，俱世为史，而谈、彪之业，亦略见于迁、固之叙矣。后人乃谓固盗父书而迁称亲善，由今观之，何必然哉！谈之绪论，仅见六家宗旨，至于留滞周南，父子执手欷歔，以史相授，仅著空文，无有实迹。至若彪著后传，原委具存，而三纪论赞，明著彪说，见家学之有所授受，何得如后人之所言，致至启郑樵诬班氏以盗袭之嫌哉！第史迁之叙谈，既非有意为略，而班固之述彪，亦非好为其详，孝子甚爱其亲，取其亲之行业而笔之于书，必肖其亲之平日，而身之所际不与也。吾观近日之文集而不能无惑焉。其亲无所称述欤？阙之可也。其亲仅有小善欤？如其量而录之，不可略而为漏，溢而为诬可也。黠于好名而陋于知意者，侈陈己之功绩，累牍不能自休，而曲终奏雅，则曰吾先人之教也。甚至敷张己之荣遇，津津有味其言，而赋卒为乱，则曰吾先德之报也。夫自叙之文过于扬厉，刘知几犹讥其言志不让，率尔见哂矣！况称述其亲，乃为自诩地乎？夫张汤有后，史臣为荐贤者劝也。出之安世之口则悖矣！伯起世德，史臣为清忠者幸也。出之秉赐之书，则舛矣！昔人谓《长杨》《上林》诸赋，侈陈游观，而末寓箴规，以谓讽一而劝百。斯人之文，其殆自诩百而称亲者一欤！

矜谒者之通，何谓也？国史叙诗，申明六义，盖诗无达言，作者之旨，非有序说，则其所赋不辨何谓也。今之《诗序》，以谓传授失其义则可也，谓无待于序不可也。《书》之有序，或者外史掌三皇五帝之书，当有篇目欤？今之《书序》，意亦经师授受之言，仿《诗序》而为者欤！读书终篇别事理自见，故书虽无序，而书义未尝有妨也。且《书》故有序矣，训诰之文，终篇记言，则必书事首简，以见训诰所由作，是记事之《书》无需序，而记言之《书》本有序也。由是观之，序之有无，本于文之明晦，亦可见矣。吾观近日之文集，而不能无惑也。树义之文，或出前人所已言也。或其是非，本易见也。其人未尝不知之，而必为之论著者，其中或亦有微意焉，或有所托而讽焉，或有所感而发焉。既不明言其故矣，必当序其著论之时世，与其所见闻之大略，乃使后人得以参互考质，而见所以著论之旨焉,是亦《书序》、训诂之遗也。乃观论著之文,论所不必论者十常居七矣!其中岂无一二出于有为之言乎?然如风《诗》之无序,何由知其微旨也?且使议论而有序,则无实之言,类于经生帖括者,亦可稍汰焉,而人多习而不察也。至于序事之文,古人如其事而出之也。乃观后世文集,应人请而为传志,则多序其请之之人,且详述其请之之语。偶然为之,固无伤也。相习成风,则是序外之序矣。虽然,犹之可也。黠于好名,而陋于知意者,序人请乞之辞,故为敷张扬厉以谀己也。一则曰:吾子道德高深,言为世楷,不得吾子为文,死者目不瞑焉。再则曰:吾子文章学问,当代宗师,苟得吾子一言,后世所征信焉。己则多方辞让,人又搏颡固求,凡斯等类,皆入文辞,于事毫无补益,而借人炫己,何其厚颜之甚邪!且文章不足当此,是诬死也。请者本无是言,是诬生也。若谓事之缘起,不可不详,则来请者,当由门者通谒,刺揭先投,入座寒温,包苴后馈,亦缘起也,曷亦详而志之乎?而谓一时请文称誉之辞,有异于是乎?

著卜肆之应,何谓也?著作降而为文集,有天运焉,有人事焉。道德不修,学问无以自立,根本蹶而枝叶萎,此人事之不得不降也。世事殊而文质变,人世酬酢,礼法制度,古无今有者,皆见于文章,故惟深山不出则已矣。苟涉乎人世,则应求取给,文章之用多而文体分,分则不能不出于文集。其有道德高深,学问精粹者,即以文集为著作,所谓因事立言也。然已不能不杂酬酢之事与给求之用也。若不得为子史专家,语无泛涉也。其误以酬酢给求之文为自立,而纷纷称集者,盖又不知其几矣。此则运会有然,不尽关于人事也。吾观近日之文集,而不能无惑也。史学衰而传记多杂出,若东京以降,《先贤》《耆旧》诸传,《拾遗》《搜神》诸记皆是也。史学废而文集入传记,若唐、宋以还,韩、柳志铭,欧、曾序述皆是也。负史才者，不得身当史任以尽其能事，亦当搜罗闻见，核其是非，自著一书，以附传记之专家。至不得已而因人所请，撰为碑、铭、序、述诸体，即不得不为酬酢应给之辞，以杂其文指，韩、柳、欧、曾之所谓无可如何也。黠于好名而陋于知意者，度其文采不足以动人，学问不足以自立，于是思有所托以附不朽之业也，则见当世之人物事功，群相夸诩，遂谓可得而藉矣。藉之，亦似也，不知传记专门之撰述，其所识解又不越于韩、欧文集也，以谓是非碑志不可也。碑志必出子孙之所求，而人之子孙未尝求之也，则虚焉碑志以入集，似乎子孙之求之，自谓庶几韩、欧也。夫韩、欧应人之求而为之，出于不得已，故欧阳自命在五代之史，而韩氏欲诛奸谀于既死，发潜德之幽光，作唐之一经，尚恨托之空言也。今以人所不得已而出之者，仰窥有余羡，乃至优孟以摩之，则是词科之拟诰，非出于丝纶，《七林》之答问，不必有是言也。将何以征金石，昭来许乎？夫舍传记之直达，而效碑志之旁通，取其似韩、欧耶？则是矉里也。取其应人之求为文望邪，则是卜肆也。昔者西施病心，而矉里之丑妇，美而效之，富者闭门不出，贫者挈妻子而去之。贱工卖卜于都市，无有过而问者，则曰某王孙厚我，某贵卿神我术矣。

俗嫌

　　文字涉世之难，俗讳多也。退之遭李愬之毁，《平淮西碑》本未略李愬功。欧阳辨师鲁之志，从古解人鲜矣。往学古文于朱先生，先生为《吕举人志》，吕久困不第，每夜读甚苦。邻妇语其夫曰："吕生读书声高，而音节凄悲，岂其中有不自得邪？"其夫告吕。吕哭失声曰："夫人知我，假主文者，能具夫人之聪，我岂久不第乎？"由是每读，则向邻墙三揖，其文深表吕君不遇伤心，而当时以谓佻薄无男女嫌，则聚而议之。又为《某夫人志》，其夫教甥读书不率，挞之流血，太夫人护甥而怒，不食。夫人跪劝进食。太夫人怒，批其颊。夫人怡色有加，卒得姑欢。其文于慈孝友睦，初无所间，而当时以谓妇遭姑挞，耻辱须讳，又笞甥挞妇，俱乖慈爱，则削而去之。

余尝为《迁安县修城碑》，文中叙城久颓废，当时工程更有急者，是以大吏勘入缓工；今则为日更久，圮坏益甚，不容更缓。此乃据实而书，宜若无嫌。而当时阅者，以谓碑叙城之宜修，不宜更著勘缓工者以形其短。初疑其人过虑，其后质之当世号知文者，则皆为是说，不约而同。又尝为人撰节妇传，则叙其生际穷困，亲族无系援者，乃能力作自给，抚孤成立。而其子则云："彼时亲族不尽穷困，特不我母子怜耳！今若云云，恐彼负惭，且成嫌隙，请但述母氏之苦，毋及亲族不援。"此等拘泥甚多，不可更仆数矣。亦间有情形太逼，实难据法书者，不尽出拘泥也。又为朱先生撰寿幛题辞云："自癸巳罢学政归，门下从游，始为极盛。"而同人中，有从游于癸巳前者，或愤作色曰："必于是后为盛，是我辈不足重乎？"又为梁文定较注《年谱》云："公念嫂夫人少寡，终身礼敬如母，遇有拂意，必委曲以得其欢。"而或乃曰："嫂自应敬，今云念其少寡而敬，则是防嫂不终其节，非真敬也。"其他琐琐为人所摘议者，不可具论，姑撮大略于此，亦可见文章涉世，诚难言矣。

夫文章之用，内不本于学问，外不关于世教，已失为文之质；而或怀挟褊心，诋毁人物，甚而攻发隐私，诬涅清白，此则名教中之罪人，纵幸免刑诛，天谴所必及也。至于是非所在，文有抑扬；比拟之余，例有宾主；厚者必云不薄，醇者必曰无疵，殆如赋诗必谐平仄，然后音调；措语必用助辞，然后辞达。今为醇厚著说，惟恐疵薄是疑，是文句必去焉哉乎也，而诗句须用全仄全平，虽周、孔复生，不能一语称完善矣。嗟乎！经世之业，不可以为涉世之文，不虞之誉，求全之毁，从古然矣！读古乐府形容蜀道艰难，太行诘屈，以谓所向狭隘，喻道之穷，不知文字一途，乃亦崎岖如是！是以深识之士，黯默无言，自勒名山之业，将俟知者发之，岂与容悦之流较甘苦哉！

针名

名者，实之宾，实至而名归，自然之理也，非必然之事也。君子顺自然之理，不求必然之事也。君子之学，知有当务而已矣。未知所谓名，安有见其为实哉？好名者流，徇名而忘实，于是见不忘者之为实尔。识者病之，乃欲使人后名而先实也。虽然，犹未忘夫名实之见者也。君子无是也。君子出处，当由名义，先王所以觉世牖民，不外名教。伊古以来，未有舍名而可为治者也。何为好名乃致忘实哉？曰：义本无名，因欲不知义者由于义，故曰名义。教本无名，因欲不知教者率其教，故曰名教。揭而为名，求实之谓也。譬犹人不知食，而揭树艺之名以劝农。人不知衣，而揭盆缫之名以劝蚕，暖衣饱食者不求农蚕之名也。今不问农蚕而但以饱暖相矜耀，必有辍耕织而忍饥寒，假藉糠秕以充饱，隐裹败絮以伪暖，斯乃好名之弊矣！故名教名义之为名，农蚕也。好名者之名，饱暖也。必欲骛饱暖之名，未有不强忍饥寒者也。

然谓好名者丧名，自然之理也，非必然之事也。昔介之推不言禄，禄亦弗及，实至而名归，名亦未必遽归也。天下之名，定于真知者，而羽翼于似有知而实未深知者。夫真知者必先自知，天下鲜自知之人，故真能知人者不多也。似有知而实未深知者则多矣。似有知，故可相与为声名。实未深知，故好名者得以售其欺，又况智干术驭，竭尽生平之思力，而谓此中未得一当哉！故好名者，往往得一时之名，犹好利者，未必无一时之利也。且好名者，固有所利而为之者也。如贾之利市焉，贾必出其居积，而后能获利。好名者，亦必浇漓其实，而后能徇一时之名也。盖人心不同如其面，故务实者，不能尽人而称善焉。好名之人，则务揣人情之所向，不必出于中之所谓诚然也。且好名者，必趋一时之风尚也。风尚循环，如春兰秋菊之互相变易而不相袭也。人生其间，才质所优，不必适与之合也。好名者，则必屈曲以徇之，故于心术多不可问也。唇亡则齿寒，鲁酒薄而邯郸围，此言势有必至，理有固然也。学问之道，与人无忮忌，而名之所关，忮忌有所必至也；学问之道，与世无矫揉，而名之所在，矫揉有所必然也。故好名者，德之贼也。

若夫真知者，自知之确，不求人世之知之矣！其于似有知，实未深知者，不屑同道矣！或百世而上，得一人焉，吊其落落无与俦也，未始不待我为后起之援也。或千里而外，得一人焉，怅其遥遥未接迹也，未始不与我为比邻之洽也。以是而问当世之知，则寥寥矣。而君子不以为患焉。浮气息，风尚平，天下之大，岂无真知者哉！至是而好名之伎亦有所穷矣。故曰：实至而名归，好名者丧名，皆自然之理也，非必然之事也。卒之事亦不越于理矣。

砭异

古人于学求其是,未尝求异于人也。学之至者,人望之而不能至,乃觉其异耳,非其自有所异也。夫子曰:"俭,吾从众,泰也,虽违众,吾从下。"圣人方且求同于人也。有时而异于众,圣人之不得已也。天下有公是,成于众人之不知其然而然也,圣人莫能异也。贤智之士,深求其故,而信其然,庸愚未尝有知,而亦安于然。而负其才者,耻与庸愚同其然也,则故矫其说以谓不然。譬如善割烹者,甘旨得人同嗜,不知味者,未尝不以谓甘也。今耻与不知味者同嗜好,则必啜糟弃醴,去脍炙而寻藜藿,乃可异于庸俗矣!语云:"后世苟不公,至今无圣贤。"万世取信者,夫子一人而已矣!夫子之可以取信,又从何人定之哉!公是之不容有违也。夫子论列古之神圣贤人众矣,伯夷求仁得仁,泰伯以天下让,非夫子阐幽表微,人则无由知尔。尧、舜、禹、汤、文、武、周公,虽无夫子之称述,人岂有不知者哉!以夫子之圣,而构述尧、舜、禹、汤、文、武、周公,不闻去取有异于众也,则天下真无可以求异者矣!

是非之心,人皆有之。至于声色臭味,天下之耳目口鼻,皆相似也。心之所同然者,理也,义也。然天下歧趋,皆由争理义,而是非之心,亦从而易焉。岂心之同然,不如耳目口鼻哉?声色臭味有据而理义无形,有据则庸愚皆知率循,无形则贤智不免于自用也。故求异于人,未有不出于自用者也。治自用之弊,莫如以有据之学,实其无形之理义,而后趋不入于歧途也。夫内重则外轻,实至则名忘。凡求异于人者,由于内不足也。自知不足,而又不胜其好名之心,斯欲求异以加人,而人亦卒莫为所加也。内不足,不得不矜于外;实不至,不得不鹜于名,又人情之大抵类然也。以人情之大抵类然,而求异者,固亦不免于出此,则求异者何尝异人哉！特异于坦荡之君子尔。夫马，毛鬣相同也。龁草饮水，秣刍饲粟，且加之鞍鞯而施以箝勒，无不相同也。或一日而百里，或一日而千里，从同之中，而有独异者。圣贤豪杰，所以异于常人也，不从众之所同，而先求其异，是必诡衔窃辔，踶跌噬龁，不可备驰驱之用者也。

砭俗

文章家言及于寿屏祭幛，几等市井间架，不可入学士之堂矣，其实时为之也。涉世不得废应酬故事，而祝嘏陈言，哀挽习语，亦无从出其性灵，而犹于此中斤斤焉。计工论拙，何以异于梦中之占梦欤？夫文所以将其意也，意无所以自申，而概与从同，则古人不别为辞，如冠男之祝，醮女之命，但举成文故牍而已矣！文胜之习，必欲为辞，为之而岂无所善，则遂相与矜心作意，相与企慕仿效，滥觞流为江河，不复可堙阏矣。夫文，生于质也，始作之者，未通乎变故，其数易尽，沿而袭之者之所以无善步也。既承不可遏之江河，则当相度宣防，资其灌溉，通其舟楫，乃见神明通久之用焉。文章之道，凡为古无而今有者，皆当然也。称寿不见于古，而叙次生平，一用记述之法，以为其人之不朽，则史传竹帛之文也。挽祭本出辞章，而历溯行实，一用诔谥之意，以为其人之终始，则金石刻画之文也。文生于质，视其质之如何而施吾文焉，亦于世教未为无补，又何市井间架之足疑，而学士之不屑道哉！

夫生有寿言，而死有祭挽，近代亡于礼者之礼也。礼从宜，使从俗，苟不悖乎古人之道，君子之所不废也。文章之家，卑视寿挽，不知神明其法，弊固至乎此也。其甚焉者，存祭挽而耻录寿言。近世文人，自定其集，不能割爱而闻存者，亦必别为卷轴，一似雅郑之不可同日语也。汪钝翁以古文自命，动辄呵责他人，其实有才无识，好为无谓之避忌，反自矜为有识，大抵如此。此则可谓知一十而昧二五也。彼徒见前人文集，有哀诔而无寿言，以谓哀诔可通于古，而祝嘏之辞为古所无也。不知墓志始于六朝，碑文盛于东汉，于古未有行也。中郎碑刻，昌黎志铭，学士盛称之矣，今观蔡、韩二氏之文集，其间无德而称，但存词致，所与周旋而俯仰者，有以异于近代之寿言欤？宽于取古而刻以绳今，君子以为有耳而无目也。必以铭志之伦，实始乎古，则祝嘏之文，未尝不始于《周官》。六祝之辞，所以祈福祥也。以其文士为之之晚出，因而区别其类例，岂所语于知时之变者乎？

　　夫文生于质，寿祝哀诔，因其人之质而施以文，则变化无方，后人所辟，可以过于前人矣。夫因乎人者，人万变而文亦万变也。因乎事者，事不变而文亦不变也。醮女之辞，冠男之颂，一用成文故典，古人不别为辞，载在传记，盖亦多矣。揖让之仪文，鼓吹之节奏，礼乐之所不废也，然而其质不存焉。虽有神圣制作，无取仪文节奏，以为特著之奇也。后人沿其流而不辨其源者，则概为之辞，所为辞费也。进士题名之碑，必有记焉。明人之弊，今则无矣。科举拜献之录，必有序焉。此则今尚有之，似可请改用一定格式，如贺表例。自唐、宋以来，秋解春集，进士登科，等于转漕上计，非有特出别裁之事也。题名进录，故事行焉。虽使李斯刻石，指题名碑。刘向奏书，指进呈录。岂能于寻常行墨之外，别著一辞哉？而能者矜焉，拙者愧焉，惟其文而不惟其事，所谓惑也。成室上梁，必有文焉。婚姻通聘，必有启焉。同此堂构，同此男女，虽使鲁般发号，高禖绍宾，岂能于寻常行墨之外，别著一辞哉？而能者矜焉，拙者愧焉，惟其文而不惟其事，所谓惑也。而当世文人，方且劣彼而优此，何哉！

国家令典，郊庙祝版，岁举常事，则有定式，无更张也。推恩循例，群臣诰敕，官秩相同，则有定式，无更张也。万寿庆典，嘉辰令节，群臣贺表，咸有定式，无更张也。圣人制作，为之礼经，宜质宜文，必当其可。文因乎事，事万变而文亦万变，事不变而文亦不变，虽周孔制作，岂有异哉！揖让之仪文，鼓吹之节奏，常人之所不能损者，神圣之所不能增，而文人积习相寻，必欲夸多而斗靡，宜乎文集之纷纷矣！

《礼》曰："君子未葬读丧礼，既葬读祭礼，丧复常读乐章。"丧礼远近有别，而文质以分，所以本于至情也。近世文人，则有丧亲成服之祭文矣，葬亲堂祭之祭文矣，分赠吊客之行述矣。传曰："孝子之丧亲也，哭不哀，礼无容，言不文，茕茕苦块之中，杖而后能起，朝夕哭无时。"尚有人焉能载笔而摛文，以著于竹帛，何以异于苍梧人之让妻，华大夫之称祖欤！或曰：未必其人之自为，相丧者之代辞也。夫文生于质也，代为之辞，必其人之可以有是言也。鸱鸮既处飘摇，不为睍睆之好音；鲋鱼故在涸辙，不无愤然之作色。虽代禽鱼立言，亦必称其情也，岂曰代为之辞，即忘孝子之所自处欤！

或谓代人属草，有父母者，不当为人述考妣也。颜氏著训，盖谓孝子远嫌，听无声而视无形，至谆谆也。虽然，是未明乎代言之体也。嫌之大者莫过君臣，周公为成王诏臣庶，则不以南面为嫌；嫌之甚者莫过于男女，谷永为元帝报许后，即不以内亲为忌。伊古名臣，拟为册祝制诰，则追谥先朝，册后建储，以至训敕臣下，何一不代帝制以立言，岂有嫌哉？必谓涉世远嫌，不同官守，乐府《孤儿》之篇，岂必索冠之棘人？古人寡妇之叹，何非须眉之男子？文人为子述其亲，必须孤子而后可，然则为夫述其妻，必将阉寺而后可乎？夫非礼之礼，非义之义，君子弗为，盖以此哉！

申郑

子长孟坚氏不作，而专门之史学衰。陈范而下，或得或失，粗足名家。至唐人开局设监，整齐晋隋故事，亦名其书为一史，而学者误承流别，不复辨正其体。于是古人著书之旨，晦而不明，至于辞章家舒其文辞，记诵家精其考核，其于史学，似乎小有所补；而循流忘源，不知大体，用功愈勤，而识解所至，亦去古愈远，而愈无所当。郑樵生千载而后，慨然有见于古人著述之源，而知作者之旨，不徒以词采为文，考据为学也。于是遂欲匡正史迁，益以博雅；贬损班固，讥其因袭，而独取三千年来，遗文故册，运以别识心裁，盖承通史家风，而自为经纬，成一家言者也。学者少见多怪，不究其发凡起例，绝识旷论，所以斟酌群言，为史学要删，而徒摘其援据之疏略，裁剪之未定者纷纷攻击，势若不共戴天。古人复起，奚足当吹剑之一吷乎？若夫《二十略》中《六书》《七音》与《昆虫草木》三略，所谓以史翼经，本非断代为书，可以递续不穷者，此诚所谓专门绝业，汉唐诸儒，不可得闻者也。创条发例，巨制鸿编，即以义类，明其家学，其事不能不因一时成书，粗就隐括，原未尝与小学专家，特为一书者，絜长较短，亦未尝欲后之人，守其成说，不稍变通。夫郑氏所振在鸿纲，而末学吹求，则在小节，是何异讥韩、彭名将，不能邹、鲁趋跄，绳伏、孔巨儒，不善作雕虫篆刻耶？

夫史迁绝学，《春秋》之后，一人而已。其范围千古，牢笼百家者，惟创例发凡，卓见绝识，有以追古作者之原，自具《春秋》家学耳。若其事实之失据，去取之未尝，议论之未醇，使其生唐、宋而后，未经古人论定，或当日所据石室金匮之藏及《世本》《谍记》《楚汉春秋》之属，不尽亡佚，后之溺文辞而泥考据者，相与锱铢而校，尺寸以绳，不知更作如何掊击也。今之议郑樵者，何以异是？孔子作《春秋》，盖曰："其事则齐桓、晋文，其文则史"，其义则孔子自谓有取乎尔。夫事即后世考据家之所尚也，文即后世词章家之所重也，然夫子所取，不在彼而在此，则史家著述之道，岂可不求义意所归乎。自迁、固而后，史家既无别识心裁，所求者徒在其事其文，惟郑樵稍有志乎求义，而缀学之徒，嚣然起而争之。然则充其所论，即一切科举之文词，胥吏之簿籍，其明白无疵，确实有据，转觉贤于迁、固远矣。虽然，郑君亦不能无过焉。马、班父子传业，终身史官，固无论矣。司马温公《资治通鉴》，前后一十九年，书局自随，自辟僚属，所与讨论，又皆一时名流，故能裁成绝业，为世宗师。郑君区区一身，僻处寒陋，独犯马、班以来所不敢为者而为之，立论高远，实不副名，又不幸而与马端临之《文献通考》，并称于时，而《通考》之疏陋，转不如是之甚。末学肤受，本无定识，从而抑扬其间，妄相拟议，遂与比类纂辑之业，同年而语，而衡短论长，岑楼寸木，且有不敌之势焉，岂不诬哉！

答客问上

癸巳在杭州，闻戴征君震，与吴处士颖芳谈次，痛诋郑君《通志》其言绝可怪笑，以谓不足深辨，置弗论也。其后学者，颇有訾警，因假某君叙说，辨明著述源流，自谓习俗浮议，颇有摧陷廓清之功，然其文上溯马、班，下辨《通考》。皆史家要旨，不尽为《通志》发也。而不知者又更端以相诘难，因作《答客问》三篇。

客有见章子《续通志叙书后》者，问于章子曰：《通志》之不可轻议，则既闻命矣。先生之辨也，文繁而不可杀，其推论所及，进退古人，多不与世之尚论者同科。岂故为抑扬，以佐其辨欤？抑先生别有说欤。夫学者皆称二十二史，著录之家，皆取马、班而下，至于元、明而上，区为正史一门矣。今先生独谓唐人整齐晋、隋故事，亦名其书为一史，而学者误承流别，不复辨正其体焉，岂晋、隋而下，不得名为一史欤？观其表志成规，纪传定体，与马、班诸史，未始有殊，开局设监，集众修书，亦时势使然耳。求于其实，则一例也。今云学者误承流别，敢问晋、隋而下，其所以与陈、范而上，截然分部者安在？

章子曰：史之大原，本乎《春秋》，《春秋》之义，昭乎笔削；笔削之义，不懂事具始末，文成规矩已也。以夫子"义则窃取"之旨观之，固将纲纪天人，推明大道，所以通古今之变，而成一家之言者，必有详人之所略，异人之所同，重人之所轻，而忽人之所谨。绳墨之所不可得而拘，类例之所不可得而泥，而后微茫杪忽之际，有以独断于一心；及其书之成也，自然可以参天地而质鬼神，契前修而俟后圣，此家学之所以可贵也。陈、范以来，律以《春秋》之旨，则不敢谓无失矣。然其心裁别识，家学具存，纵使反唇相议，至谓迁书退处士而进奸雄；固书排忠节而饰主阙，要其离合变化，义无旁出，自足名家学而符经旨，初不尽如后代纂类之业，相与效子莫之执中，求乡愿之无刺，侈然自谓超迁轶固也。若夫君臣事迹，官司典章，王者易姓受命，综核前代，纂辑比类，以存一代之旧物，是则所谓整齐故事之业也。开局设监，集众修书，正当用其义例，守其绳墨，以待后人之论定则可矣，岂所语于专门著作之伦乎。

《易》曰："苟非其人，道不虚行。"史才不世出，而时世变易不可常；及时纂辑所闻见，而不用标别家学；决断去取为急务，岂特晋、隋二史为然哉！班氏以前，则有刘向、刘歆、扬雄、贾逵之《史记》；范氏以前，则有刘珍、李尤、蔡邕、卢植、杨彪之《汉记》，其书何尝不遵表志之成规，不用纪传之定体。然而守先待后之故事，与笔削独断之专家，其功用足以相资，而流别不能相混，则断如也。溯而上之，百国宝书之于《春秋》，《世本》《国策》之于《史记》，其义犹是耳。唐后史学绝，而著作无专家，后人不知《春秋》之家学，而猥以集众官修之故事，乃与马班、陈范诸书，并列正史焉，于是史文等于科举之程式，胥吏之文移，而不可稍有变通矣。间有好学深思之士，能自得师于古人，标一法外之义例，着一独具之心裁，而世之群怪聚骂，指目牵引为言词，譬若猵狙见冠服，不与龁决毁裂，至于尽绝不止也。郑氏《通志》之被谤，凡以此也。

嗟乎！道之不明久矣！《六经》皆史也，形而上者谓之道，形而下者谓之器，孔子之作《春秋》也，盖曰："我欲托之空言，不如见诸行事之深切著明。"然则典章事实，作者之所不敢忽，盖将即器而明道耳。其书足以明道矣，笾豆之事，则有司存，君子不以是为琐琐也。道不明而争于器，实不足而竞于文，其弊与空言制胜华辩伤理者，相去不能以寸焉，而世之溺者不察也。太史公曰："好学深思，心知其意。"当今之世，安得知意之人，而与论作述之旨哉！

答客问中

客曰：孔子自谓"述而不作，信而好古。"又曰："好古敏以求之。"夏殷之礼，夫子能言，然而无征不信，慨于文献之不足也。今先生谓作者有义旨，而笾豆器数，不为琐琐焉，毋乃悖于夫子之教欤？马氏《通考》之详备，郑氏《通志》之疏舛，三尺童子所知也。先生独取其义旨，而不责其实用，遂欲申郑而屈马，其说不近于偏耶？章子曰：天下之言，各有攸当，经传之言，亦若是而已矣！读古人之书，不能会通其旨，而徒执其疑似之说，以争胜于一隅，则一隅之言，不可胜用也。天下有比次之书，有独断之学，有考索之功，三者各有所主，而不能相通。六经之于典籍也，犹天之有日月也。读《书》如无《诗》，读《易》如无《春秋》，虽圣人之籍，不能于一书之中，备数家之攻索也。

《易》曰"不可为典要"，而《书》则偏言"辞尚体要"焉。读《诗》不以辞害志，而《春秋》则正以一言定是非焉。向令执龙血鬼车之象，而征粤若稽古之文，托熊蛇鱼旐之梦，以纪春王正月之令，则圣人之业荒，而治经之旨悖矣。若云好古敏求，文献征信，吾不谓往行前言，可以灭裂也。多闻而有所择，博学而要于约，其所取者有以自命，而不可概以成说相拘也。大道既隐，诸子争鸣，皆得先王之一端，庄生所得，耳目口鼻，皆有所明，不能相通者也。目察秋毫，而不能见雷霆，耳辨五音，而不能窥泰山，谓耳目之有能有不能则可矣，谓耳闻目见之不足为雷霆山岳其可乎？由汉氏以来，学者以其所得，托之撰述以自表见者，盖不少矣。

高明者，多独断之学；沈潜者，尚考索之功。天下之学术，不能不具此二途，譬犹日昼而月夜，暑夏而寒冬，以之推代而成岁功，则有相需之益；以之自封而立畛域，则有两伤之弊，故马、班史祖，而伏、郑经师，迁乎其地，而弗能为良，亦并行其道，而不相为背者也。使伏、郑共注一经，必有抵牾之病；使马、班同修一史，必有矛盾之嫌。以此知专门之学，未有不孤行其意，虽使同侪争之而不疑，举世非之而不顾，此史迁之所以必欲传之其人，而班固之所以必待马融受业于其女弟，然后其学始显也。迁书有徐广、裴骃诸家传其业，固书有服虔、应劭诸家传其业，专门之学，口授心传，不啻经师之有章句矣。然则《春秋》经世之意，必有文字之所不可得而详，绳墨之所不可得而准，而今之学者，凡遇古人独断之著述，于意有不惬，嚣然纷起而攻之，亦见其好议论，而不求成功矣。

若夫比次之书，则掌故令史之孔目，簿书记注之成格，其原虽本柱下之所藏，其用止于备稽检而供采择，初无他奇也。然而独断之学，非是不为取裁；考索之功，非是不为按据，如旨酒之不离乎糟粕，嘉禾之不离乎粪土，是以职官故事，案牍图牒之书，不可轻议也。然独断之学，考索之功欲其智，而比次之书欲其愚，亦犹酒可实尊彝，而糟粕不可实尊彝；禾可登簠簋，而粪土不可登簠簋，理至明也。古人云："言之不文，行之不远。""文不雅驯，荐绅先生难言之。"为职官故事，案牍图牒之难以萃合而行远也。于是有比次之法，不名家学，不立识解，以之整齐故事，而待后人之裁定，是则比次欲愚之效也。举而登诸著作之堂，亦自标名为家学，谈何容易邪！且班固之才，可谓至矣，然其与陈宗、尹敏之徒，撰《世祖本纪》，与《新市》《平林》诸列传，不能与《汉书》并立，而必以范蔚宗书为正宗，则集众官修之故事，与专门独断之史裁，不相缀属又明矣。自是以来，源流既失，郑樵无考索之功，而《通志》足以明独断之学，君子于斯有取焉。马贵与无独断之学，而《通考》不足以成比次之功，谓其智既无所取，而愚之为道，又有未尽也。且其就《通典》而多分其门类，取便翻检耳！因史志而裒集其论议，易于折衷耳！此乃经生决科之策括，不敢抒一独得之见，标一法外之意，而奄然媚世为乡愿，至于古人著书之义旨，不可得闻也。俗学便其类例之易寻，喜其论说之平善，相与翕然交称之，而不知著作源流之无似，此呕哑嘲哳之曲，所以属和万人也。

答客问下

客曰：独断之学，与考索之功，则既闻命矣。敢问比次之书，先生拟之糟粕与粪土，何谓邪？章子曰：斯非贬辞也。有璞而后施雕，有质而后运斤，先后轻重之间，其数易明也。夫子未删之《诗》《书》，未定之《易》《礼》《春秋》，皆先王之旧典也。然非夫子之论定，则不可以传之学者矣。李焘谓左氏将传《春秋》，先聚诸国史记，国别为语，以备《内传》之采撷，是虽臆度之辞，然古人著书，未有全无所本者，以是知比次之业，不可不议也。比次之道，大约有三，有及时撰集，以待后人之论定者，若刘歆、扬雄之《史记》，班固、陈宗之《汉记》是也。有有志著述，先猎群书，以为薪楥者，若王氏《玉海》，司马《长编》之类是也。有陶冶专家，勒成鸿业者，若迁录仓公技术，固裁刘向《五行》之类是也。

夫及时撰集，以待论定，则详略去取，精于条理而已。先猎群书，以为薪楥，则辨同考异，慎于覈核而已。陶冶专家，勒成鸿业，则钩玄提要，达于大体而已。比次之业，既有如是之不同。作者之旨亦有随宜之取辨。而今之学者，以谓天下之道，在乎较量名数之异同，辨别音训之当否，如斯而已矣，是何异观坐井之天，测坳堂之水，而遂欲穷六合之运度，量四海之波涛，以谓可尽哉！夫汉帝春秋，年寿也。具于《别录》。臣瓒注。伏生文翁之名，征于石刻。高祖之作新丰，详于刘记。《西京杂记》。孝武之好微行，著于外传。《汉武故事》。而迁固二书，未见采录，则比次之繁，不妨作者之略也。曹丕让表，详《献帝传》。甄后懿行，盛称《魏书》。哀牢之传，征于计吏。见《论衡》。先贤之表，著于黄初，而陈、范二史，不以入编，则比次之私，有待作者之公也。然而经生习业，遂纂典林；辞客探毫，因收韵藻。晚近浇漓之习，取便依检，各为兔园私册，以供陋学之取携。是比次之业，虽欲如糟粕粪土，冀其化朽腐而出神奇，何可得哉！夫村书俗学，既无良材，则比次之业，难于凭藉者一矣。所征故实，多非本文，而好易字句，漓其本质，以致学者宁习原书，急窥新录，则比次之业，难于凭藉者二矣。比类之书，本非著作，而汇收故籍，不著所出何书，一似己所独得，使人无从征信，则比次之业，难于凭藉者三矣。传闻异辞，记载别出，不能兼收并录，以待作者之决择，而私作聪明，自定去取，则比次之业，难于凭藉者四矣。图绘之学，不入史裁，金石之文，但征目录，后人考核，征信无从，则比次之业，难于凭藉者五矣。专门之书，已成巨编，不为采录，大凡预防亡逸，而听其孤行，渐致湮没，则比次之业，难于凭藉者六矣。拘牵类例，取足成书，不于法律之外，多方购备，以俟作者之辨裁，一目之罗，得鸟无日，则比次之业，难于凭藉者七矣。凡此多端，并是古人未及周详，而后学尤所未悉，苟有志于三月聚粮，则讲习何可不豫而一世之士，不知度德量力，咸嚣嚣以作者自命，不肯为是筌蹄嚆矢之功程，刘歆所谓"挟恐见破之私意，而无从善服义之公心"者也。术业如何得当，而著作之道，何由得正乎。

答问

或问前人之文辞，可改窜为己作欤？答曰：何为而不可也。古者以文为公器，前人之辞如已尽，后人述而不必作也。赋诗断章，不啻若自其口出也。重在所以为文辞，而不重文辞也。苟得其意之所以然，不必有所改窜，而前人文辞，与己无异也。无其意而求合于文辞，则虽字句毫无所犯，而阴仿前人之所云，君子鄙之曰窃矣。或曰：陈琳为曹洪报魏太子，讳言陈琳为辞；丁敬礼求曹子建润色其文，则曰后世谁知定吾文者。唐韩氏云："惟古于文必己出，降而不能乃剽窃。"古人必欲文辞自己擅也，岂曰重其意而已哉！答曰：文人之文，与著述之文，不可同日语也。著述必有立于文辞之先者，假文辞以达之而已。譬如庙堂行礼，必用锦绅玉佩，彼行礼者，不问绅佩之所成著述之文是也。锦工玉工，未尝习礼，惟藉制锦攻玉以称功，而冒他工所成为己制，则人皆以为窃矣，文人之文是也。故以文人之见解，而议著述之文辞，如以锦工玉工，议庙堂之礼典也。或曰：古人辞命草创，加以修润；后世诗文，亦有一字之师，如所重在意，而辞非所计，譬如庙堂行礼，虽不计其绅佩，而绅佩敝裂，不中制度，亦岂可行邪？答曰：此就文论文，别自为一道也。就文论文，先师有辞达之训，曾子有鄙倍之戒，圣门设科，文学言语并存，说辞亦贵有善为者。古人文辞，未尝不求工也，而非所论于此疆彼界，争论文必己出，以矜私耳。自魏、晋以还，论文亦自有专家矣。乐府改旧什之铿锵，《文选》裁前人之篇什，并主声情色采，非同著述科也，《会昌制集》之序，郑亚削义山之腴；元和《月蚀》之歌，韩公攫玉川之怪；或存原款以归其人，或改标题以入己集，虽论文末技，有精焉者；所得既深，亦不复较量于彼我字句之琐也。或曰：昔者乐广善言，而挚虞妙笔，乐谈挚不能对，挚笔乐不能复，人各有偏长矣。然则有能言而不能文者，不妨藉人为操笔邪？答曰：潘岳亦为乐广撰让表矣，必得广之辞旨，而后次为名笔，史亦未尝不两称之。两汉以下，人少兼长，优学而或歉于辞，善文而或疏于记以至学问之中，又有偏擅，文辞一道，又有专长，本可交助为功，而世多交讥互诋，是以大道终不可得而见也。文辞末也，苟去封畛而集专长，犹有卓然之不朽，而况由学问而进求古人之大体乎。然而自古至今，无其人焉，是无可如何者也。或曰：诚如子言，文章学问，可以互托，苟有黠者，本无所长，而谬为公义，以滥竽其中，将何以辨之？答曰：千钧之鼎，两人举之，不能胜五百钧者，仆且蹶矣。李广入程不识之军，而旟旌壁垒，为之一新，才智苟逊于程，一军乱矣。富人远出，不持一钱，有所需而称货，人争与之，他人不能者，何也？惟富于钱，而后可以货人之钱。也故文学苟志于公，彼无实者，不能冒也。

或曰：前人之文，不能尽善，后人从而点窜以示法，亦可为之欤？答曰：难言之矣。著述改窜前人，其意别有所主，故无伤也。论文改窜前人，文心不同，亦如人面，未可以己所见，遽谓胜前人也。刘氏《史通》，著《点烦》之篇矣。左马以降，并有涂改，人或讥其知史不知文也；然刘氏有所为而为之，得失犹可互见，若夫专事论文，别宜慎矣。今古聪敏智慧，亦自难穷，今人所见，未必尽不如古，大约无心偶会，则收点金之功；有意更张，必多画墁之诮。盖论文贵于天机自呈，不欲人事为穿凿耳。或问近世如方苞氏，删改唐、宋大家，亦有补欤？夫方氏不过古人所谓本不甚深，况又加以私心胜气非徒无补于文，而反开后生小子无忌惮之渐也。小慧私智，一知半解，未必不可攻古人之间，拾前人之遗，此论于学术，则可附于不贤识小之例，存其说以备后人之采择，可也。若论于文辞，则无关大义，皆可置而不论；即人心不同如面，不必强齐之意也。果于是非得失，后人既有所见，自不容默矣。必也出之如不得已，详审至再而后为之，如国家之议旧章，文臣之策利弊，非有显然什百之相悬，宁守旧而毋妄更张矣。苟非深知此意，而轻议古人，是庸妄之尤，即未必无尺寸之得，而不足偿其寻丈之失也。方氏删改大家，有必不得已者乎？有是非得失，显然什百相悬者乎？有如国家之议旧章，名臣之策利弊，宁守旧而毋妄更张之本意者乎？在方氏亦不敢自谓然也。然则私心胜气,求胜古人,此方氏之所以终不至古人也。凡能与古为化者,必先于古人绳度尺寸不敢逾越者也。盖非信之专而守之笃,则入古不深;不深则不能化,譬如人于朋友,能全管、鲍通财之义,非严一介取与之节者,必不能也。故学古而不敢曲泥乎古,乃服古而谨严之至,非轻古也。方氏不知古人之意,而惟徇于文辞,且所得于文辞者,本不甚深,其私智小慧,又适足窥见古人之当然,而不知其有所不尽然,宜其奋笔改窜之易易也。

古文公式

古文体制源流,初学入门,当首辨也。苏子瞻《表忠观碑》,全录赵抃奏议,文无增损,其下即缀铭诗,此乃汉碑常例,见于金石诸书者,不可胜载。即唐、宋八家文中,如柳子厚《寿州安丰孝门碑》,亦用其例,本不足奇。王介甫诧谓是学《史记·诸侯王年表》,真学究之言也。李耆卿谓其文学《汉书》,亦全不可解。此极是寻常耳目中事,诸公何至怪怪奇奇,看成骨董。且如近日市井乡间,如有利弊得失,公议兴禁,请官约法,立碑垂久,其碑即刻官府文书告谕原文,毋庸增损字句,亦古法也。岂介甫诸人,于此等碑刻犹未见耶?当日王氏门客之訾摘骇怪,更不直一笑矣。

以文辞而论,赵清献请修表忠观原奏,未必如苏氏碑文之古雅。史家记事记言,因袭成文,原有点窜涂改之法。苏氏此碑,虽似钞缮成文,实费经营裁制也。第文辞可以点窜,而制度则必从时,此碑篇首"臣抃言"三字,篇末"制曰可"三字,恐非宋时奏议上陈诏旨下达之体;而苏氏意中,揣摩《秦本纪》丞相"臣斯昧死言"及"制曰可"等语太熟,则不免如刘知几之所讥，貌同而心异也。余昔修《和州志》，有《乙亥义烈传》，专记明末崇祯八年，闯贼攻破和州，官吏绅民男妇殉难之事，用记事本末之例，以事为经，以人为纬，详悉具载，而州中是非哄起。盖因闯贼怒拒守而屠城，被屠者之子孙，归咎于创议守城者，陷害满城生命。又有著论指斥守城者部署非法，以致城陷。甚至有诬创议守城者，缒城欲逃，为贼擒杀，并非真殉难者。余搜得凤阳巡抚朱大典，奏报和州失陷，官绅殉难情节，乃据江防州同申报，转据同在围城逃脱难民，口述亲目所见情事，官绅忠烈，均不可诬，余因全录奏报，以为是篇之序。中间文字点窜，甚有佳处，然篇首必云，"崇祯九年二月日，巡抚凤阳提督，军务都察院右副都御史臣朱大典谨奏：为和城陷贼，官绅殉难堪怜，乞赐旌表，以彰义烈事。"其篇末云："奉旨：览奏悯恻，该部察例施行。"此实当时奏陈诏报式也。或谓中间奏文，既已删改古雅，其前后似可一例润色。余谓奏文辞句，并无一定体式，故可点窜古雅，不碍事理。前后自是当时公式，岂可以秦汉之衣冠，绘明人之图像耶？苏氏《表忠观碑》，前人不知，而相与骇怪，自是前人不学之过，苏氏之文，本无可议，至人相习，而不以为怪，其实不可通者，惟前后不遵公式之六字耳。夫文辞不察义例，而惟以古雅为徇，则"臣抃言"三字何如"岳曰于"三字更古？"制曰可"三字，何如"帝曰俞"三字更古？舍唐、虞而法秦、汉，未见其能好古也。

汪钝翁撰《睢州汤烈妇旌门颂序》，首录巡按御史奏报，本属常例，无可訾，亦无足矜也。但汪氏不知文用古法，而公式必遵时制，秦汉奏报之式，不可以改今文也。篇首著："监察御吏臣粹然言"，此又读《表忠观碑》"臣抃言"三字太熟，而不知苏氏已非法也。近代章奏，篇首叙衔，无不称姓，亦公式也。粹然何姓？汪氏岂可因摹古而删之？且近代章奏，衔名之下，必书谨奏，无称言者。一语仅四字，而两达公式，不知何以为古文辞也？妇人有名者称名，无名者称姓，曰张曰李可也。近代官府文书，民间词状，往往舍姓而空称曰氏；甚至有称为该氏者，诚属俚俗不典，然今无明文，胥吏苟有知识仍称为张为李，官所不禁，则犹是通融之文法也。汪氏于一定不易之公式，则故改为秦汉古款，已是貌同而心异矣。至于正俗通行之称谓，则又偏舍正而徇俗，何颠倒之甚耶？结句又云："臣谨昧死以闻。"亦非今制。汪氏平日，以古文辞高自矜诩，而庸陋如此，何耶？汪之序文，于"臣粹然言"句下，直起云"睢州诸生汤某妻赵氏，值明末李自成之乱"云云，是亦未善。当云"故明睢州诸生汤某妻赵氏，值李自成之乱"，于辞为顺。盖突起似现在之人，下句补出"值明末李自成"，文气亦近滞也。学文者当于此等留意辨之。

古文十弊

余论古文辞义例，自与知好诸君书，凡数十通，笔为论著，又有《文德》《文理》《质性》《黠陋》《俗嫌》《俗忌》诸篇，亦详哉其言之矣！然多论古人，鲜及近世。兹见近日作者，所有言论，与其撰著，颇有不安于心，因取最浅近者，条为十通，思与同志诸君，相为讲明，若他篇所已及者不复述，览者可互见焉，此不足以尽文之隐，然一隅三反，亦庶几其近之矣。

一曰：凡为古文辞者，必先识古人大体，而文辞工拙，又其次焉。不知大体，则胸中是非，不可以凭，其所论次，未必俱当事理；而事理本无病者，彼反见为不然而补救之，则率天下之人而祸仁义矣。有名士投其母氏行述,请大兴朱先生作志,叙其母之节孝,则谓乃祖衰年病废卧床,溲便无时,家无次丁,乃母不避秽亵,躬亲薰濯,其事既已美矣!又述乃祖于时,蹙然不安,乃母肃然对曰:"妇年五十,今事八十老翁,何嫌何疑!"呜呼!母行可嘉,而子文不肖甚矣!本无芥蒂,何有嫌疑?节母既明大义,定知无是言也。此公无故自生嫌疑,特添注以斡旋其事,方自以谓得体,而不知适如冰雪肌肤剜成疮痏,不免愈濯愈痕瘢矣!人苟不解文辞,如遇此等,但须据事直书,不可无故妄加雕饰;妄加雕饰,谓之"剜肉为疮",此文人之通弊也。

二曰:《春秋》书内不讳小恶,岁寒知松柏之后雕,然则欲表松柏之贞,必明霜雪之厉,理势之必然也。自世多嫌忌,将表松柏,而又恐霜雪怀惭,则触手皆荆棘矣。但大恶讳,小恶不讳,《春秋》之书内事,自有其权衡也。江南旧家,辑有宗谱,有群从先世为子聘某氏女,后以道远家贫,力不能婚,恐失婚时,伪报子殇,俾女别聘,其女遂不食死,不知其子故在。是于守贞殉烈,两无所处,而女之行事,实不愧于贞烈,不忍泯也。据事直书,于翁诚不能无歉然矣!第《周官》媒氏禁嫁殇,是女本无死法也。《曾子问》:"娶女有日,而其父母死,使人致命女氏。"注:谓恐失人嘉会之时,是古有辞昏之礼也。今制:婿远游,三年无闻,听妇告官别嫁,是律有远绝离昏之条也。是则某翁诡托子殇,比例原情,尚不足为大恶,而必须讳也。而其族人,动色相戒,必不容于直书,则匿其辞曰:"书报幼子之殇,而女家误闻以为婿也。"夫千万里外,无故报幼子殇,而又不道及男女昏期,明者知其无是理也,则文章病矣。人非圣人,安能无失?古人叙一人之行事,尚不嫌于得失互见也。今叙一人之事,而欲顾其上下左右前后之人,皆无小疵,难矣!是之谓"八面求圆",又文人之通弊也。

三曰：文欲如其事，未闻事欲如其人者也。尝见名士为人撰志，其人盖有朋友气谊，志文乃仿韩昌黎之志柳州也，一步一趋，惟恐其或失也。中间感叹世情反复，已觉无病费呻吟矣！末叙丧费出于贵人，及内亲竭劳，其事询之其家，则贵人赠赙稍厚，非能任丧费也，而内亲则仅一临穴而已，亦并未任其事也。且其子俱长成，非若柳州之幼子孤露，必待人为经理者也。诘其何为失实至此？则曰：仿韩志柳墓，终篇有云："归葬费出观察使裴君行立，又舅弟卢遵，既葬子厚，又将经纪其家。"附纪二人，文情深厚，今志欲似之耳。余尝举以语人，人多笑之。不知临文摹古，迁就轻重，又往往似之矣！是之谓"削趾适屦"，又文人之通弊也。

四曰：仁智为圣，夫子不敢自居；瑚琏名器，子贡安能自定。称人之善，尚恐不得其实；自作品题，岂宜夸耀成风耶！尝见名士为人作传，自云吾乡学者，鲜知根本，惟余与某甲，为功于经术耳。所谓某甲，固有时名，亦未见必长经术也。作者乃欲援附为名，高自标榜，恶矣！又有江湖游士，以诗著名，实亦未足副也。然有名实远出其人下者，为人作诗集序，述人请序之言曰："君与某甲齐名，某甲既已弁言，君乌得无题品？"夫齐名本无其说，则请者必无是言；而自诩齐名，藉人炫己，颜颊不复知忸怩矣！且经援服、郑，诗攀李、杜，犹曰高山景仰；若某甲之经，某甲之诗，本非可恃，而犹藉为名，是之谓"私署头衔"，又文人之通弊也。

五曰：物以少为贵，人亦宜然也。天下皆圣贤，孔孟亦弗尊尚矣。清言自可破俗，然在典午则滔滔皆是也。前人讥《晋书》列传同于小说，正以采掇清言，多而少择也。立朝风节，强项敢言，前史侈为美谈，明中叶后，门户朋党，声气相激，谁非敢言之士，观人于此，君子必有辨矣。不得因其强项申威，便标风烈，理固然也。我宪皇帝，澄清吏治，裁革陋规，整饬官方，惩治贪墨，实为千载一时。彼时居官，大法小廉，殆成风俗，贪冒之徒，莫不望风革面，时势然也。今观传志碑状之文，叙雍正年府州县官，盛称杜绝馈遗，搜除积弊，清苦自守，革除例外供支，其文洵不愧于《循吏传》矣。不知彼时逼于功令，不得不然，千万人之所同，不足以为盛节，岂可见阉寺而颂其不好色哉！山居而贵薪木，涉水而宝鱼虾，人知无是理也。而称人者乃独不然，是之谓"不达时势"，又文人之通弊也。

六曰：史既成家，文存互见，有如《管晏列传》而勋详于《齐世家》；张耳分题，而事总于《陈余传》，非惟命意有殊，抑亦详略之体所宜然也。若夫文集之中，单行传记，凡遇牵联所及，更无互著之篇，势必加详，亦其理也。但必权其事理，足以副乎其人，乃不病其繁重尔。如唐平淮西，《韩碑》归功裴度，可谓当矣。后中谗毁，改命于段文昌，千古为之叹惜。但文昌徇于李愬，愬功本不可没，其失犹未甚也。假令当日无名偏裨，不关得失之人，身后表阡，侈陈淮西功绩，则无是理矣。朱先生尝为故编修蒋君撰志，中叙国家前后平定准回要略，则以蒋君总修方略，独力勤劳，书成身死，而不得叙功故也。然志文雅健，学者慕之。后见某中书舍人死，有为作家传者，全袭《蒋志》原文，盖其人尝任分纂数月，于例得列衔名者耳，其实于书未寓目也。是与无名偏裨，后淮西功，又何以异？而文人喜于摭事，几等军吏攘功，何可训也？是之谓"同里铭旌"。昔有夸夫，终身未膺一命，好袭头衔，将死，遍召所知，筹计铭旌题字。或徇其意，假藉例封待赠修职登仕诸阶，彼皆掉头不悦。最后有善谐者，取其乡之贵显，大书勋阶师保殿阁部院某国某封某公同里某人之柩，人传为笑。故凡无端而影附者，谓之"同里铭旌"，不谓文人亦效之也，是又文人之通弊也。

七曰：陈平佐汉，志见社肉；李斯亡秦，兆端厕鼠。推微知著，固相士之玄机；搜间传神，亦文家之妙用也。但必得其神志所在，则如图画名家，颊上妙于增毫；苟徒慕前人文辞之佳，强寻猥琐，以求其似，则如见桃花而有悟；遂取桃花作饭，其中岂复有神妙哉？又近来学者，喜求征实，每见残碑断石，余文剩字，不关于正义者，往往藉以考古制度，补史缺遗，斯固善矣。因是行文，贪多务得，明知赘余非要，却为有益后世，推求不惮辞费，是不特文无体要，抑思居今世，而欲备后世考征，正如董泽矢材，可胜暨乎？夫传人者，文如其人；述事者，文如其事，足矣。其或有关考征，要必本质所具，即或闲情逸出，正为阿堵传神；不此之务，但知市菜求增，是之谓"画蛇添足"，又文人之通弊也。

八曰：文人固能文矣，文人所书之人，不必尽能文也。叙事之文，作者之言也，为文为质，惟其所欲，期如其事而已矣。记言之文，则非作者之言也，为文为质，期于适如其人之言，非作者所能自主也。贞烈妇女，明诗习礼，固有之矣。其有未尝学问，或出乡曲委巷，甚至佣妪鬻婢，贞节孝义，皆出天性之优，是其质虽不愧古人，文则难期于儒雅也。每见此等传记，述其言辞，原本《论语》《孝经》，出入《毛诗》《内则》，刘向之《传》，曹昭之《诫》，不啻自其口出，可谓文矣。抑思善相夫者，何必尽识鹿车鸿案？善教子者，岂皆熟记画荻丸熊？自文人胸有成竹，遂致闺修皆如板印。与其文而失实，何如质以传真也。由是推之，名将起于卒伍，义侠或奋阎闾间，言辞不必经生，记述贵于宛肖，而世有作者，于斯多不致思，是之谓"优伶演剧"。盖优伶歌曲，虽耕氓役隶，矢口皆叶宫商，是以谓之戏也。而记传之笔，从而效之，又文人之通弊也。

九曰：古人文成法立，未尝有定格也。传人适如其人，述事适如其事，无定之中，有一定焉。知其意者，旦暮遇之；不知其意，袭其形貌，神弗肖也。往余撰和州故给事《成性志传》，性以建言著称，故采录其奏议；然性少遭乱离，全家被害，追悼先世，每见文辞，而《猛省》之篇尤沉痛，可以教孝，故于终篇，全录其文。其乡有知名士赏余文。曰："前载如许奏章，若无《猛省》之篇，譬如行船，鹢首重而舵楼轻矣。今此婪尾，可谓善谋篇也。"余戏诘云："设成君本无此篇，此船终不行耶？"盖塾师讲授四书文义，谓之时文，必有法度以合程式；而法度难以空言，则往往取譬以示蒙学。拟于房室，则有所谓间结构；拟于身体，则有所谓眉目筋节；拟于绘画，则有所谓点睛添毫；拟于形家，则有所谓来龙结穴。随时取譬然为初学示法，亦自不得不然，无庸责也。惟时文结习，深锢肠腑，进窥一切古书古文，皆此时文见解，动操塾师启蒙议论，则如用象棋枰布围棋子，必不合矣。是之谓"井底天文"，又文人之通弊也。

十曰：时文可以评选，古文经世之业，不可以评选也。前人业评选之，则亦就文论文可耳。但评选之人，多非深知古文之人。夫古文之书，今不尽传，其文见于史传，评选之家，多从史传采录；而史传之例，往往删节原文，以就隐括，故于文体所具，不尽全也。评选之家，不察其故，误谓原文如是，又从而为之辞焉，于引端不具，而截中径起者，诩谓发轫之离奇。于刊削余文，而遽入正传者，诧为篇终之崭峭。于是好奇而寡识者，转相叹赏，刻意追摹，殆如左氏所云："非子之求，而蒲之觅矣。"有明中叶以来，一种不情不理，自命为古文者，起不知所自来，收不知所自往，专以此等出入思议，夸为奇特，于是坦荡之涂，生荆棘矣。夫文章变化，侔于鬼神，斗然而来，戛然而止，何尝无此景象，何尝不为奇特。但如山之岩峭，水之波澜，气积势盛，发于自然，必欲作而致之，无是理矣。文人好奇，易于受惑，是之谓"误学邯郸"，又文人之通弊也。

浙东学术

浙东之学，虽出婺源，然自三袁之流；多宗江西陆氏，而通经服古，绝不空言德性，故不悖于朱子之教。至阳明王子，揭孟子之良知，复与朱子抵牾。蕺山刘氏，本良知而发明慎独，与朱子不合，亦不相诋也。梨洲黄氏，出蕺山刘氏之门，而开万氏弟兄经史之学，以至全氏祖望辈，尚存其意，宗陆而不悖于朱者也。惟西河毛氏，发明良知之学，颇有所得，而门户之见，不免攻之太过，虽浙东人亦不甚以为然也。

世推顾亭林氏为开国儒宗，然自是浙西之学，不知同时有黄梨洲氏，出于浙东，虽与顾氏并峙，而上宗王、刘，下开二万，较之顾氏，源远而流长矣。顾氏宗朱，而黄氏宗陆，盖非讲学专家，各持门户之见者，故互相推服，而不相非诋，学者不可无宗主，而必不可有门户。故浙东、浙西，道并行而不悖也。浙东贵专家，浙西尚博雅，各因其习而习也。

天人性命之学，不可以空言讲也，故司马迁本董氏天人性命之说，而为经世之书。儒者欲尊德性，而空言义理以为功，此宋学之所以见讥于大雅也。夫子曰："我欲托之空言，不如见诸行事之深切著明也。"此《春秋》之所以经世也。圣如孔子，言为天铎，犹且不以空言制胜，况他人乎？故善言天人性命，未有不切于人事者。三代学术，知其史而不知有经，切人事也。后人贵经术，以其即三代之史耳。近儒谈经，似于人事之外，别有所谓义理矣。浙东之学，言性命者，必究于史，此其所以卓也。

朱、陆异同，干戈门户，千古桎梏之府，亦千古荆棘之林也。究其所以纷纶，则惟腾空言而不切于人事耳。知史学之本于《春秋》，知《春秋》之将以经世，则知性命无可空言，而讲学者必有事事；不特无门户可持，亦且无以持门户矣。浙东之学，虽源流不异，而所遇不同，故其见于世者,阳明得之为事功,蕺山得之为节义,梨洲得之为隐逸,万氏兄弟得之为经术。史裁授受,虽出于一,而面目回殊,以其各有事事故也。彼不事所事,而但空言德性,空言学问,则黄白苇,极面目雷同,不得不殊门户,以为自见地耳。故惟陋儒,则争门户也。

或问:事功气节,果可与著述相提并论乎?曰:史学所以经世,固非空言著述也。且如六经,同出于孔子,先儒以为其功莫大于《春秋》,正以切合当时人事耳。后之言著述者,舍今而求古,舍人事而言性天,则吾不得而知之矣!学者不知斯义,不足言史学也。整辑排比,谓之史纂;参互搜讨,谓之史考,皆非史学。

妇学

《周官》有女祝、女史,汉制有内起居注,妇人之于文字,于古盖有所用之矣。妇学之名,见于《天官》内职;德言容功,所该者广,非如后世只以文艺为学也。然《易》训正位乎内,《礼》职妇功丝枲,《春秋》传称赋事献功,《小雅》篇言酒食是议,则妇人职业,亦约略可知矣。男子弧矢,女子鞶悦,自有分别。至于典礼文辞,男妇皆所服习。盖后妃夫人,内子命妇,于宾享丧祭,皆有礼文,非学不可。妇学之目,德言容功,《郑注》:言为辞令,自非娴于经礼,习于文章,不足为学。乃知诵诗习礼,古之妇学,略亚丈夫。后世妇女之文,虽稍偏于华采,要其渊源所自,宜知有所受也。

妇学掌于九嫔,教法行乎宫壶,内而臣采,外及侯封,六典未详,自可例测。《葛覃》师氏,著于风《诗》。侯封妇学。婉娩姆教,垂于《内则》。卿士大夫。历览《春秋》内外诸传，诸侯夫人，大夫内子，并能称文道故，斐然有章。若乃盈满之祥，邓曼详推于天道；利贞之义，穆姜精解于乾元。鲁穆伯之令妻，典言垂训；齐司徒之内主，有礼加封。士师考终牖下，妻有诔文；国殇魂返沙场，嫠辞郊吊。以至泉水毖流，委宛赋怀归之什；燕飞上下，凄凉送归媵之诗。凡斯经礼典法，文采风流，与名卿大夫，有何殊别；然皆因事牵联，偶见载籍，非特著也。若出后代，史必专篇，类征列女，则如曹昭、蔡琰故事，其为侨皇彪炳，当十倍于刘、范之书矣。是知妇学，亦自后世失传；三代之隆，并与男子仪文，率由故事，初不为矜异也。不学之人，以《溱洧》诸诗为淫者自述，因谓古之孺妇，矢口成章，胜于后之文人。不知万无此理，详辨其说于后，此处未暇论也。但妇学则古实有之，惟行于卿士大夫，而非齐民妇女皆知学耳。

春秋以降，官师分职，学不守于职司，文字流为著述。古无私门著述，说详《校雠通义》。丈夫之秀异者，咸以性情所近，撰述名家。此指战国先秦诸子家言以及西京以还经史专门之业。至于降为辞章，亦以才美所优，标著文采。此指西汉元、成而后及东京而下诸人诗文集。而妇女之奇慧殊能，钟于间气，亦遂得以文辞偏著，而为今古之所称，则亦时势使然而已。然汉廷儒术之盛，班固以谓利禄之途使然，盖功令所崇，贤才争奋，士之学业，等于农夫治田，固其理也。妇人文字，非其职业，间有擅者，出于天性之优，非有争于风气，鹜于声名者也。好名之习，起于中晚文人；古人虽有好名之病，不区区于文艺间也。丈夫而好文名，已为识者所鄙；妇女而鹜声名，则非阴类矣。

唐山《房中》之歌，班姬《长信》之赋，《风》《雅》正变，《雅》指《房中》，《风》指《长信》。起于宫闱，事关国故，史策载之。其余篇什寥寥，传者盖寡，《艺文》所录，约略可以观矣。若夫乐府流传，声诗则效,《木兰》征戍,《孔雀》乖离,以及《陌上》采桑之篇,山下糜芜之什,《四时白纻》,《子夜》芳香,其声啴以缓,其节柔以靡,则自两汉古辞,皆无名氏。讫于六朝杂拟,并是骚客拟辞,思人寄兴,情虽托于儿女,义实本于风人,故其辞多骀宕,不以男女酬答为嫌也。如《陌上桑》《羽林郎》之类,虽以贞洁自许,然幽闲女子,岂喋喋与狂且争口舌哉。出于拟作,佳矣。至于闺房篇什,间有所传,其人无论贞淫,而措语俱有边幅。文君淫奔人也,而《白头》止讽相如。蔡琰失节妇也,而钞书恳辞十吏。其他安常处顺,及以贞节著者,凡有篇章,莫不静如止水,穆若清风,虽文藻出于天娴,而范思不逾阃外。此则妇学虽异于古,亦不悖于教化者也。

《国风》男女之辞,皆出诗人所拟,以汉魏六朝篇什证之,更无可疑。古今一理,不应古人儿女矢口成章,后世学士力追而终不逮也。譬之男优,饰静女以登场,终不似闺房之雅素也。昧者不知斯理,妄谓古人虽儿女子,亦能矢口成章,因谓妇女宜于风雅;是犹见优伶登场,演古人事,妄疑古人动止,必先歌曲也。优伶演古人故事,其歌曲之文,正如史传中夹论赞体。盖有意中之言,决非出于口者,亦有旁观之见,断不出本人者,曲文皆所不避。故君子有时涉于自赞,宵小有时或至自嘲,俾观者如读史传而兼得咏叹之意,体应如是,不为嫌也。如使真出君子小人之口,无是理矣。《国风》男女之辞与古人拟男女辞,正当作如是观。如谓真出男女之口,无论淫者万无如此自暴,即贞者亦万无如此自裹也。

昔者班氏《汉书》未成而卒,诏其女弟曹昭,躬就东观,踵而成之。于是公卿人臣,执贽请业,大儒马融从受《汉书》句读。可谓扩千古之所无矣!然专门绝学,家有渊源,书不尽言,非其人即无所受尔。又苻秦初建学校,广置博士经师,五经粗备而《周官》失传,博士上奏,太常韦逞之母宋氏,家传《周官》音义,诏即其家讲堂,置生员百二十人,隔绛帷而受业，赐宋氏爵号为宣文君，此亦扩千古之所无矣！然彼时文献，盛于江左，苻氏割据山东，遗经绝业，幸存世学家女，非名公卿所能强与闻也。此二母者，并是以妇人身，行丈夫事，盖传经述史，天人道法所关，恐其湮没失传。世主不得不破格而崇礼，非谓才华炫耀，惊流俗也。即如靖边之有谯洗夫人，佐命之有平阳柴主，亦千古所罕矣。一则特开幕府，辟署官属；一则羽葆鼓吹，虎贲班剑，以为隋、唐之主，措置非宜，固属不可；必欲天下妇人，以是为法，非惟不可，亦无是理也。

晋人尚崇玄风，任情作达，丈夫则糟粕六艺，妇女亦雅尚清言，步障解围之谈，新妇参军之戏，虽大节未失，而名教荡然。论者以十六国分裂，生灵涂炭，转咎清谈之灭礼教，诚探本之论也。

王、谢大家，虽愆礼法，然其清言名理，会心甚遥，既习儒风，亦畅玄旨，方于士学，如中行之失，流为狂简者耳。近于异端，非近于娼优也。非仅能调五言七字，自诩过于四德三从者也。若其旖旎风光，寒温酬答，描摩纤曲，刻画形似，脂粉增其润色，标榜饰其虚声。晋人虽曰虚诞，如其见此，挈妻子而逃矣。王、谢大家，虽愆礼法，然实读书知学，故意思深远，非如才子佳人，一味浅俗好名者比也。

唐、宋以还，妇才之可见者，不过春闺秋怨，花草荣凋，短什小篇，传其高秀，间有别出著作，如宋尚宫之《女论语》，侯郑氏之《女孝经》，虽才识不免迂陋，欲作女训，不知学曹大家《女诫》之体，而妄拟圣经，等于《七林》设问，子虚乌有。而趋向尚近雅正，艺林称述，恕其志足嘉尔。此皆古人妇学失传，故有志者所成不过如此。李易安之金石编摩，管道升之书画精妙，后世亦鲜有其俪矣。然琳琅款识，惟资对勘于湖州；笔墨精能，亦藉观摩于承旨，未闻宰相子妇，得偕三舍论文；李易安与赵明诚集《金石录》，明诚方在太学，故云尔。翰林夫人，可共九卿挥尘，盖文章虽曰公器，而男女实千古大防，凛然名义纲常，何可诬耶！

盖自唐宋以讫前明，国制不废女乐，公卿入直，则有翠袖薰炉；官司供张，每见红裙侑酒，梧桐金井，驿亭有秋感之缘；兰麝天香，曲江有春明之誓，见于纪载，盖亦详矣。又前朝虐政，凡缙绅籍没，波及妻孥，以致诗礼大家，多沦北里，其有妙兼色艺，慧擅声诗，都士大夫，从而酬唱，大抵情绵春草，思远秋枫，投赠类于交游，殷勤通于燕婉，诗情阔达，不复嫌疑，闺阁之篇，鼓钟阛外，其道固当然耳。且如声诗盛于三唐，而女子传篇亦寡，今就一代计之，篇什最富，莫如李冶、薛涛、鱼玄机三人，其他莫能并焉。是知女冠坊妓，多文因酬接之繁；礼法名门，篇简自非仪之诚，此亦其明征矣。

夫倾城名妓，屡接名流，酬答诗章，其命意也。兼具夫妻朋友，可谓善藉辞矣。而古人思君怀友，多托男女殷情，若诗人风刺邪淫，文代狡狂自述，区分三种，蹊径略同，品骘韵言，不可不知所辨也。夫忠臣谊友，隐跃存恳挚之诚；讽恶嫉邪，言外见忧伤之意，自序说放废，而诗之得失悬殊；本旨不明，而辞之工拙迥异。《离骚》求女为真情，则语无伦次；《国风·溱洧》为自述，亦径直无味，作为拟托，文情自深。故无名男女之诗，殆如太极阴阳之理，存诸天壤，而智者见智，仁者自见仁也。名妓工诗，亦通古义，转以男女慕悦之实，托于诗人温厚之辞，故其遣言，雅而有则，真而不秽，流传千载，得耀简编，不能以人废也。第立言有体，妇异于男，比如《薤露》虽工，惟施于挽郎为称；棹歌纵妙，亦用于舟妇为宜。彼之赠李和张，所处应尔。良家闺阁，内言且不可闻，门外唱酬，此言何为而至耶。自官妓革而闺阁不当有门外唱酬。丈夫拟为男女之辞，不可藉以为例，古之列女皆然。

夫教坊曲里，虽非先王法制，实前代故事相沿，自非濂、洛诸公，何妨小德出入。故有功名匡济之佐，忠义气节之流，文章道德之儒，高尚隐逸之士，往往闲情有寄，著于简编；禁网所施，亦不甚为盛德累也。第文章可以学古，而制度则必从时，我朝礼教精严，嫌疑慎别，三代以还，未有如是之肃者也。自宫禁革除女乐，官司不设教坊，则天下男女之际，无有可以假籍者矣。其有流娼顿妓，渔色售奸，并于三尺严条，决杖不能援赎。职官生监，并是行止有亏，永不叙用。虽吞舟有漏，未必尽罣爱书；而君子怀刑，岂可自拘司败。每见名流，板镌诗稿，未窥全集，先阅标题。或纪红粉丽情，或着青楼唱和，自命风流倜傥，以谓古人同然，不知生今之世，为今之人，苟于禁令未娴，更何论乎文墨？周公制礼，同姓不昏，假令生周之后，以谓上古男女无别，而渎乱人伦，行同禽兽，以谓古人有然，可乎？名士诗集，先自具枷杖供招，虽谓未识字可矣。

夫才须学也。学贵识也。才而不学，是为小慧；小慧无识，是为不才。不才小慧之人，无所不至，以纤佻轻薄为风雅，雅者，正也，与恶俗相反。习染风气谓之俗，纤佻鄙俚皆俗也。鄙俚之俗，犹无伤于世道人心；纤佻之俗，则风雅之罪人也。以造饰标榜为声名，好名之人，未有不俗者也。炫耀后生，狎裙士女，人心风俗，流弊不可胜言矣。夫佻达出于子衿，古人所有；矜标流于巾帼，前代所无。盖实不足而争骛于名，己非夫而藉人为重，男子有志，皆耻为之。乃至谊绝丝萝，礼殊授受，辄以缘情绮靡之作，托于斯文气类之通，因而听甲乙于胪传，求品题于月旦，此则钗楼勾曲，前代往往有之，静女闺姝，自有天地以来，未闻有是礼也。

古之妇学，如女史、女祝、女巫，各以职业为学，略如男子之专艺而守官矣。至于通方之学，要于德言容功；德隐难名，必如任姒之圣，方称德之全体。功粗易举，蚕绩之类，通乎士庶。至其学之近于文者，言容二事为最重也。盖自家庭内则，以至天子诸侯卿大夫士，莫不习于礼容；至于朝聘丧祭，后妃夫人内子命妇，皆有职事，平日讲求不预，临事何以成文？汉之经师，多以章句，言礼尚赖徐生，善为容者，盖以威仪进止，非徒诵说所能尽也。是妇容之必习于礼，后世大儒，且有不得闻也。但观传载敬姜之言，森然礼法，岂后世经师大儒所能及。至于妇言，主于辞命，古者内言不出于阃，所谓辞命，亦必礼文之所须也。孔子云："不学《诗》无以言。"善辞命者，未有不深于《诗》，但观春秋妇人辞命，婉而多风。乃知古之妇学，必由《礼》而通《诗》，非《礼》不知容，非《诗》不知言。六艺或其兼擅者耳。穆姜论《易》之类。后世妇学失传，其秀颖而知文者，方自谓女兼士业，德色见于面矣。不知妇人本自有学，学必以礼为本，舍其本业，而妄托于诗；而诗又非古人之所谓习辞命而善妇言也。是则即以学言，亦如农夫之舍其田，而士失出疆之贽矣，何足征妇学乎？嗟乎！古之妇学，必由礼以通诗；今之妇学，转因诗而败礼。礼防决，而人心风俗不可复言矣！夫固由无行之文人，倡邪说以陷之，彼真知妇学者，其视无行文人，若粪土然，无行文人，学本浅陋，真知学者，不难窥破。何至为所惑哉！古之贤女，贵有才也。前人有云"女子无才便是德"者，非恶才也。正谓小有才而不知学，乃为矜饰鹜名，转不如村姬田妪，不致贻笑于大方也。

　　饰时髦之中驷，为闺阁之绝尘，彼假藉以品题，或誉过其实，或改饰其文。不过怜其色也。无行文人，其心不可问也。呜呼！己方以为才而炫之，人且以为色而怜之，不知其故而趋之，愚矣！微知其故，而亦且趋之，愚之愚矣！女子佳称，谓之静女；静则近于学矣。今之号才女者，何其动耶？何扰扰之甚耶？噫！

《妇学》篇书后

《妇学》之篇，所以救颓风，维世教，饬伦纪，别人禽，盖有所不得已而为之，非好辨也。说者谓解《诗》与朱子异指，违于功令。不知诸经参取古义，未始非功令也。盖以情理言之，蚩氓妇竖，矢口成章，远出后世文人之上，古今不应若是悬殊。且两汉之去春秋，近于今日之去两汉。汉人诗文，存于今者，无不高古浑朴，人遂疑汉世人才，远胜后代。然观金石诸编，汉人文辞，不著竹素，而以金石传后代者，其中实多芜蔓冗阘，与近人不能文者，未始悬殊。可知汉人不尽能文，传者特其尤善者耳。三代传文，当亦如是，必谓彼时妇竖矢音，皆足以垂经训，岂理也哉！朱子之解，初不过自存一说，宜若无大害也。而近日不学之徒，援据以诱无知士女，逾闲荡检，无复人禽之分，则解《诗》之误，何异误解《金縢》而启居摄？误解《周礼》而启青苗？朱子岂知流祸至于斯极！即当日与朱子辨难者，亦不知流祸之至斯极也。从来诗贵风雅，即唐宋诗话，论诗虽至浅近，不过较论工拙，比拟字句，为古人所不屑道耳。彼不学之徒，无端标为风趣之目，尽抹邪正贞淫，是非得失，而使人但求风趣；甚至言采兰赠芍之诗，有何关系，而夫子录之，以证风趣之说。无知士女，顿忘廉检，从风波靡，是以六经为导欲宣淫之具，则非圣无法矣。

或曰："《诗序》诚不可尽废矣，顾谓古之氓庶，不应能诗，则如役者之谣，舆人之祝，皆出氓庶，其辞至今诵之，岂传记之诬欤！"答曰：此当日谚语，非复雅言，正如先儒所谓《殷盘》《周诰》，因于土俗，历时久远，转为古奥。故其辞多奇崛，非如风《诗》和平庄雅，出于文学士者；亦如典、谟之文，虽历久而无难于诵识也。以风《诗》之和雅，与民俗之谣谚，绝然不同。益知《国风》男女之辞，皆出诗人讽刺，而非蚩氓男女所能作也。是则风趣之说，不待攻而破，不待教而诛者也。至于古人妇学，虽异丈夫，然于礼陶乐淑，则上自王公后妃，下及民间俊秀，男女无不相服习也。盖四德之中，非礼不能为容，非诗不能为言，评教故通于乐，故《关雎》化起房中，而天下夫妇，无不治也。三代以后，小学废，而儒多师说之歧。妇学废，而士少齐家之效。师说歧，而异端得乱其教，自古以为病矣。若夫妇学之废，人谓家政不甚修耳，岂知一载而后，乃有不学之徒，创为风趣之说，遂使闺阁不安义分，慕贱士之趋名，其祸烈于洪水猛兽，名义君子，能无世道忧哉！昔欧阳氏病佛教之蔓延，则欲修先王之政，自固元气，《本论》所为作也。今不学之徒，以邪说蛊惑闺阁，亦惟妇学不修，故闺阁易为惑也。妇人虽有非仪之诫，至于执礼通诗，则如日用饮食，不可斯须去也。或以妇职丝枲中馈，文辞非所当先，则又过矣。夫聪明秀慧，天之赋畀，初不择于男女，如草木之有英华，山川之有珠玉，虽圣人未尝不宝贵也。岂可遏抑，正当善成之耳。故女子生而质朴，但使粗明内教，不陷过失而已。如其秀慧通书，必也因其所通，申明诗礼渊源，进以古人大体，班姬、韦母，何必去人远哉！夫以班姬、韦母为师，其视不学之徒，直妄人尔。

诗话

　　诗话之源，本于钟嵘《诗品》，然考之经传，如云："为此诗者，其知道乎。"又云："未之思也，何远之有。"此论诗而及事也。又如"吉甫作诵，穆如清风。""其诗孔硕，其风肆好。"此论诗而及辞也。事有是非，辞有工拙，触类旁通，启发实多。江河始于滥觞，后世诗话家言，虽曰本于钟嵘，要其流别滋繁，不可一端尽矣。

《诗品》之于论诗，视《文心雕龙》之于论文，皆专门名家，勒为成书之初祖也。《文心》体大而虑周，《诗品》思深而意远。盖《文心》笼罩群言，而《诗品》深从六艺，溯流别也，如云某人之诗，其源出于某家之类，最为有本之学，其法出于刘向父子。论诗论文，而知溯流别，则可以探源经籍，而进窥天地之纯，古人之大体矣。此意非后世诗话家流，所能喻也。钟氏所推流别，亦有不甚可晓处。盖古书多亡，难以取证。但已能窥见大意，实非论诗家所及。

唐人诗话，初本论诗，自孟棨《本事诗》出，亦本《诗小序》。乃使人知国史叙诗之意。而好事者，踵而广之，则诗话而通于史部之传记矣。间或铨释名物，则诗话而通于经部之小学矣。《尔雅》训诂类也。或泛述闻见，则诗话而通于子部之杂家矣。此二条，宋人以后较多。虽书旨不一其端，而大略不出论辞论事，推作者之志，期于诗教有益而已矣。

《诗品》《文心》专门著述，自非学富才优，为之不易。故降而为诗话，沿流忘源；为诗话者，不复知著作之初意矣。犹之训诂与子史专家，子指上章杂家，史指上章传记。为之不易，故降而为说部，沿流忘源；为说部者，不复知专家之初意也。诗话说部之末流，纠纷而不可犁别，学术不明，而人心风俗，或因之而受其敝矣。

宋儒讲学，躬行实践，不易为也。风气所趋，撰语录以主奴朱、陆，则尽人可能也。论文考艺，渊源流别，不易知也。

好名之习，作诗话以党伐同异，则尽人可能也。以不能名家之学，如能名家，即自成著述矣。入趋风好名之习；挟人尽可能之笔，著惟意所欲之言，可忧也，可危也。

说部流弊，至于诬善党奸，诡名托姓，前人所论，如《龙城录》《碧云骎》之类，盖亦不可胜数；史家所以有别择稗野之道也。事有纪载，可以互证，而文则惟意之所予夺，诗话之不可凭，或甚于说部也。

前人诗话之弊，不过失是非好恶之公；今人诗话之弊，乃至为世道人心之害。失在是非好恶，不过文人相轻之气习，公论久而自定，其患未足忧也。害在世道人心，别将醉天下之聪明才智，而网人于禽兽之域也。其机甚深，其术甚狡，而其祸患将有不可胜言者。名义君子，不可不峻其防而严其辨也。

小说出于稗官，委巷传闻琐屑，虽古人亦所不废，然俚野多不足凭；大约事杂鬼神，报兼恩怨，《洞冥》《拾遗》之篇，《搜神》《灵异》之部，六代以降，家自为书。唐人乃有单篇，别为传奇一类，专书一事始末，不复比类为书。大抵情钟男女，不外离合悲欢，红拂辞杨，绣襦报郑，韩、李缘通落叶，崔、张情导琴心，以及明珠生还，小玉死报，凡如此类，或附会疑似，或竟托子虚，虽情态万殊而大致略似。其始不过淫思古意，辞客寄怀，犹诗家之乐府古艳诸篇也。宋、元以降，则广为演义，谱为词曲，遂使瞽史弦诵，优伶登场，无分雅俗男女，莫不声色耳目，盖自稗官见于《汉志》，历三变而尽失古人之源流矣。

小说歌曲传奇演义之流，其叙男女也。男必纤佻轻薄，而笑其名曰才子风流。女必冶荡多情，而美其名曰佳人绝世。世之男子有小慧而无学识；女子解文墨而暗礼教者，皆以传奇之才子佳人为古之人，古之人也。今之为诗话者，又即有小慧而无学识者也。有小慧而无学识矣，济以心术之倾邪，斯为小人而无忌惮矣，何所不至哉！

外　篇

方志立三书议

凡欲经纪一方之文献，必立三家之学，而始可以通古人之遗意也。仿纪传正史之体而作志，仿律令典例之体而作掌故，仿《文选》《文苑》之体而作文征，三书相辅而行，阙一不可。合而为一，尤不可也。惧人以谓有意创奇，因假推或问以尽其义。

或曰："方志之由来久矣，未有析而为三书者，今忽析而为三，何也？"曰：明史学也。贾子尝言古人治天下，至纤至析；余考之于《周官》，而知古人之于史事，未尝不至纤析也。外史掌四方之志，注谓："若晋《乘》、鲁《春秋》、楚《梼杌》之类。"是一国之全史也。而行人又献五书，太师又陈风诗，详见《志科议》，此但取与三书针对者。是王朝之取于侯国，其文献之征，固不一而足也。苟可阙其一，则古人不当设是官。苟可合而为一，则古人当先有合一之书矣。

或曰："封建罢为郡县，今之方志，不得拟于古国史也。"曰：今之天下，民彝物则，未尝稍异于古也。方志不得拟于国史，以言乎守令之官，皆自吏部迁除，既已不世其家，即不得如侯封之自纪其元于书耳。其文献之上备朝廷征取者，岂有异乎？人见春秋列国之自擅，以谓诸侯各自为制度，略如后世割据之国史，不可推行于方志耳。不知《周官》之法，乃是同文共轨之盛治；侯封之禀王章，不异后世之郡县也。

古无私门之著述，六经皆史也。后世袭用而莫之或废者，惟《春秋》《诗》《礼》三家之流别耳。纪传正史《春秋》之流别也，掌故典要官礼之流别也。文征诸选，风《诗》之流别也。获麟绝笔以还，后学鲜能全识古人之大体，必积久而然后渐推以著也。马《史》、班《书》以来，已演《春秋》之绪矣。刘氏《政典》，杜氏《通典》，始演官礼之绪焉。吕氏《文鉴》，苏氏《文类》，始演风《诗》之绪焉。并取括代为书，互相资证，无空言也。

或曰："文中子曰：圣人述史有三：《书》《诗》与《春秋》也。今论三史，则去《书》而加《礼》文中之说，岂异指欤？"曰：《书》与《春秋》本一家之学也。《竹书》虽不可尽信，编年盖古有之矣。《书》篇乃史文之别具，古人简质，未尝合撰纪传耳。左氏以传翼经，则合为一矣。其中辞命，即训诰之遗也。所征典实，即《贡》《范》之类也。故《周书》讫平王，《秦誓》乃附侯国之书。而《春秋》托始于平王，明乎其相继也。左氏合，而马、班因之，遂为史家一定之科律，殆如江汉分源而合流，不知其然而然也。后人不解，而以《尚书》《春秋》，分别记言记事者，不知六艺之流别者也。若夫官礼之不可阙，则前言已备矣。

或曰："《乐》亡而《书》合于《春秋》，六艺仅存其四矣。既曰六经皆史矣，后世何无演《易》之流别欤？"曰：古治详天道，而简于人事；后世详人事，而简于天道，时势使然，圣人有所不能强也。上古云鸟纪官命以天时，唐、虞始命以人事；《尧典》详命羲、和，《周官》保章，仅隶《春官》之中秩，此可推其详略之概矣。《易》之为书也，开物成务，圣人神道设教，作为神物，以前民用，羲、农、黄帝不相袭，夏、商、周代不相沿，盖与治历明时，同为一朝之创制，作新兆人之耳目者也。后世惟以颁历授时为政典，而占时卜日，为司天之官守焉，所谓天道远而人事迩，时势之不得不然，是以后代史家，惟司马犹掌天官，而班氏以下，不言天事也。

或曰："六经演而为三史，亦一朝典制之巨也。方州蕞尔之地，一志足以尽之，何必取于备物欤？"曰：类例不容合一也。古者天子之服，十有二章，公侯卿大夫士差降，至于元裳一章，斯为极矣。然以为贱，而使与冠履并合为一物，必不可也。前人于六部卿监，盖有志矣，然吏不知兵，而户不侵礼，虽合天下之大，其实一官之偏，不必责以备物也。方州虽小，其所承奉而施布者，吏、户、礼、兵、刑、工，无所不备，是别所谓具体而微矣。国史于时取裁，方将如《春秋》之籍资于百国宝书也，又何可忽欤！

或曰："自有方志以来，未闻国史取以为凭也。今言国史取裁于方志，何也？"曰：方志久失其传，今之所谓方志，非方志也。其古雅者，文人游戏。小记短书，清言丛说而已耳。其鄙俚者，文移案牍，江湖避乞，随俗应酬而已耳。搢绅先生，每难言之。国史不得已，而下取于家谱志状，文集记述，所谓礼失求诸野也。然而私门撰著，恐有失实，无方志以为之持证，故不胜其考核之劳；且误信之弊，正恐不免也。盖方志亡，而国史之受病也久矣！方志既不为国史所凭，则虚设而不得其用，所谓"觚不觚"也，方志乎哉？

或曰："今三书并，立将分向来方志之所有而析之欤？抑增方志之所无而鼎立欤?"曰:有所分,亦有所增,然而其义,难以一言尽也。史之为道也,文士雅言,与胥吏簿牍,皆不可用。然舍是二者,则无所以为史矣。孟子曰:"其事、其文、其义,《春秋》之所取也。"即簿牍之事,而润以尔雅之文,而断之以义,国史方志,皆《春秋》之流别也。譬之人身,事者其骨,文者其肤,义者其精神也。断之以义,而书始成家;书必成家,而后有典有法,可诵可识,乃能传世而行远。故曰:志者,志也。欲其经久而可记也。

或曰:"志既取簿牍以为之骨矣,何又删簿牍而为掌故乎?"曰:说详《亳州掌故之例议》矣。今复约略言之:马迁八书,综核典章,发明大旨者也。其《礼书》例曰:"笾豆之事,则有司存",此史部书志之通例也。马迁所指为有司者如叔孙朝仪,韩信军法,萧何律令。各有官守而存其掌故,史文不能一概而收耳。惜无刘秩、杜佑其人,别删掌故而裁为典要;故求汉典者,仅有《班》书,而名数不能如唐代之详,其效易见也。则别删掌故以辅志,犹《唐书》之有《唐会要》,《宋史》之有《宋会要》,《元史》之有《元典章》,《明史》之有《明会典》而已矣。

或曰:"今之方志,所谓艺文,置书目而多选诗文,似取事言互证,得变通之道矣。今必别撰一书为文征,意岂有异乎?"曰:说详《永清文征》之《序例》矣。今复约略言之:志既仿史体而为之,则诗文有关于史裁者,当入纪传之中,如班《书》传志所载汉廷诏疏诸文可也。以选文之例而为艺文志,是《宋文鉴》可合《宋史》为一书,《元文类》可合《元史》为一书矣,与纪传中所载之文,何以别乎?

或曰:"选事仿于萧梁,继之《文苑英华》与《唐文粹》,其所由来久矣。今举《文鉴》《文类》始演风《诗》之绪,何也?"曰:《文选》《文苑》诸家,意在文藻;不征实事也。《文鉴》始有意于政治,《文类》乃有意于故事,是后人相习久,而所见长于古人也。

或曰:"方州文字无多,既取经要之篇入纪传矣,又辑诗文与志可互证者,别为一书,恐篇次寥廖无几许也。"曰:既已别为一书,义例自可稍宽,即《文鉴》《文类》,大旨在于证史,亦不能篇皆绳以一概也。名笔佳章,人所同好,即不尽合于证史,未尝不可兼收也。盖一书自有一书之体例,《诗》教自与《春秋》分辙也。近代方志之艺文,其猥滥者,毋庸议矣。其稍有识者,亦知择取其有用,而慎选无多也。不知律以史志之义,即此已为滥收,若欲见一方文物之盛,虽倍增其艺文,犹嫌其隘矣。不为专辑一书,以明三家之学,进退皆失所据也。

或曰:"《文选》诸体,无所不备,今乃归于风《诗》之流别,何谓也?"曰:说详《诗教》之篇矣。今复约略言之:《书》曰:"诗言志。"古无私门之著述,经子诸史,皆本古人之官守,诗则可以惟意所欲言。唐、宋以前,文集之中无著述,文之不为义解、经学。传记、史学。论撰子家。诸品者,古人始称之为文,其有义解传记论撰诸体者,古人称书,不称文也。萧统《文选》,合诗文而皆称为文者,见文集之与诗,同一流别也。今仿选例而为文征,入选之文,虽不一例,要皆自以其意为言者,故附之于风《诗》也。

或曰:"孔衍有《汉魏尚书》,王通亦有《续书》,皆取诏诰章疏,都为一集,亦《文选》之流也。然彼以衍书家,而不以入诗部,何也?"曰:《书》学自左氏以后,并入《春秋》,孔衍、王通之徒,不达其义而强为之,故其道亦卒不能行,譬犹后世,济水已入于河,而泥《禹贡》者,犹欲于荣泽、陶邱濬故道也。

或曰:"三书之外,亦有相仍而不废者,如《通鉴》之编年,本末之纪事,后此相承,当如俎豆之不祧矣。是于六艺何所演其流别欤?"曰:

是皆《春秋》之支别也。盖纪传之史,本衍《春秋》家学,而《通鉴》即衍本纪之文,而合其志传为一也。若夫纪事本末,其源出于《尚书》,而《尚书》中折而入于《春秋》,故亦为《春秋》之别也?马、班以下,代演《春秋》于纪传矣。《通鉴》取纪传之分,而合之以编年;纪事本末,又取《通鉴》之合,而分之以事类,而因事命篇,不为常例,转得《尚书》之遗法,所谓事经屡变而反其初,贲饰所为受以剥,剥穷所为受以复也。譬烧丹砂以为水银,取水银而烧之,复为丹砂,即其理矣。此说别有专篇讨论,不具详也。此乃附论,非言方志。

或曰:"子修方志,更于三书之外,别有丛谈一书,何为邪?"曰:此征材之所余也。古人书欲成家,非夸多而求尽也。然不博览,无以为约取地。既约取矣,博览所余,拦入则不伦,弃之则可惜,故附稗野说部之流而作丛谈。犹经之别解,史之外传,子之外篇也。其不合三书之目而称四,何邪?三书皆经要,而丛谈则非必不可阙之书也。前人修志,则常以此类附于志后,或称余编,或称杂志,彼于书之例义,未见卓然成家,附于其后,故无伤也。既立三家之学,以著三部之书,然义无可借,不如别著一编,为得所矣。《汉志》所谓小说家流,出于稗官,街谈巷议,亦采风所不废云尔!

州县请立志科议

鄙人少长贫困,笔墨干人,屡膺志乘之聘,阅历志事多矣。其间评骘古人是非,斟酌后志凡例,盖尝详哉其言之矣。要皆披文相质,因体立裁,至于立法开先,善规防后,既非职业所及,嫌为出位之谋;间或清燕谈天，辄付泥牛入海；美志不效，中怀阙如，然定法既不为一时，则立说亦何妨俟后，是以愿终言之，以待知者择焉。按《周官》宗伯之属，外史掌四方之志，注谓若晋《乘》、楚《梼杌》之类，是则诸侯之成书也。成书岂无所藉，盖尝考之周制，而知古人之于史事，未尝不至纤悉也。

司会既于郊野县都掌其书契版图之贰，党正属民读法，书其德行道艺。闾胥比众，书其敬敏任恤。诵训掌道方志，以诏观事，掌道方慝，以诏避忌，以知地俗。小史掌邦国之志，奠系世，辨昭穆。训方掌导四方之政事，与其上下之志诵，四方之传道。形方掌邦国之地域，而正其封疆。山师川师，各掌山林川泽之名，辨物与其利害。原师掌四方之地名，辨其邱陵坟衍原隰之名，是于乡遂都鄙之间，山川风俗，物产人伦，亦已巨细无遗矣。至于行人之献五书，职方之聚图籍，太师之陈风诗，则其达之于上者也。盖制度由上而下，采摭由下而上；惟采摭备，斯制度愈精，三代之良法也。后世史事，上详于下，郡县异于封建，方志不复视古国史，而入于地理家言，则其事已偏而不全；且其书无官守制度，而听人之自为，故其例亦参差，而不可为典要，势使然也。夫文章视诸政事而已矣。三代以后之文章，可无三代之遗制；三代以后之政事，不能不师三代之遗意也。苟于政法，亦存三代文章之遗制，又何患乎文章不得三代之美备哉！天下政事，始于州县，而达乎朝廷，犹三代比闾族党，以上于六卿；其在侯国，则由长帅正伯，以通于天子也。朝廷六部尚书之所治，则合天下州县六科吏典之掌故以立政也。其自下而上，亦犹三代比闾族党，长帅正伯之遗也。六部必合天下掌故而政存，史官必合天下纪载而籍备也。

乃州县掌故，因事为名，承行典吏，安添注于六科之外，而州县纪载，并无专人典守，大义阙如，间有好事者流，修辑志乘。率凭一时采访，人多庸猥，例罕完善，甚至挟私诬罔，贿赂行文，是以言及方志，荐绅先生，每难言之。史官采风自下，州县志乘如是，将凭何者为笔削资也。且有天下之史，有一国之史，有一家之史，有一人之史。传状志述，一人之史也。家乘谱牒，一家之史也。部府县志，一国之史也。综纪一朝，天下之史也。比人而后有家，比家而后有国，比国而后有天下，惟分者极其详，然后合者能择善而无憾也。谱牒散而难稽，传志私而多谀，朝廷修史，必将于方志取其裁；而方志之中，则统部取于诸府，诸府取于州县，亦自下而上之道也。然则州县志书，下为谱牒传志持平，上为部府征信，实朝史之要删也。期会工程，赋税狱讼，州县恃有吏典掌故，能供六部之征求。至于考献征文，州县仅恃猥滥无法之志乘，曾何足以当史官之采择乎。州县挈要之籍，既不足观，宜乎朝史宁下求之谱牒传志，而不复问之州县矣。夫期会工程，赋税狱讼，六部不由州县，而直问于民间，庸有当欤？则三代以后之史事，不亦难乎？夫文章视诸政事而已矣！无三代之官守典籍，即无三代之文章，苟无三代之文章，虽有三代之事功，不能昭揭如日月也。

令史案牍，文学之儒，不屑道也。而经纶政教，未有舍是而别出者也。后世专以史事实之于文学，而官司掌故，不为史氏备其法制焉，斯则三代以后，离质言文，史事所以难言也。今天下大计，既始于州县，则史事责成，亦当始于州县之志。州县有荒陋无稽之志，而无荒陋无稽之令史案牍。志有因人臧否，因人工拙之义例文辞；案牍无因人臧否，因人工拙之义例文辞。盖以登载有一定之法，典守有一定之人，所谓师三代之遗意也。故州县之志，不可取办于一时，平日当于诸典吏中，特立志科，佥典吏之稍明于文法者，以充其选，而且立为成法，俾如法以纪载，略如案牍之有公式焉，则无妄作聪明之弊矣。积数十年之久，则访能文学而通史裁者笔削以为成书，所谓待其人而后行也。如是又积而又修之，于事不劳，而功效已为文史之儒所不能及。

　　所谓政法，亦存三代文章之遗制也。然则立为成法将奈何？六科案牍，约取大略，而录藏其副可也。官长师儒，去官之日，取其平日行事善恶有实据者，录其始末可也。所属之中，家修其谱，人撰其传志状述，必呈其副。学校师儒，采取公论，核正而藏于志科可也。所属人士，或有经史撰著，诗辞文笔，论定成编，必呈其副，藏于志科，兼录部目可也。衙廨城池，学庙祠宇，堤堰桥梁，有所修建，必告于科，而呈其端委可也。铭金刻石，纪事摘辞，必摩其本，而藏之于科可也。宾与乡饮，读法讲书，凡有举行，必书一时官秩及诸名姓，录其所闻所见可也。置藏室焉，水火不可得而侵也。置锁楗焉，分科别类，岁月有时，封志以藏，无故不得而私启也。仿乡塾义学之意，四乡各设采访一人，遴绅士之公正符人望者为之，俾搜遗文逸事，以时呈纳可也。学校师儒，慎选老成，凡有呈纳，相与持公核实可也。夫礼乐与政事，相为表里者也。学士讨论礼乐，必询器数于宗祝，考音节于工师，乃为文章不托于空言也。令史案牍，则大臣讨论国政之所资，犹礼之有宗祝器数，乐之有工师音节也。苟议政事而鄙令史案牍，定礼乐而不屑宗祝器数，与夫工师音节，则是无质之文，不可用也。独于史氏之业，不为立法无弊，岂曰委之文学之儒，已足办欤！

　　或曰："州县既立志科，不患文献之散逸矣！由州县而达乎史官，其地悬而其势亦无统要，府与布政使司，可不过而问欤？"曰：州县奉行不实，司府必当以条察也。至于志科，既约六科案牍之要，以存其籍矣。府吏必约州县志科之要，以为府志取裁；司吏必约府科之要，以为通志取裁；不特司府之志，有所取裁，且兼收并蓄，参互考求，可以稽州县志科之实否也。至于统部大僚，司科亦于去官之日，如州县志科之于其官长师儒，录其平日行事善恶有实据者，详其始末，存于科也。诸府官僚，府科亦于去官之日，录如州县可也。此则府志科吏，不特合州县科册而存其副；司志科吏，不特合诸府科而存其副，且有自为其司与府者，不容略也。或曰："是于史事，诚有裨矣。不识政理亦有赖于是欤？"曰：文章政事，未有不相表里者也。令史案牍，政事之凭藉也。有事出不虞，而失于水火者焉；有收藏不谨，而蚀于湿蠹者焉；有奸吏舞法而窜窃更改者焉。如皆录其要，而藏副于志科，则无数者之患矣！此补于政理者不鲜也。谱牒不掌于官，亦今古异宜，天下门族之繁，不能悉核于京曹也。然祠袭争夺，则有讼焉。产业继嗣，则有讼焉。冒姓占籍，降服归宗，则有讼焉。昏姻违律，则有讼焉。户役隐漏，则有讼焉。或谱据遗失，或奸徒伪撰，临时炫惑，丛弊滋焉。平日凡有谱牒，悉呈其副于志科，则无数者之患矣！此补于政理者，又不鲜也。古无私门之著述，盖自战国以还，未有可以古法拘也。然文字不隶于官守，则人不胜自用之私，圣学衰而横议乱其教，史官失而野史逞其私，晚近文集传志之猥滥，说部是非之混淆，其渎乱纪载，荧惑清议，盖有不可得而胜诘者矣！苟于论定成编之业，必呈副于志科，而学校师儒，从公讨论，则地近而易于质实，时近而不能托于传闻，又不致有数者之患矣！此补于政理者，殆不可以胜计也。故曰，文章政事，未有不相表里者也。

地志统部

阳湖洪编修亮吉，尝撰辑乾隆府厅州县志，其分部乃用《一统志》例，以布政使司分隶府厅州县。余于十年前，访洪君于其家，谓此书于今制当称部院，不当泥布政使司旧文，因历言今制分部，与初制异者，以明例义，洪君意未然也。近见其所刻《卷施阁文集》，内有《与章进士书》，繁称博引，痛驳分部之说，余终不敢谓然。又其所辨，多余向所已剖，不当复云云者，则余本旨，洪君殆亦不甚忆矣。因疏别其说，存示子弟，明其所见然耳，不敢谓己说之必是也。

统部之制，封建之世，则有方伯。郡县之世，则自汉分十三部州，六朝州郡，制度迭改，其统部之官，虽有都督总管诸名，而建府无常，故唐人修《五代地志》，即《隋志》。不得统部之说。至以《禹贡》九州，画分郡县，其弊然也。唐人分道，宋人分路，虽官制统辖不常，而道路之名不改，故修地志者，但举道路而分部明也。元制虽亦分路，而诸路俱以行省平章为主，故又称行省；而明改行省为十三布政使司，其守土之官，则曰布政使司布政使。布政使司者，分部之名；而布政使者，统部之官，不可混也。然布政使司，连四字为言，而行省则又可单称为省。人情乐趋简便，故制度虽改，而当时流俗，止称为省。沿习既久，往往见于章奏文移，积渐非一日矣。

我朝布政使司，仍明旧制，而沿习称省，亦仍明旧，此如汉制子弟封国，颁爵为王，而诏诰章奏，乃称为诸侯王，当时本非诸侯，则亦徇古而沿其名也。但初制尽如明旧，故正名自当为布政使司。百余年来，因时制宜，名称虽沿明故，而体制与明渐殊。今洪君书，以乾隆为名，则循名责实，必当称部院而不当称布政使司矣。盖初制巡抚无专地，前明两京无布政使司，而顺天应天，间设巡抚。顺天之外，又有正定。应天之外，又有凤阳诸抚，不似今之统辖全部，自有专地，此当称部院者一也。

初制巡抚无专官，故康熙以前，巡抚有二品、三品、四品之不同，其兼侍郎则二品，副都御史则三品，佥都御史则四品，今则皆兼兵部侍郎右副都御史矣。其画一制度，不复如钦差无定之例，此当称部院者二也。

学差关部，皆有京职，去其京职，即无其官矣。今巡抚新除，吏部必请应否兼兵部都察院衔，虽故事相沿，未有不兼衔者。但既有应否之请，则亦有可不兼衔之理矣。按《会典》《品级考》诸书，已列巡抚为从二品。注云：加侍郎衔正二。则巡抚虽不兼京衔，已有一定阶级，正如宋之京朝官。知州军知县事，虽有京衔，不得谓州县非职方也，此当称部院者三也。国之大事，在祀与戎，今戎政为总督专司，而巡抚亦有标兵，固无论矣。坛庙祭祀，向由布政使主祭者，而今用巡抚主祭，则当称部院者四也。

宾兴大典，向用布政使印钤榜者，而今用巡抚关防，此当称部院者五也。

初制布政使司有左右，使分理吏户礼工之事，都司掌兵，按察使司提刑，是布政二使，内比六部；而按察一使，内比都察院也。今裁二使归一，而分驿传之责于按察使，裁都司而兵权归于督抚，其职任与前异。故上自诏旨，下及章奏文移，皆指督抚为封疆，而不曰韬使；皆谓布政之司，为钱谷总汇；按察之司，为刑名总汇，而不以布政使为封疆，此尤准时立制，必当称部院者六也。

督抚虽同日封疆，而总督头衔，则称部堂；盖兵部堂官，虽兼右都御史，而仍以戎政为主者也。巡抚头衔，则称部院；盖都察院堂官，虽兼兵部侍郎，而仍以察吏为主者也。故今制陪京以外，有不隶总督之府州县，而断无不隶巡抚之府州县也。如河南、山东、山西，有巡抚而无总督；巡抚不必兼总督衔。直隶、四川、甘肃，有总督而无巡抚，则总督必兼巡抚衔。督抚事权相等，何以有督无抚，督必兼抚衔哉？正以巡抚部院，画一职方制度，并非无端多此兼衔，此尤生今之时，宜达今之体制，其必当称部院者七也。

今天下有十九布政使司，而《会典则例》，六部文移，若吏部大计，户部奏销，礼部会试，刑部秋勘，皆止知有十八直省，而不知有十九布政使司；盖巡抚止有十八部院故也。巡抚实止十五，总督兼缺有三。故江苏部院，相沿称江苏省久矣。苏松布政使司与江淮布政使司，分治八府三州，不闻公私文告，有苏松直省，江淮直省之分，此尤见分部制礼，今日万万不当称使司，必当称部院者八也。

洪君以巡抚印用关防，不如布政使司正印，不得为地方正主，可谓知一十而忘其为二五矣。如洪君说，则其所为府厅州县之称，亦不当也。府州县固自有印，厅乃直隶同知，止有关防而无印也。同知分知府印，而关防可领职方。巡抚分都察院印，而关防不可以领职方。何明于小，而暗于大也。此当称部院者九也。

洪君又谓今制督抚，当如汉用丞相长史出刺州事，州虽领郡，而《汉志》仍以郡国为主，不以刺史列于其间，此比不甚亲切。今制惟江苏一部院，有两布政使司，此外使司所治，即部院所治，不比汉制之一州，必领若干郡也。然即洪君所言，则阚氏《十三州志》，自有专书，何尝不以州刺史著职方哉。此当称部院者十也。

夫制度更改，必有明文，前明初遣巡抚与三使司官，宾主间耳。其稍尊者，不过王臣列于诸侯之上例耳。自后台权渐重，三司奉行台旨，然制度未改，一切计典奏销，宾兴祭祀，皆布政使专主，故为统部长官，不得以权轻而改其称也。我朝百余年来，职掌制度，逐渐更易，至今日而布政使官，与按察使官，分治钱谷刑名，同为部院属吏，略如元制行省之有参政参议耳。一切大政大典，夺布政使职而归部院者，历有明文，此朝野所共知也。而统部之当称使司，与改称部院，乃转无明文，何哉以官私文告，皆沿习便而称直省，不特部院无更新之名，即使司亦并未沿旧之名耳。律令典例，诏旨文移，皆有直省之称，惟《一统志》尚沿旧例称布政使司，偶未改正。洪君既以乾隆名志，岂可不知乾隆六十年中时事乎？

或曰："《统志》乃馆阁书，洪君遵制度而立例，何可非之。"余谓统志初例已定，其后相沿未及改耳。初例本当以司为主。其制度之改使司而为部院者，以渐而更，非有一旦创新之举，故馆阁不及改也。私门自著，例以义起，正为制度云然，且余所辨，不尽为洪君书也。今之为古文辞者，于统部称谓，亦曰诸省，或曰某省，弃现行之制度，而借元人之名称，于古盖未之闻也。雍正、康熙以前，古文亦无使司之称，彼时理必当称使司。则明人便省文而因仍元制，为古文之病也久矣。故余于古文辞，有当称统部者，流俗或云某省，余必曰某部院，或节文称某部。流俗或云诸省，及某某等省，余必曰诸部院，或某某等部院。节文则曰诸部某某等部，庶几名正为言顺耳。使非今日制度，则必曰使司，或节文称司，未为不可；其称省则不可行也。或云："诏旨章奏文移，何以皆仍用之。"答曰：此用为辞语故无伤，非古文书事例也。且如诏旨章奏文移，称布政为藩，按察为臬，府州县长为守启令，辞语故无害也。史文无此例矣。

《和州志・皇言纪》序例

《周官》外史掌四方之志，又以书使于四方，则书其令。郑氏注：四方之志，若鲁之《春秋》，晋之《乘》，楚之《梼杌》是也。书其令，谓书王命以授使者是也。乡大夫于正月之吉，受教法于司徒，退而颁之乡吏。孔氏疏，谓若大司徒职十二教以下是也。夫畿内六卿，天子自治则受法于司徒；而畿外侯封，各治其国，以其国制自为《春秋》。列国之史，总名春秋。然而四方之书，必隶外史，书令所出，奉焉典章，则古者国别为书，而简策所昭，首重王命，信可征也。是以《春秋》岁首必书王正，而韩宣子聘鲁，得见《易·象》《春秋》，以谓周礼在是；盖书在四方，则入而正于外史；而命行王国，亦自外史颁而出之，故事有专官，而书有定制，天下所以协于同文之治也。

窃意《周官》之治，列国史记，必有成法，受于王朝，如乡大夫之受教法。考察文字，罔有奇衺。至晋楚之史，自以《乘》与《梼杌》名书，乃周衰官失，列国自擅之制欤！司马迁侯国世家，亦存国别为书之义，而孝武《三王》之篇，详书诏策，冠于篇首，王言丝纶，史家所重，有由来矣。后代方州之书，编次失伦，体要无当，而朝廷诏诰，或入艺文。篇首标纪，或载沿革，又或以州县偏隅，未有特布德音，遂使中朝掌故，散见四方之志者，阙然无所考见，是固编摩之业，世久失传，然亦外史专官，秦汉以来，未有识职故也。

夫封建之世，国别为史，然篇首尚重王正之书，列卿或慕《周官》之典。至于郡县受治，守令承奉诏条，一如古者畿内乡党州闾之法，而外史掌故，未尝特立专条，宋元明州县志书，今可见者，迄用一律，亦甚矣其不讲于《春秋》之义也。今裒录州中所有，恭编为《皇言纪》一，以时代相次，蔚光篇首，以志祗承所自云尔。

《和州志·官师表》序例

《周官》御史"掌赞书，数从政"。郑氏注：谓凡数及其见在空阙者。盖赞太宰建六典而掌邦治之故事也。夫官有先后，政有得失，太宰存其纲纪，而御史指数其人以赞之，则百工叙而庶绩熙也。后代官仪之篇，考选之格，《汉官仪》《唐六典》《梁选簿》《隋官序录》。代有成书，而官职姓名，浩繁莫纪，则是有太宰之纲纪，而无御史之数从政者也。班固《百官公卿表》，犹存古意，其篇首叙官，则太宰六典之遗也。其后表职官姓氏，则御史数从政之遗也。范、陈而后，斯风渺矣。至于《唐书》《宋史》，乃有《宰相年表》，然亦无暇旁及卿尹诸官，非惟史臣思虑有所未周，抑史籍猥繁，其势亦难概举也。

至于嗜古之士，掇辑品令，联缀姓名，职官故事之书，六朝以还，于斯为盛。然而中朝掌故，不及方州；猥琐之编，难登史志，则记载无法，而编次失伦，前史不得不职其咎也。夫百职卿尹，中朝叙官，方州守令，外史纪载，《周官》御史数从政之士，则外史所掌四方之志，不徒山川土俗，凡所谓分职受事，必有其书，以归柱下之掌可知也。唐人文集，往往有厅壁题名之记，盖亦叙官之意也。然文存而名不可考，自非搜罗金石，详定碑碣，莫得而知，则未尝勒为，专书之故也。宋、元以来，至于近代方州之书，颇记任人名氏；然猥琐无文，如阅县令署役卯簿，则亦非班史年经月纬之遗也。或编次为表者，序录不详，品秩无次；或限于尺幅，其有官阶稍多，沿革异制，即文武分编；或府州别记，以趋苟简，是不知班史三十四官，分一十四级之遗法也。又前人姓氏，不可周知，然遗编具存，他说互见，不为博采旁搜，徒托阙文之义，是又不可语于稽古之功者也。今折衷诸家，考次前后，上始汉代，迄于今兹，勒为一表，疑者阙之。后之览者,得以详焉。

《和州志·选举表》序例

《周官》乡大夫,三年大比,兴一乡之贤能,献书于王,王再拜受之,登于天府,甚盛典也。汉制,孝廉茂才力田贤良之举,盖以古者乡党州闾之遗,当时贤书典籍,辟举掌故,未可专书,则以科条为繁,兴替人文,散见纪传,潜心之士,自可考而知也。江左六朝,州郡侨迁,士不土著,学不专业,乡举里选,势渐难行。至于隋氏,一以文学词章,创为进士之举。有唐以来,于斯为盛。选举既专,资格愈重,科条繁委,故事相传,于是文学之士,搜罗典章,采摭闻见,识大识小,并有成书。传记故事,杂以俳谐,而选举之书,盖袞然与柱下所藏等矣。撰著既繁,条贯义例,未能一辙,就求其指,略有三门。若晁迥《进士编敕》,陆深《科场条贯》之属,律例功令之书也。姚康、乐史《科第录》,姚康十六卷,乐史十卷。李奕、洪适《登科记》,李奕二卷,亡;洪适十五卷。题名记传之类也。王定保《唐摭言》,钱明逸《宋衣冠盛事》,稗野杂记之属也。史臣采辑掌故,编于书志,裁择人事,次入列传,一代浩繁,义例严谨,其肇削之余,等于弃土之苴,吐果之核,而陈编猥琐,杂录无文;小牍短书,不能传世行远,遂使甲第人文,《周官》所以拜献于王,而登之天府者,阙焉不备,是以方州之书,不遵乡大夫慎重贤书之制,记载无法,条贯未明之咎也。

近代颇有考定方州,自为一书者,若乐史《江南登科记》,张朝瑞《南国贤书》,陈汝元《皇明浙士登科考》,皆类萃一方掌故,惜未见之天下通行；而州县志书，编次科目，表列举贡，前明以来，颇存其例；较之宋、元州郡之书，可谓寸有所长者矣。特其体例未纯，纪载无法，不熟年经事纬之例，亦有用表例者，举贡荐仕封荫之条，多所抵牾。猥杂成书。甚者附载事迹，表传不分，此则相率成风，未可悉数其谬者也。论辨详列传第一篇《总论》内。今摭史志之文，先详制度，后列题名，以世相次，起于唐代，讫于今兹，为《选举表》。其封荫辟举，不可纪以年者，附其后云。

《和州志·氏族表》序例上

《周官》小史"奠系世，辨昭穆"，谱牒之掌古有专官，司马迁以《五帝系牒》，《尚书》集世记，为《三代世表》，氏族渊源，有自来矣。班固以还，不载谱系，而王符《氏姓之篇》，《潜夫论》第三十五篇。杜预《世族之谱》《春秋释例》第二篇。则治经著论，别有专长，义尽而止，不复更求谱学也。自魏晋以降，迄乎六朝，族望渐崇，学士大夫，辄推太史世家遗意，自为家传，其命名之别，若《王肃家传》《虞览家记》《范汪世传》《明粲世录》，陆煦《家史》陆《史》十五卷。之属，并于谱牒之外，勒为专书，以俟探录者也。至于挚虞《昭穆记》，王俭《百家谱》，以及何氏《姓苑》，贾氏《要状》贾希鉴《氏族要状》十五卷。诸编，则总汇群伦，编分类次，上者可裨史乘，下或流入类书，其别甚广，不可不辨也。

族属既严，郡望愈重，若沛国刘氏、陇西李氏、太原王氏、陈郡谢氏，虽子姓散处，或本非同居，然而推言族望，必本所始。后魏迁洛，则有八氏、十姓、三十六族、九十二姓，并居河南洛阳，而中国人士，各第门阀,有四海大姓、州姓、郡姓、县姓,撰为谱录。齐梁之间,斯风益盛,郡谱州牒,并有专书。若王俭、王僧孺之所著录,王俭《诸州谱》十二卷,王僧孺《十八州谱》七百卷。《冀州姓族》《扬州谱钞》之属,不可胜纪,俱以州郡系其世望者也。唐刘知几讨论史志,以谓族谱之书,允宜入史,其后欧阳《唐书》撰为《宰相世系》,顾清门巨族,但不为宰相者,时有所遗。至郑樵《通志》,首著《氏族之略》,其叙例之文,发明谱学所系,推原史家不得师承之故,盖尝慨切言之。而后人修史,不师其法,是亦史部之阙典也。

古者瞽蒙诵诗,并诵世系,以戒劝人君。《国语》所谓教之世,而为之昭明德者是也。然则奠系之属,掌于小史,诵于瞽蒙,先王所重,盖以尊人道而追本始也。当时州闾族党之长,属民读法,乡大夫三年大比,考德艺而献书于王,则其系世之属,必有成数,以集上于小史可知也。夫比人斯有家,比家斯有国,比国斯有天下;家牒不修,则国之掌故,何所资而为之征信耶。《易》曰:"天与火同人,君予以类族辨物。"物之大者,莫过于人;人之重者,莫重于族。记传之别,或及虫鱼;地理之书,必征土产,而于先王锡土分姓。所以重人类而明伦叙者,阙焉无闻,非所以明大通之义也。且谱牒之书,藏之于家,易于散乱;尽入国史,又惧繁多,是则方州之志,考定成编,可以领诸家之总,而备国史之要删,亦载笔之不可不知所务者也。

《和州志·氏族表》序例中

奠系世之掌于小史,与民数之掌于司徒,其义一也。杜子春曰:"奠系世为帝系，诸侯卿大夫世本之属。"然则比伍小民，其世系之牒，不隶小史可知也。乡大夫以岁时登夫家之众寡，三年以大比与一乡之贤能。夫夫家众寡，即上大司徒之民数，其贤能为卿大夫之选，又可知也。民贱，故仅登户口众寡之数；卿大夫贵，则详系世之牒，理势之自然也。后代史志，详书户口，而谱系之作无闻，则是有小民而无卿大夫也。《书》曰："九族既睦，平章百姓。"郑氏注：百姓，为群臣之父子兄弟。见司马迁《五帝本纪》注。平章，乃辨别而章明之，是即《周官》小史奠系之权舆也。

孟子曰："所谓故国者，非谓有乔木之谓也，有世臣之谓也。"近代州县之志，留连故迹，附会桑梓，至于世牒之书，阙而不议，则是重乔木而轻世家也。且夫国史不录，州志不载，谱系之法，不掌于官，则家自为书，人自为说，子孙或过誉其祖父，是非或颇谬于国史，其不肖者流，或谬托贤哲，或私鬻宗谱，以伪乱真，悠谬恍惚，不可胜言。其清门华胄，则门阀相矜，私立名字，若江左王、谢诸家，但有官勋，即标列传。史臣含毫，莫能裁断，以至李必陇西，刘必沛国，但求资望不问从来，则有谱之弊，不如无谱。史志阙略，盖亦前人之过也。

夫以司府领州县，以州县领世族，以世族率齐民，天下大计，可以指掌言也。唐三百年谱系，仅录宰相，彼一代浩繁，出于计之无如何耳。方州之书，登其科甲仕宦。则固成周乡大夫之所以书上贤能者也。今仿《周官》遗意，特表氏族，其便盖有十焉。一则史权不散，私门之书，有所折衷，其便一也。一则谱法画一，私谱凡例未纯，可以参取，其便二也。一则清浊分涂，非其族类，不能依托，流品攸分，其便三也。一则著籍已定，衡文取士，自有族属可稽；非其籍者，无难勾检，其便四也。一则昭穆亲疏，秩然有叙；或先贤奉祀之生，或绝嗣嗣续之议，争为人后，其讼易平,其便五也。一则祖系分明,或自他邦迁至,或后迁他邦,世表编于州志,其他州县,或有谱牒散亡,可以借此证彼,其便六也。一则改姓易氏,其时世前后及其所改之故,明著于书,庶几婚姻有辨;且修明谱学者,得以考厥由来其便七也。一则世系蝉联,修门望族,或科甲仕宦,系谱有书,而德行道艺,列传无录,没世不称,志士所耻,是文无增损,义兼劝惩,其便八也。一则地望着重,坊表都里,不为虚设,其便九也。一则征文考献,馆阁椠收,按志而求,易如指掌,其便十也。然则修而明之,可以推于诸府州县,不特一州之志已也。

《和州志·氏族表》序例下

《易》曰:"物不可穷也,故受之以《未济》。"夫网罗散失,是先有散失,而后有网罗者也。表章潜隐,是先有潜隐,而后有表章者也。陈寿《蜀志》列传,殿以扬戏之赞;常璩《华阳》序志,概存士女之名。二子知掌故之有时而穷也,故以赞序名字,存其大略,而明著所以不得已而仅存之故,是亦史氏阙文之旧例也。和州在唐宋为望郡,而文献之征,不少概见。至于家谱世牒,寥寥无闻。询之故老,则云明季乙亥寇变,图书毁于兵燹。今州境之人士,皆当日仅存幸免者之曾若元也。所闻所传,闻者不过五世七世而止,不复能远溯也。传世既未久远,子姓亦无繁多,故谱法大率不修。就求其所有,则出私札笔记之属,体例未定,难为典则,甚者至不能溯受姓所由来。余于是为之慨然叹焉!

夫家谱简帙,轻于州志,兵燹之后,家谱无存,而明嘉靖中知州易鸾,与万历中知州康诰所修之州志,为时更久。而其书今日具存,是在官易守，而私门难保之明征也。及今而不急为之所，则并此区区者，后亦莫之征矣。且吾观《唐书·宰相世系》，列其先世，有及梁、陈者矣；有及元魏、后周者矣，不复更溯奕叶而上，则史牒阙文，非一朝一夕之故也。然则录其所可考，而略其所不可知，乃免不知而作之诮焉。每姓推所自出，备稽古之资也。详入籍之世代，定州略也。科甲仕宦为目，而贡监生员与封君，及赀授空阶皆与焉，从其类也。无科甲仕宦，而仅有生员及赀授空阶，不为立表，定主宾轻重之衡也。科甲仕宦之族，旁支皆齐民，则及分支之人而止，不复列其子若孙者，君子之泽，五世而斩，若皆列之，是与版图之籍无异也。虽有科甲仕宦，而无谱者阙之，严讹滥之防也。正贡亦为科甲，微秩亦为仕宦，不复分其资级，以文献无征，与其过而废也，毋宁过而存之，是《未济》之义也。

《和州志·舆地图》序例

图谱之学，古有专门，郑氏樵论之详矣。司马迁为史，独取旁行斜上之遗，列为十表，而不取象魏悬法之掌，列为诸图，于是后史相承，表志愈繁，图经浸失，好古之士，载考陈编，口诵其辞，目迷其象，是亦载笔之通弊，斯文之阙典也。郑樵生千载而后，慨然有志于三代遗文，而于《图谱》一篇，既明其用，又推后代失所依据之故，本于班固收书遗图，亦既感慨言之矣。然郑氏之意，只为著录诸家，不立图谱专门，故欲别为一录，以辅《七略》四部之不逮耳。其实未尝深考，图学失传，由于司马迁有表无图，遂使后人修史，不知采录。故其自为《通志》，纪、传、谱、略诸体具备，而形势名象，亦未为图，以此而议班氏，岂所谓楚则失之，而齐亦未为得者非耶！

夫图谱之用，相为表里。《周谱》之亡久矣，而三代世次，诸侯年月，今具可考，以司马迁采摭为表故也。象魏之藏既失，而形名制度，方圆曲直，今不可知，以司马迁未列为图故也。然则书之存亡，系于史臣之笔削明矣。图之远者，姑弗具论，自《三辅黄图》《洛阳宫殿图》以来，都邑之簿，代有成书，后代搜罗，百不存一。郑氏独具心裁，立为专录，以谓有其举之，莫或废矣。然今按以郑氏所收，其遗亡散失，与前代所著，未始迳庭，则书之存亡，系于史臣之笔削者尤重，而系于著录之部次者犹轻，又明矣。罇罍之微，或资博雅；卤簿之属，或著威仪，前人并有图书，盖亦繁富，史臣识其经要，未遑悉入编摩，郑氏列为专录，使有所考，但求本书可也。

至丁方州形势，天下大计，不于表志之间，列为专部，使读其书者，乃若冥行擿埴，如之何其可也。治《易》者必明乎象，治《春秋》者必通乎谱，图象谱牒，《易》与《春秋》之大原也。《易》曰："系辞焉以尽其言。"《记》曰："比事属辞，《春秋》教也。"夫谓之系辞属辞者，明乎文辞从其后也。然则图象为无言之史，谱牒为无文之书，相辅而行，虽欲阙一而不可者也。况州郡图经，尤前人之所重耶！

或曰："学者亦知图象之用大矣！第辞可传习，而图不可以诵读，故书具存，而图不可考也，其势然也。"虽然，非知言也。夫图不可诵，则表亦非有文辞者也。表著于史，而图不入编，此其所以亡失也。且图之不可传者有二：一则争于绘事之工也。以古人专门艺事，自以名家，实无当于大经大法，若郭璞《山海经图赞》，赞存图亡，今观赞文，自类雕龙之工，则知图绘，殆亦画虎之技也。一则同乎髦弁之微也。近代方州之志，绘为图象，厕于序例之间，不立专门，但缀名胜，以为一书之标识，而实无当于古人图谱之学也。夫争于绘事，则艺术无当于史裁；而厕于弁髦，则书肆苟为标帜，以为市易之道，皆不可语于史学之精微也。

古人有专门之学，即有专门之书；有专门之书，即有专门之体例。旁行斜上，标分子注，谱牒之体例也。开方计里，推表山川，舆图之体例也。图不详而系之以说，说不显而实之以图，互著之义也。文省而事无所晦，形著而言有所归，述作之则也。亥豕不得淆其传，笔削无能损其质，久远之业也。要使不履其地，不深于文者，依检其图，洞如观火，是又通方之道也。夫《天官》《河渠》图，而八书可以六；《地理》《沟洫》图，而十志可以八，然而今日求太初之星象，稽西京之版舆，或不至于若是茫茫也。况夫方州之书，征名辨物，尤宜详赡无遗，庶几一家之作，而乃流连景物，附会名胜，以为丹青末艺之观耶！其亦不讲于古人所以左图右史之义也夫！

图不能系之说，而说之详者，即同于书，图之名不亦赘欤？曰：非赘也。体有所专，意亦有所重也。古人书有专名，篇有专义，辞之出入非所计，而名实宾主之际，作者所谓窃取其义焉耳。且吾见前史之文，有表似乎志者矣。《汉书·百官公卿表》，篇首历叙官制。不必皆旁行斜上之文也。有志似乎表者矣，《汉书·律历志》，排列三统甲子。不必皆比事属辞之例也。《三辅黄图》，今亡其书矣，其见于他说所称引，则其辞也。遁甲通统之图，今存其说，犹《华黍》《由庚》之有其义耳。虽一尺之图，系以寻丈之说可也。既曰图矣，统谓之图可也。图又以类相次。不亦繁欤？曰：非繁也，图之有类别，犹书之有篇名也。以图附书，则义不显；分图而系之以说，义斯显也。若皇朝《明史·律历志》，于仪象推步，皆绘为图，盖前人所未有矣。当时史臣，未尝别立为图，故不列专门，事各有所宜也。今州志分图为四，一曰《舆地》，二曰《建置》，三曰《营汛》，四曰《水利》，皆取其有关经要，而规方形势所必需者，详系之说，而次诸纪表之后，用备一家之学，而发其例于首简云尔。

《和州志·田赋书》序例

自画土制贡，创于《夏书》，任土授职，载师物地事及授地职。详于《周礼》，而田赋之书，专司之掌，有由来矣。班氏约取《洪范》八政，裁为《食货》之篇，后史相仍，著为圭臬，然而司农图籍，会稽簿录，填委架阁，不可胜穷，于是酌取一代之中，以为定制。其有沿革，大凡盈缩总计，略存史氏要删，计臣章奏，使读者观书可以自得，则亦其势然也。若李吉甫、韦处厚所为国计之簿，李吉甫《元和国计簿》十卷，韦处厚《太和国计》二十卷。丁谓、田况所为《会计之录》，丁谓《景德会计录》六卷，田况《皇祐会计录》六卷。则仿《周官》司会所贰书契版图之制也。杜佑、宋白之《通典》，王溥、章得象之《会要》，则掌故汇编，其中首重食货，义取综核，事该古今，至于麻缕之微，铢两之细，不复委折求尽也。赵过均田之议，李翱平赋之书，别公牍私论，各抒所见，惟以一时利病，求所折衷，非复史氏记实之法也。夫令史簿录，猥琐无文，不能传世行远；文学掌故，博综大要，莫能深鉴隐微，此田赋之所以难明。而成书之所以难观者也。

古者财赋之事，征于司徒，载师属大司徒。会于太宰，司会属太宰。太宰制三十年为通九式，均节九赋，自祭祀宾客之大，以至刍秣匪颁之细，俱有定数，以其所出，准之以其所入，虽欲于定式之外，多取于民，其道无由，此财赋所以贵簿正之法也。自唐变租庸调而为两税，明又变两税而为一条鞭法，势趋简便，令无苛扰，亦度时揆势，可谓得所权宜者矣。然而存留供亿诸费，土贡方物等，佥差募运之资，总括毕输，便于民间，使无纷扰可也。有司文牍，令史簿籍，自当具录旧有款目，明着功令所以并省之由，然后折以时之法度，庶几计司职守，与编户齐民，皆晓然于制有变更，数无增损也。文移日趋简省，而案牍久远无征，但存当时总括之数，不为条列诸科，则遇禁纲稍弛，官吏不饬于法，或至增饰名目，抑配均输，以为合于古者惟正之贡，孰从而议其非制耶？夫变法所以便民，而吏或缘法以为奸，文案之功，或不能备，图史所以为经国之典也。然而一代浩繁，史官之籍，有所不胜，独州县志书，方隅有限，可以条别诸目，琐屑无遗，庶以补国史之力之所不给也。自有明以来，外志纪载，率皆猥陋无法，至于田赋之事，以谓吏胥簿籍，总无当于文章巨丽之观，遂据见行案牍，一例通编，不复考究古今，深求原委，譬彼玉卮无当，谁能赏其华美者乎。

　　明代条鞭之法，定于嘉靖之年，而和州旧志，今可考者，亦自嘉靖中易鸾《州志》而止；当时正值初更章程，而《州志》即用新法，尽削旧条，遂使唐人两税以来，沿革莫考，惜哉！又私门论议，官府文移，有关田赋利病，自当采入本书，如班《书》叙次晁错《贵粟》之奏，入《食货志》；贾让《治河》之策，入《沟洫志》，庶使事显文明，学归有用，否则裁入本人列传，便人参互考求，亦赵充国《屯田》诸议之成法也。近代志家，类皆截去文词，别编为《艺文志》，而本门事实，及本人行业，转使扩落无材，岂志目大书专门，特标义例，积成卷轴，乃等于匏瓜之悬，仰而不食者耶！《康诰》旧志，略窥此风，后来秉笔诸家，毅然删去，一而至再，无复挽回，可为太息者也。今自易《志》以前，其有遗者不可追已。自易《志》以后，具录颠末，编次为书，其《康诰》均田之议，实有当于田赋利病,他若州中有关田赋之文,皆采录之,次于诸条之后;兼或采入列传,互相发明,疑者阙之。后之览者,或有取于斯焉。

《和州志·艺文书》序例

《易》曰:"上古结绳而治,后世圣人易之以书契,百官以治,万民以察。"夫文字之原,古人所以为治法也。三代之盛,法具于书,书守之官,天下之衡业,皆出于官师之掌故,道艺于此焉齐,德行于此焉通。天下所以以同文为治,而《周官》六篇,皆古人所以即守官而存师法者也。不为官师职业所存,是为非法,虽孔子言礼,必访柱下之藏是也。三代而后,文字不隶于职司,于是官府章程,师儒习业,分而为二,以致人自为书,家自为说,盖泛滥而出于百司掌故之外者,遂纷然矣。六经皆属掌故,如《易》藏太卜,《诗》在太师之类。书既散在天下。无所统宗,于是著录部次之法,出而治之,亦势之所不容已。

然自有著录以来,学者视为纪数簿籍,求能推究同文为治,而存六典识职之遗者,惟刘向、刘歆所为《七略》《别录》之书而已。故其分别九流,论次诸子,必云出于古者某官之掌,其流而为某家之学,失而为某事之敝,条宣究极,隐括无遗,学者苟能循流而溯源,虽曲艺小数,诐辞邪说,皆可返而通乎大道;而治其说者,亦得以自辨其力之至与不至焉;有其守之莫或流也,有其趋之,莫或歧也,言语文章,胥归识职,则师法可复,而古学可兴,岂不盛哉!

韩氏愈曰:"辨古书之正伪,昭昭然若黑白分。"孟子曰:"诐辞知其所蔽,淫辞知其所陷,邪辞知其所离,遁辞知其所穷。"孔子曰:"多闻择其善者而从之。"夫欲辨古书正伪，以几于知言，几于多闻择善，则必深明官师之掌，而后悉流别之故，竟末流之失。是刘氏著录，所以为学术绝续之几也。不能究官师之掌，将无以条流别之故，而因以不知末流之失，则天下学术，无所宗师，生心发政，作政害事，孟子言之，断断如也。然而涉猎之士，方且炫博综之才；索隐之功，方且矜隅墟之见，以为区区著录之文，校雠之业，可以有裨于文事，噫！其惑也。

六典亡而为《七略》，是官失其守也。《七略》亡而为四部，是师失其传也。《周官》之籍富矣，保章天文，职方地理，虞衡理物，巫祝交神，各守成书，以布治法，即各精其业，以传学术，不特师氏、保氏所谓六艺、《诗》《书》之文也。司空篇亡，刘歆取《考工记》补之；非补之也，考工当为司空官属，其所谓记，即《冬官》之典籍，犹《仪礼》十七篇，为《春官》之典籍；《司马法》百五十篇，为《夏官》之典籍，皆幸而获传后世者也。当日典籍具存，而三百六十之篇，即以官秩为之部次，文章安得散也。

衰周而后，官制不行，而书籍散亡，千百之中，存十一矣。就十一之仅存，而欲复三百六十之部次，非凿则漏，势有难行，故不得已而裁为《七略》尔。其云盖出古者某官之掌，盖之为言，犹疑辞也。欲人深思，而旷然自得于官师掌故之原也。故曰六典亡而为《七略》，官失其守也。虽然，官师失业，处士著书，虽曰法无统纪，要其本旨，皆欲推其所学，可以见于当世施行；其文虽连缀，而指趋可约也。其说虽谲诡，而驳杂不出也。故老、庄、申、韩、名、墨、纵横，汉初诸儒，犹有治其业者，是师传未失之明验也。师传未亡，则文字必有所本；凡有所本，无不出于古人官守，刘氏所以易于条其别也。魏、晋之间，专门之学渐亡，文章之士，以著作为荣华，辞、赋、章、表、铭箴、颂诔，因事结构，命意各殊，其旨非儒非墨，其言时离时合，裒而次之，谓之支集，流别之不可分者一也。文章无本，斯求助于词采，纂组经传，摘抉子史，譬医师之聚毒，以待应峙取给，选青妃紫，不主一家，谓之类书，流别之不可分者二也。学术既无专门，斯读书不能精一，删略诸家，取便省览，其始不过备一时之捷给，未尝有意留青。继乃积渐相沿，后学传为津逮，分之则其本书具在，合之则非一家之言，纷然杂出，谓之书抄，流别之不可分者三也。

会心不足，求之文貌，指摘句调工拙，品节宫商抑扬，俗师小儒，奉为模楷，裁节经传，摘比词章，一例丹铅，谓之评选，流别之不可分者四也。凡此四者，并由师法不立，学无专门，末俗支离，不知古人大体，下流所趋，实繁且炽，其书既不能悉付丙丁，惟有强编甲乙，而欲执《七略》之旧法，部末世之文章，比于柄凿方圆，岂能有合，故曰《七略》流而为四部，是师失其传也。若谓史籍浩繁，《春秋》附庸，蔚成大国，《七略》以《太史公》列春秋家，至二十一史，不得不别立史部。名墨寥落，小宗支别，再世失传，名家者流，墨家者流，寥寥数家者，后代不复有其书矣。以谓《七略》之势，不得不变而为四部，是又浅之乎论著录之道者矣！

闻以部次治书籍，未闻以书籍乱部次者也。汉初诸子百家，浩无统摄，官礼之意亡矣。刘氏承西京之敝，而能推究古者官师合一之故，著为条贯，以溯其源，则治之未尝不精也。魏、晋之间，文集类书，无所统系，魏文帝撰徐、陈、应、刘之文，都为一集。挚虞作《文章流别集》之始也。魏文帝作《皇览》，类书之始也。专门传授之业微矣；而荀、李诸家，荀勖、李充。不能推究《七略》源流，至于王、阮诸家，王俭、阮孝绪。相去愈远，其后方技兵书，合于子部，而文集自为专门，类书列于诸子唐人四部之书，四部创于荀勖，体例与后代四部不同，故云始于唐人也。乃为后代著录不祧之成法，而天下学术，益纷然而无复纲纪矣！盖《七略》承六典之敝，而知存六典之遗法；四部承《七略》之敝，而不知存《七略》之遗法，是《七略》能以部次治书籍，而四部不能不以书籍乱部次也。

且四部之借口于不能复《七略》者，一曰史籍之繁，不能附《春秋》家学也。夫二十一史，部勒非难，至于职官故事之书，谱牒纪传之体，或本官礼制作，或涉儒杂家言，不必皆史裁也。今欲括囊诸体，断史为部，于是仪注不入《礼经》，职官不通六典，谟、诰离绝《尚书》，史评分途诸子，史评皆诸子之遗，入史部非也。变乱古人立言本旨，部次成法以就简易，如之何其可也？二曰文集日繁，不列专部，无所统摄也。夫诸子百家，非出官守，而刘氏推为官守之流别，则文集非诸子百家，而著录之书，又何不可治以诸子百家之识职乎。夫集体虽曰繁赜，要当先定作集之人；人之性情，必有所近，得其性情本趣，则诗赋之所寄托，论辨之所引喻，纪叙之所宗尚，掇其大旨，略其枝叶，古人所谓一家之言，如儒、墨、名、法之中，必有得其流别者矣。如韩愈之儒家，柳宗元之名家，苏轼之纵横家，王安石之礼家。存录其文集本名论，次其源流所自附，其目于刘氏部次之后，而别白其至与不至焉，以为后学辨途之津逮，则卮言无所附丽，文集之弊，可以稍歇。庶几言有物而行有恒，将由《七略》专家而窥六典遗则乎。家法既专，其无根驳杂，类钞评选之属，可以不烦而自治，是著录之道，通于教法。何可遽以数纪部目之属，轻言编次哉！但学者不先有以窥乎天地之纯，识古人之大体，而遽欲部次群言，辨章流别，遽有希几于一言之是而不可得者，是以著录之家，好言四部，而惮闻《七略》也。

史家所谓部次条别之法，备于班固，而实仿于司马迁。司马迁未著成法，班固承刘歆之学而未精，则言著录之精微，亦在乎熟究刘氏之业而已矣。究刘氏之业，将由班固之书，人知之。究刘氏之业，当参以司马迁之法，人不知也。夫司马迁所谓序次六家，条办学术同异，推究利病，本其家学，司马谈论阴阳、儒、墨、名、法、道德，以为六家。尚已！纪首推本《尚书》，《五帝本纪赞》。表首推本《春秋》，《三代世表序》。传首推本《诗》《书》所阙。至于虞、夏之文，《伯夷列传》。皆著录渊源所自启也。其于六艺而后，周、秦诸子，若孟、荀、三邹、老、庄、申、韩、管、晏、屈原、虞卿、吕不韦诸传，论次著述，约其归趣，详略其辞，颉颃其品，抑扬咏叹，义不拘墟，在人即为列传，在书即为叙录，古人命意标篇，俗学何可绳尺限也。刘氏之业，其部次之法，本乎官礼，至若叙录之文，则于太史列传，微得其裁，盖条别源流，治百家之纷纷，欲通之于大道，此本旨也。至于卷次部目，篇第甲乙，虽按部就班，秩然不乱，实通官联事，交济为功，如管子列于道家，而叙小学流别，取其《弟子职》篇附诸《尔雅》之后，则知一家之书，其言可采，例得别出也。伊尹、太公，道家之祖，次其书在道家。苏子、蒯通，纵横家言，以其兵法所宗，遂重录于兵法权谋之部次，冠冕孙、吴诸家，则知道德兵谋，凡宗旨有所统会，例得互见也。夫篇次可以别出，则学术源流，无阙间不全之患也。部目可以互见，则分纲别纪，无两歧牵掣之患也。学术之源流，无阙间不全；分纲别纪，无两歧牵掣，则《周官》六卿联事之意存，而太史列传互详之旨见；如《货殖》叙子贡，不涉《弟子列传》，《儒林》叙董仲舒，王吉别有专传。治书之法，古人自有授受，何可忽也。

　　自班固删《辑略》，而刘氏之绪论不传。《辑略》乃总论群书大旨。省部目，而刘氏之要法不著。班省刘氏之重见者而归于一。于是学者不知著录之法，所以辨章百家，通于大道，《庄子·天下篇》亦此义也。而徒视为甲乙纪数之所需，无惑乎学无专门，书无世守，转不若巫祝符箓，医士秘方，犹有师传不失之道也。郑樵《校雠》之略，力纠《崇文》部次之失，自班固以下，皆有讥焉；然郑氏未明著录源流，当追官礼，徒斤斤焉纠其某书当甲而误乙，某书宜丙而讹丁；夫部次错乱，虽由家法失传，然儒杂二家之易混，职官故事之多歧，其书本在两可之间，初非著录之误。如使刘氏别出互见之法，不明于后世，虽使太史复生，扬雄再见，其于部次之法，犹是茫然不可统纪也。郑氏能讥班《志》附类之失当，而不能纠其并省之不当，可谓知一十而不知二五者也。且吾观后人之著录，有别出《小尔雅》以归《论语》者，本《孔丛子》中篇名，《隋书·经籍志》，别出归《论语》。有别出《夏小正》以入《时令》者，本《大戴礼》篇名，《文献通考》别出归《时令》。是岂足以知古人别出之法耶？特忘其所本之书，附类而失其依据者尔。《嘉瑞记》既入《五行》，又互见于《杂传》；《隋书·经籍志》。《西京杂记》既入《故事》，又互见于《地理》。《唐书·艺文志》。是岂足以知古人互见之法耶？特忘其已登著录，重复而至于讹错者尔。

夫末学支离，至附类失据，重复错讹，可谓极矣。究其所以歧误之由，则理本有以致疑，势有所以必至。徒拘甲乙之成法，而不于古人之所以别出，所以互见者，析其精微，其中茫无定识，弊固至乎此也。然校雠之家，苟未能深于学术源流，使之徒事裁篇而别出，断部而互见，将破碎纷扰，无复规矩章程，斯救弊益以滋弊矣！是以校雠师法，不可不传；而著录专家，不可不立。州县志乘艺文之篇，不可不熟议也。古者行人采书，太史掌典，文章载籍，皆聚于上，故官司所守之外，无坟籍也。后世人自为书，家别其说，纵遇右文之代，购典之期，其能入于秘府，领在史官者，十无七八，其势然也。文章散在天下，史官又无专守，则同文之治，惟学校师儒，得而讲习；州县志乘，得而部次，着为成法，守于方州，所以轺轩之采风，待秘书之论定，其有奇衺不衷之说，亦得就其闻见，校雠是正，庶几文章典籍，有其统宗，而学术人心，得所规范也。昔蔡邕正定《石经》，以谓四方之士，至有贿改兰台漆书，以合私家文字者，是当时郡国传习，与中书不合之明征也。文字点书小学之功，犹有四方传习之异，况纪载传闻，私书别录，学校不传其讲习，志乘不治其部次，则文章散著，疑似两淆，后世何所依据而为之考定耶？

郑樵论求书之法，以谓因地而求，因人而求，是则方州部录艺文，固将为因地因人之要删也。前代搜访图书，不悬重赏，则奇书秘策，不能会萃。苟悬重赏，则伪造古逸，妄希诡合三坟之《易》，古文之《书》，其明征也。向令方州有部次之书，下正家藏之目，上借中秘之征，则天下文字，皆著籍录，虽欲私锢而不得，虽欲伪造而不能，有固然也。夫人口孳生，犹稽版籍；水土所产，犹列职方，况乎典籍文章，为学术源流之所自出，治功事绪之所流传，不于州县志书，为之部次条别，治其要删，其何以使一方文献，无所阙失耶？

《和州志·政略》序例

夫州县志乘，比于古者列国史书，尚矣！列国诸侯，开国承家，体崇势异，史策编列世家，抗于臣民之上，固其道也。州县长吏，不过古者大夫邑宰之选，地非久居，官不世禄，其有《甘棠》留荫，循迹可风，编次列传，班于文学政事之间，亦其宜也。往牒所载，今不可知，若梁元帝所为《丹阳尹传》，见《隋志》，凡十卷。孙仲所为《贤牧传》，见《唐志》，十五卷。则专门编录，率由旧章，马、班循吏之篇，要为不易者矣。至于州县全志，区分品地，乃用名宦为纲，与乡贤、列女、仙释、流寓诸条，均分门类，是乃摘比之类书，词人之杂纂，虽略仿乐史《太平寰宇记》中所附名目，实兔园捃摭词藻之先资，欲拟《春秋》家学，外史掌故，人编列传，事具首尾，苟使官民同录，体例无殊，未免德、操诣庞公之家，一室难分宾主者矣。

窃意蜀郡之慕文翁，南阳之思邵父，取其有以作此一方，为能兴利革弊，其人虽去，遗爱在民，职是故也。正使伯夷之清，柳下之和，不嫌同科。其或未仕之先，乡评未协；去官之后，晚节不终，苟为一时循良，何害一方善政。夫以治绩为重，其余行业为轻，较之州中人物，要其始末，品其瑕瑜，草木区分，条编类次者，其例本不相侔；于斯分别标题，名为"政略"，不亦宜乎。

夫略者，纲纪之鸿裁，编摩之伟号，《黄石》《淮南》之属抗其题，《黄石公三略》《淮南子要略》。张温、鱼豢之徒分其纪，张温《三史略》，鱼豢《典略》。盖有取乎谟略之遗，不独郑樵之二十部也。郑樵《通志·二十略》。以之次比政事，编者功猷，足以临莅邦人，冠冕列传，揆诸记载，体例允符，非谓如裴子野之删《宋略》，但取节文为义者也。

《和州志·列传》总论

志曰："传志之文，古无定体。"左氏所引《军志》《周志》诸文，即传也。孟子所对汤、武苑囿之问，皆曰"于传有之"，即志也。六艺为经，则《论语》《礼记》之文谓之传。卦爻为经，则象、象、文言谓之传。自《左氏春秋》，依经起义，兼史为裁，而司马迁七十列传，略参其例，固以十二本纪，窃比《春秋》者矣！夫其人别为篇，类从相次，按诸左氏，稍觉方严；而别识心裁，略规诸子，揆其命名之初，诸传之依《春秋》，不过如诸记之因经礼，因名定体，非有深文，即楚之屈原，将汉之贾生合传，谈天邹衍，缀大儒孟、荀之篇，因人征类，品藻无方，咏叹激昂，抑亦吕氏六论之遗也。吕氏十二纪似本纪所宗，八览似八书所宗，六论似列传所宗。班史一卷之中，人分首尾，传名既定，规制綦密。然逸民四皓之属，王、贡之附庸也。王吉、韦贤诸人，《儒林》之别族也。附庸如颛臾之寄鲁，署目无闻；别族如田陈之居齐，重开标额。征文则相如侈陈词赋，辨俗则东方不讳谐言，盖卓识鸿裁，犹未可量以一辙矣。范氏《东汉》之作，则题目繁碎，有类米盐。传中所列姓名，篇首必标子注，于是列传之体，如注告身，首征祖系，末缀孙曾，循次编年，惟恐失坠。求如陈寿之述《蜀志》，旁采《季汉辅臣》；沈约之传灵运，通论六朝文史者，不为绳墨拘牵，微存作者之意，跫然如空谷之足音矣！然师般不作，规矩犹存，比缉成编，以待能者，和而不倡，宜若可为，第以著述多门，通材达识，不当坐是为詹詹尔。

至于正史之外，杂记之书，若《高祖》《孝文》，论述策诏，皆称为传，《汉·艺文志》有《高祖传》十三篇，《孝文传》十一篇。则故事之祖也。《穆天子传》《汉武内传》，小说之属也。刘向《列女传》，嵇康《高士传》，专门之纪也。《王肃家传》《王裒世传》，一家之书也。《东方朔传》《陆先生传》，一人之行也。至于郡邑之志，则自东京以往，讫于六朝而还，若《陈留耆旧传》《会稽先贤传》之类；其不为传名者，若《襄阳耆旧记》《豫章志后撰》之类，载笔繁委，不可胜数，网罗放失，缀辑前闻，譬彼丛流趋壑，细大不捐；五金在冶，利钝并铸者矣。司马迁曰："百家言不雅驯，搢绅先生难言之。"又曰："不离古文者近是。"又曰："择其言尤雅者。"载籍极博，折衷六艺，《诗》《书》虽阙，虞夏可知，然则旁推曲证，闻见相参；显微阐幽，折衷至当，要使文成法立，安可拘拘为划地之趋哉！

夫合甘辛而致味，通纂组以成文，低昂时代，衡鉴士风论，世之学也。同时比德，附出均编，类次之法也。情有激而如平，旨似讽而实惜，予夺之权也。或反证若比，或遥引如兴，一事互为详略，异撰忽尔同编，品节之理也。言之不文，行之不远，聚公私之记载，参百家之短长，不能自具心裁，而斤斤焉徒为文案之孔目，何以使观者兴起，而遽欲刊垂不朽耶！且国史征于外志，外志征于家牒，所征者博，然后可以备约取也。今之外志，纪传无分，名实多爽，既以人物列女，标为专门；又以文苑乡贤，区为定品，裁节史传，删略事实，逐条附注，有似类书摘比之规，非复古人传记之学，拟于国别为书，邱分作志，不亦难乎。又其甲科仕宦，或详选举之条；志状碑铭，列入艺文之内，一人之事，复见叠出，或注传详某卷，或注事见某条，此殆有类本草注药，根实异部分收；韵书通音，平仄互标为用者矣。文非雅驯，学者难言，今以正史通裁，特标列传，旁推互证，勒为专家，上裨古史遗文，下备后人采录，庶有作者，得以考求，如谓不然，请俟来哲。

《和州志·阙访列传》序例

孔子曰："吾犹及史之阙文也。"又曰："多闻阙疑，慎言其余。"夫网罗散失，细绎简编；所见所闻，时得疑似，非贵阙然不讲也。夫郭公夏五，原无深文；耒耜网罟，亦存论说，而《春秋》仍列故题。《尚书》

断自《尧典》，疑者阙而弗竟，阙者存而弗删，斯其慎也。司马迁曰："书阙有间其轶时时见于他说。"夫疑似之迹，未必无他说可参；而旧简以古文为宗，百家以雅驯是择，心知其意，所以慨然于好学深思之士也。班固《东方朔传》，以谓奇言怪语，附著者多，遂详录其谐隐射覆琐屑之谈，以见朔实止此，是史氏释疑之家法也。陈寿《蜀志》，以诸葛不立史官，蜀事穷于搜访，因录杨戏季汉名臣之赞，略存姓氏以致其意，是史牒阙文之旧章也。寿别撰《益部耆旧传》十卷，是寿未尝略蜀也。《益部耆旧传》不入《蜀志》，体例各有当也。或以议寿，非也。

自史学失传，中才史官，不得阙文之义，喜繁辞者，或杂奇袤之说；好简洁者或删经要之言，《晋书》喜采小说，《唐书》每删章奏。多闻之旨不遵，慎言之训误解，若以形涉传疑，事通附会，含毫莫断，故牒难征，谓当削去篇章，方合阙文之说，是乃所谓疑者，灭之而已，更复何阙之有？郑樵著《校雠略》，以谓馆阁征书，旧有阙书之目，凡考文者，必当录其部次，购访天下，其论可谓精矣。

窃谓典籍如此，人史亦然。凡作史者，宜取论次之余，或有人著而事不详，若传歧而论不一者，与夫显列名品，未征事实，清标夷齐，而失载西山之薇；学著颜曾，而不传东国之业，一隅三反，其类实繁。或由载笔误删，或是虚声泛采，难凭臆断，当付传疑，列传将竟，别裁阙访之篇，以副慎言之训，后之观者，得以考求。便若陈寿之季汉名臣，见上。常璩之华阳士女，《华阳国志》有序录，《士女志》止列姓名，云其事未详。不亦善乎。

至于州县之志，体宜比史加详。而向来撰志，条规人物，限于尺幅；摘比事实，附注略节，与方物土产，区门分类，约略相同；至其所注事实，率似计荐考语，案牍谳文，骈偶其词，断而不叙，士曰孝友端方，慈祥恺悌；吏称廉能清慎，忠信仁良。学尽汉儒，贞皆姜女，千篇一律，葭苇茫然，又何观焉。今用史氏通裁，特标列传，务取有文可诵，据实堪书，前志所遗，搜访略尽，他若标名略注，事实难征，世远年湮，不可寻访，存之则无类可归，削之则潜德弗曜，凡若此者，悉编为阙访列传，以俟后来者之别择云尔。

《和州志·前志列传》序例上

记曰："疏通知远《书》教也。比事属辞，《春秋》教也，"言述作殊方，而风教有异也。孟子曰："颂其诗，读其书，不知其人可乎？"言坟籍具存，而作者之旨，不可不辨也，古者史官各有成法，辞文旨远，存乎其人，孟子所谓其文则史，孔子以谓义则窃取，明乎史官法度不可易，而义意为圣人所独裁；然则良史善书，亦必有道矣前古职史之官不可考，春秋列国之良史，若董狐南史之直笔，左史倚相之博雅，其大较也。窃意南董左史之流，当时必有师法授受，第以专门之业，事远失传，今不得而悉究之也。司马迁网罗散失，采获旧闻，撰为百三十篇，以绍《春秋》之业，其于衰周战国，所为《春秋》家言，如晏婴、虞卿、吕不韦之徒，《晏子春秋》《虞氏春秋》《吕氏春秋》，皆有比事属辞之体，即当时《春秋》家言，各有派别，不尽春王正月一体也。皆叙录其著述之大凡，缉比论次，所以明己之博采诸家，折衷六艺，渊源流别，不得不详所自也。司马迁《自序》绍《春秋》之业，盖溯其派别有自，非僭妄之言。司马氏殁，班固氏作，论次西京史事，全录《太史自序》，推其义例，殆与相如、扬雄列传同科。范蔚宗《后汉》之述班固，踵成故事，墨守旧法，绳度不逾，虽无独断之才,犹有饩羊告朔礼废文成者也。及《宋书》之传范蔚宗,《晋书》之传陈寿,或杂次文人之列,或猥编同时之人,而于史学渊源,作述家法,不复致意,是亦史法失传之积渐也。至于唐修《晋》《隋》二书,惟资众力人才既散,共事之人,不可尽知,或附著他人传末,或互见一二文人,称说所及,不复别有记载,乃使《春秋》家学,塞绝梯航;史氏师传,茫如河汉。譬彼收族无人,家牒自乱;缁流驱散,梵刹坐荒,势有必至,理有固然者也。

夫马、班著史,等于伏、孔传经,大义微言,心传口授,或欲藏之名山,传之其人;或使大儒伏阁,受业于其女弟,岂若后代纪传,义尽于简篇,文同于胥吏,拘牵凡例,一览无遗者耶!然马、班《儒林》之篇,能以六艺为纲,师儒传授,蝇贯珠联,自成经纬,所以明师法之相承,溯渊源于不替者也。《儒林传》体,以经为纲,以人为纬,非若寻常列传,详一人之生平者也。自《后汉书》以下,失其传矣。后代史官之传,苟能熟究古人师法,略仿经师传例,标史为纲,因以作述流别,互相经纬,试以马、班而论,其先藉之资,《世本》《国策》之于迁《史》,扬雄、刘歆之于《汉书》是也。后衍其传,如杨恽之布迁《史》,马融之受《汉书》是也。别治疏注,如迁《史》之徐广、裴骃,《汉书》之服虔、应劭是也。凡若此者,并可依类为编,申明家学,以书为主,不复以一人首尾名篇,则《春秋》经世,虽谓至今存焉可也。至于后汉之史,刘珍、袁宏之作,华峤、谢承、司马彪之书,皆与范氏并列赅存。晋氏之史,自王隐、虞预、何法盛、干宝、陆机、谢灵运之流,作者凡一十八家,亦云盛矣;而后人修史,不能条别诸家体裁,论次群书得失,萃合一篇之中,比如郢人善斫,质丧何求?夏礼能言,无征不信者也。他若聚众修书,立监置纪,尤当考定篇章,覆审文字,某纪某书,编之谁氏;某表某传,撰自何人,乃使读者察其臧愿,定其是非,庶几泾渭虽淆,淄渑可辨,末流之弊,犹恃隄防;而唐、宋诸家,讫无专录,遂使经生帖括,词赋雕虫,并得睎睒班马之堂,攘臂汗青之业者矣。

《和州志·前志列传》序例中

晋挚虞创为《文章志》,叙文士之生平,论辞章之端委,范史《文苑列传》所由仿也。自是文士记传,代有缀笔,而文苑入史,亦遂奉为成规。至于史学流别,讨论无闻,而史官得失,亦遂置之度量之外,甚矣!世之易言文而惮言史也。夫迁、固之书,不立文苑,非无文也。老、庄、申、韩、管、晏、孟、荀、相如、扬雄、枚乘、邹阳,所为列传,皆于著述之业,未尝不三致意焉。不标文苑,所以论次专家之学也。文苑而有传,盖由学无专家,是文章之衰也。然而史臣载笔,侈言文苑,而于《春秋》家学,派别源流,未尝稍容心焉,不知将自命其史为何如也?《文章志》传,挚虞而后,沈约、傅亮、张骘诸人,纷纷撰录,傅亮《续文章志》,沈约《宋世文章志》,张骘《文士传》。指亦不胜屈矣;然而史臣采摭,存其大凡,著录诸书,今皆亡失,则史氏原委,编摩故迹,当其撰辑成书之际,公滕私楮,未必全无征考也。乃前史不列专题,后学不知宗要,则虽有踪迹,要亦亡失无存,遂使古人所谓官守其书,而家世其业者,乃转不如文采辞章,犹得与于常宝鼎《文选著作人名》之列也。常书凡三卷。唐李肇著《经史释题》,宗谏注《十三代史目》,其书编于目录部类,则未通乎记传之宏裁也。赵宋、孔平仲,尝著《良史事迹》,其书今亦不传,而著录仅有一卷,则亦猥陋不足观采也。

夫史臣创例，各有所因。列女本于刘向，孝义本于萧广济，晋人，作《孝子传》。忠义本于梁元帝，《忠臣传》三十卷。隐逸本于皇甫谧，《逸士传》《高士传》。皆前史通裁，因时制义者也。马、班《儒林》之传，本于博士所业，惜未取史官之掌，勒为专书；后人学识，不逮前人，故使未得所承，无能为役也。汉儒传经，师法亡矣；后史儒林之篇，不能踵其条贯源流之法，然未尝不取当代师儒，就其所业，以志一代之学。则马、班作史，家法既失，后代史官之事，纵或不能协其义例，何不可就当时纂述大凡，人文上下，论次为传，以集一史之成乎。

夫儒林治经，而文苑谈艺，史官之业，介乎其间，亦编摩之不可不知所务者也。或以艺文部次，登其卷帙，叙录后语，略标作者之旨，以谓史部要旨，已见大凡；则不知经师传注，文士辞章，艺文未尝不著其部次，而儒林文苑之篇，详考生平，别为品藻，参观互证，胡可忽诸。其或事迹繁多，别标特传，不能合为一篇，则于史官篇内，亦当存录姓名，更注别自有传，董仲舒、王吉、韦贤之例，自有旧章，仲舒治《春秋》，王吉治《毛诗》，韦贤治《鲁诗》，并见《儒林》而别有专传。两无妨害者也。夫荀卿著《礼》《乐》之论，乃《非十二子书》，庄周恣荒唐之言，犹叙禽墨诸子欲成一家之作，而不于前人论著，条析分明，祖述渊源，折衷至当，虽欲有功前人，嘉惠来学，譬则却步求前，未有得其至焉者也。

《和州志·前志列传》序例下

州县志书，论次前人撰述，特编列传盖创例也。举此而推之四方，使《春秋》经世，史氏家法，灿然大明于天下，则外志既治书有统会，而国史要删，可以抵掌言也。虽然有难叙者三，有不可不叙者三，载笔之士，不可不熟察此论也。何谓难叙者三？一曰书无家法，文不足观，易于散落也。唐宋以后，史法失传，特言乎马、班专门之业，不能复耳。若其纪表成规，志传旧例，历久不渝，等于科举程式；功令条例，虽中庸史官，皆可勉副绳墨，粗就隐括，故书虽优劣不齐，短长互见，观者犹得操成格以衡笔削也。外志规矩荡然，体裁无准，摘比似类书，注记如簿册，质言似胥吏，文语若尺牍，观者茫然，莫能知其宗旨，文学之士，鄙弃不观，新编告成，旧志遽没，比如寒暑之易冠衣，传舍之留过客，欲求存录，不亦难乎？二曰纂修诸家，行业不详，难于立传也。史馆征儒，类皆文学之士，通籍朝绅，其中且有名公卿焉，著述或见艺文，行业或详列传，参伍考求，犹易集也。州县志书，不过一时游宦之士，偶尔过从；启局杀青，不逾岁月；讨论商榷，不出州闾，其人或有潜德莫征，懿修未显，所游不知其常，所习不知其业，等于萍踪之聚，鸿爪之留，即欲效文苑之联编，仿儒林之列传，何可得耶。三曰题序芜滥，体要久亡，难征录例也。马、班之传，皆录自序，盖其生平行业，与夫笔削大凡，自序已明，据本直书，编入列传，读者苟能自得，则于其书，思过半矣。原叙录之所作，虽本《易系》《诗》篇，而史氏要删，实自校雠诸家，特重其体。刘向所谓条其篇目，撮其指意，录而奏上之文，类皆明白峻洁，于共书与人确然并有发明。简首题辞，有裨后学，职是故也。后代文无体要，职非校勘，皆能率尔操觚，凡有简编，辄题弁语，言出公家，理皆泛指，掩其部次，骤读序言，不知所指何人，所称何事，而文人积习相沿，莫能自反，抑亦惑矣。州县修志，尤以多序为荣，隶草夸书，风云竞体，棠阴花满，先为循吏颂辞；水激山峨，又作人文通赞，千书一律，观者索然，移之甲乙可也；畀之丙丁可也。尚得采其旧志序言，录其前书凡例，作列传之取材，为一书之条贯耶！凡此三者，所为难叙者也。

何谓不可不叙者三？一曰前志不当，后志改之，宜存互证也。天下耳目无穷，一人聪明有限，《禹贡》岷山之文尚矣，得《缅志》而江源详于金沙，郑元娑尊之说古矣，得王肃而铸金凿其牺背。穷经之业，后或胜前；岂作志之才，一成不易耶。然后人裁定新编，未必遽存故录，苟前志失叙，何由知更定之苦心，识辨裁之至当，是则论次前录，非特为旧志存其姓氏，亦可为新志明其别裁耳。二曰前志有征，后志误改，当备采择也。人心不同，如其面也，为文亦复称是。史家积习，喜改旧文，取其易就凡例，本非有意苛求，然淮阴带剑，不辨何人；太史公《韩信传》云："淮阴少年辱信云：'若虽长大，中情怯耳。'"班固删去"若"字，文义便晦。太尉携头，谁当假借？前人议《新唐书·段秀实传》云：柳宗元状称太尉曰，"吾带吾头来矣。"文自明。《唐书》改云："吾带头来矣。"是谁之头耶？不存当日原文，则三更其手，非特亥豕传讹，将恐虫鱼易体矣。三曰志当递续，不当迭改，宜衷凡例也。迁书采《世本》《国策》，集《尚书》《世纪》，《南》《北史》集沈、萧、姚、李八家之书，未闻新编告成，遽将旧书覆瓿也。区区州县志乘，既无别识心裁，便当述而不作；乃近人载笔，务欲炫长，未窥龙门之藩，先习狙公之术，移三易四，辗转相因，所谓自扰也。夫三十年为一世，可以补辑遗文，搜罗掌故；更三十年而往，遗待后贤，使甲编乙录，新新相承，略如班之续马，范之继班，不亦义乎。籍使前书义例未全，凡目有阙，后人创起，欲补逸文，亦当如马无地理，班《志》直溯《夏书》；《梁》《陈》无志，《隋书》上通五代，梁、陈、北齐、后周、隋五代。例由义制，何在不然。乃竟粗更凡目，全录旧文，得鱼忘筌，有同剽窃，如之何其可也。然琴瑟不调，改而更张，今兹制定一书，不能拘于递续之例，或且以矛陷盾，我则不辞，后有来者，或当鉴其衷曲耳，历叙前志，存其规模，亦见创例新编，初非得已。凡此三者，所谓不得不叙者也。

《和州志·文征》序例

乾隆三十九年，撰《和州志》四十二篇，编摩既讫，因采州中著述，有裨文献，若文辞典雅，有壮观瞻者，辑为《奏议》二卷，《征述》三卷，《论著》一卷，《诗赋》二卷，合为《文征》八卷，凡若干篇既条其别，因述所以采辑之故，为之叙录，叙曰：古人著述，各自名家，未有采辑诸人，裒合为集者也。自专门之学散，而别集之风日繁，其文既非一律，而其言时有所长，则选辑之事兴焉！至于史部所征，汉代犹为近古，虽相如、扬雄、枚乘、邹阳，但取辞赋华言，编为列传；原史臣之意，虽以存录当时风雅，亦以人类不齐，文章之重，未尝不可与事业同传，不尽如后世拘牵文义，列传止征行迹也。但西京风气简质，而迁固亦自为一家之书，故得用其义例。后世文字，如滥觞之流为江河，不与分部别收，则纪载充栋，将不可纪极矣。唐刘知几尝患史传载言雅富，欲取朝廷诏令，臣下章奏，仿表志专门之例，别为一体，类次纪传之中，其意可为善矣。然纪传既不能尽削文辞，而文辞特编入史，亦恐浩博难罄，此后世所以存其说而讫不能行也。

夫史氏之书，义例甚广，《诗》《书》之体，有异《春秋》，若《国语》十二，《国风》十五，所谓典训风谣，各有攸当是，以太师陈诗，外史又掌四方之志，未闻独取备于一类之书也。自孔逭《文苑》、萧统《文选》而后，唐有《文粹》，宋有《文鉴》，皆括代选文，广搜众体，然其命意发凡，仍未脱才子论文之习，经生帖括之风，其于史事，未甚亲切也。至于元人《文类》，则习久而渐觉其非；故其撰辑文辞，每存史意，序例亦既明言之矣。然条别未分，其于文学源流，鲜所论次。又古人云："诵其诗读其书，不知其人可乎。"作者生平大节，及其所著书名，似宜存李善《文选》注例，稍为疏证。至于建言发论，往往有文采斐然，读者兴起，而终篇扼腕，不知本事始末何如，此殆如梦古人而遽醒，聆妙曲而不终，未免使人难为怀矣。凡若此者，并是论文有余，证史不足，后来攻史诸家，不可不熟议者也。

至若方州选文，《国语》《国风》之说远矣！若近代《中州》《河汾》诸集，《梁园》《金陵》诸编，皆能画界论文，略寓征献之意，是亦可矣。奈何志家编次艺文，不明诸史体裁，乃以诗辞歌赋，记传杂文，全仿选文之例，列于书志之中，可谓不知伦类者也。是用修志余暇，采摭诸体，草创规制，约略以类相从，为叙录其流别，庶几踵斯事者，得以增华云尔。

奏议第一

《文征》首《奏议》，犹志首编纪也。自萧统选文，以赋为一书冠冕，论时别班固后于屈原论体则赋乃诗之流别，此其义列，岂复可为典要？而后代选文之家，奉为百世不祧之祖，亦可怪已！今取奏议冠首，而官府文移附之。《奏议》拟之于纪，而文移拟之政略，皆掌故之藏也。

征述第二

《征述》者，记传序述志状碑铭诸体也。其文与列传图书，互为详略，盖史学散而书不专家，文人别集之中，应酬存录之作，亦往往有记传诸体，可裨史事者；萧统选文之时，尚未有此也。后代文集中兼史体，修史传者，往往从而取之，则《征述》之文，要为不易者矣。

论著第三

《论著》者，诸子遗风，所以托于古之立言垂不朽者，其端于是焉在。刘勰谓论之命名，始于《论语》，其言当矣。晁氏《读书志》，援"论道经邦"，出于《尚书》，因诋刘氏之疏略；夫《周官》篇出伪古文，晁氏曾不之察，亦其惑也。诸子风衰，而文士集，中乃有论说辨解诸体，若书牍题跋之类，则又因事立言，亦论著之派别也。

诗赋第四

《诗赋》者，六义之遗；《国风》一体，实于州县《文征》为近。《甘泉》《上林》，班固录于列传，行之当世可也。后代文繁，固当别为专书，惟诗赋家流，至于近世，溺于辞采，不得古者国史序《诗》之意，而蚩蚩焉争于文字工拙之间，皆不可与言又征者也。兹取前人赋咏，依次编列，以存风雅之遗；同时之人，概从附录，以俟后来者之别择焉。

《永清县志·皇言纪》序例

史之有纪，肇于《吕氏春秋》十二月纪，司马迁用以载述帝王行事，冠冕百三十篇，盖《春秋》之旧法也。厥后二十一家迭相祖述，体肃例严，有如律令；而方州之志，则多惑于地理类书之例，不闻有所遵循，是则振衣而不知挈领，详目而不能举纲，宜其散漫无章，而失国史要删之义矣。夫古者封建之世，列国自有史书，然正月必系周王，鲁史必称周典，韩宣子见《易象春秋》，以谓周礼尽在于鲁是也。盖着承业所由始也。后世郡县，虽在万里之外，制如古者畿甸之法，乃其分门次类，略无规矩章程，岂有当于《周官》外史之义欤！《周官》外史掌四方之志，掌达书名于四方。此见列国之书，不得自擅，必禀外史一成之例也。此则撰志诸家，不明史学之过也。

《吕氏》十二月令，但名为纪，而司马迁班固之徒，则称本纪；原其称本之义，司马迁意在绍法《春秋》，顾左氏、公、穀、专家各为之传；而迁则一人之书，更著书表列传以为之纬，故加纪以本，而明其纪之为经耳。其定名则仿《世本》之旧称。班固不达其意，遂并十志而题为本志，然则表传之不加本称者，特以表称年表，传称列传，与本纪俱以二字定；名惟志止是单名，故强配其数，而不知其有害于经纪纬传之义也。古人配字双单，往往有之，如《七略》之方称经方，《淮南子》论称书论之类，不一而足。惟无害于文义，乃可为之耳。至于例以义起，方志撰纪，以为一书之经，当矣！如亦从史而称本纪，则名实混淆，非所以尊严国史之义也。且如后世文人所著诗文，有关当代人君行事，其文本非纪体，而亦称恭纪以致尊崇，于义固无害也。若称本纪，则无是理矣。是则方志所谓纪者，临本书之表传，则体为经；对国史之本纪，则又为纬矣。是以著纪而不得称本焉。

迁、固而下，本纪虽法《春秋》，而中载诏诰号令，又杂《尚书》之体；至欧阳修撰《新唐书》，始用大书之法，笔削谨严乃出迁、固之上，此则可谓善于师《春秋》者矣！至于方志撰纪，所以备外史之拾遗，存一方之祗奉，所谓循堂楹而测太阳之照，处牖隙而窥天光之通，期于慎辑详志，无所取于《春秋》书事之例也。是以恭录皇言，冠于首简，与史家之例，互相经纬，不可执一例以相拘焉。

大哉王言，出于《尚书》；王言如丝，出于《礼记》。盖三代天子称王，所以天子之言称王言也。后世以王言承用，据为典故，而不知三代以后，王亦人臣之爵，凡称天子诏诰，亦为王言，此则拘于泥古，未见其能从时者也。夫《尚书》之文，臣子自称为朕所言亦可称诰；后世尊称既定于一，则文辞必当名实相符，岂得拘执古例，不知更易；是以易王言之旧文，称皇言之鸿号，庶几事从其质，而名实不淆。

敕天之歌，载于谟典，而后史本纪，惟录诏诰，盖诗歌抒发性情，而诏诰施于政事，故史部所收，各有当也。至于方志之体，义在崇奉所尊，于例不当别择，前总督李卫所修《畿辅通志》，首列诏谕宸章二门，于义较为允协；至永清一县，密迩畿南，固无特颁诏谕，若牵连诸府州县，及统该直隶全部，则当载入通志，又不得以永清亦在其内，遂冒录以入书。如有恩赐蠲逋赈恤，则事实恭登《恩泽》之纪，而诏谕所该者广，是亦未敢越界而书；惟是覃恩恺泽，褒赠貤封，固家乘之光辉，亦邑书之弁冕，是以辑而纪之。御制诗章，止有《冰窖》一篇，不能分置卷帙，恭录诏谕之后，以志云汉光华云尔。

《永清县志·恩泽纪》序例

古者左史纪言，右史纪事，朱子以谓言为《尚书》之属，事为《春秋》之属，其说似矣。顾《尚书》之例，非尽纪言，而所谓纪事之法，亦不尽于春王正月一体也。《周官》五史之法，详且尽矣；而记注之书，后代不可尽详，盖自《书》与《春秋》而外，可参考者，《汲冢周书》似

《尚书》,《竹书纪年》似《春秋》而已。然而《穆天子传》独近起居之注,其书虽若不可尽信,要亦古者记载之法,经纬表里,各有所主,初不拘拘《尚书》《春秋》二体,而即谓法备于是,亦可矣。三代而后,细为宫史,若汉武《禁中起居注》,马后《显宗起居注》是也。大为时政,若唐《贞观政要》,周《显德日历》是也。以时记录,历朝起居注是也。会粹全书,流媒体太清以下实录是也。盖人君之德如天,晷计躔测,玑量圭度,法制周遍,乃得无所阙遗,是以《周官》立典,不可不详其义,而《礼》言左史右史之职,诚废一而不可者也。

纪之与传,古人所以分别经纬,初非区辨崇卑,是以迁《史》中有无年之纪,刘子玄首以为讥;班《书》自叙,称十二纪为《春秋考纪》,意可知矣。自班、马而后,列史相仍,皆以纪为尊称,而传乃专属臣下,则无以解于《穆天子传》与《高祖》《孝文》诸传也。今即列史诸帝有纪无传之弊论之,如人君行迹,不如臣下之详,篇首叙其灵征,篇终断其大略;其余年编月次,但有政事,以为志传之纲领,而文势不能更及于他,则以一经一纬,体自不可相兼故也。诚以《春秋》大旨断之,则本纪但真元年即位,以至大经大法,足为事目,于义惬矣。人君行事,当参以传体,详载生产,冠于后妃列传之上,是亦左氏之传,以惠公元妃数语,先经起事,即属隐公题下传文,可互证也。但纪传崇卑,分别已久。君臣一例,事理未安,则莫若一帝纪终,即以一帝之传,次其纪后,如郑氏《易》之以《象传》《象辞》,附于本卦之后之例;且崇其名曰《大传》,而不混列传,则名实相符,亦似折中之一道也。方志纪载,则分别事言,统名以纪,盖所以备外史之是正,初无师法《春秋》之义例,以是不可议更张耳。

《永清县志·职官表》序例

职官选举，入于方志，皆表体也。而今之编方志者，则曰史有百官志与选举志，是以法古为例，定以鸿名，而皆编为志；斯则迂疏而寡当者矣。夫史志之文，职官详其制度，选举明其典则，其文或仿《周官》之经，或杂记传之体，编之为志，不亦宜乎。至于方志所书，乃是历官岁月，与夫科举甲庚，年经事纬，足以爽豁眉目，有所考索，按格而稽，于事足矣。今编书志之体，乃以知县、典史、教谕、训导之属，分类相从，遂使乾隆知县，居于顺治典史之前；康熙训导，次诸雍正教谕之后，其有时事后先，须资检阅；及同僚共事，欲考岁年，使人反复披寻，难为究竟，虚占篇幅，不知所裁，不识何故，而好为自扰如斯也。夫人编列传，史部鸿裁，方志载笔，不闻有所规从；至于职官选举，实异名同，乃欲巧为附依，此永州铁炉之步，所以致慨于千古也。

《周官》御史掌赞书数从政，郑氏注谓数其现在之官位；则官职姓名，于古盖有其书矣。三百六十之官属，而以从政记数之登书，窃意亦必有法焉。周谱经纬之凡例，恐不尽为星历一家之用也。刘向以谱与历合为一家，归于术数，而司马迁之称周谱，则非术数之书也。疑古人于累计之法多用谱体。班固《百官公卿表》，叙例全为志体，而不以志名者，知历官之须乎谱法也。以《周官》之体为经，而以《汉表》之法为纬，古人之立法，博大而不疏，概可见矣。

东京以还，仅有职官志，而唐、宋之史，乃有《宰辅表》，亦谓百职卿尹之不可胜收也。至于专门之书，官仪簿状，自两汉以还，代有其编，而列表编年，宋世始多其籍。司马光《百官公卿表》百五十卷之类。亦见历官纪数之书，每以无文而易亡也。至于方州记载，唐、宋厅壁题名，与时湮没，其图经古制，不复类聚官人，非阙典欤！元、明以来，州县志书，往往存其历任，而又以记载无法，致易混淆，此则不可不为厘正者也。

或谓职官列表，仅可施于三公宰辅，与州县方志，一则体尊而例严，一则官少而易约也。若夫部府之志，官职繁多，而尺幅难竟，如皆表之，恐其易经而难纬也。上方年月为经，首行官阶为纬，官多布格无容处也。夫立例不精，而徒争于纪载之难约，此马、班以后，所以书繁而事阙也。班史百官之表，卷帙无多，而所载详及九卿；唐宋宰辅之表，卷帙倍增，而所载止画于丞弼，非为古书事简，而后史例繁也。盖以班分类附之法，不行于年经事纬之中，宜其进退失据，难于执简而驭繁也。按班史，表列三十四官，格止一十四级，或以沿革，并注首篇；相国、丞相、奉常、太常之类。或以官联，共居一格，大行令、大鸿胪同格、左冯翊、京兆尹同格之类。篇幅简而易省，事类从而易明，故能使流览者，按简而无复遗逸也。苟为统部列表，则督抚提镇之属。共为一格；布按巡守之属，共为一格，其余以府州画格，府属官吏，同编一格之中，固无害也。及撰府州之志，即以州县各占一格，亦可不致阙遗，是则历官着表，断无穷于无例可通，况县志之固可一官自为一格欤。

姓名之下，注其乡贯科甲，盖其人不尽收于政略；注其首趾，亦所以省传文也，无者阙之。至于金石纪载，他有所征，而补收于志，即以金石年月冠之，不复更详其初仕何年，去官何月，是亦势之无可如何者耳。至于不可稽年月，而但有其姓名者，则于经纬列表之终，横列以存其目，亦阙疑俟后意云尔。

《永清县志·选举表》序例

选举之表,即古人贤书之遗也。古者取士,不立专科,兴贤出长,兴能出治,举才即见于用,用人即见于事。两汉贤良孝秀,与夫州郡辟署,事亦见于经传,不必更求选举之书也。隋、唐以来,选举既专,资格愈重,科条繁委,故事相传,选举之书,累然充栋,则举而不必尽用,用而不必尽见于事,旧章故典,不可求之纪传之中,而选举之文,乃为史志之专篇矣。

志家之载选举,不解年经事纬之法,率以进士、举人、贡生、武选,各分门类。又以进士冠首,而举、贡以次编于后,于是一人之由贡获举而成进士者,先见进士科年,再搜乡举时代,终篇而始明其入贡年甲焉;于事为倒置,而文岂非复沓乎?间有经纬而作表者,又于旁行斜上之中,注其事实,以列传之体而作年表,乃元人撰《辽》《金》史之弊法,虚占行幅,而又混眉目,不识何所取乎此也。

史之有表,乃列传之叙目;名列于表,而传无其人者,乃无德可称,而书事从略者也。其有立传而不出于表者,事有可纪,而用特书之例也。今撰志者,选举职官之下,往往杂书一二事实,至其人之生平大节,又用总括大略,编于人物名宦条中,然后更取传志全篇,载于艺文之内,此云详见某项,彼云已列某条,一人之事复见叠出,而能作表者,亦不免于表名之下,更注有传之文,何其扰而不精之甚欤!

表有有经纬者,亦有不可以经纬者,如永清岁贡,嘉靖以前,不可稽年甲者,七十七人。载之无格可归,删之于理未惬,则列叙其名于嘉靖选举之前,殿于正德选举之末,是《春秋》归余于终,而《易》卦终于《未济》之义也。史迁《三代世表》于夏泄而下,无可经纬,则列叙而不复纵横其礼，是亦古法之可通者矣。

《永清县志·士族表》序例

　　方志之表士族，盖出古法，非创例也。《周官》小史"奠系世，辨昭穆"，杜子春注"系世，若诸侯卿大夫系本之属"是也。《书》曰："平章百姓。"郑康成曰："百姓，谓群臣之父子兄弟。"平章乃辨别而章明之也。先王锡土分姓，所以尊人治而明伦叙者，莫不由此。故欲协和万邦，必先平章百姓，典綦重矣。

　　士亦民也，详士族而略民姓，亦犹行古之道也。《周官》乡大夫以岁时登夫家之众寡，三年以大比兴一乡之贤能；夫民贱而士贵，故夫家众寡，仅登其数；而贤能为卿大夫者，乃详世系之牒；是世系之牒，重于户口之着，其明征也。近代方志，无不详书户口；而世系之载，阒尔无闻，亦失所以重轻之义矣。

　　夫合人而为家，合家而为国，合国而为天下；天下之大，由合人为家始也。家不可以悉数，是以贵世族焉。夫以世族率齐民，以州县领世族，以司府领州县，以部院领司府，则执简驭繁，天下可以运于掌也。孟子曰："所谓故国者，非谓有乔木也，有世臣之谓也。"州县之书，苟能部次世族，因以达于司府部院，则伦叙有所联，而治化有所属矣。今修志者，往往留连故迹，附会桑梓，而谱牒之辑阙然，是则所谓重乔木而轻世家矣。

　　谱牒掌之于官，则事有统会，人有著籍，而天下大势，可以均平也。今大江以南，人文称盛，习尚或近浮华，私门谱牒，往往附会名贤，侈陈德业，其失则诬。大河以北，风俗简朴，其人率多椎鲁无文，谱牒之学，阙焉不备，往往子孙不志高曾名字；间有所录，荒略难稽，其失则陋。夫何地无人，何人无祖，而偏诬偏陋，流弊至于如是之甚者，谱牒不掌于官，而史权无统之故也。

或谓古人重世家，而其后流弊，至于争门第。魏晋而后，王、谢、崔、卢，动以流品相倾轧；而门户风声，贤者亦不免于存轩轾，何可为训耶？此非然也。吏部选格，州郡中正，不当执门阀而定铨衡，斯为得矣。若其谱牒，掌于曹郎令史，则固所以防散佚而杜伪托，初非有弊也。且郎吏掌其谱系，百吏部登其后良，则清门巨族，无贤可以出长，无能可以出治者，将激劝而争于自见矣！是亦鼓舞贤才之一道也。

史迁世表，但纪三五之渊源；而《春秋》氏族，仅存杜预之《世谱》，于是史家不知氏族矣。欧阳《宰相世系》似有得于知几之寓言，《史通·书志》篇，欲立《氏族志》，然意存商榷，非刘本旨。第邓州韩氏不为宰相，以退之之故，而著于篇，是亦创例而不纯者也。魏收《官氏》与郑樵《氏族》，则但纪姓氏源流，不为条列支系，是史家之表系世，仅见于欧阳，而后人又不为宗法，毋亦有鉴于欧阳之为例不纯乎。窃惟网罗一代，典籍浩繁，所贵持大体，而明断足以决去取，乃为不刊之典尔。世系不必尽律以宰相，而一朝右族，声望与国相终始者，纂次为表，篇帙亦自无多也。标题但署为世族，又何至于为例不纯欤？刘歆曰："与其过而废也，毋宁过而存之。"其是之谓矣。

正史既存大体，而部府州县之志，以渐加详焉，所谓行远自迩，登高自卑，州县博收，乃所以备正史之约取也。或曰：州县有大小，而陋邑未必尽可备谱系，则一县之内，固已有士有民矣。民可计户口，而士自不虞无系也。或又曰：生员以上，皆曰士矣；文献大邦，惧其不可胜收也。

是则量其地之盛衰，而加宽严焉；或以举贡为律，或以进士为律。至于部府之志，则或以官至五品，或至三品者为律，亦自不患其芜也。夫志之载事，如鉴之示影也。径寸之鉴，体具而微，盈尺以上，形之舒展，亦称是矣。未有至于穷而无所置其影者也。

州县之志，尽勒谱牒矣，官人取士之祖贯，可稽检也。争为人后之狱讼，可平反也。私门不经之纪载，可勘正也。官府谱牒之讹误，谱牒之在官者，可藉雠也。藉私家之谱，较官谱，借他县之谱，较本县，皆可也。清浊流品可分也，姻睦孝友可劝也，凡所以助化理而惠士民者，于此可得其要略焉。

先王锡土分姓以地著人，何尝以人著地哉！封建罢，而人不土著矣！然六朝郡望，问谢而知为防夏；问崔而知为清河，是则人户以籍为定，而坊表都里，不为虚设也。至于梅里、郑乡则又人伦之望，而乡里以人为隐显者也。是以氏族之表，一以所居之乡里为次焉。

先城中，一县所主之地也。次东，次南，而后西乡焉。北则无而阙之，记其实也。城内先北街，而后南街，方位北上而南下，城中方位有定者也。四乡先东南而后西北，《禹贡》先青、兖，次扬、荆，而殿梁、雍之指也。然亦不为定例，就一县之形势，无不可也。

凡为士者，皆得立表，而无谱系者阙之。子孙无为士者不入；而昆弟则非士亦书，所以定其行次也。为人后者，录于所后之下，不复详其所生，志文从略，家谱自可详也。寥寥数人，亦与入谱，先世失考，亦著于篇；盖私书易失，官谱易存，急为录之，庶后来可以详定，兹所谓先示之例焉耳。

私谱自叙官阶封赠，讹谬甚多，如同知通判称分府，守备称守府，犹徇流俗所称也。锦衣千户，则称冠带将军，或御前将军，或称金吾，则鄙倍已甚，使人不解果为何官也；今并与较明更正。又谱中多称省祭官者，不解是何名号，今仍之，而不入总计官数云。

《永清县志·舆地图》序例

史部要义，本纪为经，而诸体为纬。有文辞者，曰书曰传；无文辞者，曰表曰图。虚实相资，详略互见，庶几可以无遗憾矣。昔司马氏创定百三十篇，但知本周谱而作表，不知溯夏鼎而为图，遂使古人之世次年月，可以推求；而前世之形势名象，无能踪迹，此则学《春秋》，而得其谱历之义；未知溯《易》象而得其图书之通也。夫列传之需表而整齐，犹书志之待图而明显也。先儒尝谓表阙而列传不得不繁；殊不知其图阙，而书志不得不冗也。呜呼！马、班以来，二千年矣，曾无创其例者，此则穷源竟委，深为百三十篇惜矣。

郑樵《图谱》之略，自谓独得之学，此特为著录书目，表章部次之法尔。其实史部鸿裁，兼收博采，并存家学，以备遗忘，樵亦未能见及此也。且如《通志》纪传悉仍古人，反表为谱，改志称略，体亦可为备矣。如何但知收录《图谱》之目，而不知自创图体，以补前史之所无；以此而傲汉、唐诸儒所不得闻，宁不愧欤！又樵录《图谱》，自谓部次，专则易存，分则易失，其说似矣。然今按以樵之部目，依检前代之图，其流亡散失，正复与前不甚相远；然则专家之学，不可不入史氏鸿编，非仅区区著于部录，便能保使无失也。司马迁有表，而周谱遗法，至今犹存。任宏录图，郑樵云："任宏校兵书，有书有图，莫法可谓善矣。"而汉家仪制，魏、晋已不可考，则争于著录之功小，创定史体之功大，其理易明也。

史不立表而世次年月，犹可补缀于文辞；史不立图，而形状名象，必不可旁求于文字，此耳治目治之所以不同，而图之要义所以更甚于表也。古人口耳之学，有非文字所能著者，贵其心领而神会也。至于图象之学又非口耳之所能授者，贵其目击而道存也。以郑康成之学，而凭文字以求，则娑尊诘为凤舞；至于凿背之牺既出，而王肃之义长矣，以孔颖达之学，而就文义以解，江源出自岷山；至金沙之道既通，而《缅志》之流远矣。此无他，一则困于三代图亡；一则困于班固《地理》无图学也。《地理志》自班固始，故专责之。虽有好学深思之士，读史而不见其图，未免冥行而擿埴矣。

唐、宋州郡之书，多以图经为号；而地理统图，起于萧何之收图籍，是图之存于古者，代有其书，而特以史部不收，则其力不能孤行于千古也。且其为体也，无文辞可以诵习，非纂辑可以约收，事存专家之学，业非文士所能，史部不与编摩，则再传而失其本矣！且如《三辅黄图》《元和图志》今俱存书亡图，是岂一朝一夕故耶！盖古无镌木印书，图学难以摩画，而竹帛之体繁重，则又难家有其编。马、班专门之学，不为裁定其体，而后人溯流忘源宜其相率而不为。也解经多舛，而读史如迷，凡以此也。

近代方志，往往有图，而不闻可以为典则者，其弊有二：一则逐于景物，而山水摩画，工其绘事，则无当于史裁也。一则厕于序目凡例，而视同弁髦，不为系说命名，厘定篇次，则不可以立体也。夫表有经纬而无辞说，图有形象而无经纬，皆为书志列传之要删；而流俗相沿，苟为悦人耳目之具矣。则传之既久，欲望如《三辅黄图》《元和图志》之犹存文字，且不可得，而况能补马、班之不逮，成史部之大观也哉！

图体无经纬，而地理之图则亦略存经纬焉。孟子曰："行仁政，必自经界始。"《释名》曰:"南北为经,东西为纬。"地理之求经纬尚已。今之州县舆图,往往即楮幅之广狭,为图体之舒缩,此则丹青绘事之故习而不可入于史部之通裁也。今以开方计里为经而以县乡村落为纬,使后之阅者,按格而稽,不爽铢黍,此图经之义也。

《永清县志·建置图》序例

《周官》象魏之法,不可考矣。后世《三辅黄图》及《洛阳宫殿》之图,则都邑宫室之所由仿也。建章宫千门万户,张华遂能历举其名,郑樵以为观图之效,而非读书之效,是则建制之图,所系岂不重欤。朱子尝著《仪礼释宫》以为不得其制则仪节度数,无所附著。盖古今宫室异宜,学者求于文辞而不得其解,则图阙而书亦从而废置矣。后之视今,亦犹今之视古,城邑衙廨,坛壝祠庙,典章制度,社稷民人所由重也。不为慎著其图,则后人观志,亦不知所向往矣。迁、固以还,史无建置之图,是则元、成而后,明堂太庙所以纷纷安异说也。

邵子曰:"天道见乎南而潜乎北,是以人知其前,而昧其后也。"夫万物之情,多背北而向南,故绘图者,必南下而北上焉。山川之向背,地理之广袤,列之于图,犹可北下而南上;然而已失向背之宜矣。庙祠衙廨之建置,若取北下而南上,则檐额门扉,不复有所安处矣。华亭黄氏之隽,执八卦之图,乾南居上,坤北居下,因谓凡图俱宜南上者,是不知《河》《洛》、先后《天图》,至宋始著,误认为古物也。且理数之本昧,从无形而立象体,当适如其本位也。山川宫室,以及一切有形之物,皆从有象而入图,必当作对面观而始肖也。且如绘人观八卦图,其人南面而坐，观者当北面矣。是八卦图，则必南下北上，此则物情之极致也。无形之理，如日临檐，分寸不可逾也。有形之物，如鉴照影，对面则互易也。是图绘必然之势也。彼好言尚古，而不知情理之安，则亦不可以论著述矣。

建置所以志法度也。制度所不在，则不入于建置矣。近代方志，或入古迹，则古迹本非建而置之也。或入寺观，则寺观不足为建置也。旧志之图，不详经制，而绘八景之图其目有曰：《南桥秋水》《三塔春虹》《韩城留角》《汉庙西风》《西山叠翠》《通镇鸣钟》《灵泉鼓韵》《雁口声雠》。命名庸陋，构意勉强，无所取材，故志中一切削去。不留题咏，所以严史体也。且如风月天所自有，春秋时之必然，而强叶景物，附会支离，何所不至？即如一室之内，晓霞夕照，旭日清风，东西南北，触类可名，亦复何取？而今之好为题咏，喜竞时名，日异月新，逐狂罔觉，亦可已矣。

《永清县志·水道图》序例

史迁为《河渠书》，班固为《沟洫志》，盖以地理为经，而水道为纬；地理有定，而水则迁徙无常，此班氏之所以别《沟洫》于《地理》也。顾河自天设，而渠则人为，迁以《河渠》定名，固兼天险人工之义；而固之命名《沟洫》，则考工水地之法，并田浍畎所为，专隶于匠人也。不识四尺为洫，倍洫为沟，果有当于瓠子决河，碣石入海之义否乎？然则诸史标题，仍马而不依班非无故矣。

河为一渎之名，与江、汉、淮、济等耳。迁书之目《河渠》，盖汉代治河之法，与郑白诸渠缀合而名，未尝及于江、淮、汶、泗之水，故为独蒙以河号也。《宋》《元》诸史，概举天下水利，如汴、洛、漳、蔡、江、淮圩闸，皆存其制，而其目亦为河渠，且取北条诸水，而悉命为河，不曰汴而曰汴河，不曰洛而曰洛河之类，不一而足。则几于饮水而忘其源矣！《水经》称诸水，无以河字作统名者。夫以一渎之水，概名天下，穿渠之制，包罗陂闸，虽曰命名从古，未免失所变通矣。孟子曰："禹之治水，水之道也。"倘以水为统名，而道存制度，标题入志，称为水道，不差愈乎？永定河名，圣祖所锡，浑河、芦沟，古已云然，题为河渠是固宜矣。然减水、哑吧诸水，未尝悉入一河，则标以水道，而全县之水，皆可概其中矣。

地理之书，略有三例，沿革、形势、水利是也。沿革宜表，而形势水利之体宜图。俱不可以求之文辞者也。迁、固以来，但为书志而不绘其图，是使读者记诵，以备发策决科之用尔。天下大势，读者了然于目，乃可豁然于心，今使论事甚明，而行之不可以步，岂非徇文辞而不求实用之过欤！

地名之沿革，可以表治；而水利之沿革，则不可以表治也。盖表所以齐名目而不可以齐形象也。图可得形象，而形象之有沿革，则非图之所得概焉。是以随其形象之沿革，而各为之图，所以使览之者，可一望而周知也。《禹贡》之纪地理，以山川为表，而九州疆界，因是以定所至。后儒遂谓山川有定，而疆界不常，此则举其大体而言之也。永定河形屡徙，往往不三数年，而形势即改旧观，以此定界，不可明也。今以村落为经，而开方计里，著为定法，河形之变易，即于村落方里表其所经，此则古人互证之义也。

志为一县而作，水之不隶于永清者，亦总于图此何义耶？所以明水之源委，而见治水者之施功有次第也。班史止记西京之事，而《地理》之志，上溯《禹贡》《周官》，亦见源委之有所自耳。然而开方计里之法，沿革变迁之故，止详于永清，而不复及于全河之形势，是主宾轻重之义；滨河州县，皆仿是而为之，则修永定河道之掌故，盖秩如焉。

《永清县志·六书》例议

史家书志一体，古人官礼之遗也。周礼在鲁，而《左氏春秋》，典章灿著，不能复备全官，则以依经编年，随时错见，势使然也。自司马入书，孟坚十志，师心自用，不知六典之文，遂使一朝大典，难以纲纪，后史因之，而详略弃取，无所折衷，则弊之由来，盖已久矣。

郑樵尝谓书志之原，出于《乐雅》。彼固特著《六书》《七音》《昆虫草木》之属，欲使经史相为经纬，此则自成一家之言可也。若论制作，备乎官礼，则其所谓《六书》《七音》，名物训诂，皆本司徒之属，所谓师氏保氏之官，是其职矣。而大经大法，所以纲纪天人，而敷张王道者，《尔雅》之义，何足以尽之。官礼之义大则书，志不得系之《尔雅》，其理易见者也。

宇文仿《周官》，唐人作六典，虽不尽合乎古，亦一代之章程也。而牛宏、刘昫之徒，不知挈其纲领，以序一代之典章，遂使会要会典之书，不能与史家之书志，合而为一，此则不可不深长思者也。

古今载籍，合则易存，分则难恃，如谓掌故备于会要、会典，而史中书志，不妨意存所重焉，则汉志不用汉官为纲领，而应劭之《仪》，残阙不备；《晋志》不取晋官为纲领，而徐宣瑜之《品》，徐氏有《晋官品》。

亡逸无存。其中大经大法，因是而不可窥其全体者，亦不少矣。且意存所重，一家私言，难为典则；若文章本乎制作，存乎官守，推而至于其极，则立官建制，圣人且不以天下为己私也；而载笔之士，又安可以己之意见为详略耶！

书志之体宜画一，而史家以参差失之。列传之体本参差，而史家以画一失之。典章制度，一本官礼体，例本截然也。然或有《天官》而无《地理》，或分《礼》《乐》而合兵《刑》，不知以当代人官为纲纪，其失则散。列传本乎《春秋》原无定式，裁于司马，略示区分，抑扬咏叹，予夺分合，其中有《春秋》之直笔，亦兼诗人之微婉，难以一概绳也。后史分别门类，整齐先后，执泥官阀，锱铢尺寸，不敢稍越，其失则拘。散也，拘也，非著作之通裁也。

州县修志，古者侯封一国之书也。吏户兵刑之事，具体而微焉。今无其官而有吏，是亦职守，之所在掌故莫备于是，治法莫备于是矣。且府史之属，《周官》具书其数，会典亦存其制，而所职一县之典章，实兼该而可以为纲领，惟其人微，而缙绅所不道，故志家不以取裁焉。然有入境而问故，舍是莫由知其要，是以书吏为令史，首领之官曰典史；知令史典吏之史，即纲纪掌故之史也，可以得修志之要义矣。

今之州县，繁简异势；而掌故令史，因事定制，不尽皆吏户兵刑之六曹也。然就一县而志其事，即以一县之制定其书，且举其凡目，而愈可以见一县之事势矣。案牍簿籍无文章，而一县之文章，则必考端于此，常人日用而不知耳。今为挈其纲领，修明其书，使之因书而守其法度，因法而明其职掌，于是修其业，而传授得其人焉，古人所谓书契易而百官治，胥是道也。

或谓掌故之书，各守专官连床架屋，书志之体所不能该，是以存之会典会要，而史志别具心裁焉，此亦不可谓之知言也。《周官》挈一代之大纲，而《仪礼》三千，不闻全入《春官》；《司马法》六篇，不闻全入《夏官》；然存宗伯司马之职掌，而礼兵要义，可以指掌而谈也。且如马作天官，而太初历象，不尽见于篇籍也。班著《艺文》，而刘歆《七略》，不尽存其论说也。史家约取掌故，以为学者之要，删其与专门成书，不可一律求详，亦其势也。既不求详，而又无纲纪以统摄之，则是散漫而无法也。以散漫无法之文，而欲部次一代之典章，宜乎难矣！

或谓求掌故于令史，而以吏户兵刑为纲领，则纪表图书之体，不可复分也。如选举之表，当入吏书；河道之图，当入工书。充类之尽，则一志但存六书而已矣！何以复分诸体也？此亦不可谓之知言也。古人著书，各有义类，义类既分，不可强合也。司马氏本周谱而作表，然谱历之书，掌之太史，而旁行斜上之体，不闻杂入六典之中；盖图谱各有专书，而书志一体，专重典章与制度，自宜一代人官为统纪耳。非谓专门别为体例之作，皆杂其中，乃称橐括也。且如六艺皆周官所掌，而《易》不载于太卜，《诗》不载于太师，然三《易》之名，未尝不见于太卜；而四《诗》之目，则又未尝不著于太师也，是其义矣。

六卿联事，交互见功，前人所以有《冬官》，散在五典之疑也。州县因地制宜，尤无一成之法，如丁口为户房所领，而编户烟册，乃属刑房。以烟册非赋丁，而立意在诘奸也。武生武举隶兵部，而承办乃在礼房，以生员不分文武，皆在学校，而学校通于贡举也。分合详略之间，求其所以然者而考之，何莫非学问耶！

《永清县志·政略》序例

近代志家，以人物为纲，而名宦乡贤流寓诸条，标分为目，其例盖创于元明之一统志，而部府州县之国别为书，亦用统志类纂之法，可谓失其体矣。夫人物之不当类纂，义例详于列传首篇；名宦之不当收于人物，则未达乎著述体裁，而因昧于权衡义理者也。古者侯封世治，列国自具春秋，羊舌肸《晋春秋》，墨子所引《燕春秋》。则君临封内，元年但奉王正而已。至封建罢而郡县，守令承奉诏条，万里之外，亦如畿内守土之官，《甘棠》之咏召公，郑人之歌子产，马、班《循吏》之传，所以与时为升降也。若夫正史而外，州部专书，古有作者，义例非无可绎，梁元帝有《丹阳尹传》，《隋志》凡十卷。贺氏有《会稽太守赞》，《唐志》凡二卷。唐人有《成都幕府记》，《唐志》凡二卷，起贞元，讫咸通。皆取莅是邦者，注其名迹。其书别出，初不与《广陵烈士传》，华隔撰，见《隋志》。《会稽先贤传》，谢承撰，见《隋志》。《益部耆旧传》，陈寿撰，见《隋志》。猥杂登书，是则棠阴长吏，与夫梓里名流，初非类附云龙，固亦事同风马者也。

叙次名宦，不可与乡贤同为列传，非第客主异形，抑亦详略殊体也。长吏官于斯土，取其有以作此一方，兴利除弊，遗德在民，即当尸而祝之；否则学类颜曾，行同连惠，于县无补，志笔不能越境而书，亦其理也。如其未仕之前，乡评未允；去官之后，晚节不终，苟为一时循良，便纪一方善政。吴起杀妻，而效奏西河，于志不当追既往也。黄霸为相，而誉减颍川，于志不逆其将来也。以政为重，而他事皆在所轻，岂与斯土之人，原始要终而编为列传者，可同其体制欤！

旧志于职官条下，备书政迹，而名宦仅占虚篇，惟于姓名之下，注云事已详前而已。是不但宾主倒置，抑亦未辨于褒贬去取，全失《春秋》之据事直书也。夫选举为人物之纲目，犹职官为名宦之纲目也。选举职官之不计贤否，犹名宦人物之不计崇卑，例不相伴，而义实相资也。选举有表，而列传无名；与职官有表，而政略无志，观者依检先后，责实循名，语无褒贬，而意具抑扬，岂不可为后起者劝耶！

列传之体缛而文，政略之体直而简，非载笔有殊致，盖事理有宜然也。列传包罗巨细，品藻人物，有类从如族，有分部如井，变化不拘，《易》之象也。敷道陈谟，《书》之质也。抑扬咏叹，《诗》之旨也。繁曲委折，《礼》之伦也。比事属辞，《春秋》之本义也。具人伦之鉴，尽事物之理，怀千古之志，撷经传之腴，发为文章，不可方物。故马、班之才，不尽于本纪表志，而尽于列传也。至于《政略》之体，义取谨严，意存补救，时世拘于先后，纪述要于经论，盖将峻洁其体，可以临莅邦人，冠冕列传。经纬错综，主在枢纽，是固难为文士言也。

古人有经无纬之书，大抵名之以略，裴之野取沈约《宋书》，而编年称《略》，亦其例也。而刘知几讥裴氏之书名略，而文不免繁，斯亦未达于古人之旨；《黄石》《淮南》《黄石公三略》《淮南子要略》。诸子之篇也。张温、鱼豢，张温《三史略》，鱼豢《典略》。史册之文也。其中亦有谟略之意，何尝尽取节文为义欤！

循吏之迹，难于志乡贤也。治有赏罚，赏罚出而恩怨生，人言之不齐，其难一也。事有废兴，废兴异而难易殊，今昔之互视，其难二也。官有去留，非若乡人之子姓具在，则迹远者易湮，其难三也。循吏悃愊无华，巧宦善于缘饰去思之碑，半是愧辞，颂祝之言，难征实迹，其难四也。擢当要路，载笔不敢直道；移治邻封，瞻顾岂遂无情，其难五也。世法本多顾忌，人情成败论才，偶遭罣误弹章，便谓其人不善，其难六也。

旧志纪载无法，风尘金石易湮，纵能粗举大凡，岁月首趾莫考，其难七也。知其难，而不敢不即闻见以存其涯略，所以穷于无可如何，而益致其慎尔。

列传首标姓名，次叙官阀，史文一定之例也。政略以官标首，非惟宾主之理宜然，抑亦顾名思义之旨，不可忽尔。旧志以知县县丞之属，分类编次不以历官先后为序，非政略之意，故无足责也。

《永清县志·列传》序例

传者，对经之称，所以转授训诂，演绎义蕴，不得已而笔之于书者也。左氏汇萃宝书，详具《春秋》终，始而司马氏以人别为篇，标传称列、所由名矣。经旨简严，而传文华美，于是文人沿流忘源，相率而撰无经之传，则唐宋文集之中，所以纷纷多传体也。近人有谓文人不作史官，于分不得撰传；夫以绎经之题，逐末遗本，折以法度，彼实无辞；而乃称说史官，罪其越俎，使彼反唇相讥，以谓公穀非鲁太史，何以亦有传文？则其人当无说以自解也。且使身为史官，未有本纪，岂遽可以为列传耶？此传例之不可不明者也。

无经之传，文人之集也。无传之经，方州之志也。文集失之艳而诬，方志失之短而俗矣。自获麟绝笔以来，史官不知百国宝书之义，州郡掌故，名曰图经。历世既久，图亡而经孤，传体不详，其书遂成瓠落矣。乐史《寰宇记》袭用《元和志》体，而名胜古迹，略存于点缀。其后元、明《一统志》，遂以人物、列女、名宦、流寓诸目，与山川、祠墓，分类相次焉，此则地理专门，略具类纂之意，以供词章家之应时取给尔，初不以是为重轻者也。阎若璩欲去《一统志》之人物门，此说似是，其实此等亦自无伤。古人亦不尽废也。盖此等处原不关正史体裁也。州县之志，本具一国之史裁，而撰述者，转用一统类纂之标目，岂曰博收以备国史之约取乎。

列传之有题目，盖事重于人，如《儒林》《循吏》之篇，初不为施、孟、梁、邱、龚、黄、卓、鲁诸人而设也。其余人类之不同，奚翅什百倍蓰而千万，必欲尽以二字为标题，夫子亦云方人，"我则不暇"矣。欧阳《五代》一史，尽人皆署其品目，岂所语于《春秋》经世，圣人所以议而不断哉！方州之志删取事略，区类以编，观者索然，如窥点鬼之簿；至于名贤列女，别有状志传铭，又为分裂篇章，别著艺文之下，于是无可奈何，但增子注，此云详见某卷，彼云已列某条，复见叠出，使人披阅为劳，不识何故而好为自扰也。此又志家列传之不可不深长思者也。

近代之人，据所见闻，编次列传固其宜也。伊古有人，已详前史，录其史传正文，无所更易，抑亦马、班递相删述，而不肯擅作聪明之旨也。虽然列史作传，一书之中，互为详略观者可以周览而知也。是以《陈余传》中，并详张耳之迹；管晏政事，备于太公之篇，其明验也。今既裁史以入志，犹仍列传原文，而不采史文之互见，是何以异于锲彼舟痕，而求我故剑也。

史文有讹谬，而志家订正之，则必证明其故，而见我之改易，初非出于得已也，是亦时世使然。故司马氏《通鉴考异》，不得同马、班之自我作古。也至于史文有褒贬，《春秋》以来，未有易焉者也。乃撰志者往往采其长而讳所短，则不如勿用其文犹得相忘于不觉也。志家选史传以入艺文，题曰某史某人列传矣；按传文而非其史意也。求其所删所节之故，而又无所证也，是则欲讳所短，而不知适以暴之矣！

史传之先后，约略以代次，否则屈、贾、老、庄之别有命意也。比事属辞，《春秋》之教也；比兴于是存焉尔。疏通知远，《尚书》之教也；象变亦有会焉尔。为列传而不知神明存乎人，是则为人作自陈年甲状而已矣！

《永清县志·列女列传》序例

列女之传，传其幸也。史家标题署目之传，儒林、文苑、忠义、循良，及于列女之篇，莫不以类相次，盖自蔚宗伯起以还，率由无改者也。第儒林文苑，自有传家；忠义循良，勒名金石，且其人世不数见，见非一端，太史搜罗，易为识也。贞女节妇人微迹隐，而纲维大义，冠冕人伦，地不乏人，人不乏事，輶轩远而难采，舆论习而为常，不幸不值其时，或值其时而托之非人，虽有高行奇节；归于草木同萎，岂不惜哉！永清旧志，列女姓氏寥寥，覆按其文，事实莫考，则托非其人之效也。旧志留青而后，新编未辑以前中数十年，略无可纪，则值非其时之效也。今兹博采广询，备详行实，其得与于列传，兹非其幸欤！幸其遇，所以深悲夫不遇者也。

列女之名，仿于刘向，非烈女也。曹昭重其学，使为丈夫，则儒林之选也。蔡琰著其才，使为丈夫，则文苑之材也。刘知几讥范史之传蔡琰，其说甚谬，而后史奉为科律，专书节烈一门；然则充其义例，史书男子，但具忠臣一传足矣！是之谓不知类也。永清列女，固无文苑儒林之选，然而夫死在三十内，行年历五十外，中间釐处，亦必满三十年；不幸夭亡，亦须十五年后，与夫四十岁外，律令不得不如是尔。妇德之贤否，不可以年律也。穆伯之死，未必在敬姜三十岁前；杞梁妻亡，未必去战莒十五年后也。以此推求，但核真伪，不复拘岁年也。州县之书，密迩而易于征实，非若律令之所包者多，不得不存限制者也。

迁、固之书，不著列女，非不著也。巴清叙于《货殖》，文君附著相如，唐山之入《艺文》，缇萦之见《刑志》。或节或孝，或学或文，磊落相望，不特杨敞之有智妻，买臣之有愚妇也。盖马、班法简，尚存《左》《国》余风，不屑屑为区分类别，亦犹四皓、君平之不标隐逸，邹、枚、严、乐之不署文苑也。李延寿《南》《北》二史，同出一家，《北史》仍《魏》《隋》之题，特著《列女》，《南史》因无列女原题，乃以萧矫妻羊以下，杂次《孝义》之篇；遂使一卷之中，男女无所区别；又非别有取义，是直谓之缪乱而已！不得妄托于马、班之例也。至于类族之篇，亦是世家遗意，若王、谢、崔、卢、孙、曾支属，越代同篇。王、谢、崔、卢，本史各分朝代，而李氏合为一处也。又李氏之寸有所长，不可以一疵而掩他善也。今以《列女》之篇，自立义例，其牵连而及者，或威姑年迈而有懿德，或子妇齿稚而著芳型，并援刘向之例，刘向之例，《列女》乃罗列女行，不拘拘为节烈也。姑妇相附，又世家遗意也。一并联编，所谓人弃而我取者也。其或事系三从行详一族，虽是贞节正文，亦为别出门类，如刘氏守节，而归义门列传之类。庶几事有统贯，义无枝离，不拘拘以标题为绳，犹得《春秋》家法，是又所谓人合而我分者也。

范史列传之体，人自为篇，篇各为论，全失马、班合传师法《春秋》之比事属辞也。马、班分合篇次，具有深意，非如范史之取是成卷而已。故《前汉书》于简帙繁重之处，宁分上中下而仍为一篇，不肯分其篇为一二三也。至于《列女》一篇，叙例明云，不专一操矣。自叙云："录其高秀，不专一操而已。"乃杂次为编，不为分别置论，他传往往一人事毕，便立论断，破坏体裁。此处当分，反无论断。抑何相反，而各成其误耶。今志中列传，不敢妄意分合，破体而作论赞，惟兹《列女》一篇，参用刘向遗意，刘传不拘一操，每人各为之赞。各为论列，抑亦诗人咏叹之义云尔。其事属平恒，义无特著，则不复缀述焉。

太史标题，不拘绳尺，传首直称张廷尉、将军之类。盖《春秋》诸子，以意命篇之遗旨也。至班氏列传，而名称无假借矣。范史列传，皆用班传书法，而《列女》一篇，章首皆用郡望夫名，既非地理之志，何以地名冠首，又非男子之文，何必先出夫名，是以有失《列女》命篇之义矣！当云某氏某郡某人之妻，不当云某郡某人妻某也。至于曹娥、叔先雄二女，又以孝女之称，揭于其上，何蔚宗之不惮烦也？篇首既标《列女》，曹昭不闻署贤母也，蔡琰不闻署才女也，皇甫不闻称烈妇也，庞氏不闻称孝妇也。是则娥、雄之加藻饰，又岂《春秋》据事直书、善恶自见之旨乎？末世行文，至有叙次列女之行事，不书姓氏，而直以贞女节妇二字代姓名者，何以异于科举制义，破题人不称名，而称圣人大贤贤者，时人之例乎？是则蔚宗实阶之厉也。今以女氏冠章，而用夫名父族次于其下，且详书其村落，以为后此分乡析县之考征，其贞烈节孝之事，观文自悉，不复强裂题目，俾览者得以详焉。妇人称姓，曰张曰李可也，今人不称节妇贞女，即称之曰氏，古人无此例也。称其节妇贞女，是破题也。称之谓氏，是呈狀式也。

先后略以时代为次，其出于一族者，合为一处。时代不可详者，亦约略而附焉。

无事可叙，亦必详其婚姻岁月，及其见存之年岁者，其所以不与人人同面目，惟此区区焉耳。噫！人且以是为不惮烦也。其有不载年岁者，询之而不得耳。

《永清县志·阙访列传》序例

史家阙文之义，备于《春秋》。两汉以还，伏、郑传经，马、班著史；经守师说，而史取心裁，于是六艺有阙简之文，而三传无互存之例矣。公、穀异闻，不著于左氏，左氏别见，不存于公、穀。夫经尊而传别其文，故入主出奴，体不妨于并载。史直而语统于一，则因削明笔，例不可以兼存，固其势也。司马氏肇法《春秋》，创为纪传，其于传闻异辞，折里去取，可谓慎矣。顾石室金匮，方策留遗，名山大川，见闻增益，其叙例所谓疑者阙之，与夫古文乖异，以及书阙有间，其轶时时见于他说云云者，但著所取，而不明取之之由，自以为阙而不存，阙之之说，是则厕足而致之黄泉，容足之外，皆弃物矣。夫子云："多闻阙疑，慎言其余。"闻欲多而疑存其阙，慎之至也马班而下，存其信而不著所疑以待访，是直所谓疑者削之而已矣，又复何阙之有哉？

阙疑之例有三：有一事两传，而难为衷一者，《春秋》书陈侯鲍卒，并存甲戌己丑之文是也。有旧著其文，而今亡其说者，《春秋》书夏五郭公之法是也。有慎书闻见，而不自为解者，《春秋》书恒星不见，而不言恒星之陨是也。韩非《储说》，比次春秋时事，凡有异同，必加或曰云云；而著本文之下，则甲戌己丑之例也。孟子言献子五友，而仅著二人，则郭公夏五之例也。《檀弓》书马惊败绩，而不书马中流矢，是恒星不见之例也。马、班以还，书闻见而示意者，盖有之矣。一事两者，以及空存事目者，绝无闻焉。如谓经文得传而明，史笔不便于自著，而自释则别存篇目，而明著阙疑以俟访，未见体裁之有害也。

史无访阙之篇，其弊有十：一己之见：折衷群说，稍有失中，后人无由辨正，其弊一也。才士意在好奇，文人义难割爱，猥杂登者，有妨史体；削而不录，又阙情文，其弊二也。传闻必有异同，势难尽灭其迹，不为叙列大凡，则稗说丛言，起而淆乱，其弊三也。初因事实未详，暂置不录；后遂阙其事目，等于入海泥牛，其弊四也。载籍易散难聚，不为存证崖略，则一时之书，遂与篇目俱亡了；后人虽欲考求，渊源无自，其弊五也。一时就所见闻，易为存录；后代蜷蜷补缀，辞费心劳，且又难以得实，其弊六也。《春秋》有口耳之受，马、班有专家之学，史宗久失，难以期之马氏外孙，班门女弟，不存阙访，遂致心事难明，其弊七也。史传之立意命篇，如《老庄》《屈贾》是也。标题类叙，如《循吏》《儒林》是也。是于史法，皆有一定之位置，断无可缀之旁文，凡有略而不详，疑而难决之事，不存阙访之篇，不得不附著于正文之内，类例不清，文辞难称粹洁，其弊八也。开局修书，是非哄起，子孙欲表扬其祖父，朋党各自逞其所私，苟使金石无征，传闻难信，不立阙访，以杜请谒，如云事实尚阙，而所言既有如此，谨存其略，而容后此之参访，则虽有偏心之人，亦无从起争端也。无以谢绝一偏之言，其弊九也。史无别识心裁，便如文案孔目；苟具别识心裁，不以阙访存其补救，则才非素王，笔削必多失平，其弊十也。

或谓史至马、班极矣，未闻有如是之詹詹也。今必远例《春秋》而近祧《史》《汉》，后代史家，亦有见及于此者乎？答曰：后史皆宗《史》《汉》，《史》《汉》未具之法，后人以意创之，大率近于类聚之书，皆马、班之吐弃而不取者也。夫以步趋马、班，犹恐不及，况能创意以救马、班之失乎。然有窥见一二，而微存其意者，功亦不可尽诬也。陈寿《蜀志》，以诸葛不立史官，蜀事穷于搜访，因于十五列传之末，独取杨戏《季汉辅臣赞》与《益部耆旧杂记》以补之。常璩《华阳国志》，以汉中士女，有名贤贞节，历久相传而遗言轶事，无所考见者，《序志》之篇，皆列其名，而无所笔削，此则似有会于多闻阙疑之旨者；惜其未能发凡起例，特著专篇后人不暇搜其义蕴遂，使独断之学，与比类之书，接踵于世，而《春秋》之旨微焉。

近代府县志书，例编人物一门，厕于山川、祠墓、方物、土产之间，而前史列传之体，不复致思焉。其有丰功伟绩，与夫潜德幽光，皆约束于盈寸之节略，排纂比次，略如类书；其体既亵，所收亦猥滥而无度矣。旧志所载，人物寥寥，而称许之间，漫无区别，学皆伏郑，才尽班扬，吏必龚黄，行惟曾子，且其文字之体，尤不可通；或如应酬肤语，或如案牍文移，泛填排偶之辞，闲杂帖括之句，循名按实，开卷茫然，凡若此者，或是乡人庸行，请托滥收；或是当日名流，失传事实；削之则九原负屈，编之则传例难归。又如一事两说，参差异同，偏主则褒贬悬殊，并载则抑扬无主，欲求名实无憾，位置良难。至于近代之人，开送事迹俱为详询端末，纤悉无遗，具编列传之中，曾无时世之限。其间亦有姓氏可闻，实行莫著，滥收比类之册，或可奄藏；入诸史氏体裁，难相假借。今为别裁阙访，同占列传之篇，各为标目可与正载诸，传互相发明，是用叙其义例，以待后来者之知所审定云尔。

《永清县志·前志列传》序例

史家著作成书，必取前人撰述，汇而列之，所以辨家学之渊源，明折衷之有自也。司马谈推论大家学术，犹是庄生之叙禽墨，荀子之非十二家言而已。至司马迁《十二诸侯表叙》，则于《吕览》、虞卿、铎椒、左丘明诸家，所为《春秋》家言，反复推明著书之旨，此即百三十篇所由祖述者也。史迁绍述《春秋》即虞、吕、铎、左之意，人讥其僭妄非也。班固作迁列传，范氏作固列传，家学具存。至沈约之传范氏，姚氏之传沈约，不以史事专篇为重，于是史家不复有祖述渊源之法矣。今兹修志，而不为前志作传，是直攘人所有，而授其姓名，又甚于沈姚之不存家学也。盖州县旧志之易亡，又不若范史沈书之力能自寿也。

纪述之重史官，犹《儒林》之重经师，《文苑》之重作者也。《儒林列传》当明大道散著，师授渊源。《文苑列传》，当明风会变迁，文人流别，此则所谓史家之书，非徒纪事，亦以明道也。如使《儒林》《文苑》，不能发明道要，但叙学人才士一二行事，已失古人命篇之义矣。况史学之重，远绍《春秋》，而后史不立专篇乃令专门著述之业湮而莫考，岂非史家弗思之甚耶？夫列史具存，而不立专传弊已如是，况州县之书，迹微易隐，而可无专录乎？

书之未成，必有所取裁，如迁史之资于《世本》《国策》，固书之资于冯商、刘歆，是也。书之既成，必有其传述，如杨恽之布迁书，马融之受汉史，是也。书既成家，必有其攻习，如徐广、崔骃之注马，服虔、应劭之释班，是也。此家学渊源之必待专篇列传而明者也。

马、班而后，家学渐衰，世传之家学也。而豪杰之士，特立名家之学起，如《后汉书》之有司马彪、华峤、谢承、范蔚宗诸家，而《晋书》之有何法盛等一十八家，是也。同纪一朝之迹，而史臣不领专官，则人自为编，家各为说，不为叙述讨论，萃合一篇之内，何以得其折衷，此诸家流别之必待专篇列传而明者也。

六代以还，名家复歇，父子世传为家学，一人特撰为名家。而集众修书之法行，如唐人之修《晋书》，元人之修《宋》《辽》《金》三史，是也。监修大臣，著名简端，而编纂校勘之官，则隐显不一。即或偶著其人，与修史事，而某纪某表，编之谁氏？某志某传，辑自何人？孰为草创规条？孰为润色文采？不为整齐缀合，各溯所由，未免一书之中，优劣互见，而功过难知，此一书功力之必待专篇列传而明者也。

若夫日历起居之法，延阁广内之藏，投牒议谥之制，稗官野史之征或于传首叙例，详明其制；或于传终论述，推说其由无施不可，亦犹儒林传叙，申明学制，表立学官之遗意也。诚得此意，而通于著作，犹患史学不举，史道不明，未之闻也。

志乘为一县之书，即古者一国之史也。而世人忽之，则以家学不立，师法失传，文不雅驯，难垂典则故也，新编告成而旧书覆瓿，未必新书皆优而旧志尽劣也。旧志所有，新志重复载之，其笔削之善否，初未暇辨；而旧志所未及载，新志必有增益，则旧志之易为厌弃者一矣。纂述之家，喜炫己长；后起之书，易于攻摘。每见修志诸家，创定凡例，不曰旧书荒陋则云前人无稽，后复攻前，效尤无已，其实狙公颠倒三四，本无大相径庭，但前人已往，质证无由，则旧志之易为厌弃者二矣。州县之书，率多荒陋，文人学士，束而不观，其有特事搜罗，旁资稽索，不过因此证彼，初非耽悦本书，新旧二本，杂陈于前，其翻阅者，犹如科举之士，购求程墨；阴阳之家，检视宪书，取新弃旧，理势固然，本非有所特择，则旧志之易为厌弃者三矣。夫索绥《春秋》，索绥撰《前凉春秋》。端资边浏，浏承张骏之命集《凉内外事》。常璩《国志》，《华阳国志》也。半袭谯周，《华阳国志》载李氏始末，其刘氏二志，大率取裁谯周蜀本纪。是则一方之书不能无籍于一方之纪载，而志家不列前人之传，岂非得鱼忘筌？习而不察，又何怪于方志之书，放失难考耶？

主修之官，与载笔之士，撰著文辞，不分名实，前志之难传，一也。序跋虚设，于书无所发明，前志之难传，二也。如有发明，则如马、班之录

《自序》，可以作传矣。作志之人，行业不详，前志之难传，三也。书之取裁，不标所目，前志之难传，四也。志当递续，非万不得已，不当迭改；迭改之书，而欲并存，繁重难胜，前志之难传，五也。于难传之中而为之作传，盖不得已而存之，推明其故，以为后人例也。

《永清县志·文征》序例

《永清县志》告成，区分纪、表、图、书、政略、列传六体，定著二十五篇，篇各有例，又取一时征集故事文章，择其有关永清，而不能并收入本志者，又自以类相从，别为《奏议》《征实》《论说》《诗赋》各为一卷，总四卷。卷为叙录如左，而总叙大指，以冠其编。

叙曰：古人有专守之官，即有专掌之故；有专门之学，即有专家之言，未有博采诸家，汇辑众体，如后世文选之所为也。官失学废，文采愈繁，以意所尚，采掇名隽，若萧氏《文选》、姚氏《文粹》是也。循流溯源，推而达于治道，宋文之《鉴》是也。相质披文，进而欲为史翼，元文之《类》是也。是数子之用心，可谓至矣！然而古者十五《国风》，八国《国语》，以及晋《乘》、楚《梼杌》，与夫各国春秋之旨，绎之则列国史书，与其文诰声诗，相辅而行，在昔非无其例也。唐刘知几尝患史体载言繁琐，欲取诏诰章疏之属，以类相从，别为一体，入于纪传之史，是未察古人各有成书，相辅益章之义矣。第窥古人之书，《国语》载言，必叙事之终始；《春秋》义授左氏；《诗》有国史之叙，故事去千载？读者洞然无疑。后代选文诸家，掇取文辞不复具其始末，如奏议可观，而不载报可；寄言有托，而不述时世；诗歌寓意而不缀事由，则读者无从委决，于史事复奚裨乎？《文选》《文粹》，固无足责，《文鉴》《文类》，见不及斯，岂非尺有所短者哉！近人修志，艺文不载书目，滥入诗文杂体，其失固不待言；亦缘撰志之时，先已不辨为一国史裁，其猥陋杂书，无所不有，亦何足怪！今兹稍为厘正，别具《文征》，仍于诗文篇后，略具始末，便人观览，疑者阙之，聊于叙例，申明其旨云尔。

奏议叙录

《奏议》之文，所以经事综物，敷陈治道，文章之用，莫重于斯，而萧统选文，用赋冠首；后代撰辑诸家，奉为一定科律，亦失所以重轻之义矣。如谓彼固辞章家言，本无当于史例，则赋乃六义附庸，而列于诗前；骚为赋之鼻祖，而别居诗后，其任情颠倒，亦复难以自解，而《文苑》《文鉴》，从而宗之，又何说也？今以《奏议》冠首，以为辑文通例。窃比列史之首冠本纪云尔。

史家之取《奏议》，如《尚书》之载《训》《诰》，其有关一时之制度者，裁入书志之篇；其关于一人之树立者，编诸列传之内，然而纪传篇幅，各有限断，一代奏牍，文字繁多，广收则史体不类，割爱则文有关遗，按班氏《汉书》，备详书奏，然复检《艺文志》内，石渠奏议之属，《高祖》《孝文》，论述册诏之传，未尝不于正史之外，别有专书。然则奏议之编，固与实录起居注相为表里者也。前人编《汉魏尚书》，近代编《名臣章奏》，皆体严用巨，不若文士选文之例，而不知者，往往忽而不察，良可惜也。

杜佑撰《通典》，于累朝制度之外，别为《礼议》二十余卷，不必其言之见用与否，而谈言有中，存其名理，此则著书之独断编次之通裁；其旨可以意会，而其说不可得而迹泥者也。然而专门之书，自为裁制或删或节，固无不可。史志之体，各有识职，征文以补书志之阙，则录而不叙，自由旧章，今采得奏议四篇，咨详禀帖三篇，亦附录之。为其官府文书，近于奏议，故类入焉。其先后一以年月为次，所以备事之本末云尔。

征实叙录

《征实》之文，史部传记支流。古者史法谨严，记述之体，各有专家，是以魏晋以还，文人率有别集。然而诸史列传，载其生平著述，止云诗赋箴铭颂诔之属，共若干篇而已，未闻载其记若干首，传若干章，志若干条，述若干种者也。由是观之，则记传志述之体，古人各为专门之书，初无散著文集之内，概可知矣。唐宋以还，文集之风日炽，而专门之学杳然，于是一集之中，诗赋与经解并存，论说与记述同载，而衰然成集之书，始难定其家学之所在矣。若夫选辑之书，则萧统《文选》，不载传记；《文苑》《文鉴》，始渐加详，其盖时势然也。文人之集，可征史裁，由于学不专家，事多旁出，岂不洵欤！

《征实》之体，自记事而外，又有数典之文，考据之家所以别于叙述之文也。以史法例之：记事乃纪传之余，数典为书志之裔，所谓同源而异流者也。记事之源，出于《春秋》，而数典之源，本乎官礼，其大端矣。数典之文，古来亦具专家，《戴记》而后，若班氏《白虎通义》、应氏《风俗通义》、蔡氏《独断》之类，不可胜数。而文人入集，则自隋唐以前，此体尤所未见者也。至于专门学衰，而文士偶据所得，笔为考辨，著为述议，成书则不足，削弃又可惜，于是无可如何，编入文集之中，与诗赋书表之属，分占一体，此后世选文之不得不收者也。

《征实》之文，与本书纪事，尤相表里，故采录校别体为多。其传状之文，有与本志列传相仿佛者，正以详略互存，且以见列传采撷之所自，而笔削之善否工拙，可以听后人之别择审定焉；不敢自据为私也。碑刻之文，有时不入金石者，录其全文，其重在征事得实也；仍于篇后著石刻之款识，所以与《金石》相互见也。

论说叙录

《论说》之文，其原出于《论语》。郑氏《易》云："云雷屯，君子以经纶。言论选书礼乐，施政事。"盖当其用，则为典、谟、训、诰；当其未用，则为论撰说议，圣人制作，其用虽异，而其本出于一也。周秦诸子，各守专家，虽其学有醇驳，语有平陂，然推其本意，则皆取其所欲行而不得行者笔之于书，而非有意为文章华美之观，是《论说》之本体也。自学不专门，而文求绮丽，于是文人撰集，说议繁多，其中一得之见，与夫偶合之言，往往亦有合于古人；而根本不深，旨趣未卓，或诸体杂出，自致参差；或先后汇观，竟成复沓，此文集中之论说，所以异于诸子一家之言也。唐马总撰《意林》，裁节诸子，标其名隽，此亦弃短取长之意也。今兹选文，存其论之合者，亦撰述之通义也。

《文选》诸论，若《过秦》《辨亡》诸篇，义取抑扬咏叹，旨非抉摘发挥，是乃史家论赞之属，其源略近诗人比兴一流，与唐宋诸论名同实异。然《养生》《博弈》诸篇，则已自有命意，斯固文集盛行，诸子风衰之会也。萧氏不然，同编一类，非其质矣。

诸子一变而为文集之论议，再变而为说部之札记，则宋人有志于学，而为返朴还淳之会也。然嗜好多端，既不能屏除文士习气；而为之太易，又不能得其深造逢源，遍阅作者，求其始末，大抵是收拾文集之余，取其偶然所得，一时未能结撰者，札而记之，积少致多，裒成其帙耳。故义理率多可观，而宗旨终难究索也。

永清文献荒芜，论说之文无可采择。约存二首，聊以备体，非敢谓有合于古人也。

诗赋叙录

诗赋者，六籍之鼓吹，文章之宣节也。古者声诗立教，铿锵肆于司乐，篇什叙于太史，事领专官，业传学者，欲通声音之道，或求风教所施，询诸掌故，本末犁然，其具存矣。自诗乐分源，俗工惟习工尺，文士仅攻月露，于是声诗之道，不与政事相通；而业之守在专官，存诸掌故者，盖茫然而不可复追矣。然汉、魏而还，歌行乐府，指事类情，就其至者，亦可考其文辞，证其时事。唐、宋以后，虽云文士所业，而作者继起，发挥微隐，敷陈政教，采其尤者，亦可不愧古人。故选文至于诗赋，能不坠于文人绮语之习，斯庶几矣。

刘氏《七略》，以《封禅仪记》入《礼经》，秦官奏议，《太史公书》入《春秋》；而《诗赋》自为一略，不隶《诗经》，则以部帙繁多，不能不别为部次也。惜其叙例，不能申明原委，致开后世诗赋文集混淆而不能犁晰之端耳。至于赋乃六义之一，其体诵而不歌；而刘《略》所收，篇第倍蓰于诗，于是以赋冠前；而诗歌杂体，反附于后，以致萧《选》以下，奉为一定章程，可谓失所轻重者矣。又其诗赋区为五种，若杂赋一门，皆无专主名氏，体如后世总集之异于别集。诗歌一门，自为一类，虽无叙例，观者犹可以意辨之，知所类别。至屈原以下二十家，陆贾以下二十一家，孙卿以下二十五家，门类既分为三，当日必有其说，而叙例阙如，如诸子之目后，叙明某家者流，其原出于古者某官云云是也。不与诸子之书，同申原委。此《诗赋》一略，后人所为欲究遗文，而莫知宗旨者也。州县文征，选辑诗赋，古者《国风》之遗意也。旧志八景诸诗，颇染文士习气，故悉删之，所以严史例也。文丞相词，与《祭漯河文》，非诗赋而并录之者，有韵之文，如铭箴颂诔皆古诗之遗也。

《亳州志·人物表》例议上

班固《古今人表》为世诟詈久矣！由今观之，断代之书，或可无需人表，通古之史，不可无人表也。固以断代为书，承迁有作，凡迁史所关门类，固则补之，非如纪传，所列君臣事迹，但画西京为界也。是以《地理》及于《禹贡》《周官》，《五行》罗列春秋战国，人表之例，可类推矣。人表之失，不当以九格定人，强分位置，而圣仁智愚，妄加品藻，不得《春秋》谨严之旨。又刘知几摘其有古无今，名与实舛，说亦良允。其余纷纷议其不当作者，皆不足为班氏病也。向令去其九等高下，与夫仁圣愚智之名，而以贵贱尊卑，区分品地；或以都分国别，异其标题，横列为经，而以年代先后，标著上方，以为之纬；且明著其说曰：取补迁书，作列传之稽检，则其立例，当为后代著通史者一定科律，而岂至反为人诟詈哉！甚矣千古良法，沉溺于众毁之余，而无有精史裁者，为之救其弊而善所用也。

近代马氏《绎史》，盖尝用其例矣。然马氏之书，本属纂类，不为著作，推其用意不过三代去今日久，事文杂出，茫无端绪，列为人表，则一经传姓名考耳。且犹贬置班表，不解可为迁书补隙，又不解扩其义类，可为史氏通裁；顾曰人表，若为《绎史》而作，则亦未为知类者也。

夫通古之史，所书事迹，多取简编故实；非如当代纪载，得于耳闻目见，虚实可以互参，而既为著作，自命专家，则列传去取，必有别识心裁，成其家言；而不能尽类以收，同于排纂，亦其势也。即如《左传》中事，收入《史记》，而子产、叔向诸人，不能皆编列传。《人表》安可不立。至前人行事，杂见传记，姓名隐显，不无详略异同；列传裁断所余，不以人表收其梗概，则略者致讥挂漏详者被谤偏徇，即后人读我之书，亦觉阙然少绳检矣。故班氏之《人表》，于古盖有所受，不可以轻议也。

《亳州志·人物表》例议中

或曰："通史之需人表，信矣。断代之史，子言或可无需人表，或之云者，未定辞也。断代无需征古，何当有人表欤？"曰：断代书不一类，约计盖有三门，然皆不可无人表也。较于通史，自稍缓耳，有之斯为美矣。史之有列传也，犹《春秋》之有左氏。左氏依经而次年月，列传分人而著标题，其体稍异，而其为用，则皆取足以备经《春秋》。纪本纪。之本末而已矣。治左氏者，尝有《列国公子谱》矣；治断代纪传之文者，仅有班《书·人表》，甫著录而已为丛诟所加，孰敢再议人物之条贯欤。夫《春秋》《公子》《谥族》诸谱，杜预等。《名字异同》诸录，冯继先等。治编年者，如彼其详；而纪传之史，仅一列传目录；而列传数有限制，即年表世表，亦仅著王侯将相，势自不能兼该人物，类别区分。是以学者论世知人，与夫检寻史传去取义例，大抵渺然难知，则人表之不可阙也，信矣。

顾氏炎武曰："史无年表，则列传不得不多；列传既多，则文繁而事反遗漏。"因谓其失，始于陈寿，而范、沈、姚、李诸家，咸短于此。顾氏之说，可谓知一而不知二也。年表自不可废，然王公将相，范、沈、姚、李诸史，所占篇幅几何？唐、宋之史，复立年表。而列传之繁，乃数倍于范、沈诸书，年表何救于列传之多欤？夫不立人表，则列传不得不多，年表犹其次焉者耳。而人表方为史家怪笑，不敢复犯，宜其纷纷著传，如填户版，而难为决断，定去取矣。夫通古之史，所取于古纪载，简册具存，不立人表，或可如迁《史》之待补于固，未为晚也。断代之史，或取裁于簿书记注，或得之于耳目见闻，势必不能尽类而书，而又不能必其事之无有，牵联而及，则纵揽人名，区类为表，亦足以自见凡例，且严列传通裁，岂可更待后之人乎？

夫断代之史，上者如班、陈之专门名家，次者如晋、唐之集众所长，下者如宋、元之强分抑配；专门名家之史，非人表不足以明其独断别裁？集众所长之史，非人表不足以杜其参差同异？强分抑配之史，非人表不足以制其芜滥猥梦？故曰："断代之史，约计三门，皆不可无人表也。"

《亳州志·人物表》例议下

方志之表人物，何所仿乎？曰：将以救方志之弊也，非谓必欲仿乎史也，而史裁亦于是具焉而已。今之修方志者，其志人物，使人无可表也。且其所志人物，反类人物表焉，而更无所谓人物志焉。而表又非其表也；盖方志之弊也久矣！史自司马以来，列传之体，未有易焉者也。方志为国史所取裁，则列人物而为传，宜较国史加详；而今之志人物者，删略事实，总撷大意，约略方幅区分门类，其文非叙非论，似散似骈，尺牍寒温之辞，簿书结勘之语，滥收猥入，无复剪裁；至于品皆曾、史，治尽龚、黄，学必汉儒，贞皆姜女，面目如一，情性难求，斯固等于自郐无讥，存而不论可矣。即有一二矫矫，雅尚别裁，则又简略其辞，谬托高古，或仿《竹书》记注，或摩石刻题名，虽无庸恶肤言，实昧通裁达识，所谓似表非表，似注非注，其为痼弊久矣。是以国史宁取家乘，不收方志，凡以此也。

夫志者，志也。人物列传，必取别识心裁，法《春秋》之谨严，含诗人之比兴，离合取舍，将以成其家言，虽曰一方之志，亦国史之具体而微矣。今为人物列表，其善盖有三焉。前代帝王后妃，今存故里，志家收于人物，于义未安；削而不载，又似阙典。是以方志遇此，聚讼纷然，而私智穿凿之流，往往节录本纪，巧更名目，辗转位置，终无确当。今于传删人物，而于表列帝王，则去取皆宜，永为成法，其善一也。史传人物本详，志家反节其略，此本类书摘比，实非史氏通裁，然既举事文归于其义，则简册具有名姓，亦必不能一概而收，如类纂也。兹于古人见史策者，传列苟无可登，列名人物之表，庶几密而不猥，疏而不漏其善二也。史家事迹，目详于耳宽，今严古，势有使然；至于乡党自好，家庭小善，义行但存标题，节操止开年例，史法不收，志家宜具，传无可著之实，则文不繁猥；表有特著之名，则义无屈抑，其善三也。凡此三者，皆近志之通病，而作家之所难言，故曰，方志之表人物，将以救方志之弊也。

《亳州志·掌故》例议上

先王制作，存乎六艺，明其条贯天下示诸掌乎。夫《书》道政事，典、谟、贡、范可以为经要矣，而《周官》器数，不入四代之书。夏礼殷礼，夫子能言，而今已不存其籍。盖政教典训之大，自为专书；而人官物曲之细，别存其籍，其义各有攸当，故以周、孔经纶。不能合为一也。司马迁氏绍法《春秋》，著为十二本纪，其年表列传，次第为篇，足以备其事之本末；而于典章制度，所以经纬人伦，纲维世宙之具，别为八书以讨论之。班氏广为《十志》，后史因之，互有损益，遂为史家一定法矣。昔韩宣子见《易象》《春秋》，以谓周礼在鲁，左氏综纪《春秋》，多称《礼经》，书志之原，盖出官礼，《天官》未改《天文》，《平准》未改《食货》，犹存《汉书》一二名义，可想见也。郑樵乃云："志之大原，出于《尔雅》。"非其质矣。然迁、固书、志，采其纲领，讨论大凡，使诵习者，可以推验一朝梗概，得与纪传互相发明足矣。

至于名物器数，以谓别有专书，不求全备，犹左氏之数典征文，不必具《周官》之纤悉也。司马《礼书》末云，"俎豆之事，则有司存。"其他抑可知矣。自沈、范以降，讨论之旨渐微，器数之加渐广；至欧阳《新唐》之志，以十三名目，成书至五十卷，官府簿书，泉货注记，分门别类，惟恐不详。《宋》《金》《元》史，繁猥愈甚，盈床叠几，难窥统要，是殆欲以《周官》职事，经礼容仪，尽入《春秋》，始称全体。则夫子删述《礼》《乐》《诗》《书》，不必分经为六矣。夫马、班书志，当其创始，略存诸子之遗。《管子》《吕览》《鸿烈》诸家，所述天文地圆官图乐制之篇，采掇制数，运以心裁，勒成一家之言，其所仿也。马、班岂不知名数器物，不容忽略，盖谓各有成书，不容于一家之言，曲折求备耳。如欲曲折求备，则文必繁芜，例必庞杂，而事或反晦而不显矣。惟夫经生策括，类家纂要，本非著作，但欲事物兼该，便于寻检，此则猥陋无足贵耳。史家纲纪群言，将勒不朽，而惟沾沾器数，拾给不暇，是不知《春秋》、官礼，意可互求，而例则不可混合者也。

《亳州志·掌故》例议中

簿书纤悉，既不可溷史志，而古人甲乙张本，后世又无由而知，则欲考古制而得其详，其道何从？曰：叔孙章程，韩信军法，萧何律令，皆汉初经要之书，犹《周官》之六典也。《汉志》《礼》《乐》《刑》《法》，不能赅而存之，亦以其书自隶官府，人可咨于有司而得之也。官失书亡，则以其体繁重，势自不能行远，自古如是，不独汉为然矣。欧、宋诸家，不达其故，乃欲籍史力以传之；夫文章易传，而度数难久，故礼亡过半，而《乐经》全逸，六艺且然，况史文乎？且《唐书》倍汉，而《宋史》倍唐，已若不可胜矣。万物之情，各有所极，倘后人再倍《唐》《宋》而成书，则连床架屋，毋论人生耳目之力，必不能周，抑且迟之又久，终亦必亡，是则因度数繁重，反并史文而亡之矣。又何史力尚能存度数哉？然则前代章程故事，将遂听其亡欤？曰：史学亡于唐，而史法亦莫具于唐；欧阳《唐志》未出，而唐人已有窥于典章制度，不可求全于史志也。刘氏有《政典》，杜氏有《通典》，并仿《周官》六典，包罗典章，巨细兼收。书盈百帙，未尝不曰君臣事迹，纪传可详；制度名数，书志难于赅备，故修之至汲汲也。至于宋初，王氏有《唐会要》《五代会要》。其后徐氏更为两汉《会要》，则补苴前古，括代为书，虽与刘、杜之典同源异流；说皆综核典章，别于史志，义例昭然，不可易矣。

夫唐、宋所为典要，既已如彼；后人修唐、宋书，即以其法，纪纲唐、宋制度，使与纪传之，史相辅而行，则《春秋》《周礼》，并接源流，奕世遵行，不亦善乎。何欧阳述《唐》，元人纂《宋》，反取前史未收之器数，而猥加罗列，则亦不善度乎时矣。或谓《通典》《会要》之书，较马、班书志之体，为加详耳。其于器物名数，亦复不能甄综赅备，故考古者，不能不参质他书，此又非知言也。古物苟存于今，虽户版之籍，市井泉货之簿，未始不可备考证也。如欲皆存而无裁制，则岱岳不足供藏书，沧海不足为墨沈也。故为史学，计其长策，纪表志传，率由旧章；再推周典遗意，就其官司簿籍，删取名物器数，略有条贯，以存一时掌故，与史相辅而不相侵，虽为百世不易之规可也。

《亳州志·掌故》例议下

掌故之原，始于官礼，百官具于朝廷，则惟国史书志，得而撷其要；国家会典会要之书，得而备其物与数矣。撰方志者，何得分志与掌故乎？曰：部寺卿监之志，即掌故也。拟于《周官》，犹《夏官》之有《司马法》，《冬官》之有《考工记》也。部府州县之志，乃国史之分体，拟于周制，犹晋《乘》、楚《梼杌》与鲁《春秋》也。郡县异于封建，则掌故皆出朝廷之制度耳。六曹职掌，在上颁而行之，在下承而奉之，较之国史，具体而微；志与掌故，各有其不可易，不容溷也。今之方志，猥琐庸陋，求于史家义例，似志非志，似掌故而又非掌故，盖无以讥为也。然簿书案牍，颁于功令，守于吏典，自有一定科律，虽有奇才，不能为加；虽有愚拙，不能为损，名胜大邦，与荒僻陋邑，无以异也。故求于今日之志，不可得而见古人之史裁；求于今日之案牍，实可因而见古人之章程制度。故曰：礼失求诸野也，夫治国史者，因推国史以及掌故，盖史法未亡，而掌故之义不明，故病史也。治方志者，转从掌故而正方志；盖志义久亡，而掌故之守未坠；修其掌故，则志义转可明矣。《易》曰："穷则变，变则通，通则久。"志义欲其简而明也，然而事不可不备也；掌故欲其整以理也，然而要不容不挈也。徒以简略为志，此《朝邑》《武功》之陋识也。但知详备为掌，故则胥吏优为之，而不知其不可行矣。

夫志者，志也。其事其文之，外盖有义焉，所谓操约之道者此也。而或误以并省事迹，删削文字，谓之简也。其去古人。不亦远乎？夫名家撰述，意之所在，必有别裁，或详人之所略，或弃人之所取，初无一成之法，要读之者，美爱传久，而恍然见义于事文间，斯乃有关于名教也。然不整齐掌故，别为专书，则志亦不能自见其意矣。

答甄秀才论修志第一书

文安宰币聘修志，兄于史事久负，不得小试，此行宜踊跃。仆有何知？乃承辱询，抑盛意不可不复，敢于平日所留意者，约举数条，希高明裁择！有不然处，还相告也。

一，州郡均隶职方，自不得如封建之国别为史，然义例不可不明，如传之与志，本二体也。今之修志，既举人物典，制而概称曰志，则名宦乡贤之属，不得别立传之色目。传既别分色目，则礼乐兵刑之属，不得仍从志之公称矣。窃思志为全书总名，皇恩庆典，当录为外纪。官师铨除，当画为年谱。典籍法制，则为考以著之。人物名宦，则为传以列之。变易名色，既无僭史之嫌；纲举目张，又无遗漏之患，其他率以类附，至事有不伦，则例以义起，别为创制可也。琐屑繁碎，无关惩创，则削而不存可也。详赡明备，整齐画一，乃可为国史取材；否则总极精采，不过一家小说耳，又何裨焉！

一，今世志艺文者，多取长吏及邑绅所为诗赋记序杂文，依类相附，甚而风云月露之无关惩创，生祠碑颂之全无实征，亦胥入焉。此姑无论是非，即使文俱典则，诗必雅驯，而铨次类录，诸体务臻，此亦选文之例，非复志乘之体矣。夫既志艺文，当仿三通、《七略》之意，取是邦学士著撰书籍，分其部汇，首标目录，次序颠末，删芜撷秀，掇取大旨，论其得失，比类成编，乃使后人得所考据，或可为馆阁雠校取材，斯不失为志乘体尔。至坛庙碑铭，城隄纪述，利弊论著，土物题咏，则附入物产、田赋风俗、地理诸考，以见得失之由，沿革之故，如班史取延年、贾让诸疏入《河渠志》，贾谊、晁错诸疏入《食货志》之例，可也。学士论著，有可见其生平抱负，则全录于本传，如班史录《天人三策》于《董仲舒传》，录《治安诸疏》于《贾谊列传》之例，可也。至墓志传赞之属，核实无虚，已有定论，则即取为传文，如班史仍《史记·自序》，而为《司马迁传》；仍扬雄《自序》而为《扬雄列传》之例，可也。此一定之例，无可疑虑，而相沿不改，则甚矣史识之难也。

一，凡捐资修志，开局延儒，实学未闻，凡例先广，务新耳目，顿易旧书；其实颠倒狙公，有何真见？州郡立志，仿自前明，当时草创之初，虽义例不甚整齐，文辞尚贵真实，剪裁多自己出，非若近日之习套相沿；轻隽小生，史字未曾全识，皆可奋笔妄修，窃叨饩脯者。然其书百无一存，此皆后凌前替，修新志者，袭旧志之纪载，而灭作者之姓名，充其义类，将班《书》既出，《史记》即付祖龙；欧、宋成书，《旧唐》遂可覆瓿与？仆以谓修志者，当续前人之记载，不当毁前人之成书；即前志义例不明，文辞乖舛，我别为创制，更改成书，亦当听其并行，新新相续，不得擅毁，彼此得失，观者自有公论。仍取前书卷帙目录，作者姓氏，录入新志艺文考中，以备遗亡，庶得大公无我之意，且吾亦不致见毁于后人矣。

一，志之为体，当详于史。而今之志乘所载，百不及一，此无他，搜罗采辑，一时之耳目难周；掌故备藏，平日之专司无主也。尝拟当事者，欲使志无遗漏，平日当立一志乘科房，佥掾吏之稍通文墨者为之，凡政教典故，堂行事实，六曹案牍，一切皆令关会，目录真迹，汇册存库，异日开局纂修，取裁甚富，虽不当比拟列国史官，亦庶得州间史胥之遗意，今既无及，当建言为将来法也。

一，志乃史体，原属天下公物，非一家墓志寿文，可以漫为浮誉，悦人耳目者。附近世纂修，往往贿赂公行，请托作传，全无征实，此虽不肖浮薄文人所为；然善恶惩创，自不可废。今之志书，从无录及不善者；一则善善欲长之习见，一则惧罹后患之虚心尔。仆谓讥贬原不可为志体，据事直书，善否自见，直宽隐彰之意同，不可专事浮文，以虚誉为事也。

一，史志之书，有裨风教者，原因传述忠孝节义，凛凛烈烈，有声有色，使百世而下，怯者勇生，贪者廉立；《史记》好侠，多写刺客畸流，犹足令人轻生增气。况天地间，大节大义，纲常赖以扶持，世教赖以撑柱者乎？每见文人修志，凡景物流连，可骋文笔，典故考订，可夸博雅之处，无不津津累牍。一至孝子忠臣，义夫节妇，则寥寥数笔；甚而空存姓氏，行述一字不详，使观者若阅县令署役卯簿，又何取焉！窃谓邑志搜罗不过数十年，采访不过百十里，闻见自有真据，宜加意采辑，广为传述，使观者有所兴起，宿草秋原之下，必有拜彤管而泣秋雨者！矣尤当取穷乡僻壤，畸行奇节，子孙困于无力，或有格于成例，不得邀旌奖者，踪迹既实，务为立传，以备采风者观览，庶乎善善欲长之意。

已上六条，就仆所见，未敢自谓必然，而今世刻行诸志，诚有未见其可者丈夫生不为史臣，亦当从名公巨卿，执笔充书记，而因得论列当世，以文章见用于时，如纂修志乘，亦其中之一事也。今之所谓修志，令长徒务空名，作者又鲜学识，上不过图注勤事考成，下不过苟资馆谷禄利，甚而邑绅因之以启奔竞，文士得之以舞曲笔，主宾各挟成见，同局或起抵牾，则其于修志事，虽不为亦可也。乃如足下负抱史才，常恨不得一当，牛刀小试，向与仆往复商论，窥兄底蕴，当非苟然为者。文安君又能虚心倾领，致币敦请，自必一破从前宿习，杀青未毕，而观者骇愕，以为创特，又岂一邑之书，而实天下之书矣！仆于此事，无能为役，辱存商榷，陈其固陋之衷，以庶几萤烛增辉之义，兄其有以进我乎。

答甄秀才论修志第二书

日前敬筹末议，薄殖浅陋，狠无定见，非复冀有补高深，聊以塞责云耳。乃辱教答，借奖有加，高标逮引，辞意挚恳，读之真愧且畏也。足下负良史才，博而能断，轩视前古，意志直欲驾范轶陈，区区郡邑志乘，不啻牛刀割鷇，乃才大心虚，不耻往复下问，鄙陋如仆，何以副若谷之怀耶！前书粗陈梗概，过辱虚誉，且欲悉询其详，仆虽非其人，辄因高情肫挚之深，不敢无一辞以覆，幸商择焉。

一，体裁宜得史法也。州县志乘，混杂无次，既非正体；编分纪表，亦涉僭妄，故前书折衷立法，以外纪、年谱、考、传四体为主，所以避僭史之嫌，而求纪载之实也。然虚名宜避国史，而实意当法古人，外纪、年谱之属，今世志乘，百中仅见一二；若考之与传，今虽浑称志传，其实二者之实，未尝不载，特不能合于古史良法者，考体多失之繁碎，而传体多失之浑同也。考之为体，乃仿书志而作，子长《八书》，孟坚《十志》，综核典章，包函甚广。范史分三十志，《唐书》广五十篇，则已浸广。

至元修《宋史》，志分百六十余，议者讥为科吏档册；然亦仅失裁制，致成汗漫，非若今之州县志书，多分题目，浩无统摄也。如星野、疆域、沿革、山川、物产，俱地理志中事也。户口、赋役、征榷、市籴，俱食货考中事也。灾祥、歌谣、变异、水旱，俱五行志中事也。朝贺、坛庙、祀典、乡饮宾兴，俱礼仪志中事也。凡百大小，均可类推，篇首冠以总名，下乃缕分件悉，汇列成编，非惟总萃易观，亦且谨严得体，此等款目，直在一更置耳。而今志猥琐繁碎，不啻市井泉货注簿，米盐凌杂，又何观焉。或以长篇大章，如班固《食货》，马迁《平准》，大难结构。岂知文体既合史例，即使措辞如布算子，亦自条理可观，切实有用，文字正不必沾沾顾虑，好为繁琐也。

一，成文宜标作者也。班袭迁《史》，孝武以前，多用原文，不更别异；以《史》《汉》同一纪载，而迁《史》久已通行，故无嫌也。他若诏令书表之属，则因其本人本事而明叙之，故亦无嫌于抄录成文。至《史记》赞秦，全用贾生三论，则以"善哉贾生推言"一句引起。《汉书·迁传》，全用《史记·自序》，则以"迁之《自序》云尔"一句作收，虽用成文，而宾主分明，不同袭善。志为史体，其中不无引用成文，若如俗下之艺文选集，则作者本名，自应标于目录之下；今若刊去所载文辞，分类载入考传诸体，则作者本名，易于刊去，须仍复如《史》《汉》之例，标而出之。至文有蔓长，须加删节者，则以"其略曰"三字领起，如孟坚载贾谊诸疏之例可也。援引旧文，自足以议论者，则如《伯夷列传》中，入"其传曰"云云一段文字之例可也。至若前缀序引，后附论赞，今世纂家，多称野史氏曰；或称外史氏曰。揆之于理，均未允协，莫如直仿《东汉》之例，标出"论曰""序曰"之体为安。至反复辨正，存疑附异，或加"案曰"亦可；否则直入本文，不加标目，随时斟酌，均在夫相体裁衣耳。

一，传体宜归画一也。列传行述入艺文志，前书已辨其非，然国史取材邑志，人物尤属紧要，盖典章法令，国有会典，官有案牍，其事由上而下，故天下通同，即或偶有遗脱，不患无从考证，至于人物一流，自非位望通显，太常议谥，史臣立传，则姓名无由达乎京师。其幽独之士，贞淑之女，幸邀旌奖，按厥档册，直系簪花名卯册耳。必待下诏纂修，开馆投牒，然后得核，故其事由下而上，邑志不详备，则日后何由而证也。夫传即史之列传体尔，《儒林》《游侠》，迁史首标总目；《文苑》《道学》，《宋史》又画三科。先儒讥其标帜启争，然亦止标目不及审慎尔，非若后世志乘传述碑版，统列艺文；及作人物列传，又必专标色目。若忠臣孝子名贤文苑之类，挨次排纂，每人多不过八九行，少或一二三行，名曰传略；夫志曰辖轩实录，宜详于史，而乃以略体行之，此何说也。至于标目所不能，该义类兼有所附，非以董宣入《酷吏》，则于《周臣》阙韩通耳。按《史记》列传七十，惟《循吏》《儒林》而下九篇，标出总目。《汉书》自《外戚》《佞幸》而上七篇，标出总目。江都传列《三策》，不必列以《儒林》；东方特好诙谐，不必列入《滑稽》。传例既宽，便可载瑰特之行于法律之外，行相似者，比而附之，文章多者，录而入之，但以庸滥徇情为戒，不以篇幅广狭为拘，乃属善之善耳。

一，论断宜守谨严也。史迁序引断语，俱称"太史公曰"云云，所以别于叙事之文，并非专标色目。自班固作赞，范史撰论，亦已少靡。南朝诸史，则于传志之末，散文作论，又用韵语，仿孟坚自叙体作赞，以缀论文之后，屋上架屋，斯为多文。自后相沿，制体不一，至明祖纂修《元史》，谕宋濂等据事直书，勿加论赞，虽寓谨严之意，亦非公是之道。仆则以为是非褒贬，第欲其平，论赞不妨附入，但不可作意轩轾，亦不得故恣吊诡，其有是非显然，不待推论，及传文已极抑扬，更无不尽之情者，不必勉强结撰，充备其数。

一，典章宜归详悉也。仆言典章，自上而下，可较人物为略；然是极言传之宜更详耳。学校祭祀，一切开载《会典》者，苟州县所常举行，岂可因而不载？《会典》简帙浩繁，购阅非易，使散在州县各志，则人人可观，岂非盛事！况州县举行之典，不过多费梨枣十余枚耳。今志多删不载，未知所谓。

一，自注宜加酌量也。班史自注，于十志尤多；以后史家文字，每月自注。宋人刻伪《苏注杜诗》，其不可强通者，则又妄加"公自注"三字；后人觉其伪者，转矫之曰古人文字，从无自注；然则如司马《潜虚》，自加《象传》，又何如耶？志体既取详赡，行文又贵简洁，以类纂之意，而行纪传之文，非加自注，何以明畅？但行文所载之事实，有须详考颠末，则可自注。如《潜虚》之自解文义，则非志体所宜尔。

一，文选宜相辅佐也。诗文杂体入艺文，志固非体裁，是以前书欲取各体，归于传考。然西京文字甚富，而班史所收之外，寥寥无观者，以学士著撰，必合史例方收。而一切诗文赋颂，无昭明、李昉其人，先出而采辑之也。史体纵看，志体横看其为综核一也。然综核者事详，而因以及文；文有关于士风人事者，其类颇夥，史固不得而尽收之。以故昭明以来，括代为选，唐有《文苑》，宋有《文鉴》，元有《文类》，明有《文选》，广为铨次，巨细毕收，其可证史事之不逮者，不一而足。故左氏论次《国语》，未尝不引谚证谣，而十五《国风》，亦未尝不别为一编，均隶太史，此文选志乘，交相裨益之明验也。近楚抚于《湖广通志》之外，又选《三楚文献录》，江苏宋抚军，聘邵毗陵修《明文录》外，更撰《三吴文献录》等集，亦佐《江南通志》之不及。仆浅陋寡闻，未知他省皆如是否？然即此一端，亦可类及，何如略仿《国风》遗意，取其有关民风流俗，参伍质证，可资考校，分列诗文记序诸体，勒为一邑之书，与志相辅，当亦不为无补。但此非足下之力所克为者，盍乘间为当事告焉。

一，列女宜分传例也。列女名传，创于刘向，分汇七篇，义近乎子。缀颂述雅，学通乎诗，而比事属辞，实为史家之籍。班、马二史均阙此传，自范蔚宗《东汉书》中，始载《列女》，后史因之，遂为定则。然后世史家所谓列女，则节烈之谓，而刘向所叙，乃罗列之谓也。节烈之烈为列女传，则贞节之与殉烈，已自有殊；若孝女义妇，更不相入；而闺秀才妇，道姑仙女，永无入传之例矣。妇道无成，节烈孝义之外，原可稍略；然班姬之盛德，曹昭之史才，蔡琰之文书，岂转不及方技伶官之伦，更无可传之道哉！刘向传中，节烈孝义之外，才如妾婧，奇如鲁女，无所不载；即下至施旦，亦胥附焉。列之为义，可为广矣。自《东汉》以后，诸史误以罗列之列，为殉烈之烈，于是法律之外可载者少，而蔡文姬之入史，人亦议之。今当另立贞节之传，以载旌奖之名，其正载之外，苟有才情卓越，操守不同；或有文采可观，一长擅绝者，不妨入于列女，以附方技、文苑、独行、诸传之例，庶妇德之不尽出于节烈，而苟有一长足录者，亦不致有湮没之欢云。狂瞽之言，幸惟择之！醉中草草勿罪！

与甄秀才论《文选》义例书

辱示《文选》义例，大有意思，非熟知此道甘苦，何以得此。第有少意商复，夫踵事增华，后来易为力，括代总选，须以史例观之。昭明草创与，马迁略同。由六朝视两汉略已，先秦略之略已。周则子夏《诗序》、屈子《离骚》而外，无他策焉。亦犹天汉视先秦略已，周则略之略已。五帝三王，则本纪略载而外，不更详焉。昭明兼八代，《史记》采三古，而又当创事，故例疏而文约。《文苑》《文鉴》，皆包括一代；《汉书》《唐书》，皆专纪一朝，而又藉前规，故条密而文详。《文苑》之补载陈、隋，则续昭明之未备；《文鉴》之并收制科，则广昭明之未登，亦犹班固《地志》之兼采《职方》《禹贡》，《隋书》诸志之补述梁、陈、周、齐，例以义起，斟酌损益，固无不可耳。夫一代文献，史不尽详，全恃大部总选，得载诸部文字于律令之外，参互考校，可补二十一史之不逮，其事綦重，原与揣摩家评选文字不同。工拙繁简，不可屑屑校量，读书者，但当采掇大意，以为博古之功，斯有益耳。

驳《文选》义例书再答

来书云：得兄所论文选义例，甚以为不然；文章一道，所该甚广，史特其中一类耳。选家之例，繁博不伦，四部九流，何所不有。而兄概欲以史拟之，若马若班，若表若志，斤斤焉以萧、唐诸选，削趾适履，求其一得符合，将毋陈大士初学时文，而家书悉裁为八股式否？东西两京文字，入选寥寥，而班、范两史，排纂遂为定本；惟李陵塞外一书，班史不载，便近齐梁小儿。果选裨史之不逮乎？抑史裨选之不逮乎？编年有纲目，纪传有廿一史，历朝事已昭如日星，而兄复思配以《文选》，连床架屋，岂为风云月露之辞，可以补柱下之藏耶？选事仿于六朝，而史体亦坏于是。选之无裨于史明矣！考镜古今，论列得失，在乎卓荦之士，不循循株守章句，孺歌妇叹，均可观采，岂皆与史等哉！昔人称杜甫诗史，而杨万里驳之；以为诗经果可兼尚书否？兄观书素卓荦，而今言犹似牵于训诂然者，仆窃不喜。或有不然，速赐裁示。

　　惠书甚华而能辨，所赐于仆岂浅鲜哉！然意旨似犹不甚相悉，而盛意不可虚，故敢以书报。文章一道，体制初不相沿，而原本各有所自。古人文字，其初繁然杂出，惟用所适。岂斤斤焉立一色目，而规规以求其一似哉！若云文事本博，而史特于中占其一类，则类将不胜其繁。伯夷屈原诸传，夹叙夹议，而庄周列子之书，又多假叙事以行文，兄以选例不可一概，则比等文字，将何以画分乎？经史子集，久列四库，其原始亦非远；试论六艺之初，则经目本无有也。大易非以圣人之书而尊之，一子书耳。《书》与《春秋》，两史籍耳。《诗》三百篇，文集耳。《仪礼》《周官》，律令会典耳。自《易》藏太卜而外，其余四者，均隶柱下之籍，而后人取以考证古今得失之林，未闻沾沾取其若纲目纪传者，而专为史类，其他体近繁博，遽不得与于是选也。《诗》亡而后《春秋》作，《诗》类今之文选耳。而亦得与史相终始，何哉？土风殊异，人事兴衰，纪传所不及详，编年所不能录，而参互考验，其合于是中者，如《鸱鸮》之于《金縢》，《乘舟》之于《左传》之类；其出于是外者，如七月追述周先，商颂兼及异代之类，岂非文章史事，固相终始者与！两京文字，入选甚少，不敌班、范所收；使当年早有如选《文苑》其人，裁为大部盛典，则两汉事迹，吾知更赫赫如昨日矣。史体坏于六朝，自是风气日下，非关《文选》昭明所收过略，乃可恨耳。所云不循循株守章句，不必列文于史中，顾斤斤画文于史外，其见尚可谓之卓荦否？杨万里不通太史观风之意，故驳诗史之说，以兄之卓见而惑之何哉！

修志十议

修志有二便：地近则易核，时近则迹真。有三长：识足以断凡例，明足以决去取，公足以绝请托。有五难：清晰天度难，考衷古界难，调剂众议难，广征藏书难，预杜是非难。有八忌：忌条理混杂，忌详略失体，忌偏尚文辞，忌妆点名胜，忌擅翻旧案，忌浮记功绩，忌泥古不变，忌贪载传奇。有四体：皇恩庆典宜作纪，官师科甲宜作谱，典籍法制宜作考，名宦人物宜作传。有四要：要简，要严，要核，要雅。今拟乘二便，尽三长，去五难，除八忌，而立四体，以归四要。请略议其所以然者为十条。先陈事宜，后定凡例，庶乎画宫于堵之意云。

一，议职掌：提调专主决断是非，总裁专主笔削文辞，投牒者叙而不议，参阅者议而不断，庶各不相侵，事有专责。

二，议考证：邑志虽小，体例无所不备，考核不厌精详，折衷务祈尽善，所有应用之书，自省府邻境诸志而外，如廿二史、《三楚文献录》、《一统志》、圣祖仁皇帝御纂《方舆路程图》、《大清会典》、《赋役全书》之属，俱须加意采访。他若邑绅所撰野乘、私记、文编、稗史、家谱、图牒之类，凡可资搜讨者，亦须出示征收，博观约取。其六曹案牍，律令文移，有关政教典故，风土利弊者，概令录出副本，一体送馆，以凭详慎铨次，庶能巨细无遗，永垂信史。

三，议征信：邑志尤重人物，取舍贵辨真伪。凡旧志人物列传，例应有改无削，新志人物，一凭本家子孙列状投柜，核实无虚，送馆立传，此俱无可议者。但所送行状，务有可记之实，详悉开列，以备采择，方准收录。如开送名宦，必详曾任何职，实兴何利，实除何弊，实于何事有益国计民生，乃为合例。如但云清廉勤慎，慈惠严明，全无实征，但作计荐考语体者，概不收受。又如卓行，亦必开列行如何卓。文苑亦必开列著有何书，见推士林。儒林亦必核其有功何经，何等著作，有关名教。孝友亦必开明于何事，见其能孝能友。品虽毋论庸奇偏全，要有真迹，便易采访。否则行皆曾、史，学皆程、朱，文皆马、班，品皆夷、惠，鱼鱼鹿鹿，何以辨真伪哉？至前志所收人物，果有遗漏，或生平大节，载不尽详，亦准其与新收人物，一例开送，核实增补。

四，议征文：人物之次，艺文为要。近世志艺文者，类辑诗文记序，其体直如《文选》。而一邑著述目录，作者源流始末，俱无稽考，非志体也。今拟更定凡例，一仿班《志》、刘《略》，标分部汇，删芜撷秀，跋其端委，自勒一考，可为他日馆阁校雠取材，斯则有裨文献耳。但艺文入志，例取盖棺论定现存之人。虽有著作，例不入志，此系御纂《续考》馆成法不同近日志乘，掇拾诗文，可取一时题咏，广登尺幅者也。凡本朝前代学士文人，果有卓然成家可垂不朽之业，无论经史子集，方技杂流，释门道藏，画图谱牒，帖括训诂，均得净录副本，投柜送馆，以凭核纂。然所送之书须属共见共闻，即未刻行，亦必论定成集者，方准收录。倘系抄传稿本，畸零篇页，及从无序跋论定之书，概不入编，庶乎循名责实之意。惟旧志原有目录，而藏书至今散逸者，仍准入志，而于目录之下，注一亡字以别之。

五，议传例：史传之作，例取盖棺论定，不为生人立传。历考两汉以下，如《非有先生》《李赤》诸传，皆以传为游戏；《圬者》《橐驼》之作，则借传为议论。至《何蕃》《方山》等传，则又作贻赠序文之用。沿至宋人，遂多为生人作传，其实非史法也。邑志列传，全用史例，凡现存之人例不入传。惟妇人守节，已邀旌典，或虽未旌奖，而年例已符，操守粹白者，统得破格录入。盖妇人从一而终，既无他志，其一生责任已毕，可无更俟没身，而此等单寒之家，不必尽如文苑卓行之出入缙绅，或在穷乡僻壤，子孙困于无力，以及偶格成例，今日不予表章，恐后此修志，不免遗漏，故搜求至汲汲也。至去任之官，苟一时政绩，卓然可传；舆论交推，更无拟议者，虽未经没身论定，于法亦得立传。盖志为此县而作，为宰有功此县，则甘棠可留；虽或缘故被劾，及乡论未详，安得没其现施事迹。且其人已去，即无谀颂之嫌；而隔越方州，亦无遥访其人存否之例。惟其人现居本县，或现升本省上官，及有统辖者，仍不立传，所以远迎合之嫌，杜是非之议耳。其例得立传人物，投递行状，务取生平大节合史例者。详慎开载，纤琐钉饾，凡属浮文，俱宜刊去。其有事涉怪诞，义非惩创；或托神鬼，或称奇梦者，虽有所凭，亦不收录，庶免凫履羊鸣之诮。

六，议书法：典故作考，人物作传，二体去取，均须断制尽善，有体有要，乃属不刊之书，可为后人取法。如考体但重政教典礼，民风土俗，而浮夸形胜，附会景物者，在所当略。其有古迹胜概，确乎可凭；名人题咏，卓然可纪者，亦从小书分注之例，酌量附入正考之下，所以厘正史体，别于稗乘耳。盖志体譬之治室，厅堂甲第，谓之府宅可也。若依岩之构，跨水之亭，谓之别业可，谓之正寝则不可。玉尘丝绦，谓之仙服可，谓之绅笏则不可。此乃郡县志乘与卧游清福诸编之分别也。列传亦以名宦乡贤，忠孝节义，儒林卓行为重，文苑方技有长可见者，次之。如职官而无可纪之迹，科目而无可著之业，于法均不得立传。盖志属信史，非如宪纲册籍，一以爵秩衣冠为序者也。其不应立传者，官师另立历任年谱，邑绅另有科甲年谱，年经月纬之下，但注姓名，不得更有浮辞填入。即其中有应立传者，亦不必更于谱内。注明有传字样，以昭画一。若如近日通行之例，则纪官师者，既有职官志，以载受事年月；又有名宦志，以载历任政绩，而于他事，有见于生祠碑颂，政绩序记者，又收入艺文志。记邑绅者，既有科目志，又有人物志，亦分及第年分，与一生行业为两志；而其行业有见于志铭传诔者，则又收入艺文志。一人之事，叠见三四门类，于是或于此处注传见某卷，于彼处注详见某志，字样纷错，事实倒乱，体裁烦碎，莫此为甚今日修志，尤当首为厘定，一破俗例者也。

七，议援引：史志引用成文，期明事实，非尚文辞；苟于事实有，关即胥吏文移，亦所采录，况上此者乎。苟于事实无关，虽班扬述作，亦所不取，况下此者乎。但旧志艺文所录文辞，今悉散隶本人本事之下，则篇次繁简不伦；收入考传方幅之内，其势不无删润。如恐嫌似剿袭，则于本文之上，仍标作者姓名，以明其所自而已。至标题之法，一仿《史》《汉》之例，《史》《汉》引用周、秦诸子，凡寻常删改字句，更不识别，直标"其辞曰"三字领起；惟大有删改，不更仍其篇幅者，始用"其略曰"三字别之。若贾长沙诸疏是也。今所援引，一皆仿此。然诸文体中，各有应得援引之处，独诗赋一体，应用之处甚少。惟地理考内，名胜条中，分注之下，可载少许，以证灵杰。他若抒写性灵，风云月露之作，果系佳构，自应别具行稿，或入专主选文之书，不应搀入史志之内，方为得体。且古来十五《国风》，十二《国语》，并行不悖，未闻可以合为一书，则志中盛选诗词，亦俗例之不可不亟改者。倘风俗篇中，有必须征引歌谣之处，又不在其列，是又即《左》《国》引谚征谣之义也。

八，议裁制：取艺文应载一切文辞，各归本人本事，俱无可议。惟应载传志行状诸体，今俱删去，仍取其文，裁入列传，则有难处者三焉！一则法所不应立传，与传所不应尽载者；当日碑铭传述，或因文辞为重，不无滥收。二则志中列传，方幅无多。而原传或有洋洋大篇，全录原文，则繁简不伦；删去事迹，则召怨取讥。三则取用成文，缀入本考本传，原属文中援引之体，故可标作者姓名，及"其辞曰"三字，以归征引之体。今若即取旧传，裁为新传，则一体连编，未便更著作者姓名。譬班史作《司马迁传》，全用《史记·自序》，则以"迁之《自序》云尔"一句标清宾主。盖史公《自序》原非本传，故得以此句识别之耳。若孝武以前纪传，全用《史记》成文者，更不识别，则以纪即此纪，传即此传，赞即此赞，其体更不容标"司马迁曰"字样也。今若遽同此例，则近来少见此种体裁，必有剿袭雷同之谤。此三端者，决无他法可处，惟有大书分注之例，可以两全盖取彼旧传，就今志义例，裁为新传，而于法所应删之事，未便遽删者，亦与作为双行小字，并作者姓氏，及删润之故，一体附注本文之下，庶几旧志征实之文，不尽刊落，而新意谨严之体，又不相妨矣。其原文不甚散漫，尚合谨严之例者，一仍其书，以见本非好为更张也。

九，议标题：近行志乘，去取失伦，芜陋不足观采者，不特文无体要，即其标题，先已不得史法也。如采典故而作考，则天文、地理、礼仪、食货数大端，本足以该一切细目，而今人每好分析，于是天文则分星野占候为两志，于地理又分疆域山川为数篇。连编累牍，动分几十门类。夫《史》《汉》八书、十志之例具在，曷常作如是之繁碎哉？如访人物而立传，则名宦、乡贤、儒林、卓行数端，本不足以该古今人类。而今人每好合并，于是得一逸才，不问其行业如何超卓，而先拟其有何色目可归；得一全才，不问其学行如何兼至，而先拟其归何门类为重，抵牾牵强，以类括之。夫历史合传独传之文具在，曷尝必首标其色目哉？所以然者，良由典故证据诸文，不隶本考，而隶艺文志，则事无原委，不得不散著焉，以藏其苟简之羞；行状碑版诸文，不隶本传而隶艺文志，则人无全传，不得不强合焉，以足其款目之数。故志体坏于标题不得史法，标题坏于艺文不合史例；而艺文不合史例之原，则又原于创修郡县志时，误仿名山图志之广载诗文也。夫志州县与志名山不同，彼以形胜景物为主，描摩宛肖为工，崖巅之碑，壁阴之记，以及雷电鬼怪之迹，洞天符检之文，与夫今古名流游览登眺之作，收无孑遗，即征奥博，盖原无所用史法也。若夫州县志乘，即当时一国之书，民人社稷，政教典故，所用甚广，岂可与彼一例？而有明以来，相沿不改，故州县志乘。虽有彼善于此，而卒鲜卓然独断，裁定史例，可垂法式者。今日尤当一破夙习，以还正史体裁者也。

十，议外编：廿一史中，纪表志传四体而外，《晋书》有《载记》，《五代史》有《附录》，《辽史》有《国语解》，至本朝纂修《明史》，亦于年表之外，又有图式，所用虽各不同，要皆例以义起，期于无遗无滥者也。邑志猥并错杂，使同稗野小说，固非正体，若遽以国史简严之例处之，又非广收以备约取之意，凡事属琐屑，而不可或遗者，如一产三男，人寿百岁，神仙踪迹，科第盛事，一切新奇可喜之传，虽非史体所重，亦难遽议刊落，当于正传之后，用杂著体，零星纪录，或名外编，或名杂记，另成一体，使纤夥饤饾，先有门类可归，正以厘清正载之体裁也。谣歌谚语，巷说街谈，苟有可观，皆用此律。

甲申冬杪，天门胡明府议修县志。因作此篇，以附商榷。其论笔削义例大意与旧答甄秀才前后两书相出入，而此议前五条，则先事之事宜，有彼书所不及者。若彼书所条，此议亦不尽入，则此乃就事论事，而余意推广于纂修之外者。所未遑也。至论俗例拘牵之病，此较前书为畅；而艺文一志，反复论之特详，是又历考俗例受病之原，皆不出此，故欲为是拔本塞源之论，而断行新定义例，初非好为更张耳。阅者取二书而互考焉，从事编纂之中，庶几小有裨补云。自跋。

《天门县志·艺文考》序 艺文论附

呜呼，《艺文》一考，非第志文之盛，且以慨其衰也。有志之士，负其胸中之奇。至于抵牾掎撅，不得已而见之于文，伤已！乃其所谓文者，往往竭数十年萤灯雪案、苦雨凄风，所与刻肝肾、耗心血，而郑重以出者；曾不数世，而一觚拓落，存没人间，冷露飘风，同归于尽，可胜慨哉！幸而辑轩载笔，得以传示来兹，然汉史所录，《隋志》阙亡者若而人；《隋志》所录，《唐书》残逸者若干家。《崇文总目》《中兴书目》《文渊阁目》，上下千年，大率称是，岂造物忌才，精华欲秘欤！抑所撰述，精采不称，不足传久远欤！而两汉以下，百家丛脞，雅俗杂揉，猥鄙琐屑之谈，亦具有存者，则其中亦自有幸不幸焉。《景陵旧志》，《艺文》不载书目，故前人著作，未尽搜罗；而本传附录生平著书，今亦不少概见，然则斯考所采，更阅三数十年，其散逸遗亡，视今又何如耶！此余之所以重为诸家惜也。今采摭诸家，勒为一考，厥类有四：曰经，曰史，曰子，曰集。其别有三：曰传世，曰藏家，俱分隶四部，曰亡逸，别自为类，附篇末。

论曰：近志艺文，一变古法，类萃诗文，而不载书目，非无意也。文章汇次甲乙成编，其有裨于史事者，事以旁证而易详，文以兼收而大备，故昭明以后，唐有《文苑》，宋有《文鉴》，元有《文类》，括代总选，雅俗互陈，凡以辅正史，广见闻，昭文章也。第十五《国风》、十二《国语》，固宜各有成书，理无可杂，近世多仿《国语》而修邑志，不闻仿《国风》而汇辑一邑诗文，以为专集。此其所以爱不忍删，牵率抵牾，一变艺文成法欤！夫史体尚谨严，选事贵博采，以此诗文拦入志乘，已觉繁多，而以选例推之，则又方嫌其少。然则二者，自宜各为成书，交相裨佐明矣。至著作部目，所关至巨，未宜轻议刊置，故今一用古法，以归史裁。其文之尤不忍删者，暂隶附录，苟踵事增华，更汇成书，以裨志之不逮。呜呼！庶有闻风而嗣辑者欤！

《天门县志·五行考》序

尧水汤旱，圣世不能无灾；回星反火，外物岂能为异？然而石鹢必书，螟蝗谨志者，将以修人事，答天变也。自《援神》《钩命》，符谶荒唐，遂失谨严。而班范所录，一准刘向《洪范》之传，连类比附，证合人事。虽存警戒，未始无附会矣。

夫天人之际，圣人谨焉！《春秋》二百四十二年，五行灾祥，杂出不一。圣人第譁书之，而不与斤斤规合，若者应何事？若者应何人？非不能也。盖征应常变之理，存其概，足以警人心；而牵合其事，必至一有不合，或反疑灾变之不足畏。毋乃欲谨而反怠欤！草木变异，虫兽祸孽，史家悉隶五类，列按五事，余以为祥异固有为而作，亦有不必尽然，难以附合者，故据事直书，不分门类，不注征应，一以年月为次。人事有相关者，杂见他篇，可自得焉。

《天门县志·学校考》序

阙里备家乘矣！成均辑故事矣！胶庠泮水，寰宇同风，曷事连编采摭，更为专考？抑自两汉以下，政教各有所崇，而学校有兴无废，披水筑宫，拂虡拭履，有事则于中讲明而施行之；无事则父老子弟，于以观游自淑，而礼法刑政。民彝物则，胥出于是焉，则学校固与吏治相为表里者也。典型具在，坠绪茫然，抚钟鼓而想音徽，可以蹶然兴矣！

与石首王明府论志例

志为史裁，全书自有体例。志中文字，俱关史法，则全书中之命辞措字，亦必有规矩准绳，不可忽也。体例本无一定，但取全书，足以自覆，不致互歧，毋庸以意见异同，轻为改易。即原定八门大纲，中分数十子目，略施调剂亦足自一家，为目录以就正矣。惟是记传叙述之人，皆出史学；史学不讲，而记传叙述之文，全无法度，以至方志家言，习而不察，不惟文不雅驯，抑亦有害事理，曾子曰："出辞气，斯远鄙倍矣。"鄙则文不雅也，倍则害于事也。文士囿于习气，各矜所尚，争强于无形之平奇浓淡，此如人心不同，面目各异，何可争，亦何必争哉！惟法度义例，不知斟酌，不惟辞不雅驯，难以行远；抑且害于事理，失其所以为言；今既随文改正，附商榷矣。恐未悉所以必改之，故约举数端，以为梗概，则不惟志例洁清，即推而及于记传叙述之文，亦无不可以明白峻洁，切实有用，不致虚文害实事矣。

如《石首县志》，举文动称石邑，害于事也。地名两字，摘取一字，则同一字者，何所分别？即如石首言石，则古之县名，汉有石成，齐有石秋，隋有石南，唐有石岩，今四川有石柱厅，云南有石屏州，山西有石楼县，江南有石埭县，江西广东又俱有石城县，后之观者，何由而知为今石首也？至以县称邑，亦习而不察其实，不可训也。邑者，城堡之通称大而都城省城府州之城，皆可称邑。《诗》称京邑，《春秋》诸国通好，自称敝邑岂，传为今县名乎。小而乡村筑堡，十家之聚，皆可称邑，亦岂为县治邪？至称今知县为知某县事，亦非实也。宋以京朝官知外县事，体视县令为尊，结衔犹带京秩，故曰某官知某县事耳。今若袭用其称，后人必以宋制疑今制矣。若邑侯，邑大夫，则治下尊之之辞，施于辞章则可，用以叙事，鄙且倍矣。邑宰则春秋之官，虽汉人施于碑刻，毕竟不可为训。令尹亦古官名，不可滥用以疑后人也。官称不用制度，而多文语，大有害于事理，曾记有称人先世为"司马公"者，适欲考其先世，为之迷闷，数日不得其解。盖流俗好用文语，以《周官》司马，名今之兵部，然尚书侍郎与其属官，皆可通名司马，已难分矣。又府同知，俗称亦为司马，州同亦有州司马之称，自兵部尚书以至州同，其官相悬绝矣！"司马公"三字，今人已不能辨为何官，况后世乎？

以古成均称今之国子监生，以古庠序称今之廪增附生，明经本与进士分科，而今为贡生通号。然恩、拔、副、岁、优、功、廪、增、附、例十等，分别则不可知矣。通显贵官，则谥率恭文懿敏；文人学子，号多峰岩溪泉。谥则称公，号则先生处士，或如上寿祝辞，或似荐亡告牒，其体不知从何而来？项籍曰："书足以记姓名。"今读其书，见其事，而不知其人何名？岂可为史家书事法欤？又如双名止称一字，古人已久摘其非；如杜台卿称卿，则语不完；而荀卿、虞卿，皆可通用。安重荣称荣，则语不完，而桓荣、寇荣，皆可通用。至去疾称疾，无忌称忌，不害称害，且与命名之意相反，岂尚得谓其人欤？妇女有名者称名，无名者称姓，《左》《史》以来，未有改者。今志家乃去姓而称氏；甚至称为该氏，则于义为不通，而于文亦鄙塞也。今世为节烈妇女撰文，往往不称姓氏，而即以节妇烈女称之，尤害理也。妇人守节，比于男子抒忠，使为逢比诸公撰传，不称逢比之名，而称忠臣云云，有是理乎？经生之为时艺，首用二语破题；破题例不书名，先师则称圣人，弟子则称贤者，颜曾孟子则称大贤，盖仿律赋发端，先虚后实，试帖之制度然尔。今用其法以称节孝，真所谓习焉不察者也。

柳子曰："参之太史以著其洁。"未有不洁而可以言史文者。文如何而为洁，选辞欲其纯而不杂也。古人读《易》如无书，不杂之谓也同为经典，同为圣人之言，倘以龙血鬼车之象，而参奥若稽古之文；取熊蛇鱼旐之梦，而系春王正月之次，则圣人之业荒，而六经之文且不洁矣。今为节妇著传，不叙节妇行事，往往称为矢志《柏舟》，文指不可得而解也。夫柏舟者，以柏木为舟耳。诗人托以起兴，非《柏舟》遂为贞节之实事也。《关雎》可以兴淑女，而雎鸠不可遂指为淑女，《鹿鸣》可以兴嘉宾，而鸣鹿岂可遂指为嘉宾？理甚晓然，奈何纪事之文，杂入诗赋藻饰之绮语。夫子曰："必也正名乎。"文字则名言之萃著也。名不正则言不顺，而事理于焉不可得而明。是以书有体裁，而文有法度，君子之不得已也。苟徇俗而无伤于理，不害于事，虽非古人所有，自可援随时变通之义，今亦不尽执矣。

记与戴东原论修志

乾隆三十八年癸巳夏，与戴东原相遇于宁波道署，冯君弼方官宁绍台兵备道也。戴君经术淹贯，名久著于公卿间，而不解史学。闻余言史事，辄盛气凌之。见余《和州志例》，乃曰："此于体例，则甚古雅，然修志不贵古雅。余撰汾州诸志，皆从世俗，绝不异人，亦无一定义例，惟所便。尔夫志以考地理，但悉心于地理沿革，则志事已竟。侈言文献，岂所谓急务哉？"余曰："余于体例，求其是尔，非有心于求古雅也，然得其是者，未有不合于古雅者也。如云但须随俗，则世俗人皆可为之，又何须择人而后与哉。方志如古国史，本非地理专门；如云但重沿革，而文献非其所急，则但作沿革考一篇足矣。何为集众启馆，敛费以数千金，卑辞厚币，邀君远赴。旷日持久，成书且累函哉。且古今沿革，非我臆测所能为也。考沿革者，取资载籍；载籍具在，人人得而考之。虽我今日有失，后人犹得而更正也。若夫一方文献，及时不与搜罗，编次不得其法，去取或失其宜，则他日将有放失难稽，湮没无闻者矣。夫图事之要，莫若取后人所不得而救正者，加之意也。然则如余所见，考古固宜详慎，不得已而势不两全，无宁重文献而轻沿革耳。"戴他顾而语人曰："沿革苟误，是通部之书皆误矣。名为此府若州之志，实非此府若州也，而可乎？"余曰："所谓沿革误而通部之书皆误者，亦止能误入载籍可稽之古事尔。古事误入，亦可凭古书而正之，事与沿革等耳。至若三数百年之内，遗文逸献之散见旁出；与夫口耳流传，未能必后人之不湮没者；以及兴举利弊，切于一方之实用者，则皆核实可稽，断无误于沿革之失考，而不切合于此府若州者也。"

冯君曰："方志统合古今，乃为完书，岂仅为三数百年以内设邪？"余曰："史部之书，详近略，远诸家类然，不独在方志也。《太史公书》详于汉制，其述虞、夏、商、周，显与六艺背者，亦颇有之。然六艺具在，人可凭而正史迁之失，则迁书虽误，犹无伤也。秦、楚之际，下逮天汉百余年间，人将一惟迁书是凭；迁于此而不详，后世何由考其事邪？且今之修方志者，必欲统合今古，盖为前人之修是志，率多猥陋，无所取裁，不得已而发凡起例，如创造尔。如前志无憾，则但当续其所有；前志有阙，但当补其所无。夫方志之修，远者不过百年。近者不过三数十年，今远期于三数百年，以其事虽递修，而义同创造，特宽为之计尔。若果前志可取，正不必尽方志而皆计及于三数百年也。夫修志者，非示观美，将求其实用也。时殊势异，旧志不能兼该，是以远或百年，近或三数十年，须更修也。若云但考沿革，而他非所重；则沿革明显，毋庸考订之，州县可无庸修志矣。"冯君恍悟曰："然。"戴拂衣径去。明日，示余《汾州府志》，曰："余于沿革之外，非无别裁卓见者也。旧志人物门类，乃首名僧，余欲删之；而所载实事，卓卓如彼，又不可去。然僧岂可以为人，他志编次人物之中，无识甚矣。余思名僧必居古寺，古寺当归古迹，故取名僧事实，归之古迹，庸史不解此创例也。"余曰："古迹非志所重，当附见于舆地之图，不当自为专门。古迹而立专门，乃统志类纂名目，陋儒袭之，入于方志，非通裁也。如云僧不可以为人，则彼血肉之躯，非木非石，毕竟是何物邪？笔削之例至严，极于《春秋》；其所诛贬，极于乱臣贼子，亦止正其名而诛贬之，不闻不以为人，而书法异于图首方足之伦也。且人物仿史例也；史于奸臣叛贼，犹与忠良并列于传，不闻不以为人，而附于地理志也。削僧事而不载，不过俚儒之见耳。以古迹为名僧之留辙，而不以人物为名，则《会稽志》禹穴，而人物无禹，《偃师志》汤墓，而人物无汤，《曲阜志》孔林，而人物无孔子，彼名僧者，何幸而得与禹、汤、孔子同其尊钦？无其识而强作解，事固不如庸俗之犹免于怪妄也。"

报广济黄大尹论修志书

承示志稿，体裁简贵，法律森严，而殷殷辱赐下询，惟恐有辜盛意，则仅就鄙衷所见，约举一二，以备采菲，然亦未必是也。盖方志之弊久矣！流俗猥滥之书，固可不论，而雅意拂拭，取足成家则往往有之，大抵有文人之书，学人之书，辞人之书，说家之书，史家之书；惟史家为得其正宗，而史家又有著作之史，与纂辑之史，途径不一。著作之史，宋人以还绝不多见；而纂辑之史则以博雅为事，以一字必有按据为归，错综排比，整炼而有剪裁，斯为美也。

今来稿大抵仿朱氏《旧闻》，所谓纂辑之善者也。而用之似不能画一其体。前周书昌与李南涧合修《历城县志》，无一字不著来历。其古书旧志有明文者，固注原书名目，即新收之事，无书可注，如取于案牍，则注某房案卷字样；如取投送传状，则注家传呈状字样；其有得于口述者，则注某人口述字样。此明全书，并无自己一语之征，乃真仿《旧闻》而画一矣。志中或注新增二字或不加注，似非义例。又世纪遗漏过多，于本地沿革之见于史志者，尚未采备，其余亦似少头绪，此门似尚未可用。至城市中之学校，录及乐章，及先贤先儒配位，此乃率土所同，颁于令典，本不须载；今载之又不注出于《会典》，而注出于旧志，亦似失其本源。又诗文入志，本宜斟酌，鄙意故欲别为文征；今仿《旧闻》之例，载于本门之下，则亦宜画一其例。按《旧闻》无论诗文，概为低格分载。今但于山川门中，全篇录诗，而诸门有应入传志记叙之文，多删节而不列正文，恐简要虽得，而未能包举也。又表之为体，纵横经纬，所以爽豁眉目，省约篇章义至善也。今职官选举仍散著如花名簿，名虽为表，而实非表。户籍之表善矣，然注图甲姓氏可也，今有注人名者，不知所指何人？似宜覈核。

艺文之例，经史子集，无不当收；其著书之人，不尽出于文苑；今裁文苑之传而入艺文，谓仿《书录解题》；其实刘向《七略》《别录》，未尝不表其人，略同传体。然班氏撰入《汉·艺文志》则各自为传，而于艺文目下，但注有传二字，乃为得体；今又不免反客而为主矣！以上诸条，极知瞽蒙之见，无当采择，且不自揣，而为出位之谋，是以琐屑不敢渎陈，然既承询及，不敢不举其大略也。

覆崔荆州书

前月过从，正在公事旁午之际，荷蒙赐贶赠舟，深切不安。措大眼孔，不达官场缓急情事，屡书冒渎，抱惭无地。冬寒敬想尊候近佳。所付志稿，解缆匆忙，未及开视。曾拜书，俟旋省申覆。舟中无事，亦粗一过目，则叹执事明鉴，非他人可及。前在省相见，送志稿时，执事留日无多，即云"志颇精当，内有讹错，亦易改正"数语即为定评。

今诸缙绅磨勘月余，签摘如麻，甚至屡加诋诘嘲笑，全失雅道，乃使鄙人抱惭无地。然究竟推敲，不过《职官》《科目》二表，人名有颠倒错落；《文征·碑记》一卷，时代不按先后，诚然抵牾，然校书如雠，议礼成讼，办书之有签商往复，亦事理之常；否则古人不必立校雠之学，今人修书，亦不必列校订参阅之衔名矣！况《职官》《科目》二表，实有办理错误之处；亦有开送册籍，本不完全之处。《文征》则因先已成卷，后有续收，以致时代有差，虽曰舛误，亦不尽无因也。而诸绅指摘之外，严加诋诃，如塾师之于孺子，官长之于胥吏则亦过矣。况文理果系明通，指摘果无差失，鄙又何难以严师奉之。

今开卷第一条，则凡例原文云："方志为国史要删。"语本明白。要删犹云删要以备用尔，语出《史记》，初非深僻，而签改为"要典"，则是国史反籍方志为重，事理失实，而语亦费解矣！《文征·二圣祠记》，上云"立化像前"，下云"食顷复活"。化即死也，故字书死字从化字之半。其文亦自明白。今签"立化"句云"有误，否则下文复活无根"，由此观之，其人文理，本未明通，宜其任意诃叱，不知斯文有面目也。至《职官》《科目》之表，舛误自应改正；然《职官》有文武正佐，《科目》亦有文武甲乙，既以所属七县，画分七格，再取每属之职官科目，逐一分格，则尺幅所不能容，是以止分七格，而以各款名目，注于人名之下，此法本于《汉书·百官表》，以三十四官，并列一十四格，而仍于表内各注名目，最为执简驭繁之良法。今签指云："混合一表，眉目不清。"

又《文征》以各体文字分编，通部一例。偶因《碑记》编次舛误，自应签驳改正可也。今签忽云："学校之记当前，署廨列后，寺观再次于后。"则一体之中，又须分类。分类未为不可，然表奏序论诗赋诸体，又不分类，亦不签改，则一书之例，自相矛盾。由此观之，其人于书之体例，原不谙习，但知信口詈骂不知交际有礼义也。其余摘所非摘，驳所非驳之处甚多，姑举一二以概其余，则诸绅见教之签，容有不可尽信者矣！

《荆志·风俗》，袭用旧文，以谓士敦廉让。今观此书签议，出于诸绅，败于文理，既不知字句反正虚实；而于体例，又不知款目前后编次，一味横肆斥骂，殆于庸妄之尤，难以语文风土习矣！因思执事数日之间，评定志稿得失，较诸绅汇集多日，纷指如麻为远胜之，无任钦佩之至！但此时执事无暇及此，而鄙人又逼归期，俟明岁如签声覆，以听进止可耳。

为张吉甫司马撰《大名县志》序

乾隆四十六年冬，余自肥乡知县，移剧大名。大名自并魏，移治府城，号称畿南冲要，而县志尚未衷合成书，文献之征，阙焉未备。余有志搜罗，下车之始，姑宋遑暇。至四十九年，乃与乡缙绅讨论商榷，采取两县旧志，参互考订，益以后所见闻，汇辑为编，得图说二篇，表二篇，志七篇，传五篇，凡一十六篇，而《叙例》《目录》之列于卷首，杂采缀记之附于卷末者不与焉。五十年春正月，书成。会余迁河间府同知，寻以罣误免官，羁迹旧治。而继为政者，休宁吴君，自隆平接治兹县。吴君故常以循良，名声三辅，而大雅擅文，所学具有原本。及余相得，莫逆于心，因以志稿属君订定，而付之梓人，爰述所以为志之由而质之。

吴君曰："往在肥乡官舍，同年友会稽章君学诚，与余论修志事，章君所言，与今之修志者异。余征其说，章君曰：'郡县志乘，即封建时列国史官之遗，而近代修志诸家，误仿唐、宋州郡图经而失之者也。《周官》外史掌四方之志，注谓若晋之《乘》，楚之《梼杌》，鲁之《春秋》，是一国之史，无所不载，乃可为一朝之史之所取裁。夫子作《春秋》，而必征百国宝书是其义矣。若夫图经之用，乃是地理专门，按天官司会所掌书契版图，注：版谓户籍，图谓土地形象，田地广狭，即后世图经所由仿也。是方志之与图经，其体截然不同，而后人不辨其类盖已久矣。'

余曰：'图经于今，犹可考乎？'章君曰：'古之图经，今不可见，间有经存图亡，如《吴郡图经》《高丽图经》之类，又约略见于群经之所称引，如水经地志之类，不能得其全也。今之图经，则州县舆图，与六条宪纲之册，其散著也。若元、明之《一统志》书，其总汇也。散著之篇，存于官府文书，本无文理，学者所不屑道。统汇之书，则固地理专门，而人物流寓，形胜土产，古迹祠庙诸名目，则因地理而类撮之，取供文学词章之所采用，而非所以为书之本意也。故形胜必用骈俪，人物节取要略，古迹流连景物，祠庙亦载游观，此则地理中之类纂，而不为一方文献之征，甚皎然也。'

余曰：'然则统志之例，非与阎氏若璩以为统志之书。不当载人物者，其言洵足法与？'章君曰：'统志创于元、明，其体本于唐、宋，质文损益，具有所受，不可以为非也。《元和郡县》之志，篇首各冠以图，图后系以四至八到，山川经纬之外，无旁缀焉。此图经之本质也。《太平寰宇》之记，则入人物艺文，所谓踵事而增华也。嘉熙《方舆胜览》，侈陈名胜古迹，游览辞赋则逐流而靡矣。统志之例，补《寰宇》之剩义，删名胜之支辞。折衷前人，有所依据，阎氏从而议之，过矣！然而其体自有轻重，不可守其类纂名目，以备一方文献之全甚晓然也。'

余曰：'古之方志，义例何如？'章君曰：'三代封建，与后代割据之雄，大抵国自为制，其体固不侔矣。郡县之世，则汉人所为《汝南先贤》《襄阳耆旧》《关东风俗》诸传说，固已偏而不备，且流传亦非其本书矣。今可见者，宋志十有余家，虽不能无得失，而当时图经纂类名目未盛，则史氏家法犹存，未若今之直以纂类子目，取为全志，俨如天经地义之不可易也。'

余曰：'宋志十有余家，得失安在？'章君曰：'范氏之《吴郡志》，罗氏之《新安志》，其尤善也。罗《志》芜而不精，范《志》短而不详，其所蔽也。罗《志》意存著述，范《志》笔具剪裁，其所长也。后人得著述之意者，鲜矣！知剪裁者，其文削而不腴，其事郁而不畅，其所识解不出，文人习气，而不可通于史氏宏裁，若康氏《武功》之志，韩氏

《朝邑》之志，其显者也。何为文人习气？盖仿韩退之《画记》而叙山川物产，不知八书、十志之体不可废也，仿柳子厚《先友记》而志人物，不知七十例传之例，不可忘也。然此犹文人徇名之弊也。等而下者，更无论矣。'

余曰：'如君所言，修志如何而后可？'章君曰：'志者，志也。其事其文之外，必有义焉。史家著作之微旨也。一方掌故，何取一人著作；然不托于著作，则不能以传世而行远也。文案簿籍，非不详明，特难乎其久也。是以贵专家焉。专家之旨，神而明之，存乎其人，不可以言传也。其可以言传者，则规矩法度，必明全史之通裁也。明全史之通裁当奈何？曰：知方志非地理专书，则山川都里，坊表名胜，皆当汇入地理，而不可分占篇目，失宾主之义也。知方志为国史取裁，则人物当详于史传，而不可节录大略；艺文当详载书目，而不可类选诗文也。知方志为史部要删，则胥吏案牍，文士绮言，皆无所用，而体裁当规史法也，此则其可言者也。夫家有谱，州县有志，国有史，其义一也。然家谱有征，则县志取焉；县志有征，则国史取焉。今修一代之史，盖有取于家谱者矣，未闻取于县志，则荒略无稽，荐绅先生所难言也。然其故，实始于误仿图经纂类之名目，此则不可不明辨也。'"

噫！章君之言余未之能尽也，然于志事，实不敢掉之以轻心焉！二图包括地理，不敢流连名胜，侈景物也。七志分别纲目，不敢以附丽失伦，致散涣也。二表辨析经纬，不敢以花名卯簿，致芜秽也。五传详其事实，不敢节略文饰，失征信也。乡荐绅不余河汉，勤勤讨论，勒为斯志，庶几一方之掌故，不致如章君之所谓误于地理之偏焉耳。若求其志，而欲附于著作专家，则余谢不敏矣。

为毕秋帆制府撰《常德府志》序

常德为古名郡，左包洞庭，右控五溪，战国楚黔中地；秦楚争衡，必得黔中以为橐钥，所谓旁摄溪蛮，南通岭峤，从此利尽南海者也。后汉尝移荆州治此，盖外控诸蛮，则州部之内，千里晏然。隋唐以来，益为全楚关键。五季马氏既并朗州，而后屹然雄视诸镇，莫敢与抗矣。盖北屏荆渚，南临长沙，远作滇黔门户，实为控要之区，不其然欤！我朝奕世承平，蛮夷率服，大湖南北，皆为腹地。康熙二十二年，满洲将军驻防荆州，遂移提督军门，弹压常德。后虽分湖南北为两部院，而营制联络两部，呼吸相通，故节制之任，仍统于一。余承乏两湖，尝按部常德，览其山川形势，慨想秦、汉通道以来，治乱机缄，割制利弊，与夫居安思治，化俗宜民之道，爰进守土长吏，讲求而切磋究之。知府三原李君大鑅，悃幅吏也。六条之察，次第既略具矣。府志辑于康熙九年，故册荒陋，不可究诘，百余年之文献，又邈焉无征，于是请事重修，余谓此能知其大也。虽然方志遍寰宇矣，贤长吏知政贵有恒，而载笔之士，不知辞尚体要。猥芜杂滥，无讥焉耳。即有矫出流俗，自命成家，或文人矜于辞采，学士侈其搜罗，而于事之关于经济，文之出于史裁，则未之议也。

会稽章典籍学诚，游于余门，数为余言史事，犁然有当于余心。余嘉李君之意，因属典籍为之撰次，阅一载而告成，凡书二十四篇，为纪者二，编年以综一郡之大事。为考者十，分类以识今古之典章。为表者四，年经事纬，以著封建、职官、选举、人物之名姓。为略者一，为传者七，采辑传记，参合见闻，以识名宦、乡贤、忠孝、节义之行事。纲举而目斯张，体立而用可达。俗志附会古迹，题咏八景，无实靡文，概从删落。其有记序文字，歌咏篇什，足以考证事实，润色风雅，志家例录为艺文者，今以艺文专载书目，诗文不可混于史裁。别撰《文征》七卷，自为一书，与志相辅而行。其搜剔之余。畸言脞说，无当经纶，而有资谈助者，更为《丛谈》一卷，皆不入于志篇。凡此区分类别，所以辨明识职，归于体要，于是常德典故，可指掌而言也。

夫志不特表章文献，亦以辅政教也。披览舆图，则善德桃源之为山镇，浙潜沧浪之为川泽，悠然想见古人清风，可以兴起末俗，爰求前迹，有若为伏波应司隶之流，制苗蛮于汉世；李习之、温简舆其人，兴水利于唐时，因地制宜，随时应变，皆文武长吏前事之师，考古即以征今，而平日讨论，不可以不豫也。盖政之有恒，与辞之体要，本非两事！昧于治者不察也。余故因李君之知所务也，而推明大旨，以为求治理者法焉。

为毕秋帆制府撰《荆州府志》序

荆州富于《禹贡》《职方》，雄据于三国六朝五季，而冲要岩剧于前明，盖至今所领仅七城，而于湖北部内十一府州犹为重望云。三代画州，荆域袤延且数千里，无可言也。汉分南郡、荆州所部。蒯越说刘表曰："荆州南据江陵，北守襄阳，八郡可传檄而定。"诸葛忠武说昭烈曰："荆州北据汉沔，利尽南海，东连吴会，西通巴蜀，用武之国。"六朝争剧于萧梁，五季称雄于高氏，一时献奇借箸，腾说虽多，大约不出蒯葛数语，然是时荆州实兼武陵、桂阳诸郡，幅员包湖南境。至明改元中兴路为荆州府，则今荆州境矣。彼时王国所封，蔚为都会。我朝因明旧治，初以总兵官镇守其地，旋改满营，设将军都统以下如制。雍正十三年，割二州三县与土司地，分置宜昌施南两府。乾隆五十六年，又以远安隶荆门州，于是荆州所部，止于七县，然而形势犹最诸府，则江陵固兼南北之冲，而东延西控，联络故自若也。至于时事异宜，则满汉分城，兵民不扰，漕兑互抵，转饷无劳，亦即因时而立制矣。惟大江东下分流，故道多湮，江防堵筑，视昔为重。乾隆戊申，大水灌城，军民被淹，城治倾圮，天子南顾畴咨，特命重臣，持节临莅，发帑二百万金，巨工大役，次第兴举，余于是时，奉命来督两湖，夙夜惴惕，惟恐思虑有所未周，无以仰答诏旨。咨于群公，询于寮寀，群策材力，幸无陨越；而亿兆生灵，皆蒙恺泽而出于昏垫，则荆州虽故而若新也。

逾年，民气渐苏，官司稍有清晏，知府山阴张君方理，始欲整齐掌故，为后持循旋以事去，继其任者，永济崔君龙见，乃集七县长吏，而议修府志，崔君以名进士起家，学优而仕，其于斯志，盖斤斤乎不苟作也。且《荆志》著于古者，倍他州郡，盛宏之有《荆州记》，庾仲雍有《江记》，宗懔有《荆楚岁时记》，梁元帝有《荆南志》，又有《丹阳尹传》，书虽不存，部目可考，遗文逸句，犹时见于群书所称引也。前明所修《荆州府志》，仅见著录而无其籍。康熙年间，胡在恪所修，号称佳本，而世亦鲜见。今存叶仰高志，自云多仍胡氏旧文，体例谨严，纂辑必注所出，则其法之善也。而崔君之于斯志则一秉史裁，详赡博雅之中，运以独断别裁之义，首纪以具编年史法，次表以著世次年代，掌故存于诸考，人物详于列传，亦既纲举而目张矣。又以史志之书，记事为主，艺文乃著录之篇，而近代志家，猥选诗文杂体，其有矫而正者，则又裁节诗文，分类隶于本事之下，皆失古人流别。今师史例以辑《府志》，更仿选例以辑《文征》，自云志师八家《国语》，《文征》师十五《国风》，各自为书，乃得相辅而不相乱。又采辑之余，琐事畸言，取则失裁，弃则可惜，近人编为志余，亦非史法，今乃别为《丛谈》一书，巨细兼收，而有绦不紊,盖近日志家所罕见也。昔罗愿撰《新安志》,自谓儒者之书。不同钞撮簿记;今崔君所辑,本源深远,视罗氏雅裁,有过之而无不及已。会湖北有《通志》之役,聘会稽章典籍学诚,论次其事。章君雅有史识,与余言而有合,崔君又屡质于典籍,往复商榷,时亦取衷于余,余故备悉其始末,而叙于卷端。

为毕秋帆制府撰《石首县志》序

石首为荆州望县,两汉本华容地。晋平吴,分华容置县,因山以石首名。赵宋改治调弦,易名建宁,寻迁绣林山左,复名石首。元大德中,又迁楚望山下。历明至今,文物声名,为荆部称盛。县志不修,近六十年,旧志疏脱,诠次无法,又阙数十年之事实,知县玉田王君维屏,因余撰辑《通志》,檄征州县之书,乃论次其县事,犁剔八门。合首尾为书十篇,以副所征,且请余为之序。余披览其书,而知王君之可与论治也。

夫为政必先纲纪,治书必明体要,近日为州县志者,或胥吏案牍,芜秽失裁;或景物题咏,浮华无实。而求其名义所归,政教所重,则茫然不知其所指焉。夫政者,事也;志者,言也。天下盖有言之斐然,而不得于其事者矣;未闻言之尚无条贯,而其事转能秩然得叙者也。

今王君是志,凡目数十,括以八门,若网在纲,有条不紊,首曰《编年》,存史法也。志者,史所取裁;史以记事,非编年弗为纲也。次曰《方舆》,考地理也。县之有由立也,山川古迹,以类次焉;而水利江防,居其要矣。次曰《建置》,人功修也。城池廨署,以至坛庙,依次附焉。次曰《民政》,法度立也。户田赋役之隶于司徒,邮驿兵防之隶于司马，皆《洪范》八政之经也。次曰《秩官》，昭典守也。长佐师儒，政教所由出也；而卓然者，爰斯传矣。次曰《选举》，辟才俊也。论秀书升，《王制》之大；兴贤与能，《周官》是详，勒邦乘者，所不容略也。次曰《人物》，次曰《艺文》，一以征文，一以考献，皆搜罗放失，谨备遗忘，尤为乘时之要务也。《人物》必征实事，而不以标榜为虚名；《艺文》谨著部目，而不以诗文充篇幅，盖《人物》为马史列传之遗，《艺文》为班、刘著录之例，事必师古，而后可以法当世也。部分为八，亦既纲举而目张矣。至于序例图考，冠于编首；余文剩说，缀于简末。别为篇次，不入八门，殆如九夫画井，八阵行军。经纬灿然，体用具备，乃知方志为一方之政要，非徒以风流文采，为长吏饰儒雅之名也。且石首置县以来，凡三徙矣。今县治形势，实为不易，四顾平衍之中，至县群山涌出，东有龙盖，南有马鞍，西有绣林，北有楚望，居中扼要。政令易均，是以明代至今，相仍为治。夫抚驭必因形势，为政必恃纲纪，治书必贵体要，一也。王君以儒术入仕。知所先务，其于治书，洵有得于体要。后人相仍，如县治矣。抑古人云："坐而言者，期起而行。"今之具于书者，果能实见如政治，则必不以簿书案牍为足称职业，文采绚饰为足表声誉，是则虽为一县之志，即王君一人之治书也。古之良史，莫能尚已。余于王君有厚望焉！

书《武功志》后

康海《武功志》三卷，又分七篇，各为之目。一曰《地理》，二曰《建置》，三曰《祠祀》，四曰《田赋》，五曰《官师》，六曰《人物》，七曰《选举》。首仿古人著述，别为篇叙，高自位置，几于不让，而世多称之。王氏士正，亦谓文简事核，训辞尔雅，后人至欲奉为修志楷模，可为幸矣夫康氏以二万许言成书三卷，作一县志，自以谓高简矣。今观其书，芜秽特甚，盖缘不知史家法度，文章体裁，而惟以约省卷篇，谓之高简，则谁不能为高简邪？志乃史裁，苟于事理无关，例不滥收诗赋。康氏于名胜古迹，猥登无用诗文，其与俗下修志，以文选之例为艺文者，相去有几？

夫诸侯不祖天子，大夫不祖诸侯，严名分也。历代帝王后妃，史尊纪传。不籍方志；修方志者，遇帝王后妃故里，表明其说可也。列帝王于人物，载后妃于列女，非惟名分混淆，且思王者，天下为家。于一县乎何有？康氏于人物，则首列后稷以至文王，节录太史《周纪》，次则列唐高祖、太宗，又节录《唐本纪》，乖剌不可胜诘矣。方志不当僭列帝王，姑且勿论，就如其例，则武王以下，何为删之？以谓后有天下，非邠之故邑耶？则太王尝迁于岐，文王又迁于丰，何以仍列武功人物？以武王实有天下，文王以上，不过追王，故录之耶？则唐之高祖太宗又何取义？以谓高祖太宗，生长其地，故录之耶？则显懿二祖，何为删之？后妃上自姜嫄，下及太姜，何为中间独无太任？姜非武功封邑，入于武功列女。以谓妇从夫耶？则唐高祖之太穆窦后，太宗之文德长孙皇后，皆有贤名，何为又不载乎？夫载所不当载，为芜为僭，以言识不足也。就其自为凡例，任情出入，不可诘以意指所在，天下有如是而可称高简者哉？

尤可异者，志为七篇，舆图何以不入篇次？盖亦从俗例也。篇首冠图，图止有二，而苏氏《璇玑》之图，乃与舆图并列，可谓胸中全无伦类者矣！夫舆图冠首或仿古人图经之例，所以揭一县之全势，犹可言也，《璇玑》之图，不过一人文字。或仿范氏录蔡琰《悲愤诗》例，收于列女之传可也。如谓图不可以入传，附见传后可也，蓦然取以冠首，将武功为县，特以苏氏女而显耶？然则充其义例，既列文王于人物矣，曷取六十四卦之图冠首？既列唐太宗于人物矣，曷取六阵之图冠首？虽曰迂谬无理，犹愈《璇玑图》之仅以一女子名也。惟《官师志》，褒贬并施，尚为直道不泯，稍出于流俗耳。

书《朝邑志》后

韩邦靖《朝邑志》二卷，为书七篇，一曰《总志》，二曰《风俗》，三曰《物产》，四曰《田赋》，五曰《名宦》，六曰《人物》，七曰《杂记》，总约不过六七千言，用纸十六七番，志乘之简，无有过于此者。康《武功》极意求简，望之瞠乎后矣。康为作序，亦极称之。今观文笔，较康实觉简净。惟《总志》于古迹中，入唐诗数首为芜杂耳。

康氏韩氏，皆能文之士，而不解史学，又欲求异于人，故其为书，不情至此，作者所不屑道也。然康氏犹存时人修志规模，故以志法绳之，疵谬百出。韩氏则更不可以为志，直是一篇无韵之《朝邑赋》，又是一篇强分门类之《朝邑考》，入于六朝小书短记之中，如《陈留风俗》《洛阳伽蓝》诸传记，不以史家正例求之，未始不可通也。故余于《武功》《朝邑》二家之志，以《朝邑》为稍优，然《朝邑志》之疵病虽少，而程济从建文事，滥采野史，不考事实，一谬也。并选举于人物，而举人进士不载科年，二谬也。书其父事，称韩家君名，至今人不知其父何名。列女有韩太宜人张氏，自系邦靖尊属，但使人至今不知为何人之妻？何人之母？古人临文不讳，或谓司马迁讳其父谈为同，然《滑稽传》有谈言微中，不讳谈字，恐讳名之说未确，就使讳之，而自叙家世，必实著其父名，所以使后人有所考也。今邦靖讳其父，而使人不知为谁；称其尊属为太宜人，而使人不知为谁之妻母，则是没其先人行事，欲求加人而反损矣，三谬也。至于篇卷之名，古人以竹简为篇。简策不胜，则别自为编，识以甲乙，便稽核耳。后人以缯帛成卷，较竹简所载为多，故以篇为文之起讫，而卷则概以轴之所胜为量；篇有义理，而卷无义理故也。近代则纸册写书，较之卷轴，可增倍蓰；题名为卷，不过存古名耳。如累纸不须别自为册，则分篇者，毋庸更分卷数，为其本自无义理也。

今《武功》《朝邑》二志，其意嫌如俗纂之分门类，而括题俱以篇名，可谓得古人之似矣。《武功》用纸六十余番，一册足用，而必分七篇以为三卷，于义已无所取。《朝邑》用纸仅十余番，不足一册之用，而亦分七篇以为二卷，则何说也？或曰：此乃末节，非关文义，何为屑屑较之。不知二家方以作者自命，此等篇题名目，犹且不达古人之意，则其一笔一削，希风前哲，不自度德量力，概可知矣！

书《吴郡志》后

范成大《吴郡志》五十卷，分篇三十有九，曰沿革，曰分封，曰户口税租，曰土贡，曰风俗，曰城郭，曰学校，曰营寨，曰官宇，曰仓库，而场务附焉。曰坊市，曰古迹，曰封爵，曰牧守，曰题名，曰官吏，曰祠庙，曰园亭，曰山，曰虎丘，曰桥梁，曰川，曰水利，曰人物，而列女附焉。曰进士题名，曰土物，曰宫观，曰府郭寺，曰郊外寺，曰县记，曰冢墓，曰仙事，曰浮屠，曰方技，曰奇事，曰异闻，曰考证，曰杂咏，曰杂志。篇首有绍定二年汴人赵汝谈序，言石湖志成，守具木欲刻时，有求附某事于籍而弗得者，哗曰："是书非石湖笔也。"守莫敢刻，遂藏学宫。绍定初元，广德李侯寿朋以尚书郎出守，其先度支公嘉言，石湖客也，谒学问故，惊曰："是书犹未刊耶？"他日拜石湖祠，从其家求遗书，校学本无少异，而书止绍熙三年。其后大建置，如百万仓，嘉定新邑，许浦水军，顾径移屯等类皆未载。于是会校官汪泰亨，与文学士杂议，用褚少孙例，增所阙遗，订其误伪而不自别为续焉。又曰："石湖在时，与郡士龚颐、滕成、周南厚，三人数咨焉；而龚荐所闻于公尤多，异论由是作。益公碑公墓，载所为书，篇目可考"云云，其为人所推重如此。今学者论宋人方志，亦推罗氏《新安志》与范氏《吴郡志》为称首，无异辞矣。余谛审之，文笔亦自清简，后世方志庸猥之习，彼时未开，编次亦尔雅洁，又其体制详郡而略县。自沿革城池职官题名之属，皆有郡而无县。县记二卷，则但记官署，间及署中亭台，或取题石记文而无其名姓，体参差不一律，此则当日志例，与近日府志之合州县志而成者，迥不相同，余别有专篇讨论其事，此固可无论也。第他事详郡略县，称其体例可也；沿革有郡无县，则眉目不分矣。宜其以平江路府，冒吴郡之旧称，冠全志，而不知其谬也。且沿革叙入宋代，则云开宝元年，吴越王改中吴军为平江军，太平兴国三年，钱俶纳土。考史，是时改苏州矣。而志文不著改州，下突接云："政和三年，升苏州为平江府。"上无苏州之文，忽入升州为府，文指亦不明矣。通体采撷史籍，及诗文说部编辑而成，仍注所出于本条下，是足为纂类之法，却非著作体也。风俗多撷吴下诗话，间亦考订方音是矣。徐祐辈九老之会，章岵辈耆英之会，皆当日偶为盛事，不当入风俗也。

学校在四卷，县记在三十七八卷，县治官宇、既入县记，而学校兼志府县之学，是未出县名而先有学矣。坊市不附城郭而附官宇，亦失其伦。提点刑狱司，提举、常平、盐茶司、题名，不入牧守题名本类，而附见官宇之后，亦非法度。提点刑狱题名，皆大书名姓于上，而分注出身与来去年月于下；提举常平盐茶，皆大书官阶名姓于上，而分注任事年月于下，亦于体例未画一也。牧守载有名人，而题名反著于后，是倒置矣。官吏不载品制员额，而但取有可传者，亦为疏略。功曹掾属，与令长相间杂次，亦嫌令长之名，在县记之先也。古迹与祠庙、宦宇、园亭、冢墓、宫、观、寺、山、川等，颇相混乱。别出虎丘一门于山之外，不解类例。牵连详略互注之法，则触手皆荆棘矣。人物不自撰注，裁节史传，亦纂类之例也。依次编为八卷，不用标目分类，尚为大雅。然如张顾大族，代有闻人，自宜聚族为篇；一族之中，又以代次可也。乃忽分忽合，时代亦复间有颠倒，不如诸陆之萃合一编，前后不乱，岂今本讹错，非范氏之原次欤。仙事浮屠方技，亦人物之支流，纵欲严其分别，亦当次于人物之后，别其题品可也。今于人物之后，间以进士题名，土物、宫观、府郭、寺郊、外寺、县记、冢墓。凡十二卷后，忽出仙事以下三门，遂使物典人事，淆杂不清，可谓扰而不精之甚者矣！土物搜罗极博，证事亦佳，但干将、莫邪、属镂之剑，吴鸿、扈稽之钩，传记所载，一时神物，亦复难以尽信，今概入之土物，非其类矣。奇事一卷，异闻三卷，细勘实无分别，考证疏而不至于陋。诗赋杂文，既注各类之下，又取无类可归者。别为杂咏一门，虽所收不恶，亦颇嫌漫漶无当也。每见近人修志，识力不能裁断，而又贪奇嗜琐，不忍割爱，则于卷末编为杂志，或曰余编，盖缘全志分门，如布算子，无复别识心裁，故于事类有难附者，辄为此卷，以作蛇龙之菹，甚无谓也。

今观范氏《志》末，亦为《杂志》，则前辈已先导之。其实所载，皆有门类可归，惜范氏析例之不精也。其五十卷中，官名地号之称谓非法，人氏名号之信笔乱填，盖宋人诗话家风，大变史文格律，其无当于方志专家，史官绳尺，不待言矣。其所以为世所称，则以石湖贤而有文，又贵显于当时，而剪裁笔削，虽不合于史法，亦视近日猥滥庸妄一流，固为矫出。得名亦不偶然也。然以是为方志之佳，则不确矣。

书《姑苏志》后

王鏊《姑苏志》六十卷，首郡邑沿革，次古今守令，次科第，皆为之表。次沿革，次分野，次疆域，次山，次水，次水利，次风俗，次户口，次土产，次田赋，次城池，次坊巷，次乡都，次桥梁，次官署，次学校，次兵防，次仓场，次驿递，次坛庙，次寺观，次第宅，次园池，次古迹，次冢墓，次吴世家，附封爵氏族。次平乱，次宦绩，次人物，而人物之中，分名臣、忠义、孝友、儒林、文学、卓行、隐逸、荐举、艺术、杂技、游寓、列女、释老，凡一十三类，殿以纪异杂事，而卷次多寡，不以篇目为齐。名宦分卷为六，人物中之名臣，分卷为十。而忠义与孝友合为一卷，儒林与文学合为一卷，仓场与驿递合为一卷。如此等类，不一而足。总六十卷，亦约略纸幅多寡为之，无义例也。

《苏志》名义不一，即范氏成大以苏州为《吴郡志》，已失其理，而前人惟讥王氏不当以《苏州府志》为《姑苏志》，所谓贵耳而贱目也。然郡县志乘，古今卒鲜善本。如范氏王氏之书，虽非史家所取，究于流俗恶烂之中，犹为矫出。今本《苏州府志》可取者，亦多缘所因之故籍足采摭也。然有荒谬无理，不直一笑，虽末流胥吏，略解文簿款式，断不出于是者，如发端之三表是也。表一曰郡邑沿革，以府县为郡邑，其谬不待言矣。表以州国郡军府路为目，但有统部州郡而无县邑，无论体例不当，即其自标郡邑名目，岂不相矛盾耶？且职官有知县，而沿革无县名，不识知县等官何所附耶？尤可异者，表之为体，纵横以分经纬，盖有同年月而异地，或同世次而异支，所谓同经异纬，参差不齐，非寻常行墨所能清析，故藉纵横经纬以分别之。如《守令表》，必以郡之守丞判录，县之令丞簿尉，横列为经，而以朝代年月，纵标为纬。后人欲稽莅任年月，由纵标而得其时世；由横列而知某守某令某丞某录，或先或后，或在同时，披表如指掌也。假有事出先后，必不同时，则无难列款而书，断无经纬作表之理。表以州国郡军府路分格，夫州则苏州也，国则吴国也，郡则吴郡也，军府路则平江路府也。此皆一苏州府地，先后沿革之名。称吴国时，并无苏州；称苏州时，并无吴郡；称吴郡时，并无平江路府，既无同时异出，参差难齐之数，则按款罗列，阅者自知。今乃纵横列表，忽上忽下，毫无义例，是徒乱人耳目。胥吏文簿，不如是颠倒也。古守令表，以太守都尉权摄分格；夫太守都尉，固有同官年月，至于权摄，犹今之署印官也。有守即无权守，有尉即无摄尉，权摄官与本官，断无同时互见之理，则亦必无纵横列表之法。今分列格目，虚占篇幅，又胥吏之所不为也。职官列表，当以时制定名；守令之表，当题府县官表，以后贯前可也。今云古守令表，于文义固无碍矣，至于今守令表，则今乃指时制而言也，仍以守令称明之知府知县，名实之谬，又不待言矣。府官但列知府，而削同知以下；县官但列知县，而削丞簿之属，此何说也？又表有经纬，经纬之法，所谓比其类而合之，乃是使不类者从其类也。故类之与表，势不两立。表则不能为类，类则无所用表，亦胥吏之所通晓也。科第之表，分上中下，以古今异制。简编繁重，画时代以分卷可也。其体自宜旁书属籍为经，上书乡会科年为纬,举人进士,皆科第也,今乃以科第为名,而又分举人进士,列为二表,是分类之法,非比类也。且第进士者,必先得举人;今以进士居前,举人列后,是于事为倒置,而观者耳目且为所乱,又胥吏所不为也。凡此谬戾,如王氏鏊,号为通人,未必出其所撰。大抵暗于史裁,又浸渍于文人习气,以表无文义可观,不复措意,听一时无识之流,妄为编辑,而不知其贻笑识者,至如是也。故曰文人不可与修志也。

　　至于官署建置,亭楼台阁,所列前人碑记序跋,仍其原文可也。志文叙述,创建重修,一篇之中,忽称为州,忽称为郡,多仍范《志》原文,不知范《志》不足法也。按宋自政和五年以前,名为苏州,政和五年以后,名为平江路府,终宋之世,无吴郡名。范《志》标题既谬,则志文法度,等于自郐无讥,王氏不知改易,所谓谬也。又叙自古兵革之事,列为平乱一门,亦不得其解也。山川田赋,坊巷风俗,户驿兵仓,皆数典之目;宦迹流寓,人物列女,皆传述之体;平乱名篇,既不类于书志数典,亦不等于列传标人,自当别议记载,务得伦序,否则全志皆当改如记事本末,乃不致于不类之议,然此惟精史例者,始能辨之,尚非所责于此志也。其余文字小疵,编摩偶舛,则更不足深求矣。《苏志》为世盛称,是以不得不辨,非故事苛求。好摭先哲也。

书《滦志》后

　　家存《滦志》四帙,板刻模糊,脱落颠倒,不可卒读,盖乾隆四十七年,主讲永平,故滦州知州安岳蔡君薰,欲属余撰辑州志,因取旧志视余,即其本也。按《明史·艺文志》有陈士元《滦州志》十一卷。陈字养吾，湖广应城人，嘉靖甲辰进士，历滦州知州，有盛名，著述甚富，多见《明志》，而史不列传。《应城县志》，有传而无书目，然县人士，至今犹侈言之。余少侨应城，求其所著，一无所见。闻前知县江浦金嶒，尽取其家藏稿以去，意甚惜之。今此志尚称陈君原本，康熙中，知州侯绍岐依例续补，虽十一卷之次，不可复寻，而门类义例，无所改易，篇首不知何人撰序，有云"昔宦中州，会青螺郭公，议修《许州志》。"公曰："海内志书，李沧溟《青州志》第一，其次即为《滦志》。"似指陈君原本而言。其书与人，均为当世盛称，是以侯君率由，而不敢议更张也。今观其书，矫诬迂怪，颇染明中叶人不读书而好奇习气，文理至此，竟不复可言矣。陈君以博赡称，而《滦志》庸妄若此，其他著述，不知更如何也。而郭青螺氏，又如此妄赞，不可解矣。

其书分四篇，一曰《世编》，二曰《疆里》，三曰《壤则》，四曰《建置》。《世编》用编年体，仿《春秋》书法，实为妄诞不根。篇首大书云："帝喾氏建九州，我冀分。"传云："书者何？志始也"云云。以考九州岛分域，又大书云："黄帝逐荤粥。"传云："书荤粥何？我边郡也。"又大书云："周武王十有三祀，夷齐饿死于首阳，封召公奭于燕，我燕分。"此皆陈氏原编，怪妄不直一笑。《春秋》鲁国之书，臣子措辞，义有内外，故称鲁为我，非特别于他国之君。且鲁史既以国名，则书中自不便于书国为鲁，文法宜然，非有他也。郡县之世，天下统于一尊，珥笔为州县志者，孰非朝廷臣子，何我之有？至于公穀传经，出于经师授，受隐微之旨，难以遽喻，则假问答而阐明之，非史例也。

州县之志，出于一手撰述，非有前人隐义，待己阐明，而自书自解，自问自答，既非优伶演剧，何为作独对之酬酢乎？且刘氏《史通》，尝论《晋纪》及《汉晋春秋》，力诋前人摩拟，无端称我，与假设问答，俱在所斥。陈氏号为通博，独未之窥乎？国史且然，况州县志乎？周武王十有三祀，文尤纰缪。殷祀周年，两不相蒙。《洪范》为箕子陈畴，书法变例，非正称也。陈氏为夷齐之故，而改年称祀。其下与封召公，同蒙其文，岂将以召公为殷人乎？且夷齐不食周粟，饿死首阳，盖言不受禄而穷饿以死，非绝粒殉命之谓也。大书识其年岁，不慎甚乎？即此数端，尚待窥其余乎？

其《世编》分目为三：一曰前代，二曰我朝，三曰中兴；其称我朝者，终于世宗嘉靖二十八年，其题中兴者，断始嘉靖二十九年，实亦不得其解。《疆里》之目有六：曰域界，曰理制，曰山水，曰胜概，曰风俗，曰往迹。《壤则》之目有七：曰户口，曰田赋，曰盐法，曰物产，曰马政，曰兵政，曰驿传。《建置》之目十一：曰城池，曰署廨，曰儒学，曰仓库，曰铺舍，曰街市，曰坊牌，曰楼阁，曰桥渡，曰秩祀，曰寺观。而官师人物，科目选举，俱在编年之内。官师则大书年月，某官某人来任，其人有可称者，即仿《左传》之例，注其行实于下。科目则曰，某贡于学，某举于乡，某中某榜进士，其有可称者，亦同官师之例，无则阙之。孝义节烈之得旌者，书于受旌之日；而暗修之儒，能文之士，不由科目，与夫节孝之妇，贞淑之女，偶不及旌，则无入志之例矣。

尤有异者，侯君续陈之《志》于明万历四十七年，大书我太祖高皇帝天命四年己未，分注前明年号于下。复大书冯运泰中庄际昌榜进士；又书知州林应聚来任。夫前明疆宇，未入我朝版图，国朝史笔，于书明事，不关于正朔者，并不斥去天启、崇祯年号。藉曰臣子之义，内本朝而外前明，则既书天命年号于上，事之在前明者，必当加明字以别之，庶使阅者知所主客，是亦一定理也。今冯运泰乃明之进士，林应聚乃明之知州，隶于本朝年号之下，又无明字以为之区别，是直以明之进士知州，为本朝之科第职官，不亦诬乎？至《滦志》标题，亦甚庸妄。滦乃水名，州亦以水得名耳。今去州字，而称《滦志》，则阅题签者，疑为滦水志矣。然明《艺文志》以陈士元撰为《滦州志》，则题删州字，或侯绍岐之所为，要以全书观之，此等尚属细事，不足责也。

书《灵寿县志》后

书有以人重者，重其人而略其书可也。文有意善而辞不逮者，重其意而略其辞可也，平湖陆氏陇，其理学名儒，何可轻议，然不甚深于史学，所撰《灵寿县志》，立意甚善，然不甚解于文理，则重陆之为人，而取作志之本意可也重其人，因重其书，以谓志家之所矜式，则耳食矣！

余按陆氏《灵寿县志》十卷，一曰《地理》，纪事方音附焉。二曰《建置》，三曰《祀典》，四曰《灾祥》，五曰《物产》，六曰《田赋》，七曰《官师》，八曰《人物》，《人物》之中，又分后妃、名臣、仕绩、孝义、隐逸、列女，九《选举》，十《艺文》。而《田赋》《艺文》，分上下卷，《祀典》《灾祥》《物产》，均合于一，则所分卷数，亦无义例者也。其书大率简略，而田赋独详，可谓知所重矣。叙例皆云："土瘠民贫，居官者不可纷更聚敛，土著者不可侈靡争竞。"尤为仁人恺悌之言。全书大率以是为作书之旨。其用心真不愧于古循良吏矣。篇末以己所陈请于上，有所兴废于其县者，及与县人傅维云往复论修志凡例终编。其兴废条议，固切实有用；其论修志例，则迂错而无当矣。余惧世人徇名而忘其实也，不得不辨析于后。

如篇首《地理》，附以方音可也，附以纪事，谬矣！纪事，乃前代大事关灵寿者，编年而书，是于一县之中，如史之有本纪者也。纪事可附地理，则《舜典》可附于《禹贡》，而历史本纪，可入地理志矣。书事贵于简而有法，似此依附，简则简矣，岂可以为法乎？《建置》之篇，删去坊表，而云所重在人不在于坊，其说则迂诞也。人莫重于孔子，人之无籍书志以详，亦莫如孔子，以为所重有在，而志削其文，则阙里之志可焚毁矣。坊表之所重在人，犹学校之所重在道也；官署之所重在政也；城池之所重在守也；以为别有所重而不载，是学校官廨城池，皆可削去。《建置》一志，直可省其目矣。寺观删而不载，以谓辟邪崇正，亦迂而无当也。《春秋》重兴作，凡不当作而作者，莫不详书，所以示鉴戒也。如陆氏说，则但须削去其文，以为辟邪崇正，千百载后谁复知其为邪而辟之耶？况寺观之中，金石可考，逸文流传，可求古事，不当削者一也。僧道之官，定于国家制度，所居必有其地，所领必有其徒，不当削者二也。水旱之有祈祷，灾荒之有赈济，弃婴之有收养，先贤祠墓之有香火，地方官吏多择寺观以为公所，多遴僧道以为典守，于事大有所赖，往往见于章奏文移，未尝害于治体。是寺观僧道之类，昔人以崇异端。近日以助官事，正使周孔复生，因势利导，必有所以区处，未必皆执人其人，而庐其居也。陆氏以削而不载，示其卫道，何所见之隘乎？《官师》《选举》，止详本朝，谓法旧志断自明初之意，则尤谬矣。旧志不能博考前代，而以明初为断，已是旧志之陋；然彼固未尝取其有者而弃之也。今陆氏明见旧志而删其名姓，其无理不待辨矣。自古诸侯不祖天子，大夫不祖诸侯，理势然也。方志诸家，于前代帝王后妃，但当著其出处，不可列为人物，此说前人亦屡议之；而其说讫不能定，其实列人物者，谬也。姑无论理势当否，试问人物之例，统载古今，方志既以前代帝王后妃，列于人物，则修《京兆志》者，当以本朝帝后入人物矣，此不问而知其不可，则陆志人物之首后妃，殊为不谨严也。

至于篇末，与傅维云议，其初不过所见有偏，及往复再辨，而强辞不准于情理矣。其自云："名臣言行，如乐毅、曹彬，章章于正史者，止存其略。"维云则谓："三代以上圣贤，事已见经籍者，史迁仍入《史记》。史迁所叙孝武前事，班固仍入《汉书》，不以他见而遂略。前人史传文集，荒僻小县，人罕尽见，艺文中如乐毅《报燕王书》，韩维《僖祖庙议》，不当刊削。"其说是也。陆氏乃云："春秋人物，莫大于孔子，文章亦莫过于孔子，《左传》于孔子之事，不如叔向子产之详；于孔子之文，不如叔向子产之多。相鲁适楚，删书正乐，事之章章于万世者，曾不一见。《孝经》《论语》《文言》《系辞》，昭昭于万世者，曾不一见，以孔子万世圣人，不必沾沾称述于一书，所以尊孔子也。"此则非陆氏之本意，因穷于措辨，故为大言，以气盖人。而不顾其理之安，依然诋毁阳明习气矣。

《左传》乃裁取国史为之，所记皆事之关国家者，义与《春秋》相为经纬。子产叔向，贤而有文，又当国最久，故晋、郑之事，多涉二人言行，非故详也，关一国之政也。孔子不遇于时，惟相定公为郏谷之会，齐人来归汶阳之田，是与国事相关，何尝不详载乎？其奔走四方与设教洙泗，事与国政无关。左氏编年附经，其体径直，非如后史纪传之体，可以特著《道学》《儒林》《文苑》等传，曲折而书，因人加重者也。虽欲独详孔子，其道无由，岂曰以是尊孔子哉！至谓《孝经》《论语》《文言》《系辞》不入《左传》，亦为左氏之尊孔子。其曲谬与前说略同，毋庸更辨。第如其所说，以不载为尊，则《帝典》之载尧、舜、谟、贡之载大禹，是史臣不尊尧、舜、禹也。二南正雅之歌咏文、武，是诗人不尊周先王也。孔子删述《诗》《书》，是孔子不尊二帝三王也。其说尚可通乎？

且动以孔子为拟，尤学究压人故习；试问陆氏修志初心，其视乐毅、曹彬、韩维诸人，岂谓足以当孔子耶？

又引太史公《管晏传赞》有云："吾读《管子》《牧民》《山高》《乘马》《轻重》《九府》及《晏子春秋》，其书世多有之，是以不论。可见世所有者，不必详也。"此说稍近理矣，然亦不知司马氏之微意，盖重在轶事，故为是言。且诸子著书，亦不能尽裁入传，韩非载其《说难》，又岂因其书为世所有而不载耶？文入史传，与入方志艺文，其事又异。史传本记事之文，故裁取须严，而方志艺文，虽为俗例，滥入诗文，然其法既宽，自可裁优而入选也。必欲两全而无遗憾，余别有义例，此不复详。

校雠通义

卷 一

　　叙曰：校雠之义，盖自刘向父子，部次条别，将以辨章学术，考镜源流，非深明于道术精微群言得失之故者，不足与此。后世部次甲乙，纪录经史者，代有其人，而求能推阐大义，条别学术异同，使人由委溯源，以想见于坟籍之初者，千百之中，不十一焉。郑樵生千载而后，慨然有会于向歆讨论之旨，因取历朝著录。略其鱼鲁豕亥之细，而特以部次条，别疏通伦类，考其得失之故。而为之校雠，盖自石渠天禄以还，学者所未尝窥见者也。顾樵生南宋之世，去古已远，刘氏所谓《七略》《别录》之书，久已失传，《唐志》尚存，《宋志》已逸，嗣是不复见矣。所可推者，独班固《艺文》一志，而樵书首讥班固，凡所推论，有涉于班氏之业者，皆过为贬驳之辞。盖樵为通史。而固则断代为书，两家宗旨，自昔殊异，所谓道不同不相为谋，无足怪也。独艺文为校雠之所必究，而樵不能平气以求刘氏之微旨，则于古人大体，终似有所未窥。又其议论，过于骏利，隋唐史志甲乙部目，亦略涉其藩，而未能推阐向、歆术业。以究悉其是非得失之所在，故其自为《通志》艺文、金石、图谱诸略，抵牾错出，与其所讥前人著录之谬,未始径庭,此不揣本而齐末者之效也。又其论求书之法,校书之业,既详且备。然亦未究求书之前,文字如何治察?校书以后,图籍如何法守?凡此皆郑氏所未遑暇,盖其涉猎者博,又非专门之精,巨编鸿制,不能无所疏漏,亦其势也。今为折衷诸家,究其源委,作《校雠通义》,总若干篇,勒成一家,庶于学术渊源,有所厘别,知言君子,或有于斯焉。

原道

古无文字,结绳之治。易之书契,圣人明其用曰:"百官以治,万民以察。"夫为治为察,所以宣幽隐而达形名,盖不得已而为,之其用足以若是焉斯已矣!理大物博,不可殚也,圣人为之立官分守,而文字亦从而纪焉。有官斯有法,故法具于官;有法斯有书,故官守其书;有书斯有学,故师传其学;有学斯有业,故弟子习其业,官守学业皆出于一,而天下以同文为治,故私门无著述文字;私门无著述文字,则官守之分职,即群书之部次,不复别有著录之法也。

后世文字,必溯源于《六艺》。《六艺》非孔氏之书,乃《周官》之旧典也。易掌太卜,书藏外史,礼在宗伯,乐隶司乐,诗领于太师,春秋存乎国史,夫子自谓"述而不作",明乎官司失守,而师弟子之传业,于是判焉。秦人禁偶语《诗》《书》,而云欲学法令者,以吏为师;其弃诗书,非也。其曰以吏为师,则犹官守学业合一之谓也。由秦人以吏为师之言,想见三代盛时,礼以宗伯为师,乐以司乐为师,诗以太师为师,书以外史为师,三易春秋,亦若是则已矣!又安有私门之著述哉?

刘歆《七略》，班固删其辑略而存其六，颜师古曰："辑略谓诸书之总要"，盖刘氏讨论群书之旨也。此最为明道之要，惜乎其文不传，今可见者，唯总计部目之后，条辨流别数语耳。即此数语窥之，刘歆盖深明乎古人官师合一之道，而有以知乎私门初无著述之故也。何则？其叙《六艺》，而后次及诸子百家，必云某家者流，盖出古者某官之掌，其流而为某氏之学，失而为某氏之弊。其云某官之掌，即法具于官，官守其书之义也。其云流而为某家之学，即官司失职，而师弟传业之义也。其云失而为某氏之弊，即孟子所谓生心发政，作政害事，辨而别之，盖欲庶几于知言之学者也。由刘氏之旨，以博求古今之载籍，则著录部次，辨章流别，将以折衷六艺，宣明大道，不徒为甲乙纪数之需，亦已明矣。

宗刘

《七略》之流而为四部，如篆隶之流而为行楷，皆势之所不容已者也。史部日繁，不能悉隶以《春秋》家学，四部之不能返《七略》者一。名墨诸家，后世不复有其支别，四部之不能返《七略》者二。文集炽盛，不能定百家九流之名目，四部之不能返《七略》者三。钞辑之体。既非丛书，又非类书，四部之不能返《七略》者四。评点诗文，亦有似别集而实非别集，似总集而又非总集者，四部之不能返《七略》者五。凡一切古无今有，古有今无之书，其势判如霄壤，又安得执《七略》之成法，以部次近日之文章乎？然家法不明，著作之所以日下也。部次不精，学术之所以日散也。就四部之成法，而能讨论流别，以使之恍然于古人官师合一之故，则文章之病，可以稍救；而《七略》之要旨。其亦可以有补于古大矣。

二十三史皆《春秋》家学也。本纪为经，而志表传录，亦如左氏传例之与为终始发明耳。故刘歆次《太史公》百三十篇于《春秋》之后。而班固叙例亦云："作《春秋考纪》十二篇"，明乎其继《春秋》而作也。他如仪注乃《仪礼》之支流，职官乃《周官》之族属，则史而经矣。谱牒通于历数，记传合乎小说，则史而子矣。凡此类者，即于史部叙录，申明其旨，可使《六艺》不为虚器，而诸子得其统宗，则《春秋》家学，虽谓今日不泯可也。

名家者流，后世不传，得辨名正物之意，则颜氏匡谬，邱氏兼明之类，经解中有名家矣。墨家者流，自汉无传，得尚俭兼爱之意。则老氏贵啬，释氏普度之类，二氏中有墨家矣。讨论作述宗旨，不可不知其流别者也。

汉、魏、六朝著述，略有专门之意；至唐、宋诗文之集，则浩如烟海矣。今即世俗所谓唐、宋大家之集论之，如韩愈之儒家，柳宗元之名家，苏洵之兵家，苏轼之纵横家，王安石之法家，皆以生平所得，见于文字，旨无旁出，即古人之所以自成一子者。也其体既谓之集，自不得强列以诸子部次矣。因集部之目录，而推论其要旨，以见古人所谓"言有物而行有恒"者，编于叙录之下，则一切无实之华言，牵率之文集。亦可因是而治之，庶几辨章学术之一端矣。

类书自不可称为一子，隋、唐以来之编次，皆非也。然类书之体亦有二：其有源委者，如《文献通考》之类，当附史部故事之后。其无源委者，如《艺文类聚》之类，当附集部总集之后；总不得与子部相混淆，或择其近似者，附其说于杂家之后可矣。

钞书始于葛稚川，然其体未杂，后人身识别也。唐后史家，无专门别识，钞撮前人史籍，不能自擅名家，故《宋志》艺文史部，创为史钞一条。亦不得已也。嗣后学术日趋苟简，无论治经业史，皆有简约钞撮之工，其始不过便一时之记忆，初非有意留青，后乃父子授受，师弟传习，流别既广，巧法滋多，其书既不能悉畀丙丁，惟有强编甲乙，弊至近日。流传之残本《说郛》而极矣。其书有经有史，其文或墨或儒，若还其部次，则篇目不全；若自为一书，则义类难附。凡若此者，当自立书钞名目，附之史钞之后可矣。

评点之书，其源亦始钟氏《诗品》，刘氏《文心》，然彼则有评无点，且自出心裁，发挥道妙，又且离诗与文，而别自为书，信哉其能成一家言矣！自学者因陋就简，即古人之诗文，而漫为点识批评，庶几便于揣摩诵习；而后人嗣起，囿于见闻，不能自具心裁，深窥古人全体，作者精微，以致相习成风，几忘其为尚有本书者，末流之弊，至此极矣！然其书具在，亦不得而尽废之也。且如《史记》百三十篇，正史已登于录矣；明茅坤、归有光辈，复加点识批评，是所重不在百三十篇，而在点识批评矣。岂可复归正史类乎？谢枋得之《檀弓》，苏洵之《孟子》，孙鑛之《毛诗》，岂可复归经部乎？凡若此者，皆是论文之末流，品藻之下乘，岂复有通经习史之意乎？编书至此，不必更问经史部次，子集偏全，约略篇章。附于文史评之下，庶乎不失论辨流别之义耳。

凡四部之所以不能复《七略》者，不出以上所云；然则四部之与《七略》，亦势之不容两立者也。《七略》之古法，终不可复，而四部之体质，又不可改，则四部之中，附以辨章流别之义，以见文字之必有源委，亦治书之要法，而郑樵顾删去《崇文叙录》，乃使观者如阅甲乙簿注，而更不识其讨论流别之义焉，乌乎可哉！

互著

古人著录，不徒为甲乙部次计；如徒为甲乙部次计，则一掌故令史足矣，何用父子世业，阅年二纪，仅乃卒业乎？盖部次流别，申明大道，叙列九流百氏之学，使之绳贯珠联，无少缺逸，欲人即类求书，因书究学，至理有互通，书有两用者，未尝不兼收并载，初不以重复为嫌；其于甲乙部次之下，但加互注，以便稽检而已，古人最重家学，叙列一家之书，凡有涉此一家之学者，无不穷源至委，竟其流别，所谓著作之标准，群言之折衷也。如避重复而不载则，一书本有两用，而仅登一录，于本书之体，既有所不全；一家本有是书而缺而不载于一家之学亦有所不备矣。

刘歆《七略》亡矣。其义例之可见者，班固《艺文志》注而已。班固自注，非颜注也。《七略》于兵书权谋家有伊尹、太公、管子、荀卿子、汉书作孙卿子。鹖冠子、苏子、蒯通、陆贾、淮南王九家之书，而儒家复有荀卿子、陆贾二家之书，道家复有伊尹、太公、管子、鹖冠子四家之书，纵横家复有苏子、蒯通二家之书，杂家复有淮南王一家之书，兵书技巧家有墨子，而墨家复有《墨子》之书，惜此外之重复互见者，不尽见于著录，容有散逸失传之文，然即此十家之一书两载，则古人之申明流别，独重家学，而不避重复著录明矣。自班固并省部次，而后人不复知有家法，乃始以著录之业，专为甲乙部次之需尔。郑樵能讥班固之胸无伦次，而不能申明刘氏之家法。以故校雠一略，工诃古人，而拙于自用，即矛陷盾，樵又无词以自解也。

著录之创为金石、图谱二略，与艺文并列而为三，自郑樵始也。就三略而论之，如艺文经部，有三字石经、一字石经、今字石经易篆、石经郑玄《尚书》之属，凡若干种，而金石略中无石经，岂可特著金石一略，而无石经乎？诸经史部内所收图谱，与图谱略中互相出入，全无伦次。以谓巨编鸿制，不免抵牾，抑亦可矣。如艺文传记中之祥异一条，所有地动图、瑞应翎毛图之类，名十一条之《文翁学堂图》，忠烈一条之《忠烈图》等类，俱详载艺文而不入图谱，此何说也？盖不知重复互注之法，则遇两歧牵掣之处，自不觉其抵牾错杂，百弊丛生，非特不能希踪古人，即仅求寡过，亦已难矣。

若就书之易淆者言之，经部易家与子部之五行阴阳家相出入。乐家与集部之乐府子部之艺术相出入。小学家之书法与金石之法帖相出入，史部之职官与故事相出入，谱牒与传记相出入。故事与集部之诏诰奏议相出入。集部之词曲与史部之小说相出入。子部之儒家与经部之经解相出入。史部之食货与子部之农家相出入。非特如郑樵之所谓传记杂家小说杂史故事五类与诗话文史之二类易相紊乱已也。

若就书之相资者而论，《尔雅》与本草之书相资为用，地理与兵家之书相资为用，谱牒与历律之书相资为用，不特如郑樵之所谓性命之书求之道家，小学之书求之释家，《周易》藏于卜筮，洪范藏于五行已也。书之易混者，非重复互注之法，无以免后学之抵牾。书之相资者，非重复互注之法，无以究古人之源委。一隅三反，其类盖亦广矣。

别类叙书，如列人为传，重在义类，不重名目也。班、马列传家法，人事有两关者，则详略互载之；如子贡在《仲尼弟子》为正传，其入《货殖》，则互见也。《儒林传》之董仲舒、王吉、韦贤，既次于经师之篇，而别有专传，盖以事义标篇，人名离合其间，取其发明而已。部次群书，标目之下，亦不可使其类有所阙；故详略互载，使后人溯家学者，可以求之无弗得，以是为著录之义而已。自列传互详之旨不显，而著录亦无复有互注之条，以至《元史》之一人两传，诸史艺文志之一书两出，则弊固有所开也。

别裁

《管子》道家之言也。刘歆裁其《弟子职》篇入小学；七十子所记百三十一篇，礼经所部也，刘歆裁其《三朝记》篇入《论语》。盖古人著书，有采取成说，袭用故事者，如《弟子职》必非管子自撰，《月令》必非吕不韦自撰，皆所谓采取成说也。其所采之书，别有本旨，或历时已久，不知所出，又或所著之篇，于全书之内，自为一类者，并得裁其篇章。补苴部次，别出门类，以辨著述源流；至其全书，篇次具存。无所更易，隶于本类，亦自两不相妨；盖权于宾主重轻之间，知其无庸互见者，而始有裁篇别出之法耳。

《夏小正》在《戴记》之先而《大戴记》收之，则时令而入于礼矣。《小尔雅》在《孔丛子》之外，而《孔丛子》合之，则小学而入于子矣。然《隋书》未尝不别出《小尔雅》以附《论语》，《文献通考》未尝不别出《夏小正》以入时令。而《孔丛子》《大戴记》之书，又未尝不兼收而并录也。然此特后人之幸而偶中，或《尔雅》《小正》之篇，有别出行世之本，故亦从而别载之尔，非真有见于学问流别，而为之裁制也。不然，何以本篇之下，不标子注，申明篇第之所自也哉！

辨嫌名

部次有当重复者，有不当重复者。《汉志》以后，既无互注之例。则著录之重复，大都不关义类，全是编次之错谬尔。篇次错谬之弊有二：一则门类疑似，一书两入也。一则一书两名，误认二家也。欲免一书两入之弊，但须先作长编。取著书之人。与书之标名，按韵编之。详注一书源委于其韵下；至分部别类之时但须按韵稽之，虽百人共事，千卷雷同，可使疑似之书，一无犯复矣。至一书两名，误认二家之弊，则当深究载籍，详考史传，并当历究著录之家，求其所以同异两称之故而笔之于书，然后可以有功古人，而有光来学耳。

《太史公》百三十篇，今名《史记》。《战国策》三十三篇，初名《短长语》。《老子》之称《道德经》，《庄子》之称《南华经》，屈原赋之称《楚辞》，盖古人称名朴，而后人入于华也。自汉以后，异名同实，文人称引，相为吊诡者，盖不少矣。《白虎通德论》，删去德论二字；《风俗通义》，删去义字；《世说新语》，删去新语二字；《淮南鸿烈解》删去《鸿烈解》，而但曰《淮南子》。《吕氏春秋》有十二纪八览六论，不称《吕氏春秋》而但曰《吕览》；盖书名本全，而援引者从简略也；此亦足以疑误后学者已！郑樵精于校雠，然艺文一略，既有《班昭集》，而复有《曹大家集》，则一人而误为二人矣。晁公武善于考据，然《郡斋》一志，《张君房脞说》，而题为张唐英，则二人而误为一人矣。此则人名字号之不一，亦开歧误之端也。然则校书著录，其一书数名者，必当历注互名于卷帙之下；一人而有多字号者，亦尝历注其字号于姓名之下，庶乎无嫌。名歧出之弊矣！

补郑

郑樵论书,有名亡实不亡,其见甚卓;然亦有发言太易者,如云:"郑玄三礼,目录虽亡,可取诸《三礼》",则今按以《三礼正义》,其援引郑氏《目录》,多与刘向篇次不同,是当日必有说矣;而今不得见也,岂可曰取之《三礼》乎?又曰:"十三代史目虽亡,可取诸十三代史。"考艺文所载。十三代史目,有唐宗谏及殷仲茂两家;宗谏之书凡十卷,仲茂之书止三卷,详略如此不同,其中亦必有说。岂可曰取之十三代史而已乎?其余所论,多不出此。若求之于古而不得。无可如何,而旁求于今有之书别可矣。如云古书虽亡,而实不亡谈何容易耶!

若求之于古而不得,无可如何,而求之今有之书,则又有采辑补缀之成法,不特如郑樵所论已也。昔王应麟以《易》学独传王弼,《尚书》止存《伪孔传》,乃采郑玄《易》注《书》注之见于群、书者,为《郑氏周易》《郑氏尚书注》。又以四家之诗独毛传不亡,乃采三家诗说之见于群书者,为《三家诗考》。嗣后好古之士,踵其成法,往往缀辑逸文,搜罗略通。今按纬候之书,往往见于《毛诗》《礼记》注疏,及《后汉书》注;《汉魏杂史》,往往见于《三国志注》;挚虞《流别》及《文章志》,往往见于《文选注》;六朝诗文集,多见采于《北堂书钞》《艺文类聚》;唐人载籍,多见采于《太平御览》《文苑英华》。一隅三反,充类求之,古逸之可采者多矣。

郑樵论书,有不足于前朝,而足于后世者,以为《唐志》所得旧书,尽《梁书》卷帙,而多于隋;谓唐人能按王俭《七志》、阮孝绪《七录》以求之之功,是则然矣。但竟以卷帙之多寡,定古书之全缺,则恐不可尽信也。且如应劭《风俗通义》,劭自序实止十卷,《隋书》亦然。至《唐志》乃有三十卷，又非有疏解家为之离析篇第，其书安所得有三倍之多乎？然今世所传《风俗通义》乃属不全之书，岂可遽以卷帙多寡，定书之全不全乎？

校雠条理

郑樵论求书遣官，校书久任之说，真得校雠之要义矣！顾求书出于一时，而求之之法，亦有善与不善，徒曰遣官而已，未见奇书秘策之必无遗逸也。夫求书在一时，而治书在平日；求书之要，即郑樵所谓其道有八，无遗议矣。治书之法，则郑樵所未及议也。古者同文称治，汉制：吏民上书，字或不正，辄举劾。蔡邕正定《石经》，以谓西方之民，至有贿改兰台漆书以合私家文字者，是当时郡国传习，容有与中书不合者矣！然此特就小学字体言之也；若纪载传闻，诗书杂志，真讹纠错，疑似两淆；又书肆说铃，识大识小；歌谣风俗，或正或偏；其或山林枯槁，专斗名家，薄技偏长，稗官脞说，其隐显出没，大抵非一时互求所能汇集，亦非一时讨论所能精详。凡若此者，并当于平日责成州县学校师儒讲习，考求是正，著为录籍；略如人户之有版图。载笔之士，果能发明道要，自致不朽，愿托于官者听之。如是，则书掌于官，不致散逸，其便一也。事有稽检，则奇邪不衷之说，淫诐邪荡之词，无由伏匿以干禁例，其便二也。求书之时，按籍而稽，无劳搜访，其便三也。中书不足，稽之外府；外书讹误，正以中书，交互为功，同文称盛，其便四也。此为治书之要。当议于求书之前者也。书掌于官，私门无许自匿著述，最为合古。然数千年无行之者，一旦为之，亦自不易。学官难得通人，馆阁校雠未必尽是。向歆一流，不得其人，则窒碍难行。甚或渐启挟持讹诈、骚扰多事之渐，则不但无益而有损矣。然法固待人而行，不可因一时难行。而不存其说也。

校书宜广储副本，刘向校雠中秘，有所谓中书，有所谓外书，有所谓太常书，有所谓太史书，有所谓臣向书臣某书。夫中书与太常太史，则官守之书不一本也。外书与臣向臣某，则象藏之书不一本也。夫博求诸本，乃得雠正一书，则副本固将广储，以特质也。夫太常领博士，今之国子监也。太史掌图籍，今之翰林院也。凡官书，不特中秘之谓也。

古者校雠书，终身守官。父子传业，故能讨论精详，有功坟典；而其校雠之法，则心领神会，无可传也。近代校书，不立专官，众手为之，限以程课，画以部次，盖亦势之不得已也。校书者，既非专门之官，又非一人之力，则校雠之法，不可不立也。窃以典籍浩繁，闻见有限，在博雅者，且不能悉究无遗，况其下乎？以谓校雠之先，宜尽取四库之藏，中外之籍，择其中之人名地号，官阶书目，凡一切有名可治，有数可稽者，略仿《佩文韵府》之例，悉编为韵，乃于本韵之下，注明原书出处，及先后篇第，自一见再见，以至数千百，皆详注之，藏之馆中，以为群书之总类。至校书之时，遇有疑似之处，即名而求其编韵。因韵而检其本书，参互错综，即可得其至是。此则渊博之儒穷毕生年力，而不可究殚者，今即中才校勘，可坐收于几席之间，非校雠之良法欤！

古人校雠，于书有讹误，更定其文者，必注原文于其下；其两说可通者，亦两存其说，删去篇次者，亦必存其阙目，所以备后人之采择，而未敢自以谓必是也。班固并省刘歆《七略》，遂使著录互见之法，不传于后世，然亦幸而尚注并省之说于本文之下，故今犹得从而考正也。向使自用其例，而不顾刘氏之原文，今日虽欲复刘歆之旧法不可得矣。

《七略》以兵书、方技、数术为三部，列于诸子之外者，诸子立言以明道，兵书方技数术，皆守法，以传艺，虚理实事义不同科故也；至四部而皆列子类矣。南宋郑寅《七录》，犹以艺方技为三门，盖亦《七略》之遗法；然列其书于子部可也，校书之人，则不可与诸子同业也。必取专门名家，亦如太史尹咸校数术，侍医李国柱校方技，步兵校尉任宏校兵书之例，乃可无弊。否则文学之士，但求之于文字语言，而术业之误，或且因而受其累矣。

著录残逸

凡著录之书，有当时遗漏失载者，有著录残逸不全者，《汉书·艺文志注》，卷次部目，与本志不符。颜师古已云岁月久远，无由详知矣。今观萧何《律令》，叔孙《朝仪》，张霸《尚书》，尹更始《春秋》之类，皆显著纪传，而本志不收，此非当时之遗漏，必其本志有残逸不全者矣！《旧唐书·经籍志》集部内，无韩愈、柳宗元、李翱、孙樵之文，又无杜甫、李白、王维、白居易之诗，此亦非当时之遗漏，必其本志有残逸不全者矣！校雠家所当历稽载籍，补于艺文之略者也。

藏书

孔子欲藏书周室，子路以谓周室之守藏史老聃，可以与谋。说虽出于《庄子》，然藏书之法古有之矣。太史公抽石室金匮之书，成百三十篇，则谓藏之名山，副在京师，然则书之有藏，自古已然，不特佛老二家，有所谓道藏佛藏已也。郑樵以谓性命之书，往往出于道藏；小说之书，往往出于释藏；夫儒书散失，至于学者已久失其传，而反能得之二氏者，以二氏有藏，以为之永久也。夫道藏必于洞天，而佛藏必于丛刹，然则尼山泗水之间，有媲禹穴藏书之旧典者，抑亦可以补中秘之所不逮欤！

卷　二

补校《汉艺文志》

郑樵校雠诸论，于《汉志》尤所疏略，盖樵不取班氏之学故也。然班、刘异同，樵亦未尝深考，但讥班固续入扬雄一家，不分伦类而已。其刘氏遗法，樵固未尝讨论，而班氏得失，樵议亦未得其平允。夫刘《略》班《志》，乃千古著录之渊源，而樵著校雠之略，不免疏忽如是，盖创始者难为功尔。今欲较正诸家著录，当自刘《略》班《志》为权舆也。

郑樵以萧何律令，张苍章程，刘《略》班《志》不收，以为刘、班之过；此刘氏之过，非班氏之过也。刘向校书之时，自领《六艺》《诸子》《诗赋》三略，盖出中秘之所藏也。至于《兵法术数》《方技》，皆分领于专官，则《兵术技》之三略，不尽出于中秘之藏，其书各存专官典守，是以刘氏无从而部录之也。惟是申、韩家言，次于《诸子》。仲舒治狱，附于《春秋》，不知律令藏于理官，章程存于掌故，而当时不责成于专官典守，校定篇次，是《七略》之遗憾也。班氏谨守刘《略》遗法。惟出刘氏之后者，间为补缀一二；其余刘氏所不录者，东京未必尽存，艺文佚而不载，何足病哉！

《汉志》最重学术源流，似有得于《太史叙传》，及庄周《天下篇》，荀卿《非十子》之意，《韩婴诗传》引荀卿非十子，并无讥子思孟子之文。此叙述著录，所以有关于明道之要，而非后世仅计部目者之所及也。然立法创始，不免于疏亦其势耳。如封禅群祀入《礼经》，《太史公书》入《春秋》，较之后世别立仪注正史专门者，为知本矣。诗赋篇帙繁多，不入《诗经》而自为一略，则叙例尚少发明其故，亦一病也。诸子推本古人官守，当矣《六艺》各有专官，而不与发明，岂为博士之业所误耶！

形而上者谓之道，形而下者谓之器，善法具举，徒善徒法，皆一偏也。本末兼该，部次相从，有伦有脊，使求书者可以即器而明道，会偏而得全，则任宏之校兵书，李国柱之校方技，庶几近之。其他四略，未能称是，故刘《略》班《志》，不免贻人以口实也。夫《兵书略》中《孙吴》诸书，与《方技略》中《内外诸经》，即《诸子略》中一家之言，所谓形而上之道也。《兵书略》中形势、阴阳、技巧三条，与《方技略》中经方、房中、神仙三条，皆著法术名数，所谓形而下之器也。任、李二家，部次先后，体用分明，能使不知其学者，观其部录，亦可了然而窥其统要，此专官守书之明效也。充类求之，则后世之仪注，当附《礼经》为部次，《史记》当附《春秋》为部次，纵使篇帙繁多，别出门类，亦当申明叙例，俾承学之士，得考源流，庶几无憾。而刘、班承用未精，后世著录，又未尝探索其意，此部录之所以多舛也。

或曰：兵书、方技之部次，既以专官而能精矣。术数亦领于专官，而谓不如彼二略，岂太史尹咸之学术，不逮任宏、李国柱耶？答曰：此为刘氏所误也。《术数》一略，分统七条，则天文、历谱、阴阳、五行、蓍龟、杂占、形法、是也。以道器合一求之，则阴阳、蓍龟、杂占三条，当附《易经》部次；历谱当附《春秋》为部次，五行当附《尚书》为部次；纵使书部浩繁，或如诗赋浩繁，离《诗经》而别自为略，亦当申明源委于叙录之后也。乃刘氏即校《六艺》，不复谋之术数诸家，故尹咸无从溯源流也。至于天文形法，则后世天文地理之专门书也，自立门类，别分道法，大纲既立，细目标分，岂不整齐而有当乎。

天文则宣夜、周髀、浑天诸家下，逮《安天》之论，《谈天》之说，或正或奇，条而列之，辨明识职，所谓道也。《汉志》所录《泰一》《五残星变》之属，附条别次，所谓器也。地理则形家之言，专门立说，所谓道也。《汉志》所录《山海经》之属，附条别次，所谓器也。以此二类专门部勒，自有经纬，而尹咸概收术数之篇，则条理不审之咎也。《山海经》与相人书为类，《汉志》之授人口实处也。

地理形家之言，若主山川险易，关塞边防，则与兵书形势之条相出入矣。若主阴阳虚旺，宅墓休咎，则与《尚书》五行相出入矣。部次门类，既不可缺，而著述源流，务要于全，则又重复、互注之条，不可不讲者也。任宏《兵书》一略，郑樵称其最优，今观刘《略》重复之书，仅止十家，皆出《兵略》，他部绝无其例，是则互注之法，刘氏且未能深究，仅因任宏而稍存其意耳。班氏不知而删并之，可胜惜哉！

后世法律之书甚多，不特萧何所次律令而已也。就诸子中，掇取申韩议法家言，部于首条，所谓道也。其承用律令格式之属，附条别次所谓器也。后世故事之书甚多，不特张苍所次章程而已也。就诸子中掇取论治之书，若《吕氏春秋》，《汉志》入于杂家，非也。其每月之令文，正是政令典章，后世会典、会要之属。贾谊、董仲舒治安之奏，天人之策，皆论治体，汉志入于儒家类矣。诸家之言，部于首条，所谓道也。其相沿典章故事之属，附条别次，所谓器也。例以义起，斟酌损益，惟用所宜，岂有读著录部次，而不能考察学术源流者乎！

或曰：汉志失载律令章程，固无论矣。假令当日必载律令章程，就刘、班之《七略》类例，宜如何归附欤？答曰：太史公书之附《春秋》，《封禅群祀》之附《礼经》，其遗法也。律令自可附于法家之后，章程本当别立政治一门，《汉志》无其门类，然《高祖传》十三篇《孝文传》十一篇，班固自注，高祖与大臣述古语及诏策也。皆属故事之书，而刘、班次于《诸子》儒家，则章程亦必附于此矣。大抵《汉志》疏略，由于书类不全，勉强依附，至于虚论其理。与实纪其迹者，不使体用相资，则是《汉志》偶疏之处，《礼经》《春秋》《兵书方技》，便无此病。而后世之言著录者不复知其微意矣。

郑樵讥章程律令之不载《汉志》，以为刘、班之疏漏；然班氏不必遽见西京之全书，或可委过于刘《略》也。若刘向《别录》，刘歆《七略》，则班氏方据以为《艺文》之要删，岂得谓之不见其书耶？此乃后世目录之鼻祖，当时更无其门类，独不可附于诸子名家之末乎？名家之叙录曰："名不正则言不顺，言不顺则事不成。"著录之为道也。即于文章典籍之中，得其辨名正物之意，此《七略》之所以长也。又云："警者为之，则苟钩鈲析乱而已。"此又后世著录，纷挐不一之弊也。然则凡以名治之书，固有所以附矣。后世目录繁多，即可自为门类。

郑樵误校汉志

郑樵讥班固叙列儒家，混入《太玄》《法言》《乐箴》三书为一，总谓扬雄所叙三十八篇，谓其胸无伦类，是樵之论笃矣。至谓《太玄》当归易类，《法言》当归诸子，其说良是。然班固自注：《太玄》十九，《法言》十三，《乐》四，《箴》二，是《乐》与《箴》本二书也。樵误以为一书，又谓《乐箴》当归杂家，是樵直未识其为何物，而强为之归类矣。以此讥正班固，所谓楚失而齐亦未为得也。按乐四未详，《箴》则官箴是也。在后人宜入职官，而汉志无其门类，则附官礼之后可矣。

郑樵讥《汉志》以《司马法》入礼经，以《太公兵法》入道家，疑谓非任宏、刘歆所收，班固妄窜入也。郑樵深恶班固，故为是不近人情之论。凡意有不可者，不为推寻本末，有意增删迁就，强坐班氏之过，此狱吏锻炼之法，亦如以《汉志》书为班彪、曹昭所终始，而《古今人表》则谓固所自为者惟此。盖心不平者，不可与论古也。按《司马法》百五十五篇，今所存者，非故物矣。班固自注：出之《兵权谋》中，而入于礼，樵固无庸存疑似之说也。第班《志》叙录，称《军礼司马法》。郑樵删去军礼二字，谓其入礼之非，不知《司马法》乃《周官》职掌，如考工之记，本非官礼，亦以司空职掌，附著《周官》此等叙录，最为知本之学；班氏他处未能如是，而独于此处，能具别裁，樵顾深以为讥，此何说也？第班氏入于礼经，似也；其出于兵家，不复著录，未尽善也。当用刘向互见之例，庶几礼家不为空衍仪文，而兵家又见先王之制，乃两全之道耳。《太公》二百三十七篇，亦与今本不同。班氏仅称《太公》，并无兵法二字；而郑樵又增益之，谓其入于道家之非；不观班固自注尚父本有道者，又于兵权谋下注云省伊尹、太公诸家，则刘氏《七略》，本属两载，而班固不过为之删省重复而已；非故出于兵，而强收于道也。注省者，刘氏本有，而班省去也。注出入者，刘录于此，而班录于彼也。如《司马法》，刘氏不载于礼，而班氏入之，则于《礼经》之下注云：入《司马法》。今道家不注入字。而兵家乃注省字，是刘《略》既载于道，又载于兵之明征，非班擅改也。且兵刑权术皆本于道，先懦论之备矣。刘《略》重复互载，犹司马迁《老庄申韩列传》意也。发明学术源流之意。况二百三十七篇之书今既不可得见，郑樵何所见闻，而增删题目，以谓止有兵法，更无关于道家之学术耶？

郑樵讥《汉志》以《世本》《战国策》《秦大臣奏事》《汉著记》为《春秋类》，是郑樵未尝知《春秋》之家学也。《汉志》不立史部以史家之言，皆得春秋之一体，故四书从而附入也。且如汉世，以纪传一家列之正史；而编年自为一类，附诸正史之后，今《太史公》书列于《春秋》，樵固不得而讥之矣。至于国别之书，后世如三国，十六国，九国，十国之类，自当分别部次，以清类例；汉志书部无多，附著春秋，最为知所原本。又《国语》亦为国别之书，同隶《春秋》，樵未尝讥正《国语》而但讥《国策》，是则所谓知一十而不知二五者也。《汉著记》，则后世起居注之类，当时未有专部，附而次之亦其宜也。《秦大臣奏事》，在后史当归故事，而汉志亦无专门，附之春秋，稍失其旨；而《世本》则当入于历谱，汉志既有历谱专门，不当犹附春秋耳。然历谱之源，本与春秋相出入者也。

以刘歆任宏重复著录之理推之，《战国策》一书，当与兵书之权谋条，诸子之纵横家，重复互注，乃得尽其条理。秦大臣奏事，当与《汉高祖传》《孝文传》注称论述册诏。诸书，同入《尚书》部次。盖君上诏诰，臣下章奏，皆《尚书》训诰之遗，后世以之搀入集部者，非也。凡典章故事，皆当视此。

焦竑误校汉志

自刘、班而后，艺文著录仅知甲乙部次，用备稽检而已。郑樵氏兴，始为辨章学术，考竟源流，于是特著《校雠》之略，虽其说不能尽当要，为略见大意，为著录家所不可废矣。《樵志》以后，史家积习相沿，舛讹杂出，著录之书，校樵以前，其失更甚。此则无人继起，为之申明家学之咎也。明焦竑撰《国史经籍志》，其书之得失，别具论次于后。特其纠缪一卷，讥正前代著录之误，虽其识力不逮郑樵，而整齐有法，去汰裁甚，要亦有可节取者焉。其纠《汉志》一十三条，似亦不为无见。特竑未悉古今学术源流，不于离合异同之间，深求其故；而观其所议，乃是仅求甲乙部次，苟无违越而已。此则可谓簿记守成法，而不可为校僻家议著作也。今即其所举，各为推论，以进于古人之法度焉。

焦竑以《汉志》《周书》入尚书为非，因改入于杂史类；其意虽欲尊经，而实则不知古人类例。按刘向云："周时诰誓号令，孔子所论百篇之余。"则《周书》即《尚书》也。刘氏《史通》述《尚书》家，则孔衍《汉魏尚书》，王邵《隋书》，皆次《尚书》之部。盖类有相仍，学有所本，六艺本非虚器，典籍各有源流，岂可尊麒麟而遂谓马牛不隶走部，尊凤凰而遂谓燕雀不隶飞部耶！

焦竑以《汉志》尚书类中议奏四十二篇入尚书为非，因改入于集部。按议奏之不当入集已别具论，此不复论矣。考议奏之下，班固自注：谓"宣帝时石渠论也。"韦昭谓石渠为阁名，于此论书，是则此处之所谓议奏，乃是汉孝宣时，于石渠阁大集诸儒，讨论经旨同异，帝为称制临决之篇，而非廷臣章奏封事之属也。以其奏御之篇，故名奏议，其实与疏解讲义之体相类；刘、班附之《尚书》，宜矣。焦竑不察，而妄附于后世之文集，何其不思之甚邪？《秦大臣奏事》，附于《春秋》，此为刘、班之遗法也。

焦竑以《汉志》《司马法》入礼为非，因改入于兵家，此未见班固自注，本隶兵家，经班固改易者也。说已见前，不复置论。

焦竑以《汉志》《战国策》入春秋为非，因改入于纵横家，此论得失参半，说已见前不复置论。

焦竑以《汉志》《五经杂议》入孝经为非，因改入于经解，其说良允。然《汉志》无经解门类，入于诸子儒家，亦其伦也

焦竑以《汉志》《尔雅》《小尔雅》入孝经为非，因改入于小学，其说亦不可易。《汉志》于此一门，本无义理，殆后世流传错误也。盖孝经本与小学部次相连，或缮书者误合之耳。《五经杂议》与《尔雅》之属，皆缘经起义，类从互注，则益善矣。经解、小学、儒家三类。

焦竑以《汉志》《弟子职》入孝经为非，因归还于《管子》，是求知古人裁篇别出之法，其说已见于前，不复置论。惟是弟子之职，必非管子所撰，或古人流传成法，辑《管子》者，采入其书，前人著作，此类甚多，今以见于《管子》，而不复使其别见专门，则《小尔雅》亦已见于《孔丛子》，而焦氏不还《孔丛》，改归小学，又何说耶？然《弟子职》篇，刘、班本意，附于孝经与附于小学，不可知矣。要其别出义类，重复互注，则二类皆有可通。至于六艺略中，论语孝经小学三门，不入《六艺》之本数，则标名《六艺》，而别种九类，乃是经传轻重之权衡也。

裁篇别出之法，《汉志》仅存见于此篇，及《孔子三朝》篇之出《礼记》而已。充类而求，则欲明学术源委，而使会通于大道，舍是莫由焉？且如叙天文之书，当取《周官》保章，《尔雅》释天，邹衍言天，《淮南》《天象》诸篇，裁列天文部首，而后专门天文之书，以次列为类焉，则求天文者，无遗憾矣。叙时令之书，当取《大戴礼·夏小正》篇，《小

戴礼·月令篇》,《周书时训》解诸篇,裁列时令部首,而后专门时令之书,以次列为类焉。叙地理之书,当取禹贡职方,《管子地图》《淮南地形》,诸史地志诸篇,裁列地理部首,而后专门地理之书,以次列为类焉;则后人求其学术源流,皆可无遗憾矣。汉志存其意,而未能充其量,然赖有此微意焉。而焦氏乃反纠之以为谬,必欲归之《管子》而后已焉,甚矣校雠之难也。

或曰:"裁篇别出之法行,则一书之内,取裁甚多,纷然割裂,恐其破碎支离而无当也。"答曰:学贵专家,旨存统要,显著专篇,明标义类者,专门之要,学所必究,乃掇取于全书之中焉。章而鈲之,句而厘之,牵率名义,纷然依附,则是类书纂辑之所为,而非著录源流之所贵也。且如韩非之《五蠹》《说林》,董子之《玉杯》《竹林》,当时并以篇名见行于当世,今皆会萃于全书之中,则古人著书,或离或合,校雠编次,本无一定之规也。《月令》之于《吕氏春秋》,《三年问》《乐记》《经解》之于荀子,尤其显焉者也。然则裁篇别出之法,何为而不可以著录乎。

焦竑以《汉志》《晏子》入儒家为非,因改入于墨家,此用柳宗元之说,以为墨子之徒,有齐人者为之,归其书于墨家,非以晏子为墨者也。其说良是,部次群书,所以贵有知言之学;否则徇于其名,而不考其实矣。《檀弓》名篇,非檀弓所著;《孟子》篇名有《梁惠王》,亦岂以梁惠王为儒者哉?

焦竑以《汉志》《高祖》《孝文》二传入儒家为非,因改入于制诏,此说似矣。顾制诰与表章之类,当归故事,而附次于尚书,焦氏以之归入集部,则全非也。

焦竑以《汉志》《管子》入道家为非,因改入于法家,其说良允。又以《尉缭子》入杂家为非，因改入于兵家，则郑樵先有是说，竑更申之。按《汉志尉缭》，本在兵形势家，书凡三十一篇，其杂家之《尉缭子》书，止二十九篇，班固又不著重复并省，疑本非一书也。

焦竑以《汉志》《山海经》入形法家为非，因改入于地理，其言似矣。然《汉志》无地理专门，以故类例无所附耳。窃疑萧何收秦图籍，西京未亡，刘歆自可访之掌故，乃亦缺而不载，得非疏欤？且班固创《地里志》，其自注郡县之下，或云秦作某地某名，即秦图籍文也。西京奕世，及新莽之时，地名累有更易，见于志注。当日必有其书，而史逸之矣。至地理与形法家言，相为经纬，说已见前，不复置论。

焦竑以《汉志》阴阳、五行、蓍龟、杂占、形法凡五出为非。因总入于五行不知五行本之《尚书》，而阴阳、蓍龟、本之于《周易》也。凡术数之学，各有师承，龟卜蓍筮，长短不同，志并列之，已嫌其未析也。焦氏不达，概部之以五行，岂有当哉！

卷 三

《汉志》六艺

《六经》之名，起于后世。然而亦有所本也。荀子曰："夫学始乎诵经，终乎读礼。"庄子曰："邱治《诗》《书》《礼》《乐》《易》《春秋》六经。"荀、庄皆孔氏再传门人。二子皆子夏氏门人，去圣未远。其书明著《六经》之目，则《经解》之出于《礼记》，不得遂谓剿说于荀卿也。孔子曰："述而不作。"又曰："盖有不知而作之者，我无是也。"《六经》之文，皆周公之旧典，以其出于官守，而皆为宪章，故述之而无所用作，以其官守失传，而师儒习业，故尊奉而称经。圣人之徒，岂有私意标目，强配经名，以炫后人之耳目哉！故经之有六，著于《礼记》，标于《庄子》，损为五而不可，增为七而不能，所以为常道也。至于《论语》《孝经》《尔雅》，则非《六经》之本体也。学者崇圣人之绪余，而尊以经名，其实皆传体也。非周公旧典，官司典常。可以与《六经》相表里，而不可以与《六经》为并列也。盖官司典常为经，而师儒讲习为传，其体判然有别，非谓圣人之书，有优有劣也。是以刘歆《七略》，班固《艺文》，叙列《六艺》之名，实为九种。盖经为主，而传为附，不易之理也，后世著录之法，无复规矩准绳，或称《七经》，或称《九经》，或称《十三经》，纷纷不一，若纪甲乙部次，固无伤也。乃标题命义，自为著作，而亦徇流俗称谓，可谓不知本矣。计书几部为几经可也。刘敞《七经小传》，黄敏《九经余义》，本非计部之数，而不依《六艺》之名，不知本也。

《孝经》本以经名者也，乐部有传无经者也，然《乐记》自列经科，而《孝经》止依传例，则刘、班之特识也。盖乐经亡而其记犹存，则乐之位次固在经部，非若孝经之出于圣门自著也。古者诸侯大夫失其配，则贵妾摄主而行事，子妇居嫡，固非摄主之名也。然而溯昭穆者，不能跻妇于舅姑之列，亦其分有当然也。然则《六艺》之名，实为《七略》之纲领，学者不可不知其义也。

读《六艺略》者，必参观于《儒林列传》，犹之读《诸子略》，改参观于孟荀、管晏、老庄申韩列传也。《诗赋略》之邹阳、枚乘、相如、扬雄等传，《兵书略》之孙吴、穰苴等传，《术数略》之龟策、日者等传，《方技略》之扁鹊、仓公等传，无不皆然。孟子曰："诵其诗，读其书，不知其人可乎。"《艺文》虽始于班固，而司马迁之列传，实讨论之。观其叙述，战国秦汉之间，著书诸人之列传，未尝不于学术渊源，文词流别，反复而论次焉。刘向、刘歆，盖知其意矣，故其校书诸叙论，既审定其篇次，又推论其生平。以书而言，谓之叙录可也。以人而言，谓之列传可也。史家存其部目于艺文，载其行事于列传，所以为详略互见之例也。是以诸子、诗赋、兵书诸略，凡遇史有列传者，必注有列传字于其下，所以使人参互而观也。《艺文》据籍而纪，其于现书部目之外，不能越界而书，固其势也。古人师授渊源，口耳传习，不著竹帛者，实为后代群籍所由起；盖参观于列传，而后知其深微也。且如田何受《易》于王同、周王孙、丁宽三人，《艺文》既载三家《易传》矣，其云商瞿受《易》于孔子，五传而至田何，汉之易家，盖自田何始。何而上，未尝有书，然则所谓五传之际，岂无口耳受授之学乎。是《艺文》易家之宗祖也。不观儒林之传，何由知三家《易传》，其先固有所受乎。费高二家之《易汉志》不著于录。后人以为不立学官故也。然孔氏《古文尚书》，毛氏《诗传》，左氏《春秋》，皆不列于学官，《汉志》未尝不并著也。不观儒林之传，何由知二家并无章句，直以口授弟子，犹夫田何以上之传授也。按列传云："费直以彖、象、系辞、文言十篇，解说上下经"，此不为章句之明征也。晁氏考定《古易》，则以彖、象、文言杂入卦中，自费直始，因罪费直之变古。不观《艺文》后序，以谓刘向校施、孟、梁邱诸家经文，惟费氏《易》与古文同，是费直本无变乱古经之事也。由是推之，则古学渊源，师儒传授，承学流别，皆可考矣。《艺文》一志，实为学术之宗，明道之要，而列传之与为表里发明，此则用史翼经之明验也。而后人著录，乃用之为甲乙计数而已矣！则校雠失职之故也。

易部《古五子》注云："自甲子至壬子、说《易》阴阳。"其书当互见于《术数略》之阴阳类，灾异，《孟氏京房》，当互见于术数略之杂占，或五行类。

书部刘向、许商二家，各有五行传记，当互见于五行类。夫《书》，非专为五行也，五行专家，则本之于《书》也，故必互见，乃得原委，犹《司马法》入周官之微意也。

诗部韩婴《诗外传》，其文杂记春秋时事，与《诗》意相去甚远，盖为此兴六义，博其趣也。当互见于春秋类，与虞卿铎椒之书相比次可也。孟子曰："《诗》亡，然后《春秋》作。"《春秋》与《诗》相表里，其旨可自得于韩氏之《外传》，史家学《春秋》者，必深于《诗》，若司马迁百三十篇是也。《屈贾孟荀诸传》尤近。诗部又当互通于乐。

《礼部中庸》说，当互见诸子略之儒家类。诸记本非一家之言，可用裁篇别出之法，而文不尽传，今存大小戴二家之记，亦文繁不可悉举也。大约取刘向所定，分属制度者，可归故事；而附《尚书》之部，分属通论者，可归儒家，而入诸子之部。总持大体，不为钩釽割裂。则互见之书，各有攸当矣。

乐部《雅乐》《歌》《诗》四篇，当互见于诗部及诗赋略之杂歌诗。

春秋部之《董仲舒治狱》，当互见于法家，与律令之书，同部分门，说已见前，不复置论。

论语部之《孔子三朝》七篇，今《大戴记》有其一篇，考刘向《别录》七篇，具出《大戴》之记；而刘、班未著所出，遂使裁篇与互注之意，俱不可以踪迹焉，惜哉！

孝经部《古今字》与《小尔雅》为一类。按《尔雅》训诂类也，主于义理；《古今字》篆隶类也，主于形体，则《古今字》，必当依《史籀苍颉》诸篇为类，而不当与《尔雅》为类矣。其二书不当入于《孝经》，已别具论次，不复置议焉。

《乐部》旧有淮南刘向等《琴颂》七篇，班固以为重而删之；今考之诗赋略而不见，岂志文之亡逸邪？春秋部注省太史公四篇，其篇名既不可知，按《太史公百三十篇》，本隶《春秋》之部，岂同归一路之中，犹有重复著录，及裁篇别出之例邪？

《汉志》诸子

儒家部《周史六弢》六篇，兵家之书也。刘恕以谓《汉志》列于儒家，恐非兵书，今亦不可考矣。观班固自注。"或曰孔子问焉。"则固先已有所不安，而附著其说，以见刘部次于儒家之义耳。虽然书当求其名实，不以人名分部次也。太公之书有武王问，不得因武王而出其书于兵家也。《汉志》归道家，刘氏《七略》道家兵家互收。《内经》之篇有《黄帝问》，不得因黄帝而出其书于方技也。假使《六弢》果有夫子之问，问在兵书，安得遂归《儒家部》次邪？

《儒家部》有《周政》六篇，《周法》六篇，其书不传。班固注《周政》云："周时法度政教。"注《周法》云："法天地，立百官。"则二书盖官礼之遗也。附之《礼经》之下为宜，入于儒家非也。大抵《汉志》不立史部，凡遇职官故事章程法度之书，不入《六艺》部次，则归儒杂二家，故二家之书，类附率多牵混。惜不能尽见其书，校正之也夫儒之职业。诵法先王之道，以待后之学者，因以所得，自成一家之言。孟、荀诸子是也。若职官故事章程法度，则当世之实迹，非一家之立言，附于儒家，其义安取？故高祖、孝文诸篇之入儒，前人议其非，是也。

儒家《虞氏春秋》十五篇，司马迁《十二诸侯年表序》作八篇；或初止八篇，而刘向校书，为之分析篇次，未可知也。然其书以《春秋》标题，而撰著之文，则又上采春秋，下观近世而定著为书，抑亦《春秋》之支别也。法当附著《春秋》，而互见于诸子。《班志》人仅著于儒家，惜其未习于史迁之叙例尔。

司马迁之叙载籍也，疏而理；班固之志《艺文》也，密而舛。盖迁能溯源，固惟辨迹故也。迁于《十二诸侯表》叙既推《春秋》为主，则左邱、铎椒、虞卿、吕不韦诸家，以次论其体例，则《春秋》之支系也。至于孟、荀、公孙、固、韩非诸书，命意各殊。与《春秋》之部，不相附丽；然论辨纪述，多及春秋时事，则约略纪之，盖《春秋》之旁证也。张苍历谱五德，董仲舒推《春秋》义，乃《春秋》之流别。故终篇推衍及之。则观斯表者，求《春秋》之折衷，无遗憾矣。至于著书之人，学有专长；所著之书，义非一概，则自有专篇列传，别为表明，亦犹刘向任宏于校雠部次，重复为之互注例也。班氏拘拘于法度之内，此其所以类例难精，而动多掣肘欤？

《贾谊》五十八篇，收于儒家，似矣。然与法家当互见也。考《贾谊传》初以通诸家书召为博士，又出河南守吴公门下；吴公尝学事李斯，以治行第一，召为廷尉，乃荐贾谊，谊所上书，称说改正朔，易服色制度，定官兴礼乐，草具仪法，文帝谦让未遑，然诸法令所更定，及列侯就国，其说皆自谊发之。又司马迁曰："贾生龟错明申商。"今其书尚可考见；宗旨虽出于儒，而作用实本于法也。《汉志》叙录云："法家者流，出于理官。"盖法制禁令，《周官》之刑典也。名家者流出于礼官，盖名物度数，《周官》之礼典也。古者刑法礼制，相为损益，故礼仪三百，威仪三千，而五刑之属三千，条繁文密，其数适相等也。是故圣王教民以礼，而禁之以刑；出于礼者，即入于刑，势无中立；故民日迁善，而不知所以自致也。儒家者流，总约刑礼，而折衷于道，盖惧斯民泥于刑礼之迹，而忘其性所固有也。孟子曰："徒善不足以为政，徒法不能以自行。"夫法则礼刑条目，有节度者皆是也。善则钦明文思，允恭克让，无形体者皆是也。程子曰："有关雎麟趾之心，而后可以行《周官》之法度。"所谓关雎麟趾，仁义是也。所谓《周官》法度，刑礼之属皆是也。然则儒与名法，其原皆出于一，非若异端释老，屏去民彝物则，而自为一端者比也。

商鞅、韩非之法，未尝不本圣人之法，而所以制而用者非也。邓析、公孙龙之名，不得自外于圣人之名，而所以持而辨者非也。儒分为三，墨分为八，则儒亦有不合圣人之道者！矣此其所以著录之书，贵知原委，而又当善条其流别也。贾生之言王道，深识本原，推论三代，其为儒效，不待言矣。然其立法创制条列禁令，则是法家之实，其书互见法家，正以明其体用所备，儒固未足为荣，名法亦不足为隐讳也。后世不知家学流别之义，相率而争于无益之空名，其有列于儒家者，不胜其荣，而次以名法者，不胜其辱，岂知同出圣人之道，而品第高下，又各有其得失，但求名实相副，为得其宜，不必有所选择，而后其学始为贵也。《汉志》始别九流，而儒、杂二家，已多淆乱。后世著录之人，更无别出心裁，纷然以儒、杂二家，为蛇龙之菹焉；凡于诸家著述，不能遽定意指之所归，爱之则附于儒，轻之刘推于杂，夫儒、杂分家之本旨，岂如是耶？

《董仲舒》百二十三篇，部于儒家，是矣。然仲舒所著，皆明经术之意，至于说《春秋》事，得失间举，所谓《玉杯》《繁露》《清明》《竹林》之属，则当互见春秋部次者也。

桓宽《盐铁论》六十篇，部于儒家，此亦良允。第盐铁之议，乃孝昭之时政，其事见《食货志》，桓宽撰辑一时所谓文学贤良对议，乃具当代之旧事，不尽为儒门见风节也。法当互见于故事，而汉志无故事之专门，亦可附于《尚书》之后也。

刘向所叙六十七篇，部于儒家，则《世说》《新序》《说苑》《列女传》《颂图》，四种书也。此刘歆《七略》所收，全无伦类。班固从而效之，因有扬雄所叙三十八篇，不分《太玄》《法言》《乐》《箴》四种之弊也。郑樵讥班固之混收扬雄一家，为无伦类。而谓班氏不能学《七略》之征；不知班氏固效刘歆也。乃于刘歆之创为者，则故纵之；班固之因仍者，则酷断之甚矣！人心不可有偏恶也。按《说苑》《新序》，杂举春秋时事，当互见于《春秋》之篇；《世说》今不可详。本传所谓疾谗、摘要、救危，及世颂诸篇，依归古事悼，已及同类也。似亦可以互见春秋矣。惟《列女传》，本采《诗》《书》所载妇德，可垂法戒之事，以之讽谏宫闱，则是史家传记之书，而《汉志》未有传记专门，亦当附次《春秋》之后可矣。至其引风缀雅，托兴六义，又与《韩诗外传》相为出入，则互注于《诗经部》，次庶几相合，总非诸子儒家书也。

道家部《老子邻氏经传》四篇，《傅氏经说》三十七篇，《徐氏经说》六篇，按《老子》本书，今传《道德上下》二篇，共八十一章。《汉志》不载本书篇次，则刘、班之疏也。凡书有传注解义诸家，离析篇次，则著录者，必以本书篇章原数，登于首条，使读之者，可以考其原委，如《汉志》《六艺》各略之诸经篇目，是其义矣。

或疑伊尹、太公，皆古圣贤，何以遂为道家所宗，以是疑为后人假，托其说亦自合理。惟是古人著书，援引称说，不拘于方，道家源委《庄子·天下篇》所叙述者，略可见矣。是则伊尹、太公，庄、老之徒，未必引以为祖，意其著书称述，以及假说问对，偶及其人；而后人不辨，则以为其人自著；及察其不类，又以为后人依托。今其书不存，殆亦难以考正也。且如儒家之《魏文侯平原君》未必非儒者之徒，篇名偶用其人，如《孟子》之有《梁惠王》《滕文公》之类耳。不然，则刘、班篇次虽疏，何至以战国诸侯公子，称为儒家之书欤？

阴阳二十一家，与兵书阴阳十六家，同名异术，偏全各有所主，叙例发明其同异之故，抑亦可矣。今乃缺而不详，失之疏耳。第诸子阴阳之本叙，以谓出于义和之官，数术七种之总叙，又云皆明堂义和史卜之职也。今观阴阳部次所叙列本，与数术中之天文五行不相入，是则刘、班叙例之不明，不免后学之疑惑矣。盖《诸子略》中阴阳家，乃邹衍谈天，邹奭雕龙之类，空论其理，而不征其数者也。数术略之天文历谱诸家，乃泰一、五残、日月星气，以及黄帝、颛顼日月宿历之类，显征度数，而不衍空文者也。其分门别类固无可议，惟于叙例，亦似鲜所发明尔。然道器合一，理数同符，刘向父子校雠诸子，而不以阴阳诸篇付之太史尹咸，以为七种之纲领，固已失矣。叙例皆引羲和为官守，是又不精之咎也。庄周《天下》之篇，叙列古今学术，其于诸家流别，皆折衷于道要，首章称述《六艺》，则云《易》以道阴阳，是《易》焉阴阳诸书之宗主也，使刘班著略，于诸子阴阳之下著云源出于易，于易部之下著云古者掌于太卜，则官守师承之离合，不可因是而考其得失欤！至于羲和之官，则当特著于天文历谱之下，而不可兼引于诸子阴阳之叙也。刘氏父子，精于历数，而校书犹失其次第。又况后世著录，大率偏于文史之儒乎。

或曰："奭、衍之谈天、雕龙，大道之破碎也。今曰其源出于《大易》，岂不荒经而蔑古乎？答曰：此流别之义也。官司失其典守，则私门之书，推原古人宪典，以定其离合；师儒失其传授，则游谈之书，推原前圣经传，以折其是非。其官无典守，而师无传习者，则是不根之妄言，屏而绝之，不得通于著录焉。其有幸而获传者，附于本类之下，而明著其违悖焉，是则著录之义固，所以明大道，而治百家也；何为荒经蔑古乎！

今为阴阳诸家作叙例，当云阴阳家者流，其原盖出于《易》。《易·大传》曰："一阴一阳之谓道。"又曰："《易》有太极，是生两仪"，此天地阴阳之所由著也。星历司于保章，卜筮存乎官守，圣人因事而明道，于是为之演易而系辞。后世官司失守。而圣教不得其传，则有谈天雕龙之说，破碎支离，去道愈远是其弊也。其书传者有某甲乙，得失如何则，阴阳之原委明矣。今存叙例，乃云"敬顺昊天，历象日月星辰，敬授人时。"此乃数术历谱之叙例，于衍奭诸家何涉欤？

阴阳家公梼生《终始》十四篇，在邹子《终始》五十六篇之前，而班固注云："公梼传邹奭《终始书》。"岂可使创书之人，居传书之人后乎？又邹子《终始》五十六篇之下注云："邹衍所说。"而公梼下注："邹奭始终。"名既互异，而以终始为始终，亦必有错讹也。又《闾邱子》十三篇，《将钜子》五篇，班固俱注云："在南公前。"而其书俱列《南公》三十一篇之后，亦似不可解也。观终始五德之运，则以为始终误也。

《五曹官制》五篇，列阴阳家，其书今不可考。然观班固注云："汉制似贾谊所条。"按谊传："谊以为当改正朔，易服色定制度，定官名，兴礼乐。草具其仪法，色尚黄，数用五为官名，此其所以为五曹官制欤？"如此，则当入于官礼；今附入阴阳家言，岂有当耶？大约此类，皆因终始五德之意，故附于阴阳，然则《周官》六典，取象天地四时，亦可入于历谱家矣。

于长《天下忠臣》九篇，入阴阳家，前人已有议其非者。或曰："其书今已不传，无由知其义例。"然刘向《别录》云："传天下忠臣。"则其书亦可以想见矣。纵使其中参入阴阳家言，亦宜别出互见，而使观者得明其类例，何刘、班之无所区别耶？盖《七略》未立史部。而传记一门之撰著，惟有刘向《列女》，与此二书耳。附于《春秋》，而别为之说，犹愈于搀入阴阳家言也。

法家《申子》六篇，其书今失传矣。按刘向《别录》，"申子学号刑名，以名责实，尊君卑臣，崇上抑下。"荀卿子曰："申子蔽于势而不知智。"韩非子曰："申不害徒术而无法。"是则申子为名家者流，而《汉志》部于法家，失其旨矣。

商君《开塞》《耕战》诸篇，可互见于兵书之权谋条，韩非《解老》

《喻老》诸篇，可互见于道家之《老子经》，其裁篇别出之说已见于前，不复置论。

名家之书，当叙于法家之前，而今列于后，失事理之伦叙矣。盖名家论其理，而法家又详于事也。虽曰二家各有所本，其中亦有相通之原委也。

名家之言，分为三科：一曰命物之名，方圆黑白是也。二曰毁誉之名，善恶贵贱是也。三曰况谓之名，贤愚爱憎是也。尹文之言云尔。然而命物之名，其体也。毁誉况谓之名，其用也。名家言治道，大率综核毁誉，整齐况谓，所谓循名责实之义尔。命物之名，其源实本于《尔雅》，后世经解家言，辨名正物，盖亦名家之支别也。由此溯之，名之得失可辨矣。凡曲学支言，淫辞邪说，其初莫不有所本。著录之家，见其体分用异，而离析其部次，甚且拒绝而不使相通，则流速而源不可寻，虽欲不泛滥而横溢也，不可得矣。孟子曰："诐辞知其所蔽，淫辞知其所陷，邪辞知其所离，遁辞知其所穷。"夫谓之知其所者，从大道而溯其远近离合之故也。不曰淫诐邪遁之绝其途，而曰淫诐邪遁之知其所者，盖百家之言，亦大道之散著也。奉经典而临治之，则收百家之用；忘本源而厘析之，则失道体之全。

墨家《随巢子》六篇，《胡非子》三篇班固俱注"墨翟弟子"，而叙书在《墨子》之前。《我子》一篇，刘向《别录》云："为墨子之学。"其时更在后矣。叙书在随巢之前，此理之不可解者，或当日必有错误也。

道家祖老子，而先有伊尹、太公、鬻子、管子之书；墨家祖墨翟，而先有伊佚、田俅子之书，此岂著录诸家穷源之论耶？今按《管子》，当入法家，著录部次之未审也。至于伊尹、太公、鬻子，乃道家者流，称述古人，因以其人命书，非必尽出伪托，亦非以伊尹、太公之人为道家也。

尹佚之于墨家，意其亦若是焉而已。然则郑樵所云，看名不看书，诚有难于编次者矣。否则班、刘著录，岂竟全无区别耶？第《七略》于道家，叙黄帝诸书于老莱、鹖冠诸子之后，为其后人依托，不以所托之人，叙时代也。而伊尹、伊佚诸书，顾冠道、墨之首，岂诚以谓本所自著耶？其书今既不传，附以存疑之说可矣。

《六艺》之书，与儒家之言，固当参观于儒林列传，道家、名家、墨家之书，则列传而外，又当参观于庄周《天下》之篇也。盖司马迁叙传所推《六艺》宗旨，尚未究其流别；而庄周《天下》一篇，实为诸家学术之权衡，著录诸家，宜取法也。观其首章列叙旧法世传之史，与《诗》《书》《六艺》之文，则后世经史之太原也。其后叙及墨翟、禽滑厘之学，则墨支、《墨翟》弟子。墨别、相里勤以下诸人。墨言、禹湮洪水以下是也。《墨经》，苦获、已齿、邓陵子之属，皆诵《墨经》是也。具有经纬条贯，较之刘、班著录，源委尤为秩然，不啻《儒林列传》之于《六艺略》也。宋鈃、尹文、田骈、慎到、关尹、老聃，以至惠施、公孙龙之属，皆《诸子略》中，道家、名家所互见；然则古人著书，苟欲推明大道，未有不辨诸家学术源流。著录虽始于刘班，而义法实本于前古也。

纵横者，词说之总名也。苏秦合六国为纵，张仪为秦散六国为横，同术而异用，所以为战国事也。既无战国，则无纵横矣。而其学具存，则以兵法权谋所参互，而抵掌谈说所取资也。是以苏、张诸家，可互见于《兵书》。《七略》以苏秦、蒯通入兵书。而邹阳、严徐诸家，又为后世词命之祖也。

蒯通之书，自号《隽永》，今著录止称《蒯子》，且传云自序其说八十一首，而著录仅称五篇，不为注语以别白之，则刘、班之疏也。

积句成章，积章成篇，拟之于乐，则篇为大成，而章为一阕也。《汉志》计书，多以篇名，间有计及章数者，小学叙例之称仓颉诸书也。至于叙次目録，而以章计者，惟儒家公孙固一篇，注十八章。羊子四篇，注百章而已。其如何详略，恐刘、班当日，亦未有深意也。至于以首计者，独见蒯通之传，不知首之为章计与？为篇计与？志存五篇之数，而不详其所由，此传志之所以当互考也。

杂家《子晚子》三十五篇注云："好议兵，似《司马法》。"何以不入兵家耶？《尉缭子》之当入兵家，已为郑樵纠正，不复置论。

《尸子》二十篇，书既不传，既云"商鞅师之"，恐亦法家之言矣。如云尸子非为法者，则商鞅师其何术亦当辨而著之。今不置一说，部次杂家，恐有误也。

《吕氏春秋》，亦《春秋》家言而兼存典章者也。当互见于《春秋》《尚书》，而猥次于杂家亦错误也。古者《春秋》家言，体例未有一定，自孔子有"知我罪我"之说，而诸家著书，往往以春秋为独见心裁之总名，然而左氏而外，铎椒、虞卿、吕不韦之书，虽非依经为文，而宗仰获麟之意，观司马迁叙《十二诸侯年表》而后晓然也。吕氏之书，盖司马迁之所取法也。十二本纪，仿其十二月纪；八书，仿其八览；七十列传，仿其六论，则亦微有所以折衷之也。四时错举，名曰春秋。则吕氏犹较虞卿《晏子春秋》为合度也。刘知几讥其本非史书，而冒称春秋，失其旨矣。其合于章程，已具论次不复置论。

《淮南内》二十一篇，本名为《鸿烈解》，而止称《淮南》，则不知为地名与？人名书名与？此著録之苟简也。其书则当互见于道家，志仅列于杂家，非也。外篇不传不复置论。

道家《黄帝铭》六篇，与杂家《荆轲论》五篇，其书今既不可见矣。考《皇览·黄帝金人器铭》及《皇王大纪》，所谓舆几之箴，巾几之铭，则大篇之旨，可想见也。《荆轲论》下注"司马相如等论之"，而《文心雕龙》则云："相如属词，始赞荆轲"，是五篇之旨大抵史赞之类也。铭箴颂赞有韵之文。例当互见于诗赋。与诗赋门之《孝景皇帝颂》。同类编次者也。《孔甲盘盂二十六篇》，亦是其类。

农家托始神农，遗教绪言。或有得其一二，未可知也。《书》之《无逸》，《诗》之《豳风》，《大戴记》之《夏小正》，《小戴记》之《月令》，《尔雅》之《释草》，《管子》之《牧民篇》，《吕氏春秋·任地》诸篇，俱当用裁篇别出之法，冠于农家之首者也。《神农野老》之书，既难凭信，故经言不得不详。

小说家之《周考》七十六篇，《青史子》五十七篇，其书虽不可知。然班固注《周考》云："考周事也。"注《青史子》云："古史官纪事也。"则其书非《尚书》所部，即《春秋》所次矣。观《大戴礼保傅篇》，引青史氏之说，则其书亦不侪于小说也。

《汉志》诗赋

《汉志》分《艺文》焉六略；每略又各别为数种，每种始叙列为诸家，犹如《太玄》之经，方州部家，大纲细目，互相维系，法至善也。每略各有总叙，论辨流别义至详也。惟诗赋一略，区为五种，而每种之后，更无叙论，不知刘、班之所遗耶？抑流传之脱简耶？今观《屈原赋》二十五篇以下，共二十家为一种。《陆贾赋》三篇以下，共二十一家为一种。《孙卿赋》十篇以下，共二十五家为一种。名类相同，而区种有别，当日必有其义例；今诸家之赋，十逸八九，而叙论之说，阙焉无闻，非著录之遗憾与！若杂赋与杂歌诗二种，则署名既异，观者犹可辨别，第不如五略之有叙录，更得详其源委耳。

古之赋家者流，原本《诗骚》，出入战国诸子，假设问对，庄、列寓言之遗也。恢廓声势，苏、张纵横之体也。排比谐隐，韩非《储说》之属也。征材聚事，《吕览》叙辑之义也。虽其文逐声韵，旨存比兴，而深探本原，实能自成一子之学。与夫专门之书。初无差别；故其叙列诸家之所撰述，多或数十，少仅一篇列于文林。义不多让，为此志也。然则三种之赋，亦如诸子之各别为家，而当时不能尽归一例者耳。岂若后世诗赋之家，裒然成集，使人无从辨别者哉！

赋者古诗之流，刘勰所谓六义附庸，蔚成大国者是也。义当列诗于前，而叙赋于后，乃得文章承变之次第。刘、班顾以赋居诗前，则标略之称诗赋，岂非颠倒与？每怪萧梁《文选》，赋冠诗前，绝无义理，而后人竞效法之，为不可解。今知刘、班著录，已启之矣。又诗赋本《诗经》支系，说已见前，不复置议。

诗赋前三种之分家，不可考矣其与后二种之别类，甚晓然也。三种之赋，人自为篇，后世别集之体也。杂赋一种，不列专名、而类叙为篇，后世总集之体也。歌诗一种，则诗之与赋。固尝分体者也。就其例而论之，则第一种之《淮南王群臣赋》四十四篇，及第三种之《秦时杂赋》九篇当隶杂赋条下，而猥厕专门之家，何所取耶？揆其所以附丽之故，则以《淮南王赋》列第一种。而以群臣之作附于其下，所谓以人次也。《秦时杂赋》，列于《荀卿赋》后志作《孙卿》。《孝景皇帝颂》前，所谓以时次也。夫著录之例先明家学，同列一家之中，或从人次，或从时次可也，岂有类例不通，源流迥异，概以意为出入者哉！

《上所自造赋》二篇，颜师古注："武帝所作。"按刘向为成帝时人，其去孝武之世远矣。武帝著作，当称孝武皇帝，乃使后人得以考定，今曰"上所自造"，何其标目之不明与？臣工称当代之君，则曰上也；否则擒文纪事，上文已署某宗某帝，承上文而言之，亦可称为上也。窃意"上所自造"四字，必武帝时人标目，刘向从而著之，不与审定称谓。则谈《七略》者疑为成帝赋矣。班氏录以入志，则上又从班固所称，若无师古之注，则读志者。又疑后汉肃宗所作赋矣。

《荀卿赋》十篇，居第三种之首，当日必有取义也。按荀卿之书，有《赋篇》列于三十二篇之内，不知所谓赋十篇者，取其赋篇与否？曾用裁篇别出之法与否？著录不为明析，亦其疏也。

《孝景皇帝颂》十五篇次于第三种赋内，其旨不可强为之解矣。按《六艺》流别，赋为最广，比兴之义，皆冒赋名；风诗无征，存于谣谚，则雅颂之体，实与赋类同源异流者也。纵使篇第传流，多寡不敌，有如汉代而后，济水入河，不复别出，亦当叙入诗歌总部之后，别而次之；或与铭箴赞诔通为部录，抑亦可矣。何至杂入赋篇，漫无区别耶？

《成相杂辞》十一篇、《隐书》十八篇，次于杂赋之后，未为得也。按杨倞注《荀子》，"《成相》盖亦赋之流也"。朱子以为杂陈古今治乱兴亡之效，托之风诗以讽时君，命曰杂辞，非竟赋也。《隐书》注引刘向《别录》，谓疑其言以相问对，通以思处，可以无不喻。是则二书之体，乃是战国诸子流别，后代连珠韵语之滥觞也。法当隶于诸子杂家，互见其名，为说而附于歌诗之后可也。

《汉志》详赋而略诗，岂其时尚使然与？帝王之作，有高祖《大风鸿鹄》之篇，而无武帝《瓠子秋风》之什，或云：《秋风》即在《上所自造》赋内。臣工之作，有黄门《倡车忠》等歌诗，而无苏李《河梁》之篇。或云：杂家有《主名诗十篇》，或有苏、李之作，然汉廷主名诗，岂止十篇而已乎？

诗歌一门杂乱无叙，如吴楚汝南歌诗，燕代讴，齐郑歌诗之类，风之属也。出行巡狩，及游歌诗，与汉兴以来，兵所诛灭歌诗，雅之属也。宗庙歌诗，诸神歌诗，送灵颂歌诗，颂之属也。不为铨次类别，六义之遗法，荡然不可为踪迹矣。

《汉志》兵书

《孙武兵法》八十二篇、注图九卷，此兵书权谋之首条也。按《孙武传》，阖闾谓孙武曰："子之十三篇，吾尽观之矣。"阮孝绪《七录》，《孙子兵法》三卷，十三篇为上卷，又有中下二卷，然则杜牧谓魏武削其数十万言。谓十三篇者非也。盖十三篇为经语。故进之于阖闾，其余当是法度名数，有如形势、阴阳、技巧、之类，不尽通于议论文词，故编次于中下，而为后世亡逸者也。十三篇之自为一书，阖闾时已然，然《汉志》仅记八十三篇之总数，此其所以益滋后人之惑矣。

大抵《汉志》之疏由于以人类书，不能以书类人也。《太玄》《法言》《乐》《箴》四书，类于扬雄所叙三十八篇。《新序》《说苑》《世说》《列女传》四书，类于刘向所叙六十七篇，尤其显而易见者也。《孙子》八十三篇，用同而书体有异，则当别而次之纵欲以人类书，亦当如《太公》之二百三十七篇，已列总目，其下分析《谋》八十一篇、《言》七十一篇、《兵》八十五篇之例可也。任宏部次不精，遂滋后人之惑，致谓十三篇，非孙武之完书，则校雠不精之咎也。

八十二篇之仅存十三，非后人之删削也。大抵文辞易传，而度数难久。即如何一兵书，而权谋之家，尚有存文；若形势、阴阳、技巧三门，百不能得一矣。同一方技，而医经一家尚有存文；若经方、房中、神仙、三门，百不能得一矣。盖文辞人皆诵习，而制度则非专门不传，此其所以有存逸之别欤？然则校书之于形名制度，尤宜加之意也。

即如孙武、孙膑书，列权谋之家；而孙武有图九卷，孙膑有图四卷，书篇类次，犹之可也。图则断非权谋之篇所用者矣；不为形势之需，必为技巧之用，理易见也。而任宏刘班之徒，但知出于其人，即附其书之下，然则以人类书之弊，诚不可以为训者也。

按阮孝绪《七录》，有孙武《八阵图》一卷，是即《汉志》九卷之图与否？未可知也。然图必有名，八阵之取以名图，亦犹始计之取以名篇；今书有其名，而图无其目，盖篇名合于诸子之总称，例如是也。图亦附于其下，而不著其名，则后人不知图之何所用矣。

郑樵言任宏部次有法，今可考而知也。权谋，人也；形势，地也；阴阳，天也。孟子曰："天时不如地利，地利不如人和。"此三书之次第也。权谋，道也；技巧，艺也；以道为本，以艺为末。此始末之部秩也。然《周官》大司马之职掌，与军礼之《司马法》诸条，当先列为经言，别次部首，使习兵事者，知圣王之遗意焉。任宏以《司马法》入权谋篇班固始移于经礼。夫司马之法，岂可以为权谋乎？宜班固之出此而入彼也。惜班固不知互见之法，与别出部首，尊为经言之例耳。

书有同名而异实者，必著其同异之故。而辨别其疑似焉，则与重复互注，裁篇别出之法，可以并行而不悖矣。兵形势家之《尉缭》三十一篇，与杂家之《尉缭子》二十九篇同名。兵阴阳家之《孟子》一篇，与儒家之《孟子》十一篇同名。《师旷》八篇，与小说家之《师旷》六篇同名。《力牧》十五篇与道家之《力牧》二十二篇同名，兵技巧家之《伍子胥》十篇与杂家之《伍子胥》八篇同名。著录之家，皆当别白而条著者也。若

《兵书》之《公孙鞅》二十七篇，与法家之《商君》二十九篇名号虽异而实为一人，亦当著其是否一书也。

郑樵痛诋刘、班著录，收书而不收图；以为图谱之亡，由于不为专门著录始也。因于《七略》之中，独取任宏《兵书略》为其书列七百九十篇，而图至四十三卷也。然任宏《兵略》具在。而按录以征亡逸之图，又安在哉？夫著录之道，不系存亡，而系于考证耳。存其部目，可以旁证远搜，此逸诗逸书之所以贵存《小序》也。任宏收图不能详分部次，收而犹之未收也。诚欲广图之用，则当别为部次，表名图目，如《八阵图》之类。而于本人本书之下更为重复互注庶几得其伦叙欤。

《汉志》数术

数术诸书，多以图著如天文之《泰一杂子星》，《五残杂变星》书虽不传，而世传《甘石星经》，未著于录。则有星图可证者也。《汉》日旁气行事占验不传，而《隋志·魏氏日旁气图》一卷可证。海中星占验不传，而《隋志·海中星图》一卷可证。《图书秘记》十七篇，著于天文之录，耿昌《月行帛图》，著于历谱之录，《后汉历志》贾逵论，引甘露二年，大司农丞耿寿昌，奏以图仪度日月行，考验天运，则诸书之有图，盖指不可胜屈矣。尹咸校数术书，非特不能厘别图书，标目家学，即仅如任宏之兵书条例，但注有图于本书之下，亦不能也。此其所以难究索欤！

五行家之《钟律灾应》，当与六艺略《乐经》诸书互注，《钟律丛辰日苑》《钟律消息》《黄钟》三书亦同，《五音奇胲用兵》二十三卷、《刑德》二十一卷，当与兵书阴阳家互注。其五行之本《尚书》，蓍龟之本《周易》已具论深，不复置议。

杂占家之《禳祀天文》、《请雨止雨》、《杂子侯岁》、泰一子贡二家。《神农教田相土耕种》诸书，当与诸子农家互注。

形法之家，不出五行杂占二条，惟《山海经》宜出地理专门，而无其部次，故强著之形法也。说已见前，不复置议。

《汉志》方技

方技之书大要有四：经、脉、方、药而已。经阐其道，脉运其术，方致其功，药辨其性，四者备而方技之事备矣。今李国柱所校四种，则有医经、经方二种而已，脉书、药书竟缺其目。其房中神仙，则事兼道术，非复方技之正宗矣。宜乎叙方技者，至今犹昧昧于西部相承之义焉。按司马迁《扁鹊仓公传》，公乘阳庆，传黄帝、扁鹊之脉书，是西京未尝无脉书也。又按班固《郊祀志》，成帝初有本草待诏，《楼护传》少诵医经本草方术，是西京未尝无药书也。李国柱专官典校，而书有缺遗类例不尽著录，家法岂易言哉！